Mitarbeiterfortbildung

Die Einkommensteuererklärung 2025

Herausgegeben vom
Steuerberaterverband Niedersachsen
Sachsen-Anhalt e.V.

und den

Referenten:
Dipl.-Finw. (FH) Manfred Keil, Steuerberater, Hannover
Dipl.-Finw. (FH) Frank Krawczyk, Dozent an der Steuerakademie Niedersachsen, Rinteln
Dipl.-Finw. (FH) Sascha Nothold, Dozent an der Steuerakademie Niedersachsen, Rinteln
Dipl.-Finw. (FH) Markus Perschon, Steuerberater, Escheburg
Dipl.-Oec. Dr. Kai Scharff, Steuerberater, Hamburg
Dipl.-Finw. (FH) Michael Seifert, Steuerberater, Troisdorf

Stand: November 2025

BOORBERG

Bibliografische Information der Deutschen Nationalbibliothek | Die Deutsche Nationalbibliothek verzeichnet diese Publikation in der Deutschen Nationalbibliografie; detaillierte bibliografische Daten sind im Internet über www.dnb.de abrufbar.

ISBN 978-3-415-07819-2

Anfragen gemäß EU-Verordnung über die allgemeine Produktsicherheit (EU) 2023/988 (General Product Safety Regulation – GPSR) richten Sie bitte an:
Richard Boorberg Verlag GmbH & Co KG, Produktsicherheit, Scharrstraße 2, 70563 Stuttgart
E-Mail: produktsicherheit@boorberg.de

Titelfoto: © Stockfotos-MG – stock.adobe.com | Satz: Steuerberaterverband Niedersachsen Sachsen-Anhalt e.V., Zeppelinstraße 8, 30175 Hannover | Druck und Verarbeitung: Schweikert Druck, Wieslensdorfer Straße 36, 74182 Obersulm-Eschenau

Richard Boorberg Verlag GmbH & Co KG | Scharrstraße 2 | 70563 Stuttgart
Stuttgart | München | Hannover | Berlin | Weimar | Dresden
www.boorberg.de

Inhalt

Inhalt

Inhalt

Abkürzungsverzeichnis

a.a.O.	- am angegebenen Ort
a.F.	- alte Fassung
Abs.	- Absatz
Abschn.	- Abschnitt
abzgl.	- abzüglich
AfA	- Absetzung für Abnutzung
AfaA	- Absetzung für außergewöhnliche Abnutzung
AG	- Aktiengesellschaft(en)
agB	- außergewöhnliche Belastungen
AK	- Anschaffungskosten
AktG	- Aktiengesetz
AktHR	- Aktuelles Handelsrecht
AktStR	- Aktuelles Steuerrecht
AltEinkG	- Alterseinkünftegesetz
Anm.	- Anmerkung
AO	- Abgabenordnung
ArbG	- Arbeitgeber
ArbN	- Arbeitnehmer
Art.	- Artikel
AÜG	- Gesetz zur Regelung der Arbeitnehmerüberlassung
AV	- Anlagevermögen
Az	- Aktenzeichen
BA	- Betriebsausgaben
BAMS	- Bundesministerium für Arbeit und Soziales
bAV	- betrieblichen Altersversorgung
BB	- Betriebs-Berater (Zeitschrift)
Bd.	- Band
BE	- Betriebseinnahmen
BEA	- Freibetrag für Betreuungs-, Erziehungs- oder Ausbildungsbedarf eines Kindes
Beil.	- Beilage
BFH	- Bundesfinanzhof
BFH/NV	- Sammlung amtlich nicht veröffentlichter Entscheidungen des Bundesfinanzhofs (Zeitschrift)
BGB	- Bürgerliches Gesetzbuch
BGBl	- Bundesgesetzblatt
BGH	- Bundesgerichtshof
BilMoG	- Gesetz zur Modernisierung des Bilanzrechts
BMF	- Bundesministerium der Finanzen
BMG	- Bemessungsgrundlage
BR	- Bundesrat
Bsp.	- Beispiel
bspw.	- beispielsweise
BStBl	- Bundessteuerblatt
BT	- Bundestag
Buchst.	- Buchstabe
BV	- Betriebsvermögen
BVerfG	- Bundesverfassungsgericht
BZSt	- Bundeszentralamt für Steuern
bzw.	- beziehungsweise
d.h.	- das heißt
DB	- Der Betrieb (Zeitschrift)
DBA	- Doppelbesteuerungsabkommen
DHH	- Doppelhaushälfte
Drucks.	- Drucksache
DRV	- Deutsche Rentenversicherung
DStR	- Deutsches Steuerrecht (Zeitschrift)
DStZ	- Deutsche Steuer-Zeitung (Zeitschrift)
EFG	- Entscheidungen der Finanzgerichte
EFH	- Einfamilienhaus(-häuser)
EPP	- Energiepreispauschale
ErbSt	- Erbschaftsteuer
Erl.	- Erlass
ESt	- Einkommensteuer
EStG	- Einkommensteuergesetz
EStH	- Einkommensteuer-Handbuch
ETW	- Eigentumswohnung(en)
EU	- Europäische Union
EÜR	- Einnahmen-Überschuss-Rechnung
EuGH	- Europäischer Gerichtshof
EV	- Einzelveranlagung
EWR	- Europäischer Wirtschaftsraum
F	- Fach
f.(f)	- (fort)folgende
FA	- Finanzamt/Finanzämter
FG	- Finanzgericht(e)
FGO	- Finanzgerichtsordnung
FinMin	- Finanzministerium
FinVerw	- Finanzverwaltung
Fn	- Fußnote
FR	- Finanz-Rundschau (Zeitschrift)
gem.	- gemäß
GewSt	- Gewerbesteuer
GG	- Grundgesetz
GGF	- Gesellschafter-Geschäftsführer
ggf.	- gegebenenfalls
GmbH	- Gesellschaft mit beschränkter Haftung
GmbHR	- GmbH-Rundschau (Zeitschrift)
grds.	- grundsätzlich
GrESt	- Grunderwerbsteuer
GrS	- Großer Senat
GwG	- geringwertige Wirtschaftsgüter
h.M.	- herrschende Meinung
HGB	- Handelsgesetzbuch
HK	- Herstellungskosten
HR	- Handelsregister
HS	- Halbsatz
IAB	- Investionsabzugsbetrag
i.d.F.	- in der Fassung, in dem Fall
i.d.R.	- in der Regel
i.d.S.	- in diesem Sinne
i.e.S.	- im engeren Sinne
i.H.d.	- in Höhe der (des)
i.H.v.	- in Höhe von
inkl.	- inklusiv(e)
InvStG	- Investmentsteuergesetz
InvStRefG	- Investmentsteuerreformgesetz
i.R.(d.)	- im Rahmen (der/des)
i.R.e.	im Rahmen eines (r)
i.S.d.	- im Sinne der/des/dieser
i.S.v.	- im Sinne von
i.V.m.	- in Verbindung mit
i.v.H.	- in voller Höhe
i.w.S.	- im weiteren Sinn(e)
i.Z.m.	- im Zusammenhang mit
ID-Nr.	- Identifikationsnummer
insb.	- insbesondere
insg.	- insgesamt
JA(Ä)	- Jahresabschluss (-abschlüsse)
JStG	- Jahressteuergesetz
KapESt	- Kapitalertragsteuer
KapG	- Kapitalgesellschaft
KapKto	- Kapitalkonto
KAV	- Kindergeldauszahlungs-Verordnung
KG	- Kommanditgesellschaft
KGaA	- Kommanditgesellschaft(en) auf Aktien
KiSt	- Kirchensteuer
Kj	- Kalenderjahr
km	- Kilometer

Abkürzungsverzeichnis

Kom.	- Kommentar
KSt	- Körperschaftsteuer
KStG	- Körperschaftsteuergesetz
lfd.	- laufend(e)
Lj	- Lebensjahr(e)
Lkw	- Lastkraftwagen
LSt	- Lohnsteuer
LStH	- Lohnsteuer-Handbuch
LStR	- Lohnsteuer-Richtlinien
lt.	- laut
LuF	- Land- und Forstwirtschaft
max.	- maximal(e)
m.E.	- meines Erachtens
MFH	- Mehrfamilienhaus (-häuser)
mind.	- mindestens
Mio.	- Millionen
Mrd.	- Milliarden
m.w.N.	- mit weiteren Nachweisen
MwStSystRL	- Mehrwertsteuersystemrichtlinie
n.F.	- neue Fassung
n.v.	- nicht veröffentlicht
Nds. (FG)	- Niedersachsen, niedersächsisch, Niedersächsisches (Finanzgericht)
NJW	- Neue Juristische Wochenschrift (Zeitschrift)
Nr.	- Nummer(n)
nrkr.	- nicht rechtskräftig
NWB	- Neue Wirtschafts-Briefe (Zeitschrift)
o.g.	- oben genannte(n)
OFD	- Oberfinanzdirektion
OHG	- Offene Handelsgesellschaft
OLG	- Oberlandesgericht
PersG	- Personengesellschaft
Pkw	- Personenkraftwagen
PV	- Privatvermögen
rkr.	- rechtskräftig
Rn	- Randnummer(n)
Rz	- Randziffer
S.	- Satz
s.(a.)	- siehe (auch)
Schr.	- Schreiben
SchSt	- Schenkungsteuer
sog.	- sogenannte(r)
SolZ	- Solidaritätszuschlag
StEntlG	- Steuerentlastungsgesetz
StModG	- Gesetz zur Modernisierung des Besteuerungsverfahrens
stpfl.	- steuerpflichtig(e)
Stpfl.	- Steuerpflichtige(r)
str.	- streitig (strittig)
TW	- Teilwert
Tz	- Textziffer(n)
u.a.	- unter anderem(n)
u.E.	- unseres Erachtens
u.U.	- unter Umständen
u.z.	- und zwar
Urt.	- Urteil
USt	- Umsatzsteuer
v.H.	- vom Hundert
VdN	- Vorbehalt der Nachprüfung
VersAusglG	- Versorgungsausgleichsgesetz
Vfg.	- Verfügung
vGA	- verdeckte Gewinnausschüttung(en)
vgl.	- vergleiche
VSt	- Vermögensteuer
VuV	- Vermietung und Verpachtung
VZ	- Veranlagungszeitraum
WEG	- Wohnungseigentümergesetz
WG	- Wirtschaftsgut
W-IdNr.	- Wirtschaftsidentifikationsnummer
Wj	- Wirtschaftsjahr
WK	- Werbungskosten
z.B.	- zum Beispiel
zvE	- zu versteuerndes Einkommen
z.Zt.	- zur Zeit
ZFH	- Zweifamilienhaus
ZV	- Zusammenveranlagung
zzgl.	- zuzüglich

Zahlen zur Einkommensteuerveranlagung 2025
sowie aktuelle Entwicklungen

I. Zahlen zur Einkommensteuer-Veranlagung 2025

§§ des EStG	Inhalt der Bestimmung	2023	2024	2025
§ 32a Abs. 1 EStG	**Grundfreibetrag**[1]			
	Einzelveranlagung	10.908	11.784	12.096
	Zusammenveranlagung	21.816	23.568	24.192
	Eingangssteuersatz	14 %	14 %	14 %
	Spitzensteuersatz (allgemein)	42 %	42 %	42 %
	ab einem zvE i.H.v. ... (Einzelveranlagung)	62.810	66.761	68.481
	Spitzensteuersatz (Reichensteuer)	45 %	45 %	45 %
	ab einem zvE i.H.v. ... (Einzelveranlagung)	277.826	277.826	277.826
§ 33a Abs. 1 EStG	**Unterhaltshöchstbetrag**[2] (eventuell zzgl. getragener Basis-Kranken- und Pflegeversicherungsaufwendungen)	10.908	11.784	12.096
	Anrechnung eigener Einkünfte und Bezüge der unterhaltenen Person, wenn über ...	624	624	624
R 33a.1 EStR	Geringfügiges Vermögen **(Schonvermögen)** der unterhaltenen Person bis Verkehrswert ... (Außer Ansatz bleiben bestimmte Vermögensgegenstände[3])	15.500	15.500	15.500
	Kostenpauschale[4]	180	180	180
R 33.3 Abs. 2 EStR	**Anrechnung Haushaltsersparnis**[5] bei Pflegeheimunterbringung und Haushaltsauflösung jährlich	10.908	11.784	12.096
	monatlich	909	982	1.008
	täglich	30,30	32,73	33,60

---

1 Offen ist, ob der Grundfreibetrag ab 2023 verfassungsgemäß ist. Das BMF-Schr. v. 25.11.2024, BStBl I 2024, 1407 sieht eine vorläufige Festsetzung vor. AdV kann wegen dieser Frage nicht gewährt werden, FG Münster, Beschl. v. 14.7.2025 – 1 V 1145/25 E, EFG 2025, 1536

2 Offen ist, ob der Vorläufigkeitsvermerk zum Grundfreibetrag (BMF-Schr. v. 25.11.2024, BStBl I 2024, 1407) auch für den Unterhaltsabzugshöchstbetrag gilt.

3 vgl. R 33a.1 Abs. 2 S. 4 EStR

4 R 33a.1 Abs. 3 S. 5 EStR

5 Offen ist, ob der Vorläufigkeitsvermerk zum Grundfreibetrag (BMF-Schr. v. 25.11.2024, BStBl I 2024, 1407) auch für die Anrechnung der Haushaltsersparnis gilt.

Zahlen zur Einkommensteuerveranlagung 2025 sowie aktuelle Entwicklungen – Zahlen zur Einkommensteuer-Veranlagung 2025

§§ des EStG	Inhalt der Bestimmung	2023	2024	2025
§ 1 Abs. 3 EStG	**Grenzpendlerregelung**			
	Summe der Einkünfte muss der deutschen ESt unterliegen zu mindestens …	90 %	90 %	90 %
	nicht der deutschen ESt unterliegende Einkünfte übersteigen nicht …	10.908	11.784	12.096
	bei Zusammenveranlagung Verdoppelung auf	21.816	23.568	24.192
§ 1a Abs. 1 EStG	unbeschränkte Steuerpflicht für Staatsangehörige EU-/EWR-Ausland			
	Summe der Einkünfte muss der deutschen ESt unterliegen zu mindestens	90 %	90 %	90 %
	nicht der deutschen ESt unterliegende Einkünfte übersteigen nicht	10.908	11.784	12.096
	bei Zusammenveranlagung Verdoppelung auf	21.816	23.568	24.192
§ 1a Abs. 2 EStG	unbeschränkte Steuerpflicht von Bundes-/Landes-bediensteten ohne diplomatischen/konsularischen Status			
	Summe der Einkünfte muss der deutschen ESt unterliegen zu mindestens	90 %	90 %	90 %
	nicht der deutschen ESt unterliegende Einkünfte übersteigen nicht	10.908	11.784	12.096
§ 32 Abs. 6 EStG	**Kinderfreibetrag**			
	Einzelveranlagung (p.a.)	3.012	3.306	3.336
	Zusammenveranlagung (p.a.)	6.024	6.612	6.672
	Freibetrag für BEA			
	Einzelveranlagung (p.a.)	1.464	1.464	1.464
	Zusammenveranlagung (p.a.)	2.928	2.928	2.928
§ 66 EStG	**Kindergeld**			
	Kindergeld für 1. und 2. Kind monatlich je	250	250	255
	Kindergeld für das 3. Kind monatlich	250	250	255
	Kindergeld ab dem 4. Kind monatlich	250	250	255
	Kinderbonus (je kindergeldberechtigtem Kind)	-----	-----	-----

Zahlen zur Einkommensteuerveranlagung 2025 sowie aktuelle Entwicklungen – Zahlen zur Einkommensteuer-Veranlagung 2025

§§ des EStG	Inhalt der Bestimmung	2023	2024	2025
§ 10 Abs. 3 EStG	**Basisvorsorgeaufwendungen**			
	Einzelveranlagung	26.528	27.566	29.344
	Zusammenveranlagung	53.056	55.132	58.688
	(zur Kürzung des jeweiligen Höchstbetrags in Sonderfällen siehe § 10 Abs. 3 S. 3 EStG)			
	Berücksichtigung der Aufwendungen bis zu …	100 %	100 %	100 %
	Höchstabzugsbetrag Einzelveranlagung bei ungekürztem Höchstbetrag …	26.528	27.566	29.344
	Höchstabzugsbetrag Zusammenveranlagung bei ungekürztem Höchstbetrag …	53.056	55.132	58.688
§ 10 Abs. 4 EStG	**Sonstige Vorsorgeaufwendungen**			
	Höchstbetrag	2.800	2.800	2.800
	bei Kostenerstattungsanspruch ohne Eigenaufwand	1.900	1.900	1.900
	Mindestens Basis-Kranken- und Pflegeversicherungs-aufwendungen			
§ 22 Nr. 1 EStG	**Besteuerungsanteil** der Basisrente bei **Renten-beginn** je nach Jahr	82,5 %	83,0 %	83,5 %
§ 24a EStG	**Altersentlastungsbetrag** ab Kj nach Vollendung des	64. Lj.	64. Lj.	64. Lj.
	in % der Einkünfte	14,0 %	13,6 %	13,2 %
	Höchstbetrag	665	646	627
§ 56 EStDV	**Steuererklärungspflicht**			
	Zusammenveranlagung, Gesamtbetrag der Einkünfte mehr als …	21.816	23.568	24.192
	Einzelveranlagung, Gesamtbetrag der Einkünfte mehr als …	10.908	11.784	12.096
§ 46 Abs. 2 Nr. 1 EStG	**Veranlagungsgrenze** bei Lohneinkünften, wenn Nicht-Lohneinkünfte über …	410	410	410
§ 46 Abs. 2 Nr. 3 + 4 EStG	Befreiung von Pflicht zur **Abgabe einer Steuer-erklärung** in bestimmten Fällen bei Arbeitslohn bis insgesamt … (Einzelveranlagung)	12.174	13.050	13.362
	Zusammenveranlagung: Arbeitslohn bis insgesamt …	23.118	24.870	25.494
§ 46 Abs. 3 EStG	**Härteausgleich bis …**	410	410	410
	Minderung um Altersentlastungsbetrag, soweit dieser mehr als … des Arbeitslohns i.S.d. § 46 Abs. 3 S. 2 EStG beträgt	14,0 %	13,6 %	13,2 %
§ 70 EStDV	Härteausgleichsbetrag – stufenweise bis …	820	820	820

- Erweiterung der elektronischen **Übermittlungspflichten bei der E-Bilanz** auf unverdichtete **Kontennachweise** für **nach dem 31.12.2024 beginnende Wj** sowie des Anlagenspiegels und dem zugrundeliegenden **Anlagenverzeichnis** für nach dem 31.12.2027 beginnende Wj[11] – die Taxonomie[12] wurde entsprechend angepasst, eine **Anpassung des § 60 EStDV** befindet sich zum Redaktionsschluss noch in der Umsetzung[13]
- Erhöhung der **Bruttolistenpreisgrenze für den Ansatz eines Viertels des BLP** zur Ermittlung des Entnahmewerts bzw. geldwerten Vorteils der privaten Nutzung nach der 1%- bzw. 0,03%-Methode bzw. Viertelung der AfA zur Ermittlung der Gesamtkosten bei Anwendung der Fahrtenbuchmethode von 70.000 EUR auf **100.000 EUR** für rein elektrisch betriebene Pkw bei **Anschaffung nach dem 30.6.2025**[14]
- Wiedereinführung einer **degressiven AfA für bewegliche abnutzbare WG des AV**, die **nach dem 30.6.2025 und vor dem 1.1.2028** angeschafft oder hergestellt werden i.H.v. 30 %, max. 3-fache der linearen AfA[15]
- Einführung einer Abschreibung für rein elektrisch betriebene Kraftfahrzeuge, die **nach dem 30.6.2025 und vor dem 1.1.2028** angeschafft werden i.H.v. 75 % im Jahr der Anschaffung und in den Folgejahren gestaffelte Prozentsätze (2. Jahr: 10 %, 3./4. Jahr: jeweils 5 %, 5. Jahr: 3 %, 6. Jahr: 2 %)[16]
- Erhöhung des **Sonderausgabenabzugs für Kinderbetreuungskosten** von bisher 2/3 der Aufwendungen (max. 4.000 EUR) auf 80 % der Aufwendungen (max. 4.800 EUR) ab VZ 2025[17]
- **Bonusleistungen gesetzlicher Krankenkassen** gelten ab **VZ 2025** bis **zur Höhe von 150 EUR nicht als Beitragserstattung** – darüber hinaus Nachweisverpflichtung des Stpfl.[18] (entspricht bisheriger Verwaltungsauffassung[19])

---

11 § 5b Abs. 1 EStG; § 52 Abs. 11 S. 2 EStG
12 BMF-Schr. v. 10.6.2025 – IV C 6 - S 2133-b/00064/002/006, BStBl I 2025, 1450
13 Siebte Verordnung zur Änderung steuerlicher Verordnungen, BR-Drucks. 626/25 v. 5.11.2025, Zustimmung Bundesrat erfolgt voraussichtlich am 19.12.2025
14 § 6 Abs. 1 Nr. 4 EStG
15 § 7 Abs. 2 EStG
16 § 7 Abs. 2a EStG
17 § 10 Abs. 1 Nr. 5 EStG; § 52 Abs. 1 EStG
18 § 10 Abs. 2b S. 2f EStG; § 52 Abs. 1 EStG
19 BMF-Schr. v. 7.10.2022 – IV A 3 - S 0338/19/10006:009 / IV C 3 - S 2221/21/10002:011, BStBl I 2022, 1437

- Ab dem **VZ 2025** ist die Voraussetzung für den **Abzug von Geldzuwendungen als Unterhaltsleistungen nach § 33a Abs. 1 EStG**, dass die Zahlung durch **Überweisung** auf das Konto der unterhaltenden Person erfolgt[20]
- Abschaffung der **Anwendung des § 34 Abs. 1 EStG („Fünftelregelung") für den LSt-Abzug** ab 2025 (u.a. Jubiläumszuwendungen, Abfindungen) – Gewährung nur noch im Veranlagungsverfahren[21]
- **Verkürzung** der bisherigen 10-jährigen **Aufbewahrungsfristen** der § 257 Abs. 4 HGB, § 147 Abs. 3 S. 1 AO sowie § 14b Abs. 1 S. 1 UStG **auf 8 Jahre** für alle **am 31.12.2024 noch nicht abgelaufenen Aufbewahrungsfristen**[22] – zur Anwendung der verkürzten Aufbewahrungsfrist im UStG vgl. auch BMF-Schreiben vom 8.7.2025[23]

Geplante Änderung der ESt-Durchführungsverordnung[24]

Rückwirkende Anpassung der Grenzen des **§ 8 EStDV** für die Nichterfassung von betrieblich genutzten Grundstücksteilen als BV für alle offenen Jahre von 1/5 der Grundstücksfläche auf 30 m² als absolute Grenze und Erhöhung der maßgeblichen (Verkehrs-)Wertgrenze am Bilanzstichtag bzw. 31.12. von 20.500 EUR auf 40.000 EUR (beide Grenzen sind durch ein „oder" verknüpft, sodass die Wertgrenze nicht zu prüfen ist, wenn die m²-Grenze nicht überschritten ist) – bei Anwendung des § 8 EStDV sollen dann anders als bisher für Wj, die nach dem 31.12.2025 beginnen, keine Aufwendungen i.Z.m. dem Grundstück(steil) mehr als BA abziehbar sein[25]

---

20 § 33a Abs. 1 S. 12 EStG; § 52 Abs. 1 EStG
21 § 39b Abs. 3 S. 9 und 10 EStG wurden ab 1.1.2025 aufgehoben
22 Einführungsgesetz zum HGB, Art. 97 § 19a Abs. 2f EGAO, § 27 Abs. 40 UStG – die Aufbewahrungsfristen für Buchungsbelege bei Banken, Versicherungen und Wertpapierinstitute sollen gem. Kabinettsbeschluss v. 6.8.2025 bei zehn Jahren verbleiben, BT-Drucks. 21/1930 v. 1.10.2025
23 BMF-Schr. v. 8.7.2025 – III C 2 - S 7295/00005/003/080, BStBl I 2025, 1479
24 Siebte Verordnung zur Änderung steuerlicher Verordnungen, BR-Drucks. 626/25 v. 5.11.2025, Zustimmung Bundesrat erfolgt voraussichtlich am 19.12.2025
25 § 8 S. 2 EStDV-E; § 84 Abs. 1d S. 2 EStDV-E

2. Ausblick: Änderungen für den VZ 2026 ff.

a) Beschlossene Änderungen für den VZ 2026 ff. im Überblick

- Erhöhung des Grundfreibetrags ab VZ 2026 um 252 EUR auf 12.348 EUR[26]
- Anpassung „Eckwerte" des **ESt-Tarifs** für den **VZ 2026** zur Abmilderung der kalten Progression (mit Ausnahme des Eckwerts der sog. „Reichensteuer")[27]
- Erhöhung des **Kinderfreibetrags** ab **VZ 2026** um 78 EUR auf **3.414 EUR**[28] (je Elternteil) – einschl. des Freibetrags für den Betreuungs-, Erziehungs- und Ausbildungsbedarf in unveränderter Höhe von 1.464 EUR ergibt sich damit ein Abzugsbetrag i.H.v. insg. **4.878 EUR** je Elternteil
- Erhöhung des **Kindergeldes** ab **1.1.2026** um 4 EUR auf **259 EUR**[29]
- Ab dem **VZ 2026** setzt die Berücksichtigung eines **Behinderten-Pauschbetrags** sowie der **behinderungsbedingten Fahrtkostenpauschale** die **elektronische Übermittlung** der Feststellungen zur Behinderung voraus[30]
- Senkung des **Thesaurierungssteuersatzes nach § 34a EStG** von aktuell 28,25 % auf 27 % für den VZ 2028 und 2029, 26 % für den VZ 2030 und 2031 und auf 25 % ab dem VZ 2032
- Stpfl., die **Überschusseinkünfte** von mehr als 500.000 EUR im Kj erzielen, müssen ihre **Unterlagen** nach § 147a Abs. 1 AO mind. **6 Jahre aufbewahren**. Ab **VZ 2027** wird die Einkünftegrenze auf **750.000 EUR** erhöht – bis 2026 entstandene Aufbewahrungsfristen bleiben davon unberührt[31]

---

26 § 32a Abs. 1 Nr. 1 EStG
27 § 32a Abs. 1 EStG
28 § 32 Abs. 6 S. 1 EStG
29 § 66 Abs. 1 EStG
30 § 64 Abs. 3 EStDV; § 65 Abs. 3a EStDV; § 84 Abs. 3g EStDV
31 Art. 97 § 40 EGAO

b) Mögliche weitere Änderungen für den VZ 2026 ff. im Überblick

Zum Zeitpunkt des Redaktionsschlusses der vorliegenden Unterlagen waren u.a. die Gesetzgebungsverfahren zum ***Steueränderungsgesetz 2025***[32], ***Standortförderungsgesetz***[33], ***2. Betriebsrentenstärkungsgesetz***[34] sowie zum ***Aktivrentengesetz***[35] noch nicht abgeschlossen. Sollte der Zeitplan der Bundesregierung eingehalten werden, sollten diese Verfahren **am 19.12.2025 im BR** zur Abstimmung stehen:

Steueränderungsgesetz 2025

– Erhöhung der **Entfernungspauschale** für die ersten 20 Entfernungs-km von bisher 0,30 EUR/km auf **0,38 EUR/km** ab dem **VZ 2026** bei Fahrten zwischen Wohnung und erster Tätigkeitsstätte sowie wöchentliche Familienheimfahrten i.Z.m. einer doppelten Haushaltsführung[36] – ab dem 21. km beträgt die Pauschale bereits seit VZ 2022 0,38 EUR/Km[37] – die bisherige **Befristung bis VZ 2026** soll **aufgehoben** werden[38]

– **Aufhebung der zeitlichen Befristung** der bisher bis VZ 2026 befristeten **Mobilitätsprämie** – unverändert ab dem 21. Entfernungs-km[39]

– Erhöhung der sog. **Übungsleiterpauschale** i.S.d. § 3 Nr. 26 EStG nach von 3.000 EUR p.a. auf **3.300 EUR p.a.** ab dem **VZ 2026**[40] – außerdem ***„klarstellende"*** **Umformulierung** für alle offenen Jahre[41]

– Erhöhung der sog. **Ehrenamtspauschale** i.S.d. § 3 Nr. 26a EStG nach von 840 EUR p.a. auf **960 EUR p.a.** ab dem **VZ 2026**[42] – außerdem ***„klarstellende"*** **Umformulierung** für alle offenen Jahre[43]

– Einführung einer **Obergrenze** für den Abzug von **Unterkunftskosten bei der doppelten Haushaltsführung im Ausland** auf **2.000 EUR**, es sei denn, die Dienst- oder Werkswohnung muss verpflichtend und

32 BT-Drucks. 21/3104 v. 3.12.2025 (BT-Beschluss v. 4.12.2025)
33 BR-Drucks. 550/25 v. 10.10.2025
34 BT-Drucks. 21/3085 v. 3.12.2025 (BT-Beschluss v. 5.12.2025)
35 BT-Drucks. 21/3098 v. 3.12.2025 (BT-Beschluss v. 5.12.2025)
36 § 9 Abs. 1 S. 3 Nr. 4 S. 3 EStG-E; § 9 Abs. 1 S. 3 Nr. 5 S. 6 EStG-E
37 § 9 Abs. 1 S. 3 Nr. 4 S. 3 EStG
38 Streichung § 9 Abs. 1 S. 3 Nr. 4 S. 8 EStG; § 9 Abs. 1 S. 3 Nr. 5 S. 9 EStG
39 § 101 S. 1 EStG-E
40 § 3 Nr. 26 EStG-E
41 § 3 Nr. 26a EStG-E; § 52 Abs. 4 S. 6 EStG-E
42 § 3 Nr. 26a EStG-E
43 § 3 Nr. 26a EStG-E; § 52 Abs. 4 S. 6 EStG-E

zweckgebunden genutzt werden oder deren Kosten für Zwecke des Mietzuschusses nach § 54 des Bundesbesoldungsgesetzes als notwendig anerkannt worden sind[44]

- Verbesserung der Berücksichtigung von **Parteispenden** durch Erhöhung der **50 %igen Steuerermäßigung** nach § 34g EStG von 825 EUR (bei ZV 1.650 EUR) **auf 1.650 EUR (bei ZV 3.300 EUR)** und der Erhöhung des Abzugsbetrages für über 3.300 EUR bzw. 6.600 EUR (insoweit Berücksichtigung nach § 34g EStG) hinausgehenden Spenden als Sonderausgaben von 1.650 EUR (bei ZV 3.300 EUR) auf **3.300 EUR (bei ZV 6.600 EUR)**[45]
- Abzug von **Gewerkschaftsbeiträgen** neben dem WK-Pauschbetrag als WK[46]
- Steuerfreistellung von **Prämienzahlungen der Stiftung Deutsche Sporthilfe**, die für Platzierungen bei Olympischen oder Paraolympischen Spielen gewährt werden[47]
- Arbeitslohn, der anlässlich von Betriebsveranstaltungen gezahlt wird, soll nur mit 25 % Lohnsteuer pauschaliert werden können, wenn die Teilnahme an der Betriebsveranstaltung allen Angehörigen des Betriebs oder eines Betriebsteils offensteht[48]

Standortförderungsgesetz

- Vorgesehen ist eine Erhöhung des **Höchstbetrags** nach **§ 6b Abs. 10 EStG** von bisher 500.000 EUR auf **2 Mio. EUR** für die Übertragung stiller Reserven, die bei der **Veräußerung von Anteilen an KapG** im BV aufgedeckt werden, auf **andere Anteile an KapG, bewegliche WG und Gebäude des AV** – die Erhöhung soll erstmals für Wj, die nach dem Tag der Verkündung[49] beginnen, gelten. Der BR fordert u.a. eine Erhöhung der GWG-Grenze des § 6 Abs. 2 EStG auf 1.200 EUR sowie eine Abschaffung der Sammelpostenregelung des § 6 Abs. 2a EStG.[50]

---

44 § 9 Abs. 1 S. 3 Nr. 5 S. 4 EStG-E
45 § 10b Abs. Abs. 2 S. 1 EStG-E; § 34g S. 2 EStG-E
46 § 9a S. 2 EStG-E
47 § 3 Nr. 73 EStG-E
48 § 40 Abs. 2 S. 1 Nr. 2 EStG-E
49 § 52 Abs. 14 S. 6 EStG-E
50 BR-Drucks. 550/25 (Beschluss) v. 21.11.2025

Aktivrentengesetz[51]

- Einführung eines Steuerfreibetrags bei sozialversicherungspflichtigen Einnahmen aus nichtselbstständiger Beschäftigung i.H.v. 24.000 EUR p.a. ab dem VZ 2026, wenn der ArbN die Regelaltersgrenze erreicht hat (sog. Aktivrente)[52] und Arbeitslohn erzielt. Die steuerfreien Einnahmen sollen nicht dem Progressionsvorbehalt zu unterwerfen sein.
- Die im Koalitionsvertrag vorgesehene Einführung einer **Steuerbefreiung für Überstundenvergütungszuschläge** sind **nicht** in dem Aktivrentengesetz enthalten
- Die im Koalitionsvertrag enthaltene Einführung einer **Steuerbefreiung zusätzlicher einmaliger Prämienzahlungen für die Aufstockung der wöchentlichen Arbeitszeit** sind **nicht** in dem Aktivrentengesetz enthalten

Zweites Betriebsrentenstärkungsgesetz[53]

- Vorgesehene Änderung des § 100 EStG für arbeitgeberfinanzierte Betriebsrenten: Kopplung der Einkommensgrenze an die Beitragsbemessungsgrenze der allgemeinen Rentenversicherung, Erhöhung des max. steuerfreien Beitrags des ArbG zur Betriebsrente von 960 EUR p.a. auf 1.200 EUR p.a. und entsprechende Erhöhung des staatlichen Zuschusses für den ArbG von 288 EUR p.a. auf 360 EUR p.a. (30 % des Beitrags) ab dem VZ 2027

Kryptowert-Steuertransparenzgesetz (KStTG)[54]

- Mit dem KStTG sollen Kryptodienstleister verpflichtet werden, steuerlich relevante **Transaktionen ihrer Nutzer an die nationalen Finanzbehörden zu melden** – das Gesetz ist Teil der Umsetzung der **EU-Richtlinie DAC8 (EU-Richtlinie 2023/2226)** und soll am 1.1.2026 in Kraft treten

---

51 BT-Drucks. 21/3104 v. 3.12.2025 (BT-Beschluss v. 5.12.2025)
52 § 3 Nr. 21 EStG-E
53 BT-Drucks. 21/3104 v. 3.12.2025 (BT-Beschluss v. 5.12.2025)
54 BT-Drucks. 21/2622 v. 5.11.2025

III. Solidaritätszuschlag

1. Freigrenze und Gleitzone im VZ 2025 und 2026

Bereits mit Wirkung für den VZ 2021 wurde die **Freigrenze** des § 3 SolzG deutlich erhöht sowie eine „**Gleitzone**[55]“ eingeführt. Die Freigrenze wurde seitdem regelmäßig erhöht. Für den **VZ 2025** beträgt die Freigrenze **19.950 EUR bei EV und 39.900 EUR bei ZV**.[56] Ab dem **VZ 2026** wurden die Grenzen auf **20.350 EUR bzw. 40.700 EUR** erhöht.

Praxishinweis

Bemessungsgrundlage für den SolZ i.R.d. ESt-Veranlagung ist die tarifliche ESt. Diese ist jedoch abweichend von § 2 Abs. 6 EStG auch dann unter Abzug der **Freibeträge für Kinder nach § 32 Abs.6 EStG** zu berechnen, wenn die sog. Günstigerprüfung nach § 31 EStG (Familienleistungsausgleich) nicht greift.[57] Aufgrund der Freigrenze entsteht ein SolZ allerdings erst, wenn sich das zu versteuernde Einkommen im ESt-Tarif von 42 % befindet, sodass diese Regelung im Rahmen der ESt-Veranlagung praktisch keinen Anwendungsbereich hat. Beim **LSt-Abzug** ergibt sich durch (eingetragene) Kinderfreibeträge jedoch – soweit der Stpfl. oberhalb der o.g. Freigrenzen liegt – immer ein niedrigerer SolZ, da der Familienleistungsausgleich bei der Berechnung der LSt nicht anzuwenden ist, die Abzugsbeträge für Kinder nach Maßgabe des § 3 Abs. 2a SolZG jedoch bei der Berechnung des SolZ zu berücksichtigen sind. Die Freibeträge für Kinder führen damit nicht zu einer Reduzierung der LSt, jedoch zur **Reduzierung** eines evtl. **SolZ auf die LSt**.

Auswirkungen[58] **VZ 2025** – Einzelveranlagung (EV):

- Freigrenze bis 19.950 EUR entspricht einem zvE i.H.v. 73.483 EUR
- „Gleitzone“ wirkt bis 37.094 EUR tarifliche ESt (zvE i.H.v. 114.302 EUR)

---

55 § 4 SolzG: Der Solidaritätszuschlag beträgt 5,5 % der BMG. Er beträgt nicht mehr als 11,9 % des Unterschiedsbetrages zwischen der BMG, vermindert um die ESt nach § 32d Abs. 3 und 4 EStG und der nach § 3 Abs. 3, 4 und 5 jeweils maßgebenden Freigrenze.

56 § 3 SolzG

57 § 3 Abs. 2 SolzG

58 www.bmf-steuerrechner.de

Auswirkungen **VZ 2025** – Zusammenveranlagung (ZV):

- Freigrenze bis 39.900 EUR entspricht einem zvE i.H.v. 146.967 EUR
- „Gleitzone" wirkt bis 74.188 EUR tarifliche ESt (zvE i.H.v. 228.605 EUR)

Praxishinweis

Für die Erstellung von ESt-Erklärungen bedeutsam ist, dass die **ertragsteuerliche Belastung** einschl. SolZ auf das Einkommen **innerhalb** der jeweiligen **Gleitzonen** nicht nur 42 % ESt zzgl. 5,5 % SolZ = 44,31 %, sondern **47 %** beträgt. Dies liegt an dem Umstand, dass es sich jeweils um Frei**grenzen** handelt. D.h. der auf die Freigrenze (zunächst) nicht erhobene SolZ wird „aufgeholt", sodass sich auf das Einkommen innerhalb der Gleitzone zusätzlich 5,5 % v. 19.950 EUR = 1.097,25 EUR bzw. 5,5 % v. 39.900 EUR = 2.194,50 EUR Belastung ergeben. In der Gleitzone „versteckt" sich damit eine der sog. Reichensteuer (45 % zzgl. 5,5 % SolZ = 47,47 %) ähnliche Steuerbelastung. Folglich ist die **Ausübung einkommensmindernder Wahlrechte** (Sonderabschreibungen o.ä.) **innerhalb der Gleitzone** besonders effektiv und damit sinnvoll.

2. Verfassungsmäßigkeit des SolZ

Die Frage der Verfassungsmäßigkeit des SolZ ist immer wieder rechtsanhängig. Zuletzt hat jedoch das **BVerfG** mit seiner Entscheidung vom 26.3.2025[59] entschieden, dass *gegenwärtig* **keine Zweifel an der Verfassungsmäßigkeit der Erhebung des SolZ** bestehen.

Die FinVerw hat darauf mit entsprechenden Verwaltungsschreiben[60] reagiert, sodass SolZ-Festsetzungen **nicht mehr vorläufig** erfolgen und zum 4.8.2025 anhängige und zulässige **Einsprüche** gegen die Festsetzung des SolZ **für VZ vor 2020** per Allgemeinverfügung **zurückgewiesen** worden sind, soweit eine Verfassungswidrigkeit geltend gemacht wurde.

---

59 BVerfG, Entscheidung v. 26.3.2025 – 2 BvR 1505/20, DStR 2025, 761

60 BMF-Schr. v. 26.5.2025 – IV D 1 - S 0338/00083/001/099, BStBl I 2025, 1178 sowie gleichlautende Ländererlasse v. 4.8.2025, BStBl I 2025, 1522

IV. Änderung der Erklärungsvordrucke

1. Hauptvordruck ESt 1A

a) Zeilen 11 und 23

Klarstellend wurde in den Vordruck aufgenommen, dass die **Religionszugehörigkeit** zum 31.12. einzutragen ist.

9 Name
10 Vorname
11 Titel, akademischer Grad
12 Ausgeübter Beruf

Religionsschlüssel:
Evangelisch = EV
Römisch-Katholisch = RK
nicht kirchensteuerpflichtig = VD
Weitere siehe Anleitung

Religion am 31.12.2025

Änderung der Religion im Jahr 2025 — 1 = Austritt, 2 = Wechsel, 3 = Eintritt

Bei vorherigem Versterben dürfte die Religionszugehörigkeit im Todeszeitpunkt maßgeblich sein. Hierauf geht der Vordruck aber nicht ausdrücklich ein.

In den Erläuterungen zum Hauptvordruck wird zu den Zeilen 8 und 20 darauf hingewiesen, dass im **Sterbefall** zusätzlich eine Aufstellung der Erben und/oder – soweit vorhanden – eine Kopie des Erbscheins zusammen mit der ESt-Erklärung einzureichen ist. In Zeile 37 des Hauptvordrucks ist eine „1“ einzutragen.

Ergänzende Angaben zur Steuererklärung 86

Eine Eintragung ist in Zeile 37 nur vorzunehmen, wenn einer der dort genannten Sachverhalte vorliegt. In diesem Fall erläutern Sie bitte diese Sachverhalte in den **„Ergänzenden Angaben zur Steuererklärung“**. Die ergänzenden Angaben werden gesondert geprüft. Dies kann die Bearbeitungsdauer verlängern. Falls Sie mit der Abgabe der Steuererklärung lediglich Belege und Aufstellungen übermitteln, ist in Zeile 37 keine Eintragung vorzunehmen.

37 In dieser Steuererklärung 500

1 = konnten steuererhebliche Sachverhalte nicht erklärt werden.
2 = wird bewusst eine von der Verwaltungsauffassung abweichende Rechtsauffassung vertreten.
3 = sollen Sachverhalte personell vertieft geprüft werden.
4 = liegen mehrere der vorgenannten Gründe vor (Mehrfachauswahl).

Hinweis: Bitte übermitteln Sie Ihre ergänzenden Angaben nur für die vorstehend genannten Sachverhalte mit einer gesonderten Anlage mit der Überschrift „**Ergänzende Angaben zur Steuererklärung**“.

b) Zeile 37

Die Nutzung des **Freitextfelds** in Zeile 37 wurde auf wichtige Sachverhalte eingeschränkt. In Zeile 37 ist die entsprechende Auswahl zu treffen und eine gesonderte Anlage einzureichen.

Ergänzende Angaben zur Steuererklärung 86

Eine Eintragung ist in Zeile 37 nur vorzunehmen, wenn einer der dort genannten Sachverhalte vorliegt. In diesem Fall erläutern Sie bitte diese Sachverhalte in den **„Ergänzenden Angaben zur Steuererklärung"**. Die ergänzenden Angaben werden gesondert geprüft. Dies kann die Bearbeitungsdauer verlängern. Falls Sie mit der Abgabe der Steuererklärung lediglich Belege und Aufstellungen übermitteln, ist in Zeile 37 keine Eintragung vorzunehmen.

37 In dieser Steuererklärung 500

1 = konnten steuererhebliche Sachverhalte nicht erklärt werden.
2 = wird bewusst eine von der Verwaltungsauffassung abweichende Rechtsauffassung vertreten.
3 = sollen Sachverhalte personell vertieft geprüft werden.
4 = liegen mehrere der vorgenannten Gründe vor (Mehrfachauswahl).

Hinweis: Bitte übermitteln Sie Ihre ergänzenden Angaben nur für die vorstehend genannten Sachverhalte mit einer gesonderten Anlage mit der Überschrift **„Ergänzende Angaben zur Steuererklärung"**.

Rückblick in den Erklärungsvordruck 2024

Ergänzende Angaben zur Steuererklärung

37 Über die Angaben in der Steuererklärung hinaus sind weitere oder abweichende Angaben oder Sachverhalte zu berücksichtigen. Diese ergeben sich aus der beigefügten Anlage, welche mit der Überschrift **„Ergänzende Angaben zur Steuererklärung"** gekennzeichnet ist. 175 1 = Ja

Hinweis: Wenn über die Angaben in der Steuererklärung hinaus weitere oder abweichende Angaben oder Sachverhalte berücksichtigt werden sollen, tragen Sie bitte eine „1" ein. Gleiches gilt, wenn bei den in der Steuererklärung erfassten Angaben bewusst eine von der Verwaltungsauffassung abweichende Rechtsauffassung zugrunde gelegt wurde. Falls Sie mit Abgabe der Steuererklärung lediglich Belege und Aufstellungen einreichen, ist keine Eintragung vorzunehmen.

c) Anleitung zur Einkommensteuer-Erklärung 2025

In der Anleitung zur ESt-Erklärung 2025 wird darauf hingewiesen, dass digitale Belege auch direkt mit den entsprechenden Eingabefeldern in der ESt-Erklärung verbunden werden können (Referenzierung auf Belege – **RABE**). Eine solche Verknüpfung von Belegen wird durch die gängigen Softwareprogramme ermöglicht. Die Referenzierung auf Belege soll Finanzamtsrückfragen nach Erklärungsbearbeitung vermeiden.

2. Anlage G

a) Zeilen 80

Wird eine Veräußerung oder eine Aufgabe nach § 16 EStG oder Einkünfte nach § 17 EStG erklärt, wird die **Erwerbereigenschaft** über die Zeilen 80 und 98 hinterfragt.

Blick in den Erklärungsvordruck 2025

Zu den Zeilen 58 bis 74:

80 X Erwerber ist eine Gesellschaft, an der die veräußernde Person oder eine ihr nahestehende Person beteiligt ist (laut gesonderter Aufstellung).

81 X Die Betriebsaufgabe erstreckt sich über mehr als ein Kalenderjahr.

Zu den Zeilen 82 bis 96:

98 X Erwerber ist eine Gesellschaft, an der die veräußernde Person oder eine ihr nahestehende Person beteiligt ist (laut gesonderter Aufstellung).

Praxishinweis

Der in den Zeilen 80 und 98 bislang verwendete Wortlaut *„ein Angehöriger“* war zu eng gefasst. Denn *„nahestehende Personen“* sind nicht ausschließlich Angehörige i.S.d. § 15 AO.[61] Die Formulierungen im Erklärungsvordruck wurden daher entsprechend angepasst.

b) Zeilen 103 und 104 (neu)

Mit Zeile 103 und 104 wurden Abfragen zu Einnahmen aus nebenberuflicher Tätigkeit aufgenommen, die zum Teil steuerbefreit sind[62]. Hier wurde ein Hinweis berücksichtigt, dass **keine Anlage EÜR** einzureichen ist, wenn

- die Einnahmen ganz oder teilweise steuerfrei sind und
- keine Betriebsausgaben geltend gemacht werden.

---

61 Vgl. BFH-Urt. v. 9.5.2017 – IX R 1/16, BStBl II 2018, 94

62 Z.B. nach § 3 Nr. 26 EStG

Blick in den Erklärungsvordruck

Einnahmen aus nebenberuflicher Tätigkeit
– Eine Anlage EÜR ist nicht zu übermitteln, wenn die Einnahmen nach § 3 Nr. 12, 26, 26a und / oder 26b EStG ganz oder teilweise steuerfrei sind und keine Betriebsausgaben geltend gemacht werden. –

		Gesamtbetrag EUR	davon als steuerfrei behandelt EUR	Rest enthalten in Zeile(n)
103	aus der Tätigkeit als	,–	,–	
104	aus allen weiteren Tätigkeiten	,–	,–	

> **Praxishinweis**
>
> Einen entsprechenden Hinweis hat die FinVerw auch in die Anleitung zur Anlage EÜR 2025[63] aufgenommen.[64] Eine entsprechende Ergänzung enthält auch die Anlage S.[65]

3. Anlage Corona-Hilfen

Die Anlage Corona-Hilfen samt Infoblatt wurden **ersatzlos aufgehoben**; entsprechende Hinweise hierauf wurden von den Vordrucken entfernt.

> **Praxishinweis**
>
> Die **Anlage EÜR 2025**[66] enthält demgegenüber weiterhin eine eigene Eintragungszeile für zurückgezahlte Hilfen bzw. Zuschüsse aufgrund der Corona-Pandemie.

60	Übrige unbeschränkt abziehbare Betriebsausgaben (auch zurückgezahlte Hilfen/Zuschüsse aufgrund der Corona-Pandemie)	183	,

4. Anlage 34a

§ 34a EStG sieht eine Begünstigung der nicht entnommenen Gewinne vor. Die Änderung der Anlage 34a berücksichtigt die durch das Wachstumschancengesetz[67] beschlossenen Rechtsänderungen.[68]

---

63 BMF-Schr. v. 29.8.2025 – IV C 6 - S 2142/00023/010/001, BStBl I 2025, 1652
64 Anleitung zum Vordruck „Einnahmeüberschussrechnung – Anlage EÜR“ 2025 - Einleitung
65 Vor Zeile 57 sowie Zeile 57
66 BMF-Schr. v. 29.8.2025 – IV C 6 - S 2142/00023/010/001, BStBl I 2025, 1652
67 Wachstumschancengesetz v. 27.3.2024, BGBl I 2024, Nr. 108
68 Siehe hierzu auch BMF-Schr. v. 12.3.2025 – IV C 6 - S 2290-a/00012/001/037, BStBl I 2025, 671

a) Bisherige Zeile 13

Entnahmen für die Zahlung der ESt nach § 34a Abs. 1 S. 1 EStG und des darauf entfallenden SolZ sind bei der Berechnung des nicht entnommenen Gewinnes nicht zu berücksichtigen.[69] Aufgrund der pauschalierten Berechnung der enthaltenen Entnahmen für ESt und SolZ,[70] können diese Beträge nunmehr automationstechnisch berechnet werden. Einer gesonderten betragsmäßigen Eintragung bedarf es nunmehr nicht mehr.

Rückblick in den Erklärungsvordruck 2024

13	In Zeile 12 enthaltene Entnahmen für Einkommensteuer und Solidaritätszuschlag i. S. d. § 34a Abs. 2 Satz 2 und 3 EStG	28	,–

b) Zeile 17 und 33

Bei der vollständigen oder teilweisen **Übertragung** des **nachversteuerungspflichtigen Betrags** auf eine andere Person werden auch Angaben zum Empfänger des nachversteuerungspflichtigen Betrags abgefragt. Um einen Abgleich zu verbessern, wurden folgende Änderungen umgesetzt:

- In Zeile 28 und 32 wurde eine Abfrage aufgenommen, ob das WG auf einen anderen Betrieb/Mitunternehmeranteil der übertragenden Person übertragen wurde.
- Daneben wurden für Fälle des § 34a Abs. 5 Satz 2 EStG zusätzliche Abfragen für die Übertragung einzelner WG aufgenommen und verkennziffert. In der neuen Zeile 20 wurde das Datum der Übertragung abgefragt. In Zeile 21 ist der Name der übernehmenden Person des WG einzutragen. In Zeile 24 wird die Höhe des zu übertragenden nachversteuerungspflichtigen Betrags abgefragt. Zusätzlich wurden auch hier die IdNr. der übernehmenden Person (neue Zeile 22) und in der neuen Zeile 23 die Abfrage, ob das WG auf einen anderen Betrieb/Mitunternehmeranteil der übertragenden Person übertragen wurde, aufgenommen.
- In Zeile 29 wurde der Enumerationswert *„4"* ergänzt.

---

[69] § 34a Abs. 2 S. 2 EStG

[70] Vgl. BMF-Schr. v. 12.3.2025 – IV C 6 - S 2290-a/00012/001/037, BStBl I 2025, 671, Rz 16; vgl. auch *Gragert*, NWB 20/2025, 1383

Blick in den Erklärungsvordruck

Angaben zum nachversteuerungspflichtigen Betrag 20 / 21

Die Angaben in den Zeilen 17 bis 43 sowie 7, 8, 12 und 13 sind stets erforderlich, wenn zum 31.12.2024 ein nachversteuerungspflichtiger Betrag festgestellt wurde.

Zeile		Kz	EUR
17	Entnahmen für Erbschaft- / Schenkungsteuer i. S. d. § 34a Abs. 4 Satz 3 EStG – anteilig für diesen Betrieb – (in Zeile 12 enthalten)	30	,—
18	**Bei Antrag nach § 34a Abs. 5 Satz 2 EStG:** Buchwerte von übertragenen oder überführten Wirtschaftsgütern nach § 6 Abs. 5 EStG	31	,—
19	Bezeichnung des laut Zeile 18 übertragenen oder überführten Wirtschaftsguts (Angaben zu weiteren Wirtschaftsgütern laut gesonderter Aufstellung)		
20	Datum der Übertragung: T T M M J J J J	306	
21	Name der übernehmenden Person des Wirtschaftsguts laut Zeile 19 (Angaben zu weiteren übernehmenden Personen laut gesonderter Aufstellung)	300	
22	Identifikationsnummer der übernehmenden Person	307	
23	Das Wirtschaftsgut wurde auf einen anderen Betrieb / Mitunternehmeranteil der übertragenden Person übertragen.	308	1 = Ja
24	Höhe des zu übertragenden nachversteuerungspflichtigen Betrags **– Erläutern Sie bitte die Höhe des zu übertragenden nachversteuerungspflichtigen Betrags in einer gesonderten Aufstellung. –**	303	EUR ,—

Unentgeltliche Übertragung des Betriebs / Mitunternehmeranteils nach § 6 Abs. 3 EStG auf eine natürliche Person oder auf eine Mitunternehmerschaft, soweit dieser einer natürlichen Person als Mitunternehmer zuzurechnen ist, sowie Einbringung des Betriebs / Mitunternehmeranteils zu Buchwerten nach § 24 UmwStG

Zeile		Kz	
25	Der gesamte Betrieb / der gesamte Mitunternehmeranteil wurde übertragen / zum Buchwert eingebracht nach: (1 = § 6 Abs. 3 EStG, 2 = § 24 UmwStG)	105	106 Datum der Übertragung / Einbringung: T T M M J J J J
26	**In den Fällen des § 6 Abs. 3 EStG:** Name der übernehmenden Person des Betriebs / Mitunternehmeranteils laut Zeile 25 (Angaben zu weiteren übernehmenden Personen laut gesonderter Aufstellung)	100	
27	Identifikationsnummer der übernehmenden Person	107	
28	Der Betrieb / Mitunternehmeranteil wurde auf einen anderen Betrieb / Mitunternehmeranteil der übertragenden Person übertragen.	108	1 = Ja

Unentgeltliche Aufnahme einer natürlichen Person in das bestehende Einzelunternehmen / unentgeltliche Übertragung eines Teils des Mitunternehmeranteils auf eine natürliche Person / Einbringung eines Teils des Mitunternehmeranteils zu Buchwerten nach § 24 UmwStG

Zeile		Kz	
29	Aufnahme / Übertragung / Einbringung: (3 = unentgeltliche Aufnahme einer natürlichen Person in das bestehende Einzelunternehmen, 4 = unentgeltliche Übertragung eines Teils des Mitunternehmeranteils auf eine natürliche Person, 5 = Einbringung eines Teils des Mitunternehmeranteils zu Buchwerten nach § 24 UmwStG)	205	206 Datum der Aufnahme / Übertragung / Einbringung: T T M M J J J J
30	**In den Fällen des § 6 Abs. 3 EStG:** Name der aufgenommenen / übernehmenden Person laut Zeile 24 (Angaben zu weiteren übernehmenden Personen laut gesonderter Aufstellung)	200	
31	Identifikationsnummer der aufgenommenen / übernehmenden Person	207	
32	Ein Teil des Mitunternehmeranteils wurde auf einen anderen Betrieb / Mitunternehmeranteil der übertragenden Person übertragen.	208	1 = Ja

5. Anlage 32c (neu)

Die Anlage 32c samt Infoblatt wurde für den Antrag auf Gewährung einer Tarifermäßigung nach § 32c EStG (Tarifermäßigung bei Einkünften aus LuF) für den VZ 2025 aufgelegt.

2025

1 Name

2 Vorname

3 Steuernummer

Anlage 32c

Diese Anlage ist bei Zusammenveranlagung von Ehegatten / Lebenspartnern gemeinsam auszufüllen.

Tarifermäßigung bei Einkünften aus Land- und Forstwirtschaft

6. Anlage N

a) Zeile 20

Das dem Progressionsvorbehalt unterliegende **Qualifizierungsgeld** wird nach § 41b Abs. 1 S. 2 Nr. 5 EStG betragsmäßig in Zeile 15 der LSt-Bescheinigung 2025 ausgewiesen.[71] Dieser Betrag wird elektronisch in Zeile 20 des neuen Erklärungsvordrucks übernommen.

20 Kurzarbeitergeld, Zuschuss zum Mutterschaftsgeld, Verdienstausfallentschädigung (Infektionsschutzgesetz), Aufstockungsbeträge nach dem Altersteilzeitgesetz, Altersteilzeitzuschläge nach Besoldungsgesetzen, Qualifizierungsgeld (laut Nr. 15 der Lohnsteuerbescheinigung) 119 EUR ,– ⓔ

[71] BMF-Schr. v. 17.2.2025 – IV C 5 - S 2533/00123/006, BStBl I 2025, 650

b) Zeilen 57 und 59

Zur Klarstellung, dass für denselben Zeitraum nicht zum häuslichen Arbeitszimmer und zur Tagespauschale gleichzeitig Angaben gemacht werden, wurden vor den Zeilen 57 und 58 entsprechende Hinweise aufgenommen.

Häusliches Arbeitszimmer, das den Mittelpunkt der gesamten betrieblichen und beruflichen Tätigkeit bildet
Bitte nur ausfüllen, wenn für denselben Zeitraum **keine** Eintragungen zur Tagespauschale in den Zeilen 58 und 59 vorgenommen werden.
– tatsächliche Aufwendungen oder
– Jahrespauschale i. H. v. 1.260 € (bei nicht ganzjährig vorliegenden Voraussetzungen zeitanteilig)

Zeile		Kennzahl	EUR
57		325	,–

Tagespauschale (bei beruflicher Tätigkeit im Homeoffice)
Bitte nur ausfüllen, wenn für denselben Zeitraum **keine** Eintragung zum häuslichen Arbeitszimmer in Zeile 57 vorgenommen wird.
– Die Tagespauschale wird von Ihrem Finanzamt anhand Ihrer Angaben zur Anzahl der Tage berechnet. –

Zeile		Kennzahl	
58	Für die berufliche Tätigkeit steht **ein anderer Arbeitsplatz** zur Verfügung: Anzahl der Kalendertage, an denen die berufliche Tätigkeit **ganz** oder **überwiegend** in der häuslichen Wohnung ausgeübt und **keine** erste Tätigkeitsstätte aufgesucht wurde **– Diese Kalendertage dürfen nicht in Zeile 59 enthalten sein. –**	335	
59	Für die berufliche Tätigkeit steht **dauerhaft kein anderer Arbeitsplatz** zur Verfügung: Anzahl der Kalendertage, an denen die berufliche Tätigkeit (auch) in der häuslichen Wohnung ausgeübt wurde **– Diese Kalendertage dürfen nicht in Zeile 58 enthalten sein. –**	336	

7. Anlage KAP – Verlustverrechnungen (bisherige Zeilen 21, 24 und 25)

Unter dem Eintragungsblock „Kapitalerträge, die nicht dem inländischen Steuerabzug unterlegen haben“, wurden die Zeilen zu den **Verlustverrechnungsbeschränkungen** nach § 20 Abs. 6 S. 5 und 6 EStG **entfernt**. Hintergrund hierfür ist, dass diese Regelungen durch das JStG 2024 ersatzlos aufgehoben wurden.

Rückblick in den Erklärungsvordruck 2024

Kapitalerträge, die nicht dem inländischen Steuerabzug unterlegen haben
– ohne Investmenterträge laut **Anlage KAP-INV** –

Zeile		Kennzahl	EUR
18	Inländische Kapitalerträge (ohne Beträge laut den Zeilen 24 bis 26a)	230/430	,–
19	Ausländische Kapitalerträge (ohne Beträge laut den Zeilen 24, 25, 26a und 52)	234/434	,–
20	In den Zeilen 18 und 19 enthaltene Gewinne aus Aktienveräußerungen i. S. d. § 20 Abs. 2 Satz 1 Nr. 1 EStG	232/432	,–
21	In den Zeilen 18 und 19 enthaltene Einkünfte aus Stillhalterprämien und Gewinne aus Termingeschäften	631/831	,–
22	In den Zeilen 18 und 19 enthaltene Verluste **ohne** Verluste aus der Veräußerung von Aktien	235/435	,–
23	In den Zeilen 18 und 19 enthaltene Verluste aus der Veräußerung von Aktien i. S. d. § 20 Abs. 2 Satz 1 Nr. 1 EStG	236/436	,–
24	Verluste aus Termingeschäften	635/835	,–
25	Verluste aus der ganzen oder teilweisen Uneinbringlichkeit einer Kapitalforderung, Ausbuchung, Übertragung wertlos gewordener Wirtschaftsgüter i. S. d. § 20 Abs. 1 EStG oder aus einem sonstigen Ausfall von Wirtschaftsgütern i. S. d. § 20 Abs. 1 EStG	636/836	,–
26	Zinsen, die vom Finanzamt für Steuererstattungen gezahlt wurden (ohne an das Finanzamt zurückgezahlte Zinsen für Steuererstattungen) ***– Bitte Anleitung beachten. –***	260/460	,–
26a	Prozess- und Verzugszinsen	237/437	,–

Blick in den Erklärungsvordruck 2025

Kapitalerträge, die nicht dem inländischen Steuerabzug unterlegen haben
– ohne Investmenterträge laut **Anlage KAP-INV** –

Zeile		Kennzahl	EUR
18	Inländische Kapitalerträge (ohne Beträge laut den Zeilen 26 und 26a)	230/430	,–
19	Ausländische Kapitalerträge (ohne Beträge laut den Zeilen 26a und 52)	234/434	,–
20	In den Zeilen 18 und 19 enthaltene Gewinne aus Aktienveräußerungen i. S. d. § 20 Abs. 2 Satz 1 Nr. 1 EStG	232/432	,–
21 frei 22	In den Zeilen 18 und 19 enthaltene Verluste **ohne** Verluste aus der Veräußerung von Aktien	235/435	,–
23	In den Zeilen 18 und 19 enthaltene Verluste aus der Veräußerung von Aktien i. S. d. § 20 Abs. 2 Satz 1 Nr. 1 EStG	236/436	,–
24 und 25 frei 26	Zinsen, die vom Finanzamt für Steuererstattungen gezahlt wurden (ohne an das Finanzamt zurückgezahlte Zinsen für Steuererstattungen) *– Bitte Anleitung beachten. –*	260/460	,–
26a	Prozess- und Verzugszinsen	237/437	,–

> ## Praxishinweis
>
> Die Zeilen 9, 14 und 15 betreffen Kapitalerträge, die dem inländischen Steuerabzug unterlegen haben. Hier wurden die Abfragen zu § 20 Abs. 6 S. 5 und 6 EStG **nicht** entfernt, da zur Ausstellung von Steuerbescheinigungen eine Übergangsregelung für Kapitalerträge, die vor dem 1.1.2026 zufließen, besteht.[72] Entsprechendes gilt auch für die Anlage KAP-BET.

Kapitalerträge, die dem inländischen Steuerabzug unterlegen haben

Zeile			Beträge laut Steuerbescheinigung(en) EUR		korrigierte Beträge (laut gesonderter Aufstellung) EUR
7	Kapitalerträge	210/410	,–	220/420	,–
8	In Zeile 7 enthaltene Gewinne aus Aktienveräußerungen	212/412	,–	222/422	,–
9	In Zeile 7 enthaltene Einkünfte aus Stillhalterprämien und Gewinne aus Termingeschäften	611/811	,–	621/821	,–
10	In Zeile 7 enthaltene Gewinne aus der Veräußerung bestandsgeschützter Alt-Anteile i. S. d. § 56 Abs. 6 Satz 1 Nr. 2 InvStG	219/419	,–	229/429	,–
11	In Zeile 7 enthaltene Ersatzbemessungsgrundlage	214/414	,–	224/424	,–
12	Nicht ausgeglichene Verluste **ohne** Verluste aus der Veräußerung von Aktien	215/415	,–	225/425	,–
13	Nicht ausgeglichene Verluste aus der Veräußerung von Aktien	216/416	,–	226/426	,–
14	Verluste aus Termingeschäften	615/815	,–	625/825	,–
15	Verluste aus der ganzen oder teilweisen Uneinbringlichkeit einer Kapitalforderung, Ausbuchung, Übertragung wertlos gewordener Wirtschaftsgüter i. S. d. § 20 Abs. 1 EStG oder aus einem sonstigen Ausfall von Wirtschaftsgütern i. S. d. § 20 Abs. 1 EStG	616/816	,–	626/826	,–

72 BMF-Schr. v. 16.5.2025 – IV C 1 - S 2401/00008/014/051, BStBl I 2025, 1388, Rz 71

Die Anleitung zur Anlage KAP weist ebenso auf die geänderte Rechtslage hin.

Zeile 14 und 15 (Neu!)

Die Verlustverrechnungsbeschränkung nach § 20 Abs. 6 Satz 5 und 6 EStG für Verluste aus

- der ganzen oder teilweisen Uneinbringlichkeit einer Kapitalforderung,
- der Ausbuchung wertloser Wirtschaftsgüter i. S. d. § 20 Abs. 1 EStG,
- der Übertragung wertloser Wirtschaftsgüter i. S. c. § 20 Abs. 1 EStG auf einen Dritten,
- einem sonstigen Ausfall von Wirtschaftsgütern i. S. d. § 20 Abs. 1 EStG oder
- Termingeschäften

wurde aufgehoben. Da nicht alle Banken umgehend ihre IT-Systeme umstellen konnten, kann es sein, dass Ihre Verluste in der Steuerbescheinigung noch als Verluste nach § 20 Abs. 6 Satz 5 oder 6 EStG und mit Verweis auf die Zeilen 14 und / oder 15 ausgewiesen werden. Übernehmen Sie dann bitte die Daten aus der Steuerbescheinigung in die Anlage KAP. Ihr Finanzamt wird die erklärten Verluste automatisch mit allen positiven Kapitalerträgen für Sie verrechnen. Ab dem 1. Januar 2026 werden alle inländischen Banken die Verluste aus Termingeschäften und Forderungsausfällen nicht mehr gesondert ausweisen, sondern sofort mit allen anderen positiven Kapitalerträgen verrechnen. **Liegt Ihnen keine (Steuer-)Bescheinigung Ihres ausländischen Kreditinstituts vor, entnehmen Sie die Verluste aus den Abrechnungsunterlagen des Kreditinstituts / der depotführenden Stelle.** Tragen Sie die Ihnen entstandenen Verluste dann in die Zeilen 18 und / oder 19 und zusätzlich in Zeile 22 ein. Wenn es sich um Verluste aus der wertlosen Ausbuchung von Aktien handelt, tragen Sie die Verluste nicht in Zeile 22, sondern zusätzlich in Zeile 23 ein. **Auf Anforderung Ihres Finanzamts müssen Sie die von Ihnen erklärten Verluste durch eine (Steuer-)Bescheinigung oder die Abrechnungsunterlagen nachweisen.**

8. Anlage KAP-INV

Zeile 34 wurde aufgrund der Erhöhung des Basiszinssatzes auf 2,29 % angepasst.[73] Von diesem Basiszinssatz werden 70 % bei der Berechnung der Vorabpauschale berücksichtigt.[74] Der Wert in Zeile 34 wurde bereits um 30 % gemindert (2,29 % x 70 % = 1,603 %).

Praxishinweis

Die Vorabpauschale für 2024 gilt beim Anleger als am ersten Werktag des folgenden Kj zugeflossen.[75]

Ermittlung der Vorabpauschalen zu den Zeilen 9 bis 13

– Investmentanteile, die im Jahr 2024 in unterschiedlichen Monaten angeschafft wurden, sind jeweils in einer eigenen Spalte zu erfassen. Für Investmentanteile, die bis zum 31.12.2024 veräußert wurden, ist keine Vorabpauschale zu berechnen. –

Zeile		1. Investmentfonds	2. Investmentfonds
	Allgemeine Angaben zum Investmentfonds		
30	ISIN		
31	Fondsbezeichnung		
32	Art des Investmentfonds	1 = Aktienfonds 2 = Mischfonds 3 = Immobilienfonds 4 = Auslands-Immobilienfonds 5 = sonstiger Investmentfonds	1 = Aktienfonds 2 = Mischfonds 3 = Immobilienfonds 4 = Auslands-Immobilienfonds 5 = sonstiger Investmentfonds
	Ermittlung des Basisertrags	EUR Ct	EUR Ct
33	Rücknahme-, Börsen- oder Marktpreis für einen Investmentanteil zu Beginn des Kalenderjahres 2024		
34	Basisertrag (Zeile 33 × 1,603 %)		

---

73 BMF-Schr. v. 5.1.2024 – IV C 1 - S 1980-1/19/10038:008, BStBl I 2024, 154

74 § 18 Abs. 1 InvStG

75 Weitergehend: „Die Einkommensteuererklärung 2024“, Seite 24 ff.

Auf den geänderten Basiszins weist auch die Anleitung zum Erklärungsvordruck hin.

Zeile 30 bis 45
Ermittlung der Vorabpauschalen

Die Zeilen 30 bis 45 sind für jeden Investmentfonds getrennt auszufüllen. Investmentanteile, die im Jahr 2024 in unterschiedlichen Monaten angeschafft wurden, sind jeweils in einer eigenen Spalte zu erfassen. Sofern Sie im Jahr 2025 Anteile an mehr als zwei Investmentfonds gehalten haben, die sie bereits auch schon 2024 im Bestand hatten, reichen Sie bitte weitere Anlagen KAP-INV ein. Die Eintragungen in Zeile 45 aller Anlagen KAP-INV sind getrennt für jede Fondsart zusammenzurechnen und die jeweiligen Summen sodann in die Zeilen 9, 10, 11, 12 und / oder 13 der ersten Anlage KAP-INV zu übertragen.

Der Basisertrag wird ermittelt durch Multiplikation des Rücknahmepreises des Investmentanteils zu Beginn des Kalenderjahres oder des an dessen Stelle tretenden Börsen- oder Marktpreises mit dem jährlich festgelegten Rechnungszins. Der Rechnungszins ergibt sich aus der Multiplikation des Basiszinses 2024 von 2,29 % mit 70 % = 1,603 % (Schreiben des Bundesministeriums der Finanzen vom 5. Januar 2024, Bundessteuerblatt [BStBl] I Seite 154).

Neu!

9. Anlage V – Zeilen 7 und 8

Bisher wurden die maßgeblichen Daten für die Berechnung **der (Gebäude-) AfA** nicht abgefragt. Aus diesem Grund wurden die Zeilen 7 und 8 ergänzt.

Blick in den Erklärungsvordruck

Anleitung vorhanden

2025

Anlage V

Diese Anlage ist bei Zusammenveranlagung von Ehegatten / Lebenspartnern gemeinsam auszufüllen.

1 Name
2 Vorname
3 Steuernummer — lfd. Nr. der Anlage

Einkünfte aus Vermietung/Verpachtung bebauter Grundstücke

Allgemeine Angaben 25

Lage des Grundstücks / der Eigentumswohnung

4 Straße, Hausnummer
5 Postleitzahl — Ort
6 00 — Aktenzeichen laut Grundsteuermessbescheid (ohne Sonderzeichen) – bisher Einheitswert-Aktenzeichen –
7 Notar- / Kaufvertrag vom T T M M J J J J — Eigentumsübergang am T T M M J J J J — Bauantrag / Bauanzeige / Baubeginnsanzeige vom T T M M J J J J — Fertig gestellt am T T M M J J J J
8 53 — Veräußert / Übertragen am T T M M J J J J — Eigentumsübergang bei Veräußerung / Übertragung am T T M M J J J J
9 Wirtschafts-Identifikationsnummer D E -

Rückblick in den Erklärungsvordruck 2024

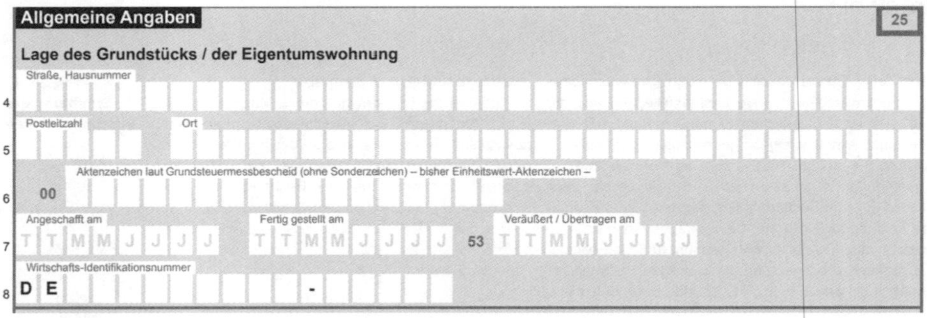
Allgemeine Angaben 25
Lage des Grundstücks / der Eigentumswohnung
4 Straße, Hausnummer
5 Postleitzahl Ort
6 Aktenzeichen laut Grundsteuermessbescheid (ohne Sonderzeichen) – bisher Einheitswert-Aktenzeichen – 00
7 Angeschafft am TTMMJJJJ Fertig gestellt am TTMMJJJJ 53 Veräußert / Übertragen am TTMMJJJJ
8 Wirtschafts-Identifikationsnummer DE -

10. Anlage R-AUS

a) Auslandssachverhalte und erhöhte Mitwirkungspflicht

Die Anlage R-AUS enthält – wie auch die Anlage AUS – einen Hinweis, wonach Belege in Kopien einzureichen sind.

Grds. besteht zwar seit 2017 die sog. Belegvorhaltepflicht, sodass Belege nur auf Anforderung des FA beizufügen sind. In **Auslandssachverhalten** besteht jedoch eine **erhöhte Mitwirkungspflicht**[76] bzw. sind Nachweise über die Anrechnung von ausländischer Steuer zu führen.[77]

Blick in den Erklärungsvordruck 2025

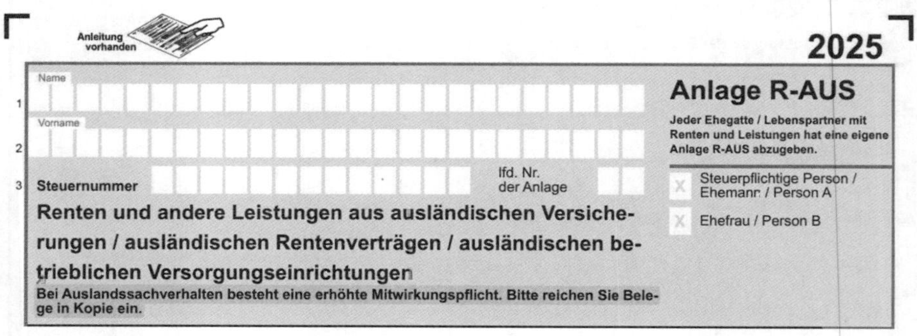
Anleitung vorhanden
2025
1 Name
2 Vorname
3 Steuernummer lfd. Nr. der Anlage
Anlage R-AUS
Jeder Ehegatte / Lebenspartner mit Renten und Leistungen hat eine eigene Anlage R-AUS abzugeben.
Steuerpflichtige Person / Ehemann / Person A
Ehefrau / Person B
Renten und andere Leistungen aus ausländischen Versicherungen / ausländischen Rentenverträgen / ausländischen betrieblichen Versorgungseinrichtungen
Bei Auslandssachverhalten besteht eine erhöhte Mitwirkungspflicht. Bitte reichen Sie Belege in Kopie ein.

76 § 90 Abs. 2 AO
77 § 68b EStDV

b) Zeilen 22, 23, 26 und 29

Mit dem JStG 2024[78] wurde § 22 Nr. 5 S. 2 EStG ergänzt. Nach bisherigem Recht unterliegen Leistungen aus ausländischen betrieblichen Altersversorgungseinrichtungen (Pensionsfonds, Pensionskassen, Direktversicherungen) selbst dann **nicht der vollen nachgelagerten Besteuerung** nach § 22 Nr. 5 S. 1 EStG, wenn die zu besteuernden Leistungen auf Beiträgen beruhen, die im Ausland begünstigt oder steuerfrei gestellt wurden.

Mit der **Neufassung** des § 22 Nr. 5 S. 2 EStG sind nunmehr Leistungen voll zu versteuern, die auf Beiträgen in eine ausländische Versorgungseinrichtung beruhen, für die bei der deutschen Besteuerung oder der Besteuerung in einem anderen Staat eine vergleichbare steuerliche Freistellung oder Begünstigung gewährt wurde.

Praxishinweis

Diese Leistungen sollen auch dann dem System der nachgelagerten Besteuerung zugeführt werden, wenn die steuerliche Förderung während der Beitragsphase nicht im Inland, sondern nur nach ausländischem Steuerrecht erfolgte. Betroffen hiervon sind insbesondere Fälle, in denen während einer Auslandstätigkeit keine unbeschränkte Steuerpflicht bestand. Besondere Bedeutung dürfte die Neuregelung für Auszahlungen aus Pensionsplänen aus den USA (z.B. § 401(k) IRC) haben.[79]

Bei den Eintragungen im Erklärungsvordruck muss unterschieden werden, ob die Leistungen auf in der Ansparphase geförderten oder nicht geförderten Beiträgen beruhen.

[78] JStG 2024 v. 5.12.2024, BGBl I 2024, Nr. 387
[79] *Von Arps-Aubert/Hagemann/Höppner*, NWB 45/2024, 3112

Blick in den Erklärungsvordruck

Leistungen aus ausländischen betrieblichen Altersversorgungseinrichtungen, die mit inländischen betrieblichen Altersversorgungseinrichtungen vergleichbar sind

Zeile			1. Rente		2. Rente
21	Staat des Leistungsbezugs				
22	Leistungen aus einer ausländischen betrieblichen Altersversorgungseinrichtung, soweit diese auf im Inland oder im Ausland geförderten Beiträgen beruhen	721	EUR ,–	741	EUR ,–
23	Lebenslange Leibrente aus einer ausländischen betrieblichen Altersversorgungseinrichtung, soweit diese auf im Inland oder im Ausland nicht geförderten Beiträgen beruht	722	,–	742	,–
24	Beginn der Rente	723	T T M M J J J J	743	T T M M J J J J
25	Geburtsdatum einer anderen Person, von deren Lebenszeit die Laufzeit der Rente (auch) abhängt; bei Garantiezeitrenten das Geburtsdatum der verstorbenen versicherten Person	724	T T M M J J J J	744	T T M M J J J J
26	Abgekürzte Leibrente aus einer ausländischen betrieblichen Altersversorgungseinrichtung, soweit diese auf im Inland oder im Ausland nicht geförderten Beiträgen beruht	725	EUR ,–	745	EUR ,–
27	Beginn der Rente	726	T T M M J J J J	746	T T M M J J J J
28	Die Rente erlischt / wird umgewandelt spätestens am	727	T T M M J J J J	747	T T M M J J J J
29	Einmalleistungen aus einer ausländischen betrieblichen Altersversorgungseinrichtung, soweit diese auf im Inland oder im Ausland nicht geförderten Beiträgen beruhen	728	EUR ,–	748	EUR ,–
30	Datum des Vertragsabschlusses	729	T T M M J J J J	749	T T M M J J J J
31	Nachzahlungen für mehrere vorangegangene Jahre (in den Zeilen 22, 23 und / oder 26 enthalten)	792	EUR ,–	793	EUR ,–

11. Anlage Sonderausgaben

a) Grundsätzliches

Sonderausgaben mit Ausnahme von Versicherungsaufwendungen und Altersvorsorgebeiträgen sind in der Anlage Sonderausgaben einzutragen.

Blick in den Erklärungsvordruck

Anleitung vorhanden

2025

Anlage Sonderausgaben

Diese Anlage ist bei Zusammenveranlagung von Ehegatten / Lebenspartnern gemeinsam auszufüllen.

Zeile	
1	Name
2	Vorname
3	Steuernummer

Angaben zu Sonderausgaben
– Ohne Versicherungsaufwendungen und Altersvorsorgebeiträge –

b) Vor Zeile 29

Um eine engere Verknüpfung zur Anlage U herzustellen, wurde der Hinweis *„Bitte Anleitung beachten"* angebracht.

Blick in den Erklärungsvordruck

Unterhaltsleistungen laut Anlage U – ohne Kindesunterhalt – an den
- geschiedenen Ehegatten, Lebenspartner einer aufgehobenen Lebenspartnerschaft
- dauernd getrennt lebenden Ehegatten / Lebenspartner

Angaben zur 1. unterstützten Person
– Bitte Anleitung beachten. –

c) Zeilen 29, 33 und 40

Bei den Unterhaltsleistungen lt. Anlage U und den Ausgleichsleistungen zur Vermeidung des Versorgungsausgleichs wurde **bislang** der *„tatsächlich gezahlte"* Betrag abgefragt.

Praxishinweis

Die bisherige Formulierung im Spaltenkopf bezieht sich nur auf Geldleistungen.

Als Unterhaltsleistungen oder Ausgleichsleistungen können **auch Sachleistungen** (z.B. der Mietwert einer unentgeltlich überlassenen Wohnung[80]) geltend gemacht werden. Daher wurden die Formulierungen angepasst.

Blick in den Erklärungsvordruck

Unterhaltsleistungen laut Anlage U – ohne Kindesunterhalt – an den
- geschiedenen Ehegatten, Lebenspartner einer aufgehobenen Lebenspartnerschaft
- dauernd getrennt lebenden Ehegatten / Lebenspartner

Angaben zur 1. unterstützten Person
– Bitte Anleitung beachten. –

tatsächlich erbracht
EUR

Name und Geburtsdatum der unterstützten Person

29 116 ,—

d) Zeilen 22/23 und 25/26

Da auch bei Versorgungsleistungen aus Dauernden Lasten nicht nur Barleistungen, sondern auch Sachleistungen vorliegen können, wurden die bestehenden Abfragen in den Zeilen 22 und 25 geändert in *„tatsächlich gezahlte*

[80] BFH-Urt. v. 29.6.2022 – X R 33/20, BStBl II 2023, 237

Geldleistungen" und zusätzliche Abfragen in den Zeilen 23 und 26 für *„tatsächlich erbrachte Sachleistungen"* aufgenommen.

Blick in den Erklärungsvordruck

- 2 -

21	Gezahlte Versorgungsleistungen aus Renten laut gesonderter und einheitlicher Feststellung	150 %	151	EUR ,–
	Gezahlte und erbrachte Versorgungsleistungen aus Dauernden Lasten laut Vertrag			
	Angaben zur 1. empfangsberechtigten Person			
22	Rechtsgrund, Datum des Vertrags	tatsächlich gezahlte Barleistungen	100	EUR ,–
23	Name und Geburtsdatum der empfangsberechtigten Person	tatsächlich erbrachte Sachleistungen	161	,–
24	144 Identifikationsnummer der empfangsberechtigten Person	Die empfangsberechtigte Person hat ihren Wohnsitz / gewöhnlichen Aufenthalt im Inland	155	1 = Ja 2 = Nein
	Angaben zur 2. empfangsberechtigten Person			
25	Rechtsgrund, Datum des Vertrags	tatsächlich gezahlte Barleistungen	145	EUR ,–
26	Name und Geburtsdatum der empfangsberechtigten Person	tatsächlich erbrachte Sachleistungen	162	,–
27	146 Identifikationsnummer der empfangsberechtigten Person	Die empfangsberechtigte Person hat ihren Wohnsitz / gewöhnlichen Aufenthalt im Inland	156	1 = Ja 2 = Nein
28	Gezahlte und erbrachte Versorgungsleistungen aus Dauernden Lasten laut gesonderter und einheitlicher Feststellung		152	,–

12. Anlage Außergewöhnliche Belastungen

a) Zeilen 11 bis 20 (Pflege-Pauschbetrag)

Die Abfragen zum Pflege-Pauschbetrag[81] wurden in ihrer Reihenfolge geändert und um Abfragen ergänzt.

In den Zeilen 11 und 12 wurde eine Freitextangabe zu den Angaben der pflegebedürftigen Person aufgenommen.

In Zeile 17 wurde ergänzt, dass sich die Wohnung der gepflegten Person im Inland oder im EU-/EWR-Ausland befinden kann.

In Zeile 18 wurde eine Abfrage zur Anzahl der weiteren an der Pflege beteiligten Personen aufgenommen. Sollte die Pflege nur durch eine Person, also allein, ausgeführt werden, ist eine *„0"* einzutragen.

---

81 § 33b Abs. 6 EStG

Blick in den Erklärungsvordruck 2025

Zeile	Pflege-Pauschbetrag	Kz	Eintragung
	– bei erstmaliger Beantragung / Änderung bitte Nachweis in Kopie einreichen –		
	Angaben zur pflegebedürftigen Person		
	Name, Anschrift, Geburtsdatum und Verwandtschaftsverhältnis der pflegebedürftigen Person		
11			
12			
13	Identifikationsnummer der pflegebedürftigen Person	202	
14	Die pflegebedürftige Person hat ihren Wohnsitz / gewöhnlichen Aufenthalt im Inland	204	1 = Ja 2 = Nein
15	Für die pflegebedürftige Person wurde folgender Pflegegrad festgestellt	203	2 = Pflegegrad 2 3 = Pflegegrad 3 4 = Pflegegrad 4 oder 5
16	Für die pflegebedürftige Person wurde das Merkzeichen „H“ festgestellt	205	1 = Ja
	Angaben zur pflegenden Person		
17	Die **unentgeltliche** persönliche Pflege einer pflegebedürftigen Person in ihrer oder in meiner Wohnung im Inland oder in einem EU- / EWR-Staat erfolgte durch	200	1 = Steuerpflichtige Person / Ehemann / Person A 2 = Ehefrau / Person B 3 = beide Ehegatten / Lebenspartner
	Angaben zu an der Pflege beteiligten Personen		
18	Anzahl der weiteren an der Pflege beteiligten Personen **– Sofern an der Pflege keine weiteren Personen beteiligt waren, tragen Sie bitte eine „0“ ein. –**	201	
	Name, Anschrift und Geburtsdatum der weiteren an der Pflege beteiligten Person(en) sowie Verwandtschaftsverhältnis zur pflegebedürftigen Person		
19			

Als Pflege-Pauschbetrag[82] wird auch im VZ 2025 unverändert gewährt:

- Pflegegrad 2 — 600 EUR
- Pflegegrad 3 — 1.100 EUR
- Pflegegrad 4 oder 5 — 1.800 EUR

b) Zeilen 32 ff. (Bestattungskosten)

Die bisherige Abfrage zu den Bestattungskosten wurde aufgegliedert in **zwei eigene Abfragen** zum Gesamtwert des Nachlasses und zu den erhaltenen oder zu erwartenden Versicherungsleistungen. Bislang waren beide Abfragen in einer Zeile zusammengefasst.

Blick in den Erklärungsvordruck 2025

Zeile	Bestattungskosten (z. B. Grabstätte, Sarg, Todesanzeige)	Kz	EUR
	Art der Aufwendungen		
32			
33	Summe der Aufwendungen	310	,—
34	Summe der erhaltenen und / oder zu erwartenden Versicherungsleistungen, Beihilfen, Unterstützungen usw. (ggf. „0“)	311	,—
35	Gesamtwert des Nachlasses (z. B. Bargeld, Bankguthaben, Grundstücke, Wertpapiere, Lebensversicherungen, Nachlassverbindlichkeiten)	314	,—

82 § 33b Abs. 6 EStG

Rückblick in den Erklärungsvordruck 2024

	Bestattungskosten (z. B. Grabstätte, Sarg, Todesanzeige)		
30	Art der Aufwendungen		
31	Summe der Aufwendungen	310	EUR ,–
32	Wert des Nachlasses sowie Summe der erhaltenen und / oder zu erwartenden Versicherungsleistungen, Beihilfen, Unterstützungen usw. (ggf. „0")	311	,–

13. Anlage Unterhalt

a) Zeilen 4 bis 9 (neu)

Da die Angaben zur Berechnung der Opfergrenze auch bei in Papierform abgegebenen ESt-Erklärungen relevant sind, bisher jedoch noch keine Abfrage erfolgte, wurden Abfragen aufgenommen (siehe nachstehende Abbildung). In den Zeilen 7 und 8 wurde zudem im Klammerzusatz darauf hingewiesen, dass zu den ESt-Zahlungen auch die KiSt- und SolZ-Zahlungen zu berücksichtigen sind.

Anleitung vorhanden

2025

Anlage Unterhalt

Diese Anlage ist bei Zusammenveranlagung von Ehegatten / Lebenspartnern gemeinsam auszufüllen.

Für jeden unterstützten Haushalt bitte eine eigene Anlage Unterhalt abgeben.

1	Name	
2	Vorname	
3	Steuernummer	lfd. Nr. der Anlage

Angaben zu Unterhaltsleistungen an bedürftige Personen

Eigene Einnahmen und Zahlungen der unterhaltsleistenden Person(en)

– Diese Angaben sind nicht erforderlich, wenn Unterhalt an einen (ggf. auch geschiedenen) Ehegatten / Lebenspartner gezahlt wird. –

Die Eintragungen in den Zeilen 4 bis 9 sind nur in der ersten Anlage Unterhalt erforderlich.

		EUR
4	Öffentliche Ausbildungshilfen (z. B. BAföG-Zuschüsse)	,–
5	Sozialleistungen (z. B. Wohngeld)	,–
6	Übrige Bezüge (z. B. aus Minijobs)	,–
7	Einkommensteuerzahlungen (einschließlich Kirchensteuer und Solidaritätszuschlag)	,–
8	Einkommensteuererstattungen (einschließlich Kirchensteuer und Solidaritätszuschlag)	,–
	Weitere steuerfreie Einnahmen (z. B. Arbeitnehmer-Sparzulage, Baukindergeld)	
9	Bezeichnung	,–

Die Abfrage zum Nettomonatslohn der unterstützenden steuerpflichtigen Person in der bisherigen Zeile 20 konnte aufgrund der Abbildung der Abfragen zur Berechnung der Opfergrenze in den Zeilen 4 bis 9 entfallen.

> **Praxishinweis**
>
> Durch die Opfergrenze wird sichergestellt, dass die Unterhaltsleistungen in einem angemessenen Verhältnis zum Nettoeinkommen stehen.[83]

b) Abschnittsüberschriften zu den Zeilen 10 bis 18

Es erfolgte eine Umgestaltung der Anlage Unterhalt. Die Abfragen zu den bisherigen Zeilen 4 bis 12 (neue Zeile 10 bis 18) wurden unterhalb der neuen Abschnittsüberschrift

> *„Angaben zum Haushalt der unterstützten Person(en) und zu Unterhaltsleistungen"*

angeordnet. Die bisherigen Abschnittsüberschriften *„Haushalt, in dem die unterstützte(n) Person(en) lebte(n)"* (bisher vor Zeile 4) und *„Aufwendungen für den Unterhalt"* (bisher vor Zeile 7) wurden als Zwischenüberschrift umgestaltet (nunmehr vor Zeile 10 und vor Zeile 13).

Angaben zum Haushalt der unterstützten Person(en) und zu Unterhaltsleistungen

Haushalt, in dem die unterstützte(n) Person(en) lebte(n)

10 Anschrift dieses Haushaltes

11 Wohnsitzstaat, wenn Ausland

Die Eintragungen in den Zeilen 12 bis 18 sind nur in der ersten Anlage Unterhalt je Haushalt erforderlich.

12 Anzahl der Personen, die in dem Haushalt laut Zeile 10 lebten — Anzahl

Aufwendungen für den Unterhalt

1. Unterhaltszeitraum (1. Angabe)

		vom	bis
13	Unterstützungszeitraum, für den Unterhalt geleistet wurde	T T M M	T T M M
14	Zeitraum, in dem die Zahlungen für den Unterhalt geleistet wurden (Tag der ersten Zahlung bis Tag der letzten Zahlung)	T T M M	T T M M
15	Höhe der Unterhaltszahlung – ohne Bargeldzahlung – (einschließlich Beiträge zu Basis-Kranken- und Pflegeversicherungen laut den Zeilen 41 und / oder 72, die von der unterstützten Person als Versicherungsnehmer geschuldet und von mir getragen wurden oder von mir als getragen gelten)		EUR

2. Unterhaltszeitraum

		vom	bis
16	Unterstützungszeitraum, für den Unterhalt geleistet wurde	T T M M	T T M M
17	Zeitraum, in dem die Zahlungen für den Unterhalt geleistet wurden (Tag der ersten Zahlung bis Tag der letzten Zahlung)	T T M M	T T M M
18	Höhe der Unterhaltszahlung – ohne Bargeldzahlung – (einschließlich Beiträge zu Basis-Kranken- und Pflegeversicherungen laut den Zeilen 43 und / oder 74, die von der unterstützten Person als Versicherungsnehmer geschuldet und von mir getragen wurden oder von mir als getragen gelten)		EUR

---

83 Siehe hierzu BMF-Schr. v. 15.10.2025 – IV C 3 - S 2285/000317001/025, BStBl I 2025, 1772, Rz 16 ff. inkl. Anwendungsbeispiel in Rz 23

Mit dem JStG 2024[84] wurde in § 33a Abs. 1 Satz 12 EStG geregelt, dass Geldzahlungen ab 2025 nur noch dann steuerlich anerkannt werden, wenn sie auf das Konto der unterhaltenen Person überwiesen werden.[85]

> **Praxishinweis**
>
> Die Abfrage zu Bank- oder Postüberweisungen von Unterhaltszahlungen in der bisherigen Zeile 13 konnte ebenfalls entfallen, da dieser Betrag bereits in Zeile 9 und/oder 12 enthalten ist.

Um klarzustellen, dass nunmehr keine Bargeldzahlungen von Unterhalt mehr in der Höhe der zu erklärenden Unterhaltszahlungen enthalten sein dürfen, wurde in den Zeilen 15 und 18 die Parenthese *„– ohne Bargeldzahlung –“* aufgenommen.

Die bisherigen Abfragen zu Unterhaltszahlungen durch Bargeldübergaben und Bargeldmitnahmen bei Familienheimfahrten in den Zeilen 14 bis 19 sind vor diesem Hintergrund entfallen.

Rückblick in den Erklärungsvordruck 2024

Weitere Angaben zu Unterhaltsleistungen an im Ausland lebende Personen

Unterhaltszahlungen durch Bank- oder Postüberweisung (in den Zeilen 9 und / oder 12 enthalten)

Zeile		EUR
13	Betrag	,–

Unterhaltszahlungen durch Übergabe von Bargeld (in den Zeilen 9 und / oder 12 enthalten)

Zeile	Einreisedatum	Übergabedatum	Mitgenommener Betrag EUR
14	T T M M J J J J	T T M M J J J J	,–
15	T T M M J J J J	T T M M J J J J	,–

Unterhaltszahlungen im Rahmen von Familienheimfahrten zum Ehegatten / Lebenspartner (in den Zeilen 9 und / oder 12 enthalten)

Zeile	Einreisedatum	Übergabedatum	Mitgenommener Betrag EUR
16	T T M M J J J J	T T M M J J J J	,–
17	T T M M J J J J	T T M M J J J J	,–
18	T T M M J J J J	T T M M J J J J	,–
19	T T M M J J J J	T T M M J J J J	,–

Nettomonatslohn der unterstützenden steuerpflichtigen Person

Zeile		EUR
20	Betrag	,–

2024AnlUnterhalt191 - September 2024 - 2024AnlUnterhalt191

---

84 JStG 2024 v. 5.12.2024, BGBl I 2024, Nr. 387

85 Siehe hierzu auch BMF-Schr. v. 15.10.2025 – IV C 3 - S 2285/00031 7/001/025, BStBl I 2025, 1772, Rz 37 mit Verweis auf das BMF-Schr. v. 15.10.2025 – IV C 3 - S 2285/00031/001/024, BStBl I 2025, 1779, Rz 13 ff.

Praxishinweis

Nach § 33a Abs. 1 S. 1 EStG entspricht der Unterhaltshöchstbetrag dem im jeweiligen VZ geltenden **Grundfreibetrag**. Dieser Betrag erhöht sich um die im Veranlagungszeitraum für die unterhaltene Person aufgewandten Beiträge zur Basis-Kranken- u. Pflegepflichtversicherung. In R 33a.1 Abs. 5 EStR wird hierzu ergänzend ausgeführt, dass es für die Erhöhung des Unterhaltshöchstbetrags nicht notwendig ist, dass die Beiträge tatsächlich von dem Unterhaltsverpflichteten gezahlt oder erstattet wurden. **Für die Erhöhung des Höchstbetrages genügt es, wenn dieser seiner Unterhaltsverpflichtung nachkommt.** Aus diesem Grund wurde in den Zeilen 15, 18, 41, 43, 72 und 74 die Ergänzung *„...oder von mir als getragen gelten"* vorgenommen.

14. Anlage AV

Die bisherigen Abfragen zu Kinder-Angaben, für die ein Anspruch auf Kinderzulage besteht, wurden auf der Anlage AV vollständig gestrichen und in die Anlage Kind verschoben.

Blick in den Erklärungsvordruck 2025 (Anlage AV)

Angaben zu Kindern, für die ein Anspruch auf Kinderzulage besteht

Angaben zu Kindern, für die ein Anspruch auf Kinderzulage besteht, nehmen Sie bitte in Zeile 26 der entsprechenden Anlage Kind vor.

Blick in den Erklärungsvordruck 2025 (Anlage Kind)

Angaben zur Kinderzulage bei steuerlicher Förderung von Altersvorsorgebeiträgen (sog. Riester-Verträge) 39

– Eintragungen sind nur erforderlich, wenn Sie auf der **Anlage AV** einen zusätzlichen Sonderausgabenabzug für Altersvorsorgebeiträge beantragen. –

26 Welche Person hat für 2025 Anspruch auf die Kinderzulage für dieses Kind?
– Wurde die Kinderzulage im Antrag auf Altersvorsorgezulage beansprucht, müssen die Angaben übereinstimmen. – 501
1 = Steuerpflichtige Person / Ehemann / Person A
2 = Ehefrau / Person B
3 = andere Person
4 = keine Person (kein Anspruch auf Kinderzulage)

Zeile 26
Kinderzulage bei steuerlicher Förderung von Altersvorsorgebeiträgen (sog. Riester-Verträge)

Neu!

Ein Eintrag ist hier nur dann erforderlich, sofern Sie auf der **Anlage AV** einen zusätzlichen Sonderausgabenabzug für Altersvorsorgebeiträge beantragen wollen.

Anspruch auf Kinderzulage besteht bei einer Zulageberechtigung für jedes Kind, für das für mindestens einen Monat im Jahr 2025 Kindergeld festgesetzt worden ist. Hat die Familienkasse das Kindergeld im Laufe des Jahres gegenüber mehreren zulageberechtigten Personen festgesetzt, ist der Bezug für den ersten Anspruchszeitraum im Jahr 2025 (in der Regel: Monat Januar) maßgebend.

Bei leiblichen Eltern, Adoptiv- oder Pflegeeltern,

- die ihren Wohnsitz oder gewöhnlichen Aufenthalt in einem EU- / EWR-Staat haben,
- die miteinander verheiratet sind und
- die im Jahr 2025 nicht oder nur teilweise dauernd getrennt gelebt haben,

steht die Kinderzulage der Mutter zu. Dies gilt unabhängig davon, ob das Kindergeld gegenüber dem Vater oder der Mutter festgesetzt worden ist. Sie können aber zusammen festlegen, dass davon abweichend der Vater die Kinderzulage in Anspruch nimmt.

Bei Eltern, die miteinander eine gleichgeschlechtliche Ehe oder eine Lebenspartnerschaft führen, und die die oben genannten Voraussetzungen zum Wohnsitz und zum Zusammenleben erfüllen, steht die Kinderzulage der Person zu, gegenüber der das Kindergeld festgesetzt worden ist. Sie können aber zusammen festlegen, dass davon abweichend der andere Elternteil die Kinderzulage in Anspruch nimmt.

Tragen Sie bitte hier die Person ein, die im gegenseitigen Einvernehmen die Kinderzulage bei der Zulagengewährung in Anspruch nimmt. Die Angaben zur Beantragung der Kinderzulage im Antrag auf Altersvorsorgezulage müssen mit dieser Angabe übereinstimmen.

Dies gilt auch im Fall der Einzelveranlagung von Ehegatten / Lebenspartnern.

15. Anlage SO

a) Grundsätzliches

In der Anlage SO sind Sonstige Einkünfte mit Ausnahme von Renten und Leistungen aus Altersvorsorgeverträgen einzutragen.

Anleitung vorhanden

2025

1	Name	**Anlage SO** Diese Anlage ist bei Zusammenveranlagung von Ehegatten / Lebenspartnern gemeinsam auszufüllen.
2	Vorname	
3	Steuernummer	

Sonstige Einkünfte
(ohne Renten und ohne Leistungen aus Altersvorsorgeverträgen)

b) Zeilen 6 bis 8

In Zeile 6 wurde bislang nur der Betrag der **Unterhaltsleistungen** in einer Summe abgefragt. Bislang fehlten auf der Anlage SO Abfragen zu den Basis-Kranken- und Pflegeversicherungsbeiträgen, die zu einer Erhöhung des Höchstbetrages von 13.805 EUR führen können, wenn Sie vom Unterhaltsleistenden übernommen werden.

- In Zeile 6 werden nunmehr die in Zeile 5 enthaltenen Beiträge zur Basis-Kranken- und gesetzlichen Pflegeversicherung abgefragt.
- In Zeile 7 werden die in Zeile 6 enthaltenen Beiträge abgefragt, die auf Krankenversicherungsbeiträge mit Anspruch auf Krankengeld entfallen.

Blick in den Erklärungsvordruck

Unterhaltsleistungen
– Bitte Anleitung beachten. –

Zeile			EUR		EUR
5	Unterhaltsleistungen, soweit sie vom Geber als Sonderausgaben abgezogen werden können, laut **Anlage U**	146	,–	147	,–
6	In Zeile 5 enthaltene Beiträge (abzüglich Erstattungen und Zuschüsse) zur Basis-Kranken- und gesetzlichen Pflegeversicherung laut **Anlage U**	148	,–	149	,–
7	Davon entfallen auf Krankenversicherungsbeiträge mit Anspruch auf Krankengeld laut **Anlage U**	150	,–	151	,–

c) Zeilen 9 ff.

Die bisherige Abfrage in der Zeile 9 zu Ausgleichsleistungen zur Vermeidung des Versorgungsausgleichs wurde um die Zeile 8 (Versorgungsleistungen, die auf besonderen Verpflichtungsgründen beruhen) und um die Zeile 10 (Ausgleichszahlungen i.R.d. Versorgungsausgleichs) ergänzt.

Die Abfragen werden zudem entsprechend der gesetzlichen Reihenfolge sortiert.

Blick in den Erklärungsvordruck

Versorgungsleistungen, die auf besonderen Verpflichtungsgründen beruhen

Zeile			EUR		EUR
8	Versorgungsleistungen, die auf besonderen Verpflichtungsgründen beruhen	140	,–	141	,–

Ausgleichsleistungen zur Vermeidung des Versorgungsausgleichs

Zeile			EUR		EUR
9	Ausgleichsleistungen zur Vermeidung des Versorgungsausgleichs, soweit sie vom Geber als Sonderausgaben abgezogen werden können, laut **Anlage U**	144	,–	145	,–

Ausgleichszahlungen im Rahmen des Versorgungsausgleichs

Zeile			EUR		EUR
10	Ausgleichszahlungen im Rahmen des Versorgungsausgleichs	142	,–	143	,–

d) Zeile 14

Die Anlage SO berücksichtigt eine Änderung der Begrifflichkeit *„virtuelle Währungen u. sonstige Token“* in *„Kryptowerte“*.

Entsprechend der Präzisierung *„(passives) Staking“* im BMF-Schreiben vom 6.3.2025[86] wurde die Abfrage in Zeile 14 entsprechend ergänzt.

Blick in den Erklärungsvordruck 2025

Leistungen

Angaben zu Tätigkeiten im Zusammenhang mit Kryptowerten
– Angaben sind hier nur erforderlich, sofern es sich nicht um Einkünfte aus anderen Einkunftsarten handelt (z. B. aus Gewerbebetrieb oder Kapitalvermögen). –
Hinweis: Angaben zu privaten Veräußerungsgeschäften machen Sie bitte in den Zeilen 45 bis 51 sowie 58 und 59.

Zeile					
14	Haben Sie Einkünfte aus Mining, Forging, (passivem) Staking, Lending und / oder der Teilnahme an Airdrops oder ähnlichen Vorgängen erzielt? Falls „Ja“:	162	1 = Ja	163	1 = Ja
			EUR		EUR
15	Einnahmen im Zusammenhang mit Kryptowerten:		,–		,–

---

[86] BMF-Schr. v. 6.3.2025 – IV C 1 - S 2256/00042/064/043, BStBl I 2025, 658, Rz 13 und 48

16. Anlage Sonstiges – Zeile 23 (neu)

Um in der ESt-Erklärung eine Erklärungsmöglichkeit für anrechenbare Bauabzugsteuer nach § 48 ff. EStG zu haben und damit aus Sicht der FinVerw einen zusätzlichen Aufgriff zu haben, wurde analog zur KSt-Erklärung eine entsprechende Abfrage aufgenommen.

Steuerabzug bei Bauleistungen (Bauabzugsteuer)

23 Es liegt anrechenbare Bauabzugsteuer nach §§ 48 ff. EStG vor. 1 = Ja

Blick in die Anleitung zum Erklärungsvordruck

Zeile 23
Bauabzugsteuer

Sie haben im Jahr 2025 Bauleistungen erbracht und der Leistungsempfänger hat von der Gegenleistung einen Steuerabzug von 15 % vorgenommen?
Dann wird der Steuerabzugsbetrag ggf. auf Ihre Einkommensteuer angerechnet. Tragen Sie dazu bitte in Zeile 23 eine „1" ein. Beachten Sie bitte, dass Ihr Finanzamt den Steuerabzugsbetrag ggf. vorrangig auf die von Ihnen einbehaltene und angemeldete Lohnsteuer sowie Ihre Einkommensteuervorauszahlungen anrechnet. Die Höhe des Steuerabzugsbetrags können Sie dem Abrechnungsbeleg Ihres Leistungsempfängers entnehmen.

17. Anlage AUS

a) Auslandssachverhalte und erhöhte Mitwirkungspflichten

Die Anlage AUS enthält einen Hinweis, wonach Belege in Kopien einzureichen sind. Grds. besteht zwar seit 2017 die sog. Belegvorhaltepflicht, sodass Belege nur auf Anforderung des FA beizufügen sind. In Auslandssachverhalten besteht jedoch eine erhöhte Mitwirkungspflicht[87] bzw. sind Nachweise über die Anrechnung von ausländischer Steuer zu führen.[88]

Praxishinweis

Einen entsprechenden Hinweis enthält auch die Anlage N-AUS und die Anlage WA-ESt.

---

[87] § 90 Abs. 2 AO
[88] § 68b EStDV

b) Zeilen 15 und 16

In den Zeilen 15 und 16 wurden unter dem Abschnitt „Anrechnung ausländischer Steuer nach § 50d Abs. 7 S. 2 EStG“ Abfragen für die Einkünfte nach § 50d Abs. 7 EStG und die anrechenbare ausländische Steuer nach § 50d Abs. 7 S. 2 EStG aufgenommen.

Blick in den Erklärungsvordruck 2025

Anrechnung ausländischer Steuer nach § 50d Abs. 7 Satz 2 EStG
(in der **Anlage N** enthalten)

15	Einkünfte i. S. d. § 50d Abs. 7 EStG	827	EUR ,—
16	Anrechenbare ausländische Steuer nach § 50d Abs. 7 Satz 2 EStG	828	EUR , Ct

2025AnlAUS141 - Oktober 2025 - 2025AnlAUS141

18. Anlage WA-ESt

a) Grundsätzliches

Auf der Anlage WA-ESt wurde ein Hinweis aufgenommen, wonach Belege in Kopien einzureichen sind. Grds. besteht zwar seit 2017 die sog. Belegvorhaltepflicht, sodass Belege nur auf Anforderung des FA beizufügen sind. In Auslandssachverhalten besteht jedoch eine erhöhte Mitwirkungspflicht.[89]

Blick in den Erklärungsvordruck

Anleitung vorhanden

2025

Anlage WA-ESt
Diese Anlage ist bei Zusammenveranlagung von Ehegatten / Lebenspartnern gemeinsam auszufüllen.

1 Name
2 Vorname
3 Steuernummer

Weitere Angaben und Anträge in Fällen mit Auslandsbezug
Bei Auslandssachverhalten besteht eine erhöhte Mitwirkungspflicht. Bitte reichen Sie Belege in Kopie ein.

---

89 § 90 Abs. 2 AO

b) Zeilen 8 und 9

Zu den Anteilen i.S.d. § 17 Abs. 1 S. 1 EStG zählen gem. § 17 Abs. 1 S. 3 EStG auch Anteile an einer optierenden Gesellschaft i.S.d. § 1a KStG. Die Formulierung der Zeile 8 wurde angepasst.

Mit dem JStG 2024[90] wurde mit § 19 Abs. 3 InvStG i.d.F. des JStG 2024 ab dem 1.1.2025[91] eine ***„Wegzugsbesteuerung“*** im Hinblick auf **Investmentanteile** eingeführt, wonach bei im PV gehaltenen Investmentanteilen unter bestimmten Voraussetzungen der Veräußerung von Investmentanteilen zum gemeinen Wert gleichgestellt sind.

Praxishinweis

In diesen Fällen ist nach § 19 Abs. 3 S. 5 InvStG i.d.F. des JStG 2024 keine KapESt zu erheben und die entsprechenden Veräußerungsgewinne sind in der Anlage KAP-INV zu erfassen. In Anlehnung an die bestehende Zeile 8 der Anlage WA-ESt wurde in die Zeile 9 eine Abfrage aufgenommen.

Blick in den Erklärungsvordruck

	Bei Beendigung der unbeschränkten Steuerpflicht	Steuerpflichtige Person / Ehemann / Person A		Ehefrau / Person B	
8	Mir gehörte im Zeitpunkt der Beendigung der unbeschränkten Steuerpflicht (Wegzug) eine Beteiligung i. S. d. § 17 EStG an einer in- oder ausländischen Kapitalgesellschaft / Genossenschaft / optierenden Gesellschaft i. S. d. § 1a KStG (zur Ermittlung des fiktiven Veräußerungsgewinns bitte die Zeilen 82 bis 95 der **Anlage G** ausfüllen).	171	1 = Ja 2 = Nein	172	1 = Ja 2 = Nein
9	Mir gehörten im Zeitpunkt der Beendigung der unbeschränkten Steuerpflicht (Wegzug) Investmentanteile i. S. d. § 19 Abs. 3 InvStG (zur Erfassung und Ermittlung des fiktiven Veräußerungsgewinns bitte die Zeilen 14 bis 28 und 46 bis 56 der **Anlage KAP-INV** ausfüllen).	101	1 = Ja 2 = Nein	102	1 = Ja 2 = Nein
10	Ich beabsichtige innerhalb von 7 Jahren nach dem Zeitpunkt der Beendigung der unbeschränkten Steuerpflicht wieder ins Inland zurückzukehren.		1 = Ja 2 = Nein		1 = Ja 2 = Nein
11	Im Zeitraum zwischen Beendigung der unbeschränkten Steuerpflicht bis zur Abgabe der Einkommensteuererklärung 2025 lag mein Wohnsitz zumindest zeitweise in einem niedrig besteuernden Gebiet i. S. d. § 2 Abs. 2 AStG.	169	1 = Ja 2 = Nein	170	1 = Ja 2 = Nein

---

[90] JStG 2024, BGBl I 2024, Nr. 387
[91] Vgl. § 57 Abs. 10 Nr. 7 InvStG i.d.F. des JStG 2024

c) Zeilen 12 und 18

Die Formulierung zu Nachweisführungen in Fällen des § 1 Abs. 3 EStG (unbeschränkte Steuerpflicht auf Antrag) wurde offener formuliert. Es müssen nicht notwendigerweise die von der FinVerw zur Verfügung gestellten Bescheinigungen EU/EWR oder außerhalb EU/EWR verwendet werden.

Angaben zum Antrag auf unbeschränkte Steuerpflicht (§ 1 Abs. 3 EStG)

– Nur bei Personen ohne Wohnsitz oder gewöhnlichen Aufenthalt im Inland, die beantragen, als unbeschränkt steuerpflichtig behandelt zu werden –

12 X Ich beantrage für die Anwendung personen- und familienbezogener Steuervergünstigungen als unbeschränkt steuerpflichtig behandelt zu werden.
Ein Nachweis ist einzureichen (z. B. „Bescheinigung EU / EWR“ oder „Bescheinigung außerhalb EU / EWR“).

Angaben bei Angehörigen des deutschen öffentlichen Dienstes ohne Wohnsitz oder gewöhnlichen Aufenthalt im Inland, die im dienstlichen Auftrag außerhalb der EU oder des EWR tätig sind

18 X Ich beantrage die Anwendung familienbezogener Steuervergünstigungen.
Ein Nachweis ist einzureichen (z. B. „Bescheinigung EU / EWR“).

V. Einkommensteuererklärung und Verfahrensrecht

1. Abgabefristen, Pflicht zur Abgabe der Erklärung und Festsetzungsverjährung

a) Frist zur Abgabe der Steuererklärungen für die VZ 2023 - 2026

Durch das Vierte Gesetz zur Umsetzung steuerlicher Hilfsmaßnahmen zur Bewältigung der Corona-Krise (4. Corona-Steuerhilfegesetz) vom 19.6.2022[92] wurden u.a. umfangreiche Verlängerungen der Erklärungsfristen für die VZ **2023 - 2024** beschlossen. Ab dem VZ 2025 sind aktuell keine gesetzlichen Fristverlängerungen vorgesehen.

Das BMF hat mit Schreiben vom 23.6.2022[93] Anwendungsfragen zu den Fristverlängerungen erläutert. Sofern ein Termin auf ein Wochenende oder einen Feiertag fällt, ist in den Tabellen der nächste Werktag angegeben.[94]

Für **nicht beratene** Stpfl. ergeben sich die folgenden Termine:

VZ	nicht beratene Stpfl.	mit LuF
2023	2.9.2024	28.2.2025
2024	31.7.2025	2.2.2026
2025	**31.7.2026**	**1.2.2027**
2026	2.8.2027	31.1.2028

Für **beratene** Stpfl. sind die folgenden Termine maßgeblich:

VZ	beratene Stpfl.	mit LuF
2023	2.6.2025	31.10.2025
2024	30.4.2026	30.9.2026
2025	**1.3.2027**	**2.8.2027**
2026	29.2.2028	31.7.2028

---

92 4. Corona-Steuerhilfegesetz v. 19.6.2022, BGBl I 2022, 911
93 BMF-Schr. v. 23.6.2022 – IV A 3 - S 0261/20/10001 :018, BStBl I 2022, 938
94 § 108 Abs. 3 AO

Praxishinweis

Für KapG, und damit auch für eine **GmbH**, sind die **JÄ innerhalb eines Jahres nach dem Abschlussstichtag des Geschäftsjahres offenzulegen**[95], für eine GmbH mit Bilanzstichtag 31.12.2024 somit bis zum 31.12.2025.

Bei einer Verletzung der Offenlegungspflicht droht den Mitgliedern des vertretungsberechtigten Organs einer KapG die Festsetzung eines **Ordnungsgeldes**[96] durch das Bundesamt für Justiz (BfJ). Das Ordnungsgeldverfahren kann auch gegen die KapG durchgeführt werden.

Für Abschlüsse, die bis zum **31.12.2024** offenzulegen waren, hatte das BfJ auf seiner Webseite mitgeteilt, vor dem 1.4.2025 kein Ordnungsgeldverfahren einzuleiten. Damit sollten angesichts der anhaltenden Nachwirkungen der Ausnahmesituation der COVID-19-Pandemie die Belange der Beteiligten angemessen berücksichtigt werden.

Ob auch für Abschlüsse, die bis zum **31.12.2025** offenzulegen sind, eine Schonfrist gewährt wird, war bei Redaktionsschluss nicht ersichtlich.

b) Antragsveranlagung

(1) Grundsätzliches

Liegt für den VZ 2025 **kein Fall der Pflichtveranlagung**[97] vor, so gelten die Abgabefristen nicht und die Festsetzungsverjährung ist zu berücksichtigen. Die Festsetzungsverjährung[98] endet mit Ablauf des **31.12.2029**. Die dreijährige Anlaufhemmung[99] gilt in den Fällen der sog. Antragsveranlagung[100] nicht.

---

95 § 325 HGB
96 § 335 HGB
97 Zur Steuerhinterziehung durch Unterlassung der Abgabe einer Pflichtveranlagung: siehe BFH-Urt. v. 14.5.2025 – VI R 14/22, Juris
98 § 169 Abs. 2 S. 1 Nr. 2 AO
99 § 170 Abs. 2 S. 1 Nr. 1 AO
100 § 46 Abs. 2 Nr. 8 EStG

(2) Antragsveranlagung und Antrag auf Günstigerprüfung[101]

Der BFH[102] hatte über den folgenden, vereinfacht dargestellten Sachverhalt zu entscheiden:

- Die Klägerin erzielte in den Streitjahren 2014 und 2015 Einkünfte aus nichtselbstständiger Arbeit, von denen LSt einbehalten worden war.
- Daneben hatte sie in beiden Jahren Einkünfte aus KapV, die der KapSt mit abgeltender Wirkung[103] unterlegen hatten. Im Jahr 2015 erzielte sie zudem ausländische Einnahmen aus KapV i.H.v. rd. 2.700 EUR.
- Im Jahr 2019 gab sie eine ESt-Erklärung für das Jahr 2014 ab und beantragte gleichzeitig mit der Erklärung für die Einkünfte aus KapV die Günstigerprüfung.[104]

Wie der BFH ausführte, sei bereits mit **Ablauf des 31.12.2018 Festsetzungsverjährung** eingetreten und eine Veranlagung somit nicht mehr möglich.

Eine Pflichtveranlagung sei nicht durchzuführen gewesen, da der einzige in Frage kommende Veranlagungsgrund *„...positive Summe der Einkünfte, die nicht dem Steuerabzug vom Arbeitslohn unterlegen haben, ... mehr als 410 EUR ...“*[105] nicht erfüllt gewesen sei.

Praxishinweis

Die Einnahmen aus KapV, die der KapESt unterlagen, seien nach § 2 Abs. 5b EStG nicht in diese Prüfung einzubeziehen. Die dreijährige Anlaufhemmung[106] für den Beginn der Festsetzungsfrist habe somit nicht gegolten.

Ein Antrag auf Günstigerprüfung für Einkünfte aus KapV, die der KapSt unterlegen haben, begründe für sich betrachtet keine Pflichtveranlagung und könne daher auch keine Anlaufhemmung für den Beginn der Festsetzungsfrist auslösen.

---

101 § 32d Abs. 6 EStG
102 BFH-Urt. v. 14.5.2025 – VI R 17/23, StED 2025, 487
103 § 43 Abs. 5 S. 1 EStG
104 § 32d Abs. 6 EStG
105 § 46 Abs. 2 Nr. 1 EStG
106 § 170 Abs. 2 S. 1 Nr. 1 AO

Dem stehe auch nicht entgegen, dass die Günstigerprüfung gedanklich an die Abgabe einer Steuererklärung anknüpfe beziehungsweise diese voraussetze, da sie nur insoweit durchgeführt werden könne.

Praxishinweis

Etwas anderes gelte nach der o.g. BFH-Entscheidung, wenn Einnahmen aus KapV vorlägen, die nicht der KapSt unterlagen (z.B. ausländische Kapitaleinnahmen) und diese die Pflichtveranlagungsgrenze von 410 EUR überschreiten. In diesem Fall müsse eine Veranlagung nach § 32d Abs. 3 S. 1 i.V.m. § 46 Abs. 2 Nr. 1 EStG durchgeführt werden. Damit käme die dreijährige Anlaufhemmung zur Anwendung. Bis zum Ablauf der Festsetzungsfrist könne – wie im Entscheidungsfall für das Jahr 2015 – dann auch ein wirksamer Antrag auf Günstigerprüfung gestellt werden. Der BFH betonte mit seiner aktuellen Entscheidung, dass in die 410-EUR-Grenze auch die mangels Steuerabzugs unversteuert gebliebenen Kapitalerträge – trotz § 2 Abs. 5b EStG – einzubeziehen seien.

Zu beachten ist bei Anwendung von § 46 Abs. 2 Nr. 1 EStG, dass die **Einkünfte** die 410 EUR-Grenze zu überschreiten haben. Bei Prüfung, ob diese Grenze überschritten ist, ist auch der Sparer-Pauschbetrag[107] zu berücksichtigen.

c) Veranlagung in den Fällen eines Verlustvortrags

Wurde auf den Schluss des vorangegangenen VZ ein verbleibender Verlustvortrag festgestellt, so ist für den unmittelbar folgenden VZ eine Pflichtveranlagung durchzuführen[108].

2. Verspätungszuschlag gem. § 152 AO

Mit Wirkung ab dem VZ 2018 wurde in § 152 Abs. 2 AO der sog. „obligatorische Verspätungszuschlag (VerspZ)“ eingeführt. Die Höhe beträgt bei Steuererklärungen, die für ein Kj abzugeben sind, für jeden angefangenen Monat der eingetretenen Verspätung 0,25 % der Nachzahlung, mindestens jedoch 25 EUR für jeden angefangenen Monat.[109]

---

107 § 20 Abs. 9 EStG

108 § 56 S. 2 EStDV; vgl. hierzu auch BFH-Urt. v. 30.3.2017 – VI R 43/15, BStBl II 2017, 1046

109 § 152 Abs. 5 AO

Kommt ein obligatorischer VerspZ nicht in Betracht[110], hat das FA die Möglichkeit, i.R.e. **Ermessensentscheidung** einen VerspZ nach § 152 Abs. 1 AO festzusetzen. Das Ermessen betrifft aber nur die Frage, **ob** ein VerspZ festgesetzt wird. Die Höhe ist ggf. identisch mit der eines obligatorischen VerspZ, also auch in Erstattungsfällen mind. 25 EUR je angefangenen Monat.[111]

Zu der Frage, **welche Kriterien das FA bei der Ermessensausübung zu beachten hat**, sind mehrere Verfahren beim BFH anhängig, da die FG dies zu der ab dem VZ 2018 geltenden Rechtslage unterschiedlich beurteilen. Bis zum Redaktionsschluss lagen noch keine Entscheidungen des BFH vor.[112]

3. Säumniszuschläge (§ 240 AO)

a) Verfassungsmäßigkeit der Höhe des Säumniszuschlags

Wird eine Steuer nicht fristgerecht gezahlt, entstehen für jeden angefangen Monat der Säumnis Säumniszuschläge i.H.v. 1 %[113].

Nach dem VII.[114] und X.[115] Senat des BFH hat nun auch der XI.[116] Senat in einem Hauptsacheverfahren entschieden, dass die gesetzliche Höhe der Säumniszuschläge auch für Zeiträume nach dem 31.12.2018 **verfassungsgemäß** ist.

b) Erlass von Säumniszuschlägen aus Billigkeitsgründen

Wird eine Steuer nicht fristgerecht gezahlt, entstehen für jeden angefangen Monat der Säumnis Säumniszuschläge (SZ) i.H.v. 1 %.[117] Wird eine Steuerfestsetzung aufgehoben oder zu Gunsten des Stpfl. geändert, bleiben die bis zur Änderung entstandenen SZ verwirkt.

---

110 § 152 Abs. 3 AO
111 Zu weiteren Einzelheiten siehe „Die Einkommensteuererklärung 2018“, Seite 18
112 Zur Übersicht über die anhängigen Verfahren siehe „Die Einkommensteuererklärung 2024“, Seite 38
113 § 240 Abs. 1 S. 1 AO
114 BFH-Urt. v. 23.8.2022 – VII R 21/21, BStBl II 2023, 304
115 BFH-Urt. v. 23.8.2023 – X R 30/21, BStBl II 2024, 215
116 BFH-Urt. v. 19.2.2025 – XI R 18/23, BStBl II 2025, 479
117 § 240 AO

Praxishinweis

Soweit Aussetzung der Vollziehung[118] (AdV) gewährt wurde, entstehen mangels Vollziehbarkeit keine Säumniszuschläge.

Wird eine angefochtene Steuerfestsetzung im außergerichtlichen oder gerichtlichen Verfahren aufgehoben oder zu Gunsten des Stpfl. geändert und wurde eine beantragte **AdV nicht gewährt**, obwohl dies möglich und geboten war, können die entstandenen SZ erlassen werden. Nach Auffassung der FinVerw setzt ein Erlass aus Billigkeitsgründen[119] – zumindest bislang – aber voraus, dass der Stpfl. **alle außergerichtlichen und gerichtlichen** Möglichkeiten ausgeschöpft hat, um die AdV zu erreichen.[120]

Praxishinweis

Dieser restriktiven Auffassung hat der BFH mit Urteil vom 25.2.2025[121] **widersprochen.**

Die Kläger hatten in dem Entscheidungsfall gegen eine Steuerfestsetzung Einspruch eingelegt und AdV beantragt. Die AdV wurde abgelehnt, ein Einspruch gegen die Ablehnung der AdV blieb ebenfalls erfolglos. Der Steuerbescheid wurde rund ein Jahr später zu Gunsten der Kläger geändert, nachdem entscheidungserhebliche Feststellungen zu Einkünften aus einer Beteiligung vorlagen. Den Erlass der SZ i.H.v. rd. 140.000 EUR lehnte das FA mit der Begründung ab, der Kläger hätte **nicht alle** Möglichkeiten zur Erlangung einer AdV ausgeschöpft, weil er gegen die Ablehnung der AdV noch **beim FG hätte klagen können.**

Hierzu führte der BFH aus, dass ein **zusätzlicher AdV-Antrag bei Gericht** nur dann erforderlich sei, wenn besondere Umstände vorlägen. Ansonsten könne der Erlass von Säumniszuschlägen nicht allein mit der Begründung abgelehnt werden, der Stpfl. habe es versäumt, AdV auch noch bei Gericht zu beantragen. Habe der Stpfl. seinen AdV-Antrag beim FA ausreichend substantiiert, habe er grundsätzlich **alles Erforderliche getan**, um AdV zu erlangen.

118 § 361 AO
119 § 227 AO
120 AEAO § 240 Tz 5 Buchst. f
121 BFH-Urt. v. 25.2.2025 – VIII R 2/23, BFH/NV 2025, 921

4. Zinsen

a) Beginn der Vollverzinsung nach § 233a AO

Korrespondierend zur Verlängerung der Abgabefristen[122] wurde auch der Beginn der Vollverzinsung für die **VZ 2021 - 2024** verschoben. Grds. beginnt die Verzinsung 15 Monate nach Ablauf des VZ. Für die VZ 2021 - 2025 beginnt die Verzinsung zu den folgenden Terminen:

VZ	allgemeiner Zinslauf Beginn	mit überwiegend LuF Beginn
2021	1.10.2023	1.6.2024
2022	1.9.2024	1.5.2025
2023	1.7.2025	1.3.2026
2024	1.6.2026	1.2.2027
2025	1.4.2027	1.12.2027

b) Erlass von Nachzahlungszinsen (§ 233a AO) bei freiwilligen Zahlungen vor Festsetzung der Steuer

Maßgebend für die Zinsberechnung ist die **festgesetzte** Steuer, vermindert um die anzurechnenden Steuerabzugsbeträge … und um die bis zum Beginn des Zinslaufs **festgesetzten** Vorauszahlungen (Unterschiedsbetrag).[123] **Freiwillige** Zahlungen haben somit grds. **keinen** Einfluss auf die Höhe der **festzusetzenden** Zinsen i.S.d. § 233a AO.

In der seit 2022 gültigen Fassung des § 233a AO bestimmt der neu eingefügte Absatz 8 aber Folgendes:

> *„Zinsen auf einen Unterschiedsbetrag zuungunsten des Steuerpflichtigen (Nachzahlungszinsen) sind entweder nicht festzusetzen oder zu erlassen, soweit Zahlungen oder andere Leistungen auf eine später wirksam gewordene Steuerfestsetzung erbracht wurden, die Finanzbehörde diese Leistungen angenommen und auf die festgesetzte und zu entrichtende Steuer angerechnet hat. …"*

---

122 4. Corona-Steuerhilfegesetz v. 19.6.2022, BGBl I 2022, 911
123 § 233a Abs. 3 AO

Auch davor gab es bereits die Möglichkeit, Nachzahlungszinsen bei freiwilligen Zahlungen im Billigkeitswege zu erlassen.[124]

Der Anwendungserlass zu § 233a AO führt in den Rz 70 ff. Berechnungsbeispiele an, in welcher Höhe ein Erlass vorzunehmen ist. Danach sind Nachzahlungszinsen insoweit zu erlassen, wie die **auf volle fünfzig Euro abgerundete** freiwillige Leistung für jeweils **volle Monate** vor Wirksamkeit der Steuerfestsetzung erbracht worden ist (fiktive Erstattungszinsen).[125]

Praxishinweis

Für die VZ 2021 - 2024 ist bei der Berechnung ein jeweils abweichender Zinsbeginn[126] zu berücksichtigen (s.o.).

Beispiel

Für den VZ 2025 wird am 6.12.2027 ein ESt-Bescheid zur Post gegeben. Der Unterschiedsbetrag i.S.d. § 233a AO (festgesetzte ESt abzgl. festgesetzte Vorauszahlungen) beträgt 7.000 EUR. Der Stpfl. hatte am 26.4.2027 eine freiwillige Zahlung i.H.v. 4.025 EUR an das FA geleistet.

Der Bescheid gilt am 10.12.2027 als bekannt gegeben. Zu verzinsen sind 7.000 EUR zuungunsten des Stpfl. für die Zeit vom 1.4. - 10.12.2027 (8 volle Monate x 0,15 % = 1,2 %). Die festzusetzenden Zinsen (Nachzahlungszinsen) betragen 84 EUR.

Für die abgerundete freiwillige Zahlung i.H.v. 4.000 EUR beginnt der fiktive Zinslauf am 27.4.2027 und endet am 10.12.2027. Die zu erlassenden Zinsen betragen (7 volle Monate x 0,15 % = 1,05 %) 42 EUR.

Abwandlung des Beispiels

Der freiwillig gezahlte Betrag beträgt 8.025 EUR und übersteigt damit den Unterschiedsbetrag von 7.000 EUR.

Für die daraus resultierende Rückzahlung ergeben sich **keine Erstattungszinsen**. Die zu erlassenden Nachzahlungszinsen betragen für die abgerundete freiwillige Zahlung von 7.000 EUR (7 volle Monate x 0,15 % = 1,05 %) 74 EUR.

---

124 § 227 AO
125 vgl. BFH-Urt. v. 31.5.2017 – I R 92/15, BStBl II 2019, 14
126 4. Corona-Steuerhilfegesetz v. 19.6.2022, BGBl I 2022, 911

c) Kein Erlass von Nachzahlungszinsen (§ 233a AO) wegen langjähriger Dauer eines Erbscheinverfahrens

Der BFH musste sich in seinem Urteil vom 9.4.2025[127] mit der Frage beschäftigen, ob ein Erlass von Nachzahlungsgründen aus Billigkeitsgründen[128] in Betracht kommt, wenn nach einem Erbfall aufgrund widersprüchlicher Testamente unklar ist, wer überhaupt zur Erbengemeinschaft gehört und wem damit die Einkünfte der Erbengemeinschaft zuzurechnen sind.

Dem Kläger wurden erst mehrere Jahre nach dem Erbfall Einkünfte aus Gewerbebetrieb, KapV und VuV i.R.d. gesonderten und einheitlichen Feststellung zugerechnet, nachdem in einem Erbscheinverfahren geklärt worden war, dass er an der Erbengemeinschaft zu 50 % beteiligt war. Das FA änderte daraufhin die Steuerbescheide für die Jahre 2012 - 2017 nach § 175 Abs. 1 S. 1 Nr. 1 AO. Für die daraus resultierenden Steuernachzahlungen setzte das FA Nachzahlungszinsen i.H.v. rd. 33.000 EUR fest.

Der BFH sah in der langen Dauer des Erbscheinverfahrens keine Unbilligkeit, die einen Erlass der Zinsen rechtfertigen würde. Auch wenn ein Grundlagenbescheid erst nach vielen Jahren ergehe oder geändert werde, löse dies im Folgebescheid eine Verzinsung von Nachzahlungen oder Erstattungen aus. Der Gesetzgeber habe dies bewusst stark typisierend geregelt. Der gesetzgeberische Wille dürfe nicht durch Billigkeitsmaßnahmen unterlaufen werden. Der Stpfl. habe zudem in den ganzen Jahren einen Liquiditätsvorteil gehabt, der durch die Verzinsung ausgeglichen werden solle.

Bereits in einem früheren Urteil[129] hatte der Senat darauf hingewiesen, dass noch nicht bekannte Besteuerungsgrundlagen, z.B. aus einer Beteiligung, sachgerecht geschätzt werden könnten, um so hohe Nachzahlungen und Nachzahlungszinsen zu vermeiden. Im vorliegenden Fall ergänzte der Senat diese Auffassung dahingehend, dass auch Schwierigkeiten bei einer solchen Schätzung, die der Stpfl. nicht zu vertreten habe, keine Billigkeitsmaßnahme rechtfertigten.

---

[127] BFH-Urt. v. 9.4.2025 – X R 12/21, BFH/NV 2025, 1081
[128] § 227 AO
[129] BFH-Urt. v. 1.6.2016 – X R 66/14, BFH/NV 2016, 1668

d) Keine Neufestsetzung von Nachzahlungszinsen (§ 233a AO) nach Übergang von der Zusammen- zur Einzelveranlagung

Der Antrag auf **Änderung der Veranlagungsform** von Ehegatten oder eingetragenen Lebenspartnerschaften ist ein **rückwirkendes Ereignis**, sodass für Zwecke der Zinsfestsetzung die in § 233a Abs. 2a und Abs. 7 AO getroffenen Regelungen anzuwenden sind.

Der BFH hat demzufolge mit Urteil vom 30.7.2025[130] eine Neufestsetzung von Zinsen für den Fall abgelehnt, dass nach einer ZV[131] der ESt-Bescheid aufgehoben und eine EV von Ehegatten[132] durchgeführt wird.

Die Festsetzung ursprünglicher Nachzahlungszinsen bleibe unverändert gegenüber beiden Eheleuten bestehen, und zwar auch für den Fall, dass sämtliche Einkünfte allein auf einen der Ehegatten entfielen.

Praxishinweis

Die rechtlichen Interessen des anderen Ehegatten seien durch die Möglichkeit einer Aufteilung der Gesamtschuld[133] **hinreichend** geschützt, da von der Aufteilung grundsätzlich auch die Zinsen erfasst würden.

e) Aussetzungszinsen nach § 237 AO verfassungsgemäß?

Der VIII. Senat des **BFH**[134] hat verfassungsrechtliche Zweifel an der Höhe der Aussetzungszinsen von 0,5 % pro Monat geäußert und hat dies dem **BVerfG**[135] zur Entscheidung vorgelegt. Das Verfahren bezieht sich auf den Zeitraum vom **1.1.2019 - 15.4.2021**.

Der VI. Senat des BFH hat mit Beschluss vom 24.10.2024[136] Aussetzung der Vollziehung (AdV) für vom FA festgesetzte Aussetzungszinsen gewährt, **soweit diese 0,15 % pro Monat übersteigen**. Die Entscheidung betrifft den Zeitraum vom **1.1.2019 - 27.3.2023**.

---

130 BFH-Urt. v. 30.7.2025 – X R 11/23, Juris
131 § 26b EStG
132 § 26a EStG
133 §§ 268 ff. AO
134 BFH, Vorlagebeschl. v. 8.5.2024 – VIII R 9/23, BFH/NV 2024, 1207
135 Az des BVerfG: 1 BvL 8/24
136 BFH-Beschl. v. 24.10.2024 – VI B 35/24 (AdV), BStBl II 2025, 70

Das FG Köln[137] hat ebenfalls verfassungsrechtliche Zweifel an der Höhe der Aussetzungszinsen, auch noch für die **Zeiträume 2023 und 2024**, soweit diese 0,15 % pro Monat übersteigen und hat insoweit AdV gewährt.

Praxishinweis

Das BVerfG hat sich in dem Verfahren zur Vollverzinsung nach § 233a AO ausdrücklich nicht zur Verfassungsmäßigkeit der übrigen Verzinsungstatbestände geäußert. I.R.d. aktuellen Vorlage zu den Aussetzungszinsen[138] hat das BVerfG nun eine weitere Gelegenheit, diese Frage zu beantworten, die u.E. neben den **Aussetzungszinsen** auch **Stundungs-** und **Hinterziehungszinsen** gleichermaßen betrifft.

Bis zur Aufnahme eines Vorläufigkeitsvermerks können Zinsbescheide über Aussetzungszinsen im Rechtsbehelf offengehalten werden. Hinsichtlich Stundungs- und Hinterziehungszinsen käme zurzeit wohl nur ein Ruhen des Verfahrens wegen Zweckmäßigkeit in Frage.

5. Bekanntgabe von Verwaltungsakten nach § 122 AO

a) Zugangsvermutung gilt auch bei unregelmäßiger Zustellung

Ein schriftlicher Verwaltungsakt, der durch die Post übermittelt wird, gilt am vierten Tag nach der Aufgabe zur Post als bekannt gegeben[139] **(sog. Zugangsvermutung)**. In der bis 2024 anzuwendenden Fassung galt der Verwaltungsakt am dritten Tag als bekannt gegeben.

Zu der dreitägigen Zugangsvermutung hat der BFH[140] eine interessante Entscheidung getroffen, die u.E. auch auf die neue viertägige Zugangsvermutung übertragbar ist. **Danach gilt die Zugangsvermutung auch dann, wenn der Postdienstleister nicht an allen Werktagen Zustellungen vornimmt.**

Das FA gab einen Steuerbescheid am Freitag, 15.6.2018, zur Post. Der letzte Tag der Dreitagfrist war somit Montag, 18.6.2018. Die Klägerin war bis zu diesem Tag einschließlich beruflich auswärts tätig. Bei ihrer Rückkehr am Dienstag, 19.6.2018, hat sie den Steuerbescheid im Briefkasten vorgefunden und ihrem Prozessbevollmächtigten per Fax übermittelt. Dieser legte am

137 FG Köln, Beschl. v. 8.4.2025 – 4 V 444/25, EFG 2025, 1121
138 Az des BVerfG: 1 BvL 8/24
139 § 122 Abs. 2 Nr. 1 AO
140 BFH-Urt. v. 20.2.2025 – VI R 18/22, BFH/NV 2025, 919

19.7.2018 Einspruch gegen den Bescheid ein. Da die Einspruchsfrist am 18.7.2018 endete, war der Einspruch verspätet und somit unzulässig.

Hierzu führten die Richter u.a. aus: Bestreitet der Stpfl. nicht den Zugang eines Steuerbescheides überhaupt, sondern behauptet er, den Bescheid nicht innerhalb der dreitätigen Frist erhalten zu haben, müsse er nach ständiger Rechtsprechung des BFH[141] substantiiert vortragen, weshalb ein anderer als der vermutete Geschehensablauf vorgelegen haben könne. Die Anforderungen an den Vortrag dürften allerdings nicht zu einer Beweislastumkehr führen, da das FA grds. den Zugang nachweisen müsse.

Allein der Umstand, dass der Postdienstleister nicht an allen Tagen Zustellungen vornimmt, reiche aber nicht aus, um die Zugangsvermutung zu erschüttern. Bei Vorliegen weiterer ungewöhnlicher Umstände könne ein Zweifel an der Zuverlässigkeit des Postdienstleisters allerdings als ergänzendes Kriterium hinzutreten. Im vorliegenden Sachverhalt war eine Zustellung am letzten Tag der Dreitagesfrist vielleicht unwahrscheinlich, aber nicht unmöglich.

b) Zugangsvermutung wird entkräftet bei strukturellem Zustellungsdefizit

In einem anders gelagerten Fall hat der BFH mit Urteil vom 29.7.2025[142] entschieden, dass die **Zugangsvermutung ohne Weiteres entkräftet** wird, wenn innerhalb der Dreitagesfrist an zwei Tagen planmäßig keine Post zugestellt und am dritten Tag lediglich die Post vom ersten zustellfreien Tag nachgeliefert werde.

Nach den bindenden Feststellungen des FG sei im Gewerbegebiet, in dem das Büro des Prozessbevollmächtigten belegen ist, durch die X Firma Post regelmäßig nur von Dienstag bis Freitag zugestellt worden. Allein die Post für die „Samstagszustellung" sei ausnahmsweise standardmäßig am darauffolgenden Montag zugestellt worden. Insoweit sei im Streitjahr nicht sicher zu stellen gewesen, dass ein von der X Firma zur Versendung an einem Freitag beim FA abgeholtes Schreiben einem Empfänger zuverlässig innerhalb von drei Tagen seit Abholung der Post zugegangen sei.

---

141 BFH-Urt. v. 14.6.2018 – III R 27/17, BStBl II 2019, 16
142 BFH-Urt. v. 29.7.2025 – VI R 6/23, DStR 2025, 2670

6. Bekanntgabe von Verwaltungsakten nach § 122a AO

a) Gesetzesänderungen zum 1.1.2026

In § 122a AO ist durch das Vierte Bürokratieentlastungsgesetz eine Änderung **ab dem 1.1.2026** erfolgt. Danach sollen Steuerbescheide, Steuermessbescheid oder Feststellungsbescheide grds. elektronisch übermittelt werden, wenn sie auf einer elektronisch übermittelten Steuererklärung oder Feststellungserklärung beruhen.[143]

Dem Stpfl. wird aber ein Antragsrecht auf eine einmalige oder dauerhafte postalische Übermittlung eingeräumt. Der Antrag kann immer nur mit Wirkung für die Zukunft gestellt oder widerrufen werden.[144]

b) Übergangsregelung

Die Anwendung des § 122a Abs. 1 S. 2 AO, wonach das FA gehalten ist, Steuerbescheide **grds. durch Bereitstellung zum Datenabruf** bekannt zu geben, wenn die Steuererklärung elektronisch übermittelt wurde, soll durch das Gesetz zur Anpassung des Mindeststeuergesetzes und zur Umsetzung weiterer Maßnahmen[145] um ein Jahr verschoben werden und **erst** für Bescheide gelten, die **ab dem 1.1.2027** bekannt gegeben werden.[146]

Der BR muss der Übergangsregelung noch zustimmen.

Soweit nach „altem Recht" bereits in die elektronische Bekanntgabe **eingewilligt** wurde, kann diese nach § 122a Abs. 1 S. 1 AO weiterhin erfolgen.

Praxishinweis

Die geplante Übergangsregelung ist in erster Linie für die FinVerw von Bedeutung. Soweit die (rechtlichen und technischen) Voraussetzungen vorliegen, können Steuerbescheide durch Bereitstellung zum Datenabruf übermittelt werden. Liegen die Voraussetzungen nicht vor, ist weiterhin die postalische Bekanntgabe möglich. Erst ab dem 1.1.2027 wäre die FinVerw gehalten, entsprechende Bescheide grds. elektronisch zu übermitteln.

143 § 122a Abs. 1 S. 2 AO
144 § 122a Abs. 2 AO
145 BR-Drucks. 695/25
146 Art. 97 § 28 Abs. 2 EGAO

Ist die elektronische Bekanntgabe ausdrücklich erwünscht, kann dies u.E. durch eine Einwilligung nach „altem Recht“ erreicht werden. Diese sollte i.R.d. Übergangsregelung weiterhin möglich sein.

Die geplante Übergangsregelung betrifft **nicht** § 122a **Abs. 2** AO (n.F.).

Praxishinweis

Ist für Steuerbescheide ab dem 1.1.2026 eine postalische Bekanntgabe ausdrücklich erwünscht, kann dies durch einen Antrag nach § 122a Abs. 2 AO (n.F.) sichergestellt werden.

c) Bekanntgabe an Ehegatten durch Bereitstellung zum Datenabruf

Um die Bekanntgabe an Ehegatten durch Bereitstellung zum Datenabruf für die Neuregelung praxisgerecht zu gestalten, soll durch das Gesetz zur Anpassung des Mindeststeuergesetzes und zur Umsetzung weiterer Maßnahmen[147] § 122 Abs. 7 AO um folgenden Satz 2 ergänzt werden:

> *„Betreffen Verwaltungsakte Ehegatten oder Lebenspartner mit gemeinsamer Anschrift, so reicht es für die Bekanntgabe durch Bereitstellung zum Datenabruf nach § 122a an alle Beteiligten aus, wenn einem der Beteiligten eine Ausfertigung zum Datenabruf nach § 122a bereitgestellt wird und dieser Beteiligte nach § 122a Absatz 1 Satz 3 informiert wurde, sofern nicht einer der Beteiligten einen Antrag nach § 122a Absatz 2 gestellt hat.“*

Der BR muss der Änderung noch zustimmen.

d) Steuerberater ohne Empfangsvollmacht und Mandant ohne ELSTER-Zugang

Wird die Steuererklärung vom Steuerberater elektronisch übermittelt, hat dieser aber keine Empfangsvollmacht, stellt sich unter der Neuregelung des § 122a Abs. 1 S. 2 AO ab dem 1.1.2026 (spätestens ab dem 1.1.2027, s.o.) die Frage, wie der Steuerbescheid bekanntzugeben ist, wenn der Mandant

147 BR-Drucks. 695/25

nicht über einen ELSTER-Zugang verfügt. Eine „automatische“ elektronische Bekanntgabe wäre dann nicht möglich.

U.E. kann in diesem Fall eine **wirksame** Bekanntgabe des Steuerbescheides nur durch postalische Übermittlung an den Mandanten erfolgen. Ob für diese Situation von Seiten der FinVerw eine entsprechende Programmierung erfolgt ist, bleibt abzuwarten.

Praxishinweis

Das (evtl.) Problem kann vermieden werden, wenn mit der elektronischen Übermittlung der Steuererklärung die postalische Bekanntgabe beantragt wird, die – mangels Empfangsvollmacht – an den Mandanten erfolgen müsste.

e) Zugangsfiktion bei Bekanntgabe durch Bereitstellung zum Datenabruf ab dem 1.1.2026

Eine **Änderung** erfolgt auch bei der Zugangsfiktion in § 122a AO. Ein zum Abruf bereitgestellter Verwaltungsakt gilt am vierten Tag **nach der Bereitstellung zum Abruf** als bekannt gegeben. Die abrufberechtigte Person ist am Tag der Bereitstellung elektronisch über die Abrufmöglichkeit und ihre Rechtswirkungen zu benachrichtigen Im Zweifel hat die Behörde den **Zeitpunkt der Bereitstellung zum Abruf** nachzuweisen.

Aus der Gesetzesbegründung ergibt sich Folgendes:[148]

Die Neuregelung verzichtet – abweichend vom bislang geltenden Recht – auf die Notwendigkeit der **Einwilligung** des Empfängers des Verwaltungsakts, sie **wird durch eine Widerspruchslösung ersetzt**.

Die abrufberechtigte Person ist am Tag der Bereitstellung zum Abruf elektronisch über die Möglichkeit des Abrufs und ihre Rechtswirkungen zu benachrichtigen. **Diese Benachrichtigung hat nur eine Hinweisfunktion.** Sie ist abweichend von der bisherigen Rechtslage **nicht mehr Anknüpfungspunkt der gesetzlichen Bekanntgabe-Vermutung**.

---

[148] BT-Drucks. 20/13015, Seite 99 - 100

Im Ergebnis entspricht die Neuregelung der postalischen Bekanntgabe von Verwaltungsakten, bei der es ausreicht, dass der Verwaltungsakt **in den Machtbereich des Empfängers gelangt** ist. Die tatsächliche Kenntnisnahme des Verwaltungsakts ist in diesen Fällen (durch Öffnen des Briefumschlags und Lesen des Dokuments) irrelevant. Nichts anderes soll für die Bekanntgabe durch Bereitstellung zum Abruf gelten.

Praxishinweis

Anknüpfungspunkt für die viertägige Bekanntgabe-Vermutung ist ab dem 1.1.2026 **nicht mehr die Benachrichtigung** über die Bereitstellung der Daten, sondern der **Zeitpunkt der Bereitstellung**. Die Benachrichtigung hat dann nur noch eine Hinweisfunktion.

7. Einspruchs- und Klageverfahren

a) Einspruch bei Zusammenveranlagung

In einem Revisionsverfahren zu der Frage, ob eine vGA vorliegt oder nicht, hat der BFH auch einen wichtigen verfahrensrechtlichen Grundsatz betont[149].

Das FA hatte den zusammenveranlagten Eheleuten jeweils eine vGA zugerechnet. Das gegen den gemeinsamen ESt-Bescheid gerichtete Einspruchsschreiben war mit dem Briefkopf des Ehemanns versehen, in der Ich-Form verfasst und nur vom (im Übrigen fachkundigen) Ehemann unterschrieben.

Der BFH hat daher die **Revision der Ehefrau als unzulässig verworfen**, da sie keinen, für ein anschließendes Klageverfahren erforderlichen Einspruch eingelegt habe. Die Steuerbescheide seien gegenüber der Klägerin formell bestandskräftig geworden. Die formelle Bestandskraft hindere daran, in die Sachprüfung der Klage einzutreten.[150]

Praxishinweis

In der Urteilsbegründung werden die **Grundsätze zum Einspruch im Fall der ZV** noch einmal im Einzelnen aufgelistet:

- Nach ständiger Rechtsprechung des BFH muss sich aus der Rechtsbehelfsschrift hinreichend klar ergeben, wer die Verwaltungsentscheidung angreift.

---

[149] BFH-Urt. v. 1.10.2024 – VIII R 4/21, BFH/NV 2025, 157
[150] Vgl. BFH-Urt. v. 28.2.1990 – I R 156/86, BStBl II 1990, 696

- Bei ZV muss auch feststehen, welcher Ehegatte sich beschwert fühlt und die Nachprüfung des Steuerbescheids begehrt.
- Dabei hat ein von dem einen Ehegatten eingelegter Rechtsbehelf nicht ohne weiteres die Wirkung eines auch von dem anderen Ehegatten eingelegten Rechtsbehelfs.
- Unerheblich ist, ob der Kläger Vollmacht hatte, für die Klägerin Einsprüche einzulegen.
- Erforderlich ist jedenfalls, dass der den Rechtsbehelf einlegende Ehegatte bei Abgabe der Willenserklärung unmissverständlich zum Ausdruck bringt, er lege den Rechtsbehelf auch für den anderen Ehegatten ein.

b) Klagebefugnis von rechtsfähigen Personengesellschaften

Nach § 48 Abs. 1 Nr. 1 Buchst. a FGO in der ab dem 1.1.2024 geltenden Fassung ist eine **rechtsfähige** PersG befugt, gegen Bescheide über die gesonderte und einheitliche Feststellung von Besteuerungsgrundlagen Klage zu erheben.

Mit Urteil vom 4.2.2025[151] schließt sich der VIII. Senat des BFH der Rechtsauffassung des IV. Senats[152] an, wonach diese Regelung **auch für Verfahren** gilt, **die am 1.1.2024 bereits anhängig waren.**

8. Änderung von Steuerbescheiden nach § 165 AO

Steuern können (u.a.) vorläufig festgesetzt werden, wenn die **Vereinbarkeit eines Steuergesetzes mit höherrangigem Recht** Gegenstand eines Verfahrens beim EuGH, BVerfG oder einem anderen obersten Bundesgericht ist.[153]

Der Entscheidung des BFH vom 29.4.2025[154] lag ein Sachverhalt zugrunde, in dem es um das Abzugsverbot für Werbungskosten i.R.e. erstmaligen Berufsausbildung gem. § 9 Abs. 6 EStG ging. Mit Beschluss vom 19.11.2019[155] hatte das BVerfG entschieden, dass die Vorschrift verfassungsgemäß ist und die WK somit nicht abziehbar sind. Solange die Verfassungsmäßigkeit des § 9 Abs. 6 EStG Gegenstand des Verfahrens vor dem BVerfG war, erfolgten

---

151 BFH-Urt. v. 4.2.2025 – VIII R 4/22, BStBl II 2025, 450
152 BFH-Urt. v. 8.8.2024 – IV R 1/20, BStBl II 2025, 122
153 § 165 Abs. 1 S. 2 Nr. 3 EStG
154 BFH-Urt. v. 29.4.2025 – VI R 14/23, BFH/NV 2025, 1331
155 BVerfG, Beschl. v. 19.11.2019 – (u.a.) 2 BvL 22/14, BVerfGE 152, 274

die Steuerfestsetzungen in entsprechenden Fällen vorläufig, so auch im Urteilsfall.

Anders als in den meisten Fällen hatte das FA die WK aber – **entgegen** dem Gesetzeswortlaut – **zunächst zum Abzug zugelassen**. Der Bescheid war insoweit **zu Gunsten des Stpfl. rechtswidrig**. Nach Ergehen der Entscheidung des BVerfG änderte das FA den Bescheid **zu Ungunsten** des Klägers unter Berufung auf § 165 Abs. 2 AO.

Diese Änderung war nach der Entscheidung des BFH **nicht zulässig.** § 165 Abs. 2 AO sei **keine allgemeine Korrekturvorschrift für rechtswidrige Steuerbescheide.** Der Wortlaut der Vorschrift erlaube eine Änderung der Steuerfestsetzung ausdrücklich nur, „soweit" der Vorläufigkeitsvermerk reiche, in den Fällen des § 165 Abs. 1 S. 2 Nr. 3 AO also nur, **soweit** ein oberstes Gericht ein Gesetz für **unvereinbar** mit höherrangigem Recht erklärt. Der darüber hinausgehende, nicht vom Vorläufigkeitsvermerk umfasste Teil der Steuerfestsetzung werde **bestandskräftig**. Da der § 9 Abs. 6 EStG als **verfassungsgemäß** eingestuft wurde, sei eine Änderung der Steuerfestsetzung nach dem Wortlaut des § 165 Abs. 2 AO nicht möglich.

Die Richter wiesen in der Urteilsbegründung darauf hin, dass die Entscheidung **auch dem Zweck der vorläufigen Steuerfestsetzung entspreche**. Der Vorläufigkeitsvermerk nach § 165 Abs. 1 S. 2 Nr. 3 AO diene der Vermeidung von Massenrechtsbehelfen und entlaste dadurch die Stpfl., die Finanzbehörden und die Gerichte in Fällen von anhängigen Musterverfahren. Das FA könne die Steuer **i.R.d. geltenden Gesetze** vorläufig festsetzen, eine **vom geltenden Recht abweichende Festsetzung** wegen möglicher Verfassungswidrigkeit des Gesetzes sei aber nicht zulässig.

9. Änderung von Steuerbescheiden nach § 175b AO

Ein Steuerbescheid ist aufzuheben oder zu ändern, soweit von der mitteilungspflichtigen Stelle an die Finanzbehörden übermittelte Daten i.S.d. § 93c AO **(„eDaten")** bei der Steuerfestsetzung **nicht oder nicht zutreffend berücksichtigt** wurden.[156]

Zu der noch jungen Änderungsvorschrift sind mittlerweile einige wegweisende Entscheidungen ergangen, auf die nachfolgend hingewiesen wird.

---

[156] Vgl. § 175b Abs. 1 AO

a) Rechtsgrund und Rentenart als eDaten

Das Nds. FG hat mit Urteil vom 7.11.2024[157] entschieden, dass nicht nur die Höhe der Rente, sondern auch der Rechtsgrund und die Rentenart eDaten darstellen, die zu einer Änderung des Steuerbescheides nach § 175b AO führen.

- Das FA hatte zunächst die Zahlungen aus einer Lebensversicherung entsprechend der ursprünglichen Rentenbezugsmitteilung mit einem Ertragsanteil von 7 % besteuert[158].
- Nachdem das Versicherungsunternehmen in einer geänderten Mitteilung einen anderen Rechtsgrund für die Zahlung ausgewiesen hatte, hat das FA die Rente mit einem Besteuerungsanteil von 66 % versteuert[159].

Nach Ansicht des Nds. FG erfasst § 175b AO auch solche Fälle, in denen die ursprünglich übermittelten eDaten zutreffend ausgewertet wurden, sich **nachträglich** aber eine **andere Rentenart** ergibt, die eine **abweichende Besteuerung** erfordert, auch wenn die Höhe der Rentenzahlungen unverändert ist.

Praxishinweis

Die zugelassene **Revision** wurde eingelegt.[160]

b) Änderung auch bei Nicht-Berücksichtigung noch nicht vorliegender eDaten durch die FinVerw

Mit Urteil vom 27.11.2024[161] hat der BFH entschieden, dass eine Änderung auch in den Fällen vorzunehmen ist, in denen die **eDaten bei der Veranlagung noch nicht vorgelegen** haben, unabhängig davon, ob die Daten bereits aus anderen Gründen bekannt waren. Dies ergebe sich sowohl aus dem Wortlaut des § 175b AO als auch aus seiner Entstehungsgeschichte, seinem systematischen Zusammenhang und dem Sinn und Zweck der Regelung.

---

157 Nds. FG, Urt. v. 7.11.2024 – 2 K 78/24, Juris; Rev. eingelegt, Az des BFH: X R 31/24
158 § 22 Nr. 1 S. 3 Buchst. a Doppelbuchst. bb EStG
159 § 22 Nr. 1 S. 3 Buchst. a. Doppelbuchst. aa EStG
160 Az des BFH: X R 31/24
161 BFH-Urt. v. 27.11.2024 – X R 25/22, BFH/NV 2025, 1220

- Im Urteilsfall hatten die Stpfl. Renteneinkünfte erklärt, die Veranlagung wurde jedoch ohne die Einkünfte durchgeführt, weil die Rentenbezugsmitteilung noch nicht vorlag.
- Nach Übermittlung der eDaten änderte das FA den Steuerbescheid. Die Änderung erfolgte nach der Entscheidung des BFH zu Recht.

In der Urteilsbegründung wies der BFH auch auf die Unterschiede zwischen dem früher analogen und heute digitalen Besteuerungsverfahren hin. Die geänderten Abläufe, insb. die Übermittlung der eDaten, erforderten nach Ansicht der Richter darauf abgestimmte Änderungsvorschriften wie den § 175b AO.

c) Änderung auch bei fehlerhafter Auswertung von bei der Veranlagung bereits vorliegenden eDaten

In der LSt-Bescheinigung hatte der ArbG einen Bruttolohn i.H.v. rd. 34.000 EUR bescheinigt, darin enthalten 9.000 EUR Entschädigung, die ermäßigt zu besteuern waren. Das FA berücksichtigte fälschlicherweise nur die um die Entschädigung gekürzten Einnahmen von rd. 25.000 EUR und wendete zusätzlich für die Entschädigung i.H.v. 9.000 EUR einen ermäßigten Steuersatz nach § 34 Abs. 1 EStG an. Nach einem internen Hinweis auf die fehlerhafte Besteuerung änderte das FA den Bescheid unter Berufung auf § 175b AO und erfasste 34.000 EUR als steuerpflichtigen Arbeitslohn und berücksichtigte auf rd. 9.000 EUR die Fünftelungsregelung.

Praxishinweis

Mit Urteil vom 20.2.2024[162] hat der BFH die Änderung des bestandskräftigen Bescheides bestätigt. I.R.d. Änderung eines ESt-Bescheids nach § 175b Abs. 1 AO sei unerheblich, worauf die unzutreffende Berücksichtigung der übermittelten Daten durch die Finanzbehörde zurückzuführen sei. Daher greife die Vorschrift auch, wenn das FA eDaten unzutreffend auswerte.

Ein Ermessen seitens des FA bestehe dabei nicht. Die Änderung nach § 175b AO sei **zwingend** vorzunehmen.

[162] BFH-Urt. v. 20.2.2024 – IX R 20/23, BStBl II 2024, 587

d) Änderung bei nicht erklärtem Kirchenaustritt

In einem Fachbeitrag[163] wird die Frage angesprochen, ob ein bestandskräftiger Steuerbescheid nach § 175b AO geändert werden kann, wenn der Stpfl. seinen Kirchenaustritt nicht erklärt hat und die KiSt daher zu hoch festgesetzt worden ist.

Nach Ansicht der FinVerw ist dies nur (!) in Arbeitnehmerfällen möglich. Die Angaben zur Kirchenzugehörigkeit, damit auch ein Kirchenaustritt, sind in der LSt-Bescheinigung enthalten und stellen damit eDaten i.S.d. § 93c AO dar. Wurden diese unzutreffend berücksichtigt, ist eine Änderung des Steuerbescheides möglich.

Praxishinweis

§ 175b AO ermöglicht nach dem Gesetzeswortlaut und der Rechtsprechung des BFH eine nahezu uneingeschränkte Änderungsmöglichkeit für Steuerbescheide im Zusammenhang mit nicht oder nicht zutreffend berücksichtigten eDaten bis zum Eintritt der Festsetzungsverjährung. Die Festsetzungsfrist endet insoweit nicht vor Ablauf von zwei Jahren nach Zugang der eDaten, soweit diese innerhalb von sieben Kj nach dem Besteuerungszeitraum der FinVerw zugegangen sind.[164]

Ein Verschulden des Stpfl. oder eine fehlerhafte Rechtsanwendung durch die FinVerw spielen für die Anwendung des § 175b AO keine Rolle.

Die Änderung ist sowohl zu Ungunsten als **auch zu Gunsten** möglich. Sollten sich daher Änderungen bei der rechtlichen Würdigung von **Besteuerungsgrundlagen** ergeben, **die elektronisch übermittelt werden**, z.B. Rentenbezugsmitteilungen, muss geprüft werden, ob eine Änderung der Steuerbescheide zu Gunsten der Stpfl. nach § 175b AO in Frage kommt.

---

163 AStW 7/2025, 510
164 § 171 Abs. 10a AO

10. Sonstige Entwicklungen

a) E-Mails als vorzulegende Handelsbriefe

Die vom BFH mit Beschluss vom 30.4.2025[165] aufgestellten Grundsätze lassen sich gut anhand der Leit- und Orientierungssätze zusammenfassen:

- Handels- und Geschäftsbriefe i.S.v. § 147 Abs. 1 Nr. 2 und Nr. 3 AO können auch E-Mails sein.
- Auch E-Mails sind grundsätzlich aufbewahrungspflichtig; dies gilt nach Auffassung des erkennenden Senats jedenfalls insoweit, als die E-Mail selbst – und nicht lediglich ihr Anhang – rechnungslegungsrelevante Informationen enthält; ansonsten ist jedenfalls der Anhang aufzubewahren.
- (Digitale) Unterlagen über Konzernverrechnungspreise unterfallen dem Anwendungsbereich des § 147 Abs. 1 Nr. 5 AO.
- Die FinVerw ist i.R.d. Außenprüfung grds. berechtigt, vom Stpfl. sämtliche E-Mails mit steuerlichem Bezug anzufordern.
- Es ist Sache des Stpfl., seine Datenbestände so zu organisieren, dass eine berechtigte Einsichtnahme durch die FinVerw erfolgen kann, ohne dass dabei geschützte Bereiche berührt werden.
- Es bleibt Sache des Stpfl., einzelne E-Mails ohne Steuerrelevanz in Ausübung seines Erstqualifikationsrechts von der Vorlage auszunehmen.
- Mangels Rechtsgrundlage ist es der FinVerw aber verwehrt, ein sogenanntes Gesamtjournal zu verlangen, das einerseits erst noch erstellt werden müsste und andererseits auch Informationen zu solchen E-Mails enthält, die keinen steuerlichen Bezug haben.

b) Verfahren RABE – welche Belege sollten verknüpft werden?

Durch das Gesetz zur Modernisierung des Besteuerungsverfahrens wurde mit Wirkung ab dem VZ 2017 die bisher geltende Beleg**vorlage**pflicht in eine Beleg**vorhalte**pflicht geändert.

---

[165] BFH-Beschl. v. 30.4.2025 – XI R 15/23, DStR 2025, 2194

Um die für alle Beteiligten zeitaufwändige Anforderung und Nachreichung von Belegen zu vermeiden, gibt es die Möglichkeit, Belege **bereits mit Erstellung der ESt-Erklärung** referenzieren zu lassen. Die Beleghinterlegung bei Erklärungserstellung wird als **„RABE“** bezeichnet (= Referenzierung auf Belege). Das Verfahren ist mittlerweile flächendeckend in fast allen Bundesländern verfügbar.

Dabei stellt sich unweigerlich die Frage, **welche Belege hinterlegt werden sollten** und wann die Hinterlegung unnötige Arbeit verursacht, weil die Belege vermutlich nicht abgerufen würden. Hierzu könnte eine Veröffentlichung auf der Webseite der Steuerberaterkammer Köln[166] hilfreich sein, in der **von der FinVerw NRW mitgeteilte, bedeutsame Sachverhalte** aufgelistet sind, in denen mit einer Beleganforderung zu rechnen ist und bei denen sich daher die Hinterlegung der Belege anbietet.

Für die ESt-Erklärung sind dies insbesondere:

- Anlage Sonderausgaben
  - Erstmalig eigene Beiträge zu berufsständischen Versorgungseinrichtungen
  - Bedeutende Spenden (§ 10b EStG)
  - Erstmalige Unterhaltszahlungen, Versorgungsleistungen und Versorgungsausgleich
- Anlage N
  - Ermäßigte Besteuerung wegen Entlassungsentschädigung/Abfindung
  - Erstmaliges häusliches Arbeitszimmer
  - Erstmalige doppelte Haushaltsführung
  - Aufstellung der Reisekosten
- Gewinneinkünfte
  - Aufgabe oder Veräußerung eines Betriebs
  - Vorgänge zu § 17 EStG

---

166 https://www.stbk-koeln.de/service-fuer-den-kanzleialltag/berufsfachliche-informationen/steuerrecht/aktuelles-zur-elektronischen-steuererklaerung/

- Einkünfte aus KapV
  - Verluste aus KapV
  - Fälle der Ersatzbemessungsgrundlage
- Einkünfte aus VuV
  - Erstmalige Vermietung oder Verpachtung
- Sonstige Einkünfte
  - Einkünfte i.Z.m. im PV gehaltenen Kryptowerten (Steuerreports)
- Anlage Kind
  - Schulgeld im Erstjahr
  - Kinderbetreuungskosten im Erstjahr
- Anlage energetische Maßnahmen
  - Steuerermäßigung nach § 35c EStG im Erstjahr der Maßnahme

Ergänzend weist die FinVerw NRW darauf hin, dass verknüpfte Belege **nicht automatisch für das FA sichtbar** sind, sondern nur, wenn sie für die Bearbeitung **abgerufen** werden.

Die Stpfl. erhalten eine Mitteilung, zu welchem Eingabefeld Belege abgerufen wurden. **Nur über diese** erlangt das FA Kenntnis und sie gelten als eingesehen i.S.d. § 173 AO.

c) Digitales Datenaustauschverfahren in der FinVerw

Das BMF informiert auf seiner Webseite[167] über Erprobungsprojekte zum Datenaustausch in der FinVerw nach dem Once-Only-Prinzip und dem Motto: „Daten einmal angeben und mehrfach profitieren – Verwaltung neu gedacht." Die Daten anderer Behörden können dann für die vorausgefüllte Steuererklärung in ELSTER genutzt werden. Gleichzeitig können die Daten der FinVerw. aber auch in der Gegenrichtung in anderen Behörden genutzt werden.[168]

---

167 https://www.bundesfinanzministerium.de/Content/DE/Standardartikel/Themen/Steuern/Steuerliche_Themengebiete/Once-Only/erprobungsprojekte-datenaustauschverfahren.html (s.a. https://www.haufe.de/steuern/finanzverwaltung/bmf-erprobungsprojekte-zu-datenaustauschverfahren_164_656992.html)

168 Z.B. Nutzung der Steuerdaten durch Elterngeldstellen, siehe weitergehend PM SenFin Bremen v. 15.10.2025, NWB MAAAK-02199

Ziel ist es, die technischen Voraussetzungen für einen Livebetrieb eines **EU-weiten Nachweisabrufs** zu schaffen, einschließlich des bidirektionalen Datenaustauschs aus der Steuerverwaltung heraus. Nach Ansicht des BMF soll dies zu einer schnelleren Bearbeitung, weniger Bürokratie, einer geringeren Fehleranfälligkeit und zu mehr Vertrauen führen, da die Daten direkt von der Quelle kommen.

d) Kein allgemeines Recht auf Akteneinsicht nach Art. 15 DSGVO

Der BFH[169] hat klargestellt, dass ein Antrag auf Akteneinsicht nicht auf Art. 15 DSGVO gestützt werden kann.

Die Kläger hatten Akteneinsicht bei einer obersten Landesbehörde beantragt, um Kenntnis zu erlangen, aufgrund welcher internen Begründungen die Behörde das zuständige FA angewiesen hatte, den Klägern eine Teilwertabschreibung zu versagen.

Art. 15 DSGVO begründe jedoch kein allgemeines Recht auf Akteneinsicht, sondern nur auf Auskunft, welche personenbezogenen Daten bei der auskunftspflichtigen Behörde verarbeitet würden.

Personenbezogene Daten seien alle Informationen, die sich auf eine identifizierte oder identifizierbare natürliche Person beziehen.[170] Nur diese müssten ggf. vollständig mitgeteilt werden.

Ein allgemeines Recht auf Akteneinsicht aufgrund der AO bestehe nach ständiger Rechtsprechung des BFH[171] ebenfalls nicht.

e) Kein Anspruch auf Akteneinsicht nach Art. 15 DSGVO bei Vorliegen einer anonymen Anzeige

Das FA hatte aufgrund einer anonymen Anzeige bei den Klägern eine Kassennachschau durchgeführt, bei der jedoch kein steuerstrafrechtliches Fehl-

---

169 BFH-Urt. v. 20.9.2024 – IX R 24/23, BFH/NV 2025, 186
170 Art. 4 Nr. 1 DSGVO
171 U.a. BFH-Urt. v. 7.5.2024 – IX R 21/22, BFH/NV 2024, 1070

verhalten festgestellt wurde. Um Rückschlüsse auf die Person des Anzeigeerstatters ziehen zu können, beantragten die Kläger nachgehend Akteneinsicht und stützten ihren Antrag auf Art. 15 DSGVO.

Nach der Entscheidung des BFH[172] besteht kein Anspruch auf Akteneinsicht.

Zwar enthielte eine anonyme Anzeige personenbezogene Daten, die ein Auskunftsrecht nach Art. 15 DSGVO begründen könnten, dieses Auskunftsrecht werde jedoch durch Art. 23 DSGVO i.V.m. § 32b Abs. 1 S. 1 Nr. 2 AO bzw. § 32c Abs. 1 Nr. 1 AO eingeschränkt.

Sowohl der Inhalt der anonymen Anzeige als auch die Identität des Anzeigeerstatters unterliegen dem Steuergeheimnis nach § 30 AO. Zudem könne durch die Offenlegung der personenbezogenen Daten eine ordnungsgemäße Durchführung des Besteuerungsverfahrens gefährdet werden.

FA und FG hätten nach einer dem Verhältnismäßigkeitsgrundsatz Rechnung tragenden Abwägung zutreffend ein Recht auf Akteneinsicht versagt.

f) Pflichten des Zwangsverwalters

Ausgehend von einem Urteil des BFH aus dem Jahre 2015[173] hatte das BMF ein Schreiben zu den Pflichten des Zwangsverwalters veröffentlicht, welches **durch BMF-Schreiben vom 17.7.2025[174] neu gefasst** worden ist. Insb. waren Änderungen zur Anpassung an das Gesetz zur Modernisierung des Personengesellschaftsrechts (MoPeG) und die erfolgten AO-Änderungen erforderlich.[175] Im Folgenden soll ein **kurzer Überblick** über das BMF-Schreiben gegeben werden.

Die **Anordnung der Zwangsverwaltung für ein Grundstück ist eine Zwangsvollstreckungsmaßnahme**, die in §§ 146 ff. des Gesetzes über die Zwangsversteigerung und die Zwangsverwaltung (ZVG) geregelt ist. Sie stellt eine Beschlagnahme des Grundstücks dar, bei der dem Eigentümer des Grundstücks (Schuldner) **die Befugnis zur Verwaltung und Benutzung des Grundstücks entzogen wird**. Diese geht auf den vom Gericht bestellten Zwangsverwalter über.

---

172 BFH-Urt. v. 15.7.2025 – IX R 25/24, Juris
173 BFH-Urt. v. 10.2.2015 – IX R 23/14, BStBl II 2017, 367
174 BMF-Schr. v. 17.7.20205 – IV D 1 - S 0550/00340/007/037, BStBl I 2025, 1491
175 Siehe hierzu „Die Einkommensteuererklärung 2023“, Seite 14

Wenn das zwangsverwaltete Grundstück vermietet oder verpachtet wird und dem Schuldner daraus Einkünfte zuzurechnen sind, ergeben sich für den Zwangsverwalter **u.a. auch steuerliche Pflichten**. Hier setzt das BMF-Schreiben an und unterscheidet zwischen **Erklärungs-, Mitwirkungs- und Entrichtungspflichten**. Art um Umfang der steuerlichen Pflichten des Verwalters richten sich nach der **Rechtsform des Eigentümers**.

Das BMF-Schreiben bestimmt auch, in welcher Weise die ESt- und Feststellungs-Bescheide sowohl dem Verwalter als auch dem Schuldner **bekanntzugeben** sind.[176]

(1) Natürliche Personen und zusammenveranlagte Ehegatten:

Der Zwangsverwalter hat die Anlage V für das Grundstück zu erstellen und die Vollständigkeit und Richtigkeit seiner Angaben mit seiner Unterschrift zu bestätigen. Eine elektronische Übermittlung ist nicht erforderlich. Wenn i.Z.m. dem Grundstück Einkünfte aus KapV anfallen, ist ggf. auch eine Anlage KAP abzugeben.[177]

In diesem Fall besteht auch eine Entrichtungspflicht für die anteilige ESt, die auf die Vermietungseinkünfte enfällt.[178] Schuldner der ESt ist weiterhin der Eigentümer des Grundstücks, zur Entrichtung der Steuer ist jedoch allein der Verwalter verpflichtet.[179]

Das FA hat die ESt zunächst unter Einbeziehung aller Einkünfte des Schuldners und ggf. des zusammenveranlagten Ehegatten zu ermitteln und anschließend im Verhältnis der Einkünfte aufzuteilen.[180]

Die Zwangsverwaltung bezieht sich nur auf das Grundstück und umfasst nicht das Veranlagungswahlrecht nach § 26 EStG.[181]

---

176 BMF-Schr. v. 17.7.2025 – IV D 1 - S 0550/00340/007/037, BStBl I 2025, 1491, Rz 35 ff.

177 BMF-Schr. v. 17.7.2025 – IV D 1 - S 0550/00340/007/037, BStBl I 2025, 1491, Rz 6 - 7 und 10

178 BMF-Schr. v. 17.7.2025 – IV D 1 - S 0550/00340/007/037, BStBl I 2025, 1491, Rz 19 - 21

179 BMF-Schr. v. 17.7.2025 – IV D 1 - S 0550/00340/007/037, BStBl I 2025, 1491, Rz 23

180 BMF-Schr. v. 17.7.2025 – IV D 1 - S 0550/00340/007/037, BStBl I 2025, 1491, Rz 34

181 BMF-Schr. v. 17.7.2025 – IV D 1 - S 0550/00340/007/037, BStBl I 2025, 1491, Rz 33

(2) Rechtsfähige Personenvereinigungen

Der Zwangsverwalter muss die Feststellungserklärung abgeben, wenn die Zwangsverwaltung alle Besteuerungsgrundlagen umfasst. Für Besteuerungsgrundlagen, die nicht i.Z.m. dem zwangsverwalteten Grundstück stehen, bleibt die Personenvereinigung erklärungspflichtig, der Zwangsverwalter hat dann eine Mitwirkungspflicht.[182]

Eine Entrichtungspflicht besteht nicht, da die Personenvereinigung keine ESt für die Gesellschafter zu zahlen hat.[183]

(3) Nichtrechtsfähige Personenvereinigungen

Erstreckt sich die Zwangsverwaltung nur auf den Miteigentumsanteil eines Miteigentümers an einem Grundstück einer Bruchteilsgemeinschaft, hat der Zwangsverwalter – neben den anderen Miteigentümern – eine Feststellungserklärung abzugeben. Erzielt die Bruchteilsgemeinschaft weitere Einkünfte, besteht für den Zwangsverwalter eine Mitwirkungspflicht an der Feststellungserklärung.[184]

Eine Entrichtungspflicht besteht nicht (s.o.).

(4) Erbengemeinschaft

Bei einer Erbengemeinschaft stellt das Grundstück Gesamthandsvermögen dar. In diesem Fall sind **die einzelnen Beteiligten** für die gesonderte und einheitliche Feststellung erklärungspflichtig, **nicht** die Gesamthandsgemeinschaft. Da der Zwangsverwalter keine weitergehenden Pflichten als der Schuldner (die Gesamthandsgemeinschaft) selbst haben kann, ist er nicht verpflichtet eine Erklärung abzugeben.

---

182 BMF-Schr. v. 17.7.2025 – IV D 1 - S 0550/00340/007/037, BStBl I 2025, 1491

183 BMF-Schr. v. 17.7.2025 – IV D 1 - S 0550/00340/007/037, BStBl I 2025, 1491, Rz 22

184 BMF-Schr. v. 17.7.2025 – IV D 1 - S 0550/00340/007/037, BStBl I 2025, 1491, Rz 9

(5) Sonderfall Insolvenz

Ist über das Vermögen des Schuldners auch ein Insolvenzverfahren eröffnet worden, liegen die Erklärungspflichten vorrangig beim Insolvenzverwalter, es sei denn, für das zwangsverwaltete Grundstück ist eine Freigabe erteilt worden. Dann geht die Erklärungspflicht wieder auf den Schuldner und nach den o.g. Grundsätzen ggf. auf den Zwangsverwalter über.[185]

g) Exkurs: Einsatz von künstlicher Intelligenz (KI) in der Steuerberatung, in der Tätigkeit der FG und in der FinVerw

In DB 26/2025 wird der Einsatz von KI in der Steuerberatung[186], der finanzrichterlichen Tätigkeit[187] und der Arbeit der FinVerw[188] im Hinblick auf die Vorgaben der Europäischen KI-Verordnung (KI-VO) beleuchtet.

Die KI-VO unterteilt KI-Anwendungen in **vier unterschiedliche Risikogruppen** und enthält für jede Gruppe einen eigenen Regelungsrahmen von einem Verbot für Anwendungen mit unannehmbarem Risiko bis hin zu Transparenz-Vorgaben für Anwendungen mit geringem Risiko.

Für den Bereich der **Steuerberatung**, in dem üblicherweise weder verbotene noch Hochrisiko-Anwendungen zum Einsatz kommen, bedeutet dies u.a.,

- dass die Stpfl. als Nutzer informiert werden müssen, wenn sie mit einer KI interagieren,
- dass KI-generierte Texte als solche gekennzeichnet werden müssen, es sei denn, sie wurden redaktionell überprüft und
- dass die Mitarbeiter über das nötige Wissen, Verständnis und Bewusstsein im Umgang mit KI-Systemen verfügen.

---

185 BMF-Schr. v. 17.7.2025 – IV D 1 - S 0550/00340/007/037, BStBl I 2025, 1491, Rz 14
186 DB 26/2025, 1572
187 DB 26/2025, 1585
188 DB 26/2025, 1591

A. Unternehmensbereich

I. Blick in die Anlage „EÜR“

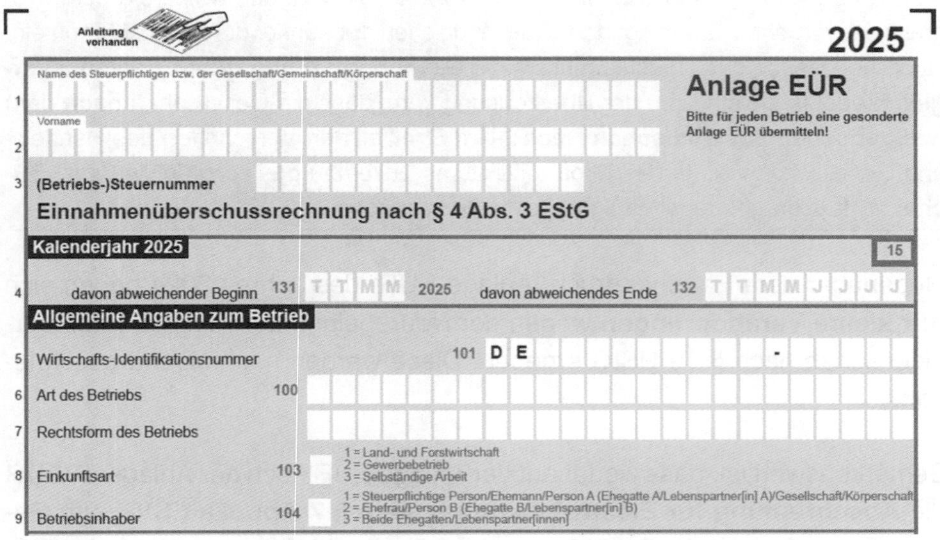

Anleitung vorhanden

2025

Name des Steuerpflichtigen bzw. der Gesellschaft/Gemeinschaft/Körperschaft

Anlage EÜR

Bitte für jeden Betrieb eine gesonderte Anlage EÜR übermitteln!

1
Vorname
2
3 (Betriebs-)Steuernummer

Einnahmenüberschussrechnung nach § 4 Abs. 3 EStG

Kalenderjahr 2025 15

4 davon abweichender Beginn 131 T T M M 2025 davon abweichendes Ende 132 T T M M J J J J

Allgemeine Angaben zum Betrieb

5 Wirtschafts-Identifikationsnummer 101 D E -

6 Art des Betriebs 100

7 Rechtsform des Betriebs

8 Einkunftsart 103 1 = Land- und Forstwirtschaft 2 = Gewerbebetrieb 3 = Selbständige Arbeit

9 Betriebsinhaber 104 1 = Steuerpflichtige Person/Ehemann/Person A (Ehegatte A/Lebenspartner[in] A)/Gesellschaft/Körperschaft 2 = Ehefrau/Person B (Ehegatte B/Lebenspartner[in] B) 3 = Beide Ehegatten/Lebenspartner[innen]

1. Allgemeines

Mit **BMF-Schreiben vom 29.8.2025**[1] hat die FinVerw die Vordrucke der „Anlage EÜR“ sowie die Vordrucke für die Sonder- und Ergänzungsrechnungen für Mitunternehmerschaften, die Anlage SZ (Ermittlung der nichtabziehbaren Schuldzinsen[2]), die Anlage „LuF“ zur EÜR und die dazugehörigen Anleitungen für das Jahr 2025 bekanntgegeben. Von Härtefällen i.S.d. § 150 Abs. 8 AO abgesehen, muss die Übermittlung der standardisierten EÜR nach amtlich vorgeschriebenem Datensatz durch zertifizierte **Datenfernübertragung** erfolgen. Dieser steht auf www.elster.de zur Verfügung.

Die FinVerw weist darauf hin, dass die **Anlage AVEÜR** sowie bei Mitunternehmerschaften die entsprechenden Anlagen **notwendiger Bestandteil** der EÜR sind.

---

1 BMF-Schr. v. 29.8.2025 – IV C 6 - S 2142/00023/010/001, BStBl I 2025, 1652
2 § 4 Abs. 4a EStG

Praxishinweis

Gewerbliche Unternehmen sind für den **VZ 2025** zur **Bilanzierung** verpflichtet, wenn sie im Jahr 2024 die **Umsatzgrenze i.H.v. 800.000 EUR oder** die **Gewinngrenze i.H.v. 80.000 EUR** überschritten haben.[3] Die Verpflichtung ist allerdings erst vom Beginn des Wj an zu erfüllen, das auf die **Aufforderung der Finanzbehörde** folgt.[4] In einem rechtskräftigen Urteil des **FG Berlin-Brandenburg**[5] ging es um die Frage der **Gewinnermittlung einer ausländischen PersG**. Die Klägerin wollte die dem Progressionsvorbehalt unterliegenden ausländischen Einkünfte durch EÜR ermitteln. Nach Auffassung des Gerichts musste die **Gewinnermittlung durch Bestandsvergleich** erfolgen, weil es zu der Überzeugung kam, dass die Gesellschaft **nach dem maßgeblichen ausländischen Recht** – im Streitfall den Vorschriften des Handels- und Gesellschaftsrechts des Großherzogtums Luxemburg – **verpflichtet war, Bücher zu führen** und regelmäßig Abschlüsse zu machen.

Gegenüber dem Hauptvordruck „Anlage EÜR“ des Jahres 2024 haben sich **nur kleine Veränderungen** wegen der Neuregelung der Kleinunternehmereigenschaft nach § 19 UStG ergeben. Diese werden nachfolgend beschrieben.

Bemerkenswert ist, dass weder auf der Anlage EÜR noch der Anlage AVEÜR die **Abschreibung für Elektrofahrzeuge nach § 7 Abs. 2a EStG** – im Gegensatz zur Sonderabschreibung nach §§ 7b, 7g EStG[6] – abgefragt wird. Dafür wird auf der Anlage SE (Zeile 47) sowie AVSE (Zeile 50) abgefragt, ob sich ein Elektro- oder ein extern aufladbares Hybridelektrofahrzeug im BV befindet. Dies reicht der FinVerw für 2025 wohl für eine nähere Prüfung aus.

47	Es ist mindestens ein Elektro- oder extern aufladbares Hybridelektrofahrzeug vorhanden.	407		1 = Ja 2 = Nein

2. Anlage SZ

Die in der Anlage SZ (Ermittlung der nicht abziehbaren Schuldzinsen) enthaltenen Angaben sind bei Einzelunternehmen nur dann als **notwendiger Bestandteil** der EÜR an die FinVerw zu übermitteln, wenn die im Wj angefallenen **Schuldzinsen**, ohne die Berücksichtigung der Schuldzinsen für Darlehen zur Finanzierung von AK oder HK von WG des AV, den **Betrag von 2.050 EUR übersteigen**.

---

3 § 141 Abs. 1 AO
4 § 141 Abs. 2 AO
5 FG Berlin-Brandenburg, Urt. v. 5.3.2025 – 7 K 7270/14, BBK-Kurznachricht Nr. 14/2025, 635, rkr.
6 Anlage EÜR 2025, Zeile 34, Anlage AVEÜR 2025, Zeile 43

Praxishinweis

Eine **Anlage SZ** sollte in der Praxis unbedingt auch dann zumindest erstellt werden, wenn sich mangels Überschreitung der 2.050-EUR-Grenze keine Abgabepflicht und auch keine Auswirkungen für den betroffenen VZ ergeben können. Ergibt sich nämlich in einem Folgejahr eine **Überschreitung der Bagatellgrenze**, so ist eine Ermittlung der nichtabziehbaren Schuldzinsen ohne die kumulierten Über- bzw. Unterentnahmen[7] sowie der kumulierten Entnahmen[8] und Einlagen[9] der Vorjahre nicht möglich. Diese wären dann mühsam aus den Vorjahren zu ermitteln.

3. Kleinunternehmer und Anlage EÜR 2025

Die Kleinunternehmerregelung des § 19 UStG wurde mit Wirkung vom 1.1.2025 neu gefasst.[10] Zum einen wurden die **Grenzen** (Vorjahresumsatz 22.500 EUR auf **25.000 EUR**, Umsatz des laufenden Jahres von 50.000 EUR auf **100.000 EUR**) erhöht. Zum anderen ist auch eine **wesentliche systematische Änderung** erfolgt, die sich vor allem in der Anleitung zur Anlage EÜR[11] widerspiegelt. Die Möglichkeit der Anwendung des **§ 19 UStG entfällt bei Überschreiten** der 100.000-Euro-Grenze im laufenden Jahr bereits **unterjährig**. Im Gründungsjahr gilt eine Umsatzschwelle i.H.v. 25.000 EUR, nach deren Überschreiten die Regelbesteuerung anzuwenden ist. Es ist daher anders als bisher möglich, dass ein Stpfl. ab dem VZ 2025 **nur zeitweise Umsätze nach § 19 UStG** erzielt. Neu ist auch, dass unter § 19 UStG fallende Umsätze **steuerfrei** sind. Bisher wurde die USt bei Kleinunternehmern nicht erhoben.[12]

Weiterhin wurde unter bestimmten Voraussetzungen eine EU-weite **Kleinunternehmerregelung für Umsätze in anderen EU-Staaten** eingeführt. Diese Umsätze sind in Deutschland nicht steuerbar und in den anderen EU-Staaten steuerfrei. Die Umsätze unterliegen einem besonderen Meldeverfahren nach § 19a UStG.[13]

---

7 Anlage SZ, Zeile 16
8 Anlage SZ, Zeile 19
9 Anlage SZ, Zeile 22
10 Vgl. hierzu BMF-Schr. v. 18.3.2025 – III C 3 - S 7360/00027/044/105, BStBl I 2025, 742, Tz II.1 ff.
11 Anleitung zum Vordruck „Einnahmeüberschussrechnung – Anlage EÜR“ 2025 zu Zeile 12
12 § 19 Abs. 1 S. 1 UStG i.d.F. 2024
13 Vgl. hierzu BMF-Schr. v. 18.3.2025 – III C 3 - S 7360/00027/044/105, BStBl I 2025, 742, Tz II.39 ff.

Praxishinweis

Die FinVerw hat sich mit Schreiben vom 18.3.2025 ausführlich[14] zu §§ 19, 19a UStG geäußert. Zur Frage des Vorsteuerabzugs bei Wechsel zur Regelbesteuerung und umgekehrt vgl. BMF-Schreiben vom 10.11.2025.[15]

In **Zeile 12** sind sowohl die steuerfreien Umsätze als Kleinunternehmer i.S.d. § 19 UStG als auch die dem besonderen Meldeverfahren nach § 19a UStG unterliegenden Umsätze einzutragen.

	1. Betriebseinnahmen (einschließlich steuerfreier Betriebseinnahmen)		20
			EUR Ct
12	Betriebseinnahmen als umsatzsteuerlicher **Kleinunternehmer** (nach § 19 Abs. 1 UStG) ohne Beträge laut Zeilen 18 bis 22	111	,
13	davon nicht steuerbare Umsätze sowie Umsätze nach § 19 Abs. 2 Satz 1 Nr. 1 und 2 sowie Satz 2 UStG	119 ,	*(weiter ab Zeile 18)*

Umsätze, die **nach Überschreiten der o.g. Grenzen** erzielt werden und daher der Regelbesteuerung zu unterwerfen sind, sind in die **Zeilen 15 bis 17** einzutragen.

15	Umsatzsteuerpflichtige Betriebseinnahmen (ohne solche zum ermäßigten Steuersatz von 0 %)	112	,
16	Betriebseinnahmen, die umsatzsteuerfrei (§ 4 UStG) oder nicht umsatzsteuerbar sind oder nach § 12 Abs. 3 UStG dem ermäßigten Steuersatz von 0 % unterliegen oder für die der Leistungsempfänger die Umsatzsteuer nach § 13b UStG schuldet	103	,
17	Vereinnahmte Umsatzsteuer sowie Umsatzsteuer auf unentgeltliche Wertabgaben	140	,

4. Ehrenamtliche Tätigkeiten

In der Anleitung zur Anlage EÜR wird erstmals darauf hingewiesen, dass **keine Anlage EÜR** übermittelt werden muss, wenn Einnahmen erzielt wurden, die nach § 3 Nr. 12, 26, 26a oder 26b EStG **ganz oder teilweise steuerfrei** sind. Voraussetzung ist, dass keine BA geltend gemacht werden sollen und die Einnahmen sowie der davon steuerfreie Betrag **in der ESt-Erklärung eingetragen** werden.[16]

---

14 Vgl. hierzu BMF-Schr. v. 18.3.2025 – III C 3 - S 7360/00027/044/105, BStBl I 2025, 742

15 BMF-Schr. v. 10.11.2025 – III C 2 - S 7300/00080/004/019, DStR 2025, 2676

16 Anleitung zum Vordruck „Einnahmeüberschussrechnung – Anlage EÜR“ 2025 - Einleitung

Eine entsprechende Eintragung kann z.B. unmittelbar auf der **Anlage S** erfolgen. Ggf. bietet sich auch ein Hinweis an das FA auf dem **Freitextfeld** an.

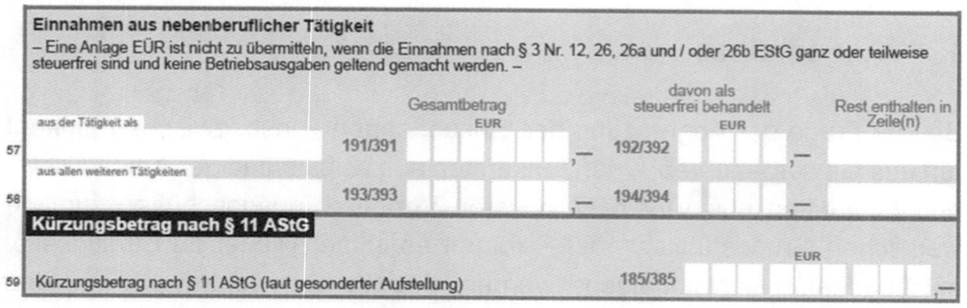

Einnahmen aus nebenberuflicher Tätigkeit
– Eine Anlage EÜR ist nicht zu übermitteln, wenn die Einnahmen nach § 3 Nr. 12, 26, 26a und / oder 26b EStG ganz oder teilweise steuerfrei sind und keine Betriebsausgaben geltend gemacht werden. –

			Gesamtbetrag EUR		davon als steuerfrei behandelt EUR	Rest enthalten in Zeile(n)
57	aus der Tätigkeit als	191/391	,—	192/392	,—	
58	aus allen weiteren Tätigkeiten	193/393	,—	194/394	,—	

Kürzungsbetrag nach § 11 AStG

			EUR
59	Kürzungsbetrag nach § 11 AStG (laut gesonderter Aufstellung)	185/385	,—

II. Aktuelles zur Abgrenzung der Einkunftsarten

1. Allgemeines

Bei der Frage der Abgrenzung der Einkunftsarten – insb. zwischen Einkünften aus Gewerbebetrieb[17], den Einkünften aus selbstständiger Arbeit[18] sowie den Einkünften aus VuV bzw. privaten Veräußerungsgeschäften zum gewerblichen Grundstückshandel – kommt es immer wieder zu Streitigkeiten mit der FinVerw. Nachfolgend werden **aktuelle Entwicklungen** aus dem Themenbereich dargestellt.

Praxishinweis

Die Abgrenzung zwischen Einkünften aus VuV und gewerblichen Einkünften ist i.d.R. insb. wegen der **Qualifikation des genutzten Vermögens als PV bzw. BV** äußerst bedeutsam. Eine evtl. GewSt fällt aufgrund des Freibetrags und der Steuerermäßigung nach § 35 EStG nicht immer ins Gewicht. Allerdings hat die Qualifikation der Einkunftsart auch einen Einfluss auf die **Art der Einkünfteermittlung** (Überschussrechnung oder Bestandsvergleich). Dies gilt auch für die Abgrenzung zwischen §§ 15 und 18 EStG. Folgewirkungen können sich auch bei der Frage der Anwendung der sog. **„Ist"-Besteuerung nach § 20 UStG** ergeben.

2. Berufsausübungsgemeinschaften

a) Allgemeines

Eine PersG entfaltet nur dann eine Tätigkeit, die die Ausübung eines freien Berufs i.S.v. § 18 EStG darstellt, wenn **sämtliche Gesellschafter die Merkmale eines freien Berufs erfüllen**, da die tatbestandlichen Voraussetzungen der Freiberuflichkeit nicht von der PersG selbst, sondern nur von den natürlichen Personen im Gesellschafterkreis erfüllt werden können.[19] **Jeder Gesellschafter** muss über die **persönliche Berufsqualifikation** verfügen und eine freiberufliche Tätigkeit, zu deren Ausübung er persönlich qualifiziert ist, **tatsächlich entfalten**.[20] Erfüllt auch **nur einer** der Gesellschafter diese

---

17 § 15 EStG
18 § 18 EStG
19 BFH-Urt. v. 5.9.2023 – VIII R 31/20, BStBl II 2024, 184, Rz 35
20 BFH-Urt. v. 10.10.2012 – VIII R 42/10, BStBl II 2013, 79

Voraussetzungen nicht, so erzielen **alle** Gesellschafter **Einkünfte aus Gewerbebetrieb**.

b) Umfang der freiberuflichen Tätigkeit

Mit **Urteil vom 4.2.2025**[21] hat der BFH eine für freiberufliche PersG bedeutsame Entscheidung getroffen. Im Urteilsfall war u.a. ein Zahnarzt als „Seniorpartner" an einer PartG beteiligt, die eine **Zahnarztpraxis** betrieb. Der Seniorpartner hat weit überwiegend **organisatorische und administrative Leistungen für die Gesellschaft** erbracht. Am „Stuhl" war er als **behandelnder Zahnarzt nicht mehr tätig**. Im Streitjahr hatte er lediglich fünf Patienten konsiliarisch betreut. Sowohl das FA als auch das FG[22] sind davon ausgegangen, dass die PartG **insgesamt gewerbliche Einkünfte** erzielt.

Der **BFH** hat die Entscheidung **aufgehoben**. Ein als Zahnarzt zugelassener Mitunternehmer übt danach i.R.e. Zusammenschlusses von Berufsträgern den freien Beruf auch dann selbst aus, wenn er neben einer ggf. **äußerst geringfügigen behandelnden Tätigkeit** vor allem und weit **überwiegend organisatorische und administrative Leistungen** für den Praxisbetrieb der Mitunternehmerschaft erbringt. Die eigene freiberufliche Betätigung eines Mitunternehmers kann auch in Form der Mit- und Zusammenarbeit stattfinden.

Praxishinweis

Hätte der BFH die Auffassung der Vorinstanz bestätigt, so wäre neben der GewSt-Pflicht auch die **Gewinnermittlung durch Bestandsvergleich** verpflichtend gewesen. Im Gegensatz dazu kann eine **freiberufliche PersG** unabhängig von der Höhe ihres Gewinns und Umsatzes **§ 4 Abs. 3 EStG** anwenden.[23] Im Falle der **USt-Pflicht**, kommt die Anwendung der „Ist"-Besteuerung unabhängig von einer Umsatzgrenze in Betracht.[24] Interessant ist in diesem Zusammenhang ein beim BFH anhängiges **Revisionsverfahren**[25]. Hier hat eine freiberufliche PersG (RA, WP) den Gewinn freiwillig durch **Bilanzierung** ermittelt. Das FG Baden-Württemberg[26] vertrat daraufhin die Auffassung, dass eine **Anwendung der sog. Ist-Besteuerung ausgeschlossen** ist, ob-

---

21 BFH-Urt. v. 4.2.2025 – VIII R 4/22, BStBl II 2025, 450
22 FG Rheinland-Pfalz, Urt. v. 16.9.2021 – 4 K 1270/19, DStRE 2022, 331
23 § 141 AO (Umkehrschluss)
24 § 20 S. 1 Nr. 3 UStG
25 Az des BFH: V R 16/24
26 FG Baden-Württemberg, Urt. v. 9.7.2024 – 9 K 86/24, DStRE 2025, 1055, Rev. eingelegt, Az des BFH: V R 16/24

wohl die PersG Einkünfte i.S.d. § 18 EStG erzielt hat. Die PersG hatte die Umsatzgrenze i.S.d. § 20 S. 1 Nr. 1 UStG überschritten. Der Ausgang des Revisionsverfahrens dürfte für zahlreiche freiberufliche PersG von Bedeutung sein.

c) Gewerbliche Infektion durch Beteiligung

Nach § 15 Abs. 3 Nr. 1 S. 1 Alt. 2 EStG führt auch das **Halten einer gewerblichen Beteiligung** bei einer PersG, die im Übrigen keine gewerbliche Tätigkeit ausübt, zur **Abfärbung**, sodass insgesamt gewerbliche Einkünfte vorliegen. Dies gilt für **freiberufliche und vermögensverwaltende PersG** gleichermaßen.

Der BFH vertritt in seiner mittlerweile ständigen Rechtsprechung[27] die Auffassung, dass ein gewerbliches Unternehmen i.S.d. § 15 Abs. 3 Nr. 1 S. 1 Alt. 2 EStG **nicht** als der **GewSt unterliegender Gewerbebetrieb** anzusehen ist. Eine derartige PersG hat dann zwar aus einkommensteuerlicher Sicht gewerbliche Einkünfte und es treten entsprechende Folgewirkungen für die Qualifikation des Vermögens als BV und die Art der Gewinnermittlung ein, jedoch führt diese Art der Infektion nicht zu einer GewSt-Pflicht. Die FinVerw hat sich der Auffassung des BFH angeschlossen.[28]

3. Gewerblicher Grundstückshandel

a) Allgemeines

Werden Grundstücke nicht eigenbetrieblich genutzt und sind auch nicht aus anderen Gründen dem BV zuzurechnen oder zugeordnet worden, so handelt es sich i.d.R. um Grundstücke im PV, deren Anschaffung und Veräußerung innerhalb der Zehnjahresfrist des § 23 EStG ggf. zu einem steuerpflichtigen privaten Veräußerungsgeschäft führt. Typischerweise sind hiervon Grundstücke betroffen, die Dritten zur Nutzung überlassen werden. Unter bestimmten Umständen kann beim An- und Verkauf von Grundstücken jedoch ein sog. **gewerblicher Grundstückshandel** vorliegen. Die Grundstücke sind dann aus Sicht der FinVerw Umlaufvermögen des Handelsunternehmens. Der gewerbliche Grundstückshandel führt zu Einkünften aus Gewerbebetrieb i.S.d. § 15 EStG und löst neben ESt auch GewSt aus.

---

27 Vgl. u.a. BFH-Beschl. v. 4.2.2025 – VIII R 1/22, BFH/NV 2025, 513 sowie BFH-Beschl. v. 28.5.2025 – IV B 13/24, BFH/NV 2025, 1023

28 Gleichlautender Ländererlass v. 5.11.2025 – G 1400, DStR 2025, 2740

Zur Abgrenzung des gewerblichen Grundstückshandels hat der BFH die sog. **„Drei-Objekt-Grenze"** entwickelt.[29] Die Veräußerung von **mehr als drei Objekten innerhalb von fünf Jahren** ist danach ein widerlegbares Indiz für eine gewerbliche Tätigkeit.[30] Auch die Sanierung bzw. eine erhebliche Modernisierung von Gebäuden und die anschließende Veräußerung kann einen gewerblichen Grundstückshandel auslösen.[31] Objekte i.S.d. gewerblichen Grundstückshandels sind grds. nur Grundstücke, die **in bedingter Veräußerungsabsicht erworben** worden sind. D.h., es muss auch ein **zeitlicher Zusammenhang zwischen Erwerb, Errichtung bzw. Modernisierung und der Veräußerung** des betroffenen Grundstücks geben. Die FinVerw[32] geht hier grds. von einer Zeitspanne von fünf Jahren und bei Hinzutreten besonderer Umstände von einer max. Zeitspanne von zehn Jahren aus. Weiterführend wird u.a. auf das BMF-Schreiben vom 26.3.2004[33] und die aktuellen Ausführungen von *Messner*[34] verwiesen.

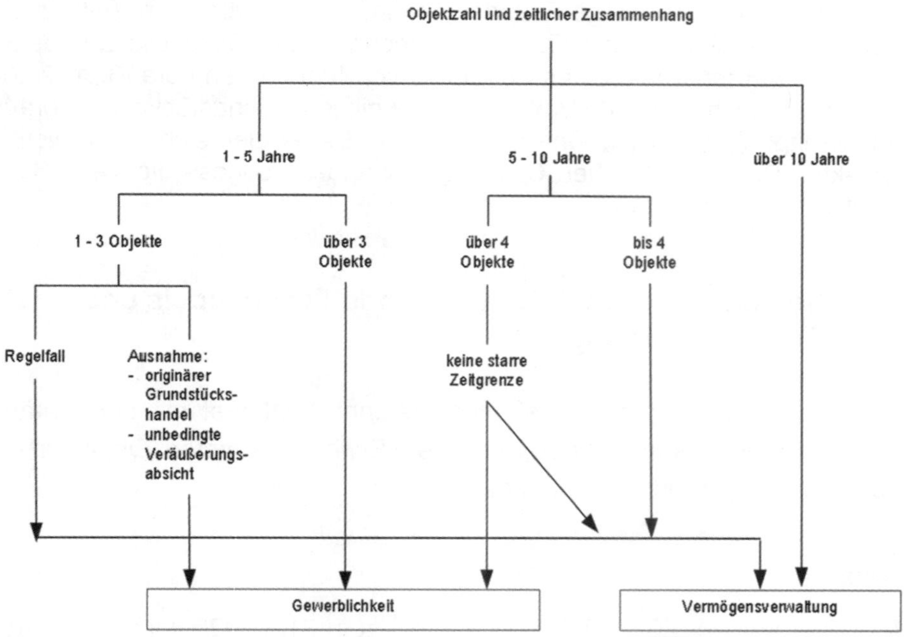

Quelle: AktStR 2018, 208

[29] BFH-Urt. v. 9.12.1986 – VIII R 317/82, BStBl II 1988, 244
[30] BFH-Beschl. v. 10.12.2001 – GrS 1/98, BStBl II 2002, 291
[31] BFH-Beschl. v. 10.12.2001 – GrS 1/98, BStBl II 2002, 291
[32] BMF-Schr. v. 26.3.2004 – IV A 6 - S 2240 - 46/04, BStBl I 2004, 434, Rz 6, 20
[33] BMF-Schr. v. 26.3.2004 – IV A 6 - S 2240 - 46/04, BStBl I 2004, 434
[34] Auch *Messner*, AktStR 2025, 449

Praxishinweis

Wie die o.g. Ausführungen aufzeigen, wird in der Praxis oft verkannt, dass es beim gewerblichen Grundstückshandel praktisch eine **doppelte Fünfjahresfrist** gibt: Zum einen liegt ein Objekt i.S.d. gewerblichen Grundstückshandels nur vor, wenn – im Regelfall – die **Zeitspanne zwischen Erwerb und Veräußerung nicht mehr als fünf Jahre** beträgt und zum anderen müssen i.d.R. in einem **Zeitraum von fünf Jahren mehr als drei „Objekte" veräußert** werden. Beide Fünfjahreszeiträume sind allerdings **keine starre zeitliche Grenze**, sondern führen zu einem widerlegbaren Indiz für das Vorliegen einer gewerblichen Tätigkeit. Umgekehrt führt die Überschreitung nicht zwingend dazu, dass keine Gewerblichkeit anzunehmen ist. Bei Immobilien-Gesellschaften, die kraft Rechtsform gewerblich tätig sind (z.B. GmbH & Co. KG, GmbH) führt das Vorliegen eines gewerblichen Grundstückshandels zum **Verlust der sog. erweiterten Kürzung** nach § 9 Nr. 1 S. 2 GewStG.

Beispiel

A hat im Jahr 2010 sechs Grundstücke im PV erworben. Im Zeitraum von Februar bis Mai 2025 veräußert er alle sechs Grundstücke. Die Grundstücke wurden zwar innerhalb eines Zeitraums von fünf Jahren veräußert (2/2025-5/2025), jedoch liegt der Erwerb der jeweiligen Grundstücke im Veräußerungszeitpunkt mehr als fünf Jahre zurück. Es handelt sich damit nicht um Objekte i.S.e. gewerblichen Grundstückshandels, sodass die Veräußerung nicht der ESt unterliegt.

b) Beginn des gewerblichen Grundstückshandels und Gewinnermittlungsart

Der gewerbliche Grundstückshandel beginnt nicht erst mit den Veräußerungsvorgängen, sondern bereits mit dem Erwerb des ersten „Objektes" i.S.d. gewerblichen Grundstückshandels.[35]

Beispiel

A erwirbt im Jahr 2022 fünf ETW, die bis zum 31.5.2025 vermietet werden. Zum 1.6.2025 veräußert A alle fünf Wohnungen. Der gewerbliche Grundstückshandel hat mit dem Erwerb der fünf Wohnungen begonnen, sodass A von Beginn an Einkünfte aus Gewerbebetrieb erzielt. Betrachtet man die Grundstücke als Umlaufvermögen, kommt der Abzug von AfA nicht in Betracht. Für eine Behandlung als AV und damit für den Abzug von AfA könnte die BFH-Entscheidung vom 25.6.2025 zum Containerleasing[36] sprechen. Hinsichtlich der GewSt kommt die Steuerermäßigung nach § 35 EStG zur Anwendung.

---

[35] BMF-Schr. v. 26.3.2004 – IV A 6 - S 2240 - 46/04, BStBl I 2004, 434, Rz 14

[36] BFH-Urt. v. 25.6.2025 – X R 4/23, BFH/NV 2025, 1288

Grds. ist der Gewinn aus einem gewerblichen Grundstückshandel durch **Bestandsvergleich nach § 4 Abs. 1 EStG** zu ermitteln. Unter den weiteren Voraussetzungen des § 4 Abs. 3 EStG kommt jedoch auch eine **EÜR** in Betracht. In diesem Fall ist aber zu beachten, dass die **AK für die Grundstücke** nach § 4 Abs. 3 S. 4 EStG nicht im Zeitpunkt der Zahlung als BA angesetzt werden können. Die AK für Grund und Boden sowie Gebäude des Umlaufvermögens sind danach **erst im Zeitpunkt des Zuflusses des Veräußerungserlöses** als BA zu berücksichtigen. Liegt ein **bisher unerkannter Gewerbebetrieb** vor, was beim gewerblichen Grundstückshandel oftmals in der „Natur der Sache" liegt, kann der Gewinn abweichend vom BMF-Erlass zum gewerblichen Grundstückshandel dennoch nach § 4 Abs. 3 EStG ermittelt werden.[37]

c) Bedeutung der Fünfjahresfrist für die bedingte Veräußerungsabsicht

Mit **Beschluss vom 20.3.2025**[38] hat sich der BFH konkret zur Frage einer **kurzfristigen Überschreitung** und damit zur **Fünfjahresfrist i.Z.m. der bedingten Veräußerungsabsicht** geäußert. Im Urteilsfall ging es um eine GmbH und die Frage, ob die erweiterte Kürzung nach § 9 Nr. 1 S. 2 GewStG aufgrund des Vorliegens eines gewerblichen Grundstückshandels zu versagen war. Die GmbH hatte im Jahr **2007** u.a. 15 Grundstücke erworben. Im Jahr **2013** veräußerte sie 13 der Grundstücke (insg. 145 Wohn- und Gewerbeeinheiten) und im Jahr 2015 zwei weitere Grundstücke. Bei der Veräußerung im Jahr 2013 waren etwa **5 ½ Jahre seit dem Erwerb** vergangen. Der BFH ging **nicht** von einem **gewerblichen Grundstückshandel** aus. Der Fünfjahreszeitraum sei zwar keine starre Grenze, jedoch würden bei Veräußerungen **nach Ablauf von mehr als fünf Jahren weitere Indizien erforderlich** sein, um von Anfang an einen gewerblichen Grundstückshandel annehmen zu können. Derartige Indizien könnten u.a. **veräußerungsvorbereitende Maßnahmen** innerhalb des Fünfjahreszeitraums oder eine **kurzfristige bzw. variable Finanzierung** sein. Im Urteilsfall sprach u.a. der **Tod eines der Gesellschafter** als **Indiz gegen** eine von Anfang an bestehende **bedingte Veräußerungsabsicht** (todesbedingte und damit „außerplanmäßige" Veräußerung).

---

37 BMF-Schr. v. 26.3.2004 – IV A 6 - S 2240 - 46/04, BStBl I 2004, 434, Rz 33; a.A. BFH-Urt. v. 19.3.2009 – IV R 57/07, BStBl II 2009, 659

38 BFH-Beschl. v. 20.3.2025 – III R 14/23, BStBl II 2025, 566

Praxishinweis

Die Veräußerung eines vierten Objektes innerhalb des Fünfjahreszeitraum stellt **kein rückwirkendes Ereignis** i.S.d. § 175 Abs. 1 S. 1 Nr. 2 AO dar.[39] Es kann sich jedoch um eine **neue Tatsache** handeln, die eine Änderung nach § 173 Abs. 1 Nr. 1 AO ermöglichen kann.[40]

d) Bedeutung der Fünfjahresfrist für den Veräußerungszeitraum

In seinem **Urteil vom 3.6.2025**[41] hat sich der BFH mit der **fünfjährigen Veräußerungszeitspanne** auseinandergesetzt. Auch hier ging es um eine GmbH und die Frage der Berücksichtigung der erweiterten Kürzung nach § 9 Nr. 1 S. 2 GewStG. Die GmbH hatte fünf mit MFH bebaute Grundstücke **in einem Verkaufsakt an einen Erwerber** veräußert. Da die Grundstücke erst drei Jahre zuvor erworben wurden, war die Frage des Fünfjahreszeitraums für die Zeitspanne zwischen Anschaffung und Veräußerung unstrittig. Die Klägerin berief sich jedoch darauf, dass es bei einer „en bloc"-Veräußerung an einen Erwerber an der für die Annahme gewerblicher Einkünfte grds. erforderlichen **Nachhaltigkeit**[42] fehlen würde. Dies sah der BFH anders und nahm einen **gewerblichen Grundstückshandel** an. Auf die Frage der Nachhaltigkeit komme es im Fall der indiziellen Wirkung der (beiden) Fünfjahreszeiträume für einen gewerblichen Grundstückshandel nicht an.

4. Einzelfälle

a) Ärzte – Hausarztmodell und integrierte Versorgung

Das Leistungsspektrum von Ärzten umfasst **nicht** zwingend **ausschließlich heilbehandliche Tätigkeiten**. Nach dem sog. **Hausarztmodell i.S.d. § 73b SGB V,** bei dem der Arzt eine Art **„Lotsenfunktion"** für fachärztliche Leistungen übernimmt, erhält der Hausarzt eine **Pauschalvergütung** für die **Beratung und Information der Versicherten** bei deren Beitritt zum Hausarztmodell (Einschreibepauschale) sowie eine Pauschale für die Ausgestaltung des hausärztlichen Versorgungsgeschehens. I.R.d. sog. **integrierten Versorgung nach § 140a SGB V** erhält der Arzt ebenfalls **Fallpauschalen**, die

---

39 BFH-Urt. v. 6.7.1999 – VIII R 17/97, BStBl II 2000, 306
40 BMF-Schr. v. 26.3.2004 – IV A 6 - S 2240 - 46/04, BStBl I 2004, 434, Rz 33
41 BFH-Urt. v. 3.6.2025 – III R 12/22, DStRE 2025, 2019
42 § 15 Abs. 2 S. 1 EStG

u.a. auch die **Abgabe von Medikamenten** und **Hilfsmitteln** umfassen können.

In den o.g. Fällen stellt sich die Frage, ob neben ärztlichen Leistungen auch **gewerbliche Leistungen** (u.a. die Abgabe von Medikamenten) vorliegen.

Die **OFD Frankfurt/M** hatte sich bereits mit **Verfügung vom 16.8.2016**[43] zur **integrierten Versorgung** geäußert und darauf hingewiesen, dass die Abgabe von Hilfsmitteln und Medikamenten **nur dann keine gewerbliche Tätigkeit** ist, wenn ohne deren Einsatz die ärztliche Heilbehandlung nicht möglich ist und diese derart **eng mit der eigentlichen Behandlung** verbunden sind, dass deren Abgabe nicht selbstständig betrachtet werden kann. Andernfalls führt die Abgabe von Hilfsmitteln und Medikamenten zu **gewerblichen Einkünften**.

Praxishinweis

Ist der Arzt als **Einzelunternehmer** tätig und erzielt durch die Abgabe von Medikamenten und Hilfsmitteln auch gewerbliche Einkünfte, so kommt es anders als bei PersG **nicht** zu einer **Infektion** seiner übrigen, als freiberuflich i.S.d. § 18 EStG zu qualifizierenden Einkünfte.[44] Da es sich um Fallpauschalen handelt, müssen die gewerblichen Einkünfte **geschätzt** werden.[45]

Handelt es sich jedoch um eine **PersG**, so besteht die **Gefahr der Abfärbung nach § 15 Abs. 3 Nr. 1 EStG**, sodass die PersG insgesamt gewerbliche Einkünfte erzielt, wenn die Einnahmen aus gewerblicher Tätigkeit die vom BFH aufgestellten **Bagatellgrenzen**[46] nicht überschreiten (nicht mehr als 3 % des Gesamtnettoumsatzes **und** nicht mehr als 24.500 EUR). Werden Fallpauschalen mit Gemeinschaftspraxen vereinbart, kommt es aufgrund des gewerblichen Anteils (Abgabe von Arzneien und Hilfsmitteln) nach Auffassung der FinVerw zu einer gewerblichen Infizierung i.S.v. § 15 Abs. 3 Nr. 1 EStG der gesamten Einkünfte der Gemeinschaftspraxis.[47] Dieses Risiko lässt sich durch die Gründung einer **personenidentischen Schwester-PersG** und damit verbundene Trennung der Tätigkeitsbereiche vermeiden.

In ihrer aktuellen **Verfügung vom 29.1.2025** nimmt die OFD Frankfurt/M.[48] auch zum sog. **Hausarztmodell** Stellung. Danach ist in der **Übernahme der Koordination der medizinischen Maßnahmen**, d.h. in der Steuerung des

---

43 OFD Frankfurt/M., Vfg. v. 16.8.2016 – S 2241 A - 65 - St 213, NWB EAAAF-81388
44 Vgl. hierzu BFH-Urt. v. 2.10.2003 – IV R 48/01, BStBl II 2004, 363
45 Vgl. hierzu BFH-Urt. v. 18.1.1962 – IV 270/60 U, BStBl III 1962, 131
46 BFH-Urt. v. 27.8.2014 – VIII R 16/11, VIII R 41/11, VIII R 6/12, BStBl II 2015, 996, 999, 1002
47 OFD Frankfurt/M., Vfg. v. 16.8.2016 – S 2241 A - 65 - St 213, NWB EAAAF-81388
48 OFD Frankfurt/M., RdVfg. v. 29.1.2025 – S 2246 A - 00012-0357-St 214, DStR 2025, 648

Behandlungsprozesses, **keine gewerbliche Tätigkeit** zu sehen. In den geprüften Musterverträgen waren **keine gewerblichen Anteile** enthalten. Ungeachtet weist die OFD darauf hin, dass derartige Verträge immer im **Einzelfall** auf das Vorhandensein gewerblicher Anteile zu prüfen seien.

Außerdem äußert sich die OFD Frankfurt/M. zur **Anstellung von Ärzten**. Beschäftigt ein niedergelassener Arzt danach einen anderen Arzt, bedient er sich der Mithilfe fachlich vorgebildeter Mitarbeiter. Der niedergelassene Arzt erzielt in diesem Fall **nur dann Einkünfte aus freiberuflicher Tätigkeit**, wenn er weiterhin **leitend und eigenverantwortlich tätig** wird. Dies erfordert grds. eine **persönliche Teilnahme** des arbeitgebenden Arztes an der praktischen Arbeit des angestellten Arztes in ausreichendem Umfang. Entscheidet der **angestellte Arzt** hingegen **allein und eigenverantwortlich** über die medizinische Versorgung der Patienten, erzielt der arbeitgebende Arzt grundsätzlich **Einkünfte aus Gewerbebetrieb**. Insb. bei der Anstellung **fachfremder Ärzte** kann von einer Eigenverantwortlichkeit des Praxisinhabers mit anderer Fachausbildung nicht ausgegangen werden. Die Ausführungen der FinVerw gelten u.E. unabhängig davon, ob es sich um ein Arbeitsverhältnis oder eine **freie Mitarbeit** handelt. Zur Frage der Rückforderungen von Honoraren bei nachträglich als Arbeitsverhältnis eingestuften Rechtsverhältnissen, vgl. auch Urteil des BAG vom 4.12.2024[49].

Praxishinweis

Insb. bei **PersG** ist der Anstellung fachfremder Ärzte aufgrund des **Abfärberisikos** des § 15 Abs. 3 Nr. 1 EStG besondere Aufmerksamkeit zu widmen.

b) Kfz-Meister als Kfz-Sachverständiger

Mit seinem **Beschluss vom 22.4.2025**[50] hat der BFH die Einstufung der Tätigkeit eines als Kfz-Sachverständiger tätigen „gelernten" **Kfz-Meisters** als **ingenieursähnlich** und damit den Ansatz freiberuflicher Einkünfte **verneint**. Die rechtliche Gleichstellung des Qualifikationsniveaus eines Kfz-Meisters mit einem **Bachelorabschluss im Europäischen Qualifikationsrahmen** oder im Deutschen Qualifikationsrahmen erbringt danach für sich betrachtet nicht den Nachweis, dass der Stpfl. über eine einem abgeschlossenen **Ingenieurstudium in Breite und Tiefe vergleichbare Vorbildung** verfügt. Auch

49 BAG, Urt. v. 4.12.2024 – 5 AZR 272/23, HFR 2025, 395
50 BFH-Beschl. v. 22.4.2025 – VIII B 88/24, BFH/NV 2025, 864

der Nachweis über absolvierte Weiterbildungskurse und seine Berufserfahrung in bestimmten mathematisch-technischen Fragestellungen hat den BFH nicht überzeugt. Es blieb bei **gewerblichen Einkünften**.

c) Tätigkeit eines Tätowierers

In einem Urteilsfall des FG Düsseldorf[51] ging es um die Abgrenzung zwischen einer künstlerischen Tätigkeit und einer gewerblichen Tätigkeit bei einem Tätowierer. Im Streitjahr 2019 erzielte der Stpfl. rd. 37.000 EUR Gewinn. Das FA nahm gewerbliche Einkünfte an und setzte u.a. GewSt fest. Der Kläger bezeichnete sich selbst als **Tatoodesigner** und **Tätowierkünstler**. Das FG ging anders als das FA von einer künstlerischen Tätigkeit i.S.d. § 18 EStG aus.

Eine freie, nur auf stichwortartigen Vorgaben beruhende Entwicklung der Motive kann danach auch eine eigenschöpferische, eine gewisse Gestaltungshöhe erreichende Leistung darstellen, wie sie zusätzlich für eine künstlerische Tätigkeit im Bereich der Gebrauchskunst zu fordern ist. Ein Tätowierer, der seine **individuell für den jeweiligen Kunden bestimmten Motive in einem kreativen Gestaltungsprozess** entwirft und dessen Werken kein über den **ästhetischen Genuss** hinausgehender Nützlichkeitswert zukommt, übt ungeachtet seiner Auftrags- oder Weisungsgebundenheit eine nicht dem Bereich der Gebrauchskunst, sondern dem der zweckfreien Kunst zuzuordnende **künstlerische Tätigkeit** aus.

Gegen die Entscheidung wurde Revision zugelassen.

5. Online-Poker

Bereits mit BFH-Urteil vom 22.2.2023[52] hat der BFH die Auffassung vertreten, dass Gewinne aus dem Online-Pokerspiel (hier: in der Variante „Texas Hold'em“) als Einkünfte aus Gewerbebetrieb der ESt unterliegen können. In der aktuellen Entscheidung vom 2.5.2025[53] hält er daran fest: Auch Gewinne aus dem Online-Pokerspiel in der Variante „Omaha" können unter besonderen Voraussetzungen als Einkünfte aus Gewerbebetrieb der ESt unterliegen.

---

[51] FG Düsseldorf, Urt. v. 18.2.2025 – 4 K 1875/23 G, AO, DStR-Aktuell 2025, 37, vorl. nicht rkr.

[52] BFH-Urt. v. 22.2.2023 – X R 8/21, BStBl II 2023, 811

[53] BFH-Urt. v. 2.4.2025 – X R 26/21, BFH/NV 2025, 1168

Die Abgrenzung zwischen einem **Freizeit- oder Hobbyspieler** (Befriedigung privater „Spielinteressen") und dem Leitbild eines **Berufsspielers** (Gesamtschau „strukturell-gewerbliche Aspekte") war im Klagefall nicht schwierig. Ein „Student" hatte im Streitzeitraum **Einnahmen/Verluste i.H.v. – 67.000 EUR bis + 532.000 EUR p.a.** und einen **Zeiteinsatz von bis zu 25 Std./Woche**. Außerdem hat er **Analyseprogramme** eingesetzt, um seine Gewinnchancen zu verbessern. Als mögliche Abgrenzungskriterien kommen in Betracht:

- Häufigkeit der Teilnahme an Pokerspielen
- Erfahrung des Spielers
- Erfolg des Spielers
- Pokergewinne als einzige Einkunftsquelle
- Keine weitere berufliche Tätigkeit

Praxishinweis

Die vom BFH zu beurteilenden Poker-Varianten hatten im Wesentlichen gemeinsam, dass der Spieler **strategische Entscheidungen** treffen muss. Der Unterschied der beiden Varianten ist nur unwesentlich: Bei der Variante ***„Texas Hold´em"*** bekommt der Spieler zwei, bei der Variante ***„Omaha"*** vier verdeckte Karten. In beiden Varianten werden fünf Tischkarten nacheinander (Flop, River, Turn) offen ausgelegt. Die fünf Karten, die die höchste Bewertung erzielen (max. Royal Flush), werden gespielt – bei der Variante „Omaha" mit der Einschränkung, dass nur zwei der vier verdeckten Karten des Spielers mitspielen können. Die Variante „Omaha" ist damit etwas komplexer. Die Entscheidung des BFH ist **nicht auf reine Glückspiele** wie z.B. Roulette, Black Jack oder die in Spielbanken angebotenen Tisch-Pokervarianten („gegen die Bank") **übertragbar**. Gewinne aus diesen Glücksspielen sind u.E. auch weiterhin ertragsteuerlich unverändert unbeachtlich. Die Grundsätze für die Abgrenzung zwischen einem nichtsteuerbaren Hobby und der Erzielung von Einkünften sind auch auf Influencer bzw. Hobby-(E)-Sportler übertragbar.

6. Ferienwohnungen – Vermögensverwaltung oder gewerbliche Tätigkeit

Die Abgrenzung, ob die Vermietung von Ferienwohnungen zu Einkünften aus VuV i.S.d. § 21 EStG oder zu Einkünften aus Gewerbebetrieb i.S.d. § 15 EStG führt, ist vor allem mit Blick auf eine Veräußerung außerhalb der Zehnjahresfrist des § 23 EStG von elementarer Bedeutung. Allein eine hohe Anzahl an vermieteten Objekten führt dabei nicht zu einer gewerblichen Tätigkeit. Vielmehr müssen **zusätzlich Dienstleistungen gegenüber den Feriengästen** hinzutreten. Danach wäre der Rechtsprechung des BFH[54] folgend ein Gewerbebetrieb anzunehmen, wenn eine **hotelmäßige Nutzung** der Ferienwohnung vorliegt oder die **Vermietung nach Art einer Fremdenpension** erfolgt. Ausschlaggebend sei, ob wegen der **Häufigkeit des Gästewechsels** oder im Hinblick auf **zusätzlich zur Nutzungsüberlassung erbrachte Leistungen**, z.B. Bereitstellung von Wäsche und Mobiliar, Reinigung der Räume, Übernahme sozialer Betreuung, eine **Unternehmensorganisation erforderlich** ist, wie sie auch in Fremdenpensionen vorkommt. Leistungen, die Dritte in ihrem eigenen wirtschaftlichen Interesse an die Nutzer erbringen, sind nicht dem Vermieter zuzurechnen.[55]

Ausnahmsweise kann eine gewerbliche Tätigkeit auch dann vorliegen, wenn die Ferienwohnung in eine besondere Struktur in einer einheitlichen, von einer Feriendienstorganisation verwalteten Wohnanlage eingebunden ist.[56]

Aus unserer Sicht ist es aktuell eine höchstrichterlich ungeklärte Rechtsfrage, wann ein für die vermögensverwaltende Tätigkeit „kurzfristiges" Bereithalten vorliegt. Insb. durch die Nutzung des Internets und auch wegen veränderter Urlaubsgewohnheiten („Trend zum Kurzurlaub", „Airbnb"), werden Ferienwohnungen verstärkt auch **kurzfristig zur Vermietung angeboten**. In diesem Zusammenhang ist die zwar alte, aber aufgrund der unveränderten Rechtsprechung immer noch aktuelle u.g. **Verfügung der OFD Nürnberg vom 20.6.1986**[57] interessant, die deutlich macht, dass der Sachverhalt insbesondere **vor einer Veräußerung des Objektes nochmal genau geprüft** werden sollte. Danach könnte bereits die Vermietung von weniger als einer Woche schädlich sein.

Interessant ist in diesem Zusammenhang ein Urteil des **FG Köln**[58] zu einem sog. Boardinghaus – auch hier war für die Annahme von Einkünften aus VuV letztlich die **Frage der Dauer der Vermietungen** maßgeblich. Die allgemeinen Aussagen lassen jedoch aufhorchen: Bei der Vermietung von Wohnungen kann ein Gewerbebetrieb danach nur angenommen werden, wenn vom Vermieter bestimmte, ins Gewicht fallende, bei der Vermietung von Räumen nicht übliche Sonderleistungen erbracht werden oder wenn wegen eines **besonders häufigen Wechsels der Mieter** eine gewisse – einem gewerblichen Beherbergungsbetrieb vergleichbare – **unternehmerische Organisation er-**

---

54 BFH-Urt. v. 28.6.1984 – IV R 150/82, BStBl II 1985, 211
55 BFH-Urt. v. 28.5.2020 – IV R 10/18, BFH/NV 2020, 1055
56 BFH-Urt. v. 25.6.1976 – III R 167/73, BStBl II 1976, 728
57 OFD Nürnberg, Vfg. v. 20.6.1986 – S 2240 - 129/St 21, DStR 1986, 648
58 FG Köln, Urt. v. 22.6.2023 – 11 K 315/19, DStRE 2024, 906

forderlich ist. Eine Vergleichbarkeit mit einem gewerblichen Beherbergungsunternehmen (Hotel) liegt vor, wenn Wohnungen wie Hotel- oder Pensionsräume ausgestattet sind, für ihre kurzfristige Vermietung an wechselnde Mieter geworben wird, sie hotelmäßig angeboten, d.h. **auch ohne Voranmeldung jederzeit** zur Vermietung bereitgehalten werden und sich zudem in einem Zustand befinden, der die sofortige Vermietung zulässt; dies auch dann, wenn Buchungen nicht vorliegen. Die Vermietung einer Vielzahl von möblierten Appartements in einem Boardinghouse ist **kein Gewerbebetrieb**, auch wenn die Räume vollmöbliert sind, vierzehntägig gereinigt werden und mit frischer Bett- und Frottéewäsche ausgestattet, mithin hotelmäßig eingerichtet sind, es allerdings an der Kurzfristigkeit der Gebrauchsüberlassung fehlt (hier: durchschnittliche Verweildauer der Mieter von rund zwei Monaten; **Anreise erst nach Abschluss des Nutzungsvertrages** zu den üblichen Bürozeiten; **ad-hoc-Buchung bei Anreise nur in seltenen Ausnahmefällen** möglich; **fehlende Außenwerbung** am Objekt; Ausschluss bzw. Erschwerung des mit einem Hotelbetrieb üblicherweise verbundenen Kundenverkehrs und der Anbahnung von Beherbergungsverträgen; **keine** Erbringung weitergehender und ins Gewicht fallender **(Sonder-)Leistungen**, die in personeller und organisatorischer Hinsicht signifikanten Aufwand erfordern).

Ebenfalls interessant ist das **Urteil des FG Düsseldorf** vom 25.3.2021[59]: Die **Vermietung eines Hausboots** an Feriengäste geht danach nicht über den Rahmen einer privaten Vermögensverwaltung hinaus, wenn sie aufgrund der **regelmäßig** im **Voraus erfolgenden Buchungen für mehrtägige Zeiträume keine** mit einem gewerblichen Beherbergungsbetrieb **vergleichbare unternehmerische Organisation** erfordert und keine für die Vermietung von Ferienwohnungen unüblichen Sonderleistungen erbracht werden.

Praxishinweis

Handelt es sich um gewerbliche Einkünfte, ist auf die Entscheidung des BFH vom 21.5.2025[60] und die sich daraus ergebende Notwendigkeit der Einbeziehung der stillen Reserven in den WG hinzuweisen.[61] Die **Berücksichtigung** eines möglichen **zukünftigen Betriebsaufgabe- oder Betriebsveräußerungsgewinns i.R.e. Totalgewinnprognose** setzt danach nicht voraus, dass die betreffenden **stillen Reserven** in einem schon bei Betriebsbeginn vorliegenden **Betriebskonzept** erfasst worden sind.

---

59 FG Düsseldorf, Urt. v. 25.3.2021 – 11 K 3321/17 F, EFG 2021, 1188
60 BFH-Urt. v. 21.5.2025 – III R 45/22, DStR 2025, 2351
61 Vgl. hierzu BFH-Urt. v. 18.1.1962 – IV 270/60 U, BStBl III 1962, 131

III. Photovoltaikanlagen – Update

1. Allgemeines

Die Anzahl installierter Photovoltaikanlagen nimmt stetig zu. Im März 2025 waren rd. **4,2 Mio. Anlagen** installiert.[62] Photovoltaikanlagen sind mittlerweile der **drittwichtigste Energieträger für die Stromerzeugung** in Deutschland vor Erdgas.[63] Das Thema Photovoltaikanlagen auf im Übrigen für **private Wohnzwecke genutzten Gebäuden** hat dagegen spätestens seit der Einführung der ertragsteuerlichen Steuerfreiheit der Einnahmen ab dem VZ 2022[64] zumindest für die ESt an praktischer Bedeutung verloren. Unverändert problematisch – und ggf. sogar noch schwieriger als vor dem VZ 2022 – ist die Behandlung von Gebäude-Anlagen, die sich auf **Betriebsgebäuden** oder **Vermietungsobjekten** befinden, wenn deren Strom zumindest anteilig für betriebliche Zwecke bzw. die allgemeine Stromversorgung des Gebäudes (z.B. Wärmepumpe, Hausstrom) verwendet wird. Da **Freiflächenanlagen** nicht unter § 3 Nr. 72 EStG zu subsumieren sind, gelten hier die allgemeinen Grundsätze. In den letzten Seminaren haben wir das Thema „Photovoltaikanlagen" immer wieder dargestellt.[65] Außerdem wird auf das **BMF-Schreiben vom 17.7.2023**[66] hingewiesen.

Nachfolgend werden die **aktuellen Entwicklungen** und die durch das JStG 2024 eingeführte **Neufassung des § 3 Nr. 72 EStG** erläutert.

2. Neufassung des § 3 Nr. 72 EStG

Nach § 3 Nr. 72 EStG i.d.F. JStG 2024[67] (n.F.) sind steuerfrei[68]:

> *„die Einnahmen und Entnahmen im Zusammenhang mit dem Betrieb von auf, an oder in Gebäuden (einschließlich Nebengebäuden) vorhandenen Photovoltaikanlagen, wenn die installierte Bruttoleistung laut Marktstammdatenregister* ***bis zu 30 kW (peak) je Wohn- oder Gewer-***

---

62 Destatis, Pressemitteilung Nr. 034 v. 4.7.2025
63 Destatis, Pressemitteilung Nr. 326 v. 8.9.2025
64 § 3 Nr. 72 EStG
65 Zuletzt in „Die Einkommensteuersteuererklärung 2024", auf den Seiten 71 ff.
66 BMF-Schr. v. 17.7.2023 – IV C 6 - S 2121/23/10001 :001, BStBl I 2023, 1494
67 JStG 2024 v. 2.12.2024, BGBl I 2024, Nr. 387
68 Geändert wurde nur der Satz 1 der Vorschrift, die Sätze 2 und 3 sind ggü. der Rechtslage 2022-2024 unverändert.

***beeinheit** und insgesamt **höchstens 100 kW (peak) pro Steuerpflichtigen oder Mitunternehmerschaft** beträgt. [2]Werden Einkünfte nach § 2 Absatz 1 Satz 1 Nummer 2 erzielt und sind die aus dieser Tätigkeit erzielten Einnahmen insgesamt steuerfrei nach Satz 1, ist **kein Gewinn zu ermitteln.** [3]In den Fällen des Satzes 2 ist **§ 15 Absatz 3 Nummer 1 nicht anzuwenden.**“*

Mit der Änderung wurde die für die Anwendung der Steuerbefreiung **zulässige Bruttoleistung** laut Marktstammdatenregister von 15 kW (peak) auf **30 kW (peak) je Wohn- oder Gewerbeeinheit erhöht** sowie klargestellt, dass – auch bei Gebäuden mit mehreren Gewerbeeinheiten aber **ohne Wohneinheiten** – Photovoltaikanlagen bis zu 30 kW (peak) je Gewerbeeinheit begünstigt sind und es sich bei der Steuerbefreiung um eine **Freigrenze** und nicht um einen Freibetrag handelt.

Die Neuregelung ist erstmals für Photovoltaikanlagen anzuwenden, die **nach dem 31.12.2024 angeschafft**, **in Betrieb genommen** oder **erweitert** werden.[69]

Praxishinweis

Da die Neuregelung und die damit verbundene Erweiterung der Begünstigung nach § 3 Nr. 72 EStG von der Anschaffung, Inbetriebnahme bzw. Erweiterung nach dem 31.12.2024 abhängig ist, ergibt sich auf den ersten Blick **keine Auswirkung auf Bestandsanlagen**. Diese können, wenn sie nach der bisherigen Regelung nicht begünstigt sind, nicht ohne weiteres in eine Begünstigung hineinwachsen. Die Neuregelung ermöglicht jedoch, die **Leistungskapazität** vor dem 1.1.2025 angeschaffter bzw. in Betrieb genommener und nach dem bisherigen Recht begünstigte Anlagen auf die neuen Grenzen **zu erweitern**, ohne die Begünstigung zu verlieren. Möglich ist auch, dass eine **bisher nicht begünstigte Altanlage durch** eine **Erweiterung** unter die Neuregelung des § 3 Nr. 72 EStG fällt und somit **begünstigt** wird. In der Folge kann es zur **Überschreitung der subjektiven Freigrenze i.H.v. 100 kW (peak) pro Stpfl.** und zum Ausschluss der Begünstigung kommen.[70] Die persönliche Freigrenze muss daher immer im Auge behalten werden.

---

[69] § 52 Abs. 4 EStG
[70] Vgl. *Seifert*, NWB 2024, 1504

Zur Erinnerung die bisherige Regelung:

Nach § 3 Nr. 72 EStG i.d.F. 2022-2024 (a.F.) sind steuerfrei:

„die Einnahmen und Entnahmen im Zusammenhang mit dem Betrieb

a) von auf, an oder in Einfamilienhäusern (einschließlich Nebengebäuden) oder nicht Wohnzwecken dienenden Gebäuden vorhandenen Photovoltaikanlagen mit einer installierten Bruttoleistung laut Marktstammdatenregister von bis zu 30 kW (peak) und

b) von auf, an oder in sonstigen Gebäuden vorhandenen Photovoltaikanlagen mit einer installierten Bruttoleistung laut Marktstammdatenregister von bis zu 15 kW (peak) je Wohn- oder Gewerbeeinheit,

insgesamt höchstens 100 kW (peak) pro Steuerpflichtigen oder Mitunternehmerschaft. Werden Einkünfte nach § 2 Absatz 1 Satz 1 Nummer 2 erzielt und sind die aus dieser Tätigkeit erzielten Einnahmen insgesamt steuerfrei nach Satz 1, ist kein Gewinn zu ermitteln. In den Fällen des Satzes 2 ist § 15 Absatz 3 Nummer 1 nicht anzuwenden.“

Beispiel 1

A betreibt seit 2022 eine **40 kW (peak)-Anlage** auf einem **Zweifamilienhaus**. Die Anlage ist nach § 3 Nr. 72 EStG a.F. zu beurteilen und damit **auch im VZ 2025 nicht begünstigt** (max. 2 x 15 kW (peak)). Unter den weiteren Voraussetzungen erzielt A Einkünfte aus Gewerbebetrieb.

Abwandlung

Wie Bsp. davor; A hat die Anlage aber **im März 2025 angeschafft** und in Betrieb genommen. Die Anlage ist gem. § 3 Nr. 72 EStG n.F. **begünstigt**.

Beispiel 2

B betreibt seit 2015 eine **45 kW (peak)-Anlage** auf einem Wohn- und Geschäftshaus mit **zwei Wohneinheiten und einer Gewerbeeinheit**. Die Anlage ist nach § 3 Nr. 72 EStG a.F. begünstigt (max. 3 x 15 kW (peak)). Im Jahr 2025 **erweitert** B die Anlage auf **75 kW (peak).** Die Anlage bleibt auch nach der Erweiterung im Jahr 2025 begünstigt, da die neue objektbezogene Grenze des § 3 Nr. 72 EStG i.d.F. 2025 (3 x 30 kW (peak)) nicht überschritten ist.

Abwandlung 1

B betreibt zusätzlich zu der o.g. Anlage eine **weitere Anlage (30 kW (peak))** auf seinem privat genutzten **EFH**. Die Anlage ist grds. sowohl nach der bisherigen als auch der neuen Fassung des § 3 Nr. 72 EStG begünstigt. Durch die Erweiterung der Anlage auf dem Wohn- und Geschäftshaus **überschreitet** B jedoch die **persönliche Freigrenze** i.H.v. 100 kW (peak), sodass **beide Anlagen nicht (mehr) begünstigt** sind. Unter den weiteren Voraussetzungen erzielt B aus dem Betrieb sämtlicher Photovoltaikanlagen Einkünfte aus Gewerbebetrieb (Ausnahme: Liebhaberei).

Abwandlung 2

Wie Abwandlung 1, allerdings wird die Anlage auf dem EFH von B und C in **GbR** betrieben. Da für die GbR als **Mitunternehmerschaft** eine **eigene subjektive Freigrenze** i.H.v. 100 kW (peak) gilt, bleiben beide Anlage begünstigt.

3. Objektbezogene Prüfung bei einer Photovoltaikanlage auf mehreren Gebäuden

Der Auffassung der FinVerw[71], dass **eine** Photovoltaikanlage nur entweder insgesamt die Voraussetzung des § 3 Nr. 72 EStG erfüllen kann oder nicht, ist u.E. zutreffend. Von einer einheitlichen Anlage ist dabei auch dann auszugehen, wenn die **Solarmodule auf verschiedenen Gebäuden** installiert sind, jedoch an nur **einem Einspeisezähler** angeschlossen sind. Die FinVerw[72] hat sich mit dem nachfolgend dargestellten Bsp. zur Einordnung einer solchen Anlage geäußert:

Beispiel 1

Auf einer landwirtschaftlichen Hofstelle befinden sich ein **Einfamilienhaus**, ein **Stallgebäude** für den Tierbestand und eine **Maschinenhalle**. Es ist lediglich **ein Einspeisezähler vorhanden**. Die Solarmodule verteilen sich wie folgt:

- EFH: 20 kw (peak)
- Stallgebäude: 30 kw (peak)
- Maschinenhalle: 30 kw (peak)

Ergebnis: Die Einnahmen aus dem Betrieb der Photovoltaikanlage (insg. 80kw (peak)) sind **nach § 3 Nr. 72 EStG steuerfrei**, da bei **gebäudebezogener Betrachtungsweise** die Summe der für die jeweiligen Gebäude geltenden **Leistungsgrenzen nicht überschritten** wird.

---

71 FinM Schleswig-Holstein, ESt-Kurzinformation v. 13.2.2025, EStB 2025, 131
72 FinM Schleswig-Holstein, ESt-Kurzinformation v. 13.2.2025, EStB 2025, 131

Abwandlung

Auf einer landwirtschaftlichen Hofstelle befinden sich ein **EFH**, ein **Stallgebäude** für den Tierbestand und eine **Maschinenhalle**. Es ist lediglich **ein Einspeisezähler vorhanden**. Die Solarmodule verteilen sich wie folgt:

- EFH: 20 kw (peak)
- Stallgebäude: 30 kw (peak)
- Maschinenhalle: **40 kw (peak)**

Ergebnis: Die Einnahmen aus dem Betrieb der Photovoltaikanlage (insg. 90 kw (peak)) sind **vollständig nach § 3 Nr. 72 EStG steuerfrei**, da die **Summe der Leistungsgrenzen der drei Gebäude** von 90 kw (peak) nicht überschritten ist.

4. Nachlaufende Betriebsausgaben – Update[73]

a) Allgemeines

Soweit Einnahmen nach § 3 Nr. 72 EStG steuerfrei sind, ist es u.E. unstreitig, dass damit zusammenhängende **Aufwendungen** nach § 3c EStG **nicht als BA** abgezogen werden können.

> **Praxishinweis**
>
> Nach Auffassung der FinVerw[74] sind auch **BA-Überhänge in einzelnen VZ** nicht zu berücksichtigen. Dies ist u.E. aufgrund der VZ-übergreifenden Wirkung des § 3c Abs. 1 EStG zutreffend.

Die Frage allerdings, wie **ab 2022 abfließende BA** (z.B. USt-Zahlungen an das FA oder Steuerberatungskosten), die noch im wirtschaftlichen Zusammenhang mit vor 2022 steuerpflichtigen BE stehen, i.R.d. Gewinnermittlung nach § 4 Abs. 3 EStG zu behandeln sind, ist zum Zeitpunkt des Redaktionsschlusses noch höchstrichterlich ungeklärt. Die **FG-Rechtsprechung** hierzu **divergiert**. Sowohl das **FG Münster**[75] als auch das **Nds. FG**[76] gehen davon aus, dass BA, die im wirtschaftlichen Zusammenhang mit steuerpflichtigen BE stehen, im Zeitpunkt der Zahlung als BA zu berücksichtigen sind. Im Urteil

---

73 Siehe auch „Die Einkommensteuererklärung 2023", Seite 74
74 FinM Schleswig-Holstein, ESt-Kurzinformation v. 13.2.2025, EStB 2025, 131
75 FG Münster, Urt. v. 6.11.2024 – 7 K 105/24 E, NWB MAAAJ-82918, Az des BFH: X R 30/24
76 Nds. FG, Urt. v. 11.12.2024 – 9 K 83/24, BB 2025, 470, Az des BFH: X R 2/25

des Nds. FG ging es um die Rückzahlung von zu Unrecht erhaltenen Vergütungen nach 2021, die noch vor 2022 zugeflossen waren. Gegen beide Entscheidungen sind **Revisionsverfahren**[77] anhängig.

Nach **Auffassung der FinVerw**[78] kommt ein Abzug von BA ab dem VZ 2022 grds. nicht mehr in Betracht, da *„kein Gewinn mehr zu ermitteln sei"*. Das **FG Nürnberg**[79] vertritt diese Auffassung ebenfalls. Auch hierzu ist ein **Revisionsverfahren**[80] beim BFH anhängig.

b) Verfassungsmäßigkeit des § 3 Nr. 72 EStG

Der Gesetzgeber hat die Steuerfreiheit des § 3 Nr. 72 EStG erst Ende 2022 beschlossen; sie galt aber „rückwirkend" ab dem 1.1.2022 – auch für Bestandsanlagen. Beim FG Düsseldorf[81] ging es um die Frage, ob die **rückwirkende** Einführung der Steuerbefreiungsregelung nach § 3 Nr. 72 EStG i.d.F. 2022 - 2024 und das damit verbundene Abzugsverbot für entsprechende Aufwendungen verfassungsgemäß sind. Die Kläger hatten die Anlage bereits **im Juni 2021 bestellt** und im Jahr 2022 installiert. Sie wehren sich gegen die **Nichtberücksichtigung eines Verlustes** i.H.v. rd. 3.000 EUR. Beim FG hat sich keine Richtermehrheit für eine Verfassungswidrigkeit gefunden – die Frage muss jetzt jedoch im **Revisionsverfahren**[82] beim BFH geklärt werden.

5. Investitionsabzugsbeträge nach § 7g EStG

Eine ähnliche Übergangsproblematik ergibt sich auch bei der Inanspruchnahme von IAB vor 2022 für Investitionen in begünstigte Anlagen ab 2022.

Die FinVerw vertritt die Auffassung, dass IAB, die in vor dem 1.1.2022 endenden Wj für eine nach dem 31.12.2021 erworbene begünstigte Photovoltaikanlage gebildet worden sind, deren Strom ausschließlich steuerfrei veräußert oder entnommen wird, nach § 7g Abs. 3 EStG und damit **rückwirkend im Jahr der Inanspruchnahme hinzuzurechnen** sind.[83]

---

77 Az des BFH: X R 30/24, X R 2/25
78 BMF-Schr. v. 17.7.2023 – IV C 6 - S 2121/23/10001:001, BStBl I 2023, 1494
79 FG Nürnberg, Urt. v. 19.9.2024 – 4 K 1440/23, DStRE 2024, 1525, Az des BFH: III R 35/24
80 Az des BFH: III R 35/24
81 FG Düsseldorf, Urt. v. 24.6.2025 – 4 K 1286/24 E, Az des BFH: X R 17/25
82 Az des BFH: X R 17/25
83 BMF-Schr. v. 17.7.2023 – IV C 6 - S 2121/23/10001 :001, BStBl I 2023, 1494, Rz 19

Praxishinweis

Nach dem der **BFH** nach seinem **Beschluss vom 18.10.2024**[84] bereits **ernstliche Zweifel** hat, ob ein im Jahr 2021 in Abzug gebrachter IAB für eine im Jahr 2022 tatsächlich erworbene und nach § 3 Nr. 72 EStG steuerbefreite Photovoltaikanlage allein wegen des Inkrafttretens dieser Steuerbefreiung im Jahr 2021 rückgängig zu machen ist, gibt es nunmehr auch zwei **anhängige FG-Verfahren.**[85] Entsprechende Fälle sollten **offengehalten** werden. Ein **Ruhen des Verfahrens** wird teilweise gewährt.[86]

6. Vermietungsobjekte und Photovoltaikanlage zur Selbstversorgung

a) Berücksichtigung als WK bei § 21 EStG

Ein aktuell häufiger auftretender Sachverhalt ist die Installation von **Photovoltaikanlagen zur (überwiegenden) Selbstversorgung von Vermietungsobjekten** mit Strom (oftmals zum Betrieb von Wärmepumpen o.Ä.). In diesem Fall stellt sich die Frage, ob und inwieweit insb. die **AfA für die Photovoltaikanlage als WK** bei den Einkünften aus VuV angesetzt werden können, da anders als bei der Einspeisung oder der verbrauchsabhängigen Veräußerung von Strom gegen gesondertes Entgelt an Mieter **keine unmittelbaren Einnahmen** erzielt werden. Die FinVerw hat sich dazu im ansonsten ausführlichen BMF-Schreiben vom 17.7.2023[87] leider nicht geäußert. Interessant ist in diesem Zusammenhang ein Urteil des **FG Berlin-Brandenburg** vom 9.4.2025[88]. Dabei ging es um den Betrieb eines **Blockheizkraftwerks**[89] **in einem Vermietungsobjekt** und die Frage der Beurteilung der Einnahmen aus dem Verkauf des Stroms an die Mieter. Das FG hat die Stromerzeugung aufgrund der relativ geringen Menge als **Nebentätigkeit** beurteilt. Die Wärmeerzeugung für die vermieteten Immobilien würde der Tätigkeit insgesamt das Gepräge geben. Das FG hat daher die Einnahmen aus dem Stromver-

---

84 BFH-Beschl. v. 15.10.2024 – III B 24/24 (AdV), BStBl I 2025, 30
85 Az des FG Rheinland-Pfalz: 2 K 1110/24 sowie Az des FG Hessen: 10 K 162/24
86 FinM Schleswig-Holstein, ESt-Kurzinformation v. 13.2.2025, EStB 2025, 131
87 BMF-Schr. v. 17.7.2023 – IV C 6 - S 2121/23/10001 :001, BStBl I 2023, 1494
88 FG Berlin-Brandenburg, Urt. v. 9.4.2025 – 16 K 16145/23, EFG 2025, 1225, Rev. eingelegt, Az des BFH: X R 15/25
89 Blockheizkraftwerke können nicht nach § 3 Nr. 72 EStG begünstigt sein – der sog. Liebhabereierlass – BMF-Schr. v. 29.10.2021 – IV C 6 - S 2240/19/10006 :006, BStBl I 2021, 2202 – ist weiterhin anzuwenden

kauf an die Mieter als **Einnahmen aus VuV** beurteilt und auch die **Einkünfteerzielungsabsicht nach den für eine Fremdvermietung üblichen Grundsätzen** bejaht.

Beispiel

Im Jahr 2024 hat der Stpfl. auf dem Dach seines Vermietungsobjektes eine Photovoltaikanlage (10 kW (peak)) installiert (AK 25.000 EUR). Der Strom wird vorrangig im Vermietungsobjekt verwendet (Hausstrom, Wärmepumpe – Heizung und Warmwasser). Der Strom wird nicht individuell mit dem Mieter abgerechnet. Die AK für die Anlage können auch nicht i.R.e. Betriebskostenumlage berücksichtigt werden. Stromüberhänge werden für eine Vergütung i.H.v. 8,6 ct/kWh eingespeist. Im Jahr 2025 wurde für 4.000 kWh eine Vergütung i.H.v. 344 EUR gezahlt. Für die Anlage sind im Jahr 2025 noch 200 EUR weitere Kosten (u.a. Betriebshaftpflichtversicherung) angefallen.

Lösungsansatz unter Berücksichtigung des o.g. FG-Urteils

Für die Lösung wird die produzierte Gesamtmenge des Stroms benötigt. Ist diese aufgrund von Aufzeichnungen (z.B. App der Anlage) nicht bekannt, kann die Jahresstrommenge mit 1.000 kWh/kWp-Leistung der Anlage geschätzt werden[17] – hier also 10.000 kWh.

Unter Berücksichtigung von 10.000 kWh Gesamtstrommenge und der bekannten Einspeisemenge ergibt sich eine **Nutzung von 6.000 kWh (= 60 %) für den „Betrieb" des Vermietungsobjektes**. Infolge der überwiegenden Stromnutzung kann u. E. die Photovoltaikanlage den Einkünften aus VuV zugeordnet werden. Unter Berücksichtigung einer Nutzungsdauer von 20 Jahren ergibt sich zusätzlich zu den 200 EUR laufenden Kosten eine lineare AfA i.H.v. 25.000/20 = 1.250 EUR und somit insg. WK i.H.v. 1.450 EUR. Soweit steuerfreie Einnahmen nach § 3 Nr. 72 EStG (hier: 344 EUR) erzielt werden, können die WK nicht abgezogen werden.

Praxishinweis

Geht man alternativ beim Betrieb der Photovoltaikanlage von einem eigenständigen Gewerbebetrieb aus, wäre u.E. die für den im Vermietungsobjekt genutzten Strom eine nach § 3 Nr. 72 EStG **steuerfreie Entnahme** zu ermitteln (im o.g. Bsp. 60 % der produzierten Strommenge). Der **Wert der Entnahme** (im o.g. Beispielfall 60 % von 1.450 EUR = 870 EUR) wäre dann als **WK bei den Einkünften aus** VuV zu berücksichtigen. Gegen die Entscheidung des FG ist ein Revisionsverfahren beim BFH anhängig.[90]

---

90 Az des BFH: X R 15/25

b) Photovoltaikanlagen zur Selbstversorgung als Gebäudebestandteil

Aufdach-Photovoltaikanlagen stellen nach Auffassung der FinVerw[91] **selbstständige bewegliche WG** dar. **Dachintegrierte Photovoltaikanlagen** sind zwar Bestandteil des Gebäudes, werden für Zwecke der Ertragsteuer aber auch **wie selbstständige WG** behandelt.[92]

In diese Beurteilung kommt aufgrund der Ausführungen des IDW zur ***„Abgrenzung von Erhaltungsaufwand und Herstellungskosten bei Gebäuden in der Handelsbilanz"*** vom 6.11.2024[93] Bewegung. Dienen Photovoltaikanlagen der Stromversorgung des Gebäudes, sieht der IDW diese nicht (mehr) als eigenständige WG, sondern wie z.B. eine Heizungsanlage als **wesentlichen Bestandteil des Gebäudes** und ihre Installation folglich als **Erweiterung des Gebäudes**. Entscheidend für die Abgrenzung ist damit der einheitliche Nutzungs- und Funktionszusammenhang – dient die Anlage einem eigenen Zweck, wäre sie weiterhin ein eigenständiges abnutzbares WG. Die IDW RS IFA 1 n.F. ist erstmals auf Abschlüsse für **Geschäftsjahre** anzuwenden, die **nach dem 31.12.2025** beginnen – eine frühere Anwendung ist zulässig.[94]

Praxishinweis

Die Beurteilung einer Photovoltaikanlage als Gebäudebestandteil hat vor allem Auswirkungen auf die Höhe der **AfA**, die dann **nach Gebäudegrundsätzen** zu berücksichtigen wäre. Im Fall des Ersatzes einer bestehenden Photovoltaikanlage wären in der logischen Konsequenz **sofort abzugsfähige Erhaltungsaufwendungen** zu berücksichtigen, es sei denn, anschaffungsnahe HK liegen vor.

---

91 LfSt Nds., Erlass v. 17.10.2023 – S 2240 - St 222 / St 221 - 2473/2022, NWB BAAAJ-51734 unter III, 5

92 R 4.2 Abs. 3 S. 4 EStR

93 IDW Life 12/2024 – weiterführend *Seifert,* AktStR 2025, 241 sowie *Esser,* BBK 2/2024, 66

94 Weiterführend *Seifert,* AktStR 2025, 231

7. Grundstücke für den Betrieb von Photovoltaikanlagen als (notwendiges) BV – Gefahr einer Betriebsaufspaltung?

a) Allgemeines

Unabhängig davon, ob und inwieweit beim Betrieb einer Photovoltaikanlage die Steuerbefreiung des § 3 Nr. 72 EStG greift, handelt es sich beim Betrieb einer solchen Anlage und der anschließenden zumindest teilweisen Einspeisung um einen **Gewerbebetrieb**. Wird eine Photovoltaikanlage auf dem Dach eines im Übrigen für eigene **private Wohnzwecke oder Vermietungszwecke** genutzten Gebäudes betrieben, stellt sich die Frage, ob das **Grundstück** dadurch ganz oder teilweise als (notwendiges) BV anzusehen ist.

U.E. ist diese Frage für den „Regelfall" der Praxis bereits durch das **BFH-Urteil vom 17.10.2013**[95] geklärt: Es entsteht kein (anteiliges) notwendiges BV. Der Kläger begehrte den Abzug von anteiligen Grundstückskosten als BA i.Z.m. dem Betrieb der Photovoltaikanlage. Dies lehnte der BFH ab. Das Dach diene grds. der Nutzung des Gebäudes. Soweit es auch dem Betrieb einer Photovoltaikanlage diene, sei für die quotale Aufteilung das Verhältnis der Mieten (fiktive Dachmiete/Gesamtmiete) maßgeblich. Da dies (i.d.R. und im Urteilsfall) aber mit **unter 10 % von untergeordneter Bedeutung** sei, konnten die Aufwendungen nicht abgezogen werden. Daraus folgt, dass auch kein BV entsteht, da die betriebliche Nutzung ebenfalls von untergeordneter Bedeutung ist (notwendiges PV). Bei einem Grundstück, auf dem z.B. „nur" eine Freiflächenanlage betrieben wird, würde sich demzufolge selbstverständlich notwendiges BV ergeben[96].

Praxishinweis

Die Photovoltaikanlage ist als BV einzuordnen; das Grundstück jedoch nicht.

---

[95] BFH-Urt. v. 17.10.2013 – III R 27/12, BStBl II 2014, 372

[96] S.a. Bayerisches Landesamt für Steuern v. 30.7.2014 – S 2240. 1. 1-4 St 32, NWB LAAAE-89338, Tz 11.11

b) FG Düsseldorf[97] zur sachlichen Verflechtung i.Z.m. einer Betriebsaufspaltung

Ebenso wie die Frage nach dem BV „Grundstück“ kann sich im Einzelfall die Frage stellen, ob die Überlassung von Dachflächen an eine KapG zur **sachlichen Verflechtung** i.S.e. Betriebsaufspaltung mit den weiteren Folgewirkungen führen kann. Hierzu ist ein Verfahren beim BFH anhängig.

Im Urteilsfall des FG ging es um eine mehrstöckige Gesellschaftsstruktur. Die Klägerin war eine grundstücksverwaltende Gesellschaft, die die erweiterte Kürzung nach § 9 Nr. 1 S. 2 GewStG in Anspruch nehmen wollte. Das FA versagte dies, da sie u.a. Dachflächen an eine Enkel-KapG überlassen hat, die darauf Photovoltaikanlagen betrieben hat. Der Betrieb von Photovoltaikanlagen war eines der Tätigkeitsfelder der Enkel-KapG. Der Dachflächenumsatz am Gesamtumsatz der verpachtenden Gesellschaft war gering. Das FA ging von einer Betriebsaufspaltung aus und versagte daher die erweiterte Kürzung. Nach Auffassung des FG sei eine sachliche Verflechtung durch die Vermietung von Dachflächen für Zwecke der Stromerzeugung mittels Photovoltaikanlage nicht gegeben, wenn diesen bei einem Betriebsunternehmen mit **verschiedenen Geschäftsfeldern** nur eine **untergeordnete Bedeutung** zukommt.

Das Ergebnis der Entscheidung ist sicherlich für die Praxis positiv zu bewerten. Die Begründung **„Umsatzanteil von untergeordneter Bedeutung“** lässt aber für jeden Einzelfall in der Abwehrberatung gewisse Spielräume und damit **Fragen offen**. Gegen das Urteil ist ein **Revisionsverfahren**[98] beim BFH anhängig. Bis zur Entscheidung sollte Abstand von entsprechenden Gestaltungen genommen werden.

Praxishinweis

Die Dachflächenüberlassung fällt nicht unter § 3 Nr. 72 EStG, weil keine Einnahmen aus dem eigenen Betrieb einer Photovoltaikanlage erzielt werden.

---

97 FG Düsseldorf, Urt. v. 19.2.2025 – 5 K 814/22 G,F, NWB UAAAK-01022, Az des BFH: III R 12/25

98 Az des BFH: III R 12/25

8. Exkurs: Energieanlagen auf Gebäuden und Grunderwerbsteuer

Die FinVerw[99] hat sich für Zwecke der **GrESt** zur Abgrenzung von

- **Aufdach-Photovoltaikanlagen** (keine GrESt-Pflicht),
- dachintegrierten Photovoltaikanlagen (GrESt-Pflicht) sowie
- Solarthermieanlagen (GrESt-Pflicht)

geäußert.

Praxishinweis

Insb. beim Verkauf von bebauten Grundstücken, auf denen Aufdach-Photovoltaikanlagen installiert sind, erscheint u.a. für Zwecke der GrESt ein gesonderter **Ausweis eines Kaufpreisanteils für die Anlage** im Notarvertrag sinnvoll.

---

99 FinM Sachsen-Anhalt v. 16.7.2025 – 43-S 4521 - 45, NWB BAAAJ-99470

IV. Aktuelle Abschreibungsfragen

1. Allgemeines

Mit dem Gesetz für ein steuerliches Investitionssofortprogramm zur Stärkung des Wirtschaftsstandorts Deutschland[100] hat die neue Bundesregierung bereits frühzeitig die angekündigten Investitionsförderungsmaßnahmen durch erweiterte Abschreibungsmöglichkeiten bereits für den VZ 2025 umgesetzt.

Unverändert geblieben sind dabei die Grenze für die Sofortabschreibung **geringwertiger WG** von 800 EUR[101], die Regelungen zur Bildung von **Sammelposten**[102] sowie die im BMF-Schreiben vom 22.2.2022[103] geregelte **Vollabschreibung für digitale WG.**[104] Ob die Forderung des BR, die GWG-Grenze ab 2026 auf 1.200 EUR zu erhöhen und zugleich die Sammelpostenregelung abzuschaffen, umgesetzt wird, war zum Redaktionsschluss noch offen.[105]

Praxishinweis

Wird von den „neuen" AfA-Möglichkeiten für den VZ 2025 Gebrauch gemacht, sollten u.E. unbedingt die **Vorauszahlungen für die Folgejahre im Blick gehalten** werden. Sollte das FA die Vorauszahlungen automatisch reduzieren, ist zu prüfen, ob dadurch später hohe Nachzahlungen wegen der Wechselwirkung aufgrund der in den Folgejahren „fehlenden" AfA im Raum stehen könnten.

2. Degressive Abschreibung

a) Allgemeines

Nachdem mit dem „Aus" der „Ampel"-Regierung eine ***„weitere Verbesserung der degressiven Abschreibung"***[106] für nach dem 31.12.2024 ange-

---

100 Gesetz für ein steuerliches Investitionssofortprogramm zur Stärkung des Wirtschaftsstandorts Deutschland v. 14.7.2025, BGBl I 2025, Nr. 161 v. 18.7.2025
101 § 6 Abs. 2 EStG
102 § 6 Abs. 2a EStG
103 BMF-Schr. v. 22.2.2022 – IV C 3 – S 2190/21/10002/:025, BStBl I 2022, 187
104 „Die Einkommensteuererklärung 2023", Seite 86
105 BR-Drucks. 550/25 (B) v. 21.11.2025
106 Entwurf eines Gesetzes zur Fortentwicklung des Steuerrechts und zur Anpassung des Einkommensteuertarifs, BT-Drucks. 20/12778 v. 9.9.2024

schaffte oder hergestellte WG des AV ausgeblieben ist, hat die neue Bundesregierung den ***„Investitions-Booster"***[107] „gezündet". Allerdings handelt es sich dabei „nur" um die befristete (Wieder-)Einführung einer degressiven AfA nach den altbekannten Regeln, die aber bereits für den **VZ 2025** relevant ist. Nachfolgend ein Überblick über die verschiedenen Zeiträume der degressiven AfA seit 2020:

b) Anschaffung oder Herstellung nach dem 31.12.2019 und vor dem 1.1.2023

Bewegliche WG des AV, die **nach dem 31.12.2019 und vor dem 1.1.2023 angeschafft oder hergestellt** wurden, können anstelle der linearen AfA[108] degressiv mit einem unveränderlichen Prozentsatz vom Buchwert (Restwert) abgeschrieben werden.[109] Die degressive AfA darf **max. 25 %** und **nicht mehr als das Zweieinhalbfache der linearen AfA** betragen.[110] Die degressive AfA ist in den der Anschaffung bzw. Herstellung folgenden Wj jeweils vom **Restbuchwert** vorzunehmen. Der **Übergang** von der **degressiven AfA** nach § 7 Abs. 2 EStG **zur linearen AfA** ist jederzeit **zulässig.**[111]

c) Anschaffung oder Herstellung nach dem 31.12.2022 und vor dem 1.4.2024

Eine degressive Abschreibung ist **nicht** möglich.

d) Anschaffung oder Herstellung nach dem 31.3.2024 und vor dem 1.1.2025[112]

Bewegliche WG des AV, die **nach dem 31.3.2024 und vor dem 1.1.2025 angeschafft oder hergestellt** wurden, können anstelle der linearen AfA[113] degressiv mit einem unveränderlichen Prozentsatz vom Buchwert (Restwert) abgeschrieben werden.[114] Die degressive AfA darf **max. 20 %** und **nicht**

---

107 Mitteilung des BMF zum „Wachstumsbooster zur Stärkung des Standorts Deutschland" v. 21.7.2025 – www.bundesfinanzministerium.de
108 § 7 Abs. 1 EStG
109 § 7 Abs. 2 S. 1 f. EStG
110 § 7 Abs. 2 S. 2 HS 2 EStG
111 § 7 Abs. 3 S. 1 EStG
112 Eingeführt durch das Gesetz zur Stärkung von Wachstumschancen, Investitionen und Innovation sowie Steuervereinfachung und Steuerfairness v. 27.3.2024, BGBl I 2024, Nr. 108
113 § 7 Abs. 1 EStG
114 § 7 Abs. 2 S. 1 f. EStG

mehr als das Zweifache der linearen AfA betragen.[115] Die degressive AfA ist in den der Anschaffung bzw. Herstellung folgenden Wj jeweils vom **Restbuchwert** vorzunehmen. Der **Übergang** von der **degressiven AfA** nach § 7 Abs. 2 EStG **zur linearen AfA** ist jederzeit **zulässig**.[116]

e) Anschaffung oder Herstellung nach dem 31.12.2024 und vor dem 1.7.2025

Eine degressive Abschreibung ist **nicht** möglich.

f) Anschaffung oder Herstellung nach dem 30.6.2025 und vor dem 1.1.2028

Durch das **Gesetz für ein steuerliches Investitionssofortprogramm zur Stärkung des Wirtschaftsstandorts Deutschland**[117] wurde für nach dem 30.6.2025 und vor dem 1.1.2028 angeschaffte oder hergestellte bewegliche WG des AV eine degressive AfA eingeführt. Die zeitliche Anwendung ist **unabhängig vom Wj** des Stpfl. Entsprechend können WG anstelle der linearen AfA[118] degressiv mit einem unveränderlichen Prozentsatz vom Buchwert (Restwert) abgeschrieben werden.[119] Die degressive AfA darf **max. 30 %** und **nicht mehr als das Dreifache der linearen AfA** betragen.[120] Die AfA ist **monatsanteilig** zu berechnen.[121]

Die degressive AfA kann sowohl für **neue** als auch **gebrauchte WG** in Anspruch genommen werden und ist nicht von einem bestimmten betrieblichen Nutzungsumfang des WG unabhängig, sofern es sich **zumindest** um **gewillkürtes BV** handelt. Anders als bei der Anwendung des § 7g EStG ist auch die **Höhe des Gewinns ohne Bedeutung**.

Der Wechsel zur linearen AfA ist jederzeit möglich.[122]

Die Inanspruchnahme der degressiven AfA setzt voraus, dass die WG in ein besonderes, **laufend zu führendes Verzeichnis** aufgenommen werden, das

---

115 § 7 Abs. 2 S. 2 HS 3 EStG
116 § 7 Abs. 3 S. 1 EStG
117 Gesetz für ein steuerliches Investitionssofortprogramm zur Stärkung des Wirtschaftsstandorts Deutschland v. 14.7.2025, BGBl I 2025, Nr. 161 v. 18.7.2025
118 § 7 Abs. 1 EStG
119 § 7 Abs. 2 S. 1 f. EStG
120 § 7 Abs. 2 S. 2 HS 2 EStG
121 § 7 Abs. 2 S. 3 EStG i.V.m. § 7 Abs. 1 S. 4 EStG
122 § 7 Abs. 3 S. 1 EStG

den Tag der Anschaffung oder Herstellung, die AK oder HK, die betriebsgewöhnliche Nutzungsdauer und die Höhe der jährlichen AfA enthält.[123] Das Verzeichnis braucht nicht geführt zu werden, wenn diese **Angaben aus der Buchführung ersichtlich** sind.[124]

Beispiel 1

Einzelunternehmer A erwirbt am 2.8.2025 ein WG (AK 10.000 EUR, Nutzungsdauer 5 Jahre). A ermittelt seinen Gewinn durch Bilanzierung nach einem kalendergleichen Wj. Nach § 7 Abs. 1 EStG ergibt sich eine lineare AfA i.H.v. 5/12 v. 1/5 v. 12.000 EUR = 1.000 EUR. Bei Anwendung der degressiven AfA ergibt sich für das Jahr **2025** eine AfA i.H.v. 5/12 v. 30 % v. 12.000 EUR = 1.500 EUR. Das Dreifache der linearen AfA (3 x 1.000 EUR = 3.000 EUR) ist nicht überschritten. Im Jahr **2026** beträgt die degressive AfA 30 % v. 10.500 EUR[125] = 3.150 EUR. Für das Jahr **2027** würde die degressive AfA 30 % v. 7.350 EUR[126] = 2.205 EUR betragen. Für das Jahr **2028** würde die degressive AfA nur noch 30 % v. 5.145 EUR[127] = 1.544 EUR betragen, sodass ein Wechsel zur linearen AfA sinnvoll erscheint. Der Restwert auf den 31.12.2028 wäre dann über die Restnutzungsdauer von 31 Monaten[128] zu verteilen, sodass sich für 2028 eine lineare AfA i.H.v. 12/31 v. 5.145 EUR = 1.992 EUR ergeben würde.

Beispiel 2

Die gewerbliche X-KG (abw. Wj 1.10.2024 - 30.9.2025) erwirbt am 10.7.2025 ein WG (AK 30.000 EUR, Nutzungsdauer 20 Jahre, z.B. eine Photovoltaikanlage zur betrieblichen Nutzung des Stroms). Nach § 7 Abs. 1 EStG ergibt sich eine lineare AfA i.H.v. 3/12 v. 1/20 v. 30.000 EUR = 375 EUR. Bei Anwendung der degressiven AfA ergibt sich eine AfA i.H.v. 3/12 v. 30 % v. 30.000 EUR = 2.250 EUR, max. das Dreifache der linearen AfA 3 x 375 EUR = 1.125 EUR. Die degressive AfA kann auch in den VZ 2028 ff. in Anspruch genommen werden – maßgeblich ist die Anschaffung zwischen dem 1.7.2025 und 31.12.2027. Ein Wechsel zur linearen AfA führt erst nach Ablauf von mehr als 17 Jahren seit der Anschaffung zu einer höheren AfA.

Praxishinweis

Die degressive AfA nach § 7 Abs. 2 EStG kann bei Erfüllung der Voraussetzungen des § 7g EStG auch **neben** einer **Sonder-AfA nach § 7g Abs. 5 EStG** in Anspruch genommen werden.[129]

---

123 § 7 Abs. 2 S. 3 EStG i.V.m. § 7a Abs. 8 S. 1 EStG
124 § 7 Abs. 2 S. 3 EStG i.V.m. § 7a Abs. 8 S. 2 EStG
125 Restwert 31.12.2025: 12.000 EUR ./. 1.500 EUR
126 Restwert 31.12.2026: 10.500 EUR ./. 3.150 EUR
127 Restwert 31.12.2027: 7.350 EUR ./. 2.205 EUR
128 60 Monate Gesamtnutzungsdauer abzgl. 29 Monate (8/2025 - 12/2027)
129 § 7g Abs. 5 EStG

Investitionszeitraum		**Degressive AfA**	
1.1.2020 - 31.12.2022	Lineare oder degressive AfA	2,5-fache der linearen AfA	max. 25 %
1.1.2023 - 31.3.2024	Lineare AfA		
1.4.2024 - 31.12.2024	Lineare oder degressive AfA	2-fache der linearen AfA	max. 20 %
1.1.2025 - 30.6.2025	Lineare AfA		
1.7.2025 - 31.12.2027	Lineare oder degressive AfA	3-fache der linearen AfA	max. 30 %
ab 1.1.2028	Lineare AfA		

3. Abschreibung für E-Fahrzeuge nach § 7 Abs. 2a EStG

a) Allgemeines

Ebenfalls durch das **Gesetz für ein steuerliches Investitionssofortprogramm zur Stärkung des Wirtschaftsstandorts Deutschland**[130] wurde für nach dem 30.6.2025 und vor dem 1.1.2028 angeschaffte Elektrofahrzeuge eine „besondere" AfA i.S.e. **arithmetisch-degressiven AfA** eingeführt. Die Abschreibung nach § 7 Abs. 2a EStG wird in der Praxis oft als „Sonderabschreibung" bezeichnet – tatsächlich verwendet der Gesetzgeber diesen Begriff anders als bei z.B. § 7b und § 7g EStG jedoch nicht. Nachfolgend wird die Abschreibung daher als *„Abschreibung nach § 7 Abs. 2a EStG"* bezeichnet.

Praxishinweis

Die Unterscheidung zwischen einer Sonderabschreibung und der „Abschreibung nach § 7 Abs. 2a EStG" mag **auf den ersten Blick spitzfindig** erscheinen. Allerdings bestimmt § 7a Abs. 6 EStG, dass erhöhte Abschreibungen und Sonderabschreibungen bei der Prüfung, ob die **Buchführungsgrenzen** des § 141 Abs. 1 Nr. 4 und 5 AO überschritten sind, nicht zu berücksichtigen sind. Für die „Abschreibung nach § 7 Abs. 2a EStG" dürfte die Einschränkung damit nicht gelten.[131] Ein weiterer Unterschied ergibt sich mit **Blick auf das Handelsrecht**: Die Vornahme einer steuerlichen

[130] Gesetz für ein steuerliches Investitionssofortprogramm zur Stärkung des Wirtschaftsstandorts Deutschland v. 14.7.2025, BGBl I 2025, Nr. 161 v. 18.7.2025
[131] *Seifert*, NWB 2025, 2248

Sonderabschreibung führt i.d.R. zu einer Abweichung zwischen Handels- und Steuerbilanz. Bei der „Abschreibung nach § 7 Abs. 2a EStG" geht der Gesetzgeber aber davon aus, dass es sich um eine handelsrechtlich zulässige Abschreibungsmethode handelt, sodass sich **keine Abweichung** ergeben würde. Ob der IDW dieser weiten Auffassung folgt, bleibt allerdings abzuwarten.

§ 7 Abs. 2a EStG

„[1]Bei Elektrofahrzeugen nach § 9 Absatz 2 des Kraftfahrzeugsteuergesetzes, die zum Anlagevermögen gehören und nach dem 30. Juni 2025 und vor dem 1. Januar 2028 angeschafft worden sind, können abweichend von Absatz 1 oder 2 als Absetzung für Abnutzung die folgenden Beträge in Prozent der Anschaffungskosten abgezogen werden: im Jahr der Anschaffung 75 Prozent, im ersten darauf folgenden Jahr zehn Prozent, im zweiten und dritten darauf folgenden Jahr jeweils fünf Prozent, im vierten darauf folgenden Jahr drei Prozent und im fünften darauf folgenden Jahr zwei Prozent. [2]Satz 1 kann nur angewendet werden, wenn der Steuerpflichtige keine Sonderabschreibungen für das Wirtschaftsgut in Anspruch genommen hat. [3]Absatz 1 Satz 4 gilt nicht."

Praxishinweis

Für die Frage, ob das Elektrofahrzeug in den zeitlichen Anwendungsbereich des § 7 Abs. 2a EStG fällt, ist auf den Zeitpunkt der Anschaffung abzustellen. Damit kommt es nicht auf das **Bestelldatum** bzw. den **Abschluss des Kaufvertrages** an. U.E. kommt es auch nicht darauf an, wann das Fahrzeug durch den Händler auf den Namen des Stpfl. **zugelassen** worden ist. Entscheidend ist vielmehr die **tatsächliche Übergabe** des Fahrzeugs an den Stpfl. Hat der Händler das Fahrzeug allerdings bereits vor dem 1.7.2025 zugelassen, sollte ein entsprechender Nachweis für den Tag der Übergabe nach dem 30.6.2025 vorliegen.

b) Begünstigte Fahrzeuge

Begünstigt sind sowohl die Anschaffung **neuer** als auch **gebrauchter** Elektrofahrzeuge i.S.d. § 9 Abs. 2 KfzStG. Soweit es sich um Leasingfahrzeuge handelt, kommt eine AfA mangels BV bereits dem Grunde nach nicht in Betracht. Die **Übernahme von Leasingfahrzeugen nach Ablauf der Leasingdauer** führt jedoch zu einer Anschaffung eines gebrauchten Fahrzeugs, das unter den weiteren Voraussetzungen begünstigt sein kann.

Praxishinweis

§ 9 Abs. 2 KfzStG umfasst Fahrzeuge mit ausschließlichem Antrieb durch Elektromotoren, die ganz oder überwiegend aus mechanischen oder elektrochemischen Energiespeichern oder aus emissionsfrei betriebenen Energiewandlern gespeist werden (Elektrofahrzeuge). Aus der Gesetzesbegründung ergibt sich, dass neben rein elektrisch betriebenen **Pkw** auch **Nutzfahrzeuge**, **Lkw** und **Busse** begünstigt sein sollen (ohne Hybridelektrofahrzeuge).[132] U.E. fallen auch „echte" **E-Bikes** (motorisiertes Fahrrad, das ohne Trittunterstützung fährt) und **E-Scooter** unter die Abschreibung nach § 7 Abs. 2a EStG, wenn diese einer **Kennzeichen- bzw. Zulassungspflicht** unterliegen. Sog. **Pedelecs** (der trittunterstützende Motor kommt nur zum Einsatz, wenn auch muskelbetrieben „getreten" wird) sind u.E. nicht begünstigt. Ob und inwieweit auch andere Fahrzeuge wie z.B. nicht zulassungsfähige **E-Gabelstapler** oder andere Baufahrzeuge unter die Regelung fallen können, ist u.E. unklar. Ein klarstellendes BMF-Schreiben wäre hilfreich.

Anders als im Anwendungsbereich des § 7g EStG muss **weder** eine **Gewinngrenze** noch eine bestimmte **betriebliche Nutzungsquote** erfüllt werden. Das Fahrzeug muss zumindest **gewillkürtes BV** (betriebliche Nutzung mind. 10 %) sein. Eine Abschreibung nach § 7 Abs. 2a EStG für **Fahrzeuge im PV** scheidet auch dann aus, wenn diese zur Erzielung von Überschusseinkünften i.S.d. § 2 Abs. 1 Nr. 4-7 EStG genutzt werden. Eine bestimmte **Verbleibensfrist** im BV ist für die Inanspruchnahme der Abschreibung nach § Abs. 2a EStG nicht vorgesehen.

c) Höhe der Abschreibung und Dauer

Wird die Abschreibung nach § 7 Abs. 2a EStG in Anspruch genommen, ist daneben keine andere Abschreibung möglich. Die AfA beträgt im Wj der Anschaffung 75 % der AK und ist **nicht monatsanteilig** zu berechnen. Die verbleibenden 25 % der AK werden über die fünf folgenden Jahre mit jeweils fest bestimmten %-Sätzen abgeschrieben.

---

132 BT-Drucks. 21/323 v. 3.6.2025, Seite 22

Höhe der Sonderabschreibung für E-Fahrzeuge:

Jahr der Anschaffung	75 %	der Anschaffungskosten
Erstes Jahr nach der Anschaffung	10 %	der ursprünglichen Anschaffungskosten
Zweites Jahr nach der Anschaffung	5 %	der ursprünglichen Anschaffungskosten
Drittes Jahr nach der Anschaffung	5 %	der ursprünglichen Anschaffungskosten
Viertes Jahr nach der Anschaffung	3 %	der ursprünglichen Anschaffungskosten
Fünftes Jahr nach der Anschaffung	2 %	der ursprünglichen Anschaffungskosten
Summe	100 %	

Praxishinweis

Der Gesetzgeber ist von einem Abschreibungszeitraum von **insgesamt sechs Jahren** ausgegangen. Auch wenn der Zeitraum der regelmäßig anzusetzenden betriebsgewöhnlichen Nutzungsdauer bei Neufahrzeugen entspricht, ist er auch bei der – ebenfalls nach § 7 Abs. 2a EStG begünstigten – Anschaffung von **Gebrauchtfahrzeugen** anzuwenden. Ein **Wechsel zur linearen AfA** und damit einer früheren Vollabschreibung ist anders als bei der degressiven AfA **nicht möglich**. Scheidet das Fahrzeug aus dem BV aus, ist der verbleibende Restwert u.E. gewinnwirksam auszubuchen. Aufgrund der hohen AfA im Erstjahr dürften sich i.d.R. **zunächst hohe stille Reserven** und bei einer zeitnahen Veräußerung ein entsprechend hoher Veräußerungsgewinn ergeben. I.Z.m. einer begünstigten Betriebsveräußerung bzw. -aufgabe, die die Inanspruchnahme der **Begünstigungen der §§ 16, 34 EStG** ermöglicht, kann sich der Erwerb eines begünstigten Fahrzeuges im Jahr vor der Betriebsveräußerung bzw. -aufgabe als **vorteilhaft** erweisen.[133]

d) Abschreibungsvarianten von E-Fahrzeugen im VZ 2025

Aufgrund der Einführung der Abschreibung nach § 7 Abs. 2a EStG für E-Fahrzeuge, der Wiederbelebung der degressiven AfA und den Kombinationsmöglichkeiten mit dem Investitionsabzugsbetrag und der Sonder-AfA nach § 7g ergeben sich **zahlreiche Abschreibungsvarianten** – nachfolgend eine Auswahl:

---

[133] *Seifert,* NWB 2025, 2248

Grundfall

A betreibt einen Handwerksbetrieb als Einzelunternehmen (Wj = Kj). Der Gewinn überschreitet die Gewinngrenze des § 7g Abs. 1 S. 2 Nr. 1 Buchst. b EStG (200.000 EUR) nicht. Am 10.7.2025 hat A einen **rein elektrisch betriebenen Transporter** für die **ausschließlich betriebliche Nutzung** für **AK i.H.v. 60.000 EUR** (Nutzungsdauer 6 Jahre) netto erworben.

Abschreibungsvergleich im Anschaffungsjahr 2025:

Lineare AfA

Bei Anwendung der linearen AfA nach § 7 Abs. 1 EStG ergibt sich eine AfA für 2025 i.H.v. 6/12 v. 1/6 v. 60.000 EUR = **5.000 EUR**. Für 2026 ergibt sich eine AfA i.H.v. **10.000 EUR**.

Degressive AfA

Bei Anwendung der degressiven AfA nach § 7 Abs. 2 EStG ergibt sich eine AfA für 2025 i.H.v. 6/12 v. 30 % v. 60.000 EUR = **9.000 EUR**. Für 2026 ergibt sich eine AfA i.H.v. 30 % v. 51.000 EUR = **15.300 EUR**.

Abschreibung nach § 7 Abs. 2a EStG

Bei Anwendung des § 7 Abs. 2a EStG ergibt sich eine AfA für 2025 i.H.v. 75 % v. 60.000 EUR = **45.000 EUR**. Für 2026 ergibt sich eine AfA i.H.v. 10 % v. 60.000 EUR = **6.000 EUR**.

Kombination: degressive AfA und Sonder-AfA nach § 7g EStG

Bei Anwendung der Sonder-AfA nach § 7g Abs. 5 EStG ergibt sich neben der degressiven AfA nach § 7 Abs. 2 EStG i.H.v. 9.000 EUR zusätzliche eine max. AfA i.H.v. 40 % v. 60.000 EUR = 24.000 EUR[134], sodass AfA insg. **33.000 EUR** beträgt. Für 2026 ergibt sich eine AfA i.H.v. 30 % v. 51.000 EUR = **15.300 EUR**.

Kombination: degressive AfA, IAB und Sonder-AfA nach § 7g EStG

A kann für die Anschaffung des Transporters bereits im Jahr 2024 einen IAB i.H.v. bis zu 50 % in Anspruch nehmen (= 30.000 EUR). Bei Anschaffung des Fahrzeugs erfolgt eine entsprechende Hinzurechnung[135], die durch gewinnmindernden Abzug[136] kompensiert werden kann. Der verbleibende Betrag i.H.v. 30.000 EUR kann degressiv abgeschrieben werden (6/12 v. 30 % v. 30.000 EUR = 4.500 EUR). Außerdem kann A Sonder-AfA nach § 7g Abs. 5

[134] Verteilungsmöglichkeit auf 2025 - 2029
[135] § 7g Abs. 2 S. 1 EStG
[136] § 7g Abs. 2 S. 3 EStG

EStG i.H.v. max. 40 % v. 30.000 EUR = 12.000 EUR[137] geltend machen. Insgesamt ergeben sich für 2024 und 2025 bei dieser Variante max. gewinnmindernde Abzüge i.H.v. **46.500 EUR**. Für 2026 ergibt sich eine AfA i.H.v. 30 % v. 25.500 EUR = **7.650 EUR**.

Kombination: IAB und AfA nach § 7 Abs. 2a EStG

Nimmt A für die Anschaffung des Transporters einen IAB i.H.v. 30.000 EUR in Anspruch, so kann der verbleibende Betrag i.H.v. 30.000 EUR auch nach § 7 Abs. 2a EStG abgeschrieben werden (75 % v. 30.000 EUR = 22.500 EUR). Insgesamt ergeben sich für 2024 und 2025 bei dieser Variante max. gewinnmindernde Abzüge i.H.v. **52.500 EUR**. Für 2026 ergibt sich eine AfA i.H.v. 10 % v. 30.000 EUR = **6.000 EUR**.

e) Privatnutzung, Gesamtkosten und Kostendeckelung

Wird ein betrieblicher E-Pkw, der auch für private Zwecke des Unternehmers genutzt wird, zulässigerweise nach § 7 Abs. 2a EStG abgeschrieben, so ist hinsichtlich der steuerlichen Folgewirkungen zu unterscheiden, ob der Entnahmewert für die private Nutzung bei einer betrieblichen Nutzung von mehr als 50 % (notwendiges BV) nach der sog. 1%-Methode oder der Fahrtenbuchmethode ermittelt wird bzw. bei einer Nutzung von max. 50 % (gewillkürtes BV) der tatsächliche betriebliche Nutzungsumfang für die Ermittlung der Privatentnahme herangezogen wird.[138] Bei Anwendung der Fahrtenbuchmethode sowie der Berechnung der Privatanteile bei gewillkürtem BV ist die **Höhe der Gesamtkosten** bedeutsam, sodass sich die Frage stellt, ob und welche Auswirkung sich im Fall der Abschreibung nach § 7 Abs. 2a EStG ergeben.[139]

Seifert vertritt die Auffassung, dass für die Ermittlung der **Gesamtkosten nicht** auf die in der **Finanzbuchhaltung** berücksichtigten Aufwendungen zurückgegriffen werden kann. Vielmehr sei eine *„Schattenberechnung"* durchzuführen.

Bei **Elektro- und Hybridelektrofahrzeugen** ergibt sich bei Anwendung der Fahrtenbuchmethode die Notwendigkeit einer *„Schattenberechnung"* bereits aus den gesetzlichen Regelungen zur Ermittlung des Privatanteils, da die Abschreibung auf der Basis **nur von 50 % bzw. 25 % der tatsächlichen AK** und damit abweichend von den Aufwendungen laut Finanzbuchhaltung zu

---

137 Verteilungsmöglichkeit auf 2025 - 2029

138 § 6 Abs. 1 Nr. 4 EStG

139 Hinsichtlich der 1%-Methode und der besonderen Begünstigungen für Elektro- und Hybridelektro-Pkw wird auf die Ausführungen im Teil B „Arbeitnehmerbereich" zum Dienst- und Geschäftswagen in diesem Heft verwiesen.

ermitteln ist.[140] Dieser Abschlag ist u.E. **auch** bei der Ermittlung der Gesamtkosten für die Bestimmung der privaten Nutzungsentnahme bei **gewillkürtem BV** anzuwenden.[141] Ob sich die FinVerw dieser für den Stpfl. günstigen Rechtsauffassung anschließen wird, ist offen. Darüber hinaus ist u.E. aber auch die Abschreibung für die Ermittlung der Gesamtkosten nicht nach § 7 Abs. 2a EStG, sondern nach der betriebsgewöhnlichen Nutzungsdauer zu ermitteln. Für eine **periodengerechte Verteilung der Abschreibung** spricht u.a. auch die Rechtsprechung des BFH zur Verteilung einer Leasingsonderzahlung auf die Leasingdauer.[142] Ob die AfA dabei auf sechs oder acht Jahren zu verteilen ist, ist unklar. Für einen Ansatz von acht Jahre spricht jedoch das BMF-Schreiben vom 3.3.2022[143], das bei der Ermittlung von tatsächlichen Fahrtkosten bei der Nutzung von Privat-Pkw für Dienstreisen von einer achtjährigen Nutzungsdauer ausgeht. Für die Stpfl. ist diese Sichtweise insb. im Erstjahr vorteilhaft. In den Folgejahren ergibt sich ein entsprechender Ausgleich.

Beispiel

A nutzt für betriebliche und private Zwecke einen nach § 7 Abs. 2a EStG begünstigten E-Pkw (AK 60.000 EUR, Anschaffung Juli 2025, Bruttolistenpreis 75.000 EUR). Die private Nutzung beträgt 70 %, das Fahrzeug wird als gewillkürtes BV behandelt. Neben der AfA fallen im Jahr 2025 noch laufende Kosten i.H.v. 1.500 EUR an. Unter Berücksichtigung der Abschreibung nach § 7 Abs. 2a EStG ergeben sich BA i.H.v. 75 % v. 60.000 EUR = 45.000 EUR zzgl. 1.500 EUR = 46.500 EUR.

Für die Ermittlung des Privatanteils sind die AK entsprechend § 6 Abs. 1 S. 3 EStG (Bruttolistenpreis nicht mehr als 100.000 EUR) nur zu 25 % (= 15.000 EUR) anzusetzen Bei einer Abschreibung über acht Jahre ergeben sich maßgebliche Gesamtkosten für 2025 i.H.v. 6/12 x 1/8 v. 15.000 EUR = 937 EUR zzgl. 1.500 EUR = 2.437 EUR. Die private Nutzungsentnahme beträgt damit 70 % v. 2.437 EUR = 1.705 EUR.

Praxishinweis

Bei der Frage, ob bei Anwendung der 1%-Regelung eine **Kostendeckelung** zur Anwendung kommt, ist für die Ermittlung der maßgeblichen „Kosten“ ebenfalls eine **Schattenberechnung** durchzuführen. Die AK (ohne Abschlag) sind dabei abweichend ebenfalls nach der betriebsgewöhnlichen Nutzungsdauer zu verteilen, sodass

140 § 6 Abs. 4 S. 3 EStG
141 *Seifert,* NWB 2025, 2248
142 BFH-Urt. v. 12.3.2024 – VIII R 1/21, BStBl II 2024, 633
143 BMF-Schr. v. 3.3.2022 – IV C 5 - S 2334/21/10004 :001, BStBl I 2022, 232, Rz 34

die hohe AfA im Erstjahr i.d.R. nicht zur Anwendung der Kostendeckelung in den Folgejahren führt.

4. Investitionsabzugsbetrag und Sonderabschreibung nach § 7g EStG[144]

a) Allgemeines

Im Bereich des § 7g EStG haben sich seit der *„Einkommensteuererklärung 2024“*[145] keine wesentlichen neuen Entwicklungen ergeben – einen kurzen Hinweis wert sind jedoch die folgenden beim BFH anhängigen Revisionsverfahren und eine FG-Entscheidung zu einer Photovoltaikanlage.

b) Gewinngrenze

Voraussetzung für die **Inanspruchnahme von IAB** ist u.a., dass der Gewinn nach § 4 oder § 5 EStG ermittelt wird und im Wj, in dem die Abzüge vorgenommen werden sollen, ohne Berücksichtigung der IAB nach § 7g Abs. 1 S. 1 EStG und der Hinzurechnungen nach § 7g Abs. 2 EStG **200.000 EUR** nicht überschreitet.[146]

Für die **Inanspruchnahme der Sonderabschreibung** nach § 7g Abs. 5 EStG darf die o.g. Gewinngrenze im Wj, das der Anschaffung oder Herstellung des WG **vorangeht**, nicht überschritten werden.[147]

Praxishinweis

Das **FG Baden-Württemberg**[148] und das **Nds. FG**[149] haben i.Z.m. der Ermittlung des maßgeblichen Gewinns für die o.g. Gewinngrenze **divergierende Urteile** gefällt. Während das FG Baden-Württemberg die Auffassung vertritt, dass der **steuerbilanzielle Gewinn** (ohne Hinzurechnung nicht abziehbarer BA) maßgeblich ist, hat sich das Nds. FG der Auffassung der FinVerw[150] angeschlossen, dass eine entsprechende **gewinnerhöhende Hinzurechnung** erfolgen muss. Insb. die **GewSt** kann

144 Weiterführend u.a. BMF-Schr. v. 15.6.2022 – IV C 6 - S 2139-b/21/10001:001, BStBl I 2022, 945
145 „Die Einkommensteuererklärung 2024“, Seite 87 ff.
146 § 7g Abs. 1 S. 2 EStG
147 § 7g Abs. 6 Nr. 1 EStG
148 FG Baden-Württemberg, Urt. v. 2.5.2023 – 10 K 1873/22, EFG 2023, 1373, Rev. eingelegt, Az des BFH: III R 38/23
149 Nds. FG, Urt. v. 9.5.2023 – 2 K 202/22, DStR 2024, 476, Rev eingelegt, Az des BFH: X R 16/23
150 BMF-Schr. v. 15.6.2022– IV C 6 - S 2139-b/21/10001:001, BStBl I 2022, 945

hier einen maßgeblichen Einfluss haben. Gegen beide Verfahren waren zum Zeitpunkt des Redaktionsschlusses **Revisionsverfahren**[151] anhängig. Weiterführend wird auf *Liesenhoff/Pottebaum/Znojek*[152] verwiesen.

c) Einheitlicher Betrieb oder mehrere Betriebe

Da die Begünstigungen des § 7g EStG betriebsbezogen und nicht bezogen auf den Stpfl. zu prüfen sind, ist die Frage, ob es sich bei **mehreren Betätigungsfeldern** um einen einheitlichen Betrieb oder mehrere Betriebe handelt, von Bedeutung. Bereits in der „Einkommensteuererklärung 2024“[153] haben wir auf das – auch zum Zeitpunkt des Redaktionsschlusses immer noch – anhängige **Revisionsverfahren**[154] beim BFH hingewiesen. Im Urteilsfall des FG Düsseldorf[155] ging es um einen Erbfall bei dem der Sohn, der bereits einen **(Kupfer-)Recyclingbetrieb** betrieben hatte, von seiner Mutter einen **Schrotthandel** geerbt hat. Das FG ging nach der **Gesamtrechtsnachfolge** von einem einheitlichen Betrieb aus.

d) Inanspruchnahme eines IAB für eine Photovoltaikanlage

Für eine nach § 3 Nr. 72 EStG insgesamt begünstigte Photovoltaikanlage kommt mangels BA-Abzug die Inanspruchnahme eines IAB grds. nicht in Betracht.[156] Soweit die Photovoltaikanlage jedoch **BV** eines Betriebes ist, dessen Zweck **nicht nur die Erzeugung von Strom aus Photovoltaikanlagen** ist, ist die **Inanspruchnahme von IAB** auch nach Auffassung der FinVerw grds. **zulässig.**[157] Letzteres liegt vor allem dann vor, wenn der produzierte Strom eigenbetrieblich genutzt wird. Die allgemeinen Grundsätze für die Inanspruchnahme von IAB sind jedoch zu beachten. § 7g Abs. 1 S.1 EStG setzt u.a. die **ausschließliche bzw. fast ausschließliche betriebliche Nutzung** des begünstigten WG voraus.

---

151 Az des BFH: III R 38/23, X R 16/23
152 *Liesenhoff/Pottebaum/Znojek,* DStR 2025, 1305
153 „Die Einkommensteuererklärung 2024“, Seite 88
154 Az des BFH: X R 8/23
155 FG Düsseldorf, Urt. v. 8.12.2021 – 15 K 1186/21, G, E, BB 2024, 239
156 BMF-Schr. v. 17.7.2023 – IV C 6 - S 2121/23/10001:001, BStBl I 2023, 1494, Rz 19
157 BMF-Schr. v. 17.7.2023 – IV C 6 - S 2121/23/10001:001, BStBl I 2023, 1494, Rz 20

Das **Hessische FG**[158] hat hierzu eine für die Praxis brisante Auffassung vertreten. Danach ist die Inanspruchnahme eines IAB mangels fast ausschließlicher betrieblicher Nutzung nicht zulässig, wenn der **Strom** aus der Anlage **zu mehr als 10 % für private Zwecke verbraucht** wird.

Beispiel

A betreibt einen Handwerksbetrieb. Auf dem Dach des Betriebsgebäudes ist eine Photovoltaikanlage installiert, deren Strom zu **mehr als 50 % im Betrieb** genutzt wird. Die Anlage ist dem Betrieb als BV zugeordnet. Da sich auf dem Grundstück auch das private Wohnhaus des A befindet, werden **20 %** des Stroms **für private Zwecke** genutzt.

Praxishinweis

Die Auffassung des Hessischen FG ist zwar nachvollziehbar, **widerspricht** jedoch der **ausdrücklichen Auffassung der FinVerw.**[159] Danach ist im Fall des gewerblichen Betriebs einer Photovoltaikanlage der private Verbrauch des Stroms keine private Verwendung der Anlage, sondern eine **Sachentnahme** des produzierten Stroms, sodass die **Inanspruchnahme** eines **IAB möglich** ist.[160] Die FinVerw ist u.E. aus Vertrauensschutzgründen an ihre aktuell unveränderte Auffassung gebunden.

---

158 Hessisches FG, Urt. v. 26.9.2024 – 4 K 202/23, EFG 2025, 184
159 BMF-Schr. v. 20.3.2017 – IV C 6 - S 2139-b/07/10002-02, BStBl I 2017, 423, Rz 45
160 R 4.3 Abs. 4 S. 2 EStR

V. Betriebseinnahmen und -ausgaben – Update

1. Zehntagesfrist

Nach § 11 Abs. 1 S. 2 bzw. Abs. 2 S. 2 EStG sind abweichend vom Zu- bzw. Abflussprinzip Einnahmen bzw. Ausgaben dem Jahr der **wirtschaftlichen Zugehörigkeit** zuzurechnen, wenn es sich um ...

- regelmäßig wiederkehrende Einnahmen bzw. Ausgaben handelt,
- die kurze Zeit (Zehntageszeitraum) vor oder nach Beendigung des Kj,
- zu dem sie wirtschaftlich gehören,
- zu- bzw. abgeflossen sind.

Für die Gewinnermittlung durch EÜR nach § 4 Abs. 3 EStG gilt es für den VZ 2025 dem „Zehntageszeitraum“ bei der Beurteilung des Abzugsjahres von **LSt- und USt-Vorauszahlungen** eine besondere Aufmerksamkeit zu widmen, da der **10.1.2026** ein **Samstag** ist.[161]

Für die **„Samstags- und Sonntagsfrage“** hat der BFH[162] entschieden, dass eine USt-VZ, die innerhalb von zehn Tagen nach Ablauf des Kj gezahlt wird, **auch dann im Jahr ihrer wirtschaftlichen Zugehörigkeit** abziehbar ist, wenn der **10.1.** des Folgejahres auf einen **Sonnabend, Sonntag** oder gesetzlichen Feiertag fällt. Bei der Ermittlung der Fälligkeit für den Zehntageszeitraum i.S.d. § 11 EStG kommt es damit allein auf die **gesetzliche Fälligkeit** an. Eine Verlängerung nach § 108 Abs. 3 AO ist unbeachtlich.

Dies bedeutet u.E. jedoch **nicht zwangsläufig**, dass der Abfluss einer grds. am 10. fälligen USt- oder LSt-(Voraus-)zahlung, die später aufgrund einer Einzugsermächtigung gezahlt wird, auch **am 10.** anzunehmen ist. Wird eine Steueranmeldung erst nach dem 10. abgegeben, so tritt die **Fälligkeit erst mit der Abgabe der Steueranmeldung** ein, sodass der Einzug dann auf den nach dem 10. liegenden Abgabezeitpunkt zurückwirkt. Die Zahlung würde also **außerhalb der kurzen Zeit** liegen. Der BFH[163] stellt in seiner Rechtspre-

---

161 Weiterführend auch LfSt Bayern, Vfg. v. 4.11.2022 – S 2226.2.1-5/25 St32, NWB XAAAJ-30301

162 BFH-Urt. v. 27.6.2018 – X R 44/16, BStBl II 2018, 781

163 BFH-Urt. v. 16.2.2022 – X R 2/21, BStBl II 2022, 448 sowie BFH-Urt. v. 21.6.2022 – VIII R 25/20, BStBl II 2023, 154

chung ausdrücklich klar, dass die abweichende Zurechnung regelmäßig wiederkehrender Einnahmen und Ausgaben nicht nur voraussetzen, dass sie kurze Zeit vor Beginn bzw. kurze Zeit nach Beendigung des Kj der wirtschaftlichen Zugehörigkeit gezahlt, sondern auch fällig geworden sind.

Insgesamt ergibt sich damit für den VZ 2025 folgendes Bild:

Beispiel VZ 2025

A ist Einzelunternehmer, ermittelt seinen Gewinn nach § 4 Abs. 3 EStG und ist Regelversteuerer mit einer Dauerfristverlängerung. USt-Voranmeldungen muss A monatlich abgeben und es besteht eine Einzugsermächtigung. Die **USt-Vorauszahlung November 2024** (Zahllast 2.500 EUR) hat A fristgerecht am Freitag, den 10.1.2025 an das FA übermittelt. Der Einzug erfolgte am 13.1.2025. Das Konto von A ist jederzeit gedeckt. Die USt 11/2024 ist bereits im VZ 2024 als BA zu berücksichtigen.

Die **USt-Vorauszahlung November 2025** (Zahllast 2.300 EUR) hat A fristgerecht am Montag, den 12.1.2026 an das FA übermittelt. Der Einzug erfolgte am 14.1.2026. Die USt 11/2025 ist erst im VZ 2026 als BA zu berücksichtigen, da die Fälligkeit erst mit der Abgabe am 12.1.2026 ausgelöst wird und damit außerhalb des Zehntageszeitraums liegt.

Abwandlung

A übermittelt die USt-Vorauszahlung 11/2025 bereits am Freitag, den 9.1.2026. Die USt 11/2025 ist bereits im VZ 2025 als BA zu berücksichtigen. In der Praxis werden die Programme oftmals so gesteuert, dass erst am Fälligkeitstag (siehe Bsp. VZ 2025) übermittelt wird.

Praxishinweis

In **Erstattungsfällen** sind hinsichtlich der Fälligkeit und des Zuflusses zwei Besonderheiten zu beachten. Die **Fälligkeit** ergibt sich aufgrund der Zustimmungsbedürftigkeit nicht automatisch am 10. eines Monats, sondern erst durch konkrete **Zustimmung des FA**. Der **Zufluss** ist erst im Zeitpunkt der **Gutschrift beim Stpfl.** anzunehmen, da er erst zu diesem Zeitpunkt wirtschaftlich über den Geldbetrag verfügen kann. Im Regelfall dürften sowohl Fälligkeit als auch Zufluss außerhalb des Zehntageszeitraums liegen.

2. Steuerfreie Einnahmen – Ehrenamtler und Übungsleiter

a) Allgemeines

Für den VZ 2025 gelten ggü. dem Vorjahr unverändert folgende Freibeträge: Der sog. **Übungsleiterfreibetrag des § 3 Nr. 26 EStG** zur Steuerbefreiung bestimmter nebenberuflicher Tätigkeiten beträgt **3.000 EUR p.a.**, der sog. **Ehrenamtsfreibetrag des § 3 Nr. 26a EStG** beträgt **840 EUR p.a.**

Zum Umfang der begünstigten Tätigkeit, zur Abgrenzung einer nebenberuflichen und einer hauptberuflichen Tätigkeit und zu weiteren Anwendungsfragen vgl. **R 3.26 LStR sowie R 3.26a EStR**.

Praxishinweis

Durch das Steueränderungsgesetz 2025[164] sollen die Freibeträge **ab dem VZ 2026** auf **3.300 EUR (Übungsleiterfreibetrag)** sowie **960 EUR (Ehrenamtsfreibetrag)** erhöht werden. Das Gesetzgebungsverfahren soll – soweit es planmäßig verläuft – am 19.12.2025 durch die Zustimmung des BR und die nachfolgende Verkündung im BGBl abgeschlossen werden.

b) „Klarstellende" Umformulierung der § 3 Nr. 26, 26a EStG

Durch das Steueränderungsgesetz 2025[165] ist außerdem ein **rückwirkend** für alle offenen Fälle – also auch für den VZ 2025 – geltende *klarstellende* **Umformulierung** vorgesehen.

§ 3 Nr. 26 S. 1 EStG in der bisherigen Fassung

„Einnahmen aus nebenberuflichen Tätigkeiten als Übungsleiter, Ausbilder, Erzieher, Betreuer oder vergleichbaren nebenberuflichen Tätigkeiten, aus nebenberuflichen künstlerischen Tätigkeiten oder der nebenberuflichen Pflege alter, kranker Menschen oder Menschen mit Behinderungen im Dienst oder im Auftrag einer juristischen Person des öffentlichen Rechts, die in einem Mitgliedstaat der Europäischen Union, in einem Staat, auf den das Abkommen über den Europäischen Wirtschaftsraum Anwendung findet, oder in der Schweiz belegen ist, oder einer unter § 5 Absatz 1 Nummer 9 des Körperschaftsteuergeset-

[164] BT-Drucks. 21/3104 v. 3.12.2025 (BT-Beschluss v. 4.12.2025)
[165] BT-Drucks. 21/3104 v. 3.12.2025 (BT-Beschluss v. 4.12.2025)

zes fallenden ***Einrichtung zur Förderung gemeinnütziger, mildtätiger und kirchlicher Zwecke*** *(§§ 52 bis 54 der Abgabenordnung) bis zur Höhe von insgesamt 3 000 Euro im Jahr."*

§ 3 Nr. 26 S. 1 EStG in der Fassung StÄndG 2025

„Einnahmen aus nebenberuflichen Tätigkeiten ***zur Förderung gemeinnütziger, mildtätiger und kirchlicher Zwecke*** *(§§ 52 bis 54 der Abgabenordnung) als Übungsleiter, Ausbilder, Erzieher, Betreuer oder vergleichbaren nebenberuflichen Tätigkeiten, aus nebenberuflichen künstlerischen Tätigkeiten oder der nebenberuflichen Pflege alter, kranker Menschen oder Menschen mit Behinderungen im Dienst oder Auftrag einer juristischen Person des öffentlichen Rechts, die in einem Mitgliedstaat der Europäischen Union, in einem Staat, auf den das Abkommen über den Europäischen Wirtschaftsraum Anwendung findet, oder in der Schweiz belegen ist, oder einer unter § 5 Absatz 1 Nummer 9 des Körperschaftsteuergesetzes fallenden Einrichtung bis zur Höhe von insgesamt 3 000 Euro im Jahr."*

§ 3 Nr. 26a S. 1 EStG in der bisherigen Fassung

„Einnahmen aus nebenberuflichen Tätigkeiten im Dienst oder Auftrag einer juristischen Person des öffentlichen Rechts, die in einem Mitgliedstaat der Europäischen Union, in einem Staat, auf den das Abkommen über den Europäischen Wirtschaftsraum Anwendung findet, oder in der Schweiz belegen ist, oder einer unter § 5 Absatz 1 Nummer 9 des Körperschaftsteuergesetzes fallenden Einrichtung ***zur Förderung gemeinnütziger, mildtätiger und kirchlicher Zwecke*** *(§§ 52 bis 54 der Abgabenordnung) bis zur Höhe von insgesamt 840 Euro im Jahr."*

§ 3 Nr. 26a S. 1 EStG in der Fassung StÄndG 2025

„Einnahmen aus nebenberuflichen Tätigkeiten ***zur Förderung gemeinnütziger, mildtätiger und kirchlicher Zwecke*** *(§§ 52 bis 54 der Abgabenordnung) im Dienst oder Auftrag einer juristischen Person des öffentlichen Rechts, die in einem Mitgliedstaat der Europäischen Union, in einem Staat, auf den das Abkommen über den Europäischen Wirtschaftsraum Anwendung findet, oder in der Schweiz belegen ist, oder einer unter § 5 Absatz 1 Nummer 9 des Körperschaftsteuergesetzes fallenden Einrichtung bis zur Höhe von insgesamt 840 Euro im Jahr."*

Anlass der Umformulierung ist die Entscheidung des **BFH vom 8.5.2024**[166]. Vor dem Hintergrund des **bisherigen Wortlauts** hat der BFH zugunsten des Klägers entschieden, dass es für eine ehrenamtliche Tätigkeit für eine juristische Person des öffentlichen Rechts (hier: als Vertreter für eine Gemeinde in einer kommunalen GmbH) nicht darauf ankommt, dass die Tätigkeit gemeinnützige, mildtätige oder kirchliche Zwecke fördert. Die Entscheidung ist aufgrund des Wortlauts der Vorschrift ergangen. Die Formulierung „zur Förderung gemeinnütziger, mildtätiger und kirchlicher Zwecke" würde sich nur auf die Qualität der unter § 5 Abs. 1 Nr. 9 KStG fallenden Einrichtung als Auftraggeber beziehen. Durch das „Vorziehen" der Formulierung an den Anfang der Vorschriften soll klargestellt werden, dass die begünstigte Tätigkeit – sowohl im Bereich des § 3 Nr. 26 als auch Nr. 26a EStG zunächst grds. entsprechenden Zwecken dienen muss. Die rückwirkende „Klarstellung" soll die **Auffassung der FinVerw**[167] festschreiben. Nur sofern die jeweilige Tätigkeit selbst auch steuerbegünstigte Zwecke verfolgt, soll die Befreiungsvorschrift Anwendung finden. Tätigkeiten ohne jeglichen Bezug zu steuerbegünstigten Zwecken sollen von der Steuerbefreiung nicht erfasst werden.

Praxishinweis

Vor dem Hintergrund der o.g. BFH-Entscheidung führt die klarstellende Umformulierung zu einer **anderen Rechtsfolge**. Die Tätigkeit des Klägers als Vertreter der Gemeinde im Aufsichtsrat der kommunalen GmbH wäre nicht mehr nach § 3 Nr. 26a EStG begünstigt. Auch andere Fallkonstellationen der § 3 Nr. 26 und 26a EStG können betroffen sein. U.E. ist es **fraglich**, ob die Rückwirkung für alle offenen Fälle **verfassungskonform** ist. Entsprechende Fälle für VZ bis einschl. 2025 sollten – je nach Auswirkung – angefochten werden. Für Fälle ab VZ 2026 entfaltet die Umformulierung hingegen keine Rückwirkung. Der Bundesrat fordert eine Anpassung, sodass **nebenberufliche Unterrichts- und Fortbildungsleistungen** im Auftrag juristischer Personen des öffentlichen Rechts unverändert begünstigt bleiben.[168]

3. Geschenke und Bewirtung (Incentive-Reisen)

a) Allgemeines

Geschenke aus betrieblichem Anlass an Personen, die **nicht ArbN** des Stpfl. sind, können nur als BA abgezogen werden, wenn die AK oder HK der dem jeweiligen Empfänger im Wj zugewendeten Gegenstände insg. 50 EUR nicht

166 BFH-Urt. v. 8.5.2024 – VIII R 9/21, BFH/NV 2024, 1077; vgl. auch „Die Einkommensteuererklärung 2024", Seite 92

167 Vgl. R 3.26a Abs. 1 EStR

168 BR-Drucks. 474/1/25 v. 6.10.2025

übersteigen.[169] **Selbstständige Mitarbeiter** oder aufgrund vertraglicher Vereinbarungen dauerhafte Geschäftspartner wie z.B. **Handelsvertreter** sind keine ArbN i.S.d. § 4 Abs. 5 S. 1 Nr. 1 EStG, sodass die **Abzugseinschränkung** ebenfalls zu beachten ist.[170] Die Abzugsbeschränkung gilt jedoch nicht, wenn die Zuwendung als Entgelt für eine bestimmte Gegenleistung des Empfängers anzusehen ist.[171]

Bewirtungskosten aus geschäftlichem Anlass zählen nicht zu den Aufwendungen für Geschenke. Hier ist die Abzugseinschränkung des § 4 Abs. 5 S. 1 Nr. 2 EStG auf 70 % der angemessenen Aufwendungen zu beachten.[172]

Weitere Abzugsverbote ergeben sich u.a. für die Aufwendungen aus der Unterhaltung von **Gästehäusern**[173] sowie für Jagd, Fischerei, **Segel- und Motoryachten**[174].

b) Incentive-Reisen

Im rechtskräftigen Urteil des **FG Köln vom 30.1.2025**[175] ging es um ein Versicherungsunternehmen, das ggü. angestellten und freien Vermittlern i.R.e. Vertriebswettbewerbs für das Erreichen bestimmter Vertriebsziele neben den regulären Vergütungen ausschließlich touristisch ausgestaltete Reisen (inkl. Stadtrundfahrten, Ausflügen, Einkäufen mittels bereitgestellter Gutscheine, Restaurantbesuche sowie Segeltörns) auslobte. Das FA subsumierte die Aufwendungen teilweise unter die Abzugsbeschränkungen und -verbote des § 4 Abs. 5 EStG. Das FG lehnte die Anwendung des § 4 Abs. 5 EStG **insgesamt** ab. I.R.v. Incentive-Reisen ausgegebene Einkaufsgutscheine und erbrachte Bewirtungsaufwendungen stehen danach in einem **unmittelbaren zeitlichen und wirtschaftlichen Zusammenhang zu den von den Vermittlern erzielten Vermittlungsleistungen** und sind **Gegenstand eines Leistungsaustausches**, wenn die Höhe der erzielten Umsätze die Vermittler bei Erreichen bestimmter, vorher festgelegter Grenzen zur Teilnahme an einem nach Umsatzhöhe gestaffelten Bonusprogramm berechtigen. Die Abzugsverbote für Geschenke, Bewirtungsaufwendungen sowie für Segeljachten seien nicht

---

169 § 4 Abs. 5 S. 1 Nr. 1 EStG
170 R 4.10 Abs. 2 S. 2 EStR
171 R 4.10 Abs. 4 S. 1 EStR; zu betrieblichen Losveranstaltungen vgl. „Die Einkommensteuererklärung 2024", Seite 102
172 Zu den gesonderten Aufzeichnungspflichten vgl. „Die Einkommensteuererklärung 2024", Seite 100
173 § 4 Abs. 5 S. 1 Nr. 3 EStG
174 § 4 Abs. 5 S. 1 Nr. 4 EStG
175 FG Köln, Urt. v. 30.1.2025 – 10 K 101/21, EFG 2025, 920, rkr.

anwendbar. Die Aufwendungen waren daher in vollem Umfang als BA abziehbar.

Praxishinweis

Für die **Empfänger** der Sachleistungen liegen i.H.d. entsprechenden Werte **steuerpflichtige BE** vor. Unter den weiteren Voraussetzungen des **§ 37b EStG** kommt eine **pauschale Übernahme der ESt** des Empfängers durch den Zuwendenden in Betracht. Die Besteuerung der BE würde dann unterbleiben,[176] die übernommene ESt nach § 37b EStG würde – soweit die Aufwendungen beim Zuwendenden wie im Urteilsfall als BA zu beurteilen sind – ebenfalls **als BA abzugsfähig** sein.[177] Zu beachten ist jedoch, dass die Übernahme der ESt nach § 37b EStG **keine Auswirkungen auf die umsatzsteuerliche Behandlung auf der Ebene des Empfängers der Sachleistung hat. Es gelten die allgemeinen umsatzsteuerlichen Grundsätze.**

c) Neues BMF-Schreiben zu Bewirtungskosten

Die FinVerw hat sich mit **BMF-Schreiben vom 19.11.2025**[178] ausführlich zu den Anforderungen an den Nachweis von Bewirtungsaufwendungen aus geschäftlichem Anlass geäußert. Besonders bemerkenswert sind die Ausführungen zu den Anforderungen an **Bewirtungsrechnungen über 250 EUR**, die grds. einer **ordnungsgemäßen Rechnung i.S.d. § 14 UStG** entsprechen müssen sowie einer vollständigen digitalen Belegführung. Die ergänzenden Angaben zum Bewirtungsbeleg können auch digital erstellt und mit dem Beleg **verknüpft** gespeichert werden, das erstellte Dokument oder die Ergänzung der Bewirtungsrechnung müssen dann jedoch vom Stpfl. digital signiert oder genehmigt werden.

Verwendet der Bewirtungsbetrieb ein **elektronisches Aufzeichnungssystem**, werden nur maschinell erstellte, elektronisch aufgezeichnete und mit Hilfe einer zertifizierten technischen Sicherheitseinrichtung (TSE) abgesicherte Rechnungen anerkannt.

4. Änderung der Mitteilungsverordnung

Die sog. **Mitteilungsverordnung (MV)** regelt die Übermittlung von Mitteilungen von Behörden und anderen öffentlichen Stellen einschließlich den öffentlich-rechtlichen Rundfunkanstalten an die Finanzbehörden ohne Ersuchen.

---

176 § 37b Abs. 3 S. 1 EStG
177 BMF-Schr. v. 19.5.2015 – IV C 6 - S 2297-b/14/10001, BStBl I 2015, 468, Rz 26
178 BMF-Schr. v. 19.11.2025 – IV C 6 - S 2145/00026/005/033, www.bundesfinanzministerium.de

Sie enthält genaue Anweisungen für die mitteilungspflichtigen Stellen, was zu welchem Zeitpunkt und in welchem Umfang der FinVerw mitzuteilen ist. Die Mitteilungsverordnung wurde zuletzt zum 1.1.2025 geändert[179]. Hintergrund der Änderung war die Einführung elektronischer Übermittlungsverfahren sowie die Anpassung von Bagatellgrenzen. Das BMF hat mit **Schreiben vom 12.12.2024**[180] **sowie v. 7.7.2025**[181] zur Anwendung der Mitteilungsverordnung Stellung ab 1.1.2025 genommen.

Mitteilungspflichtige Stellen sind **Behörden** i.S.d. § 6 Abs. 1 AO und andere öffentliche Stellen mit Ausnahme **öffentlich-rechtlicher Rundfunkanstalten.**[182] Die Mitteilungspflichten der Behörden betreffen grds. alle Zahlungen an Zahlungsempfänger, die **nicht i.R.e.** land- und forstwirtschaftlichen, gewerblichen oder freiberuflichen **Haupttätigkeit** gehandelt haben, oder soweit die Zahlung nicht auf das Geschäftskonto des Zahlungsempfängers erfolgt.[183] Mitzuteilen sind damit vor allem **Zahlungen an Privatpersonen/Nichtunternehmer** oder an Unternehmer, wenn sie **nicht i.R. ihres Unternehmens** gehandelt haben oder die **Zahlung nicht auf ihr Geschäftskonto** vereinnahmt haben (z.B. Zahlungen auf ein Konto, das nicht in den Geschäftsbriefen angegeben wurde, Zahlung durch Aufrechnung). Bestehen bei der mitteilungspflichtigen Stelle **Zweifel**, ob der Zahlungsempfänger i.R.e. land- und forstwirtschaftlichen, gewerblichen oder freiberuflichen Haupttätigkeit gehandelt hat und die Zahlung auf das Geschäftskonto erfolgt ist, ist eine **Mitteilung vorzunehmen**.

Außerdem hat das Bundesamt für Justiz den Finanzbehörden als mitteilungspflichtige Stelle die Adressaten und die Höhe von im Verfahren nach § 355 HGB **festgesetzten Ordnungsgeldern** mitzuteilen, sofern das festgesetzte Ordnungsgeld **mindestens 5.000 EUR** beträgt.[184] Die Mitteilungen dienten der Feststellung, ob die Betroffenen diese Beträge **zu Unrecht als BA**[185] berücksichtigt haben.

Ausgenommen sind Zahlungen, wenn sie im Kj an denselben Empfänger **weniger als 3.000 EUR** betragen und es sich nicht um wiederkehrende Bezüge

179 Siebte Verordnung zur Änderung der Mitteilungsverordnung v. 25.11.2024, BGBl I 2024, Nr. 364 sowie Änderung durch Art. 23 des JStG 2024 v. 2.12.2024, BGBl I 2024, Nr. 387

180 BMF-Schr. v. 12.12.2024 – IV D 1 - S 0229/22/10002:005, BStBl I 2024, 1618

181 BMF-Schr. v. 7.7.2025 – IV D 1 - S 0229/00120/007/030, BStBl I 2025, 1488

182 § 1 MV

183 § 2 MV

184 § 4a Abs. 1 MV

185 § 4 Abs. 5 S. 1 Nr. 8 EStG

handelt[186] sowie Zahlungen nach § 43 StVollzG oder vergleichbaren landesrechtlichen Regelungen an Strafgefangene, wenn sie einen Betrag von 10.000 EUR pro Kj nicht übersteigen.

Schema für die Prüfung der Mitteilungspflicht nach § 2 MV für Behörden und andere öffentliche Stellen (Anlage 3 des BMF-Schreibens):

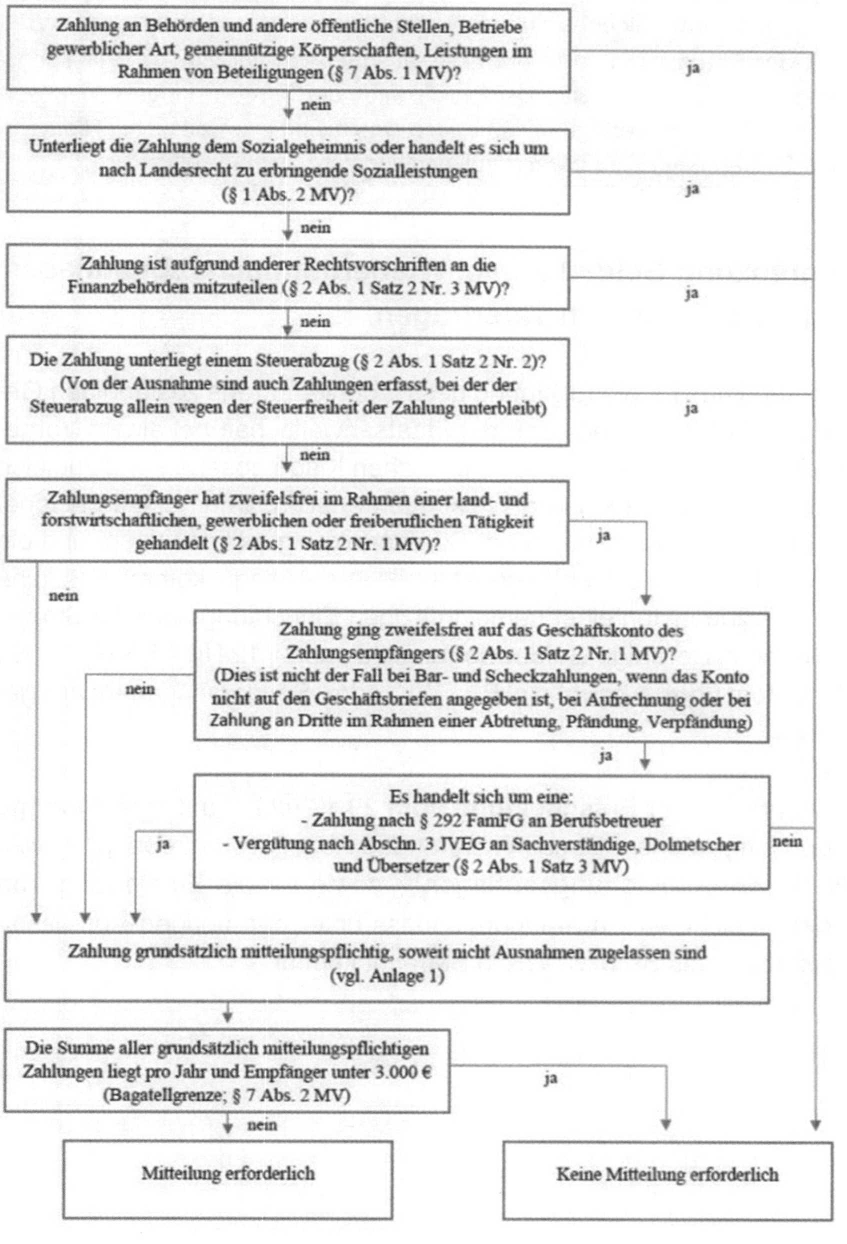

186 § 7 MV

Die mitteilungspflichtigen Stellen haben die betroffenen Personen zu informieren, dass Mitteilungen gefertigt werden.[187]

Praxishinweis

Die OFD Baden-Württemberg[188] weist auf die antragsgebundene **Mitteilungspflicht der FA ggü. verschiedenen Berufskammern** bzgl. der für die Festsetzung von Kammerbeiträgen notwendigen Besteuerungsgrundlagen hin. In Bezug auf die **Vollständigkeit der Einnahmen** sollte der Stpfl. ausdrücklich auf die o.g. Mitteilungspflichten und auch weitere Ermittlungsmöglichkeiten der FinVerw hingewiesen werden. Die der FinVerw zur Verfügung stehenden Daten sind insoweit nicht i.R.d. „vorausgefüllten Steuererklärung" über die Vollmachtsdatenbank ersichtlich.

5. Abgrenzung Geldauflagen, Wiedergutmachungsauflagen und Einziehung von Taterträgen

Mit Zustimmung des für die Eröffnung des Hauptverfahrens zuständigen Gerichts und des Beschuldigten kann die Staatsanwaltschaft bei einem Vergehen vorläufig von der Erhebung der öffentlichen Klage absehen und zugleich dem Beschuldigten Auflagen und Weisungen erteilen, wenn diese geeignet sind, das öffentliche Interesse an der Strafverfolgung zu beseitigen, und die Schwere der Schuld nicht entgegensteht.[189] Als Auflage kommt z.B. eine Geldauflage[190] zugunsten einer gemeinnützigen Einrichtung oder der Staatskasse in Betracht. Derartige **Geldauflagen** sind nach § 12 Nr. 4 EStG ebenso wie Geldstrafen **vom Abzug** als BA, WK oder Sonderausgaben **ausgeschlossen**.

Der BFH hat mit seiner **Entscheidung vom 29.1.2025**[191] auf eine **wichtige** Abgrenzung hingewiesen. Danach kommt das Abzugsverbot des § 12 Nr. 4 EStG für **Wiedergutmachungsauflagen**[192] sowie für die **Einziehung von Taterträgen**[193] nicht zur Anwendung, sodass unter den übrigen Voraussetzungen ein Abzug als BA bzw. WK in Betracht kommt.

---

187 §§ 11 f. MV
188 OFD Baden-Württemberg, Vfg. v. 27.3.2025 – S 0131, Karte 2, DStR 2025, 1348
189 § 153a Abs. 1 S. 1 StPO
190 § 153a Abs. 1 S. 2 Nr. 2 StPO
191 BFH-Urt. v. 29.1.2025 – X R 6/23, BFH/NV 2025, 750
192 § 153a Abs. 1 S. 2 Nr. 1 StPO
193 § 73 StGB

Praxishinweis

Der BR fordert in seiner Stellungnahme zum Steueränderungsgesetz 2025 offensichtlich vor dem Hintergrund der o.g. Entscheidung eine **Erweiterung des Abzugsverbots** für Geldauflagen und Rechtsverteidigungskosten.[194]

6. Unterschlagung und Untreue

Beim **FG Schleswig-Holstein** wurde mit **Urteil vom 2.5.2024**[195] ein interessantes Urteil i.Z.m. mit veruntreuten bzw. unterschlagenen Geldern gefällt. Vereinfacht dargestellt hatte der Kläger als ArbN Gelder seines ArbG veruntreut, indem er Geldzahlungen an einen Dritten (ebenfalls ArbN) geleistet hat. Zielsetzung war, dass sich der Zahlungsempfänger für eine Aufnahme von Geschäftsbeziehungen mit der Firma des Klägers einsetzen sollte. Später flossen Teile der Zahlungen an den Kläger zurück. Das FA nahm in Höhe der zurückgeflossenen Gelder sonstige Einkünfte i.S.d. § 22 Nr. 3 EStG beim Kläger an. Im Zahlungsjahr wurde eine Verlustverrechnung mit anderen Einkünften gem. § 22 Nr. 3 S. 3 EStG versagt. Nach davon abweichender Auffassung des FG sind **durch Unterschlagung oder durch Untreue erlangte Einnahmen** regelmäßig **nicht als steuerbare Vermögensmehrungen** zu beurteilen. Es mache dabei auch keinen Unterschied, ob der Stpfl. zunächst durch Untreuehandlungen selbst in den Besitz von veruntreuten Geldern kommt und diese sodann zum Zwecke der Bestechung teilweise weiterleitet oder zunächst die Auszahlung an den Bestochenen veranlasst, um dann absprachegemäß davon (teilweise) zu profitieren.

7. Steuerberatungskosten

a) Allgemeines

Steuerberatungskosten, die unmittelbar mit der Erzielung von Einkünften im Zusammenhang stehen, können als BA bzw. WK berücksichtigt werden.[196] Dies gilt insb. für **betriebliche Steuern** (z.B. USt und GewSt, Grundsteuer für betriebliche, aber auch vermietete Grundstücke) und **Gewinn- bzw. Überschussermittlungen** i.Z.m. den Einkünften i.S.d. § 2 Abs. 1 EStG. **Nicht abziehbar** hingegen sind Steuerberatungskosten i.Z.m. der **Erstellung privater Steuererklärungen** (z.B. ErbSt/SchSt, Grundsteuer für privat genutzte

194 BR-Drs. 474/1/25 v. 6.10.2025

195 FG Schleswig-Holstein, Urt. v. 2.5.2024 – 4 K 84/23, juris, NZB eingelegt, Az des BFH: VI B 42/24

196 § 4 Abs. 4, § 9 Abs. 1 EStG

Grundstücke).[197] Das Übertragen der Ergebnisse aus der jeweiligen Einkünfteermittlung in die entsprechende Anlage zur ESt-Erklärung und das übrige **Ausfüllen der ESt-Erklärung** gehören nicht zur Einkünfteermittlung. Die hierauf entfallenden Kosten sowie Aufwendungen, die die Beratung in **Tarif- oder Veranlagungsfragen** betreffen oder i.Z.m. der Ermittlung von **Sonderausgaben** und **agB** stehen, sind als Kosten der privaten Lebensführung nach Auffassung der FinVerw steuerlich nicht zu berücksichtigen.[198] Honorarrechnungen i.Z.m. der ESt-Erklärung sind daher in die **einzelnen Gebührenpositionen aufzuteilen.**

b) Einheitlich und gesonderte Feststellungserklärungen

Durch das sog. MoPeG[199] wurde u.a. neu geregelt, dass eine **rechtsfähige Personenvereinigung i.S.d. § 14a AO** – insb. PersG **(GbR, eGbR, OHG, KG)** – nicht nur verpflichtet ist, ihre USt- und GewSt-Erklärung selbst abzugeben, sondern auch die Verpflichtung zur **Abgabe der einheitlich und gesonderten Feststellungserklärungen** die rechtsfähige Personenvereinigung trifft. Bis zur Neuregelung waren die Gesellschafter einer PersG hinsichtlich der einheitlichen gesonderten Feststellung erklärungspflichtig. Mangels einer Verpflichtung der Gesellschaft kam für diese weder ein **Vorsteuerabzug**[200] aus den entsprechenden Beratungskosten noch ein BA- bzw. WK-Abzug[201] in Betracht, da es sich um eine „private" Verpflichtung i.Z.m. der ESt der Gesellschafter handelt. Ob an dieser Sichtweise festgehalten werden kann, ist u.E. mehr als fraglich, da die Gesellschaft eine ihr obliegende **eigene Verpflichtung** erfüllt. Es ist davon auszugehen, dass die Frage vor dem Hintergrund der geänderten Rechtslage **erneut höchstrichterlich geklärt werden muss.**

Die Neuregelung ist erstmals auf Feststellungserklärungen anzuwenden, die nach dem 31.12.2023 einzureichen sind.[202] Zu beachten ist dabei jedoch folgende Übergangsregelung: Wird die Feststellungserklärung für eine rechtsfähige Personenvereinigung nach dem 31.12.2023 und vor dem 1.1.2026 durch eine der bisher verpflichteten Personen (i.d.R. Gesellschafter)[203] abgegeben, ist die rechtsfähige Personenvereinigung von ihrer Erklärungspflicht

[197] § 12 Nr. 1 EStG
[198] BMF-Schr. v. 21.12.2007 – IV B 2 - S 2144/07/0002, BStBl I 2008, 256
[199] Gesetz zur Modernisierung des Personengesellschaftsrechts v. 10.8.2021, BGBl I 2021, 3436
[200] Vgl. BFH-Urt. v. 13.7.1994 – XI R 55/93, BStBl II 1994, 907
[201] Vgl. BFH-Urt. v. 24.11.1983 – IV R 22/81, BStBl II 1984, 301
[202] Art. 97 § 39 Abs. 1f EGAO
[203] § 181 Abs. 2 S. 2 Nr. 1 oder 4 AO i.d.F. 31.12.2023

befreit. Für den **VZ 2025** muss die **Abgabe** damit **zwingend durch** die **rechtsfähige Personenvereinigung** erfüllt werden.

Praxishinweis

Keine Änderung ergibt sich für **Bruchteils-, Güter-** und **Erbengemeinschaften**, da diese keine rechtsfähigen Personenvereinigungen sind. Die Abgabeverpflichtung der einheitlichen und gesonderten Feststellungserklärung trifft in diesen Fällen unverändert die Gemeinschafter bzw. Miterben.

8. Kassen (Hinweise)

a) Allgemeines

Seit dem 1.1.2020 müssen elektronische Aufzeichnungssysteme i.S.d. § 146a AO mit einer sog. **zertifizierten technischen Sicherheitseinrichtung** (TSE) ausgestattet sein. Verwaltungsseitige Nichtbeanstandungsregelungen[204] sind bereits lange ausgelaufen. Wird ein nicht zulässiges Kassensystem verwendet, droht dem Stpfl. ein **Bußgeld von bis zu 25.000 EUR.**[205]

Auf die **Anzeigepflicht** für elektronische Aufzeichnungssysteme[206], die für alle bis zum 30.6.2025 vorhandenen Aufzeichnungssysteme bis zum 31.7.2025 zu erfüllen war und seitdem laufend zu erfüllen ist, haben wir in der „Einkommensteuererklärung 2024“ bereits hingewiesen.[207] Die **Nichtbeanstandungsregelung** für **EU-Taxameter und Wegstreckenzähler** ist zum 31.12.2025 **ausgelaufen.**[208]

Weiterführend wird auf das aktualisierte Merkblatt der OFD Karlsruhe vom 30.12.2024[209] zur ordnungsmäßigen Kassenführung mit weiteren Verweisen zu Merkblättern zur Belegausgabeverpflichtung und Kassenführung in der Taxi- und Mietwagenbranche hingewiesen.

---

204 BMF-Schr. v. 6.11.2019 – IV A 4 - S 0319/19/10002:001, BStBl I 2019, 1010, sowie einzelne Ländererlasse – für Niedersachsen: Informationsblatt zur TSE-Verlängerung v. 10.7.2020 – veröffentlicht auf der Internetseite des Landesamtes für Steuern Niedersachsen – www.lstn.niedersachsen.de

205 § 379 Abs. 6 AO

206 § 146a Abs. 4 AO

207 BMF-Schr. v. 6.11.2019 – IV A 4 - S 0319/19/10002 :001, BStBl I 2019, 1010

208 BMF-Schr. v. 13.10.2023 – IV D 2 - S 0319/20/10002: 010, BStBl I 2023, 1718

209 Informationen zum Thema „Ordnungsmäßigkeit der Kassenbuchführung“ – www.ofd-bw.fv-bwl.de, DStR 2025, 530

Praxishinweis

Mit der Einführung der „TSE"-Pflicht war keine Pflicht zur Verwendung eines elektronischen Aufzeichnungssystems verbunden, sodass eine **offene Ladenkasse weiterhin zulässig** ist. Aktuell wird jedoch die Einführung einer **Registrierkassenpflicht** – ggf. für bestimmte Branchen – diskutiert. So schlägt der Finanzausschuss des BR – u.a. zur Kompensation der Mindereinnahmen durch die zum 1.1.2026 vorgesehene Senkung der USt von 7 % auf 19 % für Restaurant- und Verpflegungsdienstleistungen[210] – eine Registrierkassenpflicht für die Gastronomie und ein **verpflichtendes** Angebot **einer unbaren Zahlungsmethode** vor.[211]

b) Schätzungsbefugnis und Schätzungsmethode

In seiner Entscheidung vom 18.6.2025[212] hat der BFH zunächst klargestellt, dass **Mängel der Kassenführung** der **gesamten Buchführung** die Ordnungsmäßigkeit nehmen können, wenn in einem Betrieb vorwiegend Bargeschäfte getätigt werden. Das FA ist dann dem Grunde nach zu einer Schätzung befugt. In seiner Entscheidung äußert sich der BFH dann zum **Auswahlermessen** hinsichtlich der anzuwendenden **Schätzungsmethode**. Danach ist die zuverlässigste Methode zu wählen. Der interne Betriebsvergleich ist regelmäßig dem externen Betriebsvergleich vorzuziehen. An der Geeignetheit der **Richtsatzsammlung** der FinVerw hat der BFH **grundsätzliche Zweifel**.

Praxishinweis

Die sog. „30/70-Methode" dürfte hingegen weiterhin anwendbar sein,[213] weil diese Schätzung auf betriebsinternen Daten aufbaut.

9. Nachträgliche Einkünfte aus einer ehemaligen Tätigkeit

a) Allgemeines

Nach § 24 Nr. 2 EStG gehören auch Einkünfte aus einer ehemaligen Tätigkeit i.S.d. § 2 Abs. 1 S. 1 Nr. 1 - 4 EStG oder aus einem früheren Rechtsverhältnis i.S.d. § 2 Abs. 1 S. 1 Nr. 5 - 7 EStG zu den Einkünften i.S.d. § 2 Abs. 1 EStG. Dies gilt auch, wenn sie den Stpfl. als Rechtsnachfolger zufließen.

---

210 Entwurf eines StÄndG 2025, BR-Drucks. 474/25 v. 11.9.2025
211 BR-Drucks.474/1/25 v. 6.10.2025
212 BFH-Urt. v. 18.6.2025 – X R 19/21, DStR 2025, 2300
213 BFH-Urt. v. 11.1.2017 – X B 104/16, BFH/NV 2017, 561

b) Wegzug in das Ausland

Ein interessanter Fall ist aktuell beim BFH im **Revisionsverfahren**[214] anhängig. Das FG Baden-Württemberg[215] hatte über die **beschränkte Steuerpflicht** von **Zahlungen an einen ehemaligen Versicherungsvertreter** zu entscheiden. Dieser betrieb bis 2014 eine gewerbliche Tätigkeit im Inland. Die Tätigkeit und die damit im Zusammenhang stehende Betriebsstätte wurde **beendet bzw. aufgelöst**. Im Anschluss zog der Stpfl. in die **Slowakei**. In den Jahren 2015 ff. erhielt er u.a. Zahlungen aus einem Versorgungswerk der Versicherung für die er als Vertreter tätig war. Er erzielte damit **nachträgliche Einkünfte i.S.d. § 15 i.V.m. § 24 Nr. 2 EStG**. Strittig war allerdings, ob es sich mangels Betriebsstätte um **inländische Einkünfte i.S.d. § 49 Abs. 1 Nr. 2 Buchst. a EStG** handeln kann und ob Deutschland das **Besteuerungsrecht nach Art. 7 des DBA-Slowakei** zusteht. Dies hat das FG bejaht. Der ursprüngliche Bezug zur inländischen Betriebsstätte würde durch den Wegzug und die damit verbundene Beendigung der unbeschränkten Stpfl. nicht durchbrochen.

c) Witwenrente als nachträgliche Einkünfte i.S.d. § 18 EStG

Kurios ist der Fall des FG Düsseldorf[216] vor allem wegen der zeitlichen Komponente: Nachdem ein als Zahnarzt tätiger Stpfl. im **Jahr 1976** seine aktive Tätigkeit beendet hatte, wurden ihm aufgrund einer Versorgungsregelung für freiberufliche Knappschaftszahnärzte regelmäßige Ruhegeldzahlungen geleistet. Nach seinem Tod wurden auch an seine Witwe Zahlungen geleistet. In den ESt-Veranlagungen bis einschl. 2017(!) behandelte das FA die Einnahmen als sonstige Einkünfte i.S.d. § 22 Nr. 1 EStG und besteuerte sie bis 2004 mit dem Ertragsanteil und später unter Berücksichtigung eines steuerfreien Anteils nach § 22 Nr. 1 S. 3 Buchst. a Doppelbuchst. aa EStG. Bei den Veranlagungsarbeiten für das Jahr **2018** vertrat das FA dann die Auffassung, dass es sich um **nachträgliche** – und damit voll steuerpflichtige – **Einkünfte aus der ehemaligen selbstständigen Tätigkeit** handelt, die auch bei der Witwe als Rechtsnachfolgerin entsprechend zu besteuern seien.[217] Das FG wies die Klage ab – u.a. sei das FA aufgrund der Abschnittsbesteuerung nicht an die steuerliche Behandlung der **41 Vorjahre** gebunden. Die Klägerin war der Auffassung, dass ihr Ehemann die Rentenzahlungen aufgrund eines eigenen Rentenstammrechtes erworben hätte, das durch die Einführung des

---

[214] Az des BFH: I R 2/25

[215] FG Baden-Württemberg, Urt. v. 28.11.2024 – 12 K 549/23, EFG 2025, 1003, Az des BFH: I R 2/25

[216] FG Düsseldorf, Urt. v. 10.11.2023 – 3 K 1608/21 E, DStRE 2025, 809

[217] § 18 Abs. 1 Nr. 1 i.V.m. § 24 Nr. 2 EStG

Versorgungswerks im Jahr 1957 entstanden ist und damit sonstige Einkünfte i.S.d. § 22 Nr. 1 S. 3 Buchst. a Doppelbuchst. aa EStG vorliegen würden.

Im **Revisionsverfahren**[218] wird der BFH zum einen eine Entscheidung zur Frage der Qualifikation der Einkünfte, aber auch zur Frage des **Vertrauensschutzes** aufgrund der langjährigen Handhabung durch das FA treffen müssen.

10. Anerkennung von Mietverhältnissen zwischen Ehegatten

Der BFH hatte mit **Urteil vom 22.7.2025**[219] einen **Mietvertrag zwischen Ehegatten** anders als die Vorinstanz[220] **nicht** als **steuerlich unbeachtliches Scheingeschäft** i.S.d. § 42 AO beurteilt. Im Urteilsfall vermietete die Ehefrau ihrem Ehemann Kanzleiräume für dessen freiberufliche Tätigkeit. Die Miete wurde dabei von einem **Geschäftskonto des Ehemannes** auf ein **Konto der Ehefrau** gezahlt und floss letztlich **wieder zurück auf das Geschäftskonto** des Ehemannes. Der Ehemann erfasste einen Mietaufwand als BA und später eine Einlage. Der BFH stellt klar, dass der Mietvertrag anzuerkennen ist, wenn der **Mieter-Ehegatte** die Miete **von seinem betrieblichen Konto auf** ein **dem Vermieter-Ehegatten allein zuzurechnendes Mietkonto** überweist und **zuvor** oder anschließend **Einlagen von einem Konto** mit den gemeinschaftlich erwirtschafteten Einnahmen und Ersparnissen **der Ehegatten** auf das betriebliche Konto des Mieter-Ehegatten geleistet werden. Die **Mittelverwendung** des Vermieter-Ehegatten **für Einlagen** in den Betrieb des Mieter-Ehegatten **stellt** die **fremdübliche Durchführung** des Mietverhältnisses für sich betrachtet **nicht in Frage**.

Praxishinweis

Entscheidungserheblich dürfte u.E. gewesen sein, dass das Konto, auf das der Ehemann die Miete überwiesen hat, **allein der Ehefrau** zuzurechnen war und sie damit die Verfügungsmacht über die Mieteinnahmen erhalten hat. Unschädlich war, dass der Ehemann eine Kontovollmacht für das Konto der Ehefrau hatte. Wäre das Konto ein **gemeinsames Konto der Ehegatten** gewesen, wäre die Entscheidung ggf. anders ausgefallen.

---

[218] Az des BFH: VIII R 34/24
[219] BFH-Urt. v. 22.7.2025 – VIII R 23/23, BFH/NV 2025, 1283
[220] Nds. FG, Urt. v. 8.7.2021 – 2 K 195/19, EFG 2024, 915

11. (Schuld-)Zinsen und Zuschläge

a) Ausgleichszahlung i.Z.m. Zinsswap

Swapgeschäfte können zur Absicherung betrieblicher Zins- und Währungsschwankungsrisiken dienen.

Vereinfachtes Beispiel

Das Unternehmen X hat einen variabel von der Marktverzinsung abhängigen verzinsten Lieferantenkredit. Um sich vor einer Zinserhöhung zu schützen, schließt das Unternehmen ein festverzinsliches Darlehen ab, dessen Mittel zu einem variablen Guthabenzins angelegt werden. Steigt der Zinssatz, so wird der höhere Zinsaufwand aus dem Lieferantenkredit durch einen entsprechend höheren Guthabenzins ausgeglichen. Es verbleibt der feste Zinsaufwand aus dem aufgenommenen Darlehen. Der variable Zinssatz wird praktisch durch einen festen Zinssatz ersetzt.

Isoliert betrachtet sind Swapgeschäfte eine „Wette“ auf eine bestimmte Marktentwicklung und daher steuerlich als **Termingeschäfte**[221] einzuordnen, deren Ergebnisse im Verlustfall nur beschränkt mit anderen Einkünften verrechnet werden können.[222]

Je nach Entwicklung können Swapgeschäfte zu einer Belastung führen. In diesem Fall ist ggf. eine frühzeitige Ablösung sinnvoll. In seinem **Urteil vom 10.4.2025**[223] hat der BFH seine bisherige Auffassung zur Behandlung von Ablösezahlungen als BA bestätigt und eine weitergehende Aussage getroffen. Ausgleichszahlungen i.R.e. Zinsswaps können danach **als BA abzugsfähig** sein, soweit mit diesem ein betriebliches Zinsänderungsrisiko abgesichert werden soll und das betriebliche Darlehen und das zinssichernde Swapgeschäft inhaltlich hinreichend eng miteinander verknüpft sind. Die Verknüpfung liegt insbesondere dann vor, wenn die beiden Geschäfte in einem **zeitlichen** und der Höhe nach in einem **sachlichen Zusammenhang** stehen. Der BFH weist aber darauf hin, dass das Swapgeschäft **von vornherein als betriebliches Geschäft zu behandeln** ist.

---

221 § 20 Abs. 2 Nr. 3 EStG
222 §§ 15 Abs. 4 S. 3, 20 Abs. 6 S. 1 EStG
223 BFH-Urt. v. 10.4.2025 – VI R 11/22, BFH/NV 2025, 1108

Praxishinweis

Die Entscheidungsgrundsätze des BFH sind i.R.d. Buchführung von großer Bedeutung. Die entsprechenden Erträge und Aufwendungen müssen bereits in der **laufenden Buchführung** als betrieblich erfasst werden. Eine **spätere Einbuchung** des Aufwands – z.B. i.R.d. Abschlussarbeiten – **schließt** die **Berücksichtigung** von Ausgleichszahlungen als BA **aus**.

b) Nichtabziehbare Schuldzinsen nach § 4 Abs. 4a EStG

§ 4 Abs. 4a EStG schränkt den BA-Abzug für betrieblich veranlasste Schuldzinsen erstmals für das Wj, das nach dem 31.12.1998 endet, ein, soweit sog. Überentnahmen getätigt worden sind. Über- und Unterentnahmen vorangegangener Wj bleiben unberücksichtigt.[224] Bei der **Gewinnermittlung nach § 4 Abs. 3 EStG** ist die Vorschrift **sinngemäß** anzuwenden. Dazu sind Entnahmen und Einlagen gesondert aufzuzeichnen.[225] Die nichtabziehbaren Schuldzinsen sind typisiert mit **6 %** der kumulierten Überentnahme zu ermitteln. Die FinVerw hat sich mit **BMF-Schreiben vom 2.11.2018**[226], ergänzt durch das **Schreiben vom 18.1.2021**[227], ausführlich zur Anwendung des § 4 Abs. 4a EStG geäußert. Auf unsere Ausführungen in den bisherigen Jahrgängen „Die Einkommensteuererklärung" wird hingewiesen.

Praxishinweis

Aufgrund der Rechtsprechung des BVerfG[228] zur **Verfassungswidrigkeit des Zinssatzes** i.H.v. 6 % i.R.d. sog. Vollverzinsung nach § 233a AO ab dem 1.1.2014 mit Fortgeltungsanordnung bis 31.12.2018 stellt sich auch die Frage, ob die typisierende Betrachtung bei der Ermittlung von nichtabziehbaren Schuldzinsen nach § 4 Abs. 4a EStG i.H.v. 6 % der kumulierten Überentnahme verfassungsgemäß ist. In diesem Zusammenhang sind **mehrere Verfahren beim BFH anhängig**[229]. In einem der Verfahren[230] geht es außerdem um die grundsätzliche Frage, ob der **Ausschluss** von Schuldzinsen **für Darlehen zur Finanzierung von AV, nicht** hingegen von **Umlaufvermögen,** von der Hinzurechnung gegen den Gleichheitssatz verstößt sowie ob im konkreten Streitfall von der Anwendung des Abzugsverbots insgesamt abzusehen ist, weil das **positive Kapital zum 1.1.1999** nicht berücksichtigt wurde. Entsprechende Fälle sollten **offengehalten** werden.

---

224 § 52 Abs. 6 S. 5f EStG
225 § 4 Abs. 4a S. 6 EStG
226 BMF-Schr. v. 2.11.2018 – IV C 6 - S 2144/07/10001:007, BStBl I 2018, 1207
227 BMF-Schr. v. 18.1.2021 – IV C 6 - S 2144/19/10003 :004, BStBl I 2021, 119
228 BVerfG, Beschl. v. 8.7.2021 – 1 BvR 2237/14, 1 BvR 2422/17, DStR 2021, 1934
229 Az des BFH: VIII R 3/24, VIII R 4/24, IV R 8/24
230 Az des BFH: IV R 8/24

c) Gewinnzuschlag nach § 6b Abs. 7 EStG

Unter den Voraussetzungen des § 6b Abs. 1 EStG kann für die **Veräußerung von bestimmten WG des AV** nach § 6b Abs. 3 EStG für den Gewinn eine **gewinnmindernde Rücklage** gebildet werden. Die Rücklage kann grds. innerhalb von 4 Jahren auf Ersatzinvestitionen übertragen werden. Nach Ablauf des Begünstigungszeitraums ist die Rücklage gewinnerhöhend aufzulösen. Anders als bei § 7g EStG erfolgt **keine rückwirkende Gewinnerhöhung** im Jahr der Inanspruchnahme. Nach § 6b Abs. 7 EStG ist jedoch der **Gewinn** des Wj, in dem die Rücklage aufgelöst wird, **für jedes volle Wj**, in dem die Rücklage bestanden hat, **um 6 % des aufgelösten Rücklagenbetrags zu erhöhen**.

Auch vor dem Hintergrund der **Verfassungswidrigkeit des Zinssatzes** i.H.v. 6 % i.R.d. sog. Vollverzinsung nach § 233a AO[231] hatte der **BFH** im **Urteil vom 20.3.2025**[232] **keine verfassungsrechtlichen Bedenken** gegen die Höhe des Gewinnzuschlags. Letztlich basiert die Entscheidung im Wesentlichen darauf, dass der Stpfl. nicht gezwungen ist eine entsprechende Rücklage zu bilden und sich aus der Rücklagenbildung andere Vorteile (z.B. in der Steuerprogression) ergeben könnten. Bemerkenswert ist, dass der BFH dabei ausdrücklich ein **interessantes Gestaltungsmodell** billigt. Durch die Nutzung einer § 6b-Rücklage lässt sich danach ein laufender Veräußerungsgewinn (einschließlich des Zuschlags) in einen tarifbegünstigten oder sogar steuerfreien Gewinn umwandeln, wenn die Rücklage später i.R.e. Betriebsaufgabe oder Betriebsveräußerung (zwangs-)aufgelöst wird.[233]

Beispiel

Die gewerbliche X-OHG veräußert im Jahr 2025 ein betriebliches Grundstück. Da die Voraussetzungen des § 6b EStG erfüllt sind, bildet der Gesellschafter A für den auf ihn entfallenden Gewinn zulässigerweise eine Rücklage in seiner Ergänzungsbilanz. Im Jahr 2027 veräußert A seinen Mitunternehmeranteil und erzielt einen nach §§ 16, 34 EStG begünstigten Gewinn. Löst A i.Z.m. der Veräußerung des Mitunternehmeranteils auch die Rücklage auf, so unterliegt auch dieser Gewinn, der im Jahr 2025 laufender Gewinn gewesen wäre, den Begünstigungen. Die Auflösung muss dabei allerdings anlässlich der Veräußerung der Beteiligung erfolgen und nicht aufgrund des Ablaufs des Begünstigungszeitraums nach § 6b EStG[234].

---

231 BVerfG, Beschl. v. 8.7.2021 – 1 BvR 2237/14, 1 BvR 2422/17, DStR 2021, 1934
232 BFH-Urt. v. 20.3.2025 – VI R 20/23, BFH/NV 2025, 1229
233 BFH-Urt. v. 20.3.2025 – VI R 20/23, BFH/NV 2025, 1229, Rz 30
234 Vgl. auch R 6b Abs. 10 S. 6 EStR

12. Gewinnkorrekturen bei Wechsel der Gewinnermittlungsart

Steht einem Stpfl. für seine Gewinnermittlung das Wahlrecht nach § 4 Abs. 3 EStG zu, weil er z.B. als Freiberufler tätig ist oder die Gewinn- und Umsatzgrenze nach § 141 AO als Gewerbetreibender nicht überschreitet, so kann auch „gelegentlich“ **zwischen Bilanzierung und EÜR** gewechselt werden. Der Übergang zwischen den beiden Gewinnermittlungsarten führt zur Notwendigkeit der Ermittlung eines **Übergangsgewinns bzw. -verlusts**, damit sich Vorgänge, die sich bei der einen Gewinnermittlungsart (z.B. mangels Zufluss bei § 4 Abs. 3 EStG) noch nicht ausgewirkt haben, nicht unberücksichtigt bleiben (neutraler Zahlungseingang durch Forderungsverrechnung bei Bilanzierung) oder sich doppelt auswirken.[235]

Im dem der **BFH-Entscheidung vom 27.11.2024**[236] zugrunde liegenden Fall hatte ein freiwillig bilanzierender Stpfl. i.R.e. Betriebsprüfung (BP) **rückwirkend eine EÜR** eingereicht. Durch den Übergang von der Gewinnermittlung nach § 4 Abs. 1 EStG zu § 4 Abs. 3 EStG entstand ein **Übergangsverlust**, mit dem das Mehrergebnis der BP (teilweise) kompensiert werden sollte. Der BFH stellt in seiner Entscheidung klar, dass das **Wahlrecht** auf Gewinnermittlung durch BV-Vergleich **wirksam ausgeübt** wird, wenn eine Eröffnungsbilanz aufgestellt, eine kaufmännische Buchführung eingerichtet und aufgrund von Bestandsaufnahmen ein Abschluss gemacht wird. Der Abschluss ist in dem Zeitpunkt erstellt, in dem der Stpfl. ihn fertiggestellt hat und objektiv erkennbar als endgültig ansieht. Dies dürfte spätestens mit **Einreichung des Abschlusses beim FA** der Fall sein. Der Stpfl. bleibt dann für den betreffenden Gewinnermittlungszeitraum an die einmal getroffene Wahl gebunden, es sei denn, er legt eine **Änderung der wirtschaftlichen Verhältnisse** und einen **vernünftigen wirtschaftlichen Grund** für den Wechsel dar. Für den Urteilsfall hat der BFH **keine Möglichkeit für einen nachträglichen Wechsel der Gewinnermittlungsart** gesehen. Die Vorinstanz[237] hatte die Möglichkeit des Wechsels aufgrund des bestehenden Wahlrechtes bejaht und eine Kompensation des BP-Ergebnisses i.R.d. § 177 AO zugelassen.

---

235 Ausführlich zum Wechsel der Gewinnermittlungsart siehe „Die Einkommensteuererklärung 2020“, Seite 41

236 BFH-Urt. v. 27.11.2024 – X R 1/23, BStBl II 2025, 236

237 FG Thüringen, Urt. v. 31.8.2022 – 4 K 599/21, EFG 2024, 1020

Praxishinweis

Bei der Frage der Ausübung des Wahlrechts **zugunsten der Gewinnermittlung nach § 4 Abs. 3 EStG** hat sich der BFH mit **Urteil vom 13.11.2024**[238] entsprechend geäußert. Das Gewinnermittlungswahlrecht ist danach rechtserheblich ausgeübt, wenn eine EÜR fertiggestellt wird und diese Gewinnermittlung als endgültig angesehen wird. Eine **zeitlich nachfolgende Gewinnermittlung durch BV-Vergleich** im In- oder Ausland **berührt diesen Umstand nicht**. Im Urteilsfall ging es um die Gewinnermittlung einer ausländischen PersG für ihre inländischen Einkünfte.

13. Schriftformerfordernis kein Tatbestandsmerkmal für den Betriebsausgabenabzug

Das **BVerfG** hat mit seiner **Entscheidung vom 27.5.2025**[239] ein Urteil des FG Thüringen[240] aufgehoben und eine für die Praxis relevante **grds. Aussage** getroffen. Danach stellt das Schriftformerfordernis kein Tatbestandsmerkmal für den BA-Abzug nach § 4 Abs. 4 EStG dar. Zur Prüfung des Abzugs sind die **Umstände des Einzelfalls** i.R.e. Gesamtwürdigung zu beurteilen. Das FG hatte Aufwendungen bei einer (Schwester-)PersG nicht zum Abzug zugelassen, da sie nicht auf im Vorhinein getroffenen **schriftlichen Verträgen** beruhen, aus denen sich zumindest die wesentlichen Rechte und Pflichten der Vertragspartner einschließlich der Übernahme der wesentlichen Risiken ergeben. Der BFH hatte die Nichtzulassungsbeschwerde zuvor abgewiesen.[241]

Praxishinweis

Insb. bei **Angehörigen und nahestehenden Personen** „besteht" die FinVerw in der Praxis oft auf im Vorhinein getroffenen schriftlichen Vereinbarungen. Diese sollten unabhängig von der o.g. Entscheidung auch bestenfalls vorliegen. Der Beschluss des BVerfG zeigt jedoch auf, dass in anderen Fällen dennoch Chancen auf eine steuerliche Berücksichtigung bestehen. Die Entscheidung ist u.E. auch auf die Frage des **WK-Abzugs bei den Überschusseinkünften** übertragbar.

238 BFH-Urt. v. 13.11.2024 – I R 5/21, BFH/NV 2025, 664
239 BVerfG, Beschl. v. 27.5.2025 – 2 BvR 172/24, DStR 2025, 1569
240 FG Thüringen, Urt. v. 30.3.2022 – 1 K 68/17, NWB HAAAJ-97313
241 BFH-Beschl. v. 8.3.2023 – IV B 35/22, BFH/NV 2025, 1179

VI. Betriebsaufgabe und -veräußerung – Update

1. Allgemeines

Der Gewinn (oder Verlust) aus der Aufgabe oder der Veräußerung eines Gewerbebetriebes gehört ebenfalls zu den Einkünften aus Gewerbebetrieb.[242] Dies gilt auch im Bereich der Einkünfte aus selbstständiger Arbeit[243] sowie den Einkünften aus LuF.[244]

Die Ermittlung des Gewinns erfolgt für alle Gewinneinkunftsarten nach Maßgabe des § 16 Abs. 2 EStG. Wird der Betrieb oder einzelne WG des Betriebes nicht veräußert, so ist i.R.d. Ermittlung des Veräußerungs- oder Aufgabegewinns der gemeine Wert der WG anzusetzen[245].

	Veräußerungspreis
+	gemeiner Wert nicht veräußerter WG
./.	Veräußerungskosten
./.	(Buch-)Wert des Betriebsvermögens
	Veräußerungsgewinn/-verlust

Der Veräußerungs- bzw. Aufgabegewinn ist auf Antrag durch den Abzug eines **Freibetrags i.H.v. 45.000 EUR** begünstigt, wenn der Stpfl. im Zeitpunkt der Veräußerung oder Aufgabe das **55. Lj vollendet** hat.[246] Der Freibetrag wird um den Betrag **gekürzt**, um den der Gewinn 136.000 EUR überschreitet[247] und wird **nur einmal im Leben** gewährt.[248]

Unabhängig vom Wahlrecht zum Abzug eines Freibetrages kann der Stpfl. auf Antrag einen Veräußerungs- bzw. Aufgabegewinn i.S.d. § 16 EStG bis max. 5 Mio. EUR einmal im Leben nach § 34 Abs. 3 EStG mit einem **ermäßigten Steuersatz i.H.v. 56 % des durchschnittlichen Steuersatzes** für den VZ versteuern, wenn er das 55. Lj vollendet hat. Die Steuerermäßigung nach § 34 Abs. 1 EStG („Fünftelregelung") ist unabhängig von den persönlichen Voraussetzungen.

Nachfolgend zwei **aktuelle Fragestellungen** zu diesem Themenbereich:

---

242 § 16 Abs. 1 S. 1 Nr. 1 EStG
243 § 18 Abs. 3 EStG
244 § 14 EStG
245 § 16 Abs. 3 S. 8 EStG
246 § 16 Abs. 4 S. 1 EStG
247 § 16 Abs. 4 S. 3 EStG
248 § 16 Abs. 4 S. 2 EStG

2. Betriebsübertragung und Nießbrauchsrecht

Die Übertragung von Betrieben und Mitunternehmeranteilen unter Nießbrauchsvorbehalt stellt sich ertragsteuerlich weitaus problematischer dar als die Übertragung von PV (insb. Immobilien), da sich die Frage stellt, ob eine **Übertragung zum Buchwert**[249] vorliegt oder im Zuge der Übertragung ggf. **stille Reserven aufzudecken** sind.

Bereits mit **Urteil vom 25.1.2017**[250] hat der BFH entschieden, dass die Anwendung des § 6 Abs. 3 S. 1 EStG voraussetzt, dass der Übertragende seine bisherige gewerbliche Tätigkeit einstellt.

Praxishinweis

Mit § 6 Abs. 3 EStG wird eine steuerneutrale Übertragung eines Betriebs, eines Teilbetriebs oder eines Mitunternehmeranteils bei unentgeltlicher Übertragung gewährt, sofern eine spätere Besteuerung der stillen Reserven sichergestellt ist.

Im Urteilsfall wurde ein Grundstück als einzige wesentliche Betriebsgrundlage einer im Ganzen gewerblich verpachteten Gaststätte übertragen. Da der Überträger das Grundstück aufgrund des vorbehaltenen Nießbrauchsrechts weiterhin gewerblich nutzte, waren die **stillen Reserven** als **laufender Gewinn** aufzudecken. Die Begünstigungen der §§ 16 und 34 EStG für eine Betriebsaufgabe wurden nicht gewährt, da der Betrieb vom **Übergeber** fortgeführt und damit gerade nicht aufgegeben wurde.

Mit aktueller **Entscheidung vom 29.1.2025**[251] hat der BFH diesen Rechtsgrundsatz bestätigt und klargestellt, dass es keinen Unterschied mache, ob es sich um einen verpachteten oder aktiven Gewerbebetrieb handelt. Auch nach Auffassung der FinVerw[252] kommt eine Anwendung des **§ 6 Abs. 3 EStG** bei der **Übertragung eines Einzelunternehmens gegen Nießbrauchsvorbehalt nicht** in Betracht.

249 § 6 Abs. 3 EStG

250 BFH-Urt. v. 25.1.2017 – X R 59/14, BStBl II 2019, 730, weiterführend *Messner*, AktStR 2017, 617

251 BFH-Urt. v. 29.1.2025 – X R 35/19, BFH/NV 2025, 742

252 BMF-Schr. v. 20.11.2019 – IV C 6 - 2241/15/10003, BStBl I 2019, 1291, Rz 7

Praxishinweis

Auch bei einer **Übertragung von Mitunternehmeranteilen gegen Nießbrauchsvorbehalt** stellt sich die Frage, ob eine buchwertneutrale Übertragung möglich ist. Die **FinVerw**[253] vertritt aktuell die Auffassung, dass ein Nießbrauchsvorbehalt der **Buchwertfortführung** nicht entgegensteht, wenn der **Übernehmer Mitunternehmer** wird. Zur Frage der Mitunternehmereigenschaft des Nießbrauchers sowie des Übernehmers hat der **BFH**[254] aktuell entschieden, dass der Übernehmer auch dann Mitunternehmer sein kann, wenn dem Nießbraucher zusätzlich eine Stimmrechtsvollmacht eingeräumt wurde. Das **FG Baden-Württemberg** hat in seinem rechtskräftigen Urteil vom 21.9.2023[255] die Auffassung vertreten, dass (auch) der Nießbrauchsberechtigte aufgrund seiner Beteiligung am laufenden Gewinn (Mitunternehmerrisiko) bei vollumfänglich vorbehaltenen Stimm- und Verwaltungsrechten für Grundlagengeschäfte, die auch im Gesellschaftsvertrag verankert sind, aufgrund der Mitunternehmerinitiative als Mitunternehmer anzusehen ist. In der Folge hat es eine Ablösezahlung für das Nießbrauchsrecht als gewerbliche Einkünfte des Nießbrauchers beurteilt. Die Entscheidungen zeigen auf, dass die **Zurechnung der Mitunternehmereigenschaft** zum Nießbraucher und zum Übernehmer der Beteiligung **schwierig** ist. Die Frage, ob beide Mitunternehmer – sog. **doppelte Mitunternehmerschaft** – sein können, ist höchstrichterlich ungeklärt und umstritten.[256]

3. Rückzahlung von Corona-Hilfen nach Betriebsaufgabe/ -veräußerung

Aktuell kommt es in der Praxis häufig zur Rückzahlung der verschiedenen Corona-Hilfen. Bei Gewinnermittlung durch Bestandsvergleich ist grds. – soweit die Voraussetzungen für die Inanspruchnahme von Hilfszahlungen nicht vorliegen – eine gewinnmindernde **Rückstellung** zu bilden. Spätestens bei Vorliegen eines Rückforderungsbescheides ist eine **Verbindlichkeit** zu berücksichtigen. Bei Gewinnermittlung nach § 4 Abs. 3 EStG ist im Zeitpunkt der Rückzahlung eine BA aufzuzeichnen – Auszug Anlage EÜR 2025:

60	Übrige unbeschränkt abziehbare Betriebsausgaben (auch zurückgezahlte Hilfen/Zuschüsse aufgrund der Corona-Pandemie)	183	

253 BMF-Schr. v. 20.11.2019 – IV C 6 - 2241/15/10003, BStBl I 2019, 1291, Rz 7
254 BFH-Urt. v. 20.3.2025 – IV R 12/21, BFH/NV 2025, 1013
255 FG Baden-Württemberg, Urt. v. 21.9.2023 – 12 K 2281/21, NWB TAAAJ-66023
256 Weiterführend *Perschon*, AktStR 2025, 415

Praxishinweis

Wurde ein Betrieb im Zeitpunkt der Entstehung eines Rückzahlungsanspruchs bzw. der Rückzahlung bereits aufgegeben und in der Schlussbilanz keine gewinnmindernde Rückstellung gebildet, führt die Rückzahlung als **rückwirkendes Ereignis** zu einer **Minderung des laufenden Gewinns im VZ der Betriebsaufgabe bzw. -veräußerung.**[257] Aktuell ist beim BFH ein Revisionsverfahren anhängig, ob die Gewährung und Rückzahlung einer Corona-Soforthilfe bei Gewinnermittlung nach § 4 Abs. 3 EStG als steuerneutrale Darlehensgewährung betrachtet werden kann.[258]

257 BFH-Urt. v. 31.8.2006 – IV R 53/04, BStBl II 2006, 906 entsprechend zu nachträglichen BE

258 Nds. FG, Urt. v. 13.2.2024 – 12 K 20/24, EFG 2025, 1353 (ablehnend), Az des BFH: VIII R 4/25

VII. Anteilsveräußerung i.S.d. § 17 EStG – Update

1. Allgemeines

Die Veräußerung von Anteilen an KapG, die **kein BV** darstellen, führt zu Einkünften aus Gewerbebetrieb, wenn der Veräußerer (irgendwann) **innerhalb der letzten fünf Jahre** unmittelbar oder mittelbar zu **mind. 1 % beteiligt** war.[259]

§ 17 EStG findet sowohl auf Anteile an **inländischen** als auch auf Anteile an **ausländischen** KapG Anwendung.[260]

Der steuerpflichtige Veräußerungsgewinn (bzw. -verlust) berechnet sich unter Berücksichtigung des **Teileinkünfteverfahrens**[261] wie folgt[262]:

	60 % Veräußerungspreis
./.	60 % Veräußerungskosten
./.	60 % Anschaffungskosten
=	Veräußerungsgewinn vor Freibetrag
./.	Freibetrag
=	steuerpflichtiger Veräußerungsgewinn

Die Einkünfte entstehen im Zeitpunkt des Übergangs des wirtschaftlichen Eigentums an den Anteilen.

Die Gewährung des Freibetrages i.H.v. 9.060 EUR ist als **sachliche Steuerbefreiung** nicht von persönlichen Voraussetzungen abhängig, bezieht sich jedoch auf die Veräußerung einer 100 %-Beteiligung und ist bei einer niedrigen Beteiligungsquote **nur anteilig** zu gewähren.

Soweit der Gewinn 36.100 EUR überschreitet, ist der Freibetrag um den übersteigenden Betrag zu kürzen. Auch diese Begrenzung bezieht sich auf eine 100 %-Beteiligung. Somit entfällt der Freibetrag bei der Veräußerung einer 100 %-Beteiligung ab einem Veräußerungsgewinn nach Anwendung des Teileinkünfteverfahrens i.H.v. 45.160 EUR.

---

259 § 17 Abs. 1 S. 1 EStG
260 H 17 Abs. 2 „ausländische Kapitalgesellschaft" EStH 2024
261 § 3 Nr. 40 Buchst. c EStG; § 3c Abs. 2 S. 1 EStG
262 § 17 Abs. 2 S. 1 EStG; § 17 Abs. 3 EStG

Beispiel

A veräußert mit Übergang Nutzen und Lasten zum 31.12.2025 eine 20 %ige Beteiligung an der X-GmbH, die er im Jahr 2002 für 10.000 EUR AK erworben hat. Der vereinbarte Veräußerungspreis i.H.v. 25.000 EUR wird am 15.1.2026 bezahlt.

Aufgrund des wirtschaftlichen Übergangs der Beteiligung zum 31.12.2025 erzielt A **im VZ 2025** folgende Einkünfte aus Gewerbebetrieb:

Veräußerungspreis:	60 % v. 25.000 EUR =	15.000 EUR
Anschaffungskosten:	60 % v. 10.000 EUR =	- 6.000 EUR
Veräußerungsgewinn:		9.000 EUR
Freibetrag, max. 20 % v. 9.060 = 1.812 EUR		
Kürzung um 9.000 ./. 7.220 (20 % v. 36.100) =1.780 EUR =		- 32 EUR
Steuerpflichtige Einkünfte aus Gewerbebetrieb:		8.968 EUR

§ 17 EStG ist stets **vorrangig** ggü. § 20 Abs. 2 Nr. 1 EStG anzuwenden.[263] Zur Subsidiarität des § 20 Abs. 2 EStG ggü. § 17 Abs. 2a EStG bei Darlehensverzicht vgl. C. Kapitalvermögen V.3.c).

Praxishinweis

Mit Urteil vom 9.9.2025[264] hat der BFH entschieden, dass Steuerberatungskosten, die für die Ermittlung eines Gewinns i.S.d. § 17 EStG anfallen, keine Veräußerungskosten i.S.d. § 17 Abs. 2 S. 1 EStG darstellen.

Nachfolgend zwei **aktuelle Fragestellungen** zu diesem Themenbereich:

2. Verkauf einer GmbH-Beteiligung mit Tätigkeitsverpflichtung

Das FG Köln hatte mit seinem Urteil vom 4.12.2024[265] über einen interessanten Fall zur **Abgrenzung** zwischen einem **Veräußerungspreis** und **Einkünften aus nichtselbstständiger Arbeit** zu entscheiden.

I.R.d. Veräußerung von Anteilen an einer GmbH wurde vereinbart, dass der Veräußerer sich **verpflichtet,** nach der Veräußerung **noch fünf weitere Jahre als Geschäftsführer der Gesellschaft** tätig zu sein. Dafür wurde ein **bestimmter Anteil des Kaufpreises** definiert. Für den Fall einer vorzeitigen

263 § 20 Abs. 8 EStG
264 BFH-Urt. v. 9.9.2025 – IX R 12/24, DStR 2025, 2769
265 FG Köln, Urt. v. 4.12.2024 – 12 K 1271/23, DStRE 2025, 1096, Rev. eingelegt, Az des BFH: IX R 1/25

Beendigung der Geschäftsführertätigkeit wurde vereinbart, dass ein entsprechender Teil des Kaufpreises zurückgezahlt werden muss. Neben diesem Kaufpreisbestandteil wurde ein **Anstellungsvertrag mit Jahresgehalt und Tantiemevereinbarung** geschlossen. Der Kläger berücksichtigte den Kaufpreisbestandteil bei der **Ermittlung des Veräußerungsgewinns nach § 17 EStG** (Teileinkünfteverfahren!). Das FG hingegen setzte diesen Anteil als **Einkünfte aus nichtselbstständiger Arbeit *(Volleinkünfteverfahren!)*** an und berücksichtigte wegen einer Vergütung für eine mehrjährige Tätigkeit die Fünftelregelung des **§ 34 Abs. 1 EStG**. Die Abgrenzung zwischen Einkünften aus nichtselbstständiger Arbeit i.S.d. § 19 EStG und solchen aus der Veräußerung von Anteilen aus KapG i.S.d. § 17 EStG ist unter Einbeziehung aller **Umstände des Einzelfalls** zu treffen. Die subjektiven Einschätzungen der Beteiligten sind dabei unerheblich. Ein **einfacher Kausalzusammenhang** zwischen der Leistung und dem Dienstverhältnis i.S.e. „conditio sine qua non" **genügt** dabei **nicht** für die Annahme von Arbeitslohn. Erforderlich hierfür ist vielmehr ein finaler Zusammenhang in dem Sinne, dass die Zuwendung **Entlohnungscharakter** aufweisen muss. Der Vorteil muss sich in beiden Fällen vielmehr gleichermaßen als **„Frucht" der nichtselbstständigen Arbeit** darstellen. Für die Annahme von Arbeitslohn spricht, wenn der Verbleib eines Anteilsübertragungsgewinns rechtlich und tatsächlich an die weitere Ausübung der Geschäftsführertätigkeit geknüpft ist.

Praxishinweis

Es bleibt abzuwarten, wie sich der BFH im **Revisionsverfahren**[266] positioniert. Die Entscheidung zeigt für entsprechende Gestaltungen jedenfalls ein steuerliches Risiko auf bzgl. der Anwendung des Teil- bzw. Volleinkünfteverfahrens.

Zu sog. **Earn-Out-Zahlungen** i.Z.m. Anteilsübertragungen i.S.d. § 17 EStG, aber auch bei Betriebsveräußerungen i.S.d. § 16 EStG vgl. unsere Ausführungen in „Die Einkommensteuererklärung 2024", Seite 110 sowie den Erlass des FinM Schleswig-Holstein vom 20.8.2024[267].

3. Rückgängigmachung einer Anteilsübertragung

Mit aktuellem **BFH-Urteil vom 9.5.2025**[268] hat der BFH eine zur „Rettung verkorkster Fälle" wichtige Entscheidung getroffen. Im Urteilssachverhalt waren Ehegatten von der **Zugewinngemeinschaft** (zunächst) **in die Gütertrennung** gewechselt. Zum Ausgleich des Zugewinnausgleichs hat der Ehemann

---

266 Az des BFH: IX R 1/25

267 FinMin Schleswig-Holstein, Erlass v. 20.8.2024 – VI 3012 - S 2242 - 131, DB 2024, 2196

268 BFH-Urt. v. 9.5.2025 – IX R 4/23, BFH/NV 2025, 1353

der Ehefrau **Anteile i.S.d. § 17 EStG übertragen**. Aufgrund eines Schreibens des Steuerberaters gingen die Eheleute davon aus, dass **keine ESt** anfällt. Einen Vorbehalt einer Rückübertragung enthielt der Vertrag nicht. Entgegen der Einschätzung des Steuerberaters handelte es sich allerdings um eine **Veräußerung der Anteile des Ehemannes an die Ehefrau** (tauschähnlicher Vorgang: Zugewinnausgleichsforderung gegen Anteile), sodass das FA einen **Gewinn i.S.d. § 17 EStG** annahm. Die Eheleute nahmen daher **im Folgejahr eine Rückabwicklung** vor, die das FA mangels vertraglichen Vorbehaltes nicht anerkannte. Der BFH „rettete" den Steuerberater – dabei war allerdings die nachweisbare **Fehleinschätzung zum Zeitpunkt der ursprünglichen Übertragung** relevant:

Wird die Übertragung eines Anteils an einer KapG durch die Parteien des Kaufvertrags wegen Wegfalls der Geschäftsgrundlage rückgängig gemacht, **kann** dieses Ereignis steuerlich **auf den Zeitpunkt der Veräußerung zurückwirken**. Die **Umstände**, die zur Grundlage des Vertrags geworden sind, **müssen** sich **weder** aus dem **Vertragswortlaut** ergeben **noch** zeitnah mit Vertragsabschluss **gegenüber der FinVerw offengelegt** werden. Ein Stpfl., der sich auf den Wegfall der Geschäftsgrundlage beruft, muss **darlegen und nachweisen**, dass **vor oder beim** Abschluss des gestörten Rechtsgeschäfts ein **Umstand erörtert** worden ist, dessen Eintritt nach der gemeinsamen **Vorstellung der Vertragspartner** derart evident ist, dass mit ihm der Vollzug des Rechtsgeschäfts „steht und fällt". Dies konnte aufgrund des Schreibens des Steuerberaters im Urteilsfall angenommen und nachgewiesen werden.

4. Verkauf und Ablösung eines Nießbrauchsrechts

In zwei Urteilen hatte der BFH[269] über die entgeltliche Ablösung eines zuvor bei der Übertragung von Anteilen i.S.d. § 17 EStG eingeräumten Nießbrauchsrechts zugunsten des Übergebers zu entscheiden. Das FA ging jeweils davon aus, dass die **Ablösungszahlung** beim Empfänger zu Einkünften i.S.d. § 24 Nr. 1 Buchst. a i.V.m. § 20 Abs. 1 Nr. 1 EStG für die zukünftig entgehenden Einnahmen führt. In beiden Fällen ging der BFH von einer Nichtsteuerbarkeit der Zahlung aus.

Zur Begründung führt der BFH aus, dass der Nießbraucher nur dann Einkünfte aus KapV aus den Erträgen des Nießbrauchsrechts erzielen würde, wenn ihm auch das **wirtschaftliche Eigentum**[270] an den Anteilen zustehen

---

269 BFH-Urt. v. 20.9.2024 – IX R 5/24, BFH/NV 2025, 71 sowie BFH-Urt. v. 11.2.2025 – IX R 14/24, BFH/NV 2025, 862

270 § 39 Abs. 2 Nr. 1 AO

würde. Dazu reicht jedoch allein das Nießbrauchsrecht nicht aus. Mangels Zurechnung der Gewinnausschüttungen nach § 20 Abs. 5 S. 3 EStG könne auch die Ablösezahlung kein Ersatz für entgehende Einnahmen sein.

Praxishinweis

Die Formulierung des **§ 20 Abs. 5 S. 3 EStG** könnte zu der Annahme verleiten, dass allein die Einräumung eines Nießbrauchsrechts an Anteilen an KapG dazu führt, dass nicht dem Anteilseigner, sondern dem Nießbraucher die Gewinnausschüttungen unmittelbar zuzurechnen sind. Dies ist jedoch nicht der Fall: Um das wirtschaftliche Eigentum an den Anteilen zuzurechnen, müssten auch **Stimmrechte** vorbehalten werden. In diesem Fall wären die Anteile aber aus ertragsteuerlicher Sicht auch nicht dem Übernehmer zuzurechnen. Offen bleibt in den Urteilsfällen allerdings die Frage, ob die **Ablösezahlung für den Übernehmer der Anteile zu nachträglichen AK** auf die Beteiligung und damit zu einer Minderung des Veräußerungsgewinns i.S.d. § 17 EStG führt. Letzteres hatte der BFH[271] in einer früheren Entscheidung bejaht.[272]

---

271 BFH-Urt. v. 18.11.2014 – IX R 49/13, BStBl II 2015, 224, Rz 15 der Urteilsbegründung

272 Weiterführend *Perschon,* AktStR 2025, 49

VIII. Nicht entnommene Gewinne – § 34a EStG

1. Allgemeines

Nach § 34a EStG muss die Einkommensbesteuerung bei einem Einzelunternehmer bzw. Gesellschafter einer PersG ähnlich der **zweistufigen Gewinnbesteuerung** bei einer KapG erfolgen. Dazu wird der Anteil des Gewinns aus einem Betrieb oder Mitunternehmeranteil, den der Stpfl. im Wj nicht entnommen hat, auf Antrag nicht dem persönlichen progressiven Steuersatz, sondern lediglich einem **Steuersatz i.H.v. 28,25 %** unterworfen.[273] Die Steuerermäßigung nach § 35 EStG („Anrechnung der GewSt") bleibt dabei unberührt. Soweit der begünstigt besteuerte Gewinn in späteren Jahren vom Stpfl. entnommen wird, erfolgt insoweit eine **Nachversteuerung i.H.v. 25 %**[274]. Die **Gesamtbelastung** unter Annahme einer Vollanrechnung der GewSt nach § 35 EStG beträgt damit – etwas weniger als bei einer KapG – **rd. 47,7 %** und ist grds. wie bei einer KapG unabhängig vom persönlichen ESt-Satz.

Die allgemeinen Voraussetzungen für die Anwendung des § 34a EStG sind:

- Gewinneinkünfte i.S.d. §§ 13, 15, 18 EStG
- Gewinnermittlung nach §§ 4 Abs. 1, 5 EStG (keine Begünstigung bei Gewinnermittlung nach § 4 Abs. 3 EStG)
- bei Mitunternehmeranteilen zusätzlich mehr als 10 % oder mehr als 10.000 EUR Gewinnanteil
- Ausnahme, soweit
  - Freibetrag nach § 16 Abs. 4 EStG,
  - Steuerermäßigung nach § 34 Abs. 3 EStG in Anspruch genommen werden oder
  - Gewinne i.S.d. § 18 Abs. 1 Nr. 4 EStG vorliegen

---

[273] § 34a Abs. 1 S. 1 EStG
[274] § 34a Abs. 4 EStG

2. Wesentliche Änderung ab dem VZ 2024 ff.[275]

a) Allgemeines

Die wesentliche Änderung ab dem VZ 2024 ist die **neue Definition der Bemessungsgrundlage** für den Steuersatz i.H.v. 28,25 %:[276]

> „Der nicht entnommene Gewinn des Betriebs oder Mitunternehmeranteils ist der nach § 4 Absatz 1 Satz 1 oder § 5 ermittelte Gewinn vermindert um den positiven Saldo der Entnahmen und Einlagen des Wirtschaftsjahres vermehrt um die Gewerbesteuer des Wirtschaftsjahres. Entnahmen für die Zahlung der Einkommensteuer nach Absatz 1 Satz 1 und des darauf entfallenden Solidaritätszuschlages bleiben außer Ansatz. Entnahmen gelten vorrangig bis zur Höhe der Einkommensteuer im Sinne des Absatzes 1 Satz 1 und des darauf entfallenden Solidaritätszuschlags als zur Zahlung dieser Beträge verwendet."

Es ergibt sich damit folgendes **Berechnungsschema**:

Steuerbilanzgewinn

abzgl.	Überschuss der Entnahmen über die Einlagen
zzgl.	GewSt-Aufwand
=	nicht entnommener Gewinn vor Hinzurechnung der Entnahmen für Steuerzahlungen
zzgl.	Entnahmen für Steuerzahlungen, max. Überschuss der Entnahmen über die Einlagen
=	max. Bemessungsgrundlage für Anwendung des § 34a EStG

Die Inanspruchnahme von § 34a EStG ist antragsgebunden und der Antrag ist mit der ESt-Erklärung zu stellen. § 34a EStG wird nicht im Vorauszahlungsverfahren berücksichtigt.

Mit **BMF-Schreiben vom 12.3.2025**[277] hat sich die FinVerw zu den Änderungen ab dem VZ 2024 geäußert.

---

[275] Vgl. „Die Einkommensteuererklärung 2024", Seite 118
[276] § 34a Abs. 2 EStG; § 52 Abs. 34 S. 3 EStG
[277] BMF-Schr. v. 12.3.2025 – IV C 6 - S 2290-a/00012/001/037, BStBl I 2025, 671

b) Berechnung der fiktiven Entnahmen für Steuerzahlungen

Nach § 34a Abs. 2 S. 2 EStG bleiben Entnahmen für die Zahlung der ESt nach § 34a Abs. 1 S. 1 EStG und des darauf entfallenden SolZ außer Ansatz. Diese Regelung in einer **mathematischen Berechnung** umzusetzen erscheint nicht einfach, da die *„außer Ansatz bleibende Entnahme"* letztlich die Bemessungsgrundlage und damit die Höhe der ESt nach § 34a Abs. 1 S. 1 EStG verändert. Die Auffassung der FinVerw, wie die Berechnung aus ihrer Sicht erfolgen muss, lässt sich an den **Beispielen 2 und 3 aus dem BMF-Schreiben vom 12.3.2025**[278] ablesen – hier Beispiel 3:

Beispiel

Unternehmer A erzielt einen Steuerbilanzgewinn von 200.000 EUR. Im Wj wurde GewSt von 40.000 EUR berücksichtigt. Der steuerpflichtige Gewinn beträgt 240.000 EUR. A hat Entnahmen von 60.000 EUR aber keine Einlagen getätigt.

Nach § 34a Abs. 2 S. 1 EStG berechnet sich der nicht entnommene Gewinn wie folgt:

Steuerbilanzgewinn:		200.000 EUR
abzgl. Entnahmen[279]:	./.	60.000 EUR
zzgl. GewSt:	+	40.000 EUR
Nicht entnommener Gewinn nach § 34a Abs. 2 S. 1 EStG		180.000 EUR

Hinzurechnung der Entnahme für Steuerzahlungen[280], max. positiver Saldo aus der Entnahme und Einlage:

Die **außer Ansatz bleibenden Entnahmen** nach § 34a Abs. 2 S. 2 EStG berechnen sich anhand des nach § 34a Abs. 2 S. 1 EStG ermittelten nicht entnommenen Gewinns vor Anwendung von Satz 2. Die auf den nicht entnommenen Gewinn nach § 34a Abs. 2 S. 1 EStG entfallende maximal mögliche ESt beträgt 28,25 % von 180.000 EUR = 50.850 EUR. Der auf diese ESt entfallende SolZ beträgt 5,5 % von 50.850 EUR = 2.796,75 EUR, für Zwecke des § 34a EStG gerundet auf 2.797 EUR.

Der positive Saldo der Entnahmen und Einlagen (60.000 EUR) übersteigt die fiktiven Entnahmen für Steuerzahlungen (50.850 EUR + 2.797 EUR = 53.647 EUR). Dem nicht entnommenen Gewinn vor Anwendung von § 34a Abs. 2 S. 2 und 3 EStG sind deshalb die fiktiven Entnahmen für Steuerzahlungen (53.647 EUR) hinzuzurechnen.

---

278 BMF-Schr. v. 12.3.2025 – IV C 6 - S 2290-a/00012/001/037, BStBl I 2025, 671
279 Abgezogen wird der positive Saldo aus Entnahmen und Einlagen
280 § 34a Abs. 2 S. 2 und 3 EStG

Der nicht entnommene Gewinn für A beträgt damit:

Nicht entnommener Gewinn nach § 34a Abs. 2 S. 1 EStG:	180.000 EUR
+ Entnahmen für Steuerzahlungen:	+ 53.647 EUR
= nicht entnommener Gewinn nach § 34a Abs. 2 EStG:	233.647 EUR

Der Unternehmer A kann die Thesaurierungsbegünstigung für bis zu 233.647 EUR beantragen.

c) Nachversteuerung

Der nachversteuerungspflichtige Betrag ergibt sich danach durch Abzug der Steuerbelastung und des darauf entfallenden SolZ vom auf Antrag nach § 34a Abs. 1 S. 1 EStG begünstigten Gewinn. Der nachversteuerungspflichtige Betrag ist jährlich fortzuschreiben und gesondert festzustellen. Eine Nachversteuerung ergibt sich soweit der positive Saldo der Entnahmen und Einlagen (Entnahmeüberschuss) des Wj den Steuerbilanzgewinn überschreitet. Anders als zur Ermittlung der Bemessungsgrundlage nach § 34a Abs. 2 EStG wird der Steuerbilanzgewinn nicht um die GewSt erhöht und es sind sämtliche Entnahmen – also auch die der ESt-Belastung – zu berücksichtigen. Es kommt damit grds. zur Nachversteuerung, wenn der **positive Saldo von Entnahmen und Einlagen im Wj den (positiven) Steuerbilanzgewinn dieses Wj übersteigt** (Entnahmeüberhang). Im Fall eines Verlustes ist der Entnahmeüberhang so hoch wie der positive Saldo von Entnahmen und Einlagen. Neben weiteren Ersatztatbeständen nach § 34a Abs. 6 EStG löst die **Betriebsveräußerung oder -aufgabe** eine volle Nachversteuerung des nachversteuerungspflichtigen Betrags aus. Damit kommt es auch dann zu einer Nachversteuerung, wenn i.R.e. Betriebsveräußerung bzw. -auflösung ein geringerer Veräußerungspreis erzielt wird bzw. i.R.e. Betriebsaufgabe kein Kapital mehr vorhanden ist.

Die ESt auf den Nachversteuerungsbetrag beträgt 25 % und löst nach den allgemeinen Regelungen SolZ aus, sodass u.U. die Freigrenze[281] bzw. die Gleitzone[282] zur Anwendung kommen kann.

Es ergibt sich damit folgende **Verwendungsreihenfolge** des positiven Saldos aus Entnahmen und Einlagen:

1. positiver steuerfreier Gewinn des laufenden Jahres
2. positiver steuerpflichtiger Gewinn des laufenden Jahres

---

[281] § 3 Abs. 3 S. 1 SolzG
[282] § 4 S. 2 SolzG

3. Saldo der nachversteuerungspflichtigen Gewinne der Vorjahre
4. steuerfreie und nicht entnommene Gewinne der Vorjahre, für die § 34a EStG nicht angewendet wurde

Es kommt damit **auch dann** zu einer Nachversteuerung, wenn **ausreichend mit der tariflichen ESt versteuerte Gewinne** (4.) vorhanden sind.

d) Gesamtbetrachtung für den VZ 2025 (Belastung 1. und 2. Stufe)[283]

VZ 2025[284]

Gewinn vor Steuern:		100.000 EUR	
GewSt:	-	**14.000 EUR**	(3,5 % x 400 %)
Steuerbilanzgewinn:		86.000 EUR	
zzgl. GewSt:		14.000 EUR	
Begünstigungsbetrag VZ 2025:		100.000 EUR	
darauf 28,25 % ESt:		28.250 EUR	
abzgl. GewSt-Anrechnung[285]:	-	14.000 EUR	
verbleibende zu zahlende ESt:		14.250 EUR	
zzgl. 5,5 % SolZ[286]:		784 EUR	
Gesamtsteuerbelastung[287]:		**29.034 EUR**	
nachversteuerungspflichtiger Betrag			
begünstigter Gewinn:		100.000 EUR	
abzgl. ESt-Belastung:	-	28.250 EUR	
abzgl. 5,5% SolZ[288]:	-	1.554 EUR	
nachversteuerungspfl. Betrag:		70.196 EUR	

Auf der **zweiten Stufe** ergibt sich damit eine **Steuerbelastung** i.H.v. 25 % v. 70.196 EUR = 17.549 EUR zzgl. 965 EUR SolZ = **18.514 EUR**.

Insgesamt beträgt die Steuerbelastung damit rd. **47,5%.**

---

283 Dargestellt werden soll die steuerliche Auswirkung bzgl. des (anteiligen) Gewinns für den die Begünstigung nach § 34a EStG in Anspruch genommen wird – der Freibetrag nach § 11 Abs. 1 S. 3 Nr. 1 GewStG wird daher nicht berücksichtigt.

284 Annahme eines Gewerbesteuerhebesatzes i.H.v. 400 % – Berechnung unabhängig vom persönlichen Steuersatz des Stpfl., aus Vereinfachungsgründen für den Belastungsvergleich keine Entnahmen/Einlagen

285 § 35 EStG

286 Aus Vereinfachungsgründen auf volle EUR aufgerundet

287 ESt, GewSt, SolZ

288 Der SolZ wird unabhängig von der Steuerermäßigung nach § 35 EStG zur Ermittlung des nachversteuerungspflichtigen Betrags mit 5,5 % auf die gesamte ESt abgezogen.

Praxishinweis

Entscheidend für die Vorteilhaftigkeit der (teilweisen) Anwendung des § 34a EStG ist in erster Linie die Belastung der begünstigungsfähigen Gewinne nach der **individuellen Steuersituation des Stpfl.** Soweit der Stpfl. die Spitzenbelastung von 45 % erreicht, beträgt die Gesamtbelastung einschl. SolZ mit 47,48 % annähernd so viel wie die Thesaurierungsbesteuerung einschl. Nachversteuerung. Allerdings beträgt die Belastung in der **Gleitzone** des SolZ[289] auch bereits 47 %. Die Vorteilhaftigkeit ergibt sich dann aus dem temporären Liquiditätsvorteil.

e) Senkung des Thesaurierungssteuersatzes

Durch das Gesetz für ein steuerliches Investitionssofortprogramm zur Stärkung des Wirtschaftsstandorts Deutschland[290] wurde der Steuersatz nach § 34a Abs. 1 S. 1 EStG ab dem VZ 2028 reduziert.

bis einschl. VZ 2027:	28,25 % (einschl. SolZ: 29,80 %)
VZ 2028 und 2029:	27,00 % (einschl. SolZ: 28,49 %)
VZ 2030 und 2031:	26,00 % (einschl. SolZ: 27,43 %)
ab dem VZ 2032:	25,00 % (einschl. SolZ: 26,38 %)

Der Steuersatz auf den nachversteuerungspflichtigen Betrag beträgt auch ab dem VZ 2028 unverändert 25 % (einschl. SolZ: 26,38 %).[291]

289 § 4 S. 2 SolZG
290 Gesetz für ein steuerliches Investitionssofortprogramm zur Stärkung des Wirtschaftsstandorts Deutschland v. 14.7.2025, BGBl I 2025, Nr. 161 v. 18.7.2025
291 § 34a Abs. 4 S. 2 EStG

IX. Gewerbesteuer-Anrechnung nach § 35 EStG

1. Allgemeines

§ 35 EStG sieht eine Ermäßigung der um sonstige Steuerermäßigungen mit Ausnahme der §§ 34f, 34g, 35a und 35c EStG verminderten tariflichen ESt vor, soweit diese anteilig auf im zvE enthaltende gewerbliche Einkünfte entfällt.[292] Der **Ermäßigungshöchstbetrag** ist dabei durch folgende **Formel**[293] zu ermitteln:

$$\frac{\text{Summe der positiven gewerblichen Einkünfte}}{\text{Summe aller positiven Einkünfte}} \times \text{geminderte tarifliche Steuer}$$

Neben der o.g. Höchstbetragsermittlung ist die maximale Steuerermäßigung durch zwei weitere Schranken begrenzt.

- Zum einen beträgt die Steuerermäßigung das **Vierfache** des jeweils für den VZ entsprechenden Erhebungszeitraum festgesetzten **GewSt-Messbetrags (GewSt-MB).**[294]
- Zum anderen ist die Steuerermäßigung auf die **tatsächlich zu zahlende GewSt** beschränkt.[295]

Praxishinweis

Bei PersG ist der anteilige GewSt-MB nach Maßgabe des **allgemeinen Gewinnverteilungsschlüssels** und damit grds. nach der handelsrechtlichen Gewinnverteilung aufzuteilen.[296] Damit bleiben **Vorabgewinnanteile**[297] ebenso **unberücksichtigt** wie **Sondervergütungen** i.S.d. § 15 Abs. 1 S. 1 Nr. 2 HS 2 EStG. Die letztendliche Aufteilung der Einkünfte aus Gewerbebetrieb i.R.d. einheitlich und gesonderten Gewinnfeststellung kann damit in einem anderen Verhältnis erfolgen als die Aufteilung des GewSt-MB. Hierdurch kann es zu einem Verlust von Anrechnungspotential kommen.

---

292 § 35 Abs. 1 S. 1 EStG
293 § 35 Abs. 1 S. 2 EStG
294 § 35 Abs. 1 S. 1 Nr. 1 und 2 EStG
295 § 35 Abs. 1 S. 5 EStG
296 § 35 Abs. 2 S. 2 EStG
297 Zur Abgrenzung vgl. auch Nds. FG, Urt. v. 19.3.2024 – 13 K 3/24, EFG 2024, 1395, rkr.

2. Unterjähriger Gesellschafterwechsel

Tritt ein **Gesellschafter** während des Wj in eine PersG **ein oder** scheidet er aus dieser **aus**, und besteht die PersG fort, geht der Gewerbebetrieb nicht im Ganzen auf einen anderen Unternehmer über. Die PersG bleibt damit durchgängig Steuersubjekt für die GewSt. Der Erhebungszeitraum wird nicht unterbrochen, sodass **nur ein GewSt-MB** zu ermitteln ist. Für Zwecke der Berechnung der Steuerermäßigung ist der für den Erhebungszeitraum festgestellte GewSt-MB **nur auf** die **Gesellschafter** aufzuteilen, die **zum Ende des gewerbesteuerrechtlichen Erhebungszeitraums an der PersG beteiligt** sind.[298] Aufteilungsmaßstab ist der zum Ende des gewerbesteuerrechtlichen Erhebungszeitraums geltende allgemeine Gewinnverteilungsschlüssel. In der bisherigen Rechtsprechung des BFH ist unklar geblieben, wie bei abweichendem Wj zu verfahren ist. Das FA hatte in einem Fall mit abweichendem Wj auf den Gesellschafterbestand zum Ende des Erhebungszeitraums – also zum 31.12. – abgestellt und damit einem zum Ende des abweichenden Wj noch beteiligten, aber vor Ablauf des Kj ausgeschiedenen Gesellschafters keinen GewSt-MB mehr zugerechnet. Mit Urteil vom 10.4.2025[299] hat der BFH klargestellt, dass bei abweichendem Wj auf die Mitunternehmer abzustellen ist, die am Ende des (gegebenenfalls abweichenden) Wj an der Mitunternehmerschaft beteiligt waren.

Das der **„Teufel" oft im Detail** steckt, macht ein anhängiges **Revisionsverfahren**[300] beim BFH deutlich: Der BFH muss entscheiden, ob eine Veräußerung eines Mitunternehmeranteil (kalendergleiches Wj) mit **Wirkung zum Ablauf des 31.12.** die Zurechnung eines GewSt-MB noch zulässt oder es sich um ein „unterjähriges Ausscheiden" im o.g. Sinne ohne Zurechnung der Gewerbesteuer-Anrechnung zur ausscheidenden Gesellschafterin handelt.

Praxishinweis

Gesellschaftern, die während eines Wj ausscheiden, ist auch dann kein anteiliger GewSt-MB zuzurechnen, wenn ihnen noch ein laufender Gewinnanteil für den Zeitraum ihrer Beteiligung im Wj zuzurechnen ist. **Trotz gewerblicher Einkünfte** beträgt der **GewSt-MB** in diesen Fällen **0 EUR**. Auf die verbleibenden Gesellschafter entfällt dann ggf. ein **überproportionaler Anteil am GewSt-MB**, sodass die anteilig auf die gewerblichen Einkünfte entfallende tarifliche ESt ggf. nicht ausreicht, die max. mögli-

---

298 BFH-Urt. v. 14.1.2016 – IV R 5/14, BStBl II 2016, 875 sowie BMF-Schr. v. 3.11.2016 – IV C 6 - S 2296-a/08/10002-003, BStBl I 2016, 1187, Rz 28

299 BFH-Urt. v. 10.4.2025 – IV R 21/22, BFH/NV 2025, 1105, weiterführend *Krohn,* AktStR 2025, 435

300 FG Sachsen, Urt. v. 13.5.2024 – 5 K 773/21, EFG 2025, 1223, Rev eingelegt, Az des BFH: IV R 4/25

che Steuerermäßigung auszuschöpfen. Die Grundsätze gelten auch im Fall einer unterjährigen unentgeltlichen Übertragung eines Mitunternehmeranteils durch **Schenkung** oder **Erbfall**. Der Problematik kann vor dem Hintergrund der o.g. Rechtsprechung des BFH durch die **Umstellung des Wj auf den Zeitpunkt des Ausscheidens** begegnet werden.

3. Gewerbesteueranrechnung bei Erlass oder Verjährung der GewSt

Die Steuerermäßigung nach § 35 EStG ist auf die **tatsächlich zu zahlende GewSt** beschränkt.[301] Es stellt sich daher die Frage, welche Auswirkungen sich auf die Anrechnung der GewSt ergeben, wenn diese aufgrund einer Billigkeitsmaßnahme (Erlass)[302] oder aufgrund einer Zahlungsverjährung[303] tatsächlich nicht gezahlt wird. Bisher hat die FinVerw dazu die Auffassung vertreten, dass bei einer Billigkeitsmaßnahme im Erhebungsverfahren die Möglichkeit einer Änderung des ESt-Bescheids gem. § 175 Abs. 1 S. 1 Nr. 2 AO (rückwirkendes Ereignis) bestehen würde.[304] Diese Auffassung hat die FinVerw mit **BMF-Schreiben vom 24.2.2025** nunmehr für alle offenen Fälle geändert. Danach sind eine **Billigkeitsmaßnahme im Erhebungsverfahren** gem. § 227 AO oder eine **Verjährung im Erhebungsverfahren** gem. § 228 AO **für die Ermittlung des Anrechnungshöchstbetrags** i.R.v. § 35 Abs. 1 S. 5 EStG **nicht zu berücksichtigen**.[305]

4. Exkurs: Beginn der Gewerbesteuerpflicht (Hinweise)

Damit eine Anrechnung nach § 35 EStG überhaupt in Betracht kommt, muss es sich um eine der GewSt unterliegende Tätigkeit handelt. In diesem Zusammenhang ist auf die aktuelle Entscheidung des **BFH vom 20.2.2025**[306] zur Frage des **Beginns der sachlichen GewSt-Pflicht** hinzuweisen. Diese beginnt grundsätzlich erst mit dem **Beginn der werbenden Tätigkeit**. **Vorbereitungshandlungen** führen damit zwar zu vorweggenommenen BA und damit Verlusten i.S.d. § 15 EStG, aber **nicht zu gewerblichen Verlusten i.S.d. § 10a GewStG**.[307]

---

301 § 35 Abs. 1 S. 5 EStG
302 § 227 AO
303 § 228 AO
304 BMF-Schr. v. 3.11.2016 – IV C 6 - S 2296-a/08/10002 :003, BStBl I 2016, 1187
305 BMF-Schr. v. 24.2.2025 – IV C 6 - S 2296-a/00031/001/005, BStBl I 2025, 649
306 BFH-Urt. v. 20.2.2025 – IV R 23/22, BFH/NV 2025, 686
307 Weiterführend *Kaminski,* AktStR 2025, 479

Praxishinweis

Ein späterer Beginn der GewSt-Pflicht und die nur einkommensteuerlich relevante Entstehung gewerblicher Verluste kann zu einer unangenehmen **Wechselwirkung i.Z.m. § 35 EStG** führen, wenn sich Verlustvorträge i.S.d. § 10d EStG, aber nicht nach § 10a GewSt ergeben. In diesem Fall kann mit Beginn der werbenden Tätigkeit eine Gewerbesteuer ausgelöst werden, die Anrechnung nach § 35 EStG jedoch wegen der **einkommensteuerlichen Verlustverrechnung** ins Leere laufen.

B. Arbeitnehmerbereich

I. Aktuelle Entwicklungen zum Arbeitslohn

1. Grundsätzliches

Bei den **Einkünften aus § 19 EStG** unterliegt der (steuerbare und steuerpflichtige) **Arbeitslohn** der Besteuerung. Die individuelle Besteuerung des Mitarbeiters kann durch eine LSt-Pauschalierung, die regelmäßig zu Lasten des ArbG geht,[1] verhindert werden.[2]

Praxishinweis

Eine vom ArbG vorgenommene LSt-Pauschalierung kann sich auch auf die ESt-Erklärung auswirken. So mindert eine LSt-Pauschalierung von Wegen zwischen Wohnung und erster Tätigkeitsstätte die WK „Entfernungspauschale",[3] es sei denn, die Pauschalierung bezieht sich auf pauschalierte Vorteile, die ansonsten gem. § 3 Nr. 15 EStG steuerfrei sind.[4]

Arbeitslohn sind alle Einnahmen, die dem ArbN aus dem Dienstverhältnis zufließen. Es ist unerheblich, unter welcher Bezeichnung oder in welcher Form die Einnahmen gewährt werden.[5] Arbeitslohn kann als Barlohn oder als Sachbezug zufließen.

Beispiel 1

Im VZ 2025 sind bei den Einkünften aus nichtselbstständiger Arbeit insg. 210 Fahrten zur ersten Tätigkeitsstätte (20 Entfernungs-km) zu erfassen.

Ausweislich der LSt-Bescheinigung 2025 hat der ArbG einen Fahrtkostenzuschuss geleistet und diesen i.H.v. (20 Entfernungs-km x 15 Arbeitstage/Monat[6] x 0,30 EUR x 12 Monate=) 1.080 EUR pauschaliert.[7]

---

1 § 40 Abs. 3 EStG
2 Pauschalierungstatbestände ergeben sich bspw. aus § 40 Abs. 2 EStG
3 § 40 Abs. 2 S. 2 Nr. 1 EStG
4 § 40 Abs. 2 S. 2 Nr. 2 EStG
5 § 2 Abs. 1 LStDV
6 Zur Pauschalierung mit 15 Tagen vgl. BMF-Schr. v. 18.11.2021 – IV C 5 - S 2351/20/10001:002, BStBl I 2021, 2315, Rz 40 (Vereinfachungsregelung)
7 § 40 Abs. 2 S. 2 Nr. 1 Buchst. b EStG

Lösung

WK-Abzug:

210 Arbeitstage x 20 Entfernungs-km x 0,30 EUR =	1.260 EUR
abzgl. pauschalierter Arbeitslohn:	- 1.080 EUR
verbleiben	180 EUR

Praxishinweis

Die Höhe des pauschalierten Arbeitslohns nach § 40 Abs. 2 S. 2 Nr. 1 EStG ergibt sich aus der LSt-Bescheinigung 2025 und wird automatisch der ESt-Veranlagung beigestellt.

Blick in die Lohnsteuerbescheinigung 2025[8]

18. Pauschal mit 15 % besteuerte Arbeitgeberleistungen für Fahrten zwischen Wohnung und erster Tätigkeitsstätte		

Blick in die Einkommensteuererklärung 2025

	Arbeitgeberleistungen / Fahrtkostenzuschüsse					
51	Arbeitgeberleistungen laut Nr. 17 der Lohnsteuerbescheinigung (steuerfrei ersetzt)	290	EUR ,–	Arbeitgeberleistungen laut Nr. 18 der Lohnsteuerbescheinigung (pauschal besteuert)	295	EUR ,– ⓔ
52	Von der Agentur für Arbeit oder dem Jobcenter gezahlte Fahrtkostenzuschüsse				291	,–

Abwandlung

Wie Bsp. zuvor, allerdings fährt der ArbN wegen umfangreicher Homeofficetätigkeit nur 150 mal in den Betrieb. Gleichwohl hat der ArbG – entgegen der Verwaltungsauffassung[9] – einen Fahrtkostenzuschuss von insg. 1.080 EUR pauschaliert.

Lösung

WK-Abzug:

150 Arbeitstage x 20 Entfernungs-km x 0,30 EUR =	900 EUR
abzgl. pauschalierter Arbeitslohn:	- 1.080 EUR
verbleiben	- 180 EUR

Praxishinweis

Die zu hohe Pauschalierung nach § 40 Abs. 2 S. 2 Nr. 1 EStG wirkt sich **arbeitslohnerhöhend** aus. Die Arbeitslohnerhöhung wird programmgesteuert i.R.d. ESt-Veranlagung vorgenommen.

---

[8] BMF-Schr. 17.2.2025 – IV C 5 - S 2533/00123/006, BStBl I 2025, 650

[9] BMF-Schr. v. 18.11.2021 – IV C 5 - S 2351/20/10001:002, BStBl I 2021, 2315, Rz 40 ff.

Beispiel 2

Im VZ 2025 sind bei den Einkünften aus nichtselbstständiger Arbeit insg. 210 Fahrten zur ersten Tätigkeitsstätte (20 Entfernungs-km) zu erfassen.

Ausweislich der LSt-Bescheinigung 2025 hat der ArbG dem Mitarbeiter die Kosten für ein Deutschlandticket steuerfrei erstattet – das Deutschlandticket wird auch für die Fahrten zur ersten Tätigkeitsstätte genutzt. Steuerfrei bescheinigt wird ein Betrag von (58 EUR x 12 Monate =) 696 EUR.

Lösung

WK-Abzug:

210 Arbeitstage x 20 Entfernungs-km x 0,30 EUR =	1.260 EUR
abzgl. steuerfreier Arbeitslohn (§ 3 Nr. 15 EStG)	- 696 EUR
verbleiben	564 EUR

Praxishinweis

Die Höhe des steuerfreien Arbeitslohns nach § 3 Nr. 15 EStG ergibt sich aus der LSt-Bescheinigung 2025 und wird automatisch der ESt-Veranlagung beigestellt.

Blick in die Lohnsteuerbescheinigung 2025[10]

17. Steuerfreie Arbeitgeberleistungen, die auf die Entfernungspauschale anzurechnen sind		

Blick in die Einkommensteuererklärung 2025

	Arbeitgeberleistungen / Fahrtkostenzuschüsse						
51	Arbeitgeberleistungen laut Nr. 17 der Lohnsteuerbescheinigung (steuerfrei ersetzt)	290	EUR ,–	Arbeitgeberleistungen laut Nr. 18 der Lohnsteuerbescheinigung (pauschal besteuert)	295	EUR ,–	e
52	Von der Agentur für Arbeit oder dem Jobcenter gezahlte Fahrtkostenzuschüsse				291	,–	

Abwandlung

Wie Bsp. zuvor, allerdings pauschaliert der ArbG den Arbeitslohn aus dem Deutschlandticket nach § 40 Abs. 2 S. 2 Nr. 2 EStG.

Lösung

WK-Abzug:

210 Arbeitstage x 20 Entfernungs-km x 0,30 EUR =	1.260 EUR
ohne WK-Kürzung um diesen pauschalierten Arbeitslohn[11]	
verbleiben	1.260 EUR

---

10 BMF-Schr. v. 17.2.2025 – IV C 5 - S 2533/00123/006, BStBl I 2025, 650
11 § 40 Abs. 2 S. 2 Nr. 2 EStG

Praxishinweis

Mangels Folgewirkung auf die ESt-Veranlagung wird auch der nach § 40 Abs. 2 S. 2 Nr. 2 EStG pauschalierte Arbeitslohn betragsmäßig nicht auf der LSt-Bescheinigung aufgeführt. Die Fahrten zur ersten Tätigkeitsstätte sind im Erklärungsvordruck „normal" einzutragen.

2. Verhältnis „Lohnsteuerabzugsverfahren" vs. „Einkommensteuererklärung"

Der vom ArbG elektronisch übermittelte Arbeitslohn wird i.R.d. ESt-Veranlagung grds. unverändert übernommen. Zwingend ist dies jedoch nicht.

Praxishinweis

Es besteht **keine Bindung** an den vom ArbG im LSt-Abzugsverfahren erfassten steuerpflichtigen Arbeitslohn. Über die Höhe des steuerpflichtigen Arbeitslohns wird abschließend nicht im LSt-Abzugsverfahren, sondern i.R.d. ESt-Veranlagung des ArbN entschieden.[12] Entsprechendes gilt für die Frage, ob Arbeitslohn oder eine andere Einkunftsart vorliegt.

Praxisfälle

- So kann bspw. der ArbN bei seiner Veranlagung den geldwerten Vorteil anders als im LSt-Abzugsverfahren ermitteln.[13]
- Zu Unrecht steuerfrei ausgezahlter Arbeitslohn kann i.R.d. Veranlagung nachträglich steuerpflichtig erfasst werden.
- Arbeitslohn, der von dritter Seite zufließt[14], kann über die ESt-Erklärung erfasst werden.
- Eine im LSt-Abzugsverfahren seit 2025 nicht mehr zu gewährende Fünftelungsregelung, z.B. auf eine Abfindungszahlung, kann i.R.d. Veranlagung beantragt werden.
- Auch eine im LSt-Abzugsverfahren unberücksichtigte Steuerfreiheit kann im Veranlagungsverfahren nachträglich beansprucht werden.

---

12 BFH-Urt. v. 14.9.2023 – VI R 27/21, BStBl II 2024, 38

13 BFH-Urt. v. 14.9.2023 – VI R 27/21, BStBl II 2024, 38; vgl. auch R 8.1 Abs. 9 Nr. 3 S. 4 LStR (z.B. Dienstwagengestellung: Übergang von der pauschalen Bewertung zur sog. Fahrtenbuchmethode)

14 BMF-Schr. v. 20.1.2015 – IV C 5 - S 2360/12/10002, BStBl I 2015, 143

- Enthält eine LSt-Bescheinigung einen zu hoch ermittelten steuerfreien ArbG-Ersatz nach § 3 Nr. 15 EStG, muss der elektronisch vom ArbG ermittelte steuerfreie Arbeitslohn nicht für Zwecke der Kürzung der Entfernungspauschale übernommen werden.

Beispiel

Ein ArbG stellt dem Mitarbeiter ganzjährig ein Deutschlandticket 2025 unentgeltlich zur Verfügung. Der ArbG erhält vom Ausgabepreis i.H.v. 58 EUR einen Rabatt von 5 %, weil er den Mitarbeitern das Deutschlandticket kostenlos überlässt. Der ArbG bescheinigt auf der LSt-Bescheinigung 2025 folgenden steuerfreien Betrag:

58 EUR abzgl. Rabatt[15] (58 EUR x 5 %=) 2,90 EUR =	55,10 EUR
x 12 Monate =	661,20 EUR

Praxishinweis

Ganz versteckt sehen die LStH seit kurzer Zeit vor, dass von dem monatlich vom ArbG getragenen Betrag von 55,10 EUR ein weiterer Bewertungsabschlag von pauschal 4 % vorgenommen werden kann.[16] Dieser Abschlag bleibt bei der ArbG-Bescheinigung des steuerfreien Arbeitslohns auf der LSt-Bescheinigung oftmals unberücksichtigt. Zur Erhöhung des WK-Abzugspotenzials bei der ESt-Erklärung kann der zu hoch bescheinigte steuerfreie Arbeitslohn bei Erstellung der ESt-Erklärung korrigiert werden.

Berechnung

		58,00 EUR
abzgl.	Rabatt i.H.v. 5 % v. 58,00 EUR =	2,90 EUR
verbleiben		55,10 EUR
davon	96 %	52,90 EUR
12 Monate		634,80 EUR

Praxishinweis

Gegenüber der FinVerw sollte die Änderung des elektronisch übertragenen steuerfreien Arbeitslohns erläutert werden. Dies kann helfen, Rückfragen der Finanzbehörde zu vermeiden.

---

15 Kein Arbeitslohn, weil ein sog. Jedermann-Rabatt vorliegt.
16 H 8.1 (1-4) LStH 2025 „Deutschland-Ticket“

3. Aktuelle Einzelfragen zum Arbeitslohn

Von besonderer Bedeutung sind ferner die nachfolgenden Entscheidungen zum Arbeitslohn, die es für Zwecke einer eventuellen Arbeitslohnkorrektur i.R.d. Veranlagung zu beachten gilt. Kommt es zur Korrektur der eDaten, sollte dies gegenüber der FinVerw mit Erklärungseinreichung erläutert werden, um Bearbeitungsverzögerungen durch Nachfragen zu vermeiden.

- Offen ist gegenwärtig die Frage, ob bei Anteilsübertragung ein Kaufpreisbestandteil, der für die Fortsetzung der Geschäftsführertätigkeit für einen Zeitraum von 5 Jahren gezahlt wird, den Einkünften aus § 17 EStG oder den Einkünften aus § 19 EStG zuzurechnen ist. Nach Auffassung des FG Köln spricht für die Annahme von Arbeitslohn, wenn der Verbleib eines Anteilsübertragungsgewinns rechtlich und tatsächlich an die weitere Ausübung der Geschäftsführertätigkeit geknüpft ist.[17]
- Die schenkungsweise Übertragung von Geschäftsanteilen auf leitende Mitarbeiter zur Sicherung der Unternehmensnachfolge führt nicht ohne Weiteres zu Arbeitslohn. Arbeitslohn liegt nur vor, wenn eine ArbG-Leistung „für“ ein Beschäftigungsverhältnis erfolgt. Ist das entscheidende Motiv für die Übertragung die Regelung der Unternehmensnachfolge, führt die Anteilsübertragung nicht zu Arbeitslohn.[18] Dies gilt zumindest, wenn die Anteilsübertragung nicht an den Fortbestand des Arbeitsverhältnisses geknüpft ist.[19]

4. Versorgungsfreibetrag

Von Versorgungsbezügen[20] bleiben ein

- nach einem Prozentsatz ermittelter, auf einen Höchstbetrag begrenzter Betrag (Versorgungsfreibetrag) und
- ein Zuschlag zum Versorgungsfreibetrag

steuerfrei.[21]

---

17 FG Köln, Urt. v. 4.12.2024 – 12 K 1271/23, EFG 2025, 567, Rev. eingelegt, Az des BFH: IX R 1/25
18 BFH-Urt. v. 20.11.2024 – VI R 21/22, BStBl II 2025, 256
19 *Geserich*, NWB CAAAJ-83205
20 Vgl. § 19 Abs. 2 S. 2 EStG
21 § 19 Abs. 2 S. 1 EStG

Praxishinweis

Durch den Versorgungsfreibetrag wird die steuerliche Belastung der bei den Einkünften aus nichtselbstständiger Arbeit als Arbeitslohn erfassten Versorgungsbezüge abgemildert. Die Höhe des Versorgungsfreibetrags ist vom Jahr des Versorgungsbeginns abhängig.[22] Bei **Versorgungsbeginn 2025** beträgt der **Versorgungsfreibetrag 13,2 %** der Versorgungsbezüge, **höchstens 990 EUR**. Daneben wird ein **Zuschlag zum Versorgungsfreibetrag von 297 EUR** gesetzlich gewährt (2025). Erst bei Versorgungsbeginn im Jahr 2058 entfällt der Versorgungsfreibetrag nebst Zuschlag zum Versorgungsfreibetrag.

Der Gesetzgeber hat durch das Wachstumschancengesetz[23] eine langsamere Reduzierung der Freibeträge für Versorgungsbezüge beschlossen. Der Gesetzgeber bestimmt, dass die Änderungen beim Versorgungsfreibetrag und beim Zuschlag zum Versorgungsfreibetrag im LSt-Abzugsverfahren ab 2025 gelten.[24]

Für die ESt-Erklärung 2025 bedeutet dies, dass der ArbG bereits „automatisch" die neuen Versorgungsfreibeträge und den neuen Zuschlag zum Versorgungsfreibetrag berücksichtigt hat. 2024 war dies noch nicht der Fall, sodass mit der ESt-Veranlagung 2024 allein aus diesem Umstand eine kleine Steuererstattung ausgelöst wurde.

Praxishinweis

Ab 2026 werden bestimmte Arbeitslöhne, die nach dem Monat des Beginns der Regelaltersgrenze aus einer aktiven in § 3 Nr. 21 EStG definierten ArbN-Tätigkeit erzielt werden, steuerfrei gestellt (Aktivrente).[25]

Die steuerfreie Aktivrente gilt nicht für Versorgungsbezüge, weil die Steuerfreiheit nach § 3 Nr. 21 EStG nur für Arbeitslohn nach § 19 Abs. 1 S. 1 Nr. 1 EStG vorgesehen ist.

---

22 § 19 Abs. 2 S. 3 EStG

23 Wachstumschancengesetz v. 27.3.2024, BGBl I 2024, Nr. 108

24 § 52 Abs. 26a EStG

25 Der BT hat am 5.12.2025 das Aktivrentengesetz beschlossen; die notwendige Zustimmung des BR, die am 19.12.2025 zu erwarten ist, steht bei Redaktionsschluss noch aus.

5. Fünftelungsregelung in der Einkommensteuererklärung

a) Wirkungsweise der Fünftelungsregelung

Außerordentliche Einkünfte können nach Maßgabe von § 34 Abs. 1 und 2 EStG nach der Fünftelungsregelung versteuert werden.

Praxishinweis

Fünftelungsregelung bedeutet, dass bei der Berechnung der ESt die Mehrsteuer auf 1/5 der begünstigten Einnahmen ermittelt und mit fünf multipliziert wird. Erreicht der Stpfl. bereits ohne die begünstigten Einnahmen den Spitzensteuersatz, bleibt die Fünftelungsregelung ohne Auswirkung.

Beispiel[26]

zvE vor Entlassungsentschädigung	35.000 EUR
ESt (EV)	5.768 EUR
zvE inkl. 1/5 der Abfindung v. 50.000 EUR	45.000 EUR
ESt (EV)	8.961 EUR
Steuererhöhung auf 1/5 der Abfindung	3.193 EUR
endgültige ESt: 5.768 EUR + (5 x 3.193 EUR= 15.965) =	21.733 EUR
ESt bei einem zvE i.H.v. (35.000 + 50.000 =) 85.000 EUR	24.788 EUR

Fazit

Durch die **Anwendung** der **Fünftelungsregelung** ist die **ESt**-Belastung um (24.788 EUR – 21.733 EUR =) **3.055 EUR niedriger**.

b) Anwendungsfälle der Fünftelungsregelung bei Arbeitnehmereinkünften

(1) Entschädigungen

Entschädigungen, die als Ersatz für entgangene oder entgehende Einnahmen gewährt worden sind[27], können als außerordentliche Einkünfte[28] tarifbegünstigt nach der Fünftelungsregelung besteuert werden.

---

[26] Berechnung nur der ESt ohne Berücksichtigung der KiSt und des SolZ, vgl. www.bmf-steuerrechner.de

[27] § 24 Nr. 1 Buchst. a EStG

[28] § 34 Abs. 1 EStG i.V.m. Abs. 2 Nr. 2 EStG

§ 24 Nr. 1 und Nr. 2 EStG bestimmen Folgendes:

> *„Zu den Einkünften im Sinne des § 2 Absatz 1 gehören auch*
>
> *1. **Entschädigungen**, die gewährt worden sind*
>
> *a) als Ersatz für entgangene oder entgehende Einnahmen oder*
>
> *b) für die Aufgabe oder Nichtausübung einer Tätigkeit, für die Aufgabe einer Gewinnbeteiligung oder einer Anwartschaft auf eine solche;*
>
> *c) als Ausgleichszahlungen an Handelsvertreter nach § 89b des Handelsgesetzbuchs;*
>
> *2. Einkünfte aus einer ehemaligen Tätigkeit ...“*

Eine Entschädigung wird mit der ESt-Veranlagung nicht automatisch nach der Fünftelungsregelung besteuert. Vielmehr soll die Regelung – nach dem Wortlaut und Normzweck des § 34 Abs. 2 EStG – die Auswirkung des progressiven Tarifs abschwächen. Sie ist damit auf solche außerordentlichen Einkünfte beschränkt, die „zusammengeballt“ zufließen. Ob eine solche Zusammenballung vorliegt, beurteilt sich nach einer zweistufigen Prüfung.

- **Prüfungsstufe 1**: Die einheitliche Entschädigungsleistung muss i.d.R. in **einem** VZ zufließen. Der Zufluss in unterschiedlichen Veranlagungsjahren ist i.d.R. schädlich. Dieser Grundsatz wird u.a. durchbrochen, wenn eine im Verhältnis zur Hauptleistung geringfügige Zahlung in einem anderen VZ erbracht wird.[29]
- **Prüfungsstufe 2**: Durch die Entschädigungsleistung muss der Stpfl. mehr Einnahmen als bei normalem Ablauf der Dinge erhalten. I.R.e. Vergleichsberechnung ist die „Ist-Größe“ mit der „Soll-Größe“ zu vergleichen.[30]

Praxishinweis

Wird eine Entschädigung in zwei Raten in verschiedenen Veranlagungsjahren ausgezahlt, scheidet regelmäßig eine tarifermäßigte Besteuerung nach § 34 Abs. 2 Nr. 2

---

[29] S.a. BMF-Schr. v. 4.3.2016 – IV C 4 - S 2290/07/10007:031, BStBl I 2016, 277

[30] Siehe „Die Einkommensteuererklärung 2016“, Seite 87 ff.

EStG aus.[31] Eine als Ersatz für entgehende Einnahmen gewährte Entschädigung ist einheitlich zu beurteilen, auch wenn sie sich aus mehreren Teilen zusammensetzt.[32]

Dies gilt auch, wenn die zum Verdienstausfall gehörende Steuerlast bei der Ermittlung anhand der Nettolohnmethode in einer gesonderten Zahlung erfolgt. Daher sollte darauf geachtet werden, dass Entschädigungen immer nach Maßgabe der Bruttolohnmethode auf einen Schlag „brutto", d.h. inkl. der (voraussichtlich) darauf entfallenden Steuer, an den Stpfl. ausgezahlt werden.[33]

(2) Einkünfte für eine mehrjährige Tätigkeit

Als außerordentliche Einkünfte sind neben Entschädigung u.a. **auch Vergütungen für eine mehrjährige Tätigkeit** einzuordnen.[34] Hierzu zählen bspw. auch Jubiläumszahlungen.[35]

c) Abschaffung der Fünftelungsregelung im LSt-Abzugsverfahren und Praxisfolgen für die ESt-Veranlagung

Blick in die Lohnsteuer

Nach § 39b Abs. 3 S. 9 EStG a.F. konnte bis 2024 die Tarifermäßigung des § 34 Abs. 1 EStG (Fünftelungsregelung) für bestimmte Arbeitslöhne (Entschädigungen, Vergütungen für mehrjährige Tätigkeiten) bereits bei der Berechnung der Lohnsteuer berücksichtigt werden.

Die Regelungen zur **Berechnung der LSt** i.Z.m. tarifermäßigt zu besteuerndem Arbeitslohn wurden durch das Wachstumschancengesetz **mit Wirkung ab 2025**[36] ersatzlos gestrichen.

Für den ArbN ergeben sich nach der Gesetzesbegründung keine Nachteile, denn die Tarifermäßigung des § 34 Abs. 1 EStG kann – wie bisher auch – i.R.d. Veranlagung zur ESt beantragt werden.

---

31 Ausnahme: Geringfügige Nachzahlung (höchstens 10 % der Hauptleistung) oder Leistungen bei Beendigung des Dienstverhältnisses aus Gründen der sozialen Fürsorge
32 BFH-Urt. v. 15.10.2024 – IX R 5/23, BStBl II 2025, 446
33 *Trossen*, NWB IAAAJ-82753
34 § 34 Abs. 2 Nr. 4 EStG
35 BMF-Schr. v. 10.1.2000 – IV C 5 - S2330-2/00, BStBl I 2000, 138
36 Ergebnis des Vermittlungsausschusses – zunächst war ein Wegfall ab 2024 geplant

Praxishinweis

Ganz ohne Nachteil ist diese Rechtsänderung für den ArbN jedoch nicht; er muss bis zur Durchführung der Veranlagung auf eine Steuerrückerstattung warten und einen Liquiditätsnachteil hinnehmen, bis ihm die Steuerermäßigung aus der Fünftelungsregelung gewährt wird.

Blick in die Lohnsteuerbescheinigung 2025[37]

1. Bescheinigungszeitraum	vom - bis	
2. Zeiträume ohne Anspruch auf Arbeitslohn	Anzahl „U"	
Großbuchstaben (S, M, F, FR)		
	EUR	Ct
3. Bruttoarbeitslohn einschl. Sachbezüge		
4. Einbehaltene Lohnsteuer von 3.		
5. Einbehaltener Solidaritätszuschlag von 3.		
6. Einbehaltene Kirchensteuer des Arbeitnehmers von 3.		
7. Einbehaltene Kirchensteuer des Ehegatten/Lebenspartners von 3. (nur bei Konfessionsverschiedenheit)		
8. In 3. enthaltene Versorgungsbezüge		
9. Versorgungsbezüge für mehrere Kalenderjahre (in 3. enthalten)		
10. Arbeitslohn für mehrere Kalenderjahre, Entschädigungen, z.B. Abfindungen (in 3. enthalten, ohne 9.)		

Praxishinweis

Als Folge aus der zuvor erläuterten Rechtsänderung wird in der LSt-Bescheinigung 2025 nur noch der Arbeitslohn für mehrere Jahre und die Entschädigungen in einer separaten Zeile angegeben. Entsprechendes gilt für Versorgungsbezüge für mehrere Jahre. Der ArbG hat jedoch – anders als bis 2024 – nicht mehr die Frage zu klären, ob diese Einkünfte für mehrere Jahre bzw. Entschädigungsleistungen ermäßigt nach § 34 EStG zu besteuern sind. Die LSt-Bescheinigung weist damit nur auf die i.R.d. ESt-Veranlagung eventuell ermäßigt zu besteuernden Arbeitslohnteile hin.

[37] BMF-Schr. v. 20.2.2025 – IV C 5 - S 2533/00123/006, BStBl I 2025, 650

Rückblick in die Lohnsteuerbescheinigung 2024[38]

9. Ermäßigt besteuerte Versorgungsbezüge für mehrere Kalenderjahre		
10. Ermäßigt besteuerter Arbeitslohn für mehrere Kalenderjahre (ohne 9.) und ermäßigt besteuerte Entschädigungen		

19. Steuerpflichtige Entschädigungen und Arbeitslohn für mehrere Kalenderjahre, die nicht ermäßigt besteuert wurden - in 3. enthalten		

Sollte der ArbG ausnahmsweise den möglicherweise ermäßigt besteuerbaren Arbeitslohn nicht in der Zeile 9 oder 10 eintragen, kann bei der ESt-Veranlagung dennoch die Fünftelungsregelung beantragt werden. An der fehlenden Bescheinigung scheitert dies nicht. Allerdings dürften die betreffenden Sachverhalte ohne genaue Prüfung der Lohnabrechnungen und ohne exakte Sachverhaltsermittlung nicht erkennbar sein.

d) Blick in den Vordruck zur Einkommensteuererklärung 2025 (Anlage N)

Blick in den Erklärungsvordruck 2025

16	Versorgungsbezüge für mehrere Kalenderjahre laut Nr. 9 der Lohnsteuerbescheinigung (im Bruttoarbeitslohn laut Zeile 5 enthalten)	209	,–	219	,–	e
17	**Arbeitslohn für mehrere Jahre, Entschädigungen** (z. B. Abfindungen) laut Nr. 10 der Lohnsteuerbescheinigung (im Bruttoarbeitslohn laut Zeile 5 enthalten)			165	,–	e

Da solche Arbeitslohnteile von ArbG im LSt-Abzugsverfahren nicht mehr ermäßigt besteuert werden können, entfallen auch die im Erklärungsvordruck 2024 noch enthaltenen Eintragungszeilen.

Die wertmäßigen Eintragungen ergeben sich im Regelfall aus der LSt-Bescheinigung.

WK zum Arbeitslohn für mehrere Jahre und zu Entschädigungen sind bei der Ermittlung der ermäßigten Besteuerung zu berücksichtigen.

---

38 BMF-Schr. v. 8.9.2023 – IV C 5 - S 2533/19/10030:005, BStBl I 2023, 1653

Blick in den Erklärungsvordruck 2025

Werbungskosten in Sonderfällen

– Die in den Zeilen 78 bis 81 erklärten Werbungskosten dürfen nicht in den Zeilen 27 bis 77 und in der **Anlage N-Doppelte Haushaltsführung** enthalten sein. –

Zeile			EUR
	Werbungskosten zu steuerbegünstigten Versorgungsbezügen laut Zeile 11 Art der Aufwendungen		
78		682	,–
	Werbungskosten zu steuerbegünstigten Versorgungsbezügen für mehrere Jahre laut Zeile 16 Art der Aufwendungen		
79		659	,–
	Werbungskosten zu Arbeitslohn für mehrere Jahre, Entschädigungen laut Zeile 17 Art der Aufwendungen		
80		660	,–
81	Werbungskosten zu steuerfreiem Arbeitslohn laut den Zeilen 21 und 22 (**Summe** aus den Zeilen 59 und 64 **aller Anlagen N-AUS**)	657	,–

Praxishinweis

Allein der Bezug einer i.R.d. Veranlagung ermäßigt zu versteuernden Entschädigung löst keinen Pflichtveranlagungstatbestand aus. Entsprechendes gilt für Einkünfte für eine mehrjährige Tätigkeit. Dies ist auch für die Frage des Eintritts der Festsetzungsverjährung bedeutsam, da bei Antragsveranlagungen keine Anlaufhemmung gewährt wird.[39]

Exkurs: Festsetzungsfrist und ESt-Erklärung 2025

	Antragsveranlagung	**Pflichtveranlagung**
Beginn	Mit Ablauf des 31.12.2025	Mit Ablauf des 31.12.2025 + längstens 3 Jahre = 31.12.2028
Dauer	4 Jahre	4 Jahre
Regulärer Ablauf	31.12.2029	31.12.2032

39 Zur Festsetzungsfrist bei Unterlassen einer Erklärungsabgabe siehe BFH-Urt. v. 14.5.2025 – VI R 14/22, DStR 2025, 2619

II. Dienstwagen/Geschäftswagen

Nachfolgend werden aktuelle Entwicklungen zur Thematik „Dienstwagen/Geschäftswagen", die für die Erstellung der ESt-Erklärung 2025 sowohl für ArbN als auch Gewinnerzieler bedeutsam sind, erläutert.

1. Grundsätzliches

Der Sachbezug aus der Gestellung eines Dienstwagens für private Zwecke und für Wege zwischen Wohnung und erster Tätigkeitsstätte kann bei einem ArbN entweder nach der

- pauschalen Wertermittlungsmethode (sog. **1%-Regelung**) oder
- individuellen Wertermittlungsmethode (sog. **Fahrtenbuchmethode**)

bewertet werden.[40]

Die pauschalen Nutzungswerte werden grds. unabhängig von den entstandenen Kosten angesetzt. Der geldwerte Vorteil kann im Einzelfall die insgesamt für den Dienstwagen entstandenen Kosten übersteigen. Kann dies nachgewiesen werden, sind max. die Gesamtkosten als geldwerter Vorteil anzusetzen **(Kostendeckelung)**.[41] Entsprechendes gilt auch für Geschäftswagen.[42]

Eine weitere Besonderheit ist bei Geschäftswagen zu beachten: Wird der Geschäftswagen mit einer **dauerhaften**[43] betrieblichen Nutzung von mind. 10 %, aber max. 50 % dem BV zugeordnet **(gewillkürtes BV)**, sind die **vollständigen Kfz-Aufwendungen** als **BA** abziehbar und im Gegenzug ist eine den Gewinn erhöhende **Entnahme** in Gestalt der **privaten Kfz-Nutzung** zu erfassen.

---

40 § 8 Abs. 2 S. 2 - 5 EStG
41 BMF-Schr. v. 3.3.2022 – IV C 5 - S 2339/21/10004:001, BStBl I 2022, 232, Rz 8
42 Siehe hierzu auch BFH-Urt. v. 15.5.2018 – X R 28/15, BStBl II 2018, 712
43 Vgl. BFH-Urt. v. 12.3.2024 – VIII R 1/21, BStBl II 2024, 633

Die private Kfz-Nutzung ist mit den anteiligen, auf die Privatnutzung entfallenden, **tatsächlichen Selbstkosten** zu **bewerten**.[44] Die 1%-Regelung kommt nicht zur Anwendung; auch bedarf es nicht der Führung eines ordnungsgemäßen Fahrtenbuchs.

Bei Ermittlung der nicht abziehbaren BA für Fahrten zur (ersten) Betriebsstätte und für wöchentliche Familienheimfahrten i.R.e. betrieblich begründeten doppelten Haushaltsführung sind ebenso die tatsächlichen, auf diese Fahrten entfallenden, Kosten heranzuziehen.[45] Diese Kosten können max. in Höhe der ansonsten als WK abziehbaren Aufwendungen – ermittelt nach den Grundsätzen der Entfernungspauschale – geltend gemacht werden.

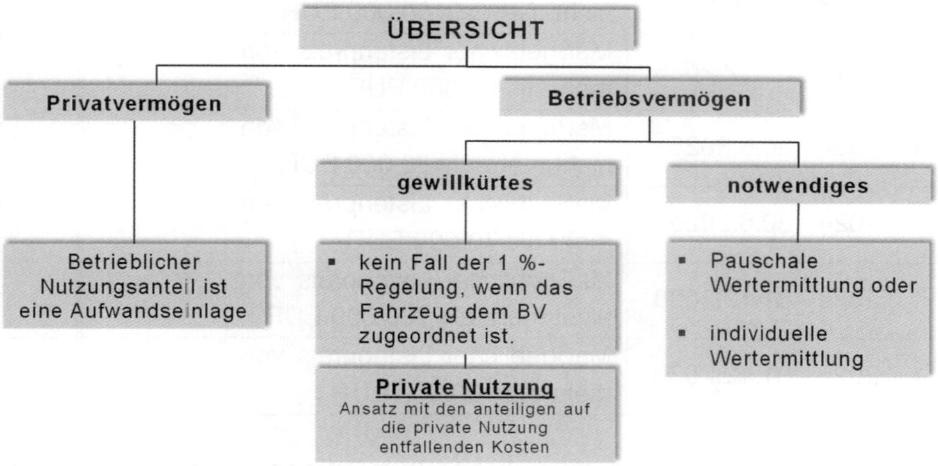

---

44 § 6 Abs. 1 Nr. 4 S. 1 EStG; BMF-Schr. v. 18.11.2009 – IV C 6 - S 2177/07/10004, BStBl I 2009, 1326 unter Berücksichtigung der Änderungen durch das BMF-Schr. v. 15.11.2012 – IV C 6 - S 2177/10/10002, BStBl I 2012, 1099, Rz 31; zur Gesamtkostenermittlung siehe auch die nachfolgenden Ausführungen

45 § 4 Abs. 5 S. 1 Nr. 6 S. 3 2. Alternative EStG; diese Bewertungsvorschrift gilt auch für Einnahme-Überschuss-Rechner: § 6 Abs. 7 Nr. 2 EStG

2. Elektromobilität

Elektrofahrzeuge und Hybridelektrofahrzeuge werden bei der Erfassung eines geldwerten Vorteils nach der pauschalen Wertermittlungsmethode mit einem geminderten inländischen Listenpreis (brutto) angesetzt.

a) Übersicht: Elektrofahrzeuge

Anschaffungs-zeitraum[46]	Voraussetzung	Anzusetzender Bruchteil
1.1.2019 - 31.12.2023	Maßgeblicher Listenpreis von nicht mehr als 60.000 EUR	¼
1.1.2019 - 31.12.2023	Maßgeblicher Listenpreis von mehr als 60.000 EUR	½
1.1.2024 - 30.6.2025	Maßgeblicher Listenpreis von nicht mehr als 70.000 EUR	¼
1.1.2024 - 30.6.2025	Maßgeblicher Listenpreis von mehr als 70.000 EUR	½
1.7.2025 - 31.12.2030	Maßgeblicher Listenpreis von nicht mehr als 100.000 EUR	¼
1.7.2025 - 31.12.2030	Maßgeblicher Listenpreis von mehr als 100.000 EUR	½

Durch das **Gesetz für ein steuerliches Investitionssofortprogramm zur Stärkung des Wirtschaftsstandorts Deutschland** hat der Gesetzgeber für Elektrofahrzeuge, die ab 1.7.2025 erworben bzw. geleast werden, die Listenpreisgrenze für die Anwendung der ¼-Regelung auf 100.000 EUR erhöht.[47]

Praxishinweis

Bei Anwendung der sog. Fahrtenbuchregelung wird als Ausgleich für die Reduzierung des inländischen Listenpreises bei E-Fahrzeugen der Leasingaufwand bzw. die Fahrzeugabschreibung bei **Ermittlung der Gesamtkosten** nur anteilig berücksichtigt.[48] Entsprechendes dürfte gelten, wenn die Gesamtkosten bei einem dem **gewillkürten BV** zuzurechnenden Geschäftswagen zu ermitteln sind.[49] Die FinVerw hat sich hierzu bislang nicht geäußert. Es bleibt abzuwarten, ob sie diese Auffassung übernehmen wird.

---

46 Entsprechendes gilt in Leasingfällen
47 § 6 Abs. 1 Nr. 4 S. 2 Nr. 3 und S. 3 Nr. 3 EStG
48 § 6 Abs. 1 Nr. 4 S. 3 EStG
49 *Seifert*, NWB 33/2025, 2248

b) Übersicht: Hybridelektrofahrzeuge

Anschaffungs-zeitraum	Voraussetzung	Anzusetzen-der Bruchteil
1.1.2019 - 31.12.2021	Kohlendioxidemission höchstens 50 g/km oder Mindestreichweite von 40 km	½
1.1.2022 - 31.12.2024	Kohlendioxidemission höchstens 50 g/km oder Mindestreichweite von 60 km	½
1.1.2025 - 31.12.2030	Kohlendioxidemission höchstens 50 g/km oder Mindestreichweite von 80 km	½

3. Aktuelles zum ordnungsgemäßen Fahrtenbuch

Bei Anwendung der sog. Fahrtenbuchmethode muss neben der Ermittlung der gesamten Kfz-Kosten ein ordnungsgemäßes Fahrtenbuch geführt werden. I.Z.m. der Fahrtenbuchführung ist auf folgende aktuelle Rechtsprechung hinzuweisen:

Berufsgeheimnisträger können bei Vorlage eines Fahrtenbuchs[50] **Schwärzungen** vornehmen, soweit diese Schwärzungen erforderlich sind, um die Identität von Steuerpflichtigen zu schützen.

In dem Entscheidungsfall des FG Hamburg[51] wurde das von einem Rechtsanwalt geführte Fahrtenbuch trotzdem als nicht ordnungsgemäß angesehen, weil die Eintragungen in der Spalte „Grund der Fahrt, besuchte Firmen/Personen" mit Ausnahme von drei Fahrten für alle geschäftlichen Fahrten geschwärzt wurden.

Praxishinweis

Dass ein Rechtsanwalt bei nahezu jeder geschäftlichen Fahrt geheimhaltungsbedürftige Daten in sein Fahrtenbuch einträgt, erscheint dem FG Hamburg äußerst ungewöhnlich. Die Schwärzungen müssten nachvollziehbar erklärt werden. Da diese Erklärung unterblieben sei, habe das FA die 1%-Regelung auf das dem notwendigen

---

50 § 6 Abs. 1 Nr. 4 S. 3 EStG

51 FG Hamburg, Urt. v. 13.11.2024 – 3 K 111/21, EFG 2025, 394, Rev. eingelegt, Az des BFH: VIII R 35/24

BV zuzurechnende Geschäftsfahrzeug zu Recht angewandt. Die abschließende Entscheidung des BFH in dem anhängigen Revisionsverfahren bleibt abzuwarten.

4. Aktuelles zur Gesamtkostenermittlung

Die Ermittlung der Kfz-Gesamtkosten ist bedeutsam für die Ermittlung des privaten Nutzungsvorteils eines dem gewillkürten BV zuzurechnenden Geschäftswagens oder wenn bei notwendigem BV des Geschäftswagens oder bei einem Dienstwagen die sog. Fahrtenbuchmethode angewandt wird. Auch bei Anwendung der Kostendeckelung sind die Kfz-Gesamtkosten zu ermitteln.

Praxishinweis

Der BFH hat mit Urteil vom 15.12.2022[52] betont, dass die Gesamtkosten und somit auch die Treibstoffkosten für das gesamte (Nutzungs-)Jahr belegmäßig zu ermitteln seien. Eine Schätzung der Kfz-Kosten des Jahres aufgrund einer Kostenermittlung für drei Monate sei unzulässig.

Bei Ermittlung der Gesamtkosten sind folgende Besonderheiten zu beachten:

- **Sonderabschreibungen** sind bei der Gesamtkostenermittlung nicht zu berücksichtigen.[53] Bei der neuen E-Fahrzeugabschreibung[54] handelt es sich zwar nicht um eine Sonderabschreibung; diese dürfte bei der Gesamtkostenermittlung gleichwohl nicht zu übernehmen sein.[55]
- Bei der Gesamtkostenermittlung können demzufolge nicht die Fibu-Aufwendungen übernommen werden; es bedarf einer **Schattenberechnung**.
- Bei der Schattenberechnung ist die **Kfz-Abschreibung** nur durch eine gleichmäßige Verteilung über die betriebsgewöhnliche Nutzungsdauer zu erfassen. Für die **periodengerechte Verteilung** hat sich der BFH auch bei Verteilung der **Leasingsonderzahlungen** über den Leasingzeitraum ausgesprochen.[56] Als betriebsgewöhnliche **Nutzungsdauer** dürfte – wie auch bei Dienstwagen[57] und unabhängig von der i.R.d.

---

52 BFH-Urt. v. 15.12.2022 – VI R 44/20, BStBl II 2023, 442

53 BMF-Schr. v. 18.11.2009 – IV C 6 - S 2177/07/10004, BStBl I 2009, 1326, Rz 32, unter Berücksichtigung der Änderungen durch das BMF-Schr. v. 15.11.2012 – IV C 6 - S 2177/10/10002, BStBl I 2012, 1099

54 Vgl. § 7 Abs. 2a EStG

55 *Seifert*, NWB 33/2025, 2248

56 BFH-Urt. v. 21.11.2024 – VI R 9/22, BStBl II 2025, 626; BFH-Urt. v. 12.3.2024 – VIII R 1/21, BStBl II 2024, 633

57 BMF-Schr. v. 3.3.2022 – IV C 5 - S 2334/21/1004:001, BStBl I 2022, 232, Rz 34

Buchhaltung gewählten Abschreibungsdauer – von **acht Jahren** auszugehen sein.

- Bei **E-Fahrzeugen** ist zur Ermittlung der relevanten Gesamtkosten ein Abschlag von der Kfz-Abschreibung oder von den Leasingkosten zu berücksichtigen. Bei Bewertung der Kfz-Nutzungsentnahme dürfte für auch privat nutzbare E-Fahrzeuge des gewillkürten BV – unter entsprechender Anwendung von § 6 Abs. 1 Nr. 4 S. 3 EStG – ein Kostenabschlag von den Abschreibungen bzw. den vergleichbaren Aufwendungen (Leasingraten) in Abhängigkeit von der Höhe des inländischen Bruttolistenpreises und des Anschaffungszeitpunkts zulässig sein.

Beispiel

Erwerb eines E-Geschäftswagens am 1.7.2025. Die AK betragen 100.000 EUR (maßgeblicher Kfz-Listenpreis: 120.000 EUR). Die laufenden Kfz-Kosten – ohne Abschreibung – betragen 2025 insg. 2.000 EUR. Der E-Geschäftswagen wird zu 60 % privat genutzt und als gewillkürtes BV aktiviert. Umsatzsteuerliche Aspekte sollen außer Acht gelassen werden.

Betriebsausgaben 2025 lt. Finanzbuchhaltung:

Abschreibung nach § 7 Abs. 2a EStG	75.000 EUR
Laufende Kfz-Kosten	2.000 EUR
Summe	77.000 EUR

Lösung

Wird das Fahrzeug (betriebliche Nutzung mind. 10 %, max. 50 %) dem **gewillkürten BV** zugeordnet, sind die vollständigen Kfz-Aufwendungen als BA abziehbar und im Gegenzug ist eine den Gewinn erhöhende Entnahme in Gestalt der privaten Kfz-Nutzung zu erfassen.

Der **private Nutzungsanteil** ist mit den anteilig auf die Privatnutzung entfallenden tatsächlichen Selbstkosten zu bewerten.[58] Die 1%-Regelung kommt nicht zur Anwendung; auch bedarf es nicht der Führung eines ordnungsgemäßen Fahrtenbuchs.

Praxishinweis

Der Umfang der betrieblichen Nutzung kann durch eine formlose Aufzeichnung über einen repräsentativen Zeitraum von i.d.R. drei Monaten glaubhaft gemacht werden.[59]

---

58 § 6 Abs. 1 Nr. 4 S. 1 EStG; BMF-Schr. v. 18.11.2009 – IV C 6 - S 2177/07/10004, BStBl I 2009, 1326, Rz 31, unter Berücksichtigung der Änderungen durch das BMF-Schr. v. 15.11.2012 – IV C 6 - S 2177/10/10002, BStBl I 2012, 1099

59 BMF-Schr. v. 18.11.2009 – IV C 6 - S 2177/07/10004, BStBl I 2009, 1326, Rz 4

Bei der Bewertung dieser Kfz-Nutzungsentnahme dürfte für auch privat nutzbare E-Fahrzeuge des gewillkürten BV – unter entsprechender Anwendung von § 6 Abs. 1 Nr. 4 S. 3 EStG – ein Kostenabschlag von den Abschreibungen bzw. den vergleichbaren Aufwendungen (Leasingraten) in Abhängigkeit von der Höhe des inländischen Bruttolistenpreises und des Anschaffungszeitpunkts zulässig sein.[60] Die FinVerw hat sich hierzu bislang nicht geäußert; es bleibt abzuwarten, ob sie dieser Rechtsauslegung folgen wird.

Der Kostenabschlag beträgt 50 % der Abschreibung, weil der maßgebliche Listenpreis des 2025 erworbenen E-Fahrzeugs 100.000 EUR übersteigt. Die laufenden Kosten werden in 100 %iger Höhe angesetzt.

Es stellt sich die Frage, ob die Aufwendungen lt. Finanzbuchhaltung für die Gesamtkostenermittlung zu übernehmen sind. Dies ist u.E. zu verneinen.[61] Es ist folgende Schattenberechnung durchführen:

Abschreibung
100.000 EUR : 8 Jahre = 12.500 EUR

davon 50 %	6.250 EUR
laufende Kfz-Kosten	+ 2.000 EUR
Summe	8.250 EUR
davon 60 % (private Nutzung)	4.950 EUR

5. Wann ist von einer privaten Fahrzeugnutzung auszugehen?

Grundsätzlich wird bei Geschäftswagen und bei privat nutzbaren Dienstwagen von einer **privaten Nutzung** ausgegangen, sodass ein privater Nutzungsvorteil bzw. eine private Nutzungsentnahme zu erfassen ist.

Praxishinweis

Bei sog. **Werkstattwagen** gehen die FinVerw und die Rechtsprechung demgegenüber davon aus, dass diese aufgrund ihrer objektiven Beschaffenheit und Einrichtung typischerweise so gut wie ausschließlich nur zur Beförderung von Gütern bestimmt sind.[62] Es wird unterstellt, dass Werkstattwagen **nicht** für die **private Nutzung** geeignet sind. Ob ein sog. Werkstattwagen oder ein privat nutzbares Kombinationsfahr-

60 *Seifert*, NWB 33/2025, 2248
61 Siehe vorherige Ausführungen
62 BFH-Urt. v. 31.5.2023 – X B 111/22, BFH/NV 2023, 958

zeug vorliegt, entscheidet sich nach den Umständen des Einzelfalls. Soll die Privatnutzung eines Werkstattwagens ausgeschlossen sein, sollten Beweisvorkehrungen (z.B. Fotos) getroffen werden, sofern kein weiteres privat genutztes Kfz vorhanden ist.[63] Bei ArbN-Werkstattwagen empfiehlt sich die schriftliche Vereinbarung eines privaten Nutzungsverbotes.[64]

Lohnsteuerlich wird ein **Nutzungsvorteil** in Form der Nutzungsmöglichkeit nur dann erfasst, wenn kein Privat-Nutzungsverbot vereinbart wurde.[65] Bei **Geschäftswagen** besteht die Möglichkeit der Vereinbarung eines privaten Nutzungsverbotes nicht. Vielmehr muss der **Anscheinsbeweis der Privatnutzung** durch einen Gegenbeweis entkräftet oder erschüttert werden. Für einen wirksamen Gegenbeweis müssen objektive Tatsachen vorgetragen werden, aus denen sich ein atypischer Geschehensablauf ableiten lässt. Die bloße Behauptung, eine private Nutzung habe nicht stattgefunden, reicht der Rechtsprechung nicht aus.

Praxishinweis

Für die Entkräftung des Anscheinsbeweises bedarf es keines ordnungsgemäßen Fahrtenbuchs;[66] ein substantiiertes Vortragen unter eventueller Hinzunahme von handschriftlichen Fahraufzeichnungen reicht aus. Die Entkräftung des Anscheinsbeweises der Privatnutzung erweist sich in der Praxis als schwierig und streitanfällig.

Ohne (ordnungsgemäßes) Fahrtenbuch kann der Anscheinsbeweis der Privatnutzung i.d.R. nur entkräftet werden, wenn ein in Status und Gebrauchswert dem betrieblich genutzten Kfz **vergleichbares Privatfahrzeug** ständig und uneingeschränkt zur Privatnutzung zur Verfügung steht.[67]

Praxishinweis

Bei einer Gleichwertigkeit der Fahrzeuge ist keine nachvollziehbare Veranlassung ersichtlich, für Privatfahrten das Dienstfahrzeug zu nutzen.[68] Die Entkräftung scheidet aber durch ein dem (Sonder-)BV zugeordnetes Kfz aus. Es muss sich zwingend um ein gleichwertiges **Privat**fahrzeug handeln.

---

63 *Nöcker*, jurisPR-SteuerR 9/2024 Anm. 3
64 BMF-Schr. v. 3.3.2022 – IV C 5 - S 2334/21/10004:001, BStBl I 2022, 232, Rz 19 - 21
65 BMF-Schr. v. 3.3.2022 – IV C 5 - S 2334/21/10004:001, BStBl I 2022, 232, Rz 19 - 21
66 BFH-Urt. v. 22.10.2024 – VIII R 12/21, BStBl II 2025, 150
67 BFH-Urt. v. 16.1.2025 – III R 34/22, BStBl II 2025, 386
68 BFH-Urt. v. 22.10.2024 – VIII R 12/21 BStBl II 2025, 150, Rz 22

Die **Entkräftung des Anscheinsbeweises** der privaten Kfz-Nutzung spielt auch bei Erfassung einer **vGA** eine bedeutsame Rolle. Wird einem ArbN – wozu auch der GmbH-Gesellschafter-Geschäftsführer zählt – ein Dienstwagen auch zur privaten Nutzung[69] zur Verfügung gestellt und mit einem privaten Nutzungsverbot belegt, scheidet i.d.R. die Erfassung eines lohnsteuerlichen Privatnutzungsvorteils aus. Das vereinbarte Nutzungsverbot verhindert aber das Vorliegen einer vGA nicht automatisch.[70]

Ein Privatnutzungsverbot, das zwischen einer GmbH und ihrem alleinigen Gesellschafter-Geschäftsführer vereinbart, aber nicht fremdüblich überwacht wird, ist nicht geeignet, den Anscheinsbeweis der Privatnutzung zu entkräften.[71] Auch insoweit dürften die zuvor erläuterten BFH-Grundsätze zur Entkräftung des Anscheinsbeweises der Privatnutzung bei Geschäftswagen anzuwenden sein. Die private Pkw-Nutzung ist dann gesellschaftsrechtlich und nicht dienstlich veranlasst (kein Arbeitslohn, sondern eine vGA).

Praxishinweis

Zudem hat das FG Münster[72] klargestellt, dass die private Nutzung eines Fahrzeugs i.R.e. vGA keine betriebliche Nutzung i.S.d. § 7g Abs. 6 Nr. 2 EStG darstellt. Wird das Fahrzeug außerhalb des Anstellungsverhältnisses überlassen, stellt die vGA eine für die Sonder-AfA schädliche Privatnutzung dar. Gegen diese Entscheidung ist ein Revisionsverfahren anhängig. Vergleichbare Sachverhalte sollten offengehalten werden.

6. Kürzung eines geldwerten Vorteils um vom Mitarbeiter getragene Eigenkosten

Der geldwerte Vorteil aus einer Dienstwagengestellung ist um Nutzungsentgelte zu mindern, die der ArbN an den ArbG für die außerdienstliche Dienstwagennutzung zahlt.

---

69 Siehe zur privaten Nutzungsmöglichkeit: FG Düsseldorf, Urt. v. 30.6.2025 – 14 K 1478/22 L,H(L), EFG 2025, 1443 (Rechtskraft unbekannt)

70 BMF-Schr. v. 3.3.2022 – IV C 5 - S 2334/21/10004:001, BStBl I 2022, 232, Rz 21 mit Verweis auf BMF-Schr. v. 3.4.2012 – IV C 2 - S 2742/08/10001, BStBl I 2012, 478

71 Hessisches FG, Urt. v. 24.1.2024 – 8 K 1129/20, NZB eingelegt, Az des BFH: I B 17/24

72 FG Münster, Urt. v. 28.4.2023 – 10 K 1193/20 K,G,F, EFG 2023, 1482, Rev. eingelegt, Az des BFH: I R 33/23

Gleiches gilt, wenn ArbN zeitraumbezogene Einmalzahlungen für die außerdienstliche Nutzung leisten, die AK für den betrieblichen Pkw tragen oder i.R.d. privaten Nutzung einzelne nutzungsabhängige Kosten übernehmen. Die Kostenübernahme muss vertraglich vereinbart sein.

Private Fähr-, Maut- oder Vignettenkosten mindern den geldwerten Vorteil jedoch nicht, weil sie von der 1%-Regelung nicht umfasst sind.[73]

Praxishinweis

Die aktuelle BFH-Entscheidung liegt auf der Linie der FinVerw. Auch nach dem BMF-Schreiben vom 3.3.2022[74] und dem BFH-Urteil vom 18.6.2024[75] lösen vom ArbN getragene Aufwendungen keine Minderung des geldwerten Vorteils aus der Überlassung eines Dienstwagens aus, die bei einer (hypothetischen) Kostentragung durch den ArbG kein Bestandteil dieses Vorteils und somit von der Abgeltungswirkung der 1%-Regelung nicht erfasst wären. Würde der ArbG solche Kosten übernehmen, begründete dies eigenständige geldwerte Vorteile, so der BFH.

Stellt ein ArbG seinem ArbN einen Dienstwagen auch zur privaten Nutzung zur Verfügung und entrichtet der ArbN ein Entgelt für einen Parkplatz, den der ArbN auf Grundlage einer mit dem ArbG getroffenen Vereinbarung vom ArbG an der ersten Tätigkeitsstätte anmietet, so mindert u.E. dieses Entgelt den geldwerten Vorteil aus der Dienstwagengestellung.

Sofern die Minderung des geldwerten Vorteils im LSt-Abzugsverfahren unterblieben ist, kann die Reduzierung i.R.d. ESt-Erklärung nachgeholt werden.

Offen ist, ob eine solche Minderung selbst dann vorzunehmen ist, wenn der Mitarbeiter nicht zur vertraglichen Anmietung und Nutzung eines solchen Parkplatzes verpflichtet ist.

Praxishinweis

Wegen eines beim BFH anhängigen Verfahrens sollten vergleichbare Sachverhalte offengehalten werden.[76]

---

73 BFH-Urt. v. 23.1.2025 – III R 33/24 (III R 50/17), BStBl II 2025, 516
74 BMF-Schr. v. 3.3.2022 – IV C 5 - S 2334/21/10004:001, BStBl I 2022, 232
75 BFH-Urt. v. 18.6.2024 – VIII R 32/20, BStBl II 2025, 168
76 FG Köln, Urt. v. 20.4.2023 – 1 K 1234/22, EFG 2024, 150, Rev. eingelegt, Az des BFH: VI R 7/23

7. Ladestrom: Häusliche Aufladung eines E-Fahrzeugs

a) Geschäftswagen

Wird ein betriebliches Elektro- oder Hybridelektrofahrzeug nicht ausschließlich im Betrieb, sondern auch an einer zur Wohnung gehörenden Steckdose/Ladevorrichtung aufgeladen, kann der betriebliche Nutzungsanteil an den ansonsten privaten Stromkosten grds. mit Hilfe eines gesonderten Stromzählers (stationär oder mobil) nachgewiesen werden.

Zum Nachweis des betrieblichen Nutzungsanteils an den ansonsten privaten Stromkosten werden Aufzeichnungen für einen repräsentativen Zeitraum von drei Monaten als ausreichend angesehen.

Neben dem Einkaufspreis für die verbrauchten kWh Strom ist auch ein zu zahlender Grundpreis anteilig zu berücksichtigen.

Praxishinweis

Aus **Vereinfachungsgründen** kann der betriebliche Nutzungsanteil der privaten Stromkosten auch mit den lohnsteuerlichen Pauschalen angesetzt werden.[77] Zur Unterscheidung der anzuwendenden Pauschale ist anstelle jeder zusätzlichen Lademöglichkeit an einer ortsfesten Einrichtung des lohnsteuerlichen ArbG auf die zusätzliche Lademöglichkeit in der Betriebsstätte abzustellen.

Übersicht der pauschal ermittelten Stromkosten[78]

Pauschalwerte v. 1.1.2021 - 31.12.2025

Mit zusätzlicher Lademöglichkeit im Betrieb	
Elektrofahrzeuge	30 EUR / mtl.
Hybridelektrofahrzeuge	15 EUR / mtl.

Ohne zusätzliche Lademöglichkeit im Betrieb	
Elektrofahrzeuge	70 EUR / mtl.
Hybridelektrofahrzeuge	35 EUR / mtl.

[77] BMF-Schr. v. 29.9.2020 – IV C 5 - S 2334/19/10009:004, BStBl I 2020, 972

[78] BMF-Schr. v. 5.11.2021 – IV C 5 - S 2361/19/10008 :004, BStBl I 2021, 2205, Rz 20 i.V.m. BMF-Schr. v. 29.9.2020 – IV C 5 - S 2334/19/10009:004, BStBl I 2020, 972

Praxishinweis

Vor dem Hintergrund der gestiegenen Stromkosten dürfte sich eine Ermittlung der tatsächlichen Stromkosten und des tatsächlichen Stromverbrauchs anbieten.

b) Dienstwagen

ArbG können die vom ArbN privat getragenen Stromkosten für einen Dienstwagen als Auslagenersatz steuerfrei erstatten. Sofern der ArbG keine Kosten für Ladestrom erstattet, mindern die vom ArbN selbst getragenen Kosten den geldwerten Vorteil aus der Dienstwagengestellung.

Für die Minderung des geldwerten Vorteils können die zuvor dargestellten pauschalen Stromkosten herangezogen werden.

Beispiel

Der elektronisch übertragene Arbeitslohn 2025 beträgt 60.000 EUR. Darin sind geldwerte Vorteile aus einer Gestellung eines Dienstwagens (Elektrofahrzeug mit einem inländischen Listenpreis im Zeitpunkt der Erstzulassung von nicht mehr als 70.000 EUR[79]) von 6.000 EUR enthalten. Der ArbN hat keine Stromlademöglichkeit im Betrieb und es wurden ihm vom ArbG keine privat getragenen Stromkosten erstattet. Die für den Dienstwagen privat getragenen Kosten werden nicht einzeln ermittelt. Aufgrund einer Vereinbarung zwischen dem ArbG und dem ArbN hat der Mitarbeiter die häuslichen Ladekosten selbst zu tragen.

Lösung

Die für den Dienstwagen privat getragenen Stromkosten lösen eine Minderung des geldwerten Dienstwagenvorteils aus. Der elektronisch übertragene Arbeitslohn ist i.R.d. Veranlagung zu korrigieren.

Berechnung

Elektronisch übermittelter Arbeitslohn	60.000 EUR
abzgl. privat getragene Stromkosten (70 EUR x 12 Monate)	- 840 EUR
korrigierter steuerpflichtiger Arbeitslohn	59.160 EUR

Praxishinweis

Die privat getragenen Stromkosten stellen keine WK dar. Damit wirkt sich die Minderung des Arbeitslohns selbst dann aus, wenn der ArbN-Pauschbetrag von 1.230 EUR zum Ansatz kommt. Die Korrektur des Arbeitslohns i.Z.m. der Dienstwagenbesteue-

[79] Fahrzeuganschaffung 2024

rung ist in Zeile 10 der Anlage N anzuzeigen. Gleichzeitig sollte der Sachverhalt gegenüber dem FA mit Erklärungsabgabe erläutert werden. Das bisherige Freitextfeld sieht für solche Fälle ab 2025 keine Eintragungsmöglichkeit mehr vor, weil kein dort genannter Sachverhalt vorliegt.

Blick in den Erklärungsvordruck (Anlage N)

Angaben zum Arbeitslohn 47 / 48

Zeile		Summe Lohnsteuerbescheinigung(en) Steuerklasse 1-5	Summe Lohnsteuerbescheinigung(en) Steuerklasse 6 oder einer Urlaubskasse
4	Steuerklasse	168	
		EUR Ct	EUR Ct
5	Bruttoarbeitslohn einschließlich Sachbezüge	110	111
6	Lohnsteuer	140	141
7	Solidaritätszuschlag	150	151
8	Kirchensteuer des Arbeitnehmers	142	143
9	Nur bei Konfessionsverschiedenheit: Kirchensteuer für den Ehegatten / Lebenspartner	144	145
10	In Zeile 5 wurde ein von der Lohnsteuerbescheinigung abweichender Bruttoarbeitslohn wegen einer Korrektur der Firmenwagenbesteuerung erklärt.	197	1 = Ja

Blick in den Erklärungsvordruck (Hauptvordruck ESt 1A)

Ergänzende Angaben zur Steuererklärung 86

Eine Eintragung ist in Zeile 37 nur vorzunehmen, wenn einer der dort genannten Sachverhalte vorliegt. In diesem Fall erläutern Sie bitte diese Sachverhalte in den **„Ergänzenden Angaben zur Steuererklärung“**. Die ergänzenden Angaben werden gesondert geprüft. Dies kann die Bearbeitungsdauer verlängern. Falls Sie mit der Abgabe der Steuererklärung lediglich Belege und Aufstellungen übermitteln, ist in Zeile 37 keine Eintragung vorzunehmen.

37 In dieser Steuererklärung 500
1 = konnten steuererhebliche Sachverhalte nicht erklärt werden.
2 = wird bewusst eine von der Verwaltungsauffassung abweichende Rechtsauffassung vertreten.
3 = sollen Sachverhalte personell vertieft geprüft werden.
4 = liegen mehrere der vorgenannten Gründe vor (Mehrfachauswahl).

Hinweis: Bitte übermitteln Sie Ihre ergänzenden Angaben nur für die vorstehend genannten Sachverhalte mit einer gesonderten Anlage mit der Überschrift **„Ergänzende Angaben zur Steuererklärung“**.

c) Ladestromregelung ab 2026

Nach dem neuen BMF-Schreiben vom 11.11.2025[80] entfällt ab 2026 die Möglichkeit auf Grundlage der bisherigen Pauschalen abrechnen zu können. Dies dürfte über die Dienstwagen hinaus auch für Geschäftswagen gelten. Es ist davon auszugehen, dass das maßgebliche BMF-Schreiben vom 5.11.2021[81] angepasst werden wird.

(1) Ermittlung der tatsächlichen Stromkosten und der Strommenge

Zunächst ist die verbrauchte **Strommenge** für das häusliche Aufladen eines (Hybrid)Elektrodienstwagens zu ermitteln, z.B. durch gesonderte stationäre

---

[80] BMF-Schr. v. 11.11.2025 – IV C 5 - S 2334/00087/014/013, DStR 2025, 2673

[81] BMF-Schr. v. 5.11.2021 – IV C 5 - S 2361/19/10008 :004, BStBl I 2021, 2205, Rz 20

oder mobile Stromzähler (bspw. wallbox- oder fahrzeuginternen Stromzähler).

Zudem ist der Strompreis für die verbrauchte Strommenge zu ermitteln. Hierfür ist in der Regel der individuelle (feste) Strompreis aus dem Vertrag des ArbN mit dem Stromanbieter zzgl. einem entsprechenden Anteil an einem zu zahlenden Grundpreis maßgeblich.

Praxishinweis

Der Strompreis ist durch Vertrag nachzuweisen. Ein Eigenbeleg reicht der FinVerw nicht aus.

Die FinVerw hat keine Bedenken, zur Ermittlung der vom ArbN selbst getragenen Stromkosten aus der Nutzung einer häuslichen Ladevorrichtung mit dynamischem Stromtarif die durchschnittlichen monatlichen Stromkosten je kWh einschließlich Grundpreis zugrunde zu legen.

Nutzt der ArbN eine häusliche Ladevorrichtung und lädt er den (Hybrid)Elektrodienstwagen mit eigenproduziertem Strom auf, müssen nicht die HK des selbst produzierten Stroms ermittelt werden. Nach Auffassung der FinVerw bestehen keine Bedenken, wenn zur Ermittlung der häuslichen Ladestromkosten auf den vertraglichen (bei Nutzung eines dynamischen Stromtarifs auf den durchschnittlichen monatlichen) Stromkostentarif des Stromanbieters für den Haushalt des ArbN abgestellt und dabei ein ggf. zu zahlender Grundpreis anteilig mitberücksichtigt wird.

Praxishinweis

Das Entgelt für die Aufladung des (Hybrid)Elektrodienstwagens mit eigenproduziertem Strom löst aufgrund der Steuerfreiheit nach § 3 Nr. 72 EStG keine steuerpflichtige Betriebseinnahme aus. Auch eine USt-Pflicht wird i.d.R. wegen der Anwendung der Kleinunternehmerregelung nicht ausgelöst.

(2) Besonderheit: Stromkostenpauschale

Die FinVerw hat nach Wegfall der bisherigen Monatspauschalen keine Bedenken, den Strompreis mit einem pauschalen Wert zu schätzen. Dies soll die Ermittlung der Höhe des steuerfreien Auslagenersatzes vereinfachen.

Praxishinweis

Die sog. Stromkostenpauschale entbindet jedoch nicht von der Ermittlung der Strommenge.

Es bestehen für die FinVerw in allen Anwendungsfällen (einschließlich der Anwendung bei dynamischem Stromtarif und bei Nutzung einer privaten Photovoltaik-Anlage) keine Bedenken, den vom Statistischen Bundesamt halbjährlich veröffentlichten Gesamtstrompreis für private Haushalte[82] zugrunde zu legen. Dabei ist für das gesamte Kj auf den für das 1. Halbjahr des Vorjahres veröffentlichte Gesamtdurchschnittsstrompreis inkl. Steuern, Abgaben und Umlagen für das gesamte laufende Jahr bei einem Gesamtverbrauch von 5.000 kWh bis unter 15.000 kWh abzustellen. Dieser ist auf volle Cent abzurunden; die Stromkostenpauschale beträgt daher 2026 0,34 EUR/kWh.

Praxishinweis

Durch die Strompreispauschale sind sämtliche Stromkosten des ArbN aus der Nutzung einer häuslichen Ladevorrichtung für den Ladestrom abgegolten. Eine zusätzliche Berücksichtigung der anhand von Belegen nachgewiesenen tatsächlichen Kosten für den von einem Dritten (z.B. an einer Ladesäule) bezogenen Ladestrom ist zudem möglich.[83]

Das Wahlrecht zwischen den tatsächlichen Stromkosten und der Strompreispauschale muss im Übrigen für ein Kj einheitlich ausgeübt werden (Jahrespauschale). Es ist davon auszugehen, dass die FinVerw mit diesen Ausführungen meint, dass das Wahlrecht je ArbN und je Dienstverhältnis einheitlich auszuüben ist. Ob das Wahlrecht je ArbN, je Dienstverhältnis und je (Hybrid)Elektrofahrzeug auszuüben ist, ergibt sich auch dem BMF-Schreiben nicht eindeutig. Wie bei anderen lohnsteuerlichen Regelungen dürfte eine neue Wahlrechtsausübung bei einem im Laufe eines Jahres neu gestellten Dienstwagen zulässig sein. Eine Stellungnahme der FinVerw bleibt abzuwarten.

Zusammenfassendes Beispiel

Der ArbN, der 2026 zur Stromerzeugung eine private Photovoltaikanlage nutzt und zusätzlich Strom von einem Stromversorger zum Preis von 0,28 EUR/kWh (brutto) zzgl. 20 EUR Grundgebühr/Monat (brutto) bezieht, weist durch Aufzeichnungen für das Aufladen seines Elektrodienstwagens eine aufgeladene Strommenge von 3.000 kWh nach. Die jährlich verbrauchte Gesamtstrommenge beträgt 6.000 kWh.

Lösung

Für die Abrechnung ist entweder für das gesamte Kj der vertragliche monatliche Stromkostentarif einschließlich anteiligem Grundpreis oder die Strompreispauschale zugrunde zu legen.

---

82 „Gesamtpreis in Cent pro Kilowattstunde Haushalte insgesamt“

83 BMF-Schr. v. 11.11.2025 – IV C 5 - S 2334/00087/014/013, DStR 2025, 2673, Rz 31

Abrechnung aufgrund des individuellen Stromkostentarifs:

3.000 kWh x 0,28 EUR =	840 EUR
+	120 EUR Grundgebühr (50 % von 20 EUR x 12 Monate)
=	960 EUR

Abrechnung mittels Strompreispauschale:

3.000 kWh x 0,34 EUR = 1.020 EUR

Praxishinweis

Eine Ermittlung der regelmäßig wiederkehrend Aufwendungen für einen repräsentativen Zeitraum von drei Monaten dürfte zulässig sein.[84] Die FinVerw äußert sich hierzu in dem neuen BMF-Schreiben nicht ausdrücklich.

[84] R 3.50 Abs. 2 Satz 2 LStR

III. Reisekosten

1. Grundsätzliches

Reisekosten sind

- Fahrtkosten,
- Verpflegungsmehraufwendungen,
- Übernachtungskosten und Übernachtungsnebenkosten sowie
- Reisenebenkosten,

soweit diese durch eine beruflich veranlasste **Auswärtstätigkeit** des ArbN entstehen.[85] Am Ort der Auswärtstätigkeit darf sich keine erste Tätigkeitsstätte[86] befinden. Liegt am Tätigkeitsort eine erste Tätigkeitsstätte vor, kann allenfalls ein Kostenabzug nach den Grundsätzen der doppelten Haushaltsführung erfolgen.

Praxishinweis

Die FinVerw hat mit ergänztem BMF-Schreiben vom 25.11.2020[87] und in weiteren Verlautbarungen zu Anwendungseinzelfragen zur ab 2014 geltenden Rechtslage Stellung genommen.

Die FinVerw hat zudem in einem separaten BMF-Schreiben[88] zur Anwendung des steuerlichen Reisekostenrechts bei **Gewinneinkünften** Stellung bezogen. Eine Überarbeitung dieses Schreibens wurde mehrfach angekündigt. Tatsächlich erfolgte die Überarbeitung bislang jedoch nicht.

Nachfolgend wird auf die aktuellen Entwicklungen, die bei Erstellung der ESt-Erklärungen bedeutsam sind, hingewiesen.

85 R 9.4 S. 1 LStR 2023
86 § 9 Abs. 4 EStG
87 BMF-Schr. v. 25.11.2020 – IV C 5 - S 2353/19/10011:006, BStBl I 2020, 1228
88 BMF-Schr. v. 23.12.2014 – IV C 6 - S 2145/10/10005:001, BStBl I 2015, 26

2. Erste Tätigkeitsstätte – Aktuelle Entwicklungen

a) Blick ins Gesetz

Der Begriff der ersten Tätigkeitsstätte ist seit dem VZ 2014 in § 9 Abs. 4 EStG definiert.

§ 9 Abs. 4 S. 1 - 5 und S. 8 EStG

„(4) [1] Erste Tätigkeitsstätte ist die ortsfeste betriebliche Einrichtung des Arbeitgebers, eines verbundenen Unternehmens (§ 15 des Aktiengesetzes) oder eines vom Arbeitgeber bestimmten Dritten, der der Arbeitnehmer dauerhaft zugeordnet ist. [2] Die Zuordnung im Sinne des Satzes 1 wird durch die dienst- oder arbeitsrechtlichen Festlegungen sowie die diese ausfüllenden Absprachen und Weisungen bestimmt. [3] Von einer dauerhaften Zuordnung ist insbesondere auszugehen, wenn der Arbeitnehmer unbefristet, für die Dauer des Dienstverhältnisses oder über einen Zeitraum von 48 Monaten hinaus an einer solchen Tätigkeitsstätte tätig werden soll. [4] Fehlt eine solche dienst- oder arbeitsrechtliche Festlegung auf eine Tätigkeitsstätte oder ist sie nicht eindeutig, ist erste Tätigkeitsstätte die betriebliche Einrichtung, an der der Arbeitnehmer dauerhaft

1. *typischerweise arbeitstäglich tätig werden soll oder*
2. *je Arbeitswoche zwei volle Arbeitstage oder mindestens ein Drittel seiner vereinbarten regelmäßigen Arbeitszeit tätig werden soll.*

[5] Je Dienstverhältnis hat der Arbeitnehmer höchstens eine erste Tätigkeitsstätte. … [8] Als erste Tätigkeitsstätte gilt auch eine Bildungseinrichtung, die außerhalb eines Dienstverhältnisses zum Zwecke eines Vollzeitstudiums oder einer vollzeitigen Bildungsmaßnahme aufgesucht wird; die Regelungen für Arbeitnehmer nach Absatz 1 Satz 3 Nummer 4 und 5 sowie Absatz 4a sind entsprechend anzuwenden.“

Wann liegt eine erste Tätigkeitsstätte vor? Der Gesetzgeber unterscheidet zwei Fälle:

- Eine erste Tätigkeitsstätte liegt am Ort einer ortsfesten[89] betrieblichen Einrichtung vor, wenn der ArbN dieser dauerhaft zugeordnet ist.[90]
- Selbst ohne ausdrückliche Zuordnungsentscheidung des ArbG liegt eine erste Tätigkeitsstätte vor, wenn der ArbN dauerhaft am Ort einer betrieblichen Einrichtung in gesetzlich bestimmtem Umfang tätig werden soll.

b) Aktuelle Entscheidungsfälle

Leiharbeitnehmer: Bei einem **unbefristeten** Leiharbeitsverhältnis liegt keine dauerhafte Zuordnung des Leiharbeitnehmers beim Entleiher vor, weil nach dem AÜG eine dauerhafte Überlassung an den Entleiher verboten ist.[91] Dies gilt insb. für seit dem 1.4.2017 begründete Leiharbeitsverhältnisse, weil das AÜG seither bestimmt, dass derselbe Leiharbeitnehmer nicht länger als 18 aufeinander folgende Monate demselben Entleiher überlassen werden darf.[92] Diese gesetzliche Regelung wirkt sich auch steuerlich aus. Die Entscheidung zeigt, dass es nicht nur auf die arbeits- oder dienstrechtlichen Vereinbarungen zwischen dem ArbG und seinem Mitarbeiter ankommt.

Praxishinweis

Anzuwenden ist die neue BFH-Rechtsprechung in allen offenen Fällen; die Reaktion der FinVerw auf diese unliebsame Rechtsprechung bleibt abzuwarten. Zumindest eröffnet die BFH-Entscheidung neues Absetzungspotential.

Beispiel

Ein in Hannover wohnhafter Ingenieur wird zur Abwicklung eines Großauftrags von einer Zeitarbeitsfirma für 1 ½ Jahre eingestellt und an einen Entleiher zum Einsatz an der in Wolfsburg gelegenen Betriebsstätte entliehen. Der mit der Baufirma abgeschlossene ArbN-Überlassungsvertrag endet zeitgleich mit dem Arbeitsverhältnis zur Verleiherfirma.

---

89 Siehe hierzu weitergehend *Seifert*, NWB 2014, 3448

90 § 9 Abs. 4 S. 1 EStG

91 BFH-Urt. v. 17.6.2025 – VI R 22/23, BFH/NV 2025, 1651; Entsprechendes gilt für vor dem 1.4.2017 begründete Dienstverhältnisse: FG Düsseldorf, Urt. v. 20.11.2024 – 15 K 1490/24 E, EFG 2025, 165, rkr.

92 Vgl. § 1 Abs. 1b AÜG

Der Leiharbeitnehmer begründet vom ersten Tag der Tätigkeit in Wolfsburg seine erste Tätigkeitsstätte am Einsatzort des Entleihers.

Begründung: Er soll für die Dauer des (befristeten) Dienstverhältnisses nur beim Entleiher tätig werden.[93]

Eine Abrechnung nach Reisekostengrundsätzen scheidet aus; allenfalls kommt eine Abrechnung nach den Grundsätzen der doppelten Haushaltsführung in Frage.

Praxishinweis

Der arbeitsrechtliche Vorbehalt der Versetzungsmöglichkeit steht dem nicht entgegen. Wird der Leiharbeiter allerdings im Verlauf seines befristeten Arbeitsverhältnisses – aus welchem Grund auch immer – an einen anderen Einsatzort versetzt, kann dann eine Abrechnung nach Reisekostengrundsätzen erfolgen.[94] Denn an diesem Einsatzort mangelt es an einem dauerhaften Einsatz, weil dieser Einsatz nicht für die gesamte Dauer des befristeten Dienstverhältnisses Bestand hat.

Beispiel

Der Leih-ArbN ist zeitlich unbefristet beim Entleiher beschäftigt und wird bis auf weiteres an den Ort des Entleihers abgeordnet.

Zwar ergibt sich keine zeitliche Befristung aus der Vereinbarung zwischen dem ArbG und dem Mitarbeiter. Aufgrund der Regelung des AÜG kommt eine Überlassung aber max. für 18 Monate beim jeweiligen Entleiher in Frage, sodass der Einsatz am Sitz des Entleihers nach Reisekostenrecht abgerechnet werden kann.

Praxishinweis

Bei Ansatz der Reisekosten sind die Besonderheiten der jeweiligen Reisekostenart zu beachten. Der Abzug der Verpflegungspauschalen ist – weiterhin – auf die **ersten drei Monate** einer längerfristigen beruflichen Tätigkeit an derselben Tätigkeitsstätte beschränkt.[95] Eine Unterbrechung der beruflichen Tätigkeit an derselben Tätigkeitsstätte führt zu einem Neubeginn, wenn die Unterbrechung mindestens vier Wochen dauert.[96]

Wird dem ArbN anlässlich oder während einer Tätigkeit außerhalb seiner ersten Tätigkeitsstätte vom ArbG oder auf dessen Veranlassung von einem Dritten eine Mahlzeit zur Verfügung gestellt, sind die Verpflegungspauschalen zu kürzen:[97] Wichtig für

93 § 9 Abs. 4 S. 3 EStG und BFH-Urt. v. 10.4.2019 – VI R 6/17, BStBl II 2019, 5309
94 Vgl. BFH-Urt. v. 10.4.2019 – VI R 6/17, BStBl II 2019, 539
95 § 9 Abs. 4a S. 6 EStG
96 § 9 Abs. 4a S. 7 EStG
97 § 9 Abs. 4a S. 8 EStG

Leiharbeitnehmer ist eine Entscheidung des Nds. FG.[98] Danach liegt keine ArbG-Veranlassung i.S.d. § 9 Abs. 4a S. 8 EStG vor und eine Kürzung der Verpflegungsmehraufwendungen unterbleibt, wenn

– einem Leih-ArbN vom Entleiher i.R.e. Gemeinschaftsverpflegung unentgeltlich ein Kantinenessen zur Verfügung gestellt wird und

– der Entleiher mit dem Verleiher über die Mahlzeitengestellung nicht abrechnet.

Kettenabordnung: Ein Beamter, der im Wege einer Kettenabordnung an eine Ausbildungsstätte des Landes abgeordnet wird und dessen jeweils nur vorübergehende Abordnung von nicht mehr als 48 Monaten als „Versetzung" bezeichnet wird, löst keine erste Tätigkeitsstätte aus.[99] Im Entscheidungsfall sprach der Dienstherr zwar von einer „**Versetzung**", die allerdings befristet war. Vor diesem Hintergrund wurde eine steuerliche Reisekostenabrechnung zugelassen.

Praxishinweis

Es muss im Einzelfall geprüft werden, was ein Arbeitgeber unter „Versetzung" versteht. Ergibt sich aus Sicht des Steuerrechts aus der „**Versetzungsvereinbarung**" eine ausdrückliche zeitliche Befristung, wird am Tätigkeitsort keine erste Tätigkeitsstätte begründet. Der Hinweis auf eine „**voraussichtliche Verwendungsdauer**" ist keine zeitliche Befristung.[100]

Berufspilot/Flugbegleiter: Die Fahrten eines Berufspiloten zu einem vom ArbG zugewiesenen Stationierungsflughafen stellen Fahrten zwischen Wohnung und erster Tätigkeitsstätte dar. Das FG Köln[101] geht davon aus, dass der ArbN zumindest in geringem Umfang Tätigkeiten am Stationierungsflughafen erbracht hat, die er arbeitsvertraglich schuldet und die zu seinem ausgeübten Berufsbild gehören.

Das FG Köln ließ offen, ob die im Flughafengebäude ausgeführten Tätigkeiten (Briefing von einem mobilen Platz) für eine Tätigkeit i.S.d. § 9 Abs. 4 S. 1 EStG ausreichen. Nach Auffassung des FG Köln ist eine solche Tätigkeit zumindest die Tätigkeit des Klägers im Flugzeug bis zum Abheben von der Rollbahn (insb. das Übertragen der Flugdaten ins Flugzeugsystem).

98 Nds. FG, Urt. v. 13.5.2022 – 14 K 212/19, DStRE 2023, 856, rkr.
99 FG Münster, Urt. v. 2.9.2024 – 15 K 698/22 E, EFG 2024, 1968, rkr.
100 Hessisches FG, Urt. v. 17.1.2025 – 4 K 561/21, Juris, rkr.
101 FG Köln, Urt. v. 4.12.2024 – 12 K 1369/21, EFG 2025, 930, Rev. eingelegt, Az des BFH: VI R 4/25

Dem hat sich auch das FG Berlin-Brandenburg angeschlossen und bei einer Flugbegleiterin entschieden, dass sie am Stationierungsflughafen durch ihre Tätigkeit an Bord des auf dem Flughafens stehenden Flugzeugs an einer ortsfesten Tätigkeitsstätte tätig wird.[102]

Praxishinweis

Wegen der fortschreitenden Digitalisierung in Verbindung mit dem mobilen Arbeiten ist der Entscheidungsfall über den entschiedenen Einzelfall hinaus bedeutsam. Die Grundsatzfrage muss geklärt werden, wann eine mobile Tätigkeit in einer großen ArbG-Einrichtung (hier: Flughafen) eine Tätigkeit i.S.d. § 9 Abs. 4 EStG wird. Aufgrund des beim BFH anhängigen Verfahrens sollten vergleichbare Sachverhalte offengehalten werden. Zu klären ist zudem, ob die Tätigkeit in einem am (Flughafen-) Boden befindlichen Flugzeug als Tätigkeit an einer ortsfesten betrieblichen Einrichtung erbracht wird.[103]

Containerhafen: Für einen ausschließlich am Containerterminal in Bremerhaven[104] tätigen Hafenarbeiter mit Schwerpunkt auf Großgerätefunktion, der neben seiner Tätigkeit als Fahrer in verschiedenen Gebieten und Tätigkeitsfeldern des Hafens eingesetzt worden ist (auch auf Schiffen), stellt das Containerterminal in Bremerhaven eine „erste Tätigkeitsstätte" dar. Die Containerbrücken, die Liegeplätze für Containerschiffe, die Lagerplätze, die Betriebsgebäude bilden eine räumlich abgrenzbare funktionale betriebliche Einheit in Gestalt des Containerterminals Bremerhaven.[105]

Praxishinweis

Auch ein am Hafen Bremerhaven im Autoterminal eingesetzter Mitarbeiter arbeitet an einer großräumigen Tätigkeitsstätte, die räumlich das gesamte Betriebsgelände des ARbG umfasst.[106]

Studium: Als erste Tätigkeitsstätte gilt auch eine Bildungseinrichtung, die außerhalb eines Dienstverhältnisses zum Zwecke eines Vollzeitstudiums oder einer vollzeitigen Bildungsmaßnahme aufgesucht wird.[107] Von einem Vollzeit-

---

102 FG Berlin-Brandenburg, Urt. v. 18.9.2025 – 14 K 14094/23, Juris, Rev. eingelegt, Az des BFH: VI R 17/25

103 FG Berlin-Brandenburg, Urt. v. 18.9.2025 – 14 K 14094/23, Juris, Rev. eingelegt, Az des BFH: VI R 17/25 und FG Köln, Urt. v. 4.12.2024 – 12 K 1369/21, EFG 2025, 930, Rev. eingelegt, Az des BFH: VI R 4/25

104 Abgeschlossener, nicht öffentlich zugänglicher, vollständig umzäunter und videoüberwachter Sicherheitsbereich mit einer Terminalfläche von ca. 2,9 Mio. m^2, einer fast 5 km langen Stromkaje sowie 14 Liegeplätzen für Großcontainerschiffe, auf die sich 41 Containerbrücken verteilen

105 FG Bremen, Urt. v. 3.4.2025 – 1 K 99/23, Juris, rkr.

106 FG Bremen, Urt. v. 6.2.2025 – 1 K 39/23, EFG 2025, 1157, rkr.

107 § 9 Abs. 4 S. 8 EStG

studium geht der BFH nur dann aus, wenn das Studium nach der Studienordnung darauf ausgelegt ist, dass sich die Studierenden diesem – vergleichbar mit einem vollbeschäftigten ArbN – zeitlich vollumfänglich widmen müssen.[108]

Praxishinweis

Die FinVerw ging bislang davon aus, dass ein Vollzeitstudium – unabhängig von der Studiendauer – selbst dann vorliegt, wenn keiner Erwerbstätigkeit nachgegangen wird.[109] Diese Auffassung wendet die FinVerw aufgrund der Veröffentlichung der BFH-Rechtsprechung im BStBl in allen offenen Fällen nicht mehr an.

Beispiel

Die Stpfl. übt 2025 keine Erwerbstätigkeit aus. Die Stpfl. studiert an der Fernuniversität Hagen als Teilzeitstudierende. Der zeitliche Umfang beträgt wöchentlich rund 20 Stunden. Die Stpfl. begehrt i.R.d. ESt-Erklärung 2025 für 29 Fahrten zur Fernuniversität (277 km) WK nach Reisekostengrundsätzen.

Lösung

Die Fahrtkosten sind nach den Grundsätzen des steuerlichen Reisekostenrechts ansetzbar. Die Bildungseinrichtung löst keine erste Tätigkeitsstätte aus, weil diese nicht zum Zwecke eines Vollzeitstudiums aufgesucht wird. Weitere Reisekosten wie z.B. Reisenebenkosten (Parkgebühren) und Mehraufwendungen für Verpflegung sind ansetzbar.

Fahrten zum Vermietungsobjekt: Bei Beurteilung, ob die Fahrt zu einem Vermietungsobjekt nach der Entfernungspauschale oder nach dem Reisekostenrecht geltend gemacht werden kann, gelten die „ArbN-Regelungen" entsprechend.[110] Nach Auffassung des FG Münster[111] liegt eine „erste Tätigkeitsstätte" am Vermietungsobjekt, wenn der Stpfl. mind. 1/3 seiner regelmäßigen Arbeitszeit für das Vermietungsobjekt am Vermietungsobjekt selbst verrichtet. Das FG wendet für die Frage, ob am Mietobjekt eine „erste Tätigkeitsstätte" liegt, § 9 Abs. 4 S. 4 EStG entsprechend an. Im Entscheidungsfall führte dies zur Anwendung der Entfernungspauschale für die Fahrten zum Mietobjekt – einer Ferienwohnung –, da zu Hause aufgrund des eingesetzten Verwalters (fast) keine Tätigkeiten i.Z.m. dem Mietobjekt erbracht wurden und damit die 1/3-Grenze durch die Objektarbeiten erreicht wird.

---

108 BFH-Urt. v. 24.10.2024 – VI R 7/22, BStBl II 2025, 354

109 BMF-Schr. v. 25.11.2020 – IV C 5 - S 2353/19/10011:006, BStBl I 2020, 1228, Rz 34

110 § 9 Abs. 3 EStG

111 FG Münster, Urt. v. 15.5.2025 – 12 K 1916/21 F, EFG 2025, 1281, rkr.; s.a. FG Köln, Urt. v. 18.2.2020 – 1 K 1209/18, EFG 2020, 1068

Praxishinweis

Besonders war in dem Entscheidungsfall, dass nach den Arbeiten an dem Vermietungsobjekt – einer Ferienwohnung – dort Urlaub verbracht wurde. Das FG Münster nahm dies zum Anlass, die Entfernungspauschale nur anteilig nach dem Verhältnis zwischen Urlaubs- und Arbeitstagen zu berücksichtigen.

3. Fahrtkosten

a) Grundsätzliches

§ 9 Abs. 1 S. 3 Nr. 4a EStG sieht Regelungen zu Auswärtstätigkeitsfahrten vor, die keine Fahrten zu einem Sammelpunkt[112] bzw. zu einem weiträumigen Tätigkeitsgebiet[113] und auch keine Familienheimfahrten i.R.e. doppelten Haushaltsführung sind.

Praxishinweis

Ein Fahrtkostenabzug für Auswärtstätigkeiten scheidet aus, soweit die jeweilige Fahrt mit einem Firmenwagen oder i.R.e. unentgeltlichen Sammelbeförderung durchgeführt wurde.

Angesetzt werden können die tatsächlichen Kosten oder i.d.R. pauschale km-Sätze. Der Erklärungsvordruck enthält hierauf keinen Hinweis; dort werden nur die abziehbaren Fahrtkosten i.R.d. Auswärtstätigkeit in einer Summe eingetragen.

Die pauschalen km-Sätze betragen – unabhängig von der gestaffelten Entfernungspauschale – auch im VZ 2025:

Bei Benutzung	je Fahrt-km
eines Kraftfahrzeugs, insb. Pkw[114]	0,30 EUR
jedes anderen motorbetriebenen Fahrzeugs	0,20 EUR[115]

112 § 9 Abs. 1 S. 3 Nr. 4a S. 3 EStG
113 § 9 Abs. 1 S. 3 Nr. 4a S. 3 EStG
114 Es kommt nicht darauf an, ob es sich um ein Fahrzeug mit fossilen Brennstoffen oder ein E-Fahrzeug handelt.
115 U.E. gilt dieser Pauschalsatz auch bei Nutzung eines E-Scooters.

Praxishinweis

Ob die pauschalen km-Sätze ab 2026 wegen der Erhöhung der Pendlerpauschale ebenfalls angehoben werden, bleibt abzuwarten. Aufgrund der Kfz-Kostensteigerung der letzten Jahre kann sich die Ermittlung eines individuellen km-Satzes anbieten. Hierfür kann – so eine Vereinfachung der FinVerw – ein individueller km-Satz auf Grundlage der Gesamtkosten für einen Zeitraum von 12 Monaten ermittelt werden. Daneben muss die Jahresfahrleistung aufgezeichnet oder glaubhaft gemacht werden.[116] Die Führung eines ordnungsgemäßen Fahrtenbuchs ist nicht nötig. Der so ermittelte Km-Satz darf so lange angesetzt werden, bis sich die Verhältnisse wesentlich ändern (z.B. Ablauf des Abschreibungszeitraums).[117]

b) Blick in die aktuelle Rechtsprechung

Wird einem ArbN ein Fahrzeug von seinem ArbG überlassen, spricht der Beweis des ersten Anscheins für eine berufliche Nutzung des Dienstwagens – auch für „Dienstreisen". Gelingt dem ArbN der Nachweis, dass er seinen privaten Pkw für berufliche Auswärtstätigkeiten einsetzt, ist für diese Fahrten ein Fahrtkostenabzug zulässig.

Im Entscheidungsfall nutzte der Kläger ein privates Fahrzeug fast ausschließlich für Auswärtstätigkeiten und setzte hierfür Werbungskosten an, obwohl der ArbG ihm einen Dienstwagen zur Verfügung stellte. Der Dienstwagen durfte auch privat genutzt werden und wurde auch tatsächlich fast ausschließlich für Privatzwecke genutzt, da der Dienstwagen als Familienwagen geeignet war, der Privatwagen dagegen nicht.

Entgegen der Auffassung des FA ließ das Nds. FG mit Urteil vom 18.9.2024[118] einen WK-Abzug zu. Insb. sollen die durch die Über-Kreuz-Nutzung von Dienst- und Privatwagen ausgelösten WK keine nicht abziehbaren unangemessenen Aufwendungen auslösen.[119]

Praxishinweis

Gegen die Entscheidung des Nds. FG vom 18.9.2024[120] ist ein Revisionsverfahren vor dem BFH anhängig.[121] Lehnt das FA den Reisekostenabzug der Fahrtkosten ab,

---

[116] R 9.5 Abs. 1 S. 4 LStR 2023

[117] R 9.5 Abs. 1 S. 4 LStR

[118] Nds. FG, Urt. v. 18.9.2024 – 9 K 183/23, EFG 2025, 1067, Rev. eingelegt, Az des BFH: VI R 30/24

[119] Ablehnend: *Haversath*, EFG 2025, 1071 ff.

[120] Nds. FG, Urt. v. 18.9.2024 – 9 K 183/23, EFG 2025, 1067. Rev. eingelegt, Az des BFH: VI R 30/24

[121] Az des BFH: VI R 30/24

sollten vergleichbare Verfahren offengehalten werden. Um einen WK-Abzug erreichen zu können, ist u.E. eine Dokumentation der betrieblichen Fahrten notwendig.

4. Mehraufwendungen für Verpflegung

Mehraufwendungen für Verpflegung können nach Maßgabe von § 9 Abs. 4a EStG als WK geltend gemacht werden.

I.H.d. WK-Abzugs kann der ArbG einen steuerfreien Reisekostenersatz leisten.[122] Sofern der ArbG eine steuerfreie Erstattung leistet, mindert dies den möglichen WK-Abzug.[123]

Mehraufwendungen für Verpflegung (Inland)	**2025**[124]
Auswärtstätigkeit (ohne Übernachtung)	
Abwesenheit 8 Stunden oder weniger	0 EUR
Abwesenheit mehr als 8 Stunden	14 EUR

Auswärtstätigkeit (mit Übernachtung)	
Anreisetag	14 EUR
Abreisetag	14 EUR
Zwischentage	28 EUR

Das BMF hat neue **Auslandsreisekosten**, die ab 2025 zur Anwendung kommen, bekannt gegeben.[125] Mit neuen ab 2026 geltenden Auslandsreisekosten ist zu rechnen.

5. Übernachtungsnebenkosten

a) Grundsätzliches

Für Personen, die ihre berufliche Tätigkeit vorwiegend auf Kraftfahrzeugen ausüben (z.B. **Berufskraftfahrer**), bestimmt § 9 Abs. 1 S. 3 Nr. 5b EStG, welche Übernachtungsnebenkosten abziehbar sind.[126] Neben der am jewei-

122 § 3 Nr. 13 bzw. 16 EStG
123 § 3c EStG
124 Durch das Wachstumschancengesetz wurde keine Erhöhung der Mehraufwendungen für Verpflegung beschlossen. Anfangs waren Erhöhungen im Gespräch.
125 BMF-Schr. v. 2.12.2024 – IV C 5 - S 2353/19/10010:006, BStBl I 2024, 1549
126 Weitergehend *Seifert*, AktStR Spezial 2020, 45 f.

ligen Tag abziehbaren Verpflegungsmehraufwandspauschale können entweder die tatsächlichen Aufwendungen für die Übernachtungsnebenkosten[127] oder aber ein Pauschalbetrag von 9 EUR geltend gemacht werden.

Praxishinweis

Dieser Pauschalbetrag gilt im Übrigen für das In- und Ausland; zudem gilt diese Regelung sowohl für den WK- als auch für den BA-Abzug. Sofern ein ArbG einen steuerfreien Ersatz leistet, mindert dieser den WK-Abzug. Der steuerfreie ArbG-Ersatz wird aber nicht elektronisch übermittelt. Vielmehr muss dieser beim Stpfl. erfragt werden.

Blick in den Erklärungsvordruck (Anlage N)

70	Pauschbeträge für Berufskraftfahrer bei Übernachtung im Kraftfahrzeug (Anzahl der Tage)	411	
71	Vom Arbeitgeber steuerfrei ersetzt	420	EUR ,–

b) Blick in die aktuelle Rechtsprechung

Strittig ist gegenwärtig, ob die Übernachtungsnebenkostenpauschale für jeden Tag, an dem eine Verpflegungspauschale gewährt wird, angesetzt werden kann oder ob auch die Anzahl der Übernachtungen bedeutsam sind. Der BFH muss dies in einem anhängigen Revisionsverfahren abschließend entscheiden.

Beispiel

M ist als Berufskraftfahrer tätig. Vom 18.8.2025 bis zum 20.8.2025 führt er eine inländische Auswärtstätigkeit (Warenauslieferung nach Osnabrück) durch. M übernachtet in seinem Lkw; Übernachtungsnebenkosten weist er nicht einzeln nach.

Offene Frage

Ist für die Gewährung der Übernachtungsnebenkostenpauschale die Übernachtungsanzahl relevant (Variante 1) oder wird die Pauschale an jedem Tag, an dem ein Anspruch auf Verpflegungsmehraufwand besteht, gewährt (Variante 2)?

---

[127] Die tatsächlichen Aufwendungen können entweder tageweise oder mit einem Durchschnittswert (s.a. BMF-Schr. v. 4.12.2012 – IV C 5 - S 2353/12/10009, BStBl I 2012, 1249) ermittelt werden.

		Tagegeld	Übernachtungsnebenkosten	
18.8.2025	Beginn: 10 Uhr	14 EUR	Variante 1: Insgesamt zwei Übernachtungen	Variante 2: 9 EUR
19.8.2025		28 EUR	9 EUR x 2 =	9 EUR
20.8.2025	Rückkehr: 10 Uhr	14 EUR		9 EUR
		56 EUR	18 EUR	27 EUR

Praxishinweis

Nach Auffassung des Thüringer FG[128] kann die Übernachtungsnebenkostenpauschale nur i.H.v. 18 EUR in dem vorherigen Beispielsfall berücksichtigt werden. Die abschließende Entscheidung des BFH bleibt abzuwarten.

6. Umzugskosten

Für die steuerliche Anerkennung von pauschalen Umzugskosten gelten für den VZ 2025 folgende Beträge:[129]

	Ab 1.4.2022	Seit 1.3.2024[130]
Ledige	886 EUR	964 EUR
Verheiratete	1.476 EUR	1.607 EUR
Erhöhungsbetrag für weitere Personen (Kinder)	590 EUR	643 EUR

Praxishinweis

Bei beruflich veranlassten Umzügen i.Z.m. einer beruflich begründeten doppelten Haushaltsführung darf die Umzugspauschale unverändert nicht als WK geltend gemacht werden.[131] Insoweit bedarf es immer eines Einzelnachweises.

128 Thüringer FG, Urt. v. 18.6.2024 – 2 K 534/22, EFG 2025, 849, Rev. eingelegt, Az. des BFH: VI R 6/25

129 BMF-Schr. v. 21.7.2021 – IV C 5 - S 2353/20/10004:002, BStBl I 2021, 1021

130 BMF-Schr. v. 28.12.2023 – IV C 5 - S 2353/20/10004:003, BStBl I 2024, 84

131 R 9.11 Abs. 9 S. 2 LStR 2023

IV. Entfernungspauschale

1. Grundsätzliches

Mit Erstellung der ESt-Erklärung 2025 ist zu beachten, dass Wege zwischen Wohnung und erster Tätigkeitsstätte und diesen gleichgestellte Fahrten (Fahrten zu einem ArbG-Sammelpunkt und zu einem weiträumigen Tätigkeitsgebiet) nur nach den Grundsätzen der Entfernungspauschale abziehbar sind. Solche Fahrten sind von Fahrten abzugrenzen, die i.Z.m. Auswärtstätigkeiten stehen.

Für wöchentliche Familienheimfahrten i.R.e. doppelten Haushaltsführung und die Fahrten von der Zweitwohnung zur ersten Tätigkeitsstätte ist ebenso die Entfernungspauschale anzuwenden.[132]

Die Details zur Entfernungspauschale regelt das BMF-Schreiben vom 18.11.2021.[133] Dieses Schreiben berücksichtigt die wertmäßigen Änderungen durch das StEntlG 2022[134] und auch des StÄndG 2025 nicht.

Praxishinweis

Eintragungen zur Entfernungspauschale können bei den Einkünften aus § 19 EStG entweder in der Anlage N oder der Anlage N-Doppelte Haushaltsführung vorgenommen werden. Die Grundsätze zur Anwendung der Entfernungspauschale haben sich 2025 nicht geändert; nachfolgend wird daher nur auf aktuelle Entwicklungen eingegangen.

2. Höhe der Entfernungspauschale

a) Entfernungspauschale im VZ 2025

Entfernungspauschale	VZ 2025
bis zum 20. Entfernungs-km	0,30 EUR
ab dem 21. Entfernungs-km	0,38 EUR

132 § 9 Abs. 1 S. 3 Nr. 5 S. 6 - 9 EStG
133 BMF-Schr. v. 18.11.2021 – IV C 5 - S 2351/20/10001:002, BStBl I 2021, 2315
134 StEntlG 2022 v. 23.5.2022, BGBl I 2022, 749

b) Ausblick: Änderung der Entfernungspauschale ab 2026

Durch das StÄndG 2025 wird die Entfernungspauschale ab dem ersten Entfernungs-km – zeitlich unbefristet – i.H.v. 0,38 EUR festgelegt.[135] Die Rechtsänderung tritt zum 1.1.2026 in Kraft.

Entfernungspauschale	**VZ 2026**
Ab dem ersten Entfernungs-km	0,38 EUR

Beispiel

Die Entfernung zur ersten Tätigkeitsstätte beträgt 30 Entfernungs-km. Es werden im Veranlagungsjahr 2025 bzw. 2026 jeweils 210 Fahrten zur ersten Tätigkeitsstätte durchgeführt.

Veranlagungsjahr 2025

0,30 EUR x 20 Entfernungs-km x 210 Fahrten	1.260,00 EUR
0,38 EUR x 10 Entfernungs-km x 210 Fahrten	798,00 EUR
Summe	2.058,00 EUR

Veranlagungsjahr 2026

0,38 EUR x 20 Entfernungs-km x 210 Fahrten	1.596,00 EUR
0,38 EUR x 10 Entfernungs-km x 210 Fahrten	798,00 EUR
Summe	2.394,00 EUR

Praxishinweis

Im VZ 2026 ergibt sich im vorliegenden Bsp. ein erhöhter Kostenabzug von 336 EUR.

Die Änderung der Entfernungspauschale löst diverse Praxisfolgen aus:

Gewinneinkünfte

Die Änderungen bei der Entfernungspauschale wirken sich auf die Berechnung

- der nicht abziehbaren BA für Wege zur ersten Betriebsstätte und
- für wöchentliche Familienheimfahrten i.R.e. betrieblich begründeten doppelten Haushaltsführung

aus.

---

135 BT-Drucks. 21/1974 v. 6.10.2025 und Beschlussempfehlung und Bericht des BT-Finanzausschusses v. 3.12.2025 (BT-Drucks. 21/3104). Die nötige Zustimmung des BR zu diesem Gesetz, die am 19.12.2025 zu erwarten ist, stand bei Redaktionsschluss aus.

> **Praxishinweis**
>
> Die in den Steuerberatungskanzleien üblicherweise zur Anwendung kommenden (Excel-)Berechnungstabellen sind ab 2026 anzupassen. Bei abweichenden Wj ist zu beachten, dass diese Rechtsänderung ab 1.1.2026 unabhängig vom Verlauf des WJ zur Anwendung kommen.

Überschusseinkünfte

Die Änderung der Entfernungspauschale wirkt sich auch bei den Überschusseinkünften aus und zwar

- für Wege zur ersten (ggf. großräumigen) Tätigkeitsstätte
- für Wege zu einem (ArbG-)Sammelpunkt und
- für wöchentliche Familienheimfahrten i.R.e. beruflich begründeten doppelten Haushaltsführung.

> **Praxishinweis**
>
> Familienheimfahrten i.R.e. doppelten Haushaltsführung sind sowohl bis zum VZ 2025 als auch ab 2026 nicht als WK abziehbar, wenn der Mitarbeiter für eine solche Fahrt einen Dienstwagen nutzt. Denn der ArbG erfasst für solche Fahrten keinen geldwerten Vorteil[136], sodass korrespondierend ein WK-Abzug ausscheidet.[137] Der Erklärungsvordruck weist hierauf ausdrücklich hin.

Blick in den Erklärungsvordruck (Anlage N-Doppelte Haushaltsführung)

Fahrtkosten

13 Die Fahrten wurden mit einem **Firmenwagen** oder im Rahmen einer unentgeltlichen **Sammelbeförderung** des Arbeitgebers durchgeführt 510 | 1 = Ja, insgesamt 2 = Nein 3 = Ja, teilweise

– Falls Zeile 13 mit „Ja, insgesamt" beantwortet wird, sind in den Zeilen 14, 15, 17 und 19 keine Eintragungen vorzunehmen. Bei „Ja, teilweise" sind in diesen Zeilen nur Eintragungen für die mit dem eigenen oder zur Nutzung überlassenen privaten Fahrzeug durchgeführten Fahrten vorzunehmen. –

> **Praxishinweis**
>
> Trotz dieser lohnsteuerlichen Nichterfassung ist die wöchentliche Familienheimfahrt als Privatfahrt i.S.d. USt-Rechts in die umsatzsteuerpflichtige BMG einzubeziehen.[138] Hierauf sollte bei Bearbeitung von Jahresabschlüssen und der dazugehörigen USt-Jahreserklärung geachtet werden.

---

136 § 8 Abs. 2 S. 5 EStG
137 § 9 Abs. 1 S. 3 Nr. 5 S. 8 EStG
138 Abschn. 15.23 Abs. 8 S. 1 UStAE

Weitergehende Hinweise

Die weiteren Grundstrukturen der Entfernungspauschale bleiben unverändert. Die Entfernungspauschale ist danach weiterhin mit max. 4.500 EUR im Jahr anzusetzen. Eine Erhöhung ist durch das StÄndG 2025 nicht vorgesehen.

Ein höherer Betrag als 4.500 EUR ist nur dann absetzbar, wenn der ArbN einen eigenen oder ihm zur Nutzung überlassenen Kraftwagen benutzt[139] oder höhere Aufwendungen für öffentliche Verkehrsmittel nachgewiesen werden.[140]

Menschen mit Behinderung,

- deren Grad der Behinderung mind. 70 beträgt bzw.
- deren Grad der Behinderung weniger als 70, aber mind. 50 beträgt und die in ihrer Bewegungsfähigkeit im Straßenverkehr erheblich beeinträchtigt sind,

können anstelle der Entfernungspauschale die tatsächlichen Aufwendungen für die Wege zwischen Wohnung und erster Tätigkeitsstätte und wöchentlichen Familienheimfahrten i.R.d. doppelten Haushaltsführung ansetzen.[141]

Praxishinweis

Die FinVerw lässt es zu, die tatsächlichen Aufwendungen mit den pauschalen km-Sätzen anzusetzen.[142]

Benutzung	Pauschaler km-Satz
Kfz	0,30 EUR/km
andere motorbetriebene Fahrzeuge	0,20 EUR/km

Als Folge aus der Erhöhung der Entfernungspauschale wird eine Anhebung der pauschalen Km-Sätze ab 2026 gefordert. Es bleibt gegenwärtig abzuwarten, ob es zu einer solchen Erhöhung kommen wird.

139 § 9 Abs. 1 S. 3 Nr. 4 S. 2 EStG
140 § 9 Abs. 2 S. 2 EStG
141 § 9 Abs. 2 S. 3 EStG
142 BMF-Schr. v. 18.11.2021 – IV C 5 - S 2351/20/10001:002, BStBl I 2021, 2315, Rz 29 i.V.m. BMF-Schr. v. 25.11.2020 – IV C 5 – S 2353/19/10011:006, BStBl I 2020, 1228, Rz 37

Blick in den Erklärungsvordruck 2025 (Anlage N)

Entfernungspauschale

Wege zwischen Wohnung und erster Tätigkeitsstätte / Sammelpunkt / weiträumigem Tätigkeitsgebiet (1. Angabe)

Zeile			
27	1 = erste Tätigkeitsstätte 2 = Sammelpunkt / weiträumiges Tätigkeitsgebiet	PLZ, Ort und Straße	vom T T M M – bis T T M M
28	Arbeitstage je Woche	Urlaubs-, Krankheits-, Heimarbeits- und Dienstreisetage	Behinderungsgrad mindestens 70 oder mindestens 50 und Merkzeichen „G" 115 (1 = Ja)
29	aufgesucht an Tagen		110
30	einfache Entfernung in Kilometern (auf volle Kilometer abgerundet)		111 km
31	davon mit eigenem oder zur Nutzung überlassenem PKW zurückgelegt		112 km
32	davon mit Sammelbeförderung des Arbeitgebers zurückgelegt		113 km
33	davon mit öffentlichen Verkehrsmitteln, Motorrad, Fahrrad oder Ähnlichem, als Fußgänger und / oder als Mitfahrer einer Fahrgemeinschaft zurückgelegt		km
34	Aufwendungen für Fahrten mit öffentlichen Verkehrsmitteln (ohne Fähr- und Flugkosten)		114 EUR ,–

Praxishinweis

Für die Gewährung des Behinderten-Pauschbetrags soll künftig die Feststellung der Behinderung der FinVerw elektronisch übermittelt werden.[143] Ob aus dieser Übermittlung künftig die FinVerw programmgesteuert die Folgewirkungen berücksichtigen wird – wie hier z.B. die Abziehbarkeit der Entfernungspauschale in Höhe der tatsächlichen Kosten –, bleibt abzuwarten.

Zu beachten ist, dass bei den o.g. Menschen mit Behinderung neben dem pauschalen km-Satz zusätzliche Aufwendungen, wie z.B. die Parkgebühren, absetzbar sind. Diese sind als weitere WK in den Zeilen 62 - 64 der Anlage N einzutragen.

Blick in den Erklärungsvordruck 2025 (Anlage N)

Weitere Werbungskosten
– soweit nicht steuerfrei ersetzt –

Zeile		EUR
61	Fähr- und Flugkosten bei Wegen zwischen Wohnung und erster Tätigkeitsstätte / Sammelpunkt / weiträumigem Tätigkeitsgebiet	,–
62	Sonstiges (z. B. Bewerbungskosten, Kontoführungsgebühren)	+ ,–
63		+ ,–
64	Summe der weiteren Werbungskosten 380	= ,–

143 § 65 Abs. 3a EStDV i.V.m. § 84 Abs. 3g S. 2 ff. EStDV

V. Doppelte Haushaltsführung

1. Grundsätzliches

Notwendige Mehraufwendungen, die einem ArbN wegen einer beruflich veranlassten doppelten Haushaltsführung entstehen, sind nach Maßgabe von § 9 Abs. 1 S. 3 Nr. 5 EStG als WK abziehbar.

Praxishinweis

Diese Regelung gilt bei den **Überschusseinkünften** nicht nur bei den Einkünften aus nichtselbstständiger Arbeit, sondern auch bei den weiteren Überschusseinkünften entsprechend.[144] Für den steuerlichen **BA-Abzug** gelten die Regelungen des WK-Abzugs ebenso.[145]

2. Doppelte Haushaltsführung: Eigener Hausstand und Kosten der Lebensführung

Der Gesetzgeber definiert seit der Reform des Reisekostenrechts in § 9 Abs. 1 S. 3 Nr. 5 S. 2 EStG, dass der Arbeitnehmer hierfür

– außerhalb des Ortes seiner ersten Tätigkeitsstätte einen **eigenen Haushalt unterhalten** muss und
– auch am Ort der ersten Tätigkeitsstätte wohnt.

Das **Vorliegen eines eigenen Hausstandes** setzt

– das Innehaben einer Wohnung sowie
– eine finanzielle Beteiligung an den Kosten der Lebensführung

voraus.[146]

---

[144] § 9 Abs. 3 EStG; zu Fahrten zu einer Ferienwohnung siehe FG Münster, Urt. v. 15.5.2025 – 12 K 1916/21 F, EFG 2025, 1281 rkr.

[145] § 4 Abs. 5 S. 1 Nr. 6a EStG

[146] § 9 Abs. 1 S. 3 Nr. 5 S. 3 EStG i.d.F. des Gesetzes zur Änderung und Vereinfachung der Unternehmensbesteuerung und des Reisekostenrechts v. 20.2.2013 – BGBl I 2013, 285

Überblick: Voraussetzungen für die beruflich begründete doppelte Haushaltsführung

		BMF-Schr. v. 25.11.2020 – BStBl I 2020, 1228
1	Hauptwohnung darf nicht am Beschäftigungsort liegen	Rz 101 und 102 und R 9.11 Abs. 3 LStR
2	Berufliche Veranlassung der doppelten Haushaltsführung	Rz 104 und R 9.11 Abs. 2 LStR
3	Zweitwohnung am Ort der ersten Tätigkeitsstätte	Rz 103 und R 9.11 Abs. 4 LStR

Praxishinweis

Bei der doppelten Haushaltsführung werden zwei Haushalte geführt und davon liegt nur ein Haushalt am Ort der ersten Tätigkeitsstätte.

Die Hauptwohnung und die erste Tätigkeitsstätte müssen auseinanderfallen, wovon die FinVerw zumindest dann ausgeht, wenn die Entfernung mehr als 50 km beträgt.[147]

3. Abgrenzung zur Auswärtstätigkeit

Befindet sich am Einsatzort keine erste Tätigkeitsstätte, kommt für die Einsatzzeit ein Kostenabzug nach den Grundsätzen der Auswärtstätigkeit in Betracht.

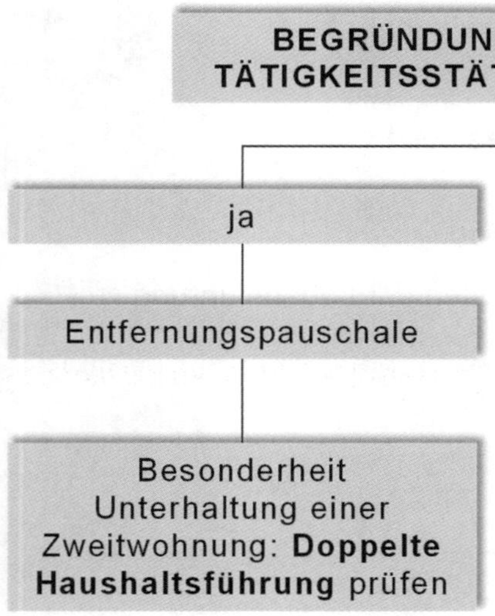

[147] BMF-Schr. v. 25.11.2020 – IV C 5 - S 2353/19/10011:006, BStBl I 2020, 1228, Rz 102; s.a. FG Münster, Urt. v. 6.2.2024 – 1 K 1448/22 E, EFG 2024, 947, rkr.

Praxishinweis

Einer Abgrenzung der beruflich begründeten doppelten Haushaltsführung von der Auswärtstätigkeit bedarf es wegen unterschiedlicher Kostenabzugsmöglichkeiten. So sind die Heimfahrten vom Tätigkeitsort zum häuslichen Lebensmittelpunkt bei der Auswärtstätigkeit mit den tatsächlichen Kosten und bei der doppelten Haushaltsführung i.d.R. nur in Höhe der Entfernungspauschale ansetzbar.[148] Inländische Unterkunftskosten können bei der doppelten Haushaltsführung nur i.H.v. max. 1.000 EUR im Monat,[149] bei einer Auswärtstätigkeit dagegen bis zum Ablauf von 48 Monaten einer längerfristigen beruflichen Tätigkeit an derselben Tätigkeitsstätte der Höhe nach unbeschränkt angesetzt werden.[150]

Beispiel

Der ArbN M wohnt mit seiner Familie in Frankfurt am Main. Er wird von seinem ArbG zum 1.1.2025 für neun Monate einer Zweigniederlassung in München zugeordnet. In München unterhält M eine kleine Zweitwohnung.

Lösung

Ab dem 1.1.2025 sind die M entstehenden Aufwendungen nach den Grundsätzen des steuerlichen Reisekostenrechts absetzbar.

In München wird keine erste Tätigkeitsstätte begründet, da M dort nicht dauerhaft eingesetzt werden soll.

Abwandlung

Mit Wirkung ab dem 1.10.2025 übernimmt M in München auf Dauer eine Tätigkeit als Geschäftsführer der Zweigniederlassung.

Lösung

Ab dem 1.10.2025 sind die M entstehenden Aufwendungen nach den Grundsätzen der doppelten Haushaltsführung absetzbar.

In München wird eine erste Tätigkeitsstätte begründet, insb., weil M dort nunmehr dauerhaft eingesetzt wird. Zu beachten ist, dass die Zeit der Auswärtstätigkeit, die der doppelten Haushaltsführung vorausgegangen ist, auf die Dreimonatsfrist für die Verpflegungspauschale anzurechnen ist; § 9 Abs. 4a S. 13 EStG.

---

148 § 9 Abs. 1 S. 3 Nr. 5 S. 6 - 9 EStG; s.a. *Seifert*, AktStR 2024, 17 und *Seifert*, AktStR 2023, 199

149 § 9 Abs. 1 S. 3 Nr. 5 S. 4 EStG

150 § 9 Abs. 1 S. 3 Nr. 5a S. 4 EStG

4. Abziehbare Aufwendungen

Als notwendige Mehraufwendungen wegen einer beruflich begründeten doppelten Haushaltsführung kommen in Frage:

– die Fahrtkosten aus Anlass der Wohnungswechsel zu Beginn und am Ende der doppelten Haushaltsführung[151] sowie für wöchentliche Heimfahrten an den Ort des eigenen Hausstands[152] oder Aufwendungen für wöchentliche Familien-Ferngespräche,
– Verpflegungsmehraufwendungen[153],
– Aufwendungen für die Zweitwohnung[154],
– Umzugskosten[155] und
– sonstige Mehraufwendungen[156].

Sofern der ArbN mehr als eine Heimfahrt wöchentlich durchführt, kann er wählen, ob er die vorgenannten Mehraufwendungen wegen doppelter Haushaltsführung oder die Fahrtkosten für Wege zwischen (mehreren) Wohnungen und erster Tätigkeitsstätte[157] geltend macht. Dieses Wahlrecht kann der ArbN bei derselben doppelten Haushaltsführung für jedes Kj nur einmal ausüben. Werden Ehegatten zusammen zur ESt veranlagt, bezieht sich das Wahlrecht auf die jeweilige Person und das jeweilige Dienstverhältnis. I.R.e. gemeinsamen Veranlagung kann je Person das eingeräumte Wahlrecht unterschiedlich ausgeübt werden.

Dieses eingeräumte Wahlrecht steht i.Z.m. einer gesetzlichen Regelung in § 9 Abs. 1 S. 3 Nr. 4 S. 6 EStG. Hat der ArbN mehrere Wohnungen, können grds. nur die Wege von der Wohnung berücksichtigt werden, die der ersten Tätigkeitsstätte am nächsten liegt. Wege von der weiter vom Beschäftigungsort entfernt liegenden (weiteren) Wohnung zur ersten Tätigkeitsstätte können – außerhalb der Fälle der doppelten Haushaltsführung – nur dann Berücksichtigung als Lebensmittelpunktfahrten finden, wenn diese Wohnung

– den Mittelpunkt der Lebensinteressen des Arbeitnehmers bildet und
– nicht nur gelegentlich aufgesucht wird.[158]

---

151 Abziehbar sind die tatsächlichen Kosten
152 Abziehbar nach den Grundsätzen der Entfernungspauschale: R 9.11 Abs. 6 LStR 2023
153 R 9.11 Abs. 7 LStR 2023
154 R 9.11 Abs. 8 LStR 2023
155 R 9.11 Abs. 9 LStR 2023
156 BFH-Urt. v. 4.4.2019 – VI R 18/17, BStBl II 2019, 449
157 R 9.10 LStR 2023
158 § 9 Abs. 1 S. 3 Nr. 4 S. 6 EStG; siehe hierzu auch FG Nürnberg, Urt. v. 25.7.2012 – 5 K 1354/2009, Juris (Rechtskraft unbekannt)

5. Aktuelle Entwicklungen

a) Doppelte Haushaltsführung und Single-Haushalte

Das Vorliegen eines eigenen Hausstandes setzt das Innehaben einer Wohnung sowie eine finanzielle Beteiligung an den Kosten der Lebensführung voraus.[159]

Der **finanziellen Beteiligung** an den Kosten der Lebensführung bedarf es nach Auffassung des BFH[160] nur, wenn mehrere Personen einen gemeinsamen Haushalt führen.[161]

Praxishinweis

Bei einem **Ein-Personen-Haushalt** stellt sich die Frage nach der finanziellen Beteiligung an den Lebenshaltungskosten **nicht**, weil nur dieser die Kosten selbst zu tragen hat und begrifflich eine Kostenbeteiligung gegenüber anderen Personen ausscheidet. Woher die erforderlichen Mittel stammen ist unerheblich. Dieser Grundsatz gilt selbst dann, wenn der Single-Haushalt im Elternhaus geführt wird.

Von einem Single-Haushalt dürfte auszugehen sein, falls auf Dauer ein Ein-Personen-Haushalt geführt werden soll. Ein gelegentliches Mitbewohnen einer anderen Person löst u.E. noch keinen Mehrpersonenhaushalt aus.

Ändern sich die **persönlichen Verhältnisse** im Laufe des Veranlagungsjahres, kann in einem Veranlagungsjahr zeitweise die finanzielle Beteiligung zu prüfen sein und zeitweise nicht.

Dies setzt aber das **„Innehaben einer Wohnung“** voraus. Ob die den **Hausstand** begründende Wohnung

– im Eigentum steht oder angemietet wird **(Nutzung aus eigenem Recht)** oder
– z.B. durch die Eltern oder sonstige Familienangehörige oder u.E. auch Freunde (unentgeltlich) überlassen wird **(Nutzung aus abgeleitetem geschütztem Recht)**

ist unerheblich.

---

159 § 9 Abs. 1 S. 3 Nr. 5 S. 3 EStG i.d.F. des Gesetzes zur Änderung und Vereinfachung der Unternehmensbesteuerung und des Reisekostenrechts v. 20.2.2013 – BGBl I 2013, 285

160 BFH-Urt. v. 29.4.2025 – VI R 12/23, BFH/NV 2025, 1350

161 Zur notwendigen finanziellen Beteiligung siehe BFH-Urt. v. 12.1.2023 – VI R 39/19, BStBl II 2023, 747

Es muss sich aber um eine **„Wohnung“** handeln, in der durch die Größe und Ausstattung ein eigener Hausstand geführt werden kann.[162] Ob dies der Fall ist, richtet sich nach den Umständen des Einzelfalls; die Wohnung muss nicht die Anforderungen einer Wohnung i.S.d. BewG erfüllen.[163] Der BFH weist darauf hin, dass eine bauliche Abgeschlossenheit von der Wohnung der Eltern nicht zwingend nötig ist.[164] Eine Wohnung kann am Ort des Lebensmittelpunkts selbst dann vorliegen, wenn diese vergleichsweise einfach oder beengt ist.[165]

Ferner muss ein **„eigener“** Hausstand vorliegen. Im Einzelfall muss abgegrenzt werden zwischen

– einem in einen anderen Hausstand eingegliederten Haushalt (z.B. den der Eltern) und
– einem eigenen Hausstand.

Ob dies der Fall ist, richtet sich ebenfalls nach den **Umständen des Einzelfalls**. Dies kann sich ausgesprochen schwierig darstellen.

Entscheidend ist die **Wohnsituation**.[166] Die Wohnbereiche müssen räumlich und wirtschaftlich voneinander getrennt sein. Der eigene Hausstand kann ein Single-Haushalt, aber auch ein Mehrpersonenhaushalt sein.

Für die Abgrenzung zwischen einem eigenen bzw. einem eingegliederten Haushalt sind nach Auffassung des BFH auch das Alter und die persönlichen Umstände der kostenabzugsbegehrenden Person bedeutsam. Der BFH wendet seine Rechtsprechung, die für die Zeit vor der Reisekostenreform 2014 ergangen ist, auch ab 2014 weiterhin an.

– Bei **jüngeren ArbN**/Studierenden, die nach Beendigung der Ausbildung bzw. während des Studiums weiterhin in der elterlichen Wohnung ihr (Kinder-)Zimmer bewohnen, liegt häufig (= regelmäßig) kein eigener Haushalt vor.[167] Dies begründet der BFH auch mit der fehlenden wirtschaftlichen Selbstständigkeit. Diese Annahme ist widerlegbar.

---

162 BFH-Urt. v. 29.4.2025 – VI R 12/23, DStR 2025, 1744, Rz 20 und 24
163 BFH-Urt. v. 29.4.2025 – VI R 12/23, DStR 2025, 1744, Rz 16
164 BFH-Urt. v. 29.4.2025 – VI R 12/23, DStR 2025, 1744, Rz 24
165 BFH-Urt. v. 12.1.2023 – VI R 39/19, BStBl II 2023, 747, Rz 20
166 *Geserich*, jurisPR-SteuerR 37/2025 Anm. 1
167 BFH-Urt. v. 29.4.2025 – VI R 12/23, DStR 2025, 1744, Rz 19 und 25; s.a. BFH-Urt. v. 28.3.2012 – VI R 87/10, BStBl II 2012, 800, Rz 14

- Bei **nicht jungen ArbN**/Studierenden, die – wie im Entscheidungsfall der 28-jährige Kläger – wirtschaftlich selbstständig sind, ist trotz der räumlichen Nähe der eigenen Wohnung im Haus der Eltern i.d.R. ein eigener Hausstand zu unterstellen. Die Eingliederung in den Hausstand der Eltern kann aber vorliegen.
- **Erfahrene** und wirtschaftlich unabhängige **ArbN**/Studierende, die z.B. aufgrund der geänderten Lebensumstände (z.B. Scheidung oder Trennung) wiederum im Haus der Eltern leben, dürften ebenfalls einen eigenen Hausstand im Haus der Eltern führen.[168] Dies dürfte erst recht gelten, wenn die wieder „zu Hause" wohnenden Kinder die Pflege der Eltern übernommen haben.

Praxishinweis

Der BFH definiert nicht, wann von jüngeren ArbN/Studierenden auszugehen ist.[169] Es könnte sich anbieten, als Abgrenzungsmerkmal auf das 25. Lj[170] – entsprechend der im Kindergeldrecht geltenden Höchstaltersgrenze – abzustellen.

b) Erhöhung der Entfernungspauschale ab 2026

Durch das StÄndG 2025 erhöht sich die Entfernungspauschale ab dem VZ 2026 ab dem ersten Entfernungs-km auf 0,38 EUR. Bislang wird für die ersten 20 Entfernungs-km lediglich ein Abzug von 0,30 EUR zugelassen. Diese Änderung wirkt sich aus auf

- Fahrten von der Zweitwohnung zur ersten Tätigkeitsstätte und
- die wöchentlich absetzbaren Familienheimfahrten i.R.e. doppelten Haushaltsführung.

c) Parkplatzkosten: Unterkunftskosten oder sonstige Kosten?

Offen ist gegenwärtig die Frage, ob die Kosten für einen angemieteten Stellplatz am Ort der Zweitwohnung – ebenso wie die Kosten für Einrichtungsgegenstände und Hausrat[171] – neben den im Inland auf 1.000 EUR gedeckelten

---

168 BFH-Urt. v. 28.3.2012 – VI R 87/10, BStBl II 2012, 800, Rz 14 und BFH-Urt. v. 29.4.2025 – VI R 12/23, DStR 2025, 1744, Rz 20

169 So auch *Strahl*, NWB 33/2025, 2234

170 Unberücksichtigt bleiben die Sonderregelungen für Menschen mit Behinderung

171 BFH-Urt. v. 4.4.2019 – VI R 18/17, BStBl II 2019, 449; BMF-Schr. v. 25.11.2020 – IV C 5 - S 2353/19/10011:006, BStBl I 2020, 1228, Rz 108; s.a. *Perschon*, AktStR 2019, 447; diese Entscheidung ist gerade auch in Airbnb-Anmietungsfällen bedeutsam

Unterkunftskosten als sonstige Kosten der doppelten Haushaltsführung absetzbar sind. Das Nds. FG hat einen solchen Kostenabzug selbst dann bejaht, wenn der Stellplatz nicht separat angemietet wird;[172] die Entscheidung des BFH in dem anhängigen Verfahren bleibt abzuwarten.

Beispiel

A ist mit seiner Familie wohnhaft in Hamburg und unterhält seine erste Tätigkeitsstätte seit 1.1.2025 in Bonn. In Bonn hat er eine Zweitwohnung für 1.100 EUR/mtl. zuzüglich 80 EUR/mtl. Stellplatzkosten für den privaten Pkw angemietet.

Lösung lt. FinVerw

Die Unterkunftskosten setzen sich aus der Wohnungsmiete und den Stellplatzkosten zusammen.[173] Der Kostenabzug ist auf 1.000 EUR im Monat gedeckelt.

Blick in den Erklärungsvordruck (Anlage N-Doppelte Haushaltsführung)

	Kosten der Unterkunft am Ort der ersten Tätigkeitsstätte		EUR
23	Aufwendungen (z. B. Miete einschließlich Stellplatz- / Garagenkosten, Nebenkosten)	530	,–
24	Größe der Zweitwohnung des doppelten Haushalts im Ausland in m²	531	

Lösung lt. Nds. FG

Die Stellplatzkosten i.H.v. 80 EUR im Monat sind neben den auf monatlich 1.000 EUR gedeckelten Kosten für die Zweitwohnung ansetzbar.

Praxishinweis

Vergleichbare Sachverhalte sollten verfahrensrechtlich offengehalten werden.

d) Unterkunftskosten im Inland und Höchstabzugsbetrag

Seit dem VZ 2014 können als Unterkunftskosten wegen einer doppelten Haushaltsführung im **Inland** die tatsächlichen Aufwendungen für die Nutzung der Unterkunft mit höchstens 1.000 EUR monatlich angesetzt werden.

---

172 Nds. FG, Urt. v. 16.3.2023 – 10 K 202/22, EFG 2023, 1679, Rev. eingelegt, Az des BFH: VI R 4/23; offengelassen durch FG Mecklenburg-Vorpommern, Urt. v. 21.9.2022 – 3 K 48/22, EFG 2023, 114, rkr.

173 BMF-Schr. v. 25.11.2020 – IV C 5 - S 2353/19/10011:006, BStBl I 2020, 1228, Rz 108

Angesichts der Marktpreisentwicklung seit 2014 ist es jedoch mehr als fraglich, ob dieser Höchstbetrag gegenwärtig noch realitätsnah und damit verfassungsgemäß ist. Zumindest ab dem Jahr 2025 dürfte auch wegen des bestehenden Wohnungsmangels von einer nicht mehr zulässigen Typisierung ausgegangen werden.[174] Ab 2026 werden für das Ausland i.d.R. Unterkunftskosten von höchstens 2.000 EUR zum Kostenabzug zugelassen. Die länderunterschiedlichen Höchstbeträge vergrößern die verfassungsrechtliche Problematik.

e) Unterkunftskosten im Ausland: In welcher Höhe können Kosten angesetzt werden?

Wird eine doppelte Haushaltsführung **im Inland** unterhalten, können die tatsächlichen Aufwendungen für die Nutzung der Unterkunft bis max. 1.000 EUR im Monat angesetzt werden.[175]

Eine ausdrückliche gesetzliche Regelung zu den **im Ausland** angefallenen Unterkunftskosten fehlt bis Ende 2025 im EStG.

Mit Urteil vom 9.8.2023 hatte der BFH entschieden, dass bei einer **beamtenrechtlich zugewiesenen Dienstwohnung** die Unterkunftskosten am ausländischen Beschäftigungsort stets in tatsächlicher Höhe als WK bei doppelter Haushaltsführung abziehbar seien.[176]

An diese Entscheidung schließt der BFH mit Urteil vom 17.6.2025[177] an und bestimmt, dass die für den **Mietzuschuss** als notwendig anerkannten Unterkunftskosten auch steuerlich als notwendig zu berücksichtigen seien. Dies gelte unabhängig von der Wohnungsgröße. Zwar sähen die allgemeinen Richtlinien des ArbG – im Entscheidungsfall das Auswärtige Amt – eine angemessene Wohnungsgröße von 140 m² vor. Dies sei für die steuerliche Angemessenheitsprüfung aber irrelevant.

Der Dienstherr habe selbst für Zwecke des Mietzuschusses nach § 54 BBesG die Kosten für eine 200 m² große Wohnung in voller Höhe als notwendig anerkannt, da der vereinbarte Mietzins nicht über dem vergleichbaren Preisniveau für eine angemessene max. 140 m² große Wohnung gelegen habe.

---

174 So überzeugend: *Morawitz*, FR 2025, 802
175 § 9 Abs. 1 S. 3 Nr. 5 S. 4 EStG
176 BFH-Urt. v. 9.8.2023 – VI R 20/21, BFH/NV 2024, 86
177 BFH-Urt. v. 17.6.2025 – VI R 21/23, BFH/NV 2025, 1504

Die Abkehr von einer rein m²-bezogenen Betrachtungsweise überzeugt schon aus wirtschaftlichen Gründen, weil im Streitfall die tatsächlichen Kosten für die 200 m² große Wohnung nicht über denen einer angemessenen Wohnung von 140 m² lag.

Die vorliegende BFH-Entscheidung widerspricht allerdings der Auffassung der FinVerw. Die FinVerw will nur die Kosten für eine durchschnittliche Zweitwohnung mit einer Wohnfläche bis zu 60 m² anerkennen.[178]

Praxishinweis

Diese positive Rechtsprechung ist insbesondere bei Ermittlung der dem Progressionsvorbehalt unterliegenden Einkünfte bedeutsam.

Der Gesetzgeber hat auf diese unliebsame Rechtsprechung mit einem ab 2026 geltenden Nichtanwendungsgesetz reagiert. Das StÄndG 2025 sieht eine Änderung vor, wonach die Unterkunftskosten für eine doppelte Haushaltsführung im Ausland mit höchstens 2.000 EUR im Monat angesetzt werden können. Diese Einschränkung soll nur bei im Ausland unterhaltenen Dienst- und Werkswohnungen nicht gelten, wenn diese verpflichtend und zweckgebunden genutzt werden müssen[179] oder deren Kosten für Zwecke des Mietzuschusses nach § 54 des Bundesbesoldungsgesetzes als notwendig anerkannt worden sind. Durch die unterschiedliche Höhe der inländischen und ausländischen Unterkunftskostenhöchstbeträge stellt sich die Frage der Verfassungsmäßigkeit bezüglich der unterschiedlichen Fallgruppenbehandlung.

f) Kosten der doppelten Haushaltsführung und Kostentragung durch den anderen Ehegatten

Die Unterkunftskosten können nicht als WK bei einer doppelten Haushaltsführung geltend gemacht werden, wenn der andere Ehegatte aufgrund eigener Verpflichtung Kosten der Zweitwohnung des ArbN-Ehegatten übernimmt.[180]

Nach Auffassung des BFH sind nur eigene Aufwendungen als WK abziehbar. Der Grundsatz der Besteuerung nach der persönlichen Leistungsfähigkeit erfordere, dass die Aufwendungen persönlich getragen würden. Trage ein Dritter die zur Absetzung begehrten Aufwendungen, sei zu unterscheiden zwischen

---

178 BMF-Schr. v. 25.11.2020 – IV C 5 - S 2353/19/10011:006, BStBl I 2020, 1228, Rz 112

179 Änderung in § 9 Abs. 1 S. 3 Nr. 5 S. 4 EStG – BT-Drucks. 21/3104 v. 3.12.2025

180 BFH-Urt. v. 9.9.2025 – VI R 16/23, BFH/NV 2025, 1577

- einem **abgekürzten Zahlungsweg** (**Drittaufwand**: Dritter will einen Geldbetrag zuwenden und zur Abkürzung des Zahlungswegs wird die Verbindlichkeit eines anderen beglichen) und
- einem **abgekürzten Vertragsweg**.

Bei Dauerschuldverhältnissen – wie z. B. einem Mietvertrag – führe ein abgekürzter Vertragsweg zu nicht abziehbaren Aufwendungen des begünstigten Dritten. Aufgrund dieser Rechtsprechung ist mit neuen Rückfragen des FA und der Bitte um Einreichung von Mietverträgen zu rechnen. Sollte entgegen dem Entscheidungsfall ein Untermietvertrag zwischen den Eheleuten abgeschlossen sein, dürfte sich das steuerliche Ergebnis ändern. Die Reaktion der FinVerw auf diese Rechtsprechung bleibt gegenwärtig abzuwarten.

VI. Arbeitszimmer

1. Grundsätzliches

§ 4 Abs. 5 S. 1 Nr. 6b EStG	**Häusliches Arbeitszimmer** Die Aufwendungen für das häusliche Arbeitszimmer sind nur dann ansetzbar, wenn dort der **Gesamttätigkeitsmittelpunkt** liegt. Seit 2023 ist neu, dass statt der tatsächlichen Aufwendungen für das Arbeitszimmer eine **Jahrespauschale** angesetzt werden kann.
§ 4 Abs. 5 S. 1 Nr. 6c EStG	**Häusliches Arbeiten** Abzug einer Tagespauschale und zwar unabhängig davon, ob die Arbeit in einem Raum erbracht wird, der die Voraussetzungen eines häuslichen Arbeitszimmers erfüllt.

§ 4 Abs. 5 S. 1 Nr. 6b EStG bestimmt Folgendes:

Die folgenden BA dürfen den Gewinn nicht mindern:

> *„Aufwendungen für ein häusliches Arbeitszimmer sowie die Kosten der Ausstattung.*
>
> *Dies gilt nicht, wenn das Arbeitszimmer den **Mittelpunkt der gesamten betrieblichen und beruflichen Betätigung** bildet. Anstelle der Aufwendungen kann pauschal ein Betrag von 1.260 Euro (Jahrespauschale) für das Wirtschafts- oder Kalenderjahr abgezogen werden.*
>
> *Für jeden vollen Kalendermonat, in dem die Voraussetzungen nach Satz 2 nicht vorliegen, ermäßigt sich der Betrag von 1.260 Euro um ein Zwölftel"*

§ 4 Abs. 5 S. 1 Nr. 6c EStG bestimmt Folgendes:

> *„Für jeden Kalendertag, an dem die betriebliche oder berufliche Tätigkeit **überwiegend in der häuslichen Wohnung** ausgeübt **und keine** außerhalb der häuslichen Wohnung belegene **erste Tätigkeits-***

stätte *aufgesucht wird, kann für die gesamte betriebliche und berufliche Betätigung ein Betrag von 6 Euro (Tagespauschale), höchstens 1.260 Euro im Wirtschafts- oder Kalenderjahr, abgezogen werden.*

Steht für die betriebliche oder berufliche Tätigkeit dauerhaft ***kein anderer Arbeitsplatz*** *zur Verfügung, ist ein Abzug der Tagespauschale zulässig,* ***auch wenn*** *die Tätigkeit am selben Kalendertag auswärts oder an der* ***ersten Tätigkeitsstätte*** *ausgeübt wird.*

Der Abzug der Tagespauschale ist nicht zulässig, soweit für die Wohnung Unterkunftskosten im Rahmen der (§ 4 Abs. 5 Satz 1)[181] Nummer 6a (EStG)[182] oder des § 9 Absatz 1 Satz 3 Nummer 5 (EStG)[183] abgezogen werden können oder soweit ein Abzug nach (§ 4 Abs. 5 Satz 1)[184] Nummer 6b (EStG)[185] vorgenommen wird;"

Diese Regelungen gelten entsprechend für den WK- und den Sonderausgabenabzug.

2. Fortbildung und Tagespauschale

Eine Tagespauschale i.H.v. 6 EUR/Tag (höchstens 1.260 EUR im Jahr) kann für solche Tage geltend gemacht werden, an dem die betriebliche oder berufliche Tätigkeit überwiegend in der häuslichen Wohnung ausgeübt und keine außerhalb der häuslichen Wohnung belegene erste Tätigkeitsstätte aufgesucht wird.

Praxishinweis

Bei einem Vollzeitstudium[186] und einer vollzeitigen Fortbildung liegt am Fortbildungsort eine erste Tätigkeitsstätte i.S.d. § 9 Abs. 4 S. 8 EStG. An den Tagen des Aufsuchens der Fortbildungsstätte verwehrt die FinVerw oftmals einen Abzug der Tagespauschale. Dem ist nicht zu folgen. Denn für die betriebliche oder berufliche Tätigkeit steht dauerhaft kein anderer Arbeitsplatz an der Fortbildungsstätte zur Verfügung. Daher müsste u.E. ein Abzug der Tagespauschale selbst an solchen Tagen möglich sein, an denen eine Fahrt zum Fortbildungsort durchgeführt und vorher oder nachher zuhause gearbeitet wird. Entsprechendes wird auch in sog. Lehrerfällen angenommen.

---

181 Ergänzung des Verfassers
182 Ergänzung des Verfassers
183 Ergänzung des Verfassers
184 Ergänzung des Verfassers
185 Ergänzung des Verfassers
186 Zum Begriff „Vollzeitstudium" vgl. BFH-Urt. v. 24.10.2024 – VI R 7/22, BStBl II 2025, 354

Beispiel[187]

A ist Lehrer und unterrichtet täglich von 8 Uhr bis 13 Uhr an der Schule. Nachmittags von 15 Uhr bis 18 Uhr erledigt er in der häuslichen Wohnung die Vor- und Nachbereitung des Unterrichts und korrigiert Klassenarbeiten.

Für die Unterrichtsvor- und -nachbereitung steht A in der Schule kein anderer Arbeitsplatz zur Verfügung.

Lösung

A kann **neben der Entfernungspauschale** für die Fahrten zur Schule (erste Tätigkeitsstätte) **auch die Tagespauschale** für die berufliche Tätigkeit in der häuslichen Wohnung abziehen.

3. Häusliches Arbeiten: Kommt es für den Kostenabzug darauf an, was zu Hause gemacht wird?

Es treten verstärkt Fälle auf, in denen ein Abzug der Tagespauschale für eine häusliche Tätigkeit begehrt wird, die nicht zum typischen Berufsbild gehört.

Das EStG enthält keine ausdrückliche Regelung, ob die Tagespauschale einschränkend nur dann angesetzt werden kann, wenn zu Hause eine zum typischen Berufsbild gehörende Tätigkeit ausgeübt wird.

Die FinVerw will den Kostenabzug ablehnen, weil auch der auswärtig Tätige einen „anderen Arbeitsplatz" unterhalten kann. Dies wird damit begründet, dass für die häuslichen Tätigkeiten kein Büroarbeitsplatz erforderlich ist und eine Anwendung von § 4 Abs. 5 S. 1 Nr. 6c S. 2 EStG ausscheide. Ob sich die Rechtsprechung dieser einschränkenden Auslegung anschließen wird, bleibt abzuwarten.

Beispiel

Der ArbN A ist Schichtarbeiter und ruft an jedem Abend online von zu Hause aus vor einem Arbeitstag seinen Schichtplan für den nächsten Arbeitstag ab.

Lösung

Die FinVerw akzeptiert den Ansatz der Tagespauschale nicht.

---

187 Bsp. des BMF zu Rz 31 im BMF-Schr. v. 15.8.2023 – IV C 6 - S 2145/19/10006:027, BStBl I 2023, 1551

Bei **Bereitschaftsdiensten** will die FinVerw unterscheiden,

- **Fall 1:** ob diese allein in einem Warten bestehen (z.B. Notdienst eines Sanitärinstallateurs) oder
- **Fall 2:** ob während des Bereitschaftsdienstes auch in der häuslichen Wohnung eine berufstypische Tätigkeit ausgeübt wird, für die dem Mitarbeiter entweder kein anderer Arbeitsplatz zur Verfügung steht oder er diese Tätigkeit zeitlich überwiegend in der häuslichen Wohnung erbringt (z.B. IT-Service-Hotline).

Im **Fall 1** wird eine Tagespauschale abgelehnt, weil die Wartezeit keine betriebliche oder berufliche Tätigkeit ist.

Im **Fall 2** wird eine Tagespauschale zugelassen, wenn der Mitarbeiter an dem Einsatztag die Tätigkeit überwiegend in der häuslichen Wohnung ausübt und keine außerhalb der Wohnung belegene erste Tätigkeitsstätte aufsucht.[188]

4. Häusliches Arbeitszimmer und Betriebsvermögen

Ein häusliches Arbeitszimmer kann dazu führen, dass der eigenbetrieblich genutzte Gebäudeteil steuerverstricktes BV auslöst. Dies gilt unabhängig davon, ob und wenn ja in welcher Höhe ein BA-Abzug für das häusliche Arbeiten möglich ist. Die Aktivierungspflicht gilt **bislang** ausnahmsweise nicht, falls der Wert des eigenbetrieblich genutzten Grundstücksteils nicht mehr als 1/5 des gemeinen Werts des gesamten Grundstücks und nicht mehr als 20.500 EUR beträgt.[189]

Das Bundeskabinett hat am 5.11.2025 eine Siebte Verordnung zur Änderung steuerlicher Verordnungen beschlossen.[190] Diese Verordnungsänderung sieht zur Immobilienbesteuerung eine Änderung in § 8 EStDV vor. Es bleibt abzuwarten, ob der BR dieser Änderung am 19.12.2025 zustimmen wird. Zumindest die Ausschüsse des BR lehnen diese Änderung vehement wegen neuer Gestaltungsmöglichkeiten ab.[191]

---

188 § 4 Abs. 5 S. 1 Nr. 6c S. 1 EStG
189 § 8 EStDV
190 BR-Drucks. 626/25 v. 5.11.2025
191 Ablehnung durch die Ausschüsse des BR: BR-Drucks. 626/1/25 v. 5.12.2025

§ 8 EStDV bestimmt bislang Folgendes:

> *„Eigenbetrieblich genutzte Grundstücksteile brauchen nicht als Betriebsvermögen behandelt zu werden, wenn ihr Wert nicht mehr als **ein Fünftel** des gemeinen Werts des gesamten Grundstücks **und nicht mehr als 20.500 €** beträgt."*

§ 8 EStDV soll wie folgt gefasst werden:

> *„[1]Eigenbetrieblich genutzte Grundstücksteile **brauchen nicht**[192] als Betriebsvermögen behandelt zu werden, wenn ihre **Größe nicht mehr als 30 Quadratmeter oder** ihr **Wert nicht mehr als 40.000 €** beträgt.*
>
> *[2]In diesem Fall dürfen Aufwendungen, die mit dem Grundstücksteil im Zusammenhang stehen, nicht abgezogen werden."*

Die **zeitliche Anwendung** wird in § 84 Abs. 1d EStDV-E definiert. Danach wird Folgendes bestimmt:

> *„§ 8 Satz 1 in der am ... geltenden Fassung ist in allen offenen Fällen anzuwenden. § 8 Satz 2 in der am ... geltenden Fassung ist erstmals für Wirtschaftsjahre anzuwenden, die nach dem **31.12.2025** beginnen."*

Die Änderung der EStDV hat weitreichende Folgen gerade für häusliche Arbeitszimmer, häusliche Arbeitsräume oder heimische (Notfall-) Praxen. Durch die Wahlrechtsausübung kann eine Steuerverstrickung als BV verhindert werden. Insb. die Ersetzung der relativen Wertgrenze durch eine statische Grenze in Form einer max. – wertunabhängigen – Quadratmetergrenze dürfte zu einer Steuererleichterung führen. Die Änderung wirkt sich aber auch auf den (steuerlichen) **BA-Abzug** aus. Bislang ist dieser für den zu Recht nicht als BV aktivierten Grundstücksteil zulässig.[193] Dies ändert sich künftig. Ein Abzug der **Gebäudeteilkosten** bei Nichtaktivierung des Grundstücksteils ist künftig ausgeschlossen.

Beispiel 1

Der Einzelunternehmer betreibt im eigenen EFH eine Schreinerei. Der gemeine Wert des Grundstücks beträgt 300.000 EUR, der Wert des eigenbetrieblich genutzten Grundstücksteils 20.000 EUR (davon Anteil Grund und Boden: 10 %).

---

[192] Wahlrecht

[193] R 4.2 Abs. 8 S. 8 EStR i.V.m. R 4.7 Abs. 2 S. 4 EStR

Lösung (bislang)

relative Wertgrenze	
1/5 von 300.000 EUR =	60.000 EUR
absolute Wertgrenze	20.500 EUR

Bislang kann eine Aktivierung unterbleiben; die Gebäude-AfA kann gleichwohl als BA angesetzt werden.

Lösung (vorgesehen)

absolute Wertgrenze	40.000 EUR

Die Aktivierung kann weiterhin unterbleiben; die Gebäude-AfA ist aber künftig nicht mehr als BA absetzbar.

Praxishinweis

Es soll für Wj, die nach dem 31.12.2025 beginnen, der BA-Abzug für die Absetzung der Gebäudeabschreibung **(„Gebäudeteilkosten“)** entfallen; die **laufenden Betriebskosten** (Strom, Heizkosten) und die Kosten für Arbeitsmittel sind nach der Gesetzesbegründung weiterhin absetzbar, da es sich begrifflich nicht um „Gebäudeteilkosten“ handelt. Ob auch Schuldzinsen, die Grundsteuer und weitere unmittelbar grundstücksbezogene Aufwendungen von diesem Abzugsverbot umfasst werden, bleibt abzuwarten. Für die Steuererklärung 2025 bleibt zumindest festzuhalten, dass dieses neue BA-Abzugsverbot wegen dem zeitlichen Anwendungsbereich nicht zu beachten ist. Die Ausschüsse des BR haben sich gegen das BA-Abzugsverbot in der EStDV ausgesprochen[194] – bei Redaktionsschuss bleibt abzuwarten, ob der BR der von der Bundesregierung beschlossenen Verordnungsänderung am 19.12.2025 seine Zustimmung erteilen wird.

Wird eine Jahrespauschale[195] bzw. eine Tagespauschale[196] oder anderer BA-Abzugspauschalen i.Z.m. dem häuslichen Arbeiten angesetzt, dürfte sowohl 2025 als auch ab 2026 keine Kürzung um Gebäudeteilkosten vorzunehmen sein. Eine Kürzung würde dem Vereinfachungsgedanken der Pauschale widersprechen.

Zu einer spürbaren Vereinfachung – aber auch zu einer neuen Steuergestaltungsmöglichkeit – würde die Einführung der 30 m²-Grenze führen. Danach wäre die Einhaltung der Wertgrenze des § 8 EStDV nur noch zu prüfen, wenn die m²-Grenze überschritten wird.

194 BR-Drucks. 626/1/25 v. 5.12.2025
195 § 4 Abs. 5 S. 1 Nr. 6b S. 3 EStG
196 § 4 Abs. 5 S. 1 Nr. 6c EStG

Beispiel 2

Der Einzelunternehmer betreibt im eigenen EFH eine Schreinerei. Der gemeine Wert des Grundstücks beträgt 600.000 EUR, der Wert des eigenbetrieblich genutzten Grundstücksteils 85.000 EUR (davon Anteil Grund und Boden: 10 %; eigenbetrieblicher Grundstücksteil: 25 m²).

Lösung (bislang)

relative Wertgrenze	
1/5 von 600.000 EUR =	120.000 EUR
absolute Wertgrenze	20.500 EUR

Bislang kann eine Aktivierung nicht unterbleiben; die Gebäude-AfA kann als BA angesetzt werden.

Lösung (vorgesehen)

Die absolute Wertgrenze i.H.v. 40.000 EUR ist zwar überschritten.

Eine Aktivierung kann gleichwohl in allen offenen Fällen unterbleiben, falls die Größe des eigenbetrieblich genutzten Gebäudeteils max. 30 m² beträgt. Nach der Änderung der EStDV entfällt in allen offenen Fällen eine Aktivierung; durch die Einführung der 30 m²-Grenze wird die bisher mühsame Grundstücksbewertung an jedem Abschlussstichtag entbehrlich.

Praxishinweis

Die FinVerw sollte klar bestimmen, ob die m²-Grenze aufgrund der Wohn- oder Nutzfläche zu ermitteln ist. Zudem bedarf es einer klaren Regelung, wie z.B. die m² von betrieblich genutzten Lagerräumen im Garten oder Abstellflächen (z.B. Carport-Abstellflächen) zu ermitteln sind.[197]

Gerade die Möglichkeit, bei Einhaltung der 30 m²-Grenze auf die Zuordnung zum BV und zwar unabhängig vom Grundstückswert verzichten zu können, hat hohe Praxisrelevanz gerade auch für häusliche Arbeitszimmer.

Die Anwendung der neuen Beurteilungsgrenzen des § 8 S. 1 EStDV auf alle offenen Fälle wirft aber auch neue Fragen auf.

Erfolgte bislang eine Bilanzierung und hat diese Bilanzierung nach der nun vorgesehenen EStDV nicht mehr zu erfolgen, stellt sich die Frage, ob eine rückwirkende steuerneutrale Entnahme – zumindest aus Billigkeitsgründen –

---

[197] Siehe *Seifert*, AktStR 2025, 617; s.a. wortgleiche Übernahme dieser Auffassung ohne Zitierung des ursprünglichen Verfassers: *Kaminski*, Stbg 11/2025, 361 (362)

erfolgen kann. U.E. dürfte vieles für eine steuerfreie Entnahme sprechen. Abzuwarten bleibt, wie die FinVerw auf diese Forderung reagieren wird. Vor einer eindeutigen Äußerung sollte keine unüberlegte vermeintlich steuerneutrale Entnahme vorgenommen werden.

5. Umzugskosten und erstmalige Einrichtung eines häuslichen Arbeitszimmers

Ein Abzug von **Umzugskosten** ist nur dann zulässig, wenn die berufliche Tätigkeit den entscheidenden Grund für den Wohnungswechsel darstellt und private Gründe eine ganz untergeordnete Rolle spielen.[198]

Nach Auffassung des BFH scheidet ein Abzug von Umzugskosten als WK aus, wenn der Umzug erfolgt, um in der neuen Wohnung erstmals Arbeitszimmer einrichten zu können.[199] In dem Entscheidungsfall zogen die Kläger zusammen mit einem minderjährigen Kind aus einer ca. 65 m² großen Wohnung in eine ca. 110 m² große Wohnung, die rund 1,6 km voneinander entfernt lagen. Motiv für die Anmietung der neuen Wohnung war u.a., dass die seit der Corona-Pandemie oftmals zu Hause tätigen Eheleute jeweils ein eigenes Arbeitszimmer einrichten konnten. Einen WK-Abzug hat der BFH dennoch abgelehnt, weil der Umzug auch durch die private Wohnsituation mitveranlasst sei und es damit an einer nahezu ausschließlichen beruflichen Veranlassung fehle.

Praxishinweis

Der BFH hat sich nicht ausdrücklich dazu geäußert, ob die Umzugskosten, die auf den Transport von Arbeitsmitteln oder Arbeitszimmerausstattung entfallen, als WK abziehbar sind.

Bedeutsam ist Folgendes: Nach Auffassung von *Geserich*[200] ist ein Kostenabzug – entgegen dem BFH-Urteil vom 16.10.1992[201] – zulässig, weil trennbare Kosten vorliegen. Hierauf sollte bei der Rechnungserstellung des Umzugsunternehmens geachtet werden.

Liegen private Umzugskosten vor, gilt es zu beachten, dass diese nach Maßgabe von § 35a EStG eine Steuerermäßigung auslösen können.[202]

---

198 Siehe weitergehend H 9.9 LStH „Berufliche Veranlassung“
199 BFH-Urt. v. 5.2.2025 – VI R 3/23, BStBl II 2025, 650
200 *Geserich*, RiBFH, HFR 2025, 540
201 BFH-Urt. v. 16.10.1992 – V R 132/88, BStBl II 1993, 610
202 Siehe BMF-Schr. v. 9.11.2016 – IV C 8 - S 2296-6/07/10003:008, BStBl I 2016, 1213, Rz 3

C. Einkünfte aus Kapitalvermögen/Abgeltungsteuer

I. Allgemeines

Nach Einführung der Abgeltungsteuer durch das UntStRefG 2008[1] fallen Kapitaleinkünfte ab 2009 **grds.** unter den gesonderten Steuertarif i.H.v. 25 %.[2] Diese Regelung gilt ausschließlich für den Bereich der **privaten Kapitaleinkünfte**. Gehören Kapitaleinkünfte zu anderen Einkunftsarten, sind sie dort zu erfassen.[3] Mit Einbehalt der KapESt ist die ESt abgegolten.[4]

Zudem gilt ein Abzugsverbot tatsächlicher WK; stattdessen wird ein **Sparer-Pauschbetrag von 1.000 EUR bei EV** bzw. **2.000 EUR bei ZV** abgezogen.[5] Im Steuerabzugsverfahren kann der Sparer-Pauschbetrag durch die Erteilung eines **Freistellungsauftrags**[6] berücksichtigt werden.

Praxishinweis

Das WK-Abzugsverbot[7] ist nach Auffassung des **BFH**[8] auch gegenüber Beziehern höherer Kapitalerträge, denen WK (z.B. Vermögensverwaltergebühren) deutlich oberhalb des Sparer-Pauschbetrags erwachsen, eine grds. verfassungsrechtlich zulässige typisierende Regelung im System der abgeltend besteuerten Kapitalerträge. Der BFH bestätigt seine bisherige Rechtsprechung zur Verfassungsmäßigkeit des WK-Abzugsverbots.[9]

Ausnahmen von diesen Grundsätzen hat der Gesetzgeber in § 32d Abs. 2 EStG (individuelle Besteuerung) und Abs. 6 EStG (Günstigerprüfung) geschaffen:

---

1 Unternehmenssteuerreformgesetz 2008 v. 14.8.2007, BGBl I 2007, 1912
2 § 32d Abs. 1 EStG; § 43a Abs. 1 Nr. 1 EStG
3 § 20 Abs. 8 EStG
4 § 43 Abs. 5 S. 1 EStG
5 § 20 Abs. 9 S. 1 und 2 EStG
6 § 44a Abs. 2 S. 1 Nr. 1 EStG; weitere Erläuterungen zum Freistellungsauftrag siehe „Die Einkommensteuererklärung 2024“, Seite 217 (Praxishinweis)
7 § 20 Abs. 9 S. 1 EStG
8 BFH-Urt. v. 8.4.2025 – VIII B 79/24, BFH/NV 2025, 677, m.w.N.
9 BFH-Urt. v. 28.1.2015 – VIII R 13/13, BStBl II 2015, 393

Einkünfte aus Kapitalvermögen/Abgeltungsteuer – Allgemeines

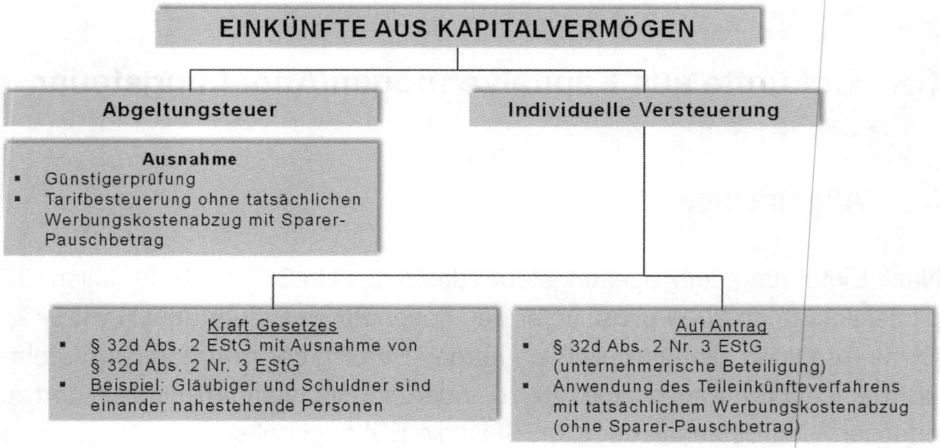

Quelle: Seifert, AktStR 2024, 409

II. BMF-Schreiben zu „Einzelfragen zur Abgeltungsteuer“

Mit **Schreiben vom 14.5.2025**[10] hat das **BMF** sein Anwendungsschreiben (nachfolgend **BMF**) zur Abgeltungsteuer neu gefasst. Auf die wesentlichen Änderungen wird nachfolgend hingewiesen.

Praxishinweis

Das neue BMF-Schreiben gilt grds. für alle offenen Fälle.[11] Es enthält in Rz 325 eine **Nichtbeanstandungsregelung**: Für bestimmte Sachverhalte beim KapESt-Abzug (z.B. Forderungsverzicht mit Besserungsschein, Ausbuchung wertloser Wertpapiere, Verlustverrechnung) darf bis zum 31.12.2025 weiterhin die bisherige Verwaltungsanweisung angewendet werden.

1. Nutzungsersatz bei Rückabwicklung von Darlehnsverträgen sowie gezahlte Prozess- und Verzugszinsen (Rz 8b des BMF)

Beim Bezug eines Nutzungsersatzes i.R.d. reinen Rückabwicklung eines Verbraucherdarlehnsvertrages nach Widerruf handelt es sich weder um einen steuerbaren Kapitalertrag noch um sonstige Einkünfte nach § 22 Nr. 3 EStG.[12]

Praxishinweis

Dies **gilt entsprechend** für geleisteten Nutzungsersatz in anderen Fällen (z.B. Zinsen auf erstattete Kontoführungsgebühren, Darlehenszinsen auf erstattete Kreditbearbeitungsgebühren oder Verwahrerentgelte).

Prozess- oder Verzugszinsen sind hingegen weiterhin steuerpflichtige Kapitalerträge[13], soweit kein Zusammenhang mit einer anderen Einkunftsart besteht.[14] Im Erklärungsvordruck wird auf diese Steuerpflicht ausdrücklich hingewiesen.

---

10 BMF-Schr. v. 14.5.2025 – IV C 1 - S 2252/00075/016/070, BStBl I 2025, 1330,

11 BMF-Schr. v. 14.5.2025 – IV C 1 - S 2252/00075/016/070, BStBl I 2025, 1330, Rz 324

12 BFH-Urt. v. 7.11.2023 – VIII R 7/21 und VIII R 16/22, BStBl II 2024, 353 und 357; vgl. „Die Einkommensteuererklärung 2024“, Seite 260

13 § 20 Abs. 1 Nr. 7 EStG; vgl. „Die Einkommensteuererklärung 2024“, Seite 249 - 251

14 § 20 Abs. 8 EStG: z.B. erstattete Prozesszinsen i.Z.m. einem Prozess gegen einen Mieter (Zuordnung zu den Einkünften aus § 21 EStG)

Blick in den Erklärungsvordruck (Anlage KAP)

-2-

Zeile	Kapitalerträge, die nicht dem inländischen Steuerabzug unterlegen haben – ohne Investmenterträge laut Anlage KAP-INV –	Kz.	EUR
18	Inländische Kapitalerträge (ohne Beträge laut den Zeilen 26 und 26a)	230/430	,–
19	Ausländische Kapitalerträge (ohne Beträge laut den Zeilen 26a und 52)	234/434	,–
20	In den Zeilen 18 und 19 enthaltene Gewinne aus Aktienveräußerungen i. S. d. § 20 Abs. 2 Satz 1 Nr. 1 EStG	232/432	,–
21 frei 22	In den Zeilen 18 und 19 enthaltene Verluste ohne Verluste aus der Veräußerung von Aktien	235/435	,–
23	In den Zeilen 18 und 19 enthaltene Verluste aus der Veräußerung von Aktien i. S. d. § 20 Abs. 2 Satz 1 Nr. 1 EStG	236/436	,–
24 und 25 frei 26	Zinsen, die vom Finanzamt für Steuererstattungen gezahlt wurden (ohne an das Finanzamt zurückgezahlte Zinsen für Steuererstattungen) *– Bitte Anleitung beachten. –*	260/460	,–
26a	Prozess- und Verzugszinsen	237/437	,–

2. Keine Verlustverrechnungsbeschränkung für Verluste aus Termingeschäften und wertlose Kapitalanlagen

Verluste aus **wertlosen Kapitalanlagen** (z.B. uneinbringliche Kapitalforderungen, wertloser Verfall von Aktien) durften **ab 2020**[15] nur i.H.v. 20.000 EUR mit Einkünften aus KapV ausgeglichen werden.[16]

Verluste aus Termingeschäften konnten seit **2021**[17] nur mit Gewinnen aus Termingeschäften bis max. 20.000 EUR verrechnet werden.[18]

Mit dem JStG 2024[19] hat der Gesetzgeber die Verlustverrechnungsbeschränkungen

– bei den Termingeschäften[20] und

– beim Ausfall von Kapitalanlagen[21]

---

15 Eingeführt mit JStG 2020, BGBl I 2020, 3096, anzuwenden auf nach dem 31.12.2019 entstehende Verluste

16 § 20 Abs. 6 S. 6 EStG a.F.

17 Mit dem „Gesetz zur Einführung einer Pflicht zur Mitteilung grenzüberschreitender Steuergestaltungen“ v. 21.12.2019 (BGBl I 2019, 2875) wurde die Verlustverrechnungsmöglichkeit in § 20 Abs. 6 S. 5 EStG zunächst auf Verluste bis 10.000 EUR begrenzt und sodann mit dem JStG 2020 v. 21.12.2020 (BGBl I 2020, 3096) auf 20.000 EUR angehoben; anzuwenden auf nach dem 31.12.2020 entstehende Verluste.

18 § 20 Abs. 6 S. 5 EStG a.F.

19 JStG 2024 v. 5.12.2024, BGBl I 2024, Nr. 387

20 § 20 Abs. 6 S. 5 EStG a.F.

21 § 20 Abs. 6 S. 6 EStG a.F.

ersatzlos **in allen offenen Fällen gestrichen.**[22] Damit entfallen auch die zugehörigen Rz im bisherigen BMF-Schreiben.[23]

- Nunmehr können die betreffenden Verluste **unbeschränkt** mit positiven Kapitalerträgen verrechnet werden.[24]
- Zudem stehen etwaige **Verlustvorträge** aus Termingeschäften oder aus dem Ausfall von Kapitalanlagen für eine Verlustverrechnung mit allen Einkünften aus KapV zur Verfügung.
- Damit bleiben von den einst vorliegenden vier **nur noch zwei Verlustverrechnungskreise** übrig:

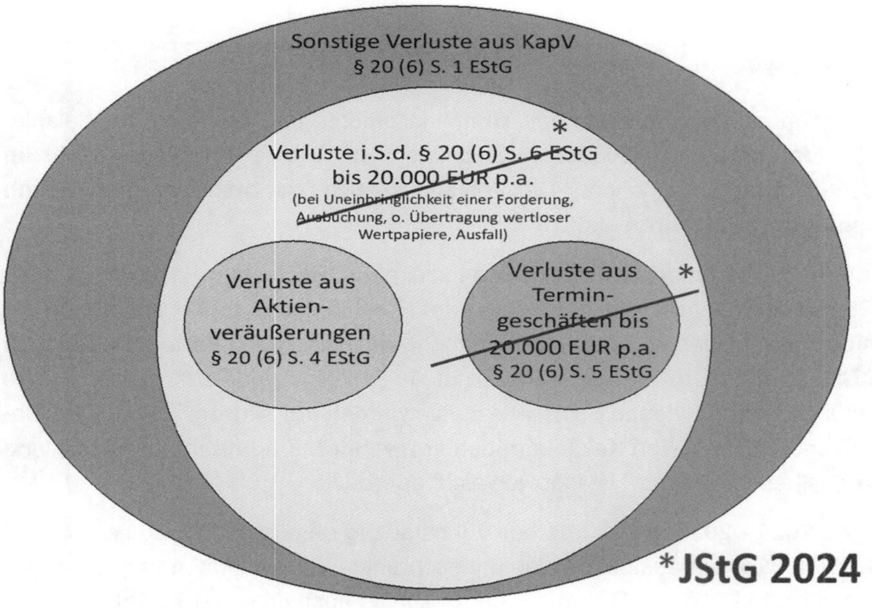

---

22 § 52 Abs. 28 S. 25 und 26 EStG n.F.; s.a. „Die Einkommensteuererklärung 2024“, Seite 237 - 242

23 BMF-Schr. v. 14.5.2025 – IV C 1 - S 2252/00075/016/070, BStBl I 2025, 1330: Neufassung der Rz 8, 8a, 23 f., 26 f., 30-32, 33 f., 36, 38, 42 f. 46, 47, 59 - 61a, 118, 119, 194, 229a und 233

24 § 20 Abs. 6 S. 1 EStG

In Rz 118 des BMF wird die **Reihenfolge der Verlustverrechnung** wie folgt angepasst:

1. **Aktienveräußerungsverluste**[25] aus dem aktuellen Jahr mit Aktienveräußerungsgewinnen aus dem aktuellen Jahr;
2. **Sonstige negative Kapitalerträge** aus dem aktuellen Jahr mit positiven Einkünften aus KapV;
3. **Verlustvorträge aus Aktienveräußerungen**[26] mit nach Verrechnung gem. Ziffer 1 und 2 verbleibenden Aktienveräußerungsgewinnen;
4. **Sonstige Verlustvorträge**[27] mit positiven Einkünften nach Verrechnung gem. Ziffer 1 - 3.

Praxishinweis

Eine Verrechnung von Verlusten aus Termingeschäften und wertlosen Kapitalanlagen nach Maßgabe des § 20 Abs. 6 S. 5 und 6 EStG a.F. war **bisher nicht im KapESt-Verfahren** vorgesehen.[28] Der Verlustausgleich fand **bisher ausschließlich im Veranlagungsverfahren** statt.

Die FinVerw beanstandet es nicht, wenn die neue Rechtslage IT-seitig erst ab 1.1.2026 im KapESt-Verfahren umgesetzt wird (Rz 325 des BMF). In den **Steuerbescheinigungen für das Kj 2025** werden daher regelmäßig noch **Verluste i.S.d. § 20 Abs. 6 S. 5 oder 6 EStG a.F.** mit Verweis auf die Zeilen 14 und / oder 15 der Anlage KAP gesondert **ausgewiesen.**[29] Diese Verluste werden **auf Antrag**[30] **i.R.d. Veranlagung** mit anderen positiven Kapitalerträgen **verrechnet**. Ein Antrag auf Ausstellung einer Verlustbescheinigung[31] ist insoweit nicht erforderlich.[32]

Für die **VZ 2020 - 2024** gilt: Wurde der Verlustabzug bereits nach § 20 Abs. 6 S. 5 und 6 EStG a.F. beschränkt, kann eine unbeschränkte Verlustverrechnung i.R.e. Änderung nach § 164 Abs. 2 AO – sofern der Bescheid noch unter VdN steht – oder im Einspruchsverfahren erfolgen; andernfalls nur i.R.d. § 177 AO bei einer Änderung der Steuerfestsetzung. Sind die Bescheide nicht mehr änderbar, werden die festgestellten Verlustvorträge im ersten offenen VZ – spätestens im VZ 2025 – mit positiven Kapitaleinkünften verrechnet. Sofern die Verlustvorträge die positiven Kapitalerträge

---

25 § 20 Abs. 6 S. 4 EStG
26 § 20 Abs. 6 S. 3 und 4 EStG
27 § 20 Abs. 6 S. 3 EStG
28 BMF-Schr. v. 19.5.2022 – IV C 1 - S 2252/19/10003 :009 - 2022/0457871, BStBl I 2022, 742; geändert durch BMF-Schr. v. 20.12.2022 – IV C 1 - S 2252/19/10003:011, BStBl I 2023, 46 und BMF-Schr. v. 11.7.2023 – IV C 1 - S 2252/19/10003:013, BStBl I 2023, 1471, Rz 229a
29 BMF-Schr. v. 16.5.2025 – IV C 1 - S 2401/00008/014/051, BStBl I 2025, 1388, Rz 71
30 § 32d Abs. 4 EStG
31 § 43a Abs. 3 S. 5 EStG
32 *Anemüller,* ErbStB 2025, 276 – 280, unter II. 2.

übersteigen, wird der verbleibende Verlust – nunmehr i.S.d. § 20 Abs. 6 S. 1 EStG – in Folgejahre vorgetragen.[33]

3. Verluste aus dem wertlosen Verfall von Aktien

Nach Wegfall des § 20 Abs. 6 S. 6 EStG a.F. werden die Verluste aus dem **wertlosen Verfall von nach dem 31.12.2008[34] erworbenen Aktien** den Verlusten aus dem Verkauf von Aktien gem. § 20 Abs. 6 S. 4 EStG zugeordnet (Rz 118 des BMF).

Praxishinweis

Nach § 20 Abs. 6 S. 4 EStG dürfen **Verluste aus der Veräußerung von Aktien** nur mit Gewinnen aus der Veräußerung von Aktien ausgeglichen werden. Der BFH[35] sieht in dieser speziellen Verrechnungsbeschränkung eine verfassungswidrige Ungleichbehandlung. Das BVerfG[36] muss über den Vorlagebeschluss des BFH entscheiden. **Steuerbescheide ergehen in dieser Frage vorläufig**, wenn ein entsprechender Verlust erklärt wurde.[37]

Aktien sind insbes. dann **wertlos**, wenn sie einem Aktionär ohne Zahlung einer Entschädigung entzogen werden, indem in einem Insolvenzplan das **Grundkapital** einer AG **auf Null herabgesetzt** und das Bezugsrecht des Aktionärs für eine anschließende Kapitalerhöhung ausgeschlossen wird.[38] Auch die reine **Depotausbuchung**[39] ohne Gegenleistung führt zur Wertlosigkeit der Aktien.

Praxishinweis

I.d.Z. ist das BGH-Urteil vom 13.11.2025[40] zur Insolvenz der **Wirecard AG** bedeutsam, in dem die Richter entschieden haben, dass die von den Wirecard-Aktionären angemeldeten kapitalmarktrechtlichen Schadensersatzforderungen keine einfachen Insolvenzforderungen darstellen. Demzufolge treten diese Aktionärsansprüche (insg. 8,5 Mrd. EUR) in der insolvenzrechtlichen Rangfolge hinter diejenigen der einfachen Insolvenzgläubiger nach § 38 InsO zurück. Bei einer angenommenen Insolvenzmasse von „nur“ 650 Mio. EUR heißt das, dass die Aktionäre „leer“ ausgehen. Mit

---

33 § 20 Abs. 6 S. 2 und 3 EStG
34 § 52 Abs. 28 S. 11 EStG
35 BFH-Beschl. v. 17.11.2020 – VIII R 11/18, BStBl II 2021, 562; s.a. „Die Einkommensteuererklärung 2023“, Seite 238 und 239
36 Az des BVerfG: 2 BvL 3/21
37 BMF-Schr. v. 28.3.2022 – IV A 3 - S 0338/19/10006 :001, BStBl I 2022, 203
38 BFH-Urt. v. 3.12.2019 – VIII R 34/16, BStBl II 2020, 836
39 BMF-Schr. v. 14.5.2025 – IV C 1 - S 2252/00075/016/070, BStBl I 2025, 1330, Rz 59 und 63
40 BGH, Urt. v. 13.11.2025 – IX ZR 127/24, Juris

diesem Urteil dürfte der „Totalverlust" der Aktionäre endgültig feststehen, sodass u.E. der Verlust aus dem wertlosen Verfall der Wirecard-Aktien – unabhängig von der Depotausbuchung – **in der ESt-Erklärung 2025 geltend zu machen** ist.[41]

Beachtenswert ist, dass die Zuordnung zu den Aktienveräußerungsverlusten i.S.d. § 20 Abs. 6 S. 4 EStG *aus Vereinfachungsgründen* **nicht für bis zum 31.12.2025 entstandene Verluste aus dem wertlosen Aktienverfall**[42] gilt[43],

- die bisher der Verlustverrechnungsbeschränkung nach § 20 Abs. 6 S. 6 EStG a.F. unterlagen oder
- bis zur Systemumstellung des Kreditinstituts im KapESt-Verfahren noch als Verluste nach § 20 Abs. 6 S. 6 EStG a.F. erfasst wurden.

Sie werden **in den Verlustkreis bzw. Verlusttopf nach § 20 Abs. 6 S. 1 - 3 EStG** übernommen. Damit können sie erfreulicherweise im Verlustentstehungsjahr oder in Folgejahren – sowohl im Veranlagungs- als auch im KapESt-Verfahren – **mit anderen positiven Kapitalerträgen ausgeglichen** werden.[44]

Praxishinweis

In der Regel dürfte bis zum 31.12.2025 im KapESt-Verfahren noch keine Verrechnung der Verluste aus dem wertlosen Verfall von Aktien mit positiven Kapitaleinkünften erfolgt sein. Empfehlenswert ist daher, einen Antrag zur Verlustverrechnung[45] zu stellen und die Verluste in Zeile 15 oder 22 der Anlage KAP zu erklären. Ein Antrag auf Ausstellung einer Verlustbescheinigung[46] ist insoweit nicht erforderlich.

4. Verlustverrechnung und Quellensteuer bei Nichtveranlagungs-Fällen[47] (Rz 226 des BMF)

Entgegen der bisherigen Regelung sind nach den Rz 226 und 227 Verluste, die vor Eintritt in eine NV-Phase entstanden sind oder die während der NV-Phase entstehen, auch während der NV-Phase i.R.d. KapESt-Abzugs mit

---

41 Vgl. hierzu die Rechtsprechung zur Uneinbringlichkeit von Kapitalforderungen: BFH-Urt. v. 24.10.2027 – VIII R 13/15, BStBl II 2020, 831

42 § 52 Abs. 28 S. 11 EStG: Gilt nur für nach dem 31.12.2008 erworbene Aktien.

43 BMF-Schr. v. 14.5.2025 – IV C 1 - S 2252/00075/016/070, BStBl I 2025, 1330, Rz 118

44 *Anemüller,* ErbStB 2025, 276 - 280, unter II 3.

45 § 32d Abs. 4 EStG

46 § 43a Abs. 3 S. 5 EStG

47 Nichtveranlagungs-Fälle, vgl. § 44a Abs. 2 S. 1 Nr. 2 EStG

positiven Kapitalerträgen zu verrechnen. Nach Fristablauf der NV-Bescheinigung oder falls das Kreditinstitut vom Widerruf der NV-Bescheinigung Kenntnis erlangt, ist ein verbleibender Verlust mit später zufließenden steuerpflichtigen Erträgen zu verrechnen oder in das Folgejahr zu übertragen. Die nicht angerechnete Quellensteuer ist dem Stpfl. während der NV-Phase jährlich zu bescheinigen.

Praxishinweis

Die während der NV-Phase entstandenen Verluste stehen zur Verrechnung mit später zufließenden Erträgen zu Verfügung. In der Praxis ist dieses insbes. bei Kindern relevant, bei denen die NV-Bescheinigung aufgrund weiterer positiver Einkünfte ausläuft.

5. Erhebung der Kapitalertragsteuer bei Sachwerten und unbaren Kapitalerträgen (Rz 251a ff. des BMF)

Werden Kapitalerträge in Sachwerten geleistet oder reicht der in Geld geleistete Ertrag zur Deckung der KapESt nicht aus, kann der zum Steuerabzug Verpflichtete (i.R.d. Bank) den Fehlbetrag von einem bei ihm geführten Giro-, Kontokorrent- oder Tagesgeldkonto des Stpfl. einziehen.[48] Auf das zum Depot hinterlegte Verrechnungskonto kann auch zugegriffen werden, wenn der Stpfl. nicht der Kontoinhaber ist. Ein Zugriff auf den Kontokorrentkredit ist hingegen ausgeschlossen, wenn der Stpfl. vor dem Zufluss der Kapitalerträge widerspricht. Insoweit muss eine Nachversteuerung i.R.e. Pflichtveranlagung[49] erfolgen. Um diese sicherzustellen, besteht für die Bank eine Anzeigepflicht.[50]

Praxishinweis

Auf Grundlage ihrer AGB sind Banken immer häufiger berechtigt, bestimmte Kapitalanlagen zu veräußern, um die Steuer auf unbare Kapitalerträge zu entrichten.[51]

48 § 44 Abs. 1 S. 7 - 11 EStG
49 § 32d Abs. 3 EStG
50 § 44 Abs. 1 S. 10 und 11 EStG
51 *Anemüller,* ErbStB 2025, 276 - 280, VIII.

Kann die KapESt auf **Zinsen aus Forderungen, die über eine Internet-Dienstleistungsplattform**[52] erworben wurden[53], nicht unmittelbar durch Minderung des Kapitalertrags einbehalten werden, hat die Internet-Dienstleistungsplattform oder ggf. der Schuldner der Kapitalerträge[54] den KapESt-Fehlbetrag vom Stpfl. schriftlich anzufordern (Rz 251c des BMF). Kommt der Stpfl. dieser Zahlungsaufforderung nicht nach, besteht für die Plattform eine Anzeigepflicht ggü. dem Betriebsstätten-FA[55], in deren Folge das Wohnsitz-FA die zu wenig erhobene KapESt i.R.e. Pflichtveranlagung nachfordern wird.[56]

6. Ausnahmen vom Abgeltungsteuersatz auf Antrag bei bestimmter Beteiligungshöhe (Rz 138 ff. des BMF)

Nach § 32d Abs. 2 Nr. 3 EStG besteht eine **Veranlagungsoption**[57] bei Vorliegen einer **unternehmerischen Beteiligung**.

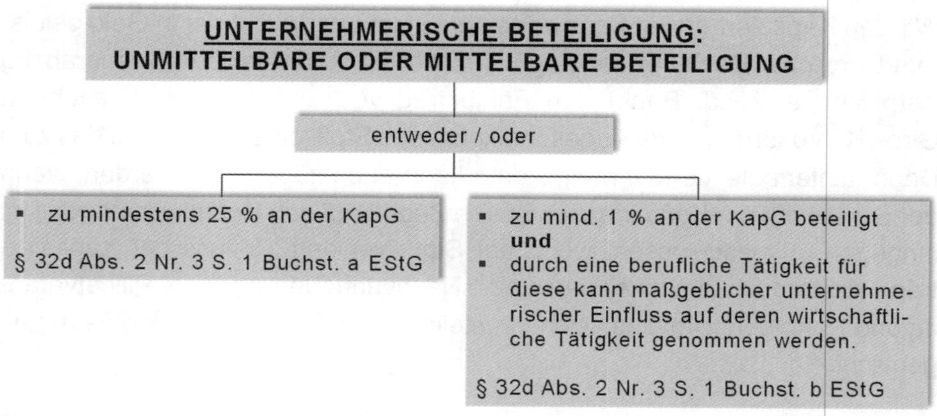

Quelle: Seifert, AktStR 2024, 421

---

52 Z.B. Erträge aus Crowdlending, eine Unterform des Crowdfunding, ermöglicht die Finanzierung durch eine Vielzahl von Einzelpersonen (die „Crowd“), die über Online-Plattformen Kredite bereitstellen. Es handelt sich dabei um eine Form der Schwarmfinanzierung, bei der Kapitalgeber und Kreditnehmer direkt oder über Vermittler zusammengebracht werden. Die rechtlichen und regulatorischen Anforderungen variieren je nach Ausgestaltung des Modells.

53 § 43 Abs. 1 S. 1 Nr. 8a EStG

54 § 44 Abs. 1 S. S. 3 und 4 Nr. 2a EStG

55 § 44 Abs. 1 S. 10 EStG

56 § 44 Abs. 1 S. 11 EStG i.V.m. § 32d Abs. 3 EStG

57 S.a. ausführliche Darstellung in „Die Einkommensteuererklärung 2024“, Seite 228 - 236

Kapitalerträge i.S.d. § 20 Abs. 1 Nr. 1 und 2 EStG – wozu vornehmlich **offene und vGA** zählen – können demnach bei Vorliegen einer unternehmerischen Beteiligung **auf Antrag tariflich** – unter Anwendung des **Teileinkünfteverfahrens**[58] – besteuert werden.

Der Antrag ist **spätestens** zusammen **mit der ESt-Erklärung** für den jeweiligen VZ zu stellen und **gilt**, solange er nicht widerrufen wird, **auch für die folgenden vier VZ**, ohne dass die Antragsvoraussetzungen erneut zu belegen sind (sog. Fortgeltungsfiktion).[59]

Rz 139 des BMF übernimmt die klarstellenden Grundsätze des BFH[60] zur Fortgeltungsfiktion:

- Es ist ausreichend, dass die notwendige Beteiligungsquote zu irgendeinem Zeitpunkt im Antragsjahr vorliegt.
- Der Antrag **gilt** auch **für die vier nachfolgenden VZ**, das Vorliegen der Antragsvoraussetzungen wird insoweit unterstellt.

Praxishinweis

Nach diesen neuen Grundsätzen können (nachlaufende) Aufwendungen für die Beteiligung auch dann in den vier folgenden VZ zu 60 %[61] berücksichtigt werden, wenn die beruflichen Voraussetzungen wegfallen, die Beteiligung selbst veräußert wurde oder die erforderliche Beteiligungshöhe unterschritten wird.

Beispiel

- A verkauft am 1.7.2024 einen 40 %-Anteil an der X-GmbH (AK 200.000 EUR, voll fremdfinanziert mittels eines Darlehens mit 4 % Jahreszins) für 80.000 EUR und realisiert einen Verlust i.S.d. § 17 EStG.
- Der Erlös wird für private Zwecke verwendet.
- Restdarlehen: 120.000 EUR, Zinszahlungen in 2024 - 2029 jeweils 4.800 EUR.
- Ein Antrag nach § 32d Abs. 2 Nr. 3 a) EStG wird von A für VZ 2024 gestellt.

---

58 § 32d Abs. 2 Nr. 3 S. 2 EStG i.V.m. §§ 3 Nr. 40 S. 1 Buchst. d, 3c Abs. 2 EStG
59 § 32d Abs. 2 Nr. 3 S. 4 EStG
60 BFH-Urt. v. 12.12.2023 – VIII R 2/21, BStBl II 2024, 350; BFH-Urt. v. 17.7.2024 – VIII R 37/23, BStBl II 2024, 745; BFH-Urt. v. 17.7.2024 – VIII R 2/24, BFH/NV 2024, 1324; vgl. „Die Einkommensteuererklärung 2024“, Seite 231 - 234
61 § 3c Abs. 2 EStG

Lösung

Die Schuldzinsen sind als nachträgliche WK unter Berücksichtigung des Teilabzugsverbots[62] bei den Kapitaleinkünften abziehbar; nach Wegfall der Beteiligung jedoch nur für den nicht tilgbaren Darlehensteil (40.000 EUR), sog. Grundsatz der vorrangigen Schuldentilgung:

2024:	1. Halbjahr	2.400 EUR		
	2. Halbjahr	800 EUR		
	Summe	3.200 EUR	x 60 % =	**1.920 EUR**
2025 - 2028	**jeweils**	1.600 EUR	x 60 % =	**960 EUR**
2029	**kein WK-Abzug**			

62 § 3c Abs. 2 S. 1 EStG

III. Steuerbescheinigung für Kapitalerträge

Mit **BMF-Schreiben vom 16.5.2025**[63] wurden das Anwendungsschreiben zur Ausstellung von Steuerbescheinigungen für Kapitalerträge[64], die nach dem 31.12.2025 zufließen, neu gefasst sowie die amtlichen Muster neu veröffentlicht.[65]

63 BMF-Schr. v. 16.5.2025 – IV C 1 - S 2401/00008/014/051, BStBl I 2025, 1388
64 § 45a Abs. 2 und 3 EStG
65 Siehe auch *Ronig,* NWB VAAAD-20241

IV. Pflichtveranlagung zum besonderen Steuersatz (Abgeltungsteuer)

Sofern Kapitalerträge nicht dem KapESt-Abzug im Inland unterlegen haben, muss dieses i.R.e. Pflichtveranlagung unter Anwendung des Abgeltungsteuersatzes von 25 % nachgeholt werden.[66]

Der Stpfl. hat in seiner ESt-Erklärung u.a. die folgenden Kapitalerträge zu erklären:

– **Steuererstattungszinsen** (§ 20 Abs. 1 Nr. 7 S. 3 EStG),

Praxishinweis

Die obersten Finanzbehörden der Länder[67] haben mit einer Allgemeinverfügung[68] vom 20.2.2025 die Einsprüche und Änderungsanträge zur Frage der Verfassungsmäßigkeit der Besteuerung von Erstattungszinsen[69] als Einkünfte aus KapV zurückgewiesen. Vorausgegangen waren die Nichtannahmebeschlüsse des BVerfG vom 5.7.2023 und 12.7.2023.[70] Gegen die Allgemeinverfügung kann innerhalb eines Jahres nach ihrer Herausgabe im BStBl Klage erhoben werden. Ein Einspruch ist insoweit ausgeschlossen.

– **Verkauf von GmbH-Anteilen**, die nicht unter § 17 EStG (Beteiligung < 1 % und keine einbringungsverbundenen Anteile[71]) fallen[72],
– **vGA**[73], weil das FA i.d.R. keine KapESt festsetzt,
– Verkauf einer **stillen Beteiligung** oder eines **partiarischen Darlehens**[74],
– Verkauf von nach 2004 abgeschlossenen **Kapitallebensversicherungen**[75],

---

66 § 32d Abs. 3 EStG i.V.m. § 32d Abs. 1 EStG
67 Z.B. Nds. FinMin v. 20.2.2025 – 33 - S 0625/030-0002, BStBl I 2025, 568
68 § 367 Abs. 2b AO; § 172 Abs. 3 AO
69 § 233a AO
70 BVerfG, Nichtannahmebeschlüsse v. 5.7.2023 – 2 BvR 2671/14, 2 BvR 2674/14 und BVerfG, Nichtannahmebeschluss v. 12.7.2023 – 2 BvR 482/14, Juris; siehe auch „Die Einkommensteuererklärung 2024“, Seite 248
71 § 17 Abs. 6 EStG
72 § 20 Abs. 2 Nr. 1 EStG
73 § 20 Abs. 1 Nr. 1 S. 2 EStG i.V.m. § 8 Abs. 3 S. 2 KStG i.V.m. R 8.5 KStR
74 § 20 Abs. 2 Nr. 4 EStG
75 § 20 Abs. 2 Nr. 6 EStG

- Kapitalerträge aus dem **Ausland**, insb. auch aus ausl. Depotbanken,
- Zinseinnahmen aus der Gewährung von **Privatdarlehen**[76],

Praxishinweis

Erträge aus „Crowdlending"[77], die nach dem 31.12.2020 zugeflossen sind, unterliegen aufgrund der Erweiterung des KapESt-Abzugs durch das JStG 2019[78] der Abgeltungsteuer[79], so dass die Besteuerung dieser Erträge i.d.R. nicht i.R.e. Pflichtveranlagung nachgeholt werden muss (vgl. auch unter II.5.).

- Tatsächlich erzielte Veräußerungsgewinne, soweit sie die im KapESt-Verfahren berücksichtigte **Ersatz-BMG übersteigen**.[80]

Beispiel

Stpfl. M überträgt am 1.9.2025 Aktien der C-AG (gekauft am 5.2.2020) von einem kanadischen auf ein deutsches Depot bei der D-Bank. Die D-Bank kennt die Anschaffungsdaten nicht. Beim Verkauf am 17.12.2025 erzielt M 30.000 EUR, abzgl. 1.000 EUR Transaktionskosten. Die Bank wendet die Ersatz-BMG an (30 % von 30.000 EUR = 9.000 EUR) und behält darauf 2.250 EUR KapESt sowie 123,75 EUR SolZ ein. Ein Freistellungsauftrag liegt nicht vor. M weist i.R.d. Veranlagung AK von 5.000 EUR nach.

Lösung

Im KapESt-Verfahren ist ein Nachweis über die Anschaffungsdaten nicht möglich. Der tatsächlich erzielte V-Gewinn beläuft sich auf 24.000 EUR (= 30.000 EUR – 5.000 EUR – 1.000 EUR) und übersteigt die Ersatz-BMG um 15.000 EUR. Für diesen Differenzbetrag besteht eine Veranlagungspflicht nach § 32d Abs. 3 EStG.

---

76 § 20 Abs. 1 Nr. 7 EStG

77 Crowdlending, eine Unterform des Crowdfunding, ermöglicht die Finanzierung durch eine Vielzahl von Einzelpersonen (die „Crowd"), die über Online-Plattformen Kredite bereitstellen. Es handelt sich dabei um eine Form der Schwarmfinanzierung, bei der Kapitalgeber und Kreditnehmer direkt oder über Vermittler zusammengebracht werden. Die rechtlichen und regulatorischen Anforderungen variieren je nach Ausgestaltung des Modells.

78 JStG 2019, BGBl I 2019, 2451

79 § 43 Abs. 1 S. 1 Nr. 8a EStG (§ 43 Abs. 1 S. 1 Nr. 7 Buchst. c EStG a.F.), anzuwenden auf nach dem 31.12.2020 zugeflossene Erträge, § 52 Abs. 42 S. 2 EStG

80 § 43a Abs. 2 S. 6 und 7 EStG; BMF-Schr. v. 14.5.2025 – IV C 1 - S 2252/00075/016/070, BStBl I 2025, 1330, Rz 183 und 194

Praxishinweis

Von einer Pflichtveranlagung kann aus Billigkeitsgründen abgesehen werden, wenn der Differenzbetrag je VZ nicht mehr als 500 EUR beträgt und keine weiteren Gründe für eine Veranlagung nach § 32d Abs. 3 EStG vorliegen.[81]

---

81 BMF-Schr. v. 14.5.2025 – IV C 1 - S 2252/00075/016/070, BStBl I 2025, 1330, Rz 183

V. Forderungsausfall und Forderungsverzicht

1. Forderungsausfall

Der **endgültige Ausfall** einer **im PV** gehaltenen **Kapitalforderung**[82] führt nach Einführung der Abgeltungsteuer zu einem steuerlich anzuerkennenden Veräußerungsverlust[83], soweit keine Berücksichtigung als nachträgliche AK bei den Einkünften nach § 17 Abs. 2a S. 3 EStG i.V.m. § 20 Abs. 8 EStG in Betracht kommt. Dies gilt nur, wenn die Kapitalforderung **nach dem 31.12.2008 begründet** wurde.[84]

Die **Begründung** einer Kapitalforderung erfolgt mit Abschluss des Darlehensvertrags, da der Darlehensnehmer ab diesem Zeitpunkt zur Rückzahlung verpflichtet ist. Auch bei späterer Tilgung und erneuter Auszahlung gilt laut BFH[85] die ursprüngliche Vereinbarung weiter – eine Neubegründung liegt nicht vor. Die zivilrechtliche Entstehung der Rückzahlungsverpflichtung ist dabei unerheblich.

Praxishinweis

Der BFH[86] hat explizit offengelassen, ob sich bei Vorliegen eines echten Kontokorrentkredits i.S.d. § 355 HGB eine andere Entscheidung ergeben hätte. Im Urteilsfall lag kein Kontokorrent vor, denn es fehlte eine Regelung über die Verrechnung und Feststellung des laufenden Saldos in regelmäßigen Abständen.

Die **ganze Uneinbringlichkeit** einer Kapitalforderung liegt vor, wenn objektiv keine Rückzahlung mehr zu erwarten ist – meist bei abgelehnter oder eingestellter Insolvenz mangels Masse.[87] Die bloße Eröffnung eines Insolvenzverfahrens reicht dafür nicht aus.[88] Auch eine **teilweise Uneinbringlichkeit** führt zu einem Verlust, konkretisiert mit Abschluss des Insolvenzverfahrens.

Nicht werthaltige Forderungsteile gelten als negative Einkünfte aus KapV.

---

82 § 20 Abs. 2 S. 1 Nr. 7 EStG
83 BMF-Schr. v. 14.5.2025 – IV C 1 - S 2252/00075/016/070, BStBl I 2025, 1330, Rz 60; BFH-Urt. v. 24.10.2017 – VIII R 13/15, BStBl II 2020, 831; § 20 Abs. 2 S. 1 Nr. 7 und S. 2 EStG; § 20 Abs. 4 EStG
84 § 52 Abs. 28 S. 15f EStG
85 BFH-Urt. v. 18.6.2024 – VIII R 25/23, BStBl II 2024, 691; siehe „Die Einkommensteuererklärung 2024", Seite 245
86 BFH-Urt. v. 18.6.2024 – VIII R 25/23, BStBl II 2024, 691
87 BFH-Urt. v. 1.7.2021 – VIII R 28/18, BStBl II 2021, 911
88 BFH-Urt. v. 20.6.2023 – IX R 2/22, BFH/NV 2023, 1257

Praxishinweis

Der nicht werthaltige Teil einer Forderung ist im jeweiligen Einzelfall zu bestimmen. Mit Diskussionen mit der FinVerw ist regelmäßig zu rechnen. Bedeutsam ist ferner, dass nach § 32d Abs. 2 S. 1 Nr. 1 Buchst. a EStG eine Verrechnung mit sämtlichen Einkünften ausscheidet und nur eine Verlustverrechnung mit Kapitaleinkünften[89] in Frage kommt.

2. Forderungsverzicht

Verzichtet der Stpfl. auf eine Kapitalforderung i.S.d. § 20 Abs. 2 S. 1 Nr. 7 EStG ist zu unterscheiden, ob bzw. **inwieweit** das Darlehen im Zeitpunkt des Verzichts **werthaltig** ist.

Der **Verzicht auf** eine **nicht werthaltige Forderung** steht sodann einem Forderungsausfall gleich und führt zu einem steuerlich anzuerkennenden Veräußerungsverlust[90], soweit keine Berücksichtigung als nachträgliche AK i.S.d. § 17 EStG in Betracht kommt.[91]

Praxishinweis

In dem anhängigen Revisionsverfahren VIII R 32/23[92] muss der BFH i.Z.m. der Anwendung des § 32d Abs. 2 Nr. 1 Buchst. b EStG klären, ob die unstreitig vorliegenden negativen Kapitaleinkünfte auf eine entgeltliche Übertragung der Kapitalforderung (Veräußerung zum symbolischen Preis von 1 EUR) oder auf den Verzicht auf eine Kapitalforderung (im Streitfall: Gesellschafter-Darlehen) beruhen.[93]

Der **Forderungsverzicht i.H.d. werthaltigen Teils der Forderung** ist hingegen ertragsteuerrechtlich unbeachtlich, weil insoweit eine unentgeltliche Übertragung gegeben ist **(Grundsatz)**.

Bezieht sich der Verzicht auf ein **Gesellschafterdarlehen** ggü. einer KapG, liegt hingegen i.H.d. **werthaltigen Teils** der Kapitalforderung eine **verdeckte Einlage**[94] vor, die zu nachträglichen AK für die Beteiligung gem. § 17 Abs. 2a S. 3 Nr. 1 EStG führt **(Ausnahme)**. Siehe dazu auch unter C.V.3.

---

89 § 20 Abs. 6 S. 1 EStG

90 § 20 Abs. 2 S. 1 Nr. 7 und S. 2 EStG; § 20 Abs. 4 EStG

91 BMF-Schr. v. 14.5.2025 – IV C 1 - S 2252/00075/016/070, BStBl I 2025, 1330, Rz 61

92 FG Köln, Urt. v. 22.8.2023 – 15 K 2151/20, EFG 2024, 205, Rev. eingelegt, Az des BFH: VIII R 32/23; siehe „Die Einkommensteuererklärung 2024“, Seite 227

93 S.a. „Die Einkommensteuererklärung 2024“, Seite 227 - 228

94 R 8.9 Abs. 1 KStR; § 8 Abs. 3 S. 3 KStG

Während der Zeitpunkt des Ausfalls einer Kapitalforderung nur äußerst schwer zu bestimmen ist, lässt sich der Zeitpunkt der Berücksichtigung von Verlusten i.S.d. § 20 Abs. 2 S. 1 Nr. 7 EStG durch einen Forderungsverzicht präzise steuern.

Praxishinweis

Im Fall des Forderungsverzichts sind unbedingt auch evtl. schenkungsteuerliche Folgen zu bedenken. Dies gilt vor dem Hintergrund des § 7 Abs. 8 S. 1 ErbStG insb. in Bezug auf KapG.[95]

Auch ein Forderungsverzicht zwischen den Gesellschaftern einer KapG kann nach den Parallelentscheidungen des BFH vom 19.6.2024[96] als freigebige Zuwendung SchSt auslösen. In den Streitfällen hatte ein Gesellschafter auf einen angemessen Wertausgleich i.Z.m. einem aufgrund einer Kapitalerhöhung erlittenen Wertverlust hinsichtlich seiner gesellschafterbezogenen Kapitalrücklage zugunsten seiner an der Kapitalerhöhung teilnehmenden Söhne – die jeweiligen Kläger in den beiden Verfahren – verzichtet.[97] Dabei ist noch nicht abschließend geklärt, ob die Wirksamkeit einer solchen gesellschafterbezogenen Zuordnung der Kapitalrücklage seine satzungsmäßige Grundlage erfordert.[98]

3. Verzicht auf ein Gesellschafterdarlehen

a) Darlehensverluste i.Z.m. Beteiligungen i.S.d. § 17 EStG[99]

Nachdem der BFH in einer Grundsatzentscheidung vom 11.7.2017[100] entschieden hatte, dass i.Z.m. dem Ausfall von Gesellschafterdarlehen **keine nachträglichen AK** i.S.d. § 17 EStG (mehr) entstehen, hat der Gesetzgeber mit einer gesetzlichen Definition von Beteiligungsanschaffungskosten i.S.d. § 17 EStG reagiert.[101]

Demnach gelten **Darlehensverluste** gem. **§ 17 Abs. 2a S. 3 Nr. 2 EStG** als **nachträgliche AK**, wenn sie gesellschaftsrechtlich veranlasst sind – etwa bei Krisendarlehen oder stehengelassenen Darlehen, bei denen ein ordentlicher

95 *Perschon,* AktStR 2025, 267; zur aktuellen Rechtslage i.Z.m. § 7 Abs. 8 ErbStG s.a. *Messner,* AktStR 2025, 115 ff.

96 BFH-Urt. v. 19.6.2024 – II R 40/21, BStBl II 2025, 412; inhaltsgleiche Parallelentscheidung: BFH v. 19.6.2024 – II R 41/21, BStBl II 2025, 416

97 Vgl. dazu *Kaminski,* AktStR 2025, 131

98 BFH-Beschl. v. 6.6.2025 – II B 43/24 (AdV), GmbHR 2025, 934 - 939

99 Vgl. hierzu auch *Perschon*, AktStR 2025, 259 - 260

100 BFH-Urt. v. 11.7.2017 – IX R 36/15, BStBl II 2019, 208

101 S.a. „Die Einkommensteuererklärung 2020“, Seite 87 - 88

Kaufmann das Risiko nicht übernommen hätte. Auch bei krisenbestimmten oder Finanzplandarlehen wird diese Veranlassung stets unterstellt.

Die Vorschrift gilt grds. für Veräußerungen **nach dem 31.7.2019**, auf **Antrag** auch **früher**.[102] Da der BFH seine o.g. Grundsatzentscheidung mit einer **Fortgeltungsanordnung für alle bis zum 27.9.2017 gewährten Finanzierungshilfen** versehen hat, gelten die aufgestellten Rechtsgrundsätze (keine nachträglichen AK i.S.d § 17 EStG) nur für Finanzierungshilfen, die nach dem 27.9.2017 gewährt werden, wenn der Tatbestand des § 17 EStG bis zum 31.7.2019 ausgelöst wird und der Stpfl. nicht die frühere Anwendung des § 17 Abs. 2a EStG beantragt hat.

Praxishinweis

Mit Urteil vom 20.2.2024[103] hat der BFH klargestellt, dass Stpfl. im Fall der Nichtausübung des Wahlrechts zur früheren Anwendung des § 17 Abs. 2a EStG nicht auf die Anwendung der Fortgeltungsanordnung verzichten können. In diesem Fall gelten dann die bis zur Grundsatzentscheidung geltenden Rechtsgrundsätze für Finanzierungshilfen fort.

Es sind nach dem BMF-Schreiben vom 7.6.2022[104] **vier Fallgruppen** zum **Ausfall eines Darlehens** eines Gesellschafters zu unterscheiden:

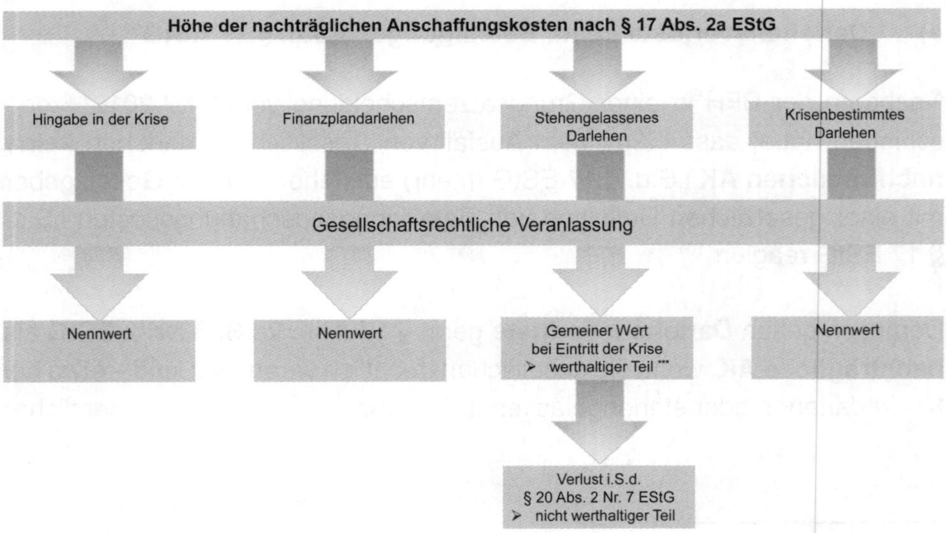

**** Ansatz mit dem gemeinen Wert wurde durch **BFH vom 18.7.2023**[105] bestätigt.*

102 § 52 Abs. 25a EStG
103 BFH-Urt. v. 20.2.2024 – IX R 12/23, BStBl II 2025, 13
104 BMF-Schr. v. 7.6.2022 – IV C 6 - S 2244/20/10001:001, BStBl I 2022, 897
105 BFH-Urt. v.18.7.2023 – IX R 21/21, BStBl II 2024, 169

Diese Ausführungen zu den Gesellschafterdarlehen sind entsprechend auf **Bürgschaften** anzuwenden.[106]

Praxishinweis

Darlehensverluste nach § 17 Abs. 2a EStG mindern bei Vorliegen eines Tatbestands des § 17 EStG (z.B. Veräußerung oder Liquidation) zu 60 % den Gewinn (Teileinkünfteverfahren)[107] und können grds. mit anderen positiven Einkünften verrechnet werden.[108] Verluste aus KapV sind hingegen nur mit positiven Kapitaleinkünften zu 100 % verrechenbar[109] und führen insoweit zu einer Steuerminderung von 25 %.[110]

Beispiel[111]

A hält einen Geschäftsanteil i.H.v. 100 % des Stammkapitals an der A-GmbH. Im Jahr 2018 gewährte A der A-GmbH ein fremdüblich vereinbartes Darlehen i.H.v. 100.000 EUR. Im Jahr 2022 gerät die A-GmbH in die Krise. A lässt das Darlehen stehen. Das Darlehen ist bei Kriseneintritt nur noch zu 50 % (50.000 EUR) werthaltig. Im Jahr 2024 verzichtet A auf die Darlehensforderung. Zu diesem Zeitpunkt ist die Darlehensforderung nur noch zu 20 % (20.000 EUR) werthaltig. Im Jahr 2025 veräußert A seinen Geschäftsanteil.

Lösung

Mit dem Stehenlassen des Darlehens in der Krise wird das Darlehen gesellschaftsrechtlich veranlasst.

Der zum **Eintritt der Krise** (Stehenlassen des Darlehens) **nicht werthaltige Teil** der Forderung (50.000 EUR) kann im Verzichtszeitpunkt (VZ 2024) bei den **Einkünften aus KapV** unter den dortigen Voraussetzungen berücksichtigt werden.

Der im **Zeitpunkt des Verzichtes** noch **werthaltige Teil** (20.000 EUR) ist im Zeitpunkt der Veräußerung (VZ 2025) nach § 17 Abs. 2a S. 3 Nr. 1 EStG als **verdeckte Einlage** und damit als nachträgliche AK zu berücksichtigen.

Der zum **Verzichtszeitpunkt nicht mehr werthaltige Teil** der Forderung (30.000 EUR) ist im VZ 2025 als Darlehensverlust als nachträgliche **AK** nach § 17 Abs. 2a S. 3 Nr. 2 EStG zu berücksichtigen.

---

106 § 17 Abs. 2a S. 3 Nr. 3 EStG; BMF-Schr. v. 7.6.2022 – IV C 6 - S 2244/20/10001:001, BStBl I 2022, 897, Rz 20
107 § 3 Nr. 40 S. 1 Buchst. c EStG i.V.m. § 3c Abs. 2 EStG
108 Ausnahme: Verlustausgleichverbot gem. § 17 Abs. 2 S. 6 EStG
109 § 32d Abs. 2 Nr. 1 Buchst. b EStG; § 20 Abs. 6 S. 1 EStG
110 § 32d Abs. 1 EStG
111 BMF-Schr. v. 7.6.2022 – IV C 6 - S 2244/20/10001:001, BStBl I 2022, 897, Bsp. 2 zu Rz 18

b) Forderungsverzicht gegen Besserungsschein

Bei einem Forderungsverzicht gegen Besserungsschein verzichtet der Gläubiger unter der Bedingung, dass die Forderung (ggf. rückwirkend auch Zinsen) wiederauflebt, wenn beim Schuldner die Besserung eintritt.

In der überarbeiteten Rz 62 des BMF-Schreibens vom 14.5.2025[112] schließt sich die FinVerw der Rechtsprechung des BFH[113] an. Danach ist ein sog. **Abtretungsverlust**[114] aus dem auflösend bedingten Forderungsverzicht **i.H.d. nicht werthaltigen Teils** der Forderung **bereits im Zeitpunkt des Verzichts** bei den **Einkünften aus KapV** zu berücksichtigen und nicht erst, wenn feststeht, dass die auflösende Bedingung – die Besserung – nicht mehr eintreten wird. Somit ist für die ertragsteuerlichen Folgen des Verzichts zwischen dem **werthaltigen und** dem **nicht mehr werthaltigen Teil** der Forderung zu **unterscheiden**.

Tritt der Besserungsfall ein, lebt die ursprüngliche Forderung wieder auf.[115] Der Eintritt der Bedingung entfaltet **keine Rückwirkung**, so dass **positive Einkünfte** nach § 20 Abs. 2 S. 1 Nr. 7 EStG **im Zeitpunkt des Wiederauflebens** entstehen.

Praxishinweis

Zur ertragsteuerlichen Beurteilung des Forderungsverzichts des Gesellschafters einer KapG gegen Besserungsschein auf der Ebene der Gesellschaft nimmt das BMF im Schreiben vom 2.12.2003[116] Stellung.

Beispiel[117]

GmbH-Gesellschafter A (zu 60 % beteiligt) verzichtet am 1.7.2025 auf eine am 2.1.2024 begründete Gesellschafterforderung gegen Besserungsschein. Der Nominalwert der Forderung beträgt im Zeitpunkt des Verzichts 100.000 EUR, der Teilwert dagegen nur 10.000 EUR. Im Juli 2026 tritt der Besserungsfall ein und A erhält eine Darlehensrückzahlung von 100.000 EUR.

---

112 BMF-Schr. v. 14.5.2025 – IV C 1 - S 2252/00075/016/070, BStBl I 2025, 1330, Rz 62
113 BFH-Urt. v. 19.11.2024 – VIII R 8/22, BFH/NV 2025, 441 - 445
114 § 20 Abs. 2 S. 1 Nr. 7 und S. 2 EStG; § 20 Abs. 4 EStG
115 § 158 Abs. 2 BGB
116 BMF-Schr. v. 2.12.2003 – IV A 2 - S 2743-5/03, BStBl I 2003, 648
117 BMF-Schr. v. 14.5.2025 – IV C 1 - S 2252/00075/016/070, BStBl I 2025, 1330, Rz 62

Lösung

1.7.2025:

1) Hinsichtlich des **werthaltigen Teils der Forderung** liegt eine verdeckte Einlage[118] vor, die mit dem Teilwert = 10.000 EUR zu bewerten ist. Bei der GmbH erhöht sich das steuerliche Einlagekonto nach § 27 KStG um 10.000 EUR.

2) Die verdeckte Einlage gilt als Veräußerung.[119] Auf der Ebene des Gesellschafters A liegt somit eine Einnahme aus KapV gem. § 20 Abs. 2 S. 1 Nr. 7 und S. 2 EStG vor. Bei der Ermittlung des Gewinns[120] werden die AK in Höhe des Nominalwerts des werthaltigen Teils von 10.000 EUR gegengerechnet, so dass die Einkünfte 0 EUR betragen.

3) Zudem erhöhen sich bei Gesellschafter A die AK der GmbH-Anteile.[121]

4) Hinsichtlich des **nicht werthaltigen Teils der Forderung** erleidet A im Zeitpunkt des Verzichts einen **Abtretungsverlust** nach § 20 Abs. 2 S. 1 Nr. 7 EStG i.H.v. **90.000 EUR**, der mit anderen positiven Einkünften aus KapV zu verrechnen ist.[122]

Juli 2026:

5) Der Eintritt der Besserung führt zum Wiederaufleben der Forderung. Hinsichtlich des bisherigen **werthaltigen Teils der Forderung** ist die verdeckte Einlage (siehe 1) **in 2025** wieder **rückgängig**[123] zu machen; d.h., bei der GmbH ist die aufwandswirksame Einbuchung der Verbindlichkeit außerbilanziell wieder hinzuzurechnen. Das steuerliche Einlagekonto nach § 27 KStG ist um 10.000 EUR zu mindern (strittig[124]).

6) Demzufolge sind die **AK** der GmbH-Anteile um 10.000 EUR **rückwirkend** zu mindern (siehe 3). In Fällen eines zwischenzeitlichen Verkaufs der Anteile würde sich rückwirkend ein höherer Veräußerungsgewinn ergeben. Das BMF-Schreiben verweist hier auf § 175 Abs. 1 S.1 Nr. 2 AO als Änderungsnorm.[125]

---

118 R 8.9 Abs. 1 KStR

119 § 20 Abs. 2 S. 2 EStG

120 § 20 Abs. 4 S. 1 EStG

121 § 17 Abs. 2a S. 3 Nr. 1 EStG

122 § 20 Abs. 6 S. 1 EStG

123 Zum Vorliegen einer „negativen verdeckten Einlage" bzw. „umgekehrten verdeckten Einlage" existiert bisher weder Rspr. noch eine Verwaltungsanweisung. In der Literatur wird das Vorliegen bejaht, vgl. *Dötsch/Werner/Krämer*, in: Dötsch/Pung/Möhlenbrock, Die Körperschaftsteuer, § 27 KStG, Rz 63 (Stand: 1.12.2023) und *Neumann*, in: Rödder/Herlinghaus/Neumann, KStG, 2. Aufl. 2023, § 8 Rz 1404

124 Ob die negative Einlage zu einer Verminderung des Einlagekontos führt, ist umstritten. Das BMF-Schr. v. 14.5.2022 – IV C 1 - S 2252/00075/016/070, BStBl I 2025, 1330 geht auf die Problematik des Direktabzugs beim steuerlichen Einlagekonto nicht ein. Vgl. *Ott*, DStZ 2025, 748 unter I.3. letzter Absatz m.w.N.

125 Durch das rückwirkende Ereignis ergibt sich gem. § 233a Abs. 2a AO ein abweichender Zinslauf, so dass sich i.d.R. keine Nachzahlungszinsen für den höheren Veräußerungsgewinn ergeben.

7) Hinsichtlich des bisher **nicht werthaltigen Teils der Forderung** erzielt A durch das Wiederaufleben der Forderung **im Juli 2026 positive Einkünfte** nach § 20 Abs. 2 S. 1 Nr. 7 EStG i.H.v. **90.000 EUR im VZ 2026**. Dadurch soll der in 2025 erlittene Verlust kompensiert werden (siehe 4).

Praxishinweis

Nach einem Forderungsverzicht mit Besserungsschein ist i.R.d. Erstellung der ESt-Erklärung zu prüfen, ob der Besserungsfall eingetreten ist. **Der Stpfl. ist hierzu ausdrücklich zu befragen.**

Das BMF geht offensichtlich davon aus, dass beim Darlehensgeber bereits mit dem Wiederaufleben der Forderung – also im Zeitpunkt der Besserung und ohne tatsächlichen Zufluss – positive Kapitaleinkünfte i.S.d. § 20 Abs. 2 S. 1 Nr. 7 EStG zu erfassen sind.[126] Es begründet dieses mit der Rückgängigmachung des zuvor geltend gemachten Abtretungsverlustes. Ein späterer Zufluss bei tatsächlicher Tilgung der Forderung wäre demnach unbedeutend. Es bleibt abzuwarten, ob diese Abkehr vom Zuflussprinzip des § 11 Abs. 1 EStG einer finanzgerichtlichen Prüfung standhält.

Zudem ist unklar, ob diese Kapitaleinkünfte, die nicht der KapESt unterliegen, gem. § 32d Abs. 2 Nr. 1 Buchst. b EStG individuell zu versteuern sind, wenn der Stpfl. – wie im vorliegenden Beispiel – mit mind. 10 % an der KapG beteiligt ist. Da die KapG dem Stpfl. jedoch keine Kapitalerträge „zahlt“, erscheint u.E. § 32d Abs. 3 Nr. 1 Buchst. b EStG nicht einschlägig. Folglich sind die betreffenden Kapitalerträge i.R.d. Pflichtveranlagung mit dem besonderen Steuersatz von 25 % zu versteuern.[127]

8) Die Tilgung der Forderung führt bei A zu Einnahmen i.S.d. § 20 Abs. 2 S. 1 Nr. 7 EStG i.H.v. 100.000 EUR. Bei der Ermittlung des Gewinns[128] werden die AK i.H.d. Nominalwerts der nunmehr voll werthaltigen Forderung von 100.000 EUR gegengerechnet, so dass die Einkünfte 0 EUR betragen.

c) Subsidiarität des § 20 EStG

Der BFH hat sich in seiner Entscheidung vom 19.11.2024[129] auch zur **Subsidiarität[130] des § 20 EStG ggü. § 17 EStG** geäußert: Es liegen nur dann keine Kapitaleinkünfte i.S.d. § 20 Abs. 2 EStG – sondern nachträgliche AK nach § 17 Abs. 2a EStG – vor, wenn und soweit sich der Verlust im zu beurteilenden Zeitraum bei der Ermittlung der Einkünfte aus § 17 EStG tatsächlich auswirkt. Dies setzt insbes. voraus, dass die relevanten Tatbestände des **§ 20 Abs. 2 EStG und** des **§ 17 EStG** (z.B. im Falle einer Veräußerung oder

126 Vgl. *Ott,* DStZ 2025, 748 unter II. 2.
127 § 32d Abs. 3 EStG i.V.m. § 32d Abs. 1 EStG
128 § 20 Abs. 4 S. 1 EStG
129 BFH-Urt. v. 19.11.2024 – VIII R 8/22, BFH/NV 2025, 441 - 445
130 Subsidiaritätsprinzip, § 20 Abs. 8 EStG

Liquidation) **im selben VZ verwirklicht** werden (sog. **zeitraumbezogene Beurteilung**).

Wird ein Tatbestand des **§ 17 EStG** (z.B. Veräußerung, Liquidation) **erst in einem späteren VZ** realisiert, muss – zur Vermeidung einer nicht gerechtfertigten Doppelberücksichtigung ein und desselben Verlustes – die **Berücksichtigung nach § 20 Abs. 2 EStG** insoweit auf verfahrensrechtlicher Grundlage – u.E. **als rückwirkendes Ereignis nach § 175 Abs. 1 S. 1 Nr. 2 AO – korrigiert werden**. Im Ergebnis wird der Verlust nur einmal i.R.d. § 17 EStG berücksichtigt.[131]

d) Einkünfteerzielungsabsicht

Bei Gesellschafterdarlehen wird das Vorliegen der Einkünfteerzielungsabsicht grds. **widerlegbar vermutet**.[132] Für die Beurteilung sind alle Einkünfte aus der Beteiligung maßgeblich, d.h. sowohl Wertsteigerungen als auch Ausschüttungen[133] (sog. **Gesamtbetrachtung**[134]).

Dieser vom BFH entwickelte **Gesamtbetrachtungsansatz** findet nach dem Urteil des **FG Düsseldorf vom 27.9.2024**[135] nur **für unmittelbare Gesellschafter** Anwendung und kann auf mittelbare Gesellschafter schon deshalb nicht übertragen werden, weil diese aus der mittelbaren Beteiligung keine eigenen Einkünfte erzielen. In dem Urteilsfall gibt ein Stpfl. einer KapG, an der er nur mittelbar über eine andere (Mutter-)KapG beteiligt ist, ein **zinsloses Darlehen** und fällt mit der Darlehensforderung aus. Gegen die Entscheidung des FG wurde **Revision**[136] eingelegt.

Praxishinweis

Durch die Vereinbarung einer angemessenen Verzinsung lässt sich die steuerliche Nichtberücksichtigung von fehlgeschlagenen Finanzierungshilfen des mittelbaren Gesellschafters vermeiden. Ist hingegen ein zinsloses Darlehen gewollt, könnte das Problem auch durch die direkte Gewährung des Darlehens an die zwischen-

131 *Perschon*, AktStR 2025, 270

132 BFH-Urt. v. 14.3.2017 – VIII R 38/15, BStBl II 2017, 1040; BFH-Urt. v. 19.11.2024 – VIII R 8/22, BFH/NV 2025, 441 - 445

133 § 17 Abs. 1 EStG; § 20 Abs. 1 Nr. 1 EStG; § 20 Abs. 2 S. 1 Nr. 7 EStG

134 BFH-Urt. v. 20.6.2023 – IX R 2/22, BFH/NV 2023, 1257, m.w.N.

135 FG Düsseldorf, Urt. v. 27.9.2024 – 3 K 3054/20 E, Juris; Rev. eingelegt: Az des BFH: VIII R 32/24

136 Az des BFH: VIII R 32/24

geschaltete (Mutter-)KapG, die ihrerseits das zinslose Darlehen an ihre Tochtergesellschaft weiterreicht, gelöst werden.[137]

Die dargestellten Grundsätze zum Ausfall eines Gesellschafterdarlehens **gelten** im Übrigen **auch für ohne Entgelt eingegangene Bürgschaftsverpflichtungen** bzw. für den **Ausfall einer Bürgschaftsregressforderung.** Ob die Vermutung der Einkünfteerzielungsabsicht widerlegt ist, ist für Bürgschaftsregressforderungen im Zeitpunkt der Hingabe zu beurteilen.[138]

Die Vermutung der Einkünfteerzielungsabsicht ist bei unentgeltlicher Bürgschaft erst **widerlegt, wenn kein wirtschaftlicher Hintergrund** vorliegt, so entschied der **BFH am 1.7.2025.**[139] Im Streitfall hatte der Kläger für ein Darlehen an eine GmbH gebürgt, obwohl er nicht Gesellschafter war, und wollte später einen Verlust aus KapV geltend machen. FA und FG[140] lehnten dies wegen angeblich fehlender Einkünfteerzielungsabsicht ab. Der BFH sah jedoch mögliche wirtschaftliche Gründe, etwa die geplante – aber später gescheiterte – Schuldumwandlung und eine Gewinnbeteiligung, und hielt die Vermutung für nicht widerlegt.

Die Sache wurde zur weiteren Prüfung an das FG zurückverwiesen.

4. Verlustverrechnung bei den Einkünften aus KapV

Eine Berücksichtigung von **Darlehensverlusten** bei den Einkünften aus KapV ist nur möglich, **soweit** der Darlehensverlust **nicht nach § 17 Abs. 2a EStG** zu erfassen ist. Dabei kommt es entscheidend auf den **Zeitpunkt der Darlehensgewährung** unter Beachtung des **§ 32d Abs. 2 Nr. 1 Buchst. b EStG**[141] an:

---

137 Siehe auch *Lürbke,* EFG 2025, 249-253 (Anmerkung)
138 BFH-Urt. v. 20.6.2023 – IX R 2/22, BFH/NV 2023, 1257 - 1261, Rz 31
139 BFH-Urt. v. 1.7.2025 – VIII R 3/23, BFH/NV 2025, 1506
140 FG Nürnberg, Urt. v. 18.11.2021 – 4 K 519/18, Juris
141 Zur zeitlichen Anwendbarkeit des § 32d Abs. 2 Nr. 1 Buchst. b EStG n.F; vgl. § 52 Abs. 33b EStG

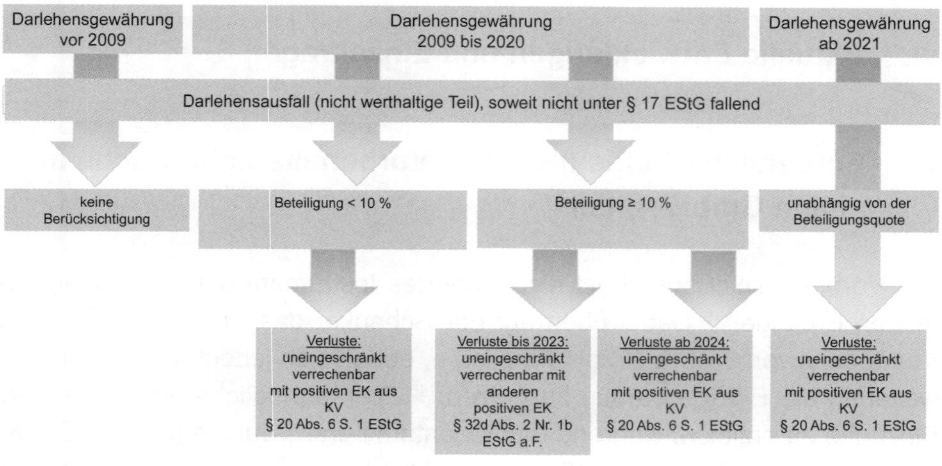

Praxishinweis

Die mit dem JStG 2020 eingeführte Verrechnungsbeschränkung auf max. 20.000 EUR für Verluste aus der ganzen oder teilweisen Uneinbringlichkeit von Kapitalforderungen[142] ist mittlerweile durch das JStG 2024[143] rückwirkend aufgehoben worden. Siehe dazu unter C.II.2.

---

142 § 20 Abs. 6 S. 6 EStG a.F.

143 Jahressteuergesetz 2024 v. 5.12.2024, BGBl I 2024, Nr. 387

VI. Aktuelle Entwicklungen und Einzelfragen

1. Entgeltliche Ablösung eines Vorbehaltsnießbrauchs an einem GmbH-Anteil[144]

Der Vorbehaltsnießbrauch ist ein bewährtes Instrument der vorweggenommenen Erbfolge.[145] Dabei überträgt der Schenker das Eigentum an einem Vermögenswert – etwa GmbH-Anteilen –, behält sich jedoch das Recht vor, weiterhin die Erträge daraus zu nutzen.[146] Dies ermöglicht dem Schenker, Einkünfte zu erzielen, während das Eigentum bereits auf die nächste Generation übergeht. Steuerlich wirkt sich der Nießbrauch positiv aus: Er mindert die schenkungssteuerliche BMG[147] und gilt ertragsteuerlich nicht als Entgelt.[148]

Das BMF[149] stellt in Übereinstimmung mit der BFH-Rechtsprechung[150] klar, dass Dividenden[151] in Nießbrauchsfällen – unabhängig von der Form (insb. Vorbehalts- und Zuwendungsnießbrauch) – dem **wirtschaftlichen Eigentümer[152] der Anteile** zuzurechnen sind. Maßgeblich für die Bestimmung des wirtschaftlichen Eigentums sind:

- die Ausübung wesentlicher Rechte (insb. **Gewinnbezugsrecht und Stimmrecht**),
- das Risiko einer Wertminderung und
- die Chance einer Wertsteigerung.

---

144 Vgl. auch ausführlich *Perschon,* AktStR 2025, 49 - 59

145 Unter vorweggenommener Erbfolge sind Vermögensübertragungen unter Lebenden mit Rücksicht auf die künftige Erbfolge zu verstehen. Der Übernehmer soll nach dem Willen der Beteiligten wenigstens teilweise eine unentgeltliche Zuwendung erhalten. Zur ertragsteuerlichen Behandlung siehe BMF-Schr. v. 13.1.1993 – IV B 3 - S 2190-37/92, BStBl I 1993, 80

146 §§ 1030 ff. BGB

147 § 10 Abs. 5 ErbStG

148 BMF-Schr. v. 13.1.1993 – IV B 3 - S 2190-37/92, BStBl I 1993, 80, Tz 10

149 BMF-Schr. v. 14.5.2025 – IV C 1-S 2252/00075/016/070, BStBl I 2025, 1330, Rz 117a

150 BFH-Urt. v. 14.2.2022 – VIII R 29/18 und VIII R 30/18, BStBl II 2022, 544, 548; vgl. auch BFH-Urt. v. 28.1.1992 – VIII R 207/85, BStBl II 1992, 605

151 § 20 Abs. 1 Nr. 1 und 2 EStG; § 20 Abs. 5 EStG

152 § 39 Abs. 2 Nr. 1 AO

Mit dem **Urteil vom 13.11.2024**[153] hat der BFH seine bisherige Rechtsprechung zum wirtschaftlichen Eigentum nochmals bestätigt, indem er zur Sicherheit übereignete Aktien dem Sicherungsnehmer als Inhaber der Aktien zurechnet, wenn dieser bei objektiver Betrachtung die wesentlichen mit den Aktien verbundenen Rechte – **insb. die Stimmrechte** – ausüben kann.

Bei einer Übertragung gegen Nießbrauchsvorbehalt ist **schon bei der Übertragung zu bedenken**, dass eine evtl. **spätere „lastenfreie" Veräußerung** des Vermögens durch den Übernehmer i.d.R. den **vorzeitigen Verzicht auf das Nießbrauchsrecht** durch den Übergeber voraussetzen dürfte. Zur Vermeidung einer schenkungsteuerbaren freigebigen Zuwendung[154] und zur Versorgung des Übergebers erfolgt ein solcher Verzicht i.d.R. nicht unentgeltlich, sondern entgeltlich.

In zwei BFH-Revisionsverfahren **(IX R 5/24[155] und IX R 14/24[156])** ging es um die steuerliche Behandlung der **entgeltlichen Ablösung eines Vorbehaltsnießbrauchs** an GmbH-Anteilen. In beiden Fällen wurde der Nießbrauch gegen Zahlung aufgehoben. Das FA sah darin steuerpflichtige Einkünfte (§ 17 bzw. § 20 EStG), die FG bewerteten den Vorgang unterschiedlich: Das FG Nürnberg[157] nahm Einkünfte aus KapV[158] an, das FG Köln[159] ging von einem nichtsteuerbaren Zufluss aus.

Der BFH entschied zugunsten der Klägerinnen: Die Nießbrauchsberechtigten waren **nicht wirtschaftliche Eigentümerinnen** der Anteile, da ihnen zwar die Gewinnbezugsrechte aber – und das war entscheidend – **nicht die Stimmrechte** zustanden. Das **wirtschaftliche Eigentum war bereits bei der Übertragung im Wege der vorweggenommenen Erbfolge** übergegangen. Daher war die Ablösung des Nießbrauchs lt. BFH **kein steuerbarer Vorgang** – also weder als Einkünfte aus KapV noch als nachträgliche Einkünfte aus einer Anteilsveräußerung i.S.d. § 17 EStG zu beurteilen.

---

153 BFH-Urt. v. 13.11.2024 – I R 3/21, BFH/NV 2025, 538 - 543

154 § 7 Abs. 1 Nr. 1 ErbStG

155 BFH-Urt. v. 20.9.2024 – IX R 5/24, BFH/NV 2025, 71 - 73; s.a. „Die Einkommensteuererklärung 2024", Seite 255 - 258

156 BFH-Urt. v. 11.2.2025 – IX R 14/24, BFH/NV 2025, 862 - 864

157 FG Nürnberg, Urt. v. 29.9.2023 – 7 K 1029/21, Juris, Rev. entschieden: BFH-Urt. v. 20.9.2024 – IX R 5/24, BFH/NV 2025, 71 - 73

158 § 20 Abs. 1 Nr. 1 EStG i.V.m. § 24 Nr. 1 Buchst. a EStG

159 FG Köln, Urt. v. 29.2.2024 – 7 K 95/23, Juris, Rev. entschieden: BFH-Urt. v. 11.2.2025 – IX R 14/24, BFH/NV 2025, 862 - 864

Praxishinweis

Den Ablösebetrag aufgrund eines Verzichts auf ein Nießbrauchsrecht an einem gewerblichen Mitunternehmeranteil, um die lastenfreie Veräußerung zu ermöglichen, beurteilte das FG Baden-Württemberg in einem rechtskräftigen Urteil vom 31.9.2023[160] u.E. zutreffend als Einkünfte aus Gewerbebetrieb, da es den Nießbraucher als Mitunternehmer angesehen hatte. Das Mitunternehmerrisiko war durch Beteiligung am Gewinn und Verlust und die Mitunternehmerinitiative durch die vollumfänglichen vorbehaltenen Stimm- und Verwaltungsrechte gegeben.

Mit den Entscheidungen vom 20.9.2024[161] und 13.11.2024[162] hat der BFH geklärt, wie die entgeltliche Ablösung eines unentgeltlich eingeräumten Nießbrauchs an einem GmbH-Anteil zu behandeln ist. Diese Entscheidungen sind über den Einzelfall hinweg für alle offenen Fälle bedeutsam. Ob der Gesetzgeber als Reaktion auf die unliebsame Rechtsprechung mit einem rechtsprechungsbrechenden Gesetz reagieren wird, bleibt abzuwarten.

Unwahrscheinlich dürfte dies nicht sein,

- weil beim Zahlenden die Ablösezahlung zu nachträglichen AK der GmbH-Anteile führt[163] und sich dies auf die Versteuerungshöhe nach § 17 EStG auswirkt,
- während der Ablösungsempfänger keine ertragsteuerpflichtigen Einkünfte erzielt.

Fraglich ist, ob die unentgeltliche Übertragung unter Vorbehaltsnießbrauch und die spätere entgeltliche Ablösung des Nießbrauchsrechts auch dann beim Empfangenden nicht steuerbar ist, wenn die zweistufige Übertragung auf einem einheitlichen Entschluss beruht und die Gesamtplanrechtsprechung zur Anwendung kommt.

Praxishinweis

Geht – neben dem zivilrechtlichen – auch das wirtschaftliche Eigentum auf den Nießbrauchsverpflichteten über, führt die Ablösezahlung an den Nießbrauchsberechtigten laut BFH vom 20.9.2024[164] und 11.2.2025[165] bei diesem zu nicht steuerbaren Einnahmen.

---

[160] FG Baden-Württemberg, Urt. v. 21.9.2023 – 12 K 2281/21, Juris
[161] BFH-Urt. v. 20.9.2024 – IX R 5/24, BFH/NV 2025, 71 - 73
[162] BFH-Urt. v. 11.2.2025 – IX R 14/24, BFH/NV 2025, 862 - 864
[163] BFH-Urt. v. 18.11.2014 – IX R 49/13, BStBl II 2015, 224
[164] BFH-Urt. v. 20.9.2024 – IX R 5/24, BFH/NV 2025, 71 - 73
[165] BFH-Urt. v. 11.2.2025 – IX R 14/24, BFH/NV 2025, 862 - 864

Verbleibt das wirtschaftliche Eigentum hingegen beim Nießbrauchsberechtigten – durch Einräumung einer Rechtsposition mit entscheidendem Einfluss auf die GmbH (insb. durch die Übertragung von Stimmrechten) – wird bei der entgeltlichen Ablösung des Nießbrauchsrechts das Eigentum an den GmbH-Anteilen übertragen und mithin der Tatbestand des § 17 EStG ausgelöst.

Es bleibt abzuwarten, wie die FinVerw auf diese Urteile reagiert, zumal der BFH mit Urteil vom 10.10.2025[166] bei entgeltlichem Verzicht auf ein Nießbrauchrecht bei einem vermieteten Grundstück von einer steuerbaren Entschädigung ausging.[167]

Die Besprechungsurteile sind insb. für die Gestaltungspraxis relevant, weil der „zweistufige Vermögensübergang" (1. Übertragung unter Vorbehaltsnießbrauch; 2. Entgeltliche Ablösung des Nießbrauchsrechts) zu einer „steuerneutralen Übertragung" ohne Aufdeckung stiller Reserven führt. Die FinVerw könnte jedoch einen von vornherein gefassten „Gesamtplan" als Gestaltungsmissbrauch i.S.d. § 42 AO ansehen.

2. Verzinsung von Kaufpreisraten i.Z.m. der Veräußerung von Privatvermögen

Revisionsanhängig[168] ist die Frage, ob der vertragliche Ausschluss einer Kaufpreisraten-Verzinsung mit dem Hinweis, die in diesem Verzicht liegende Kaufpreisreduzierung stelle eine Schenkung an den Übernehmer dar, als **freigebige Zuwendung i.S.d. § 7 Abs. 1 ErbStG und damit nicht als Kapitalertrag i.S.d. § 20 Abs. 1 Nr. 7 EStG** zu qualifizieren ist. Das FG Schleswig-Holstein entschied vorinstanzlich, dass bei einem Konkurrenzverhältnis zwischen einem ertragsteuerlichen Einkünftetatbestand und einer freigebigen Zuwendung die Ertragbesteuerung rechtssystematisch zurücktritt.

Das Schleswig-Holsteinische FG weicht damit vom FG Köln[169] ab, das bei einem vergleichbaren Sachverhalt zu steuerpflichtigen Kapitalerträgen gekommen ist.[170]

---

166 BFH-Urt. v. 10.10.2025 – IX R 4/24, DStR 2025, 2831

167 Weitergehend unter „Rund ums Haus unter D. VI."

168 FG Schleswig-Holstein, Urt. v. 17.9.2024 – 4 K 34/24, EFG 2024, 2046, Rev. eingelegt, Az des BFH: VIII R 30/24

169 FG Köln, Urt. v. 27.10.2022 – 7 K 2233/20, EFG 2023, 682, Rev. eingelegt, Az des BFH: VIII R 1/23

170 S.a. „Die Einkommensteuererklärung 2023", Seite 254 ff.

Praxishinweis

Der Ausgang der gegen beide FG-Entscheidungen anhängigen Revisionen[171] zu der praxisrelevanten Rechtsfrage, ob der „Zinsvorteil" aus einer unverzinslichen Kaufpreisstundung ertragsteuerlich als Kapitalertrag oder schenkungssteuerlich als freigebige Zuwendung zu erfassen ist, bleibt mit Spannung abzuwarten.

Vergleichbare Sachverhalte sollten mit Verweis auf diese anhängigen Verfahren offengehalten werden.

3. Beherrschender Gesellschafter: Zinszufluss aus einem Gesellschafterdarlehen mit Rangrücktrittsvereinbarung

Nach Maßgabe des § 11 Abs. 1 S. 1 EStG liegt ein Zufluss von Kapitaleinkünften erst bei Erlangung der wirtschaftlichen Verfügungsmacht vor.

Bei beherrschenden Gesellschaftern ist der Zufluss eines Vermögensvorteils aber nicht erst im Zeitpunkt der Gutschrift auf dem Konto des Gesellschafters, sondern bereits im Zeitpunkt der Fälligkeit anzunehmen; denn ein beherrschender Gesellschafter hat es regelmäßig in der Hand, sich geschuldete Beträge auszahlen zu lassen[172] – vorausgesetzt, der Anspruch ist eindeutig, unbestritten und die Gesellschaft zahlungsfähig[173] (sog. **Fälligkeitszufluss**).

Das **Sächsische FG**[174] befasste sich mit dem Fälligkeitszufluss von Zinsen aus einem Gesellschafterdarlehen mit **Rangrücktrittsvereinbarung.** Es handelte sich dabei um einen **einfachen Rangrücktritt**[175], bei dem der Gesellschafter mit seiner Darlehensforderung im Rang hinter alle anderen Gläubiger zurücktritt[176] und eine Rückzahlung des Darlehens nur dann erhält, wenn die KapG dazu aus zukünftigen Gewinnen, aus einem Liquidationsüberschuss oder aus anderem, freiem Vermögen künftig in der Lage ist. **Bei der KapG** wurde das Darlehen zutreffend als Verbindlichkeit passiviert[177] und die Zinsen wurden **aufwandswirksam** als Verbindlichkeit ggü. dem

171 FG Schleswig-Holstein, Urt. v. 17.9.2024 – 4 K 34/24, Juris, Rev. eingelegt, Az des BFH: VIII R 30/24; FG Köln, Urt. v. 27.10.2022 – 7 K 2233/20, EFG 2023, 682, Rev. eingelegt, Az des BFH: VIII R 1/23

172 BFH-Urt. v. 2.12.2014 – VIII R 2/12, BStBl II 2015, 333 m.w.N.

173 BFH-Urt. v. 14.2.1984 – VIII R 221/80, BStBl II 1984, 480; BFH-Urt. v. 14.6.1985 – VI R 127/81, BStBl II 1986, 62; BFH-Urt. v. 10.5.1989 – I R 159/85, BFH/NV 1990, 635; BFH-Beschl. v. 20.12.2011 – VIII B 46/11, BFH/NV 2012, 597

174 Sächsisches FG, Urt. v. 13.2.2025 – 4 K 545/22, EFG 2025, 947 - 950

175 BMF-Schr. v. 8.9.2006 – IV B - S 2133 - 10/06, BStBl I 2006, 497

176 § 39 Abs. 1 Nr. 1 - 5 InsO

177 § 5 Abs. 2a EStG i.U.; BMF-Schr. v. 8.9.2006 – IV B - S 2133 - 10/06, BStBl I 2006, 497, Rz 6

Gesellschafter erfasst. Die KapG erzielte über einen längeren Zeitraum Verluste und wies in ihren Jahresabschlüssen Kapitalfehlbeträge aus.

Das FG stellte fest, dass

- trotz Verlusten u. Kapitalfehlbeträgen **keine Zahlungsunfähigkeit** vorlag, da kein Insolvenzantrag gestellt wurde.[178]
- die Zinsansprüche des Gesellschafters auch **fällig** waren. Der Rangrücktritt stellt keine Stundung dar.[179] Die Wirkung eines Rangrücktritts tritt erst im Stadium der Insolvenzreife der Gesellschaft ein.

Fazit: Der fingierte Zinszufluss (Fälligkeitszufluss) ist bei beherrschenden Gesellschaftern auch bei Rangrücktritt anzunehmen, wenn die Gesellschaft zahlungsfähig ist und die Forderung fällig ist.

Praxishinweis

Neben dem FG Sachsen[180] hatte sich auch das FG Münster[181] zu den Voraussetzungen der Zahlungsfähigkeit der Gesellschaft i.Z.m. dem Fälligkeitszufluss – hier von nicht ausgezahlten Mieten i.R.e. Betriebsaufspaltung – bei einem beherrschenden Gesellschafter geäußert. Es hat – wie das FG Sachsen – einen Zufluss anerkannt. Die gegen das Urteil des FG Münster zwischenzeitlich eingelegte Revision wurde wieder zurückgenommen. Somit dürfte in diesem Kontext die höchstrichterliche Rechtsprechung noch nicht abgeschlossen sein.[182]

Auch i.Z.m. Tantiemeforderungen eines beherrschenden Gesellschafter-Geschäftsführers gegenüber seiner GmbH wird ein Zufluss von Einnahmen aus nichtselbstständiger Arbeit zum Zeitpunkt der Fälligkeit fingiert. Tantiemeforderungen, die im festgestellten JA nicht ausgewiesen sind, gelten laut BFH[183] jedoch nicht als zugeflossen – selbst dann nicht, wenn nach den Grundsätzen ordnungsmäßiger Buchführung eine entsprechende Verbindlichkeit im JA hätte berücksichtigt werden müssen.

---

178 BFH-Urt. v. 30.10.2001 – VIII R 15/01, BStBl II 2002, 138; BFH-Urt. v. 8.5.2007 – VIII R 13/06, BFH/NV 2007, 2249 m.w.N.; BFH-Beschl. v. 20.12.2011 – VIII B 46/11, BFH/NV 2012, 597

179 BGH, Beschl. v. 25.3.1998 – VIII ZR 298/97, NJW 1998, 2060

180 Sächsisches FG, Urt. v. 13.2.2025 – 4 K 545/22, EFG 2025, 947 - 950

181 FG Münster, Urt. v. 4.9.2019 – 4 K 1538/16 E, G, Juris, Rev. zurückgenommen: Az des BFH: III R 58/19

182 *Böwing-Schmalenbrock,* EFG 2020, 86 - 87 (Anmerkung)

183 BFH-Urt. v. 5.6.2024 – VI R 20/22, BFH/NV 2024, 1090, s.a. *Messner,* AktStR 2024, 651 ff.

4. Beherrschender Gesellschafter: Kein Zinszufluss bei Prolongation vor Fälligkeit

Ein Zinszufluss kann durch eine gesonderte Vereinbarung zwischen Schuldner und Gläubiger bewirkt werden, sodass der Betrag fortan aus einem anderen Rechtsgrund geschuldet wird. In einer solchen Schuldumwandlung **(Novation)** kann – wenn sie im Interesse des Gläubigers liegt – eine Verfügung des Gläubigers über seine bisherige Forderung und damit ein Zufluss liegen.[184]

I.d.Z. ist das Urteil des **BFH vom 17.9.2025**[185] ergangen. Im Streitfall gewährte ein beherrschender Gesellschafter im Jahr 2007 „seiner" KapG ein Darlehen mit einer 10jährigen Laufzeit. Die Darlehenszinsen waren bei Fälligkeit des Darlehens am 31.12.2017 zahlbar. Im Jahr 2011 wurde das Gesellschafterdarlehen – ohne die bereits aufgelaufenen Zinsansprüche – in Eigenkapital der KapG umgewandelt, wodurch der Anspruch auf Darlehensrückzahlung als getilgt galt.[186] Am 14.11.2017 wurde die Laufzeit des Darlehens – und damit einhergehend auch die Fälligkeit der bisher nicht ausgezahlten Zinsen – i.R.e. gesonderten Vereinbarung um 5 Jahre verlängert. Das FG[187] ging von einer Novation aus, wodurch der Gesellschafter die wirtschaftliche Verfügungsmacht über die Zinsen[188] erhalten hätte. Die dagegen gerichtete Revision hatte Erfolg. Der BFH sah in der Vereinbarung keine Novation, weil es an dem übereinstimmenden Willen der Parteien mangelte, das alte Schuldverhältnis durch ein neues (anderes) zu ersetzen und damit zugleich das alte Schuldverhältnis aufzuheben. Der BFH beurteilte den Sachverhalt stattdessen als Prolongation (Verschiebung der Fälligkeit):

Vereinbart ein beherrschender Gesellschafter mit seiner Gesellschaft, dass seine Zinsansprüche aus einem der Gesellschaft gewährten Darlehen später fällig werden sollen (Prolongation), führt die Vereinbarung **nicht zum Zufluss der Zinsen beim beherrschenden Gesellschafter, wenn** sie **vor der ursprünglich vereinbarten Fälligkeit** der Zinsen **zustande gekommen** ist.

---

184 BFH-Urt. v. 28.10.2008 – VIII R 36/04, BStBl II 2009, 190; BFH-Urt. v. 16.9.2014 – VIII R 15/13, BStBl II 2015, 468
185 BFH-Urt. v. 17.9.2025 – VIII R 30/23, veröffentlicht am 4.12.2025
186 Sog. Dept-Equity-Swap
187 FG Nürnberg, Urt. v. 24.2.2022 – 6 K 720/21, Juris
188 § 20 Abs. 1 Nr. 7 EStG

Praxishinweis

Die Prolongation führt – **unabhängig von einer Fremdüblichkeit** – zu keinem Zinszufluss. Sie kann daher zur finanziellen Stützung der KapG genutzt werden. Auf Seiten der KapG liegt mangels einlagefähigen Vermögensvorteils keine verdeckte Einlage vor.

5. Gold-Warrant: Lieferung von Gold als Einlösung i.S.d. § 20 Abs. 2 S. 2 EStG

Der BFH kommt in **drei** im Wesentlichen inhaltsgleichen **Entscheidungen**[189] zu dem Ergebnis, dass eine **sonstige Kapitalforderung**[190] auch dann gegeben ist, **wenn** deren **Erfüllung** wahlweise in Geld oder **in anderer Weise** (z.B. Tausch in Warrants[191] oder Gold) erfolgen kann. In den zugrundeliegenden Sachverhalten erwarben die Kläger zunächst gegenläufige betrags- und laufzeitidentische Goldzertifikate mit Wandeloption auf sog. Gold-Warrants (Kaufoptionsscheine). Die Zertifikate wurden sodann in Gold-Warrants umgetauscht. Danach übten die Kläger als Inhaber der Gold-Warrants das ihnen zustehende Wahlrecht dahin aus, dass statt einer Barablösung eine physische Abwicklung durch Lieferung von Gold erfolgt.

Nach Ansicht der BFH-Richter ist zum einen der Wandel der Goldzertifikate in Warrants steuerneutral nach § 20 Abs. 4a S. 3 EStG a.F. möglich. Zum anderen ist die physische Abwicklung in Form einer Goldlieferung als Einlösung i.S.d. § 20 Abs. 2 S. 2 EStG zu werten, wodurch in den Streitfällen ein **stpfl. Einlösungsgewinn**[192] erzielt wurde.

Praxishinweis

Die Streitfälle basieren noch auf der alten Rechtslage. Mit dem JStG 2020[193] hat der Gesetzgeber auf Gestaltungen – wie die vorliegende – dahingehend reagiert, dass § 20 Abs. 4a S. 3 EStG nur noch auf die Lieferung von Aktien[194] Anwendung findet.

---

189 BFH-Urt. v. 3.6.2025 – VIII R 5/24, DStR 2025, 2361; BFH-Urt. v. 3.6.2025 – VIII R 23/24, Juris; BFH-Urt. v. 1.7.2025 – VIII R 33/23, Juris
190 § 20 Abs. 2 S. 1 Nr. 7 EStG
191 Warrant ist die englische Bezeichnung für Optionsscheine, d.h. ein Warrant ist eine verbriefte bzw. als Wertpapier gestaltete Option.
192 § 20 Abs. 2 S. 1 Nr. 7 und S. 2 EStG
193 JStG 2020 v. 21.12.2020, BGBl I 2020, 3096; anzuwenden ab 1.1.2021
194 Wertpapiere i.S.d. § 20 Abs. 1 Nr. 1 EStG

6. Gesellschafterdarlehen bei vermögensverwaltenden Personengesellschaften

Ein Darlehen eines 100 %-Gesellschafters an eine vermögensverwaltende PersG (vorliegend eine GmbH & Co KG, an der die Komplementär-GmbH vermögensmäßig nicht beteiligt war) wird laut **BFH vom 27.11.2024**[195] steuerlich **nicht anerkannt**, soweit die Darlehensverbindlichkeit dem Gesellschafter nach § 39 Abs. 2 Nr. 2 S. 1 AO zuzurechnen ist (sog. **Bruchteilsbetrachtung**).

Somit liegen **weder WK** beim Darlehensnehmer **noch Kapitaleinkünfte** beim Darlehensgeber vor. Stattdessen ist die Darlehensgewährung bei der PersG als eine steuerneutrale Einlage zu behandeln. Die Zinsen sind als erfolgsneutrales „Ergebnisvorab" an den Gesellschafter zu qualifizieren.

Praxishinweis

Darlehen eines 100 %-Gesellschafters an eine vermögensverwaltende PersG sind steuerrechtlich betrachtet „Nullsummen-Spiele".[196] Die Darlehensgewährung, -tilgung sowie die zugehörigen Zinszahlungen sind erfolgsneutral als Einlagen bzw. Entnahmen zu erfassen.

Anders verhält es sich, soweit an der vermögensverwaltenden PersG noch weitere Gesellschafter vermögensmäßig beteiligt sind (also kein 100 %-Gesellschafter als Darlehensgeber). Sodann handelt es sich um (anteilig) anzuerkennende Darlehensverträge zwischen dem darlehensgewährenden Gesellschafter und den anderen vermögensmäßig beteiligten Gesellschaftern. Etwaige Zinszahlungen sind mithin beim darlehensgewährenden Gesellschafter insoweit als Einnahmen aus KapV zu erfassen, als er nicht an der PersG beteiligt ist.

Beispiel

An der vermögensverwaltenden AB-GmbH & Co KG sind A mit 40 % und B mit 60 % vermögensmäßig beteiligt. A gewährt der KG ein fremdübliches Darlehen über 100.000 EUR. Die Zinsen von 2.000 EUR zahlt die KG an A am 30.12.2025 aus.

---

195 BFH-Urt. v. 27.11.2024 – I R 19/21, BStBl II 2025, 501
196 *Reddig,* jurisPR-SteuerR 29/2025 Anm. 2

Lösung

Das Darlehen ist aufgrund der Bruchteilsbetrachtung nach § 39 Abs. 2 Nr. 2 S. 1 AO steuerrechtlich insoweit anzuerkennen, als A nicht an der KG beteiligt ist, mithin zu 60 %. Damit erzielt A Einnahmen aus KapV[197] i.H.v. 1.200 EUR (= 60 % x 2.000 EUR).

7. Wegzugsbesteuerung von Investmentfondsanteilen

Mit dem JStG 2024[198] wurde im § 19 Abs. 3 InvStG – in Anlehnung an § 6 AStG – eine ab 1.1.2025[199] anzuwendende **Wegzugsbesteuerung** bei **im PV gehaltenen Anteilen an einem inländischen oder ausländischen Investmentfonds**[200] (einschl. der heutzutage äußerst beliebten ETFs[201]) eingeführt. Ausweislich der Gesetzesbegründung[202] soll mit der Neuregelung die Besteuerung der stillen Reserven in Deutschland gesichert und eine Steuerumgehung ausgeschlossen werden. Auslöser waren Meldungen i.R.d. Mitteilungsverfahrens über grenzüberschreitende Steuergestaltungen[203], wonach Anteile i.S.d. § 17 EStG – insb. an jungen Unternehmen (Start-ups) – zur Vermeidung der Wegzugsbesteuerung nach § 6 AStG vorsorglich in einen Fonds eingebracht wurden.

a) Persönlicher Anwendungsbereich[204]

- **Natürliche Personen** (unbedeutend ist die Staatsangehörigkeit),
- die **mind. 7 Jahre unbeschränkt einkommensteuerpflichtig** i.S.d. § 1 Abs. 1 EStG innerhalb des Beobachtungszeitraums der letzten 12 Jahre waren (bei unentgeltlichem Erwerb ist auf die unbeschränkte ESt-Pflicht der Rechtsvorgänger abzustellen).

---

197 § 20 Abs. 1 Nr. 7 EStG
198 JStG 2024, BGBl I 2024, Nr. 387 v. 5.12.2024
199 § 57 Abs. 10 Nr. 7 InvStG
200 Der Beitrag bezieht sich ausschließlich auf die überwiegend von Privatanlegern gehaltenen Anteile an einem **„Publikums-Investmentfonds"**. Für die „Spezial-Investmentfonds", die für institutionelle Anleger aufgelegt werden, wurde im § 49 Abs. 5 InvStG ebenfalls eine Wegzugsbesteuerung eingeführt.
201 Exchange Traded Funds (ETF)
202 BT-Drucks. 20/13419, Seite 222
203 § 138d ff. AO
204 § 19 Abs. 3 S. 3 InvStG i.V.m. § 6 Abs. 2 AStG

b) Wegzugtatbestände

Es wurden die drei folgenden Wegzugstatbestände[205] normiert:

1. **Beendigung der unbeschränkten Steuerpflicht** durch Aufgabe des Wohnsitzes[206] oder gewöhnlichen Aufenthaltes[207] in der Bundesrepublik Deutschland (Wegzug) oder
2. **Unentgeltliche Übertragung** auf eine nicht unbeschränkt steuerpflichtige Person (Erbschaft/Schenkung[208])
3. **Ausschluss** oder **Beschränkung des Besteuerungsrechts** der Bundesrepublik Deutschland hinsichtlich des Gewinns aus der Veräußerung der Investmentanteile, z.B. durch Steuerfreistellung durch ein DBA (Entstrickung)[209]

c) Sachlicher Anwendungsbereich

Ausweislich der Gesetzesbegründung[210] sollen nur „gewichtige Fälle" erfasst werden. Demnach sind Investmentanteile nur dann wegzugsteuerverstrickt, wenn

1. der Stpfl. – oder der Rechtsvorgänger bei unentgeltlichem Erwerb[211] – **innerhalb der letzten 5 Jahre** vor dem Wegzug unmittelbar oder unmittelbar mit **mind. 1 %** an dem Investmentfonds **beteiligt** war (Beteiligungsquote = Verhältnis gehaltener Anteile zur Gesamtanzahl lt. Halbjahres- o. Jahresbericht des Fonds), oder
2. der Stpfl. **AK von mind. 500.000 EUR** für den Investmentfonds aufgewendet hat. Nach der Gesetzesbegründung werden die AK **für jeden** einzelnen Investmentfonds **getrennt** ermittelt und **nicht zusammengerechnet**.

---

205 § 19 Abs. 3 S. 1 InvStG
206 § 8 AO
207 § 9 AO
208 BMF-Schr. v. 22.12.2023 – IV B 5 - S 1340/23/10001:001, BStBl I 2023, Sondernummer 1/2023, Seite 2, Tz 6.1.4.2 (Anwendungserlass zum AStG [AEAStG])
209 BMF-Schr. v. 22.12.2023 – IV B 5 - S 1340/23/10001:001, BStBl I 2023, Sondernummer 1/2023, Seite 2, Tz 6.1.4.3 (Anwendungserlass zum AStG [AEAStG])
210 BT-Drucks. 20/13419, Seite 224
211 § 19 Abs. 3 S. 3 InvStG i.V.m. § 17 Abs. 1 S. 4 EStG

Beispiel

A hält fünf verschiedene Investmentfonds mit AK von jeweils 400.000 EUR.

Lösung

Der Tatbestand des § 19 Abs. 3 S. 2 Nr. 2 Buchst. b InvStG ist nicht erfüllt, auch wenn A insg. 2.000.000 EUR für seine gesamten Investmentanteile aufgewendet hat.

Praxishinweis

In der Praxis sollte u.E. das Erreichen der „1 %-Schwelle" bei einer Beteiligung an den „milliardenschweren" Investmentfonds mit Millionen von Anteilseignern eher ein Ausnahmefall sein. Praxisrelevanter dürfte die AK-Grenze von 500.000 EUR sein. Da diese Freigrenze pro Investmentfonds gilt, können Anleger durch eine gezielte Streuung ihres Vermögens auf verschiedene Fonds mit jeweiligen AK von unter 500.000 EUR (bspw. in ETFs auf den MSCI World von unterschiedlichen Anbietern) die Wegzugsteuerverstrickung umgehen.

d) Rechtsfolgen

1. Der Wegzug (siehe unter b)) führt zu einer **fiktiven Veräußerung der Investmentanteile**. Der fiktive Veräußerungsgewinn ermittelt sich **zum Zeitpunkt des Wegzugs**[212] wie folgt:[213]

   Veräußerungspreis = **gemeiner Wert** (= Börsen- bzw. Marktpreis)
   abzgl. AK des Investmentanteils
   abzgl. Vorabpauschalen[214] ungeachtet einer möglichen Teilfreistellung[215]
   = (fiktiver) Veräußerungsgewinn

2. **Fiktive Veräußerungsverluste sind nicht zu berücksichtigen**, da die Steuerpflicht nach § 19 Abs. 3 S. 2 Nr. 1 InvStG **nur bei <u>insgesamt</u> positiven Gewinnen** entsteht. Bei der Ermittlung des geforderten „Gesamtgewinns" sind zunächst alle fiktiven Veräußerungsgewinne und -verluste der einzelnen fiktiv veräußerten Investmentanteile miteinander zu verrechnen. Ferner werden auch die fiktiven Gewinne infolge der Änderung des anwendbaren Teilfreistellungssatzes[216] und die fiktiven Gewinne nach § 56 InvStG in die Verrechnung einbezogen.

---

212 § 19 Abs. 3 S. 3 InvStG i.V.m. § 6 Abs. 1 S. 2 AStG
213 § 19 Abs. 3 S. 2 i.V.m. § 19 Abs. 1 InvStG i.V.m. § 20 Abs. 4 EStG
214 § 19 Abs. 1 S. 4 i.V.m. § 18 InvStG
215 § 20 InvStG
216 § 22 InvStG

3. Auf den fiktiven Veräußerungsgewinn wird **keine KapESt erhoben.**[217] D.h., dass der Stpfl. den fiktiven Veräußerungsgewinn als Einkünfte aus KapV[218] **in seiner ESt-Erklärung** nach § 32d Abs. 3 EStG verpflichtend **zu deklarieren** hat.

Praxishinweis

Beim BFH sind derzeit drei Revisionsverfahren[219] zur Frage der Rechtmäßigkeit der Besteuerung fiktiver Veräußerungsgewinne nach § 56 InvStG anhängig.[220] Es bleibt abzuwarten, inwieweit der Ausgang dieser Verfahren Auswirkungen auf die neu eingeführte Besteuerung fiktiver Veräußerungsgewinne bei Wegzug hat.

Beispiel

A hat sich an einem Investmentfonds X beteiligt. Seine AK betragen 550.000 EUR. Der Wert ist mittlerweile auf 450.000 EUR gefallen. Zudem hat A noch einen weiteren Investmentfonds (ETF) für 600.000 EUR gekauft, dessen Wert auf 780.000 EUR gestiegen ist. A wandert am 1.7.2025 nach Dubai aus.

Lösung

Zum Zeitpunkt des Wegzugs am 1.7.2025 sind die fiktiven Veräußerungsgewinne nach § 19 Abs. 3 InvStG zu ermitteln. Diese betragen beim Investmentfonds X **– 100.000 EUR** und beim ETF **+ 180.000 EUR**. Nach Verrechnung ergibt sich ein **insgesamt positiver Gewinn von 80.000 EUR**, der i.R.d. Veranlagung nach § 32d Abs. 3 EStG zu versteuern ist.

e) Ratenzahlung und Rückkehrregelung

Die Besteuerung eines fiktiven Veräußerungsgewinns (sog. „dry income") kann für den Stpfl. mangels Liquiditätszuflusses Härten auslösen. Aus diesem Grund kann die „Wegzugsteuer" **auf Antrag in sieben gleichen Raten** entrichtet werden.[221] Dafür wird jedoch i.d.R. eine Sicherheitsleistung verlangt. Bei bestimmten Ereignissen, insbes. beim Verkauf der Anteile, ist die

---

217 § 19 Abs. 3 S. 5 InvStG
218 § 20 Abs. 1 Nr. 3 EStG i.V.m. §§ 16, 19 InvStG
219 FG Köln, Urt. v. 8.9.2022 – 15 K 2594/20, EFG 2022, 1931, Rev. eingelegt, Az des BFH: VIII R 15/22; Nds. FG, Urt. v. 14.6.2023 – 7 K 254/20, EFG 2023, 1571, Rev. eingelegt, Az des BFH: VIII R 22/23; FG München, Urt. v. 3.8.2022 – 1 K 32/21, Juris, Rev. eingelegt, Az des BFH: VIII R 31/23; vgl. auch FinMin Sachsen-Anhalt v. 25.1.2024 – 42 S 1980-102, DStR 2024, 885
220 Siehe hierzu „Die Einkommensteuererklärung 2024", Seite 243 - 244
221 § 19 Abs. 3 S. 3 InvStG i.V.m. § 6 Abs. 4 InvStG

noch nicht entrichtete Steuer innerhalb eines Monats fällig.[222] Daher obliegt dem Stpfl. für den Ratenzahlungszeitraum eine jährliche Mitteilungspflicht.[223]

Befindet sich der Stpfl. nur vorübergehend im Ausland und **kehrt innerhalb von 7 Jahren zurück**, entfällt der Anspruch auf die „Wegzugsteuer"[224], soweit die Anteile zwischenzeitlich nicht veräußert oder in ein BV eingelegt wurden, keine Ausschüttungen[225] und Kapitalrückzahlungen[226] von mehr als einem Viertel des gemeinen Werts des Investmentfonds zum Zeitpunkt des Wegzugs erfolgt sind und das Besteuerungsrecht der Bundesrepublik Deutschland mind. im gleichen Umfang wieder begründet wird.

Praxishinweis

In der Literatur[227] ist die neue Wegzugsbesteuerung von Investmentfonds substanzieller Kritik ausgesetzt. Dabei werden Zweifel hinsichtlich der Europarechtskonformität und Bedenken hinsichtlich der Wahl der AK als „leicht zu umgehender" Schwellenwert geäußert. Ferner führt die Wegzugbesteuerung zu einer Schlechterstellung der Investmentfonds gegenüber der Direktanlage, bspw. in Aktien oder Anleihen, die keiner Wegzugbesteuerung unterliegen. Es bleibt abzuwarten, wie sich die FG diesbezüglich zukünftig positionieren.

---

222 § 19 Abs. 3 S. 3 AStG i.V.m. § 6 Abs. 4 S. 5 AStG
223 § 19 Abs. 3 S. 3 AStG i.V.m. § 6 Abs. 5 AStG
224 § 19 Abs. 3 S. 3 und 4 AStG InvStG i.V.m. § 6 Abs. 3 AStG
225 § 16 Abs. 1 Nr. 1 InvStG
226 § 17 Abs. 1 InvStG
227 U.a. *Höring*, DStZ 15/2025, 558 - 568, unter III.; *Bittroff*, StB 2025, 93 - 99; *Quilitzsch/Rötting/Hörnicke*, NWB 1/2025, 7; *Fischer/Meinert*, NWB 6/2025, 366; *Hübner/Berg*, ISR 2025, 41 - 53

D. Rund ums Haus

I. Aktuelles zur Einnahmeerfassung

1. Aktuelles zum Fremdvergleich

a) Grundsätzliches

Angehörigen steht es zwar grds. frei, ihre Rechtsverhältnisse untereinander so zu gestalten, dass diese für sie steuerlich möglichst günstig sind. Bei solchen Verträgen muss aber der **Grund für den Leistungsaustausch** festgestellt werden. Wurzelt dieser tatsächlich im Bereich der Einkunftserzielung oder aber in der privaten Verbundenheit der handelnden Personen?[1] Durch die Einkunftserzielung veranlasste Leistungen sind von den nicht abziehbaren Kosten der Lebensführung i.S.d. § 12 Nr. 1 EStG und den nicht abziehbaren Unterhaltsleistungen i.S.d. § 12 Nr. 2 EStG, die auf der familiären Beziehung beruhen, abzugrenzen.

Steuerlich muss im Wege der **besonderen Beweiswürdigung** versucht werden, dem wahren wirtschaftlichen Sachverhalt auf die Spur zu kommen **(„substance over form")**.[2] Da die inneren Tatsachen regelmäßig nicht zweifelsfrei feststellbar sind, rechtfertigt dies, äußerlich erkennbare Merkmale als Beweisanzeichen **(Indizien)** heranzuziehen.

Bei Verträgen zwischen nahen Angehörigen müssen daher die gegenseitigen Rechte und Pflichten zivilrechtlich wirksam sowie klar und eindeutig vereinbart sein. Zudem muss diese Vereinbarung tatsächlich durchgeführt werden und dem zwischen Fremden Üblichen entsprechen.[3]

Praxishinweis

Die einzelnen Kriterien des Fremdvergleichs sind nicht starr; maßgeblich ist die Gesamtheit der objektiven Gegebenheiten.[4] D.h. nicht jede geringfügige Abweichung

---

1 BFH-Urt. v. 14.4.1983 – IV R 198/80, BStBl II 1983, 555

2 BFH-Urt. v. 21.10.2014 – VIII R 21/12, BStBl II 2025, 638, Rz 27 f.; s.a. *Kulosa*, DB 2014, 972

3 S.a. R 4.8 EStR 2012 nebst hierzu ergangener Hinweise

4 BVerfG, Beschl. v. 7.11.1995 – 2 BvR 802/90, BStBl II 1996, 34 und H 4.8 EStH „Fremdvergleich"

einzelner Sachverhaltsmerkmale vom Üblichen führt zu einer privat veranlassten Vereinbarung.[5]

Denjenigen, der die Berücksichtigung von Zahlungen als BA oder WK begehrt, trifft die objektive Beweislast (Feststellungslast).[6]

Verfassungsrechtlich wird diese Rechtsauslegung nicht beanstandet. Eine nicht fremdübliche Vertragsformulierung oder Vertragsdurchführung ist ein Beweisanzeichen gegen eine betriebliche Veranlassung. Eine Schlechterstellung von Angehörigen nach Art. 6 GG tritt nicht ein.[7]

b) Übersicht

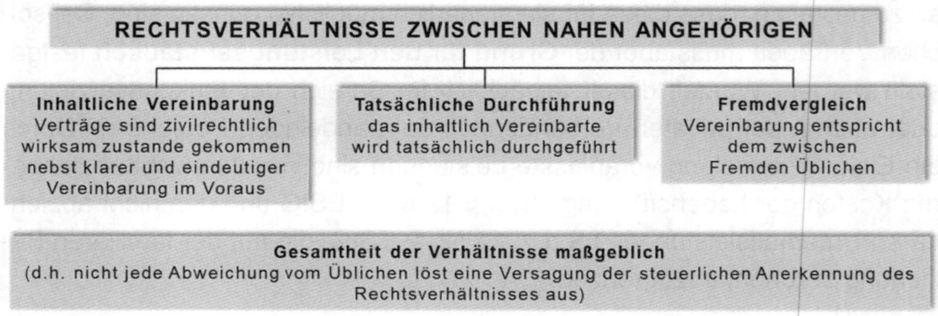

c) Fremdvergleich: Kein Schriftformgebot

Für einen Fremdvergleich wird von der FinVerw oftmals die Einhaltung der Schriftform verlangt. Dem hat das BVerfG mit Beschluss vom 27.5.2025[8] bezüglich eines begehrten BA-Abzugs von Anlaufverlusten widersprochen. Nach Auffassung des BVerfG dürfe die Einhaltung der Schriftform nicht als ungeschriebenes Tatbestandsmerkmal des § 4 Abs. 4 EStG gewertet werden. Vielmehr seien die Umstände des jeweiligen Einzelfalls i.R.e. Gesamtwürdigung zu beurteilen. Das BVerfG hat das Urteil des Thüringer FG[9] aufgehoben und die Sache an das FG zurückverwiesen.

---

5 BFH-Urt. v. 17.7.2013 – X R 31/12, BStBl II 2013, 1015 m.w.N.; zur steuerlichen Anerkennung von Darlehensverträgen zwischen Angehörigen siehe BMF-Schr. v. 23.12.2010 – IV C 6 - S 2144/07/10004, Dok 2010/0862046, BStBl I 2011, 37 unter Berücksichtigung der Änderungen durch das BMF-Schr. v. 29.4.2014 – IV C 6 - S 2144/07/10004, Dok 2014/0061930, BStBl I 2014, 809

6 *Meurer,* in: Lademann, § 4 Anm. 656 „Angehörige“

7 BVerfG, Beschl. v. 7.11.1995 – 2 BvR 802/90, BStBl II 1996, 34

8 BVerfG, Beschl. v. 27.5.2025 – 2 BvR 172/24, DStR 2025, 1569

9 Thüringer FG, Urt. v. 30.3.2022 – 1 K 68/17, Juris

Praxishinweis

Der Beschluss des BVerfG ist über den BA-Abzug hinaus auch für Überschusseinkünfte und damit auch bei Erzielung von Einkünften aus VuV bedeutsam. Der Beschluss des BVerfG ist zu begrüßen. Die Schriftform ist damit nicht zwingend erforderlich; aus Nachweisgründen empfiehlt sie sich gleichwohl.

d) Aktuelles zur Anerkennung eines Ehegatten-Mietverhältnisses

Der BFH hat sich mit der Anerkennung eines Ehegatten-Mietverhältnisses detailliert auseinandergesetzt.[10]

Sachverhalt

- Vermietung von Büroräumen durch die Ehefrau an den Ehemann.
- Der Ehemann erzielte Verluste aus seiner Anwalts- und Notartätigkeit.
- Die Mietzahlungen konnten in den Streitjahren nur gezahlt werden, weil vom gemeinsamen Konto der Eheleute Umbuchungen auf das Geschäftskonto erfolgten.
- Die fällige Miete wurde sodann vom Geschäftskonto auf das Konto der Ehefrau überwiesen. Der Ehemann hatte für dieses Konto eine Vollmacht („Familienkonto“).
- Die Ehefrau erklärte positive Einkünfte aus VuV.
- Der Ehemann machte die Mietaufwendungen als BA geltend.

Entscheidung des BFH

Nach Auffassung des BFH haben folgende Prüfungen zu erfolgen:

Prüfung Nr. 1 – Unwirksame Rechtsgeschäfte:

Liegt ein steuerlich unbeachtliches Scheingeschäft vor?[11]

Prüfung Nr. 2 – Fremdvergleich

Ist der Inhalt des Mietvertrags fremdüblich ausgestaltet und entspricht die tatsächliche Durchführung des Vereinbarten dem zwischen fremden Dritten?

---

[10] BFH-Urt. v. 22.7.2025 – VIII R 23/23, BFH/NV 2025, 1283
[11] § 41 Abs. 2 S. 1 AO

Prüfung Nr. 3 – Liebhabereiprüfung

Kann ein BA-Abzug geltend gemacht werden oder liegt eine steuerlich unbeachtliche Liebhaberei vor?

Entscheidung im Urteilsfall

Im Entscheidungsfall ging der BFH **nicht** vom Vorliegen eines **Scheingeschäfts** aus. Ein Scheingeschäft liege vor, wenn der **Gesamtplan** gefasst werde, dass

- der Vermieter dem Mieter die Miete im Vorhinein zur Verfügung stelle oder
- sie nach Eingang auf seinem Konto alsbald wieder an den Mieter zurückzahle, ohne hierzu aus anderen Gründen verpflichtet zu sein.

Wegen des Zahlungsablaufs liege kein Scheingeschäft vor. Es werde gemeinschaftlich erwirtschaftetes Geld für die Einlage auf das Geschäftskonto verwandt und die Mietzahlung erfolge auf ein Vermieter-Ehegatten-Konto.[12]

Auch liege **kein Verstoß** gegen den **Fremdvergleich** vor. Beim **Fremdvergleich** seien die Umstände des Einzelfalls maßgeblich und zu gewichten.[13] Ein Verstoß gegen den Fremdvergleich liege nicht allein deshalb vor, weil es an einer Nebenkostenabrechnung fehle.

Praxishinweis

Zwar wurde das Mietverhältnis anerkannt und bei der vermietenden Ehefrau werden Einkünfte aus VuV angesetzt. Ob sich der Mietaufwand des Ehemanns jedoch steuerlich auswirkt, ist fraglich. Der BFH hat den Streitfall an das FG zur Prüfung, ob die Rechtsanwaltstätigkeit i.R.e. Liebhabereibetriebs[14] stattfinde, zurückgewiesen.

---

12 BFH-Urt. v. 22.7.2025 – VIII R 23/23, BFH/NV 2025, 1283, Rz 31
13 BFH-Urt. v. 22.7.2025 – VIII R 23/23, BFH/NV 2025, 1283, Rz 43
14 Vgl. auch BFH-Beschl. v. 13.5.2025 – VIII B 50/24, BFH/NV 2025, 1020

2. Anforderung von Mietverträgen durch die FinVerw und DSGVO

Die Anforderung u.a. von Mietverträgen beim Vermieter durch die FinVerw[15] muss den Vorgaben der DSGVO genügen.

Nach Auffassung des BFH[16] ist eine Einwilligung der Mieter in die Weitergabe von Mietverträgen nicht erforderlich. Ein Vermieter ist zur Offenlegung der personenbezogenen Daten der Mieter ohne Einwilligung berechtigt.[17] Das umfassende Verbot der Verarbeitung personenbezogener Daten wird aufgrund der im öffentlichen Interesse liegenden Aufgabe zulässigerweise durchbrochen.[18]

Praxishinweis

Das BVerfG hat die gegen das BFH-Urteil vom 13.8.2024 eingelegte Verfassungsbeschwerde nicht zur Entscheidung angenommen.[19]

3. Ukraine-Flüchtlinge

Wird Kriegsflüchtlingen aus der Ukraine vorübergehend unentgeltlich Wohnraum zur Verfügung gestellt, müssen keine (fiktiven) Einnahmen erfasst werden. Eine solche vorübergehende unentgeltliche Überlassung führt nach Auffassung der FinVerw in den Jahren 2022 - 2025 nicht zu einer Kürzung des WK-Abzugs. „Vermieter" dürfen in diesen Jahren die vollen WK abziehen.

Praxishinweis

Diese Billigkeitsregelung gilt in den Jahren 2022 bis 2025 auch bei verbilligter Wohnraumüberlassung und zwar unabhängig vom Verhältnis der Höhe der vereinbarten Miete zur ortsüblichen Miete. Nach dem gegenwärtigen Stand der Dinge gilt diese Billigkeitsregelung ab dem VZ 2026 nicht mehr. Ob die FinVerw eine weitere Verlängerung zulässt, bleibt abzuwarten.

---

15 § 97 AO
16 BFH-Urt. v. 13.8.2024 – IX R 6/23, BFH/NV 2024, 1433
17 BFH-Urt. v. 13.8.2024 – IX R 6/23, BFH/NV 2024, 1433, Rz 30
18 *Pelkmann*, DStRK 2024, 336
19 BVerfG, Beschl. v. 19.3.2025 – 1 BvR 160/25

II. Ferienwohnungen

1. Grundsätzliches

In § 21 Abs. 1 EStG wird abschließend geregelt, was zu den Einkünften aus VuV gehört. Hierzu zählt insb. die entgeltliche Überlassung von unbeweglichem Vermögen.[20]

Die Rechtsprechung geht davon aus, dass bei einer auf Dauer angelegten Wohnraumvermietung grds. und typisierend von der Absicht auszugehen ist, einen Einnahmeüberschuss zu erwirtschaften.[21] Die Aussage bezieht sich auf Wohnungen, die üblicherweise vermietet werden. Der Gebrauchswert solcher Wohnungen spiegelt sich in der ortsüblichen Marktmiete wider.

Besondere Indizien können gegen die Typisierung der Absicht, einen Einnahmeüberschuss zu erwirtschaften, sprechen. Es bedarf dann der Prüfung der Überschusserzielungsabsicht.

- Bei **Gewerbeimmobilien** ist die Überschussabsicht stets ohne typisierende Vermutung im Einzelfall festzustellen. Denn die Vermietung zu gewerblichen Zwecken ist wegen ihres Einflusses auf den Gebrauchswert der Immobilien nicht mit einer auf Dauer ausgerichteten Wohnraumvermietung vergleichbar.[22]
- Bei **aufwändig gestalteten oder ausgestatteten Wohnungen** ist die Marktmiete keine angemessene Gegenleistung für den besonderen Gebrauchswert der Wohnung. Der BFH hat die Überprüfung der Einkünfteerzielungsabsicht bei Objekten mit mehr als 250 m² Wohnfläche zugelassen.[23]
- **Nicht auf Dauer angelegte Vermietungstätigkeit**: Gegen eine Überschusserzielungsabsicht spricht, wenn ein bebautes Grundstück oder eine Wohnung innerhalb eines engen zeitlichen Zusammenhangs – von i.d.R. bis zu 5 Jahren – seit der Anschaffung oder Herstellung veräußert oder selbst genutzt wird und während der Vermietungszeit nur ein WK-Überschuss erzielt wird.[24]

---

20 § 21 Abs. 1 S. 1 Nr. 1 EStG
21 BFH-Urt. v. 17.4.2018 – IX R 9/17, BStBl II 2019, 219, Rz 14 m.w.N.
22 BFH-Urt. v. 9.10.2013 – IX R 2/13, BStBl II 2014, 527
23 BFH-Urt. v. 20.6.2023 – IX R 17/21, BStBl II 2024, 35
24 BMF-Schr. v. 8.10.2004 – IV C 3 - S 2253-91/04, BStBl I 2004, 933, Rz 7

– **Verbilligte Überlassung einer Wohnung**: Die entgeltliche Nutzungsüberlassung ist in einen entgeltlichen und einen unentgeltlichen Teil aufzuteilen, wenn das Entgelt für die Überlassung einer Wohnung zu Wohnzwecken (Kaltmiete und Umlage) weniger als 50 % beträgt.[25] Eine Aufteilung ist nach der Rechtsprechung auch für Mieten von mindestens 50 % – aber weniger als 66 % – der ortsüblichen Miete geboten, wenn die auf Grund einer verbilligten Vermietung angezeigte Überschussprognose negativ ist.[26]

Beispiel

A vermietet eine zuvor fremdvermietete Wohnung an seine Tochter. Das Mietverhältnis ist zivilrechtlich wirksam und wird auch wie vereinbart durchgeführt. Die Wohnung war zuvor für 500 EUR zzgl. 150 EUR Umlagen fremdvermietet. Die Kaltmiete i.H.v. 500 EUR ist gegenwärtig weiterhin ortsüblich. Die Tochter übernimmt sämtliche Umlagen (entspricht hier 150 EUR monatlich) und zahlt darüber hinaus eine monatliche Miete i.H.v. 285 EUR.

Lösung

	Ortübliche Miete	**Vereinbarte Miete**
Miete	500 EUR	285 EUR
Umlagen	150 EUR	150 EUR
Summe	650 EUR (= 100 %)	435 EUR (= 66,9 %)

Nicht maßgeblich ist der Vergleich nur der tatsächlich gezahlten Kaltmiete im Vergleich zur ortsüblichen Kaltmiete.

Praxishinweis

Durch **fehlende Mietanpassungen** besteht die Gefahr, in die Prüfung der Überschusserzielungsabsicht „hineinzurutschen“. Auf diese Gefahr sollte der Mandant mit Erstellung der ESt-Erklärung hingewiesen werden.

– Die Regelung in § 21 Abs. 2 EStG bezieht sich lediglich auf Fälle der Wohnungsüberlassung, nicht aber für die Verpachtung von **Gewerbeflächen**. Nach der BFH-Rechtsprechung hat bei verbilligter Verpachtung eine Aufteilung in eine entgeltliche und eine unentgeltliche Nutzungsüberlassung nur dann zu erfolgen, wenn die vereinbarte Gegenleistung mehr als ein Viertel unter der ortsüblichen Marktpacht liegt.

---

25 § 21 Abs. 2 S. 1 EStG

26 Weitergehend: OFD Frankfurt am Main, Rund-Vfg. v. 17.6.2025 – S 2253 A-00115-0357-St 24, Juris

Eine Abweichung von bis zu einem Viertel ist dagegen steuerlich unbeachtlich.[27] Auch die Einhaltung dieser **Toleranzgrenze** bedarf der regelmäßigen Prüfung des Verhältnisses zwischen der ortsüblichen Miete oder Pacht und der tatsächlich vereinbarten Miete oder Pacht, um eine WK-Abzugseinschränkung zu verhindern. Bedeutsam ist auch, dass bei Überlassung von Gewerbeflächen die Nettokaltmiete bzw. Nettokaltpacht ohne Umlagen mit der ortsüblichen Miete oder Pacht zu vergleichen ist.[28]

– **Leerstehende Gebäude**[29]

> **Praxishinweis**
>
> Hat die Prüfung der Überschusserzielungsabsicht zu erfolgen, ist ein mögliches Veräußerungsergebnis nicht in die Prognose einzubeziehen. Eine Einbeziehung des Veräußerungs- und Aufgabegewinns erfolgt aber bei Gewinneinkünften (auch soweit dieser steuerfrei ist). Eine Einbeziehung ist nicht davon abhängig, ob diese stillen Reserven „in einem bei Betriebsbeginn vorliegenden Betriebskonzept" bereits berücksichtigt wurden.[30]

2. Überschusserzielungsabsicht und Ferienwohnungen

a) Grundsätzliches

In Fokus der FinVerw steht die Prüfung der Überschusserzielungsabsicht gerade auch bei Ferienwohnungen. Dies gilt insb., seitdem die Anlage V-FeWo eingeführt wurde. Diese Anlage hat die FinVerw auch 2025 wieder aufgelegt.

Blick in den Erklärungsvordruck

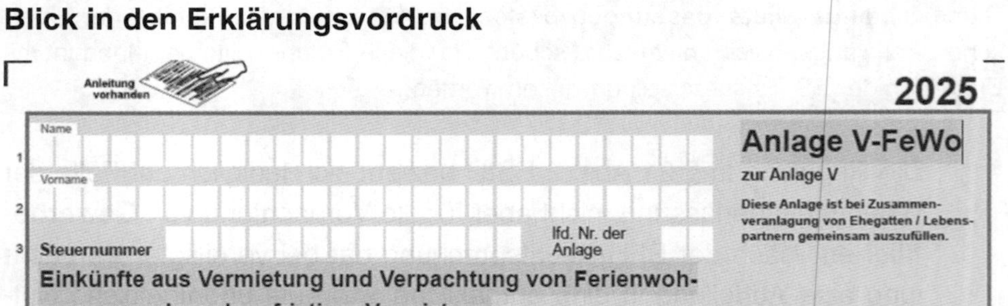
Anleitung vorhanden
2025
1 Name
2 Vorname
3 Steuernummer
lfd. Nr. der Anlage
Anlage V-FeWo
zur Anlage V
Diese Anlage ist bei Zusammenveranlagung von Ehegatten / Lebenspartnern gemeinsam auszufüllen.
Einkünfte aus Vermietung und Verpachtung von Ferienwohnungen und aus kurzfristiger Vermietung

---

27 BFH-Urt. v. 11.3.2025 – IX R 11/22, BFH/NV 2025, 1045
28 BFH-Urt. v. 10.10.2018 – IX R 30/17, BStBl II 2019, 200
29 BMF-Schr. v. 8.10.2004 – IV C 3 - S 2253-91/04, BStBl I 2004, 933, Rz 24 - 27
30 BFH-Urt. v. 21.5.2025 – III R 45/22, BFH/NV 2025, 1632

Bereits mit BMF-Schreiben vom. 8.10.2004[31] hat sich die FinVerw zur Prüfung der Überschusserzielungsabsicht bei Vermietung von **Ferienwohnungen** geäußert.[32] Dieses Schreiben wird durch einen Erlass des Nds. FinMin vom 18.6.2010 ergänzt.[33]

Zu unterscheiden ist zwischen

- der ausschließlichen Vermietung und
- der zeitweisen Vermietung und zeitweisen Selbstnutzung.

Praxishinweis

Bei zeitweiser Vermietung und zeitweiser Selbstnutzung wird die Überschusserzielungsabsicht stets geprüft.[34]

b) Ausschließliche Vermietung an wechselnde Feriengäste

Auch bei ausschließlich an wechselnde Feriengäste vermietete Ferienwohnungen, die in der übrigen Zeit hierfür bereitgehalten werden, kann von einer Überschusserzielungsabsicht wie im Falle einer Dauervermietung ausgegangen werden.[35]

Diese Typisierung gilt jedoch nur, wenn das Vermieten die ortsübliche Vermietungszeit von Ferienwohnungen – abgesehen von Vermietungshindernissen – nicht erheblich (d.h. um mind. 25 %) unterschreitet.[36]

Praxishinweis

Zur **Prüfung** der **Auslastung** ist die individuelle Vermietungszeit der jeweiligen Ferienwohnung mit den ortsüblichen Vermietungstagen zu vergleichen.[37] Die ortsüblichen Vermietungstage sind in der Anlage V-FeWo einzutragen.

---

31 BMF-Schr. v. 8.10.2004 – IV C 3 - S 2253-91/04, BStBl I 2004, 933
32 BMF-Schr. v. 8.10.2004 – IV C 3 - S 2253-91/04, BStBl I 2004, 933, Rz 16 - 23
33 Nds. FinMin v. 18.6.2010 – S 2254-52-St 233/St 234, DStR 2010, 1842
34 Weitergehend: BMF-Schr. v. 8.10.2004 – – IV C 3 - S 2253-91/04, BStBl I 2004, 933, Rz 21 - 23
35 Zu den Nachweisanforderungen siehe Nds. FinMin v. 18.6.2010 – S 2254-52-St 233/St 234, DStR 2010, 1842
36 BFH-Urt. v. 12.8.2025 – IX R 23/24, BFH/NV 2025, 1668, Rz 14
37 BFH-Urt. v. 12.8.2025 – IX R 23/24, BFH/NV 2025, 1668, Rz 15

Blick in den Erklärungsvordruck

	Angaben zur Nutzung	
8	Wurde die Wohnung im Jahr 2025 auch selbst genutzt (hierzu zählt auch die unentgeltliche Überlassung an Dritte) und / oder war eine Selbstnutzung vorbehalten?	1 = Ja 2 = Nein
9	Tage der Selbstnutzung (Anzahl) — Vermietungstage (Anzahl) — Leerstandstage (Anzahl)	
	Falls die Wohnung ausschließlich an wechselnde Feriengäste vermietet und in der übrigen Zeit hierfür bereit gehalten wurde:	
10	Ortsübliche Vermietungstage (Anzahl)	
11	Wurde die Vermietung einem nicht nahe stehenden Vermittler (z. B. überregionaler Reiseveranstalter, Kurverwaltung) übertragen und ist eine Eigennutzung vertraglich für das gesamte Jahr ausgeschlossen?	1 = Ja 2 = Nein
12	Befindet sich die Ferienwohnung in Ihrem ansonsten selbst genutzten Zwei- oder Mehrfamilienhaus oder in unmittelbarer Nähe zur selbst genutzten Wohnung?	1 = Ja 2 = Nein
13	Befindet sich die Ferienwohnung in einem Ort, in dem sich eine oder weitere eigene Ferienwohnungen befinden, welche selbst genutzt wurden?	1 = Ja 2 = Nein

Die Ermittlung der ortsüblichen Vermietungstage erweist sich oftmals als schwierig. Als Vergleichs**ort** ist nicht zwingend die Gemeinde anzusehen; der maßgebliche Vergleichsort kann sich vielmehr auch auf Teile einer Gemeinde oder gar nur den Bereich eines Ferienkomplexes beziehen.[38]

In der Anleitung zum Erklärungsvordruck weist die FinVerw auf Folgendes hin:

Zeile 10 bis 13, 20 bis 23, 30 bis 33 sowie 40 bis 43	Haben Sie die Wohnung nicht selbst genutzt, sondern ausschließlich an wechselnde Feriengäste vermietet und in der übrigen Zeit hierfür bereitgehalten, machen Sie bitte Angaben in den Zeilen 10 bis 13 und ggf. in den Zeilen 20 bis 23, 30 bis 33 sowie 40 bis 43. In Zeile 10 sowie ggf. in den Zeilen 20, 30 und 40 geben Sie bitte die ortsüblichen Vermietungstage von an wechselnde Feriengäste vermieteten Wohnungen für den Belegenheitsort Ihrer Wohnung an. Angaben hierzu ergeben sich in der Regel aus entsprechenden Aufzeichnungen der Fremdenverkehrsämter, Gemeinden, Städte oder Kurverwaltungen. Weitere Einzelheiten entnehmen Sie bitte dem Schreiben des Bundesministeriums der Finanzen vom 8. Oktober 2004, Bundessteuerblatt I Seite 933.

Praxishinweis

Es kann sich auch anbieten, die Vergleichsmiettage über die örtlichen Wohnungsverwalter zu erfragen.

Eine Gefahr besteht, wenn **keine ortsüblichen Vermietungstage** festgestellt und auch nicht im Erklärungsvordruck eingetragen werden. Der BFH geht dann davon aus, dass die Vermietung an wechselnde Feriengäste nicht mit einer auf Dauer ausgerichteten Vermietungstätigkeit vergleichbar und die Überschusserzielungsabsicht durch eine Prognose zu überprüfen ist.[39]

Entgegen der Auffassung der FinVerw hat es der BFH zugelassen, die Auslastung auf die **durchschnittliche Auslastung der Ferienwohnung über einen zusammenhängenden Zeitraum von drei bis fünf Jahren** zu prüfen. Es findet sodann keine veranlagungszeitraumbezogene Auslastungsprüfung,

38 BFH-Urt. v. 12.8.2025 – IX R 23/24, BFH/NV 2025, 1668, Rz 15 m.w.N.
39 BFH-Urt. v. 12.8.2025 – IX R 23/24, BFH/NV 2025, 1668, Rz 15

sondern eine Auslastungsprüfung für einen Durchschnittszeitraum statt. Der aktuelle Erklärungsvordruck berücksichtigt diese Entwicklung der höchstrichterlichen Rechtsprechung nicht. Auch in der Anlage V-FeWo müssten dann die durchschnittlichen ortsüblichen Vermietungstage des Durchschnittszeitraums eingetragen werden.

Praxishinweis

Der Zeitraum, für den die durchschnittliche Auslastung ermittelt wird, kann frei gewählt werden. Im Einzelfall muss ein Startzeitraum bestimmt werden. Der frei gewählte Zeitraum wird von der Rechtsprechung akzeptiert, sofern keine außergewöhnlichen Umstände vorliegen.

c) Übersicht

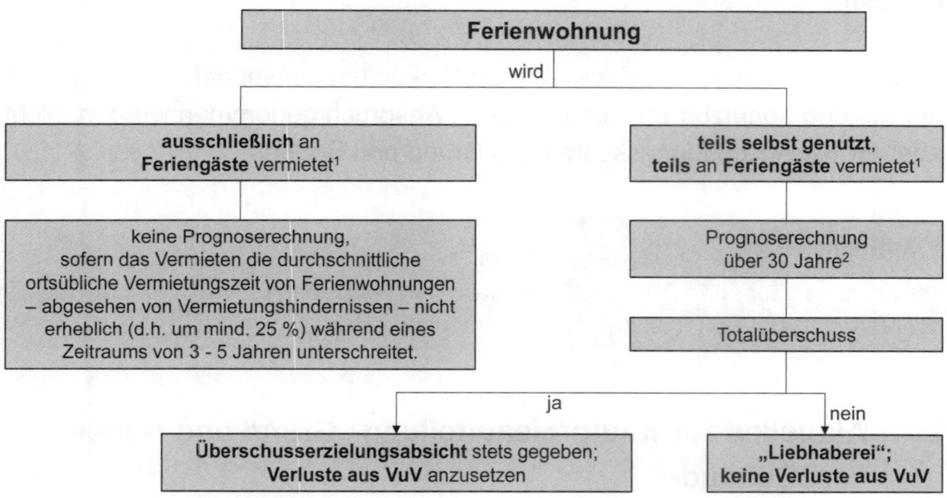

[1] Unerheblich, ob in Eigenregie oder über Feriendienstorganisation vermietet wird. Vgl. BFH v. 26.10.2004 – IX R 57/02, BStBl II 2005, 388

[2] Ist eine Vermietung nur für einige Jahre geplant und soll danach ein Verkauf stattfinden, ist bei der Prognoseberechnung der kürzere Zeitraum der tatsächlichen Vermögensnutzung zugrunde zu legen. Vgl. BFH-Urt. v. 12.8.2025 – IX R 23/24, Rn 25

III. Aktuelle Abschreibungsfragen

1. Grundsätzliches

Aufwendungen für die Anschaffung und Herstellung eines Gebäudes sind grds. über die gesetzlich typisierte Gebäudenutzungsdauer zu verteilen.

Bei Anschaffung eines bebauten Grundstücks muss eine Kostenaufteilung des Gesamtkaufpreises auf

- Aufwendungen für den Grund und Boden und
- Aufwendungen für das Gebäude

erfolgen.

Wird ein Grundstück zur Erzielung von Einkünften verwendet, kann eine AfA nur auf den abnutzbaren Gebäudeteil in Anspruch genommen werden, nicht aber für die Anschaffungskosten des Grund und Bodens.

Praxishinweis

Die Höhe der Gebäude-AfA richtet sich nach den Gebäude-AK. Je höher der Gebäudeanteil ist, desto höher ist das Abschreibungspotenzial.

2. Aktuelles zur Kaufpreisaufteilung „Grund und Boden" vs. „Gebäude"

Bei der Kaufpreisaufteilung gelten folgende Grundsätze:

a) Mit Kaufpreisaufteilung im Kaufvertrag

Wurde eine Kaufpreisaufteilung im Kaufvertrag vorgenommen, sind diese vereinbarten und gezahlten AK grds. auch der Besteuerung zugrunde zu legen.[40]

---

40 BFH-Urt. v. 16.9.2015 – IX R 12/14, BStBl II 2016, 397, Rz 23

Eine Bindung an die Kaufpreisaufteilung im Kaufvertrag existiert nicht, wenn Anhaltspunkte dafür bestehen, der Kaufpreis sei nur zum Schein bestimmt worden oder die Voraussetzungen eines Gestaltungsmissbrauchs i.S.v. § 42 AO seien gegeben.[41]

Praxishinweis

Bei Ermittlung der AfA-BMG besteht für die FinVerw die Möglichkeit zu prüfen, ob Zweifel an der vertraglichen Kaufpreisaufteilung bestehen. Eine Korrektur der von den Vertragsparteien getroffenen Aufteilung des Anschaffungspreises auf Grund und Boden sowie das Gebäude ist nach Auffassung des BFH aber lediglich dann geboten, wenn sie die realen Wertverhältnisse in grundsätzlicher Weise verfehlt und wirtschaftlich nicht haltbar erscheint.[42]

Das **FG Berlin-Brandenburg** hat entschieden, dass ein (widerlegbares) Indiz für eine Verfehlung der realen Wertverhältnisse vorliegt, wenn der im Kaufvertrag ausgewiesene Kaufpreis für den Grund und Boden um mehr als 20 % vom Bodenrichtwert abweicht.[43] Eine Abweichung von über **20 %** zum Bodenrichtwert gilt als starkes Indiz für eine unzutreffende Aufteilung. Diese Annahme kann widerlegt werden.

Nach Auffassung des **FG München** ist dagegen nur eine Abweichung von weniger als **10 %** unbeachtlich.[44]

b) Ohne Kaufpreisaufteilung im Kaufvertrag

Haben die Vertragsparteien für ein bebautes Grundstück einen Gesamtkaufpreis gezahlt, ohne dass dessen Aufteilung im Kaufvertrag erfolgte, ist der Kaufpreis zur Ermittlung der BMG für die AfA im Schätzungswege aufzuteilen. Hierfür sind zunächst die Verkehrswerte für Grund und Boden einerseits und das Gebäude andererseits gesondert zu ermitteln.

Sodann sind die Gesamt-AK nach dem Verhältnis der beiden Wertanteile aufzuteilen in AK für den Grund- und Bodenanteil sowie den Gebäudeanteil.[45] Dabei kann die Immobilienwertermittlungsverordnung herangezogen werden.

---

41 BFH-Urt. v. 16.9.2015 – IX R 12/14, BStBl II 2016, 397, Rz 24
42 BFH-Urt. v. 16.9.2015 – IX R 12/14, BStBl II 2016, 397, Rz 24
43 FG Berlin-Brandenburg, Urt. v. 20.3.2024 – 3 K 3137/19, EFG 2020, 182, rkr., mit Anm. *Weinschütz*
44 FG München, Urt. v. 10.4.2024 – 12 K 861/19, DStRE 2025, 453, rkr.
45 BFH-Besch. v. 27.11.2017 – IX B 144/16, BFH/NV 2018, 218; so auch BFH-Urt. v. 7.10.2025 – IX R 26/24, DStR 2025, 2719

Wird bei Anschaffung einer denkmalgeschützten Immobilie ein Gesamtkaufpreis gezahlt, ist auch dieser Gesamtkaufpreis in einen Boden- und Gebäudewert nach den Regelungen der Immobilienwertermittlungsverordnung aufzuteilen.[46]

Praxishinweis

Der BFH hat keine Zweifel daran, dass die Bodenrichtwerte vom Sachverständigen für die Ermittlung des Werts von Grund und Boden herangezogen werden können. Dies gilt auch bei einer „kaufpreisarmen Lage", also in einem Gebiet, in dem nur sehr wenige Grundstücksverkäufe stattfinden, die zur Ermittlung der Bodenwerte als Maßstab genommen werden können.[47] Ob der BFH dies bei den zu erwartenden Grundsteuer-Entscheidungen in Frage stellen wird und welche Auswirkungen dies auf die Kaufpreisaufteilung haben wird, bleibt abzuwarten.

Nach der höchstrichterlichen Rechtsprechung ist ein Gesamtkaufpreis für ein bebautes Grundstück nicht nach der Restwertmethode, sondern nach dem Verhältnis der Verkehrswerte oder Teilwerte auf den Grund und Boden einerseits sowie das Gebäude andererseits aufzuteilen.[48]

Das BMF hat zuletzt im Januar 2025 eine aktualisierte Arbeitshilfe zur Aufteilung eines Gesamtkaufpreises für ein bebautes Grundstück in einen Anteil Grund und Boden sowie Gebäude nebst Anleitung veröffentlicht.[49]

Hiermit soll eine (vereinfachte) Aufteilungsschätzung „vom Schreibtisch aus"[50] erfolgen; eine Widerlegung z.B. durch ein Gutachten eines öffentlich bestellten und vereidigten Sachverständigen ist zulässig.

Praxishinweis

Mit seiner Entscheidung hat es das FG Berlin-Brandenburg offengelassen, ob die BMF-Arbeitshilfe zur Kaufpreisaufteilung zu rechtmäßigen und realitätsgerechten Aufteilungsergebnissen führt.[51] Weitere Rechtsverfahren zur Rechtmäßigkeit der BMF-Kaufpreisaufteilung bleiben abzuwarten.

---

46 BFH-Urt. v. 7.10.2025 - IX R 26/24, DStR 2025, 2719
47 *Trossen*, DStR 2025, 2719
48 BFH-Urt. v. 10.10.2000 – IX R 86/97, BStBl II 2001, 183; vgl. auch BFH-Urt. v. 7.10.2025 – IX R 26/24, DStR 2025, 2719
49 https://www.bundesfinanzministerium.de/Datenportal/Daten/frei-nutzbare-produkte/Anwendungen/Kaufpreisaufteilung-Grundstuecke/Kaufpreisaufteilung-Grundstuecke.html
50 *Ronig*, NWB 2021, 2059
51 FG Berlin-Brandenburg, Urt. v. 14.8.2019 – 3 K 3137/19, EFG 2020, 182 mit Anm. *Weinschütz*

c) Bislang keine Änderung der Grundsätze zur Kaufpreisaufteilung beschlossen

Der Referentenentwurf einer Siebten Verordnung zur Änderung steuerlicher Verordnungen sah in § 9b EStDV-E eine gesetzliche Regelung zur Kaufpreisaufteilung vor. Danach sollte eine qualifizierte Schätzung der Kaufpreisaufteilung durch die BMF-Arbeitshilfe festgeschrieben werden. Diese qualifizierte Schätzung sollte durch ein erstelltes Gutachten eines öffentlich bestellten und vereidigten Sachverständigen für die Bewertung von bebauten und unbebauten Grundstücken **widerlegt** werden können. Ob die Kaufpreisaufteilung im Kaufvertrag weiterhin vorrangig anwendbar ist, wurde in der Fachliteratur verneint.[52]

Praxishinweis

In der vom Bundeskabinett verabschiedeten Siebten Verordnung zur Änderung steuerlicher Verordnungen ist der im Referentenentwurf vorgesehene § 9b EStDV-E nicht mehr enthalten.[53] Eine Änderung der bisherigen Besteuerungspraxis findet damit – die Zustimmung des BR zu dieser Verordnung am 19.12.2025 unterstellt – nicht statt.

3. Lineare Gebäude-AfA

§ 7 Abs. 4 EStG bestimmt Folgendes:

> *„(4) [1]Bei Gebäuden sind abweichend von Absatz 1 als Absetzung für Abnutzung die folgenden Beträge bis zur vollen Absetzung abzuziehen:*
>
> *1. bei Gebäuden, soweit sie zu einem **Betriebsvermögen** gehören und nicht Wohnzwecken dienen und für die der Bauantrag nach dem 31. März 1985 gestellt worden ist, jährlich 3 Prozent,*
>
> *2. bei Gebäuden, soweit sie die Voraussetzungen der **Nummer 1 nicht erfüllen** und die*
>
> *a) nach dem **31. Dezember 2022 fertiggestellt** worden sind, jährlich 3 Prozent,*

---

[52] *Bolik*, StuB 2025, 713
[53] BR-Drucks. 626/25 v. 5.11.2025

*b) **vor dem 1. Januar 2023** und **nach dem 31. Dezember 1924** fertiggestellt worden sind, jährlich 2 Prozent,*

*c) **vor dem 1. Januar 1925** fertiggestellt worden sind, jährlich 2,5 Prozent*

der Anschaffungs- oder Herstellungskosten; Absatz 1 Satz 5 (EStG) gilt entsprechend. [2]Beträgt die tatsächliche Nutzungsdauer eines Gebäudes in den Fällen des Satzes 1 Nummer 1 weniger als 33 Jahre, in den Fällen des Satzes 1 Nummer 2 Buchstabe a weniger als 50 Jahre, in den Fällen des Satzes 1 Nummer 2 Buchstabe b weniger als 40 Jahre, so können anstelle der Absetzungen nach Satz 1 die der tatsächlichen Nutzungsdauer entsprechenden Absetzungen für Abnutzung vorgenommen werden.“

Praxishinweis

Die lineare Abschreibung ist unabhängig vom tatsächlichen Gebäudealter anzuwenden. Sie gilt auch für erworbene Bestandsimmobilien. Statt der gesetzlich über den Abschreibungssatz typisierten Gebäudenutzungsdauer kann auch eine kürzere tatsächliche Gebäudenutzungsdauer berücksichtigt werden.[54]

4. Tatsächliche kürzere Gebäudenutzungsdauer

a) Geltende Rechtslage

Eine kürzere Gebäudenutzungsdauer[55] kann geltend gemacht werden, sofern diese die gesetzlich typisierte Gebäudenutzungsdauer unterschreitet. Die im Gesetzgebungsverfahren zum Wachstumschancengesetz diskutierte Abschaffung wurde nicht beschlossen. Ebenso wenig hat der Gesetzgeber (bislang) die Forderung der Bundesländer übernommen, die sich für eine gesetzliche Regelung zur Nachweisführung der kürzeren Nutzungsdauer ausgesprochen hatten.[56]

Die Nutzungsdauer eines Gebäudes ist der Zeitraum, in dem ein Gebäude voraussichtlich seiner Zweckbestimmung entsprechend genutzt werden kann.[57] Die voraussichtliche Nutzungsdauer wird durch

---

54 § 7 Abs. 4 S. 2 EStG
55 § 7 Abs. 4 S. 2 EStG
56 Vgl. BR-Drucks. 433/23 v. 20.10.2023 und dort § 11c EStDV-E und BR-Drucks. 369/24 (Beschl.) v. 27.9.2024 und dort § 11c EStDV-E
57 § 11c Abs. 1 S. 1 EStDV

- den technischen Verschleiß,
- die wirtschaftliche Entwertung und
- die rechtlichen Gegebenheiten

bestimmt.

Wie genau dieser Zeitraum zu bestimmen ist und **welcher Nachweis** hierfür erforderlich ist, bestimmt weder das EStG noch die EStDV. Die FinVerw orientierte sich bislang an dem BMF-Schreiben vom 22.2.2023.[58]

Die durch das BMF-Schreiben verlangten Nachweise widersprachen in weiten Teilen der Rechtsprechung.[59] So wird für die Schätzung nicht zwingend ein Bausubstanzgutachten oder ein bestimmtes Ermittlungsverfahren verlangt. Die Restnutzungsdauer eines Gebäudes kann auch modellhaft wirtschaftlich bestimmt werden.

Praxishinweis

So hat z.B. zuletzt das FG Münster entschieden,[60] dass der Gutachter **qualifiziert**,[61] aber **nicht zwingend** z.B. nach DIN EN ISO/IEC 17024 zertifiziert sein muss. Außerdem seien **Verkaufsgutachten** – entgegen der bisherigen Verwaltungsauffassung – zu akzeptieren. Eine Vorortbesichtigung müsse stattfinden, diese könne nach Auffassung des FG Münster aber auch nachgeholt werden.

Vor diesem Hintergrund hat das BMF mit Schreiben vom 1.12.2025[62] das bisherige Schreiben vom 22.2.2023 aufgehoben. Die Aufhebung dürfte für alle noch offenen Fälle bedeutsam sein. Gefordert wird aber vom Finanzausschuss des BR weiterhin eine Regelung in § 11c Abs. 1a EStDV, die den Nachweis der tatsächlich kürzeren Gebäudenutzungsdauer regelt.[63] Gegenwärtig bleibt abzuwarten, ob es zur Verabschiedung einer solchen Regelung kommen wird und falls ja, ab wann diese dann zur Anwendung kommt.

---

58 BMF-Schr. v. 22.2.2023 – IV C 3 - S 2196/22/10006:005, 2023/0158670, BStBl I 2023, 332

59 BFH-Urt. v. 23.1.2024 – IX R 14/23, BFH/NV 2024, 823; zur Vermeidung von Wiederholungen vgl. *Perschon*, AktStR 2024, 381

60 FG Münster, Urt. v. 2.4.2025 – 14 K 654/23 E, EFG 2025, 1153, rkr.

61 Z.B. IHK geprüfter und zertifizierter Sachverständiger für Immobilienbewertung; vom TÜV geprüfter und zertifizierter Sachverständiger für Bauschäden und Baufehler sowie Sachkundiger für Schimmelschäden in Innenräumen

62 BMF-Schr. v. 1.12.2025 – IV C 3 - S 2196/00040/006/008, DStR 2025, 2848

63 BR-Drucks. 625/1/25 v. 5.12.2025

b) Geplante Änderung wurde (bislang) nicht verabschiedet

Der Referentenentwurf einer Siebten Verordnung zur Änderung steuerlicher Verordnungen sah in § 11c EStDV-E eine gesetzliche Regelung zum Nachweis der kürzeren Gebäuderestnutzungsdauer vor. Danach sollte nur ein aufgrund einer Vorortbesichtigung erstelltes Gutachten eines öffentlich bestellten und vereidigten Sachverständigen akzeptiert werden, wenn das Gutachten Aufschluss über die die Nutzungsdauer beeinflussenden maßgeblichen technischen, wirtschaftlichen und rechtlichen Determinanten gibt.

Praxishinweis

In der vom Bundeskabinett verabschiedeten Siebten Verordnung zur Änderung steuerlicher Verordnungen ist der im Referentenentwurf vorgesehene § 11c EStDV-E nicht mehr enthalten.[64] Der Finanzausschuss des BR fordert allerdings weiterhin die Verabschiedung einer Regelung in § 11c Abs. 1a EStDV, die den Nachweis der kürzeren Gebäudenutzungsdauer regelt.[65] Bei Redaktionsschluss bleibt abzuwarten, ob eine Änderung verabschiedet wird.

5. Degressive Gebäudeabschreibung

a) Grundsätzliches

Durch das Wachstumschancengesetz hat der Gesetzgeber in § 7 Abs. 5a EStG eine degressive Gebäudeabschreibung aufgenommen.

Blick ins Gesetz: § 7 Abs. 5a EStG

„Bei Gebäuden, die in einem Mitgliedstaat der Europäischen Union oder einem anderen Staat belegen sind, auf den das Abkommen über den Europäischen Wirtschaftsraum (EWR-Abkommen) angewendet wird, soweit sie ***Wohnzwecken dienen und*** *vom Steuerpflichtigen* ***hergestellt oder*** *bis* ***zum Ende des Jahres der Fertigstellung angeschafft*** *worden sind, kann statt der Absetzung für Abnutzung in gleichen Jahresbeträgen nach Absatz 4 Nummer 2 Buchstabe a die Absetzung für Abnutzung in fallenden Jahresbeträgen erfolgen, wenn mit der* ***Herstellung nach dem 30. September 2023 und vor dem 1. Oktober 2029 begonnen*** *wurde oder die* ***Anschaffung*** *auf Grund eines*

64 BR-Drucks. 626/25 v. 5.11.2025
65 BR-Drucks. 625/1/25 v. 5.12.2025

__nach dem 30. September 2023 und vor dem 1. Oktober 2029__ rechtswirksam __abgeschlossenen__ obligatorischen __Vertrags__ erfolgt.

Als Beginn der Herstellung gilt das Datum in der nach den jeweiligen landesrechtlichen Vorschriften einzureichenden Baubeginnsanzeige. Sollten landesrechtlich im Einzelfall keine Baubeginnsanzeigen vorgeschrieben sein, hat der Steuerpflichtige zu erklären, dass er den Baubeginn gegenüber der zuständigen Baubehörde freiwillig angezeigt hat.

Die Absetzung für Abnutzung in fallenden Jahresbeträgen kann nach einem unveränderlichen Prozentsatz in Höhe __von 5 Prozent vom jeweiligen Buchwert (Restwert)__ vorgenommen werden.

Absatz 1 Satz 4 gilt entsprechend.[66]

Bei Gebäuden, bei denen die Absetzung für Abnutzung in fallenden Jahresbeträgen bemessen wird, sind Absetzungen für außergewöhnliche technische oder wirtschaftliche Abnutzung nicht zulässig.

Der Übergang von der Absetzung für Abnutzung in fallenden Jahresbeträgen zur Absetzung für Abnutzung in gleichen Jahresbeträgen ist zulässig.

Die weitere Absetzung für Abnutzung bemisst sich nach dem Übergang zur Absetzung für Abnutzung im Sinne des Absatzes 4 vom Restwert und dem nach Absatz 4 unter Berücksichtigung der Restnutzungsdauer maßgebenden Prozentsatz.“

b) Wahlrecht: Lineare oder degressive Gebäude-AfA

Die degressive Gebäude-AfA nach § 7 Abs. 5a EStG **kann** (Wahlrecht) für die Anschaffung oder Herstellung **neuer Wohnungen in Anspruch genommen werden**, die im Inland oder in einem Mitgliedstaat der EU bzw. einem EWR-Staat belegen sind.

Die degressive Gebäude-AfA gilt **unabhängig** davon, ob das Wohngebäude dem BV oder PV zugeordnet wird.

[66] = zeitanteilige Ermittlung im Jahr der Anschaffung / Herstellung

Die degressive Gebäude-AfA kann **(= Wahlrecht)** statt der linearen Gebäude-AfA nach § 7 Abs. 4 Nr. 2 Buchst. a EStG in Anspruch genommen werden. Das heißt, die Voraussetzungen für die lineare Gebäude-AfA müssen erfüllt sein, damit diese zu Gunsten der neuen degressiven Gebäude-AfA abgewählt werden kann. Die lineare Gebäude-AfA gem. § 7 Abs. 4 Nr. 2 Buchst. a EStG gilt für Gebäude, die nach dem 31.12.2022 fertiggestellt worden sind.

Praxishinweis

Die Gebäude dürfen nicht die AfA-Voraussetzungen nach § 7 Abs. 4 Nr. 1 EStG (Gebäude, soweit sie zu einem BV gehören und nicht Wohnzwecken dienen und Bauantragstellung nach dem 31.3.1985) erfüllen.

c) Abschreibungssatz

Der degressive Abschreibungssatz beträgt 5 %. Dieser ist von den (fortgeführten) AK oder HK zu ermitteln.[67] Durch den Verweis auf § 7 Abs. 1 S. 4 EStG hat im Jahr der Anschaffung oder Herstellung eine **zeitanteilige Ermittlung** zu erfolgen.[68]

Praxishinweis

Die degressive Abschreibung nach § 7 Abs. 5a EStG führt – mathematisch gesehen – zu einer unendlichen Abschreibungsdauer.[69] Ein Übergang von der degressiven zur linearen Gebäude-AfA ist vor diesem Hintergrund zulässig (umgekehrt nicht).[70] Die lineare AfA ist nach dem Wechsel vom Restwert vorzunehmen und auf die Restnutzungsdauer zu verteilen. Der Restwert ermittelt sich dabei von den um die bisherigen Abschreibungen geminderten **ursprünglichen AK und HK**. Der nach dem Übergang zur linearen AfA anzuwendende Prozentsatz ermittelt sich aus der Differenz zwischen dem sich nach dem pauschalen Prozentsatz des § 7 Abs. 4 EStG ergebenden Abschreibungszeitraum und dem bisherigen Abschreibungszeitraum des Gebäudes bezogen auf den Restwert. Er orientiert sich damit grundsätzlich an einer Nutzungsdauer von 33 1/3 Jahren.[71] Es muss für den Restabschreibungszeitraum des Restwertes aber ein individueller Prozentsatz ermittelt werden.[72]

---

67 § 7 Abs. 5a S. 4 EStG
68 § 7 Abs. 5a S. 5 i.V.m. § 7 Abs. 1 S. 4 EStG
69 *Morawitz*, DStR 2025, 2161
70 § 7 Abs. 5a S. 7 und 8 EStG
71 BT-Drucks. 20/9396 v. 16.11.2023, Seite 20
72 *Kulosa/Schmidt*, EStG-Kommentar, § 7 Rz 217

d) Abschreibungsbegünstigungszeitraum

Der Gesetzgeber unterscheidet zwischen Anschaffungs- und Herstellungsfällen.

(1) Herstellungsfall

Mit der **Herstellung** muss nach dem 30.9.2023 und vor dem 1.10.2029 **begonnen** werden.

Als Beginn der Herstellung gilt das Datum in der nach den jeweiligen landesrechtlichen Vorschriften einzureichenden Baubeginnsanzeige. Sollten landesrechtlich im Einzelfall keine Baubeginnsanzeigen vorgeschrieben sein, hat der Stpfl. zu erklären, dass er den Baubeginn gegenüber der zuständigen Baubehörde freiwillig angezeigt hat.

Die Baubeginnsanzeige muss mindestens eine Woche vor Ausführung der ersten Baumaßnahme gegenüber der Bauaufsichtsbehörde abgegeben werden.[73] Damit liegt der steuerliche Baubeginn vor dem tatsächlichen Baubeginn. Bauvorbereitungen sind dagegen unerheblich.

Die Nachweispflicht über den Baubeginn trägt derjenige, der die degressive Gebäude-AfA beanspruchen will.[74]

Praxishinweis

Der Zeitpunkt der Stellung des Bauantrags ist unerheblich; dies darf bei Prüfung der Anspruchsvoraussetzungen nicht verkannt werden, da es bislang in vielzähligen Regelungen gerade auf den Bauantrag ankommt.

Anders verhält es sich bei Anwendung von **§ 7b EStG**. Nach dieser Vorschrift ist der **Zeitpunkt des Bauantrags** und nicht der Baubeginn maßgeblich.[75]

---

[73] Vgl. z.B. § 72 BauO Berlin und Art. 68 Abs. 7 BayBO
[74] BR-Drucks. 433/23 v. 8.9.2023, Seite 134
[75] § 7b Abs. 2 EStG; BMF-Schr. v. 21.5.2025 – IV C 3 - S 2197/00009/011/024, BStBl I 2025, 1419, Rz 9 ff.

(2) Anschaffungsfall

Die **Anschaffung** des dem Grunde nach begünstigten Objekts muss auf Grund eines **nach dem 30.9.2023** und vor dem 1.10.2029 rechtswirksam abgeschlossenen obligatorischen Vertrags erfolgen.[76]

Zudem muss die Gebäudeanschaffung bis zum Ende des Jahres der Fertigstellung erfolgen. Der Zeitpunkt der Anschaffung des Gebäudes ist der Zeitpunkt der Erlangung der wirtschaftlichen Verfügungsmacht. Das ist regelmäßig der Fall, wenn Eigenbesitz, Gefahr, Nutzen und Lasten auf den Erwerber übergehen.

Praxishinweis

Für die Inanspruchnahme der degressiven Abschreibung im Fall der Anschaffung müssen also Fertigstellung und Erlangung der wirtschaftlichen Verfügungsmacht in demselben Kj liegen. Hierdurch kann sich eine Förderfalle ergeben. Diese Förderfalle kann eintreten, wenn die Zahlung oder eine Teilzahlung des Erwerbers erst verspätet in einem Folgejahr erbracht wird und Nutzen und Lasten erst mit kompletter Kaufpreiszahlung übergehen.

Unerheblich ist im Anschaffungsfall der Baubeginn; diesen gilt es nur im Herstellungsfall zu prüfen. Anders verhält es sich bei Anwendung von **§ 7b EStG**. Nach dieser Vorschrift ist im Anschaffungsfall auch der Zeitpunkt der Stellung des Bauantrags durch den Bauhersteller (Bauträger) maßgeblich.[77]

Beispiel

A erwirbt durch rechtswirksam abgeschlossenen obligatorischen Vertrag vom 11.11.2025 ein Wohngebäude. Das Wohngebäude wurde am 31.10.2025 fertiggestellt. Besitz, Gefahr, Nutzen und Lasten gehen am 1.12.2025 über. Die weiteren Voraussetzungen des § 7 Abs. 5a EStG werden erfüllt.

Lösung

Die degressive Gebäude-AfA nach § 7 Abs. 5a EStG kann gewählt werden. Der Notarvertrag zum Objekterwerb wird im Begünstigungszeitraum abgeschlossen. Zudem geht das wirtschaftliche Eigentum im Jahr der Objektfertigstellung über.

---

[76] § 7 Abs. 5a S. 1 EStG

[77] BMF-Schr. v. 21.5.2025 – IV C 3 - S 2197/00009/011/024, BStBl I 2025, 1419, Rz 14

Abwandlung

Wie Bsp. zuvor, allerdings gehen Besitz, Gefahr, Nutzen und Lasten infolge einer verspäteten Kaufpreiszahlung erst am 7.1.2026 über.

Lösung

Die degressive Gebäude-AfA nach § 7 Abs. 5a EStG scheidet aus. Zwar wird der Notarvertrag zum Objekterwerb im Begünstigungszeitraum abgeschlossen. Das wirtschaftliche Eigentum geht jedoch nicht im Jahr der Fertigstellung des Gebäudes auf A über.

> **Praxishinweis**
>
> Im **Notarvertrag** sollte der Zeitpunkt der Baufertigstellung ausdrücklich aufgenommen und Nachweisanlagen sollten beigefügt werden. Das EStG bestimmt nicht ausdrücklich, in welchem Zeitpunkt ein Bau fertiggestellt ist. Nach der Gesetzesbegründung ist ein Gebäude grds. fertiggestellt, wenn es entsprechend seiner Zweckbestimmung genutzt werden kann.[78] Mit Einzelfalldiskussionen ist in der Zukunft zu rechnen. U.E. dürfte zumindest im Zeitpunkt der Baufertigstellungsanzeige i.d.R. die Baufertigstellung vorliegen.

e) Dienen zu fremden Wohnzwecken und Vermietung unter nahen Angehörigen

Fördervoraussetzung ist, dass das ansonsten begünstigte Objekt „Wohnzwecken dient". Die Ausführungen der FinVerw zu § 7b EStG dürften entsprechend gelten.[79]

Eine Wohnung dient danach auch Wohnzwecken, wenn sie aus besonderen betrieblichen Gründen an Betriebsangehörige überlassen wird, z.B. Wohnung für den Hausmeister, für das Fachpersonal oder für Angehörige der Betriebsfeuerwehr. Das häusliche Arbeitszimmer des Mieters dürfte zur Vereinfachung ebenso den Wohnzwecken dienenden Räumen zuzurechnen sein. Räume, die sowohl Wohnzwecken als auch betrieblichen oder beruflichen Zwecken dienen, sind je nachdem, welchem Zweck sie überwiegend dienen, entweder ganz den Wohnzwecken oder ganz den betrieblichen oder beruflichen Zwecken dienenden Räumen zuzurechnen.

---

[78] BR-Drucks. 433/23 v. 8.9.2023, Seite 134

[79] BMF-Schr. v. 21.5.2025 – IV C 3 - S 2197/00009/011/024, BStBl I 2025, 1419, Rz 34-37

Ein leerstehendes Gebäude dient u.E. weiterhin zu Wohnzwecken, wenn nach dem Leerstand eine Nutzung zu fremden Wohnzwecken beabsichtigt ist.[80]

Wird ein zunächst zu Wohnzwecken genutztes Gebäude künftig zu anderen Zwecken (z.B. zu gewerblichen Zwecken oder zu eigenen Wohnzwecken) genutzt, scheidet ab diesem Zeitpunkt die Anwendung der degressiven Gebäude-AfA aus.

Praxishinweis

Im Gegensatz zu den Regelungen zur Sonder-Abschreibung nach § 7b Abs. 2 Nr. 3 EStG muss **keine zehnjährige Nutzung zu fremden Wohnzwecken** erfüllt sein.[81] Eine Nutzungsänderung löst keinen rückwirkenden Wegfall der bislang in Anspruch genommenen degressiven Gebäudeabschreibung aus.

Beispiel

A vermietet ab 2025 eine Neubauwohnung an seine Tochter B und nimmt hierfür zulässigerweise die degressive Gebäudeabschreibung in Anspruch. Die vereinbarte Miete entspricht der ortsüblichen Miete. Im Jahr 2030 verstirbt A. Die Tochter B erbt die bislang angemietete Wohnung und nutzt diese weiterhin zu eigenen Wohnzwecken.

Die degressive Abschreibung kann bis zum Todeszeitpunkt von A in Anspruch genommen werden. Anders als bei § 7b EStG ist keine Rückabwicklung der degressiven Abschreibung vorgesehen, falls die Wohnung nicht für mindestens zehn Jahre zu fremden Wohnzwecken genutzt wird.

Praxishinweis

Gestalterisch ist die degressive Gebäudeabschreibung auch bei der Vermietung unter nahen Angehörigen anwendbar. Grundsätzliche Voraussetzung für die Anerkennung von Mietverhältnissen unter nahen Angehörigen ist dabei, dass der Mietvertrag **zivilrechtlich wirksam geschlossen** worden ist und tatsächlich wie vereinbart durchgeführt wird; dabei müssen Vertragsinhalt und Durchführung dem zwischen Fremden Üblichen entsprechen (Fremdvergleich). Um eine WK-Aufteilung in einen entgeltlichen und einen unentgeltlichen Teil zu verhindern, sollte eine verbilligte Wohnraumüberlassung von unter 66 % der ortsüblichen Warmmiete verhindert werden. Beträgt das Entgelt weniger als 50 % der ortsüblichen Vergleichsmiete, hat eine WK-Aufteilung zwingend zu erfolgen. Beträgt das Entgelt zwischen 50 % und weniger

---

80 So auch zu § 7b EStG; BMF-Schr. v. 21.5.2025 – IV C 3 - S 2197/00009/011/024, BStBl I 2025, 1419, Rz 33

81 § 7b Abs. 4 S. 1 Nr. 1 EStG; BMF-Schr. v. 21.5.2025 – IV C 3 - S 2197/00009/011/024, BStBl I 2025, 1419, Rz 68 - 71

als 66 %, ist die Einkunftserzielungsabsicht im Einzelfall zu prüfen. Nur wenn die Vergleichsmiete mindestens 66 % der ortsüblichen Vergleichsmiete beträgt und kein aufwendig gestaltetes Objekt vorliegt, entfällt eine Werbungskostenaufteilung.

6. Sonderabschreibung nach § 7b EStG: Aktuelle Entwicklungen und Blick in das BMF-Schreiben vom 21.5.2025

a) Grundsätzliches

§ 7b EStG sieht eine Sonderabschreibung für den Mietwohnungsneubau vor. Diese Sonderabschreibung kann in Anspruch genommen werden

- für eine neue Mietwohnung,
- die im **Begünstigungszeitraum** angeschafft oder hergestellt wird und
- bei der die Nutzungsvoraussetzungen und
- die Einhaltung einer **Baukostenobergrenze** erfüllt werden.

Praxishinweis

Das BMF hat sich mit Schreiben vom 21.5.2025[82] ausführlich zur Anwendung von § 7b EStG geäußert. Auf die wesentlichen Inhalte dieser neuen Verwaltungsanweisung wird nachfolgend überblickartig hingewiesen.

Begünstigungszeiträume: Begünstigt waren zunächst Baumaßnahmen auf Grund eines nach dem 31.8.2018 und vor dem 1.1.2022 gestellten Bauantrags oder einer in diesem Zeitraum getätigten Bauanzeige **(Begünstigungszeitraum I)**.[83]

Durch das JStG 2022[84] hat der Gesetzgeber § 7b EStG für Bauanträge ab 2023 wieder eingeführt **(Begünstigungszeitraum II)**. Eine Sonderabschreibung nach § 7b EStG kann danach in Anspruch genommen werden, wenn

---

82 BMF-Schr. v. 21.5.2025 – IV C 3 - S 2197/00009/011/024, BStBl I 2025, 1419
83 Siehe hierzu BMF-Schr. v. 21.5.2025 – IV C 3 - S 2197/00009/011/024, BStBl I 2025, 1419, Rz 8 - 17
84 JStG 2022 v. 16.12.2022, BGBl I 2022, 2294

- Wohnungen, die auf Grund eines nach dem 31.12.2022 und vor dem 1.10.2029 gestellten Bauantrags[85] oder einer in diesem Zeitraum getätigten Bauanzeige hergestellt werden,

Praxishinweis

Wird ein Bauantrag bzw. eine Bauanzeige allerdings annulliert und anschließend derselbe Bauantrag bzw. dieselbe Bauanzeige unverändert erneut gestellt bzw. getätigt, bleibt der Zeitpunkt des ursprünglich gestellten Bauantrags bzw. der bisherigen Bauanzeige maßgeblich.

- in einem Gebäude liegen, das die Kriterien eines „Effizienzhauses 40" mit Nachhaltigkeits-Klasse erfüllt und dies durch Qualitätssiegel „Nachhaltiges Gebäude" nachgewiesen wird **(Begünstigungszeitraum II)**.

Praxishinweis

„Effizienzhäuser 55" werden hingegen von der steuerlichen Förderung nach § 7b EStG nicht erfasst.

Baukostenobergrenze: Die AK/HK dürfen für die Wohnung

- im Begünstigungszeitraum I insg. 3.000 EUR/m² und
- im Begünstigungszeitraum II insg. 5.200 EUR/m²

nicht übersteigen.[86]

Praxishinweis

Bei höheren Baukosten je qm ist eine Sonderabschreibung nach § 7b EStG insgesamt ausgeschlossen. Bei Anschaffungsfällen kommt es damit auch maßgeblich auf die Aufteilung der AK auf Grund und Boden sowie den Gebäudeanteil an.

BMG für die Sonderabschreibung: Die BMG für die Sonderabschreibung nach § 7b EStG beträgt für Wohnungen

- des Begünstigungszeitraums I max. 2.000 EUR je m² Wohnfläche und
- des Begünstigungszeitraums II max. 4.000 EUR je m² Wohnfläche.[87]

---

85 Zum Zeitpunkt des Bauantrags siehe BMF-Schr. v. 21.5.2025 – IV C 3 - S 2197/00009/011/024, BStBl I 2025, 1419 Rz 9 - 14

86 BMF-Schr. v. 21.5.2025 – IV C 3 - S 2197/00009/011/024, BStBl I 2025, 1419, Rz 48 - 52

87 BMF-Schr. v. 21.5.2025 – IV C 3 - S 2197/00009/011/024, BStBl I 2025, 1419, Rz 58 - 60

Höhe der Sonderabschreibung: Die Sonderabschreibung kann im Jahr der Anschaffung oder Herstellung und in den folgenden drei Jahren bis zu jährlich 5 % der BMG in Anspruch genommen werden.

Praxishinweis

Die Sonderabschreibung kann „bis zu“ 5 % der BMG geltend gemacht werden. Es kann wahlweise auch eine Sonderabschreibung von weniger als 5 % im VZ geltend gemacht werden. Die nicht ausgeschöpfte Abschreibung kann jedoch nicht in nachfolgenden Förderzeiträumen „nachgeholt“ werden. Die nicht ausgeschöpfte Sonderabschreibung wirkt sich erst über die Restwertermittlung und die Abschreibung nach dem Förderzeitraum aus.[88]

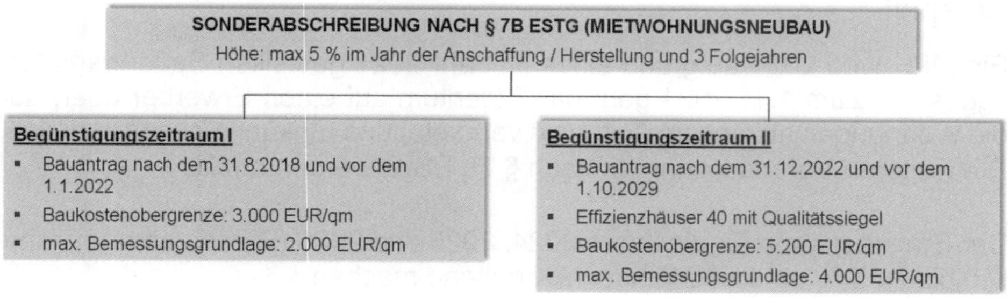

Praxishinweis

Im Gegensatz zur degressiven Gebäudeabschreibung nach § 7 Abs. 5a EStG kommt es bei Anwendung von § 7b EStG auf den Zeitpunkt der **Bauantragstellung** und nicht auf den **Baubeginn** (Herstellungsfall) bzw. auf den Zeitpunkt des **Vertragsabschlusses** (Anschaffungsfall) an.

Nutzungsvoraussetzung: Die Wohnung muss

- im Jahr der Anschaffung oder Herstellung und
- in den folgenden neun Jahren

der entgeltlichen Überlassung zu Wohnzwecken dienen. Wohnungen dienen nicht Wohnzwecken, soweit sie zur vorübergehenden Beherbergung von Personen genutzt werden.[89] Die Nutzung der Wohnung z.B. als Ferienwohnung

---

88 BMF-Schr. v. 21.5.2025 – IV C 3 - S 2197/00009/011/024, BStBl I 2025, 1419, Rz 64

89 § 7b Abs. 2 S. 1 Nr. 3 EStG

während des 10-jährigen Betrachtungszeitraums ist damit gewährungsschädlich.[90] Zur **Rückgängigmachung der Sonderabschreibung** siehe § 7b Abs. 4 EStG.

b) Begrenzung des Förderzeitraums

Die Sonderabschreibung nach § 7b EStG kann für Fälle des Begünstigungszeitraums I letztmals im VZ 2026 steuerwirksam angesetzt werden. Ab dem VZ 2027 scheidet die Sonderabschreibung nach § 7b EStG aus, selbst wenn der Förderzeitraum noch läuft.

Beispiel

Ein MFH wird 2024 aufgrund eines im Jahr 2021 gestellten Bauantrags fertiggestellt. Zum 1.12.2024 geht das Eigentum auf einen Erwerber über, der die Wohnungen ab diesem Zeitpunkt vermietet und Einkünfte aus VuV erzielt. Die weiteren Voraussetzungen nach § 7b EStG werden erfüllt.

Der Erwerber kann für die Jahre 2024, 2025 und 2026 (Förderzeitraum) jährlich bis zu 5 % der förderfähigen AK geltend machen.

Im vierten Jahr des Förderzeitraums (2027) entfällt die Sonderabschreibung nach § 7b EStG.[91] Die lineare AfA wird 2027 unverändert berücksichtigt. Ab 2028 wird die Abschreibungs-BMG neu ermittelt.[92]

Praxishinweis

Sofern mit Erstellung der ESt-Erklärung 2025 absehbar ist, dass sich eine Sonderabschreibung nach § 7b EStG ab 2027 nicht auswirken wird, sollte der Mandant vorab hierauf hingewiesen werden.

c) Was heißt „neues“ Gebäude“ – Blick in die aktuelle BFH-Rechtsprechung

Für den Begünstigungszeitraum I wird für die Gewährung der Sonderabschreibung nach § 7b EStG ausdrücklich eine neue, bisher nicht vorhandene Wohnung verlangt.[93] Diese liegt nach Auffassung des BFH nicht vor, wenn

---

[90] BMF-Schr. v. 21.5.2025 – IV C 3 - S 2197/00009/011/024, BStBl I 2025, 1419, Rz 36

[91] § 52 Abs. 15a S. 1 EStG

[92] § 7a Abs. 9 EStG; BMF-Schr. v. 21.5.2025 – IV C 3 - S 2197/00009/011/024, BStBl I 2025, 1419, Rz 17 und 66 ff.

[93] § 7b Abs. 2 S. 1 Nr. 1 EStG

die durch eine Baumaßnahme geschaffene Wohnung zwar „neu“ im sprachlichen Sinne ist, hierdurch aber der zuvor vorhandene Bestand an Wohnungen auf dem Grundstück nicht vermehrt wurde.[94]

Im Entscheidungsfall wurde ein älteres vermietetes (noch nutzbares) EFH abgerissen und durch ein neues EFH ersetzt. Der BFH gewährte die beantragte Sonderabschreibung nach § 7b EStG für den Begünstigungszeitraum I nicht, weil keine Vermehrung des Wohnungsbestands stattgefunden hat. Nur ausnahmsweise kann der einem Abriss einer Wohnung nachfolgende Neubau eine Sonderabschreibung nach § 7b EStG auslösen, wenn beide Maßnahmen in keinem sachlichen und zeitlichen Zusammenhang zueinander stehen.

Praxishinweis

Der BFH hat es offengelassen, ob und – falls ja – in welchem Umfang eine Begünstigung nach § 7b EStG in Frage kommt, wenn ein ersetzender Neubau zur Vermehrung des Wohnungsbestands führt (z.B. bei der Ersetzung eines EFH oder ZFH durch ein MFH).

Das Urteil lässt viele Fragen offen.[95] So stellt sich die Frage, ob diese Entscheidung auch für den Begünstigungszeitraum II zur Anwendung kommt. U.E. ist hiervon auszugehen, weil auch hier „neue“ Wohnungen[96] verlangt werden und nur der Mietwohnungsneubau gefördert wird. Im Entscheidungsfall lag die Herstellung eines ersetzenden EFH vor. In Anschaffungsfällen dürften die Urteilsgrundsätze entsprechend gelten; insoweit sollte der Bauträger im Notarvertrag bestätigen, dass es sich um ein gefördertes Objekt i.S.d. § 7b EStG handelt. Eine Bindungswirkung gegenüber der Finanzverwaltung begründet eine solche Klausel jedoch nicht.

Abzuwarten bleibt gegenwärtig, wie die FinVerw auf diese Rechtsprechung reagieren wird.

d) Kombination: § 7b EStG und lineare/degressive Gebäudeabschreibung

Die Sonderabschreibung nach § 7b EStG kann neben der linearen oder der degressiven Gebäude-AfA geltend gemacht werden. Das BMF-Schreiben vom 21.5.2025 klärt, wie das Nebeneinander der Abschreibungen zu ermitteln ist.

---

94 BFH-Urteil v. 12.8.2025 – IX R 24/24, DStR 2025, 2475
95 Siehe *Seifert*, StuB 21/2025, 828
96 § 7b Abs. 1 S. 1 EStG

Beispiel

Ein Wohngebäude, welches die Voraussetzungen der § 7 Abs. 5a EStG und § 7b EStG erfüllt und dessen Bauantrag nach dem 31.12.2022 und vor dem 1.10.2029 gestellt wurde, wird im Januar 2025 fertiggestellt. Der Beginn der Herstellung datiert nach dem 30.9.2023. Die Nutzfläche der begünstigten Wohnungen beträgt 250 m². Die auf das begünstigte Gebäude entfallenden förderfähigen AK oder HK betragen 1 Mio. EUR

Sonderabschreibung nach § 7b EStG

- BMG: 5 % v. 1 Mio. EUR = 50.000 EUR/jährlich (max.)
- Förderzeitraum: 2025 - 2028

Degressive Abschreibung nach § 7 Abs. 5a EStG

	(Fortgeführte) HK	AfA-Satz	Degressive AfA	Restbuchwert
2025	1.000.000 EUR	5 %	50.000 EUR	950.000 EUR
2026	950.000 EUR	5 %	47.500 EUR	902.500 EUR
2027	902.500 EUR	5 %	45.125 EUR	857.375 EUR
2028	857.375 EUR	5 %	42.869 EUR	814.506 EUR

Zusammenfassung

	Degressive AfA	Sonder-Afa § 7b EStG	Summe
2025	50.000 EUR	50.000 EUR	100.000 EUR
2026	47.500 EUR	50.000 EUR	97.500 EUR
2027	45.125 EUR	50.000 EUR	95.125 EUR
2028	42.869 EUR	50.000 EUR	92.869 EUR
Summe			**385.494 EUR**

Die fortgeführten HK betragen am 31.12.2028 (1 Mio. EUR - 385.494 EUR =) 614.506 EUR. Im VZ 2029 ergibt sich eine degressive Abschreibung von 614.506 EUR x 5 % = 30.725 EUR.

Praxishinweis

Nach § 7g Abs 5 EStG wird eine Sonderabschreibung für kleine und mittlere Unternehmen im Jahr der Anschaffung oder Herstellung von begünstigten beweglichen WG und in den folgenden vier Jahren gewährt. Neben der Sonderabschreibung nach

§ 7g EStG kann auch eine degressive Abschreibung beansprucht werden.[97] Als Besonderheit bei Inanspruchnahme der degressiven Abschreibung ist zu beachten, dass die Sonderabschreibung nach § 7g EStG im Jahr ihrer Inanspruchnahme den Buchwert und damit die BMG für die degressive AfA des Folgejahres mindert.[98] Damit ergibt sich ein wesentlicher Unterschied zu Kombination der degressiven Gebäudeabschreibung in Kombination mit der Sonderabschreibung nach § 7b EStG zur Kombination der degressiven AfA nach § 7 Abs. 2 EStG mit § 7g EStG.

e) Anzeigepflicht bei Verstoß gegen die 10-jährige Nutzungspflicht

Eine ansonsten begünstigte Wohnung muss im Jahr der Anschaffung oder Fertigstellung und in den folgenden neun Jahren der entgeltlichen Überlassung zu Wohnzwecken dienen (10-jähriger Nutzungszeitraum). Ein – wenn auch nur kurzfristiger[99] – Verstoß gegen die Nutzungspflicht führt zur Rückgängigmachung der ursprünglichen Sonderabschreibung.[100]

Praxishinweis

Die **Einhaltung der Nutzungspflicht** sollte während des 10-jährigen Nutzungszeitraums regelmäßig mit der ESt-Erklärungserstellung **überwacht** werden. Eine Nutzungsänderung ist dem FA anzuzeigen.[101] Die Überwachungspflicht gilt fort, wenn das Gebäude im Wege der Erbfolge unentgeltlich übertragen wird. Die beim Übertragenden geltend gemachte Sonderabschreibung ist nur dann nicht rückgängig zu machen, wenn der Übernehmer das Gebäude weiterhin entgeltlich zu Wohnzwecken vermietet.[102]

f) De-minimis-Prüfung

Durch das StÄndG 2025 soll § 7b Abs. 5 EStG neu gefasst werden.[103] Gegenwärtig bleibt abzuwarten, ob der BR dem vom BT verabschiedeten StÄndG 2025 am 19.12.2025 zustimmen wird.

---

97 § 7g Abs. 5 EStG
98 *Anzinger,* in: HHR, § 7a Rz 81; nur bei Kombination von § 7g Abs. 5 EStG mit der linearen AfA gilt § 7a Abs. 9 EStG
99 *Kanzler,* in: KKB, EStG-Kommentar, § 7b Rz 77
100 § 7b Abs. 4 S. 1 Nr. 1 EStG
101 § 153 Abs. 2 AO
102 BMF-Schr. v. 21.5.2025 – IV C 3 - S 2197/00009/011/024, BStBl I 2025, 1419, Rz 74
103 Gesetzentwurf der Bundesregierung, BT-Drucks. 21/1974 v. 6.10.2025

Der Verweis auf die De-minimis-Verordnung bei Gewährung der Sonderabschreibung für Mietwohnungsneubau[104] wird für die Bauanträge nach dem 31.12.2022 und vor dem 1.10.2029 aktualisiert und es wird auf die neue De-minimis-Verordnung v. 13.12.2023 Bezug genommen.

Mit der Neufassung der De-minimis-Verordnung vom 13.12.2023 ist unter anderem die Berechnungssystematik zur Einhaltung des Höchstbetrages der einem einzigen Unternehmen in dem nach der Verordnung geltenden Betrachtungszeitraum gewährten De-minimis-Beihilfen geändert worden.

Für die Überprüfung der Einhaltung des beihilferechtlichen Höchstbetrages ist nach Art. 3 Abs. 2 der De-minimis-Verordnung nunmehr ein Zeitraum von drei Jahren vor Gewährung der jeweiligen Beihilfe tagesgenau zu betrachten.

Ab dem 1.1.2026 ist es zudem verpflichtend, die gewährten Beihilfen in einem zentralen Register zu erfassen. Die Eintragung hat nach Art. 6 Abs. 2 der De-minimis-Verordnung innerhalb von 20 Arbeitstagen nach Gewährung der Beihilfe zu erfolgen. Zur Sicherstellung der fristwahrenden und einheitlichen Erfassung gewährter De-minimis-Beihilfen wird für die Bestimmung des Gewährungszeitpunktes zu beihilferechtlichen Zwecken künftig auf den Zeitpunkt der Steuerfestsetzung abgestellt. Diese Rechtsänderungen sollten Steuerberater im Blick halten, um eigene Haftungsrisiken zu verhindern.

Praxishinweis

Der **beihilferechtlichen Prüfung** bedarf es weiterhin **nur**, wenn der Anspruchsberechtigte **Gewinneinkünfte** erzielt. Der Prüfung bedarf es bei Erzielung von Überschusseinkünften nicht.

7. Exkurs: Gewerbliche Entprägung und Abschreibung

Die Überführung von WG des BV durch Entnahme oder durch Betriebsaufgabe ins PV ist mangels Rechtsträgerwechsels weder eine Veräußerung noch eine Anschaffung.

Eine Abschreibung kann nach dem Gesetzeswortlaut lediglich bei Anschaffungsvorgängen beansprucht werden. Bei einer solchen Überführung geht die BFH-Rechtsprechung aber von einem **anschaffungsähnlichen Vorgang** aus und gewährt die künftige Abschreibung bei den Einkünften aus VuV

[104] § 7b Abs. 5 EStG

auf Grundlage des Entnahmewertes. Anders als bei einer Einlage in das BV ist die AfA-BMG nicht um vorherige Abschreibungen zu mindern.[105]

Praxishinweis

Der BFH hat entschieden, dass der tatsächliche steuerliche Entnahmewert für die künftige Abschreibung bei Ermittlung der Einkünfte aus VuV als BMG anzusetzen ist. Dies gilt auch für Folgejahre, selbst wenn bei der Ermittlung des Betriebsaufgabegewinns oder -verlusts ein der Höhe nach unzutreffender gemeiner Wert steuerlich erfasst wurde.[106] Ändern sich im Zeitverlauf der Entnahme- oder Aufgabegewinn durch eine anderweitige Immobilienerfassung, ist die Folgewirkung aus der geänderten Abschreibungs-BMG auch in den Folgejahren nach Maßgabe von § 175 Abs. 1 Nr. 2 AO zu ziehen.

Beispiel

Eine bislang gewerblich geprägte GmbH & Co KG wird zum 1.1.2021 entprägt, weil zu diesem Zeitpunkt dem Kommanditisten die Geschäftsführerbefugnis eingeräumt wird. Ein bislang im BV aktiviertes und dauerhaft vermietetes Grundstück wird bei der Ermittlung des Aufgabeergebnisses mit 800.000 EUR erfasst. Von dem entnommenen Grundstück entfallen 600.000 EUR auf den Gebäudeteil.

In dem Feststellungsbescheid 2021 wurde von einer neuen Abschreibungs-BMG von 600.000 EUR bei Ermittlung der Einkünfte aus VuV ausgegangen. Nach einer Außenprüfung erhöhte das FA den Entnahmewert des Grundstücks auf 1,8 Mio. EUR (davon entfallen auf den Gebäudeteil 1,35 Mio. EUR).

Der geänderte Feststellungsbescheid 2021 berücksichtigt ein höheres Aufgabeergebnis und als Folgewirkung eine höhere Gebäudeabschreibungsbemessungsgrundlage bei Ermittlung der Einkünfte aus VuV.

Auch die Feststellungsbescheide 2022 bis 2024 werden dementsprechend geändert; diese wurden bestandskräftig.

Gegen den Feststellungsbescheid 2021 wurde Einspruch eingelegt und aufgrund eines Formfehlers wird der Gebäudeentnahmewert wiederum auf 800.000 EUR reduziert.

Der tatsächlich steuerlich erfasste Entnahmewert ist für die Gebäudeabschreibungs-BMG bei den Einkünften aus VuV im VZ 2021 und in den Folgejahren maßgeblich. Die bestandskräftigen Bescheide 2022 - 2024 können

---

105 Vgl. § 7 Abs. 1 S. 5 EStG i.V.m. § 7 Abs. 4 S. 1 letzter HS EStG und BMF-Schr. v. 27.10.2010 – IV C 3 - S 2190/09/10007, BStBl I 2010, 1204

106 BFH-Urt. v. 3.6.2025 – IX R 18/24, BFH/NV 2025, 1409

nach § 175 Abs. 1 Nr. 1 AO (rückwirkendes Ereignis) geändert werden.[107] Dies gilt selbst dann, wenn ein der Höhe nach unzutreffender Entnahmewert steuerlich erfasst wurde.[108]

Praxishinweis

Bei Anwendung von § 6 Abs. 1 Nr. 1a EStG (anschaffungsnahe HK) stellt die Entnahme aus dem BV in das PV keine Anschaffung dar.[109] Bei Anwendung von § 23 EStG wird die Entnahme aus dem BV hingegen der Anschaffung gleichgestellt, sodass ein eigener Zehnjahreszeitraum ab Entnahme beginnt.[110]

---

107 Weitergehend: *Perschon*, AktStR 2025, 591

108 Anders noch BFH-Urt. v. 29.4.1992 – XI R 5/90, BStBl II 1992, 969; Nichtanwendungserlass: BMF-Schr. v. 30.10.1992 – IV B 3 - S 2196-22/92, BStBl I 1992, 651

109 BFH-Urt. v. 3.5.2022 – IX R 7/21, BStBl II 2023, 104

110 § 23 Abs. 1 S. 2 EStG

IV. Abgrenzung: „Erhaltungsaufwand“ vs. Herstellungskosten

1. Grundsätzliches

Durch die Verpflichtung, den Gebäudebestand klimaneutral zu sanieren, ist in den nächsten Jahren mit einem massiven Sanierungsbedarf und hohen Sanierungskosten bei Bestandsgebäuden zu rechnen.[111] Dies betrifft neben den Eigenheimen auch die zur Erzielung von Einkünften genutzten Gebäude.

Neben der technischen Beratung zur Verbesserung der Energieeffizienz des Gebäudes wird auch dem Steuerberater wegen der Beurteilung der steuerlichen Folgen aus den vom Investor übernommenen hohen Sanierungsaufwendungen eine große Bedeutung zukommen.

Bei Sanierung von Bestandsgebäuden kommt der Abgrenzung zwischen „Erhaltungsaufwand“ und „Herstellungskosten“ eine herausragende Bedeutung zu.[112]

- Erhaltungsaufwendungen können bei der Einkünfteermittlung sofort als WK[113] im Jahr ihrer Verausgabung[114] oder als BA[115] steuerlich geltend gemacht werden.[116] Nach Maßgabe von § 82b EStDV besteht die Möglichkeit der Aufwandsverteilung über 2 - 5 Jahre. Erhaltungsaufwendungen liegen nicht vor, wenn die Kosten als AK oder (anschaffungsnahe) HK zu qualifizieren sind (Negativabgrenzung).
- Liegen HK oder AK des Gebäudes vor, sind diese nur über die Nutzungsdauer des Gebäudes im Wege der AfA berücksichtigungsfähig.[117]

Bei Sanierungsaufwendungen trägt das FA die Feststellungslast für das Vorliegen von HK.[118]

---

111 Siehe hierzu ausführlich: *Seifert*, NWB 29/2025, 1977
112 So auch *Graw*, NWB 48/2022, 3366
113 § 9 Abs. 1 S. 1 EStG
114 § 11 Abs. 2 EStG
115 § 4 Abs. 4 EStG
116 Zur Verteilungsmöglichkeit bei größeren Erhaltungsaufwendungen bei Wohngebäuden siehe § 82b EStDV.
117 § 9 Abs. 1 S. 3 Nr. 7 EStG; § 7 Abs. 1, Abs. 4, 5, 5a EStG
118 *Graw*, NWB 48/2022, 3366 unter I. m.w.N.; siehe weitergehend hierzu auch BMF-Schr. v. 18.7.2003 – IV C 3-S 2211-94/03, BStBl I 2003, 386, Rz 36 ff.

Praxishinweis

Ob Erhaltungsaufwendungen oder AK bzw. HK vorliegen, beurteilt sich auch steuerlich nach § 255 Abs. 1 und 2 HGB.[119] Neben R 21.1 EStR hat sich das BMF (zumindest bislang) mit Schreiben vom 18.7.2003 eingehend zur Abgrenzung zwischen AK, HK und Erhaltungsaufwendungen bei der Instandsetzung und Modernisierung von Gebäuden geäußert.[120] Das BMF-Schreiben vom 18.7.2003 soll neu gefasst werden. Nachfolgend werden die Abgrenzungsgrundsätze insb. unter Berücksichtigung der (geplanten) Änderungen durch ein neues BMF-Schreiben erläutert.

2. Abgrenzung: Anschaffungskosten – Herstellungskosten

a) Grundsätzliches

Die Frage, welche Aufwendungen zu den AK oder HK gehören, bestimmt sich sowohl für die Gewinneinkünfte als auch für die Überschusseinkünfte nach § 255 HGB.[121]

Praxishinweis

Insb. für Überschusseinkünfte und Einkünfte aus § 18 EStG gilt die Maßgeblichkeit[122] nicht. Gleichwohl werden die handelsrechtlichen Abgrenzungsregelungen zumindest auch insoweit bislang entsprechend angewandt.

3. Anschaffungskosten i.S.d. § 255 Abs. 1 S. 1 HGB

AK sind die Aufwendungen, die geleistet werden, um einen Vermögensgegenstand zu erwerben und ihn in einen betriebsbereiten Zustand zu versetzen, soweit sie dem Vermögensgegenstand einzeln zugeordnet werden können.

Praxishinweis

Ob ein Gebäude funktionstüchtig ist oder nicht, entscheidet sich nach der objektiven und nach der subjektiven Funktionstüchtigkeit. Im Regelfall liegt eine Funktionstüchtigkeit vor, wenn das Objekt zur Erzielung von Einkünften oder zu eigenen Wohnzwecken genutzt wird. Dann sind die Sanierungsaufwendungen i.Z.m. der Anschaffung

---

119 BFH-Beschl. v. 4.7.1990 – GrS 1/89, BStBl II 1990, 830
120 BMF-Schr. v. 18.7.2003 – IV C 3 - S 2211-94/03, BStBl I 2003, 386
121 BFH-Beschl. v. 4.7.1990 – GrS 1/89, BStBl II 1990, 830
122 § 5 Abs. 1 S. 1 HS 1 EStG

i.d.R. keine AK i.S.d. Handelsrechts. Steuerlich erfolgt gleichwohl eine Einbeziehung in die Gebäudeabschreibungs-BMG, sofern anschaffungsnahe HK vorliegen.[123]

Selbst wenn die Aufwendungen keine anschaffungsnahen HK sind, aber innerhalb eines Zeitraums von 5 Jahren[124] eine Standardanhebung im Vergleich zum Anschaffungszeitpunkt durch die Sanierung von drei von vier der zentralen Ausstattungsmerkmale (Fenster, Elektro, Sanitär, Heizung) erfolgt und diese zu einer deutlichen Erhöhung des Gebrauchswerts führen[125], liegen AK vor.[126] Durch den Entwurf eines neuen BMF-Schreibens zur Abgrenzung zwischen Erhaltungsaufwendungen und AK oder HK will die FinVerw diesen Zeitraum auf 3 Jahre verringern. Ob dies in allen offenen Fällen gelten wird und damit bereits für die Erklärungserstellung 2025 relevant ist, bleibt abzuwarten.

4. Herstellungskosten i.S.d. § 255 Abs. 2 S. 1 HGB

HK sind die Aufwendungen, die durch den Verbrauch von Gütern und die Inanspruchnahme von Diensten für die

- Herstellung eines Vermögensgegenstands (§ 255 Abs. 2 S. 1 Alt. 1 HGB),
- seine Erweiterung (§ 255 Abs. 2 S. 1 Alt. 2 HGB) oder
- für eine über seinen ursprünglichen Zustand hinausgehende wesentliche Verbesserung (§ 255 Abs. 2 S. 1 Alt. 3 HGB)

entstehen.

Praxishinweis

Für die Frage der Wesentlichkeit ist zumindest steuerlich[127] auf die Teilfläche abzustellen.[128]

---

123 § 6 Abs. 1 Nr. 1a EStG; vgl. auch die nachfolgenden Ausführungen
124 BMF-Schr. v. 18.7.2003 – IV C 3 - S 2211-94/03, BStBl I 2003, 386, Rz 31
125 Standardanhebung ist für jedes zentrale Ausstattungsmerkmal gesondert und eigenständig zu prüfen
126 BMF-Schr. v. 18.7.2003 – IV C 3 - S 2211-94/03, BStBl I 2003, 386, Rz 1 - 4
127 Anders handelsrechtlich: *Lüdenbach*, StuB 7/2025, 270
128 Nds. FG, Urt. v. 17.3.2023 – 15 K 17/21, EFG 2023, 1606, rkr.

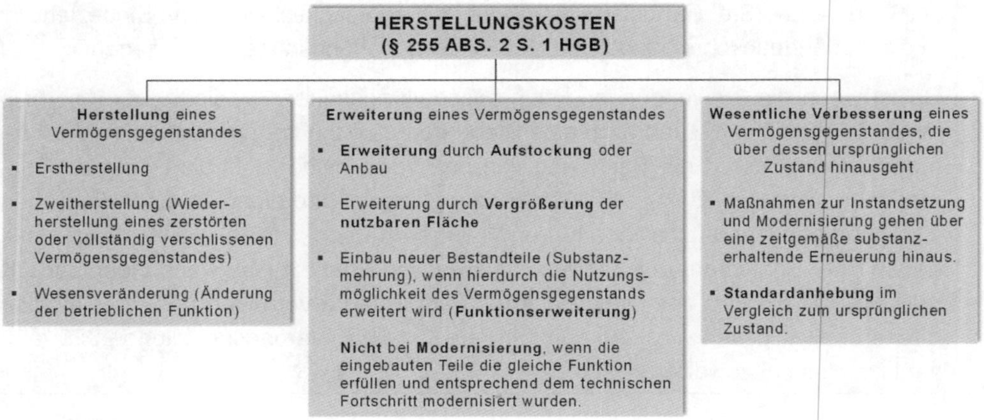

Praxishinweis

Eine Vereinfachungsregelung der FinVerw bestimmt Folgendes: Betragen die Aufwendungen nach Fertigstellung eines Gebäudes für die einzelne Baumaßnahme nicht mehr als 4.000 EUR (Rechnungsbetrag ohne USt) je Gebäude, wird dieser Aufwand auf Antrag stets als Erhaltungsaufwand behandelt.[129] Diese Vereinfachungsregelung gilt allerdings nur, wenn diese Aufwendungen nicht im Zuge der Herstellung eines Gebäudes entstehen. Auch sind solche Aufwendungen bei Prüfung von anschaffungsnahen HK einzubeziehen.

5. Blick in die Rechtsprechung: Zusätzliche Notentwässerung als Funktionserweiterungskosten?

a) Offene Frage

Folgende Rechtsfrage hatte das FG Düsseldorf[130] zu entscheiden:

> Handelt es sich bei den Aufwendungen für die aufgrund zunehmender Starkregenereignisse infolge des Klimawandels notwendig gewordene Errichtung einer Notentwässerungsanlage an einem mit einem Flachdach versehenen Gebäude um nachträgliche Herstellungskosten oder um sofort abzugsfähigen Erhaltungsaufwand?

---

[129] R 21.1 Abs. 2 S. 2 EStR

[130] FG Düsseldorf, Urt. v. 24.5.2024 - 3 K 2044/18 F, EFG 2024, 1484, Az des BFH: IV R 11/24

b) Sachverhalt

- Zum BV der Klägerin gehörte ein als Logistikzentrum verwendetes Gebäude, das ein Flachdach aufweist.
- Nach DIN 19686-100 können Flachdächer über Flachdachabläufe und/oder über innenliegende Rinnen entwässert werden, die für den „Berechnungsregen“[131] auszulegen sind. Bei Dächern in Leichtbauweise müssen zusätzlich Notentwässerungen vorgesehen werden. Da es bei Starkregenereignissen oberhalb des Berechnungsregens zu Überflutungen (Aufstau) auf den Dachflächen kommen könnte, muss grds. – so die DIN-Vorschrift – jedem Entwässerungstiefpunkt auf dem Dach neben dem Ablauf eine Notentwässerung zugeordnet werden.
- Entsprechend diesen Vorgaben errichtete die Klägerin im Streitjahr 2010 neben dem bereits bestehenden Dachentwässerungssystem, bei dem das Regenwasser über Abflussrohre in die Kanalisation eingeleitet wird, ein Notentwässerungssystem mit eigenen Rohrleitungen, über die bei Starkregen etwaiges sich auf dem Dach stauendes Wasser auf Überflutungsflächen abgeführt wird. Dies erfolgte, nachdem zuvor bei einer Überprüfung festgestellt wurde, dass die bisherige Dachentwässerungsanlage für Starkregenereignisse nicht ausreichend war.
- Die hierdurch entstandenen Aufwendungen behandelte die Klägerin in ihrer Buchführung als sofort abzugsfähigen Erhaltungsaufwand.
- Das FA ging demgegenüber von HK wegen einer Funktionserweiterung aus. Das Notentwässerungssystem diene zum einen dem Schutz der städtischen Abwasserleitungen vor Überflutungen durch zu große Einleitung von Regenwassermassen bei Starkregenereignissen und zum anderen dem Schutz des Gebäudes vor Beschädigungen durch Einsturz aufgrund Überschreitens der Traglast des Dachs bei aufgestautem Starkregen. Beide Funktionen könne die bisherige Entwässerungsanlage nicht erfüllen. Das zusätzlich zur bestehenden Bewässerungsanlage montierte Notentwässerungssystem sei deshalb als eigenständiges WG zu aktivieren und abzuschreiben.

---

[131] Hierbei handelt es sich um die höchste Niederschlagsmenge, die in einem Zeitraum von 5 Minuten an einem bestimmten Ort einmal innerhalb von 100 Jahren zu erwarten ist.

c) Entscheidung des FG Düsseldorf

Das FG Düsseldorf hat mit Zwischenurteil nach § 99 Abs. 2 FGO die Kosten für eine zusätzliche Notentwässerungsanlage als sofort abzugsfähige **BA zugelassen**.

- Die Einbaukosten für die Notentwässerungsanlage stellen **Erhaltungsaufwand** dar, weil der Einbau nicht über eine Modernisierung hinausgeht.
- Das Wesen der **Modernisierung** besteht darin, einem Gebäude den **zeitgemäßen Standard wiederzugeben**, den es ursprünglich besessen, durch den technischen Fortschritt und die Veränderung der Lebensgewohnheiten bzw. Umweltanforderungen jedoch verloren hatte.
- Durch den fortschreitenden **Klimawandel** und der damit einhergehenden Häufung von Starkregenereignissen hat der **Gesetzgeber** die **Anforderungen** an Notentwässerungsanlagen **verschärft**.
- Durch den **Einbau** der weiteren Notentwässerungsanlage liegt eine **zeitgemäße Standardanpassung** vor. Unerheblich ist, dass eine zusätzliche Anlage errichtet wurde. Denn sowohl die bisherige als auch die neue Entwässerungsanlage erfüllen die gleiche Funktion, Regenrückstau zu verhindern und damit die Standfestigkeit des Gebäudes nicht zu gefährden.

d) Urteilsanmerkungen

Aufwendungen für die Erneuerung von **bereits in den HK des Gebäudes enthaltenen** Teilen, Einrichtungen und **Anlagen** sind nur in Ausnahmefällen **HK** des Gebäudes, wenn nämlich die Teile, Einrichtungen oder Anlagen so **artverschieden** sind, dass der Zweck, das Gebäude in seiner bestimmungsmäßigen Gebrauchs- und Verwendungsmöglichkeit zu erhalten, hinter dem Zweck zurücktritt, etwas Neues, bisher nicht Vorhandenes, zu schaffen.

Für die Beantwortung der Frage, ob eine neue Anlage für sich allein betrachtet dieselbe Beschaffenheit aufweist oder nicht, kommt es **nicht** auf die **Höhe** der entstandenen **Kosten** an.

Der klimabedingte Einbau einer **weiteren Notentwässerungsanlage** geht nicht über eine Modernisierung hinaus; es liegt keine Erweiterung vor, weil die Funktion bereits vorhanden war. Die weitere Entwässerungsanlage wurde im Entscheidungsfall für den besseren – zusätzlichen – Wasserablauf von einem Flachdach einer unternehmerisch errichteten Halle erworben.

Dass die neue Entwässerungsanlage zusätzlich zur bisherigen Anlage errichtet wurde – d.h. etwas Neues hinzugefügt wurde – ändert laut FG an den Modernisierungskosten nichts. Denn sowohl die bisherige als auch die neue Entwässerungsanlage erfüllten die gleiche Funktion, nämlich zu gewährleisten, dass sich auf dem Dach kein die Standfestigkeit des Gebäudes gefährdender Regenrückstau bildet. Das neue Entwässerungssystem sei nach Meinung des FG Düsseldorf – auch wenn es funktionsbedingt über eigene Rohrleitungen verfüge – nicht isoliert zu betrachten, sondern bildet mit dem bisherigen Entwässerungssystem eine Einheit. Nicht auf die Änderung des Entwässerungssystems, sondern auf die Änderung des Wesens des Gebäudes komme es an, so das FG. Das Wesen und insb. die **Nutzungsmöglichkeit** des Gebäudes blieben im Streitfall völlig **unverändert**. Auch Aufwendungen für eine über den ursprünglichen Zustand hinausgehende wesentliche Verbesserung lägen nicht vor, weil der **Gebrauchswert** des Gebäudes durch die zusätzliche Notentwässerung **nicht deutlich erhöht** werde.

Praxishinweis

Es bleibt die abschließende Entscheidung des BFH abzuwarten.[132] Über den Entscheidungsfall hinaus dürften die Entscheidungsgrundsätze des FG Düsseldorf auch für Aufwendungen für energetische Sanierungsmaßnahmen i.Z.m. der Erweiterung eines bestehenden und funktionsfähigen **Hausanschlusses**[133] anzuwenden sein.

6. IDW-Stellungnahme zur Abgrenzung von Erhaltungsaufwand und Herstellungskosten bei Gebäuden in der Handelsbilanz und Blick in den Entwurf eines BMF-Schreibens zu dieser Abgrenzung

a) Grundsätzliches

Mit Datum vom 6.11.2024 hat das IDW eine Stellungnahme zur Rechnungslegung „Abgrenzung von Erhaltungsaufwand und Herstellungskosten bei Gebäuden in der Handelsbilanz“ **(IDW RS IFA 1 n.F.)** beschlossen.[134] Diese vom Immobilienwirtschaftlichen Fachausschuss (IFA) beschlossene Stellungnahme hat der Fachausschuss Unternehmensberichterstattung (FAB) am 14.11.2024 billigend zur Kenntnis genommen.

---

[132] Az des BFH: IV R 11/24
[133] Siehe BFH-Urt. v. 3.9.2019 – IX R 2/19, BStBl II 2020, 191; *Perschon*, AktStR 2020, 137
[134] IDW Life 12/2024

Die hierzu bislang bestehende IDW-Stellungnahme v. 25.11.2013 wird durch die neue IDW-Stellungnahme ersetzt.

> **Praxishinweis**
>
> Als Ausfluss aus den GoB hält es das IDW für notwendig, die nach der Europäische Gebäuderichtlinie (Energy Performance of Buildings Directive – kurz: EPBD) und den nationalstaatlichen Gesetzen umzusetzenden energetischen Sanierungsmaßnahmen an Gebäuden bei der Abgrenzung von Herstellungs- und Erhaltungsaufwand – in Ergänzung zur BFH-Rechtsprechung – zu berücksichtigen.[135]

Die IDW RS IFA 1 n.F. ist erstmals auf Abschlüsse für Geschäftsjahre zwingend anzuwenden, die **nach dem 31.12.2025** beginnen. Eine frühere Anwendung ist zulässig.

> **Praxishinweis**
>
> **Erhaltungsaufwendungen** wirken sich auf das Jahresergebnis der **HB sofort** aus, während HK das Jahresergebnis erst durch die Abschreibung über die Nutzungsdauer beeinflussen. Nicht nur die Darstellung der Investitionen in der Bilanz wird durch die Abgrenzung berührt. Sie hat auch Auswirkungen auf die finanzielle Planung und Bewertung von Immobiliengesellschaften und -projekten.[136] Es bleibt abzuwarten, wie die FinVerw und evtl. der steuerliche Gesetzgeber auf diese IDW-Stellungnahme reagieren wird. Es stellt sich insb. die Frage, ob die Maßgeblichkeit der Handelsbilanz für die Steuerbilanz durchbrochen wird und ob abweichende Grundsätze bei Überschusseinkünften zur Anwendung kommen. Um Sanierungsstau zu vermeiden und energetische Sanierungen voranzutreiben, dürfte eine Regelung zur Sofortabziehbarkeit von energetischen Sanierungsmaßnahmen geboten sein.

b) Wesentliche Neuerungen des IDW RS IFA1 n.F.

Die wesentlichen Neuerungen der IDW-Stellungnahme betreffen

- die **Erweiterung** eines Gebäudes durch bauliche Maßnahmen (u.a. erläutert am Bsp. der Installation einer Aufdach-Photovoltaik-Anlage, vgl. Tz 6 f.),
- die Erweiterung bzw. Präzisierung der zentralen Bereiche der **Ausstattung**, deren Verbesserung zu einer Anhebung des Gebäudestandards führen kann (vgl. Tz 13), und

---

135 *Esser*, BBK 2/2024, 66
136 *Roos*, StuB 7/2025, 241

- die wesentliche **Verbesserung der Gebäudequalität** aufgrund einer deutlichen Minderung des Endenergiebedarfs oder -verbrauchs („energetische Sanierung“, vgl. Tz 14a).

Aufwendungen für Photovoltaikanlagen als Erweiterungskosten eines Gebäudes

Investitionen in Photovoltaikanlagen werden bislang nicht als Gebäudeerweiterung beurteilt. Durch die neue IDW-Stellungnahme ändert sich dies handelsrechtlich durch die Rz 6a.

- **Rz 5**: Eine **Erweiterung** eines Gebäudes ist gegeben, wenn bauliche Maßnahmen dazu dienen, das Gebäude in seiner Substanz zu vermehren (z.B. Aufstockung, Anbau, sonstige Vergrößerung der nutzbaren Fläche, nachträglicher Einbau neuer Bestandteile mit bisher nicht vorhandenen Funktionen).
- **Rz 6**: Eine Erweiterung eines Gebäudes liegt nicht vor, wenn **selbstständig verwertbare Anlagen** errichtet werden, die in keinem einheitlichen Nutzungs- und Funktionszusammenhang mit dem Gebäude stehen. Diese sind unabhängig vom Gebäude als eigenständige Vermögensgegenstände zu behandeln.
- **Rz 6a**: Beispielsweise ist in Fällen, in denen auf einem Gebäude eine **Aufdach-Photovoltaik-Anlage** installiert wird, unter Berücksichtigung der Umstände des jeweiligen Einzelfalls zu beurteilen, ob darin eine **Erweiterung des Gebäudes** zu sehen ist, wenn die Photovoltaikanlage in einem **einheitlichen Nutzungs- und Funktionszusammenhang** mit diesem steht, oder ob die Anlage einen **eigenständigen Vermögensgegenstand** darstellt.
- Von einem einheitlichen Nutzungs- und Funktionszusammenhang ist regelmäßig auszugehen, wenn Pflichten zum Einbau der Anlage bestehen oder der mit ihr erzeugte Strom (nahezu) ausschließlich in dem betreffenden Gebäude verbraucht wird.

Praxishinweis

Steuerlich werden Investitionen in Photovoltaikanlagen (bislang) anders beurteilt.

Bezüglich der **Aufdach-Photovoltaik-Anlagen** geht die FinVerw bislang von einem selbstständigen beweglichen WG (kein Gebäude) aus.[137] **Indach-Photovoltaik-Anlagen** sind nach Auffassung der FinVerw zwar Bestandteil des Gebäudes, werden aber „wie“ ein selbstständiges bewegliches WG behandelt.[138]

Vor dem Hintergrund der IDW-Stellungnahme stellt sich die Frage, ob die FinVerw an ihrer bisherigen Rechtsauslegung festhalten wird. Sollten Investitionen in Photovoltaikanlagen als HK für das Gebäude eingeordnet werden, dürften diese gleichwohl nicht bei den steuerlichen **anschaffungsnahen HK**[139] zu berücksichtigen sein, da es sich dann jedenfalls um Erweiterungskosten i.S.d. § 255 Abs. 2 Satz 1 HGB handeln würde. **§ 7g EStG** würde dann aufgrund des Vorliegens von Gebäudekosten ebenso für (steuerpflichtige) Photovoltaikanlagen ausscheiden.[140] Ein BMF-Schreiben dürfte die Folgewirkungen der neuen IDW-Stellungnahme auch für Nichtbilanzierende zu klären haben.

Aufwendungen für die Anhebung des Gebäudestandards (wesentliche Verbesserung)

Eine wesentliche Verbesserung ist gegeben, wenn

- die **Nutzungsdauer** eines Gebäudes deutlich **verlängert** oder
- die **Gebäudequalität** über eine zeitgemäße substanzerhaltende Erneuerung hinaus **deutlich verbessert** wird (Standardanhebung).

Der BFH geht davon aus, dass eine Standardanhebung vorliegt, wenn „insb.“ **drei der vier** für Wohngebäude zentralen Ausstattungsbereiche **(Heizung, Sanitärausstattung, Elektroinstallation und Fenster)** verbessert werden oder wenn die Baumaßnahme unter Berücksichtigung der betrieblichen Zielsetzung des Nutzers der von der Baumaßnahme betroffenen Fläche eine bessere oder eine völlig neue **Nutzungsmöglichkeit** schafft.[141]

---

137 Nds. LfSt, Erl. v. 17.10.2023 – NWB BAAAJ-51734 unter III, 5

138 R 4.2 Abs. 3 S. 4 EStR

139 § 6 Abs. 1 Nr. 1a EStG

140 Zur Anwendung von § 7g EStG auf (steuerpflichtige) Photovoltaikanlagen, vgl. Hessisches FG, Urt. v. 26.9.2024 – 4 K 202/23, EFG 2025, 184, rkr. (unter Berücksichtigung des Berichtigungsbeschl. v. 16.1.2025 – 4 K 202/23, Juris); Hessisches FG, Urt. v. 22.10.2025 – 10 K 162/24, Juris, Rev. eingelegt, Az des BFH: III R 39/25 und weitergehend *Seifert*, NWB 2025, 688

141 Nds. FG, Urt. v. 17.3.2023 – 15 K 17/21, EFG 2023, 1606, rkr. (nachträgliche HK bei Umbau eines Supermarktes zu einer Apotheke und einer Bäckerei mit Café)

Nach Auffassung des IDW sind die zentralen Ausstattungsbereiche weiter zu fassen. Hierunter fallen[142]

- Fenster
- Elektroinstallation bzw. Informationstechnik (einschließlich Gebäudeautomation)[143]
- Sanitärausstattung
- Maßnahmen zur Wärme- und Energieerzeugung, -versorgung und -speicherung[144]
- Wärmedämmung[145] (steuerlich soll hingegen die Wärmedämmung nicht bei der Standardanhebung zu berücksichtigen sein).

Praxishinweis

Eine **wesentliche Verbesserung** kann auch in einer qualitativen Verbesserung des Gebäudes bestehen. Gerade bei **deutlichen Mieterhöhungen**[146] nach Abschluss von Sanierungsmaßnahmen sollten sich Berater auf Diskussionen mit dem FA über das Vorliegen von Herstellungskosten einstellen.

Neu ist in diesem Zusammenhang auch folgende Aussage des IDW:

Gleichwertig zur Anhebung des Standards in mindestens drei der zentralen Bereiche der Ausstattung können auch Maßnahmen sein, die zu einer **deutlichen Minderung des Endenergiebedarfs oder -verbrauchs** führen und eine wesentliche qualitative Verbesserung des Gebäudes darstellen.[147]

Praxishinweis

Jedenfalls dann, wenn der Endenergiebedarf oder -verbrauch um **mind. 30 % gegenüber dem ursprünglichen Zustand gesenkt** wird, ist regelmäßig von einer wesentlichen Verbesserung der Gebäudequalität auszugehen. Dies entspricht bei Wohngebäuden einer Verbesserung der Energieeffizienzklasse des Gebäudes um mind. zwei Stufen. Bereits im Vorfeld von Sanierungsmaßnahmen sollte dies künftig

142 Vgl. Rz 13 der IDW-Stellungnahme v. 6.11.2024
143 Ausweitung auf die Gebäudeautomation, die in Bezug auf Komfort und Sicherheit zunehmend eine Rolle spielt.
144 Das Ausstattungsmerkmal Heizung wurde auf Maßnahmen zur Wärme- und Energieversorgung und -speicherung erweitert.
145 Wärmedämmung wurde als Ausstattungsmerkmal bereits in der IDW RS IFA 1 genannt.
146 Vgl. auch Rz 12 der IDW-Stellungnahme v. 6.11.2024
147 Rz 14a der IDW-Stellungnahme v. 6.11.2024

geprüft werden; oftmals dürfte die Gebäudeenergieeffizienzklasse sich aus Berechnungen des Energieberaters ergeben. Häufig sind solche Berechnungen auch erforderlich, um Fördermittel zu erlangen.[148]

Steuerrechtlich wird diesen Auslegungen des IDW nicht gefolgt – offensichtlich ist auch für die Zukunft keine Auslegungsänderung geplant, um steuerlich die notwendigen Sanierungen nicht durch die Zuordnung zu den HK zu behindern. Dies wird auch an einem vorliegenden Entwurf eines BMF-Schreibens deutlich, der nicht vorsieht, die weite handelsrechtliche Auslegung zu übernehmen.

- Eine wesentliche Verbesserung liegt erst dann vor, wenn die Maßnahmen zur Instandsetzung und Modernisierung eines Gebäudes in ihrer Gesamtheit über eine zeitgemäße substanzerhaltende (Bestandteil-) Erneuerung hinaus den Gebrauchswert des Gebäudes gegenüber dem ursprünglichen Zustand insgesamt deutlich erhöhen.
- Eine **deutliche Erhöhung des Gebrauchswerts** eines Wohngebäudes liegt vor, wenn der Standard des Wohngebäudes von einem sehr einfachen auf einen mittleren oder sehr anspruchsvollen Standard oder von einem mittleren auf einen sehr anspruchsvollen Standard gehoben wird.
- Für die Beurteilung, ob eine deutliche Erhöhung des Gebrauchswerts stattgefunden hat, muss der **Standard des Wohngebäudes im ursprünglichen Zustand mit dem Standard nach der Instandsetzungs**- oder Modernisierungs**maßnahme** verglichen werden.
- Es ist zunächst zu ermitteln, welchem Standard die zentralen Ausstattungsmerkmale im ursprünglichen Zustand entsprachen. Bei der Ermittlung sind die Maßstäbe zugrunde zu legen, die zum Zeitpunkt der Herstellung bzw. des entgeltlichen Erwerbs allgemein üblich waren.[149]

Praxishinweis

Dies führt dazu, dass – insbesondere bei längerer Besitzzeit – ein aus heutiger Sicht sehr einfacher Standard in der Vergangenheit durchaus einen mittleren Standard dargestellt haben kann (z.B. auch Kohleöfen und einfach verglaste Fenster). In einem solchen Fall liegt eine wesentliche Verbesserung nicht allein deshalb vor, weil das Wohngebäude in mindestens drei Bereichen der zentralen Ausstattungsmerkmale (oder i.Z.m. einer Erweiterung in mindestens zwei Bereichen der zentralen Ausstattungsmerkmale) einen nach aktueller Betrachtung mittleren Maßstäben ausweist.

---

[148] Vgl. *Esser*, BBK 2024, 66

[149] BFH-Urt. v. 3.12.2002 – IX R 64/99, BStBl II 2003, 590

Eine nur zeitgemäße substanzerhaltende Erneuerung liegt vor, wenn ein Wohngebäude durch Instandsetzungs- oder Modernisierungsmaßnahmen lediglich in einem ordnungsgemäßen Zustand entsprechend seines ursprünglichen Zustands erhalten oder dieser in zeitgemäßer Form wiederhergestellt wird.

Praxishinweis

Als **ursprünglicher Zustand** i.S.v. § 255 Abs. 2 S. 1 HGB gilt der Zustand des Gebäudes zu dem Zeitpunkt, in dem der Eigentümer das Gebäude in sein Vermögen aufgenommen hat. Dies ist grds. der Zeitpunkt der Herstellung oder der Anschaffung.

Beispiel 1

Erwerber E kaufte im Jahr 2005 ein MFH (hergestellt 1960). Im Jahr 2025 führt er umfangreiche Renovierungs-, Instandsetzungs- und Modernisierungsarbeiten durch.

Als „ursprünglicher Zustand“ des Gebäudes ist der Zustand im Zeitpunkt der Anschaffung im Jahr 2005 zugrunde zu legen.

Beispiel 2

A erbt im Jahr 2023 ein EFH, das im Jahr 1930 errichtet und seither wiederholt durch Gesamtrechtsnachfolge oder Schenkung innerhalb der Familie übertragen worden war. A lässt das Gebäude in den Jahren 2024 und 2025 umfangreich sanieren und modernisieren.

Da das Gebäude nach seiner Herstellung im Jahr 1930 stets nur unentgeltlich übertragen worden war, ist für den ursprünglichen Zustand auf den Zeitpunkt der Herstellung (1930) abzustellen.

In diesen Fällen wird dem Gebäude nur der zeitgemäße Wohnkomfort gegeben, den es durch technischen Fortschritt und die Veränderung von Lebensgewohnheiten verliert bzw. verloren hat.

Der zu bestimmende Gebäudestand richtet sich steuerlich nach den zentralen Ausstattungsmerkmalen einer Wohnung. Diese umfassen ausschließlich die folgenden vier Bereiche:

- Umfang und Qualität der **F**enster
- Umfang und Qualität der **E**lektroinstallation
- Umfang und Qualität der **S**anitärinstallation
- Umfang und Qualität der **H**eizungsinstallation

Praxishinweis

Für die Standardbestimmung sollen nach dem Entwurf eines BMF-Schreibens **„ausschließlich“** und nicht mehr „vor allem“ der Umfang und die Qualität der Heizungs-, Sanitär-, Elektroinstallation und der Fenster maßgebend sein. Maßnahmen, die nicht diese Ausstattungsmerkmale betreffen, sollen nicht in die Standardprüfung einfließen. Zudem werden die zentralen Ausstattungsmerkmale – abweichend vom Handelsrecht – nicht ausgeweitet auf die Informationstechnik bzw. die Wärmedämmung. Hieran wird deutlich, dass im Steuerrecht eine (energetische) Sanierung tendenziell eher als Erhaltungsaufwand beurteilt werden soll.

Der Standard eines Wohngebäudes wird gehoben, wenn ein Bündel von Baumaßnahmen in mindestens drei der vier Bereiche der zentralen Ausstattungsmerkmale zu einer deutlichen Erhöhung des Gebrauchswertes führt, d.h.,

- wenn diese Bereiche von einem sehr einfachen auf einen mittleren oder sehr anspruchsvollen Standard oder
- von einem mittleren auf einen sehr anspruchsvollen Standard gehoben werden.

Dabei ist die Entscheidung über das Vorliegen einer Standardhebung für jeden Bereich der zentralen Ausstattungsmerkmale gesondert zu treffen.

I.Z.m. der Frage der Standardanhebung sind folgende (geplante) Aussagen der FinVerw, die wohl auf alle offenen Fälle Anwendung finden sollen und damit auch für die ESt-Erklärungserstellung 2025 relevant sind, bedeutsam:

- Im Bereich der **Fenster** begründet allein der Austausch von Isolierglasfenstern (z.B. zweifachverglaste Fenster gegen drei- oder vierfachverglaste Fenster) keine Hebung des Standards.
- Im Bereich der **Heizung**sinstallation darf nicht von der Hebung von einem mittleren auf einen sehr anspruchsvollen Standard ausgegangen werden, wenn eine Heizungsanlage, die einem mittleren Standard zuzuordnen ist, gegen eine solche mit einer anderen Wärmequelle ausgetauscht oder um eine zusätzliche Wärmequelle ergänzt wird. Der Grund ist, dass sich allein dadurch der Gebrauchswert des Wohngebäudes nicht deutlich erhöht.

Beispiele (Maßnahmen führen nicht zum Erreichen eines sehr anspruchsvollen Standards)

- Austausch einer Öl- oder Gasheizung gegen eine Solarthermieanlage, Wärmepumpe oder Wasserstoffheizung oder gegen einen Anschluss an ein Fernwärmenetz.
- Das Anbringen einer zusätzlichen Fassadenverkleidung zur Wärmedämmung ist bei der Prüfung, ob der Standard eines Wohngebäudes gehoben wird, nicht zu berücksichtigen.
- Einbau einer Solaranlage zur Brauchwassererwärmung in eine bereits vorhandene Gaswärmeversorgung.[150]

Praxishinweis

Nach Auffassung des FG Berlin-Brandenburg[151] sind die Aufwendungen für ein BHKW bei den Einkünften aus VuV zu erfassen, wenn mit dem BHKW vorwiegend Wärme erzeugt wird. Der daneben erzeugte und veräußerte Strom führt nicht dazu, dass anteilig Einkünfte aus Gewerbebetrieb erzielt werden. Es wird überwiegend Wärme für das Vermietungsobjekt produziert, so dass die Einkünfte aus § 21 EStG die (anteilige) Erzielung von Einkünften aus Gewerbebetrieb verdrängen. Auch die Einnahmen aus dem Stromverkauf sind als Reflex bei den Einnahmen aus VuV zu erfassen, weil das unteilbare WG „BHKW“ nur bei einer Einkunftsart erfasst werden kann. Im Entscheidungsfall wurde der Aufwand für das BHKW in voller Höhe als Erhaltungsaufwand akzeptiert, da hierdurch eine andere Heizung ersetzt wurde. Die Entscheidung des BFH in dem anhängigen Revisionsverfahren bleibt abzuwarten. Die praktische Bedeutung der Entscheidung geht über eher seltene Investitionen in BHKW hinaus. Wird eine Photovoltaikanlage erworben und wird der eigenproduzierte Strom überwiegend (mehr als 50 %) zur Wärmegewinnung in dem Vermietungsobjekt aufgrund der Nutzung für z.B. die Wärmepumpe genutzt, könnte auch die Investition in die Photovoltaikanlage über die Einkünfte aus Vermietung und Verpachtung geltend gemacht werden. Nur bezüglich des extern veräußerten Stroms könnte die Steuerfreiheit nach § 3 Nr. 72 EStG zur Anwendung kommen. Die Einordnung entspricht dann den Fällen, in denen eine Photovoltaikanlage einem anderweitigen BV zugeordnet wird.[152]

---

150 BFH-Urt. v. 14.7.2004 – IX R 52/02, BStBl II 2004, 949

151 FG Berlin-Brandenburg, Urt. v. 9.4.2025 – 16 K 16145/23, EFG 2025, 1225, Rev. eingelegt, Az des BFH: X R 15/25

152 Vgl. BMF-Schr. v. 17.7.2023 – IV C 6 - S2121/23/10001:001, BStBl I 2023, 1494, Rz 24 - 26

V. Anschaffungsnahe Aufwendungen

1. Blick in das Gesetz

§ 6 Abs. 1 Nr. 1a EStG bestimmt Folgendes:

> *„[1]Zu den Herstellungskosten eines Gebäudes gehören auch Aufwendungen für Instandsetzungs- und Modernisierungsmaßnahmen, die innerhalb von **drei Jahren nach der Anschaffung** des Gebäudes durchgeführt werden, wenn die Aufwendungen ohne die Umsatzsteuer **15 Prozent** der Anschaffungskosten des Gebäudes übersteigen (anschaffungsnahe Herstellungskosten). [2]Zu diesen Aufwendungen gehören nicht die Aufwendungen für Erweiterungen im Sinne des § 255 Absatz 2 Satz 1 des Handelsgesetzbuchs sowie Aufwendungen für Erhaltungsarbeiten, die jährlich üblicherweise anfallen.“*

Die Regelung ist sowohl für Gebäude im BV als auch im PV[153] zu beachten. Mit Schreiben vom 20.10.2017 hat das BMF im Detail zum Vorliegen von anschaffungsnahen HK Stellung genommen.[154]

Praxishinweis

Gegenwärtig liegt der Entwurf eines BMF-Schreibens zur Abgrenzung von Erhaltungsaufwendungen, AK zur Herstellung der Betriebsbereitschaft, HK und anschaffungsnahen HK bei der Instandsetzung und Modernisierung von Gebäuden vor. Dieses Schreiben will umfassend auch zum Vorliegen von anschaffungsnahen Aufwendungen i.S.d. § 6 Abs. 1 Nr. 1a EStG Stellung beziehen. Auf wesentliche Aussagen des Entwurfsschreibens wird nachfolgend eingegangen, zumal die in dem in Vorbereitung befindlichen Schreiben wohl in allen offenen Fällen zur Anwendung kommen sollen.

2. Grundsätzliches

- Die Regelung des § 6 Abs. 1 Nr. 1a EStG gilt nur für solche Aufwendungen, die innerhalb von drei Jahren **„nach“** der **Anschaffung** getragen werden. Vor Anschaffung des Grundstücks getätigte Aufwendun-

---

153 § 9 Abs. 5 S. 2 EStG

154 BMF-Schr. v. 20.10.2017 – IV C 1 - S 2171-c/09/10004 :006, BStBl I 2017, 1447

gen sind nur nach den allgemeinen handelsrechtlichen Abgrenzungskriterien als Anschaffungs-, Herstellungs- oder Erhaltungsaufwendungen steuerlich zu berücksichtigen.[155]

- Bei der Prüfung der **15 %-Grenze** kommt es auf die **Gebäude-AK** an. Die Erwerbskosten für den Grund und Boden bleiben außer Betracht.[156] Damit ist die **Kaufpreisaufteilung** in Gebäudekosten und Aufwendungen für den Grund und Boden auch für die Anwendung der 15 %-Regelung bedeutsam.
- Bei **ETW** sind auch diejenigen Aufwendungen zu berücksichtigen, die auf Arbeiten an im **Gemeinschaftseigentum** stehenden Bestandteilen des Gesamtgebäudes entfallen. Kosten für den **Heizungsaustausch**,[157] die aus der **Instandhaltungsrücklage** gezahlt werden[158], sind daher bei den anschaffungsnahen Aufwendungen ebenso zu erfassen.
- Der Begriff der **Instandsetzungs- und Modernisierungsmaßnahmen** i.S.d. § 6 Abs. 1 Nr. 1a S. 1 EStG ist **gesetzlich nicht definiert**. Hierunter sind bauliche Maßnahmen zu verstehen, durch die Mängel oder Schäden an vorhandenen Einrichtungen eines bestehenden Gebäudes oder am Gebäude selbst beseitigt werden oder das Gebäude durch Erneuerung in einen zeitgemäßen Zustand versetzt wird. Auch sog. **Schönheitsreparaturen**[159] (wie das Tapezieren, Anstreichen oder Kalken der Wände und Decken, das Streichen der Fußböden, Heizkörper, der Innentüren und Außentüren sowie der Fenster) sowie Kosten für die Herstellung der Betriebsbereitschaft zählen hierzu.
- Nicht zu den Aufwendungen i.S.d. § 6 Abs. 1 Nr. 1a S. 1 EStG gehören nach Satz 2 dieser Vorschrift nur Aufwendungen für Erweiterungen i.S.v. § 255 Abs. 2 S. 1 HGB[160] sowie Aufwendungen für Erhaltungsarbeiten, die jährlich üblicherweise anfallen (z.B. laufende Wartung von Heizungsanlagen, die Beseitigung von Rohrverstopfungen und -verkalkungen[161] sowie Ablesekosen).[162]

---

155 BFH-Urt. v. 28.4.2020 – IX B 121/19, BFH/NV 2020, 870
156 Hessisches FG, Urt. v. 18.6.2024 – 10 K 1736/19, Juris, rkr.
157 BFH-Urt. v. 20.9.2022 – IX R 29/21, BStBl II 2023, 1087
158 Zum Zeitpunkt des WK-Abzugs des Verbrauchs der Erhaltungsrücklage siehe BFH-Urt. v. 14.1.2025 – IX R 19/24, BStBl II 2025, 291
159 BFH-Urt. v. 14.6.2016 – IX R 25/14, BStBl II 2016, 992; vgl. auch BMF-Schr. v. 20.10.2017 – IV C 1 - S 2171-c/09/10004:006, BStBl I 2017, 1447 bezüglich einer Anwendungsübergangsregelung
160 Aufwendungen für die Versetzung in einen betriebsbereiten Zustand (§ 255 Abs. 1 HGB) sind hingegen einzubeziehen: BMF-Schr. v. 20.10.2017 – IV C 1 - S 2171-c/09/10004:006, BStBl I 2017, 1447
161 So der Entwurf eines BMF-Schreiben
162 BFH-Urt. v. 9.5.2017 – IX R 6/16, BStBl II 2018, 9 m.w.N.

– Zu den Kosten der Instandhaltung und Modernisierung zählen neben den klassischen Aufwendungen wie z.B. die Erneuerung von Sanitär-, Elektro- und Heizungsanlagen, der Fußbodenbeläge und der Fenster auch **Kosten für energetische Sanierungsmaßnahmen**. Dies gilt selbst dann, wenn diese auf gesetzliche Vorgaben oder behördlichen Zwang zurückzuführen sind.[163]

Beratungshinweis

Im Sinne der Energiewende ist es geboten, Kosten für energetische Sanierungsmaßnahmen von der Einbeziehung in die anschaffungsnahen HK auszuschließen. Es bleibt abzuwarten, ob die neue Bundesregierung diesbezügliche Änderungen vorsehen wird.

– Nach Gebäudeanschaffung unvermutet angefallene Kosten zur Wiederherstellung des zeitgemäßen Zustands eines Mietobjekts sind bei Prüfung von anschaffungsnahen Aufwendungen zu berücksichtigen **(bei Anschaffung vorhandene „verdeckte“ Mängel)**.[164]

– Bei Anschaffung nicht vorhandene Mängel, die durch das **schuldhafte Handeln des Mieters** am Gebäude nach Anschaffung verursacht wurden, sind hingegen nicht den anschaffungsnahen HK zuzuordnen.[165] Unter diese Ausnahme sollen auch Aufwendungen infolge einer nach Gebäudeanschaffung eingetretenen Umweltkatastrophe fallen, sofern die Aufwendungen nicht von der Versicherung getragen werden.[166]

– Eine **Mieterabfindung**, die für die vorzeitige Kündigung eines Mietvertrags und die Räumung einer Wohnung an den Mieter gezahlt wird, um das Gebäude umfangreich renovieren zu können, gehört **nicht** zu den Aufwendungen i.S.d. § 6 Abs. 1 Nr. 1a EStG. Es handelt sich nicht um Kosten für eine bauliche Maßnahme an dem Gebäude.[167]

– Noch nicht abschließend geklärt ist, ob Aufwendungen für Lampen, Spiegel und Bademöbel von der Einbeziehung in die Instandhaltungs- und Modernisierungsaufwendungen auszuschließen sind. *Kulosa* geht hiervon aus, weil es sich um bewegliche WG (z.B. Betriebsvorrichtungen) handelt, die keine Gebäudebestandteile sind.[168] Entsprechendes gilt auch für selbstständige unbewegliche WG (z.B. Außenanlagen)

---

163 FG Münster, Urt. v. 17.11.2014 – 13 K 3335/12 E, EFG 2015, 1177, rkr.
164 BFH-Urt. v. 13.3.2018 – IX R 41/17, BStBl II 2018, 533
165 BFH-Urt. v. 9.5.2017 – IX R 6/16, BStBl II 2018, 9
166 *Seifert*, StuB 2023, 143
167 BFH-Urt. v. 20.9.2022 – IX R 29/21, BStBl II 2023, 1087
168 *Schmidt/Kulosa,* 45. Aufl. EStG-Kommentar, § 6 Rz 385

und Erweiterungskosten[169] bzw. Kosten für Erhaltungsarbeiten, die üblicherweise jährlich[170] anfallen.

- Die Überführung eines **WG vom BV** in das **PV** ist keine Anschaffung i.S.d. § 6 Abs. 1 Nr. 1a S. 1 EStG.[171]
- Bei Prüfung, ob Aufwendungen für Instandsetzung und Modernisierung zu anschaffungsnahen HK führen, ist bei einem aus **mehreren Einheiten bestehenden Gebäude** nicht auf das gesamte Gebäude, sondern auf den jeweiligen selbstständigen Gebäudeteil abzustellen, wenn das Gesamtgebäude in unterschiedlicher Weise genutzt wird.[172] Bei Teil- und Wohnungseigentum ist danach auf die einzelne Einheit abzustellen.[173]
- Bei **teilentgeltlichem Erwerb** des Gebäudes liegen anschaffungsnahe HK nur im Verhältnis zum entgeltlichen Teil des Erwerbsvorgangs vor.[174]

Praxishinweis

Infolge der gestiegenen Baukosten kann es vorkommen, dass die 15 %-Grenze entgegen der vorherigen Kalkulation überschritten wird und hierdurch anschaffungsnahe HK begründet werden. Stpfl. sollten auf diese Gefahr hingewiesen werden.

---

169 § 6 Abs. 1 Nr. 1a S. 2 EStG

170 § 6 Abs. 1 Nr. 1a S. 2 EStG (z.B. Kosten für die laufende Wartung von Heizungs- und Aufzugsanlagen sowie die Kosten für die Beseitigung von Rohrverschlüssen: BFH-Urt. v. 14.6.2016 – IX R 22/15, BStBl II 2016, 999)

171 BFH-Urt. v. 3.5.2022 – IX R 7/21, BStBl II 2023, 104

172 Hessisches FG, Urt. v. 18.6.2024 – 10 K 1736/19, Juris, rkr.; BFH-Urt. v. 14.6.2016 – IX R 25/14, BStBl II 2016, 992; Übergangsregelung: BMF-Schr. v. 20.10.2017 – IV C 1 - S 2171-c/09/10004:006, BStBl I 2017, 1447

173 *Schiffers*, DStZ 2016, 808 (810)

174 R 6.4 Abs. 1 S. 2 EStR

VI. Weitere aktuelle Entwicklungen

1. Einzahlung in die Erhaltungsrücklage und Werbungskosten-Abzugszeitpunkt

Die Zuführung von Hausgeldzahlungen eines Wohnungseigentümers in eine Erhaltungsrücklage rechtfertigt erst bei Verwendung der Rücklage für Erhaltungsaufwendungen die Kostenberücksichtigung bei den Einkünften aus VuV.[175]

Diese Rechtsauslegung gilt nach Auffassung des BFH auch, obwohl der Gesetzgeber den WEG ab Ende 2020 die volle Rechtsfähigkeit zuerkannt hat. Die BFH-Entscheidung bestätigt damit die Verwaltungsauffassung.[176]

Praxishinweis

Bedeutsam ist die Entscheidung nicht nur für die laufende Zahlung von Erhaltungsrücklagen, sondern auch für den Abzugszeitpunkt gezahlter **Sonderumlagen**. Der aktuelle Erklärungsvordruck weist auf diese Rechtsauslegung versteckt hin.

Blick in den Erklärungsvordruck (Anlage V)

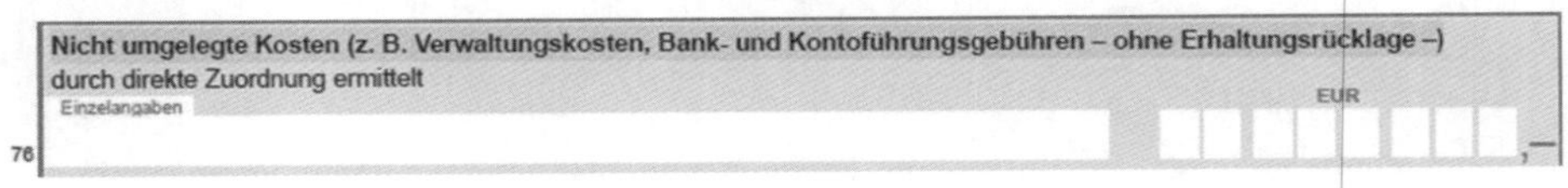
Nicht umgelegte Kosten (z. B. Verwaltungskosten, Bank- und Kontoführungsgebühren – ohne Erhaltungsrücklage –)
durch direkte Zuordnung ermittelt
Einzelangaben
EUR
78 ,–

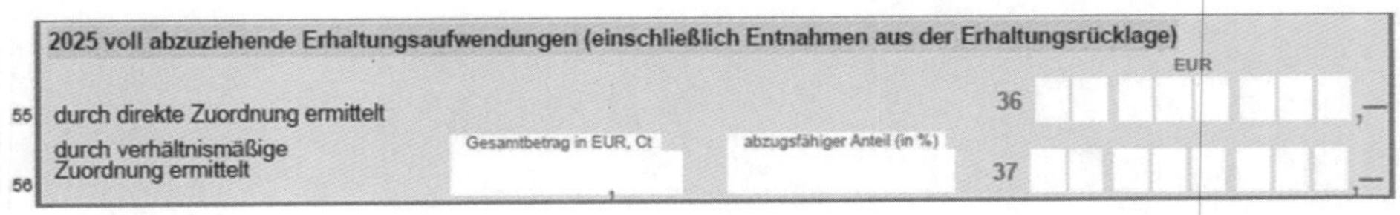
2025 voll abzuziehende Erhaltungsaufwendungen (einschließlich Entnahmen aus der Erhaltungsrücklage)
EUR
55 durch direkte Zuordnung ermittelt 36 ,–
56 durch verhältnismäßige Zuordnung ermittelt Gesamtbetrag in EUR, Ct abzugsfähiger Anteil (in %) 37 ,–

Praxishinweis

Die Entnahmen aus der Erhaltungsrücklage können ausnahmsweise als anschaffungsnahe HK[177] einzuordnen sein. In die Prüfung der 15 %-Grenze sind auch Aufwendungen einzubeziehen, die auf Arbeiten an im Gemeinschaftseigentum stehenden Bestandteilen des Gesamtgebäudes entfallen.[178]

---

175 BFH-Urt. v. 14.1.2025 – IX R 19/24, BStBl II 2025, 291
176 Siehe OFD Frankfurt a.M., Vfg. v. 9.11.2022 – S 2211 A-12-St 214, DStR 2023, 281
177 § 6 Abs. 1 Nr. 1a EStG
178 Hessisches FG, Urt. v. 18.6.2024 – 10 K 1736/19, Juris, rkr.

2. Schuldzinsenabzug nach Vermögensübertragung

Der BFH hat sich mit Urteil vom 3.12.2024[179] zum Schuldzinsenabzug nach einer Vermögensübertragung im familiären Verbund geäußert.

Der Entscheidung lag folgender Sachverhalt zu Grunde:

- Der Vater (Kläger) übertrug am 14.6.2019 einen ideellen 2/5-Miteigentumsanteil eines bis dahin in seinem Alleineigentum befindlichen, fremdvermieteten Grundstücks im Wege der vorweggenommenen Erbfolge unentgeltlich auf seinen Sohn.
- Ein Schuldbeitritt oder eine Schuldübernahme der aus der Anschaffung dieses Grundstücks resultierenden Darlehensverbindlichkeiten erfolgte nicht.

Das FA berücksichtigte die vom Vater geltend gemachten Schuldzinsen von rd. 60.000 EUR nur mit 3/5 (rd. 36.000 EUR). Dem folgte auch das Nds. FG mit Urteil vom 13.12.2023.[180]

Der BFH wies die Revision als unbegründet zurück.

- Schuldzinsen sind nur dann als WK bei den Einkünften aus VuV abziehbar, wenn sie mit einer bestimmten Einkunftsart zusammenhängen (Veranlassungszusammenhang).
- Bezüglich der Schuldzinsen, die auf den unentgeltlich übertragenen ideellen Miteigentumsanteil entfallen, fehlt es an einem Veranlassungszusammenhang mit den Einkünften.

Überlegenswert könnte sein, vor der Übertragung des Objekts eine Darlehensablösung unter Inkaufnahme der Vorfälligkeitsentschädigung vorzunehmen. Dies setzt aber entsprechende Liquidität beim Übertragenden voraus. Nicht zu verkennen ist, dass eine Übertragung des im PV befindlichen Objekts außerhalb der Zehnjahresfrist keine steuerlichen Risiken i.S.d. § 23 EStG auslöst. Die Übernahme der Darlehensverbindlichkeit kann aber nicht ohne Beteiligung des Darlehensgläubigers erreicht werden.[181] Die finanzierende Bank ist frühzeitig einzubeziehen.

179 BFH-Urt. v. 3.12.2024 – IX R 2/24, BStBl II 2025, 453
180 Nds. FG, Urt. v. 13.12.2023 – 3 K 162/23, EFG 2024, 1879 m. Anm. *Nitzsche*
181 §§ 414 ff. BGB

Praxishinweis

Erfolgt eine teilentgeltliche Übertragung durch Schuldübernahme, besteht die Gefahr der Auslösung eines steuerpflichtigen privaten Veräußerungsgeschäftes.[182] Dies sollte im Entscheidungsfall offensichtlich verhindert werden.

3. Vermögensverwaltende Gesellschaften und Gewerbesteuer

Eine gewerbliche Infektion der Einkünfte einer ansonsten vermögensverwaltenden Gesellschaft kann durch die Ausübung einer gewerblichen Tätigkeit[183] oder die Erzielung von gewerblichen Beteiligungseinkünften ausgelöst werden.[184]

Bislang ging die FinVerw bei gewerblicher Infektion aufgrund der Erzielung von gewerblichen Beteiligungseinkünften von einer GewSt-Pflicht aus.[185] Aufgrund der BFH-Rechtsprechung[186] hat sich diese Verwaltungsauffassung nunmehr in allen offenen Fällen geändert.[187] Bedeutung hat dies auch für vermögensverwaltende Gesellschaften mit gewerblichen Beteiligungseinkünften. Durch diese Rechtsauslegungsänderung entfällt die Belastung mit GewSt und damit als Wechselwirkung auch die GewSt-Anrechnung nach § 35 EStG.

4. Entgeltlicher Verzicht auf ein Nießbrauchrecht i.Z.m. vermieteten Grundstücken

Der BFH hat mit Urteil vom 10.10.2025[188] entschieden, dass das Entgelt für den Verzicht auf die Ausübung eines Nießbrauchsrechts an einem dem PV zugehörigen Grundstück eine steuerbare Entschädigung nach § 24 Nr. 1 Buchst. a EStG ist, wenn der Nießbraucher das Grundstück zum Zeitpunkt des Verzichts tatsächlich vermietet und hieraus Einkünfte aus VuV erzielt.

---

182 Vgl. BFH-Urt. v. 11.3.2025 – IX R 17/24, BStBl II 2025, 550
183 § 15 Abs. 1 S. 1 Nr. 1 EStG
184 § 15 Abs. 3 S. 1 Nr. 1 EStG
185 GLE der Länder v. 1.10.2020 – 3 - G 140,0/31, BStBl I 2020, 1032
186 BFH-Urt. v. 6.6.2019 – IV R 30/16, BStBl II 2020, 649; ausführlich auch *Messner*, AktStR 2019, 611
187 GLE der Länder v. 5.11.2025, BStBl I 2025, 1838
188 BFH-Urt. v. 10.10.2025 – IX R 4/24, DStR 2025, 2831

Der BFH ändert mit dieser Entscheidung seine bisherige Rechtsprechung[189], wonach eine steuerbare Entschädigung nicht mehr voraussetzt, dass der Stpfl. unter rechtlichem, wirtschaftlichem oder tatsächlichem Druck gestanden hat.

Die Ablösung eines Nießbrauchs stellt keine nicht steuerbare Vermögensumschichtung dar, sondern eine steuerpflichtige Entschädigung, wenn der Nießbraucher wirtschaftlicher Eigentümer war.[190] Der BFH weitet die Steuerpflicht derartiger Ablösungszahlungen enorm aus.

Praxishinweis

Bei Abfindung solcher Vorbehaltsnießbrauche sollte der Abfindungsempfänger auf die zu erwartende Mehrsteuer hingewiesen werden.[191] Bei Bearbeitung der ESt-Erklärungen sollte auf diese Rechtsprechungsneuerung ein Augenmerk geworfen werden, und zwar insb. dann, wenn erkannt wird, dass dem Nießbrauchsberechtigten keine Einnahmen aus VuV mehr zufließen.

Ob die FinVerw bei Abfindungsvereinbarungen z. B. vor dem Tag der Veröffentlichung der BFH-Entscheidung vom 10.10.2025[192] im Internet (dies war der 4.12.2025) eine Übergangsregelung aus Vertrauensschutzgründen zulassen wird, bleibt gegenwärtig abzuwarten.

189 Siehe BFH-Urt. v. 25.11.1992 – X R 34/89, BStBl II 1996, 663

190 Siehe hierzu auch BFH-Urt. v. 11.2.2025 – IX R 14/24, BFH/NV 2025, 862 zur entgeltlichen Ablösung eines Nießbrauchs an GmbH-Anteilen

191 Trossen, in: NWB v. 4.12.2025, NWB GAAAK-05866

192 BFH-Urt. v. 10.10.2025 – IX R 4/24, DStR 2025, 2831

E. Sonstige Einkünfte

I. Rentenbesteuerung – Update

1. Überblick zur Rentenbesteuerung ab 2005

Sämtliche Leibrenten und andere Leistungen aus der **Basisversorgung**[1] werden mit einem bestimmten Besteuerungsanteil – in Abhängigkeit vom Jahr des Rentenbeginns – versteuert (sog. **Kohortenbesteuerung**). Dazu zählen:

– Leibrenten aus der gesetzlichen Rentenversicherung, der landwirtschaftlichen Alterskasse, berufsständischen Versorgungseinrichtungen und Rentenversicherungen i.S.d. § 10 Abs. 1 Nr. 2 Buchst. b EStG (sog. Rürup-Rente)

– Erwerbsminderungs- und Hinterbliebenenrenten

– Einmalzahlungen wie Sterbegeld und Abfindungen von Kleinbetragsrenten

Seit 2005 gilt das Prinzip der **nachgelagerten Besteuerung**: Beiträge zur Basisversorgung können als Sonderausgaben geltend gemacht werden[2], während die späteren Rentenzahlungen grds. voll versteuert werden.

Zur Vermeidung einer Doppelbesteuerung bei der Umstellung von der vorgelagerten zur nachgelagerten Besteuerung der Rentenzahlungen wurde ein **Übergangszeitraum** festgelegt, der durch das **Wachstumschancengesetz**[3] von ursprünglich 2005 - 2039 auf die Veranlagungsjahre **2005 - 2057** verlängert wurde. Durch diese Änderung steigt der steuerpflichtige Anteil der Rente langsamer an, die volle nachgelagerte Besteuerung wird erst im Jahr 2058 erreicht. Der Besteuerungsanteil für Neurentner **im Veranlagungsjahr 2025** beträgt **83,5 %** und im Veranlagungsjahr 2026 exakt 84,0 %.

---

1 § 22 Nr. 1 S. 3 Buchst. a Doppelbuchst. aa EStG
2 § 10 Abs. 1 Nr. 2 i.V.m. § 10 Abs. 3 EStG
3 Gesetz zur Stärkung von Wachstumschancen, Investitionen und Innovationen sowie Steuervereinfachung und Steuerfairness v. 27.3.2024, BGBl I 2024, Nr. 108

Praxishinweis

Langjährig Versicherte mit unterdurchschnittlichem Verdienst während des Erwerbslebens erhalten seit **2021** einen individuellen Zuschlag zur Rente **(Grundrentenzuschlag)**. Der Grundrentenzuschlag ist keine eigene Rentenart, sondern Bestandteil der gesetzlichen Rente. Er bleibt aber **nach § 3 Nr. 14a EStG steuerfrei.**

2. Rentenanpassung 2025

Zum 1.7.2025 wurden die Renten bundeseinheitlich **um 3,74 % erhöht.**[4] Der Rentenwert beträgt nunmehr 40,49 EUR in ganz Deutschland.[5]

Die Rentenerhöhungen sind **voll steuerpflichtig**, weil sie als regelmäßige Rentenanpassungen nach erstmaliger Ermittlung des steuerfreien Rentenanteils (Kohortenfreibetrag) nicht zu einer Neuberechnung des Kohortenfreibetrags führen.[6]

Durch die Rentenerhöhungen und den ansteigenden Kohorten-Besteuerungsanteil werden in immer mehr Fällen die Grundfreibeträge[7] überschritten, sodass die Anzahl der steuerpflichtigen Rentner und Rentnerinnen stetig steigt. Nach den Zahlen des Statistischen Bundesamts[8] waren im **Jahr 2024 70 %** der Rentenleistungen einkommensteuerpflichtig. Seit 2015 ist dies ein Anstieg von rund 15 %. Wie viele Rentnerinnen und Rentner für das Jahr 2024 ESt zahlen, ist aufgrund der langen Fristen zur Steuerveranlagung noch nicht bekannt. Im Jahr 2021 waren es rund 41 %.

Praxishinweis

Das BMF hat auf seiner Homepage eine **Übersicht zur Rentenbesteuerung 2025**[9] zum Download bereitgestellt, aus der sich die höchste **Jahresbruttorente 2025 ohne Steuerbelastung** ergibt, wenn neben der Rente keine weiteren Einkünfte bestehen.

---

4 Rentenwertbestimmungsverordnung 2025, BGBl I 2025, Nr. 148
5 Seit 1.7.2024 gibt es keine unterschiedlichen Rentenwerte mehr für Ost- und Westdeutschland.
6 § 22 Nr. 1 S. 3 Buchst. a Doppelbuchst. aa S. 7 EStG
7 § 32a Abs. 1 Nr. 1 EStG
8 Statistisches Bundesamt, Pressemitteilung v. 8.8.2025
9 https://www.bundesfinanzministerium.de/Content/DE/Standardartikel/Themen/Steuern/Steuerliche_Themengebiete/Rentenbesteuerung/2025-06-16-Rentenbesteuerung-2025.pdf?__blob=publicationFile&v=3

3. Verfassungswidrigkeit der Rentenbesteuerung

Das **BVerfG** hatte schon in seiner Entscheidung vom 6.3.2002[10] vorgegeben, dass der Gesetzgeber i.R.d. gebotenen Neuregelung der Besteuerung von Vorsorgeaufwendungen für die Alterssicherung und die Besteuerung von Bezügen aus dem Ergebnis der Vorsorgeaufwendungen so aufeinander abzustimmen hat, dass eine doppelte Besteuerung vermieden wird.

Seit Bekanntgabe des AltEinkG wird die Verfassungsmäßigkeit der Systemumstellung zur nachgelagerten Rentenbesteuerung wiederholt in Frage gestellt, obwohl die grundsätzliche **Verfassungsmäßigkeit** der Besteuerung der Renteneinnahmen i.R.d. AltEinkG vom BVerfG mit Beschluss vom 29.9.2015[11] bestätigt wurde.

Erstmals in den Urteilen **vom 19.5.2021**[12] hat der **BFH** die **Berechnungsparameter** für die Ermittlung der sog. „doppelten Besteuerung" von Renten aus der Basisversorgung definiert und damit die Kriterien für die **Feststellung** einer möglichen „doppelten Besteuerung" von Altersaufwendungen und der aus diesen Aufwendungen resultierenden Rentenleistungen vorgegeben.

Praxishinweis

Nach dieser **Methode** liegt keine Doppelbesteuerung der Renten vor, wenn die Summe der voraussichtlich **steuerfrei bleibenden Rentenzuflüsse** mindestens ebenso hoch ist wie die Summe der aus versteuertem Einkommen aufgebrachten **Altersvorsorgeaufwendungen,** wobei bei dieser Berechnung das Nominalwertprinzip zugrunde zu legen ist.

Für die Beurteilung, ob eine Doppelbesteuerung im Einzelfall tatsächlich vorliegt, trägt der Stpfl. die **Feststellungslast**. Zwar gelten Darlegungserleichterungen und insbesondere werden Schätzungen nicht ausgeschlossen[13], allerdings werden in der Praxis Nachweisprobleme für die Schätzung gegeben sein, da diese das gesamte Erwerbsleben umfassen muss.

Die gegen die beiden BFH-Urteile vom 19.5.2021 erhobenen Verfassungsbeschwerden wurden vom **BVerfG mit Beschlüssen vom 7.11.2023**[14] nicht zur Entscheidung angenommen.

---

10 BVerfG, Urt. v. 6.3.2002 – 2 BvL 17/99, BStBl II 2002, 618
11 BVerfG, Beschl. v. 29.9.2015 – 2 BvR 2683/11, BStBl II 2016, 310
12 BFH-Urt. v. 19.5.2021 – X R 20/19, BFH/NV 2021, 980 und BFH-Urt. v. 19.5.2021 – X R 33/19, BFH/NV 2021, 992
13 BFH-Urt. v. 21.6.2016 – X R 44/14, BFH/NV 2016, 1791
14 BVerfG, Beschl. v. 7.11.2023 – 2 BvR 1140/21, NWB EAAAJ-55041; BVerfG, Beschl. v. 7.11.2023 – 2 BvR 1143/21, NWB HAAAJ-54003

Praxishinweis

Bedeutsam ist, dass das BVerfG darauf hinwies, dass es nicht darauf ankomme, eine Doppelbesteuerung in jedem Einzelfall zu vermeiden; vielmehr müsse eine strukturelle Benachteiligung von Rentnern und Rentnergruppen vermieden werden.[15]

Der Gesetzgeber hat zwischenzeitlich mit dem Entfall der prozentualen Begrenzung beim Sonderausgabenabzug von Altersvorsorgeaufwendungen[16] ab VZ 2024 und der Verlängerung der Übergangsregelung bis 2058[17] zwei weitere Maßnahmen zur Vermeidung einer Doppelbesteuerung getroffen.

Ferner bestätigen zwei vom BMF in Auftrag gegebene wissenschaftliche Kurzgutachten[18] die **Verfassungsmäßigkeit der Rentenbesteuerung**.

Angesichts dieser Entwicklungen hat das BMF mit Schreiben vom 10.3.2025[19] den **Vorläufigkeitsvermerk** in den ESt-Bescheiden wegen der Verfassungsmäßigkeit der Besteuerung von Leibrenten und anderen Leistungen aus der Basisversorgung[20] **mit sofortiger Wirkung aufgehoben**.

Jedoch tritt damit keine Ruhe in der Frage der Verfassungsmäßigkeit der Rentenbesteuerung ein. Mittlerweile sind **zwei neue Revisionsverfahren**[21] beim BFH anhängig, in denen insbes. **gegen** die vom BFH entwickelte **Methodik zur Berechnung** einer doppelten Besteuerung **Einwände** erhoben werden.

– Im Verfahren X R 9/24 hat das **FG Saarland**[22] erstinstanzlich die Klage, die sich (u.a.) gegen die (vermeintlich) doppelte Besteuerung einer Leibrente aus der gesetzlichen Rentenversicherung für den VZ 2019 richtete, unter Verweis auf die höchstrichterliche Rechtsprechung abgewiesen. Gleichwohl ließ es die **Revision** wegen grundsätzlicher Bedeutung[23] der bislang – soweit ersichtlich – höchstrichterlich noch nicht

---

15 *Ermel,* NWB 2025, 742; siehe hierzu auch Hessisches FG, Urt. v. 12.11.2025 – 11 K 286/22, Juris, Rev. eingelegt, Az des BFH: X R 26/25 und weitergehend *Ermel*, NWB 50/2025, 3430 zur Besteuerung von Witwenrenten

16 § 10 Abs. 3 S. 6 EStG, eingeführt mit JStG 2022 v. 16.12.2022, BGBl I 2022, 2294

17 § 22 Nr. 1 S. 1 Buchst. a Doppelbuchst. aa S. 3 EStG, geändert durch Wachtumschancengesetz v. 27.3.2024, BGBl I 2024, Nr. 108

18 *Kirchhof*, Das grundgesetzliche Verbot der doppelten Besteuerung und der Entscheidungsraum des Gesetzgebers, Augsburg September 2024; *Kube*, Verfassungsgemäße Ausgestaltung des Übergangs zur nachgelagerten Rentenbesteuerung, Heidelberg September 2024

19 BMF-Schr. v. 10.3.2025 – IV C 4 - S 2255/00236/011/001, BStBl I 2025, 654 und BMF-Schr. v. 10.3.2025 – IV D 1 - S 0338/00083/001/081, BStBl I 2025, 656

20 § 22 Nr. 1 S. 3 Buchst. a Doppelbuchst. aa EStG

21 Az des BFH: X R 9/24 und X R 18/23

22 FG Saarland, Gerichtsbescheid v. 27.3.2024 – 3 K 1072/20, EFG 2024, 1315, Rev. eingelegt: Az des BFH: X R 9/24; s.a. „Die Einkommensteuererklärung 2024“, Seite 320 - 321

23 § 115 Abs. 1 FGO

entschiedenen Rechtsfrage zu, ob § 22 Nr. 1 S. 3 Buchst. a Doppelbuchst. aa und bb EStG gegen den **Grundsatz der Normenklarheit** verstößt, weil die dort genannten Ertragsanteile nicht mittels mathematischer Berechnung nachvollziehbar sind.

– Im Verfahren X R 18/23 hat das **FG Sachsen**[24] erstinstanzlich die Klage abgewiesen, weil der Kläger keinen hinreichend konkreten Nachweis anhand seiner Berechnungsmodelle über die (vermeintlich) vorliegende Doppelbesteuerung der Renteneinkünfte führen konnte. Eine Besonderheit in diesem Verfahren besteht darin, dass die Altersvorsorgeaufwendungen teilweise noch zu DDR-Zeiten geleistet wurden.

Praxishinweis

Bei (neu) ergehenden ESt-Bescheiden (einschl. Änderungsbescheiden) **ohne Vorläufigkeitsvermerk** ist zur Wahrung des Rechtschutzinteresses unter Verweis auf die anhängigen Revisionsverfahren[25] **Einspruch einzulegen** und Ruhen des Verfahrens nach § 363 Abs. 2 AO zu beantragen.

Die **bisherigen, mit einem Vorläufigkeitsvermerk** versehenen ESt-Bescheide werden nach Auffassung des BMF[26] nicht von Amts wegen für endgültig erklärt. Für sie **endet** gem. § 171 Abs. 8 S. 2 AO die **Festsetzungsfrist nach Ablauf von zwei Jahren**, nachdem die Finanzbehörde Kenntnis von der Beseitigung der Ungewissheit erlangt hat. Geht man davon aus, dass die Finanzbehörde spätestens am 10.3.2025 mit Ergehen des BMF-Schreibens Kenntnis von der Beseitigung der Ungewissheit hinsichtlich der Verfassungsmäßigkeit der Rentenbesteuerung erlangt hat, endet die Festsetzungsfrist – und damit einhergehend der Rechtsschutz – **mit Ablauf des 10.3.2027**. Ein rechtzeitiger Antrag auf Endgültigkeitserklärung des Steuerbescheides mit anschließendem Einspruchsverfahren könnte zur Wahrung des Rechtsschutzinteresses sinnvoll sein.

---

24 FG Sachsen, Urt. v. 25.5.2022 – 6 K 449/20, Juris, Rev. eingelegt, Az des BFH: X R 18/23
25 Az des BFH: X R 9/24 und X R 18/23
26 BMF-Schr. v. 10.3.2025 – IV C 4 - S 2255/00236/011/001, BStBl I 2025, 654

4. Neuberechnung des Kohortenfreibetrags nach Einkommensanrechnung

Es liegt bisher keine höchstrichterliche Entscheidung zu der Frage vor, ob die Änderung des Jahresbetrags der Rente aufgrund der **Anrechnung anderen Einkommens**

- eine regelmäßige Rentenanpassung[27] ohne Neuberechnung oder
- eine Rentenänderung[28] mit Neuberechnung des Kohortenfreibetrags

darstellt.

Daher hat das **FG Berlin-Brandenburg**[29] die Revision in einem Streitfall zugelassen, in dem es sich bei Veränderungen des Jahresbetrags einer **Witwer- und Witwenrente aufgrund von Einkommensanrechnungen** für eine Neuberechnung des steuerfreien Rentenanteils ausgesprochen hat. Das FG liegt damit auf einer Linie mit anderen FG[30] und der FinVerw.[31]

Praxishinweis

Die Revision wurde beim BFH[32] eingelegt. Vergleichbare Sachverhalte sollten offengehalten werden.

Der BT hat am 5.12.2025 die Einführung der Mütterrente III für Mütter und Väter, die ab dem 1.1.2028 in Rente gehen, beschlossen.[33]

Mütter und Väter, die zu diesem Zeitpunkt schon eine Rente beziehen, erhalten zu Beginn des Jahres 2028 rückwirkend ab dem 1.1.2027 einen Zuschlag, der dem Rentenertrag eines halben Kindererziehungsjahres entspricht. Ziel ist Vollanrechnung von Kindererziehungszeiten für vor 1992 ge-

---

27 § 22 Nr. 1 S. 3 Buchst. a Doppelbuchst. aa S. 7 EStG

28 § 22 Nr. 1 S. 3 Buchst. a Doppelbuchst. aa S. 6 EStG

29 FG Berlin-Brandenburg, Urt. v. 7.11.2024 – 14 K 9179/21, EFG 2025, 704 - 709, Rev. eingelegt, Az des BFH: X R 4/25

30 U.a. FG München, Urt. v. 2.10.2018 – 2 K 494/17, Juris; FG Schleswig-Holstein, Urt. v. 13.12.2017 – 5 K 126/16, EFG 2018, 369; FG Köln, Urt. v. 7.4.2017 – 8 K 1489/15, DStRE 2018, 908 - 910

31 BMF-Schr. v. 19.8.2013 – IV C 3 - S 2221/12/100100:004, BStBl I 2013, 1087, Rz 232

32 Az des BFH: X R 4/25

33 BT-Drucks. 21/1929 v. 1.10.2025 und Beschlussempfehlungen des Ausschusses für Arbeit und Soziales, BT-Drucks. 21/3112 v. 3.12.2025

borene Kinder. Die Erhöhung einer bereits laufenden Altersrente durch diesen Zuschlag für Kindererziehungszeiten wird zu einer Neuberechnung des Kohrtenfreibetrags in 2028 führen.[34]

5. Aufgeschobene Altersrente

Der für den Besteuerungsanteil **maßgebliche Prozentsatz** richtet sich nach dem **Jahr** des **Leistungsbeginns**.

Abgestellt wird hierbei auf die **Bewilligung** der Leistung, nicht auf die tatsächliche Auszahlung. Entscheidet sich ein Freiberufler **vor** Erreichen der Altersgrenze, den Beginn einer Rentenzahlung aus der berufsständischen Versorgungseinrichtung **über die Altersgrenze für drei Jahre hinauszuschieben** und arbeitet er über das Erreichen der Regelaltersgrenze hinweg, trifft ihn – nach dem Urteil des BFH vom 31.8.2022[35] – der höhere Besteuerungsanteil.

Praxishinweis

Gegen das Urteil des BFH wurde **Verfassungsbeschwerde** eingelegt;[36] diese ist gegenwärtig noch beim BVerfG anhängig. In gleichgelagerten Fällen sollte das Verfahren offengehalten werden.

---

34 BFH-Urt. v. 14.12.2022 – X R 24/20, BStBl II 2023, 953

35 BFH-Urt. v. 31.8.2022 – X R 29/20, BFH/NV 2023, 180; s.a. „Die Einkommensteuererklärung 2024", Seite 317 - 318

36 Az des BVerfG: 2 BvR 2212/22

II. Betriebliche Altersversorgung

1. Zweites Betriebsrentenstärkungsgesetz

Der BT hat am 5.12.2025 das Zweite Betriebsrentenstärkungsgesetz verabschiedet.[37]

Nötig ist noch die Zustimmung des BR zu diesem Gesetz.

Mit diesem Gesetzgebungsverfahren wird eine weitere Stärkung der Betriebsrente als zweites Standbein – neben der gesetzlichen Rente – der Alterssicherung verfolgt. Ziele sind u.a. der Ausbau des sog. Sozialpartnermodells, **Erhöhung des bAV-Förderhöchstbetrags auf 360 EUR**[38], die **Anhebung und Dynamisierung der Einkommensgrenze für den Förderbetrag zur betrieblichen Altersversorgung**[39] auf monatlich 3 % der Beitragsbemessungsgrenze in die allgemeine Rentenversicherung und eine flexiblere Auszahlung der Betriebsrente. Die Änderung in § 100 EStG tritt zum 1.1.2027[40] in Kraft.

2. Ermäßigte Besteuerung nach § 34 EStG einer Kapitalauszahlung aus der bAV

Revisionsanhängig ist die Streifrage, ob die Einmalauszahlung (Kapitalabfindung) aus einem versicherungsförmigen Durchführungsweg der betrieblichen Altersversorgung (bAV)[41] als Vergütung für mehrjährige Tätigkeiten[42] nach § 34 EStG ermäßigt zu besteuern ist. Vorinstanzlich haben sich sowohl das **FG Münster**[43] als auch das **FG Thüringen**[44] gegen die Tarifermäßigung i.Z.m. der Kapitalauszahlung aus einer **Direktversicherung** bzw. aus einer

---

37 BT-Drucks. 21/1859 v. 29.9.2025 und Beschlussempfehlung und Bericht des Ausschusses für Arbeit und Soziales, BT-Drucks. 21/1859 v. 3.12.2025

38 § 100 Abs. 2 S. 1 EStG

39 § 100 Abs. 3 Nr. 3 EStG

40 Der genaue Anwendungszeitpunkt stand bei Redaktionsschluss noch nicht fest. Im Gespräch ist eine Anwendung bereits ab 1.1.2026.

41 Direktversicherung, Pensionskasse u. Pensionsfonds

42 § 34 Abs. 2 Nr. 4 EStG

43 FG Münster, Urt. v. 24.10.2023 – 1 K 1990/22 E, EFG 2024,153, Rev. eingelegt, Az des BFH: X R 25/23

44 Thüringer FG, Urt. v. 13.12.2023 – 4 K 294/20, EFG 2024, 1916, Rev. eingelegt, Az des BFH: X R 28/23

Pensionskasse ausgesprochen. Nach Ansicht der FG läge keine Außerordentlichkeit (Atypik) als Voraussetzung für die ermäßigte Besteuerung vor, wenn von **vornherein** ein **Kapitalwahlrecht** vereinbart war.

Praxishinweis

In beiden Fällen wurde **Revision**[45] eingelegt. Der BFH hat damit die Gelegenheit, über die Kriterien der Atypik bei Kapitalauszahlungen zu entscheiden. Vergleichbare Fälle, in denen die Anwendung der Fünftelungsregelung verwehrt wird, sollten durch ein Einspruchsverfahren offengehalten werden.

45 Az des BFH: X R 25/23 und X R 28/23; s.a. „Die Einkommensteuererklärung 2024“, Seite 323 - 324

III. Verrentete Alt-Lebensversicherungsverträge

Bereits im Jahr 2021 hat sich der BFH[46] mit der steuerlichen Einordnung von verrenteten Alt-Lebensversicherungsverträgen (Abschluss vor 1.1.2005) befasst. Er hatte seinerzeit Folgendes entschieden:

- Die Rentenzahlungen[47] sind insgesamt den Einkünften aus KapV[48] zuzuordnen und unter den Voraussetzungen des § 20 Abs. 1 Nr. 6 S. 2 EStG 2024 (sog. Lebensversicherungsprivileg) steuerfrei.
- Die Steuerfreiheit ist zudem gegeben, soweit die Summe der ausgezahlten Rentenbeträge das in der Ansparzeit angesammelte Kapitalguthaben einschließlich der Überschussanteile nicht übersteigt.

Der BFH widersprach damit ausdrücklich der Auffassung der FinVerw[49], die Rentenzahlungen als sonstige Einkünfte mit einem Ertragsanteil[50] besteuern wollte. Diese für die Verwaltung ungünstige Rechtsprechung blieb lange Zeit unbeantwortet. Erst mit dem JStG 2024[51] reagierte der Gesetzgeber und setzte – entgegen der BFH-Rspr. – eine rückwirkende Änderung um.

Im **§ 52 Abs. 28 S. 5 EStG n.F.** erfolgt **für alle offenen Fälle** eine Klarstellung, dass etwaige Rentenleistungen aus einem vor dem 1.1.2005 abgeschlossenen Lebensversicherungsvertrag **mit dem Ertragsanteil**[52] zu versteuern sind.[53]

Fraglich ist, ob diese rückwirkende, rechtsprechungsbrechende Gesetzgebung **verfassungsgemäß** ist. Erhebliche Zweifel sind hier u.E. angebracht. Fraglich ist zudem, ob die Neuregelung ab VZ 2024 tatsächlich zu dem vom Gesetzgeber beabsichtigten Ergebnis führt oder ob dem Gesetzgeber eine Umqualifizierung der Kapitaleinkünfte zu sonstigen Einkünften von der Rechtsprechung untersagt wird.

---

46 BFH-Urt. v. 1.7.2021 – VIII R 4/18, BFH/NV 2021, 1558; s.a. „Die Einkommensteuererklärung 2023", Seite 249 - 250
47 Beruhend auf einem begünstigten Versicherungsvertrag i.S.d. § 10 Abs. 1 Nr. 2 Buchst. b EStG 2024
48 § 20 Abs. 1 Nr. 6 EStG 2004
49 S.a. BT-Drucks. 20/13419, 233 v. 16.1.2024
50 § 22 Nr. 1 S. 3 Buchst. a Doppelbuchst. bb EStG
51 JStG 2024, BGBl I 2024, Nr. 387 v. 5.12.2024
52 § 22 Nr. 1 S. 3 Buchst. a Doppelbuchst. bb EStG
53 S.a. „Die Einkommensteuererklärung 2024", Seite 247 - 248

Praxishinweis

Zu diesen Fragen ist beim BFH eine **Revision**[54] anhängig. In der Praxis sollten diesbezügliche Einsprüche zu früheren Veranlagungsjahren, deren Bearbeitung von den Rechtsbehelfsstellen infolge der Neuregelung in § 52 Abs. 28 S. 5 EStG wieder aufgenommen wird, nicht zurückgenommen werden.[55] Ferner sollten aktuelle, vergleichbare Sachverhalte durch einen Einspruch offengehalten werden. Die Verfahren werden gem. § 363 Abs. 2 S. 2 AO von Amts wegen ruhend gestellt. Hinzuweisen ist zudem auf ein weiteres, beim **FG Nürnberg** unter dem **Az 6 K 1408/24** anhängiges **Musterverfahren**.

Nach Ansicht des **FG Berlin-Brandenburg**[56] ist die sich aus § 52 Abs. 28 S. 5 EStG ergebende unechte Rückwirkung verhältnismäßig. Die Entscheidung des BFH in dem anhängigen Revisionsverfahren bleibt mit Spannung abzuwarten.[57]

54 Az des BFH: VIII R 19/25; Vorinstanz: Schleswig-Holsteinische FG, Urt. v. 7.10.2025 – 4 K 151/24

55 *Seifert,* GStB 2025, 238 - 241, Tz 2

56 FG Berlin-Brandenburg, Urt. v. 2.9.2025 – 15 K 15051/25, Juris, Rev. eingelegt, Az des BFH: VIII R 19/25

57 Az des BFH: VIII R 19/25

IV. Sonstiges

1. Handel mit Kryptowerten

a) Vorbemerkungen

Kryptowährungen (z.B. Bitcoin, Ethereum, Dogecoin) haben in den letzten Jahren zunehmend an Bedeutung gewonnen und werden insbes. von der jüngeren Generation „gehypt". Nach den Zahlen des Statistischen Bundesamtes besitzen 17 % der Generation Z[58] im Jahr 2025 Kryptowährungen. Der Zugang zu dieser „Anlageklasse" erfolgt über diverse Plattformen (z.B. Bitpanda, Trade Republic, Coinbase, Scalable, Binance u.a.). Auch im Jahr 2025 haben die Kryptowährungen (z.B. Bitcoin) wieder neue Allzeithochs erreicht.

Neben den virtuellen Währungen werden mittlerweile auch andere Werte und Rechte digital dargestellt und elektronisch gehandelt, wie z.B. digitale Kunst- und Sammlerstücke über sog. **NFT**.[59]

Vor diesem Hintergrund rückt das Thema **„Kryptowerte"** – als Oberbegriff für alle digital dargestellten Werte und Rechte – immer mehr in den Fokus der steuerlichen Beratung und Deklaration.

Praxishinweis

Das LBF NRW[60] intensiviert aktuell seine Maßnahmen gegen Steuerhinterziehung im Bereich Kryptowährungen. Grundlage ist ein neues, umfangreiches Datenpaket mit rund 4.000 Steuerfällen, das derzeit aufbereitet und anschließend bundesweit an die zuständigen Finanzbehörden zur weiteren Bearbeitung übermittelt wird.[61]

---

58 Jahrgänge 1995 - 2010
59 NFT = Non-Fungible-Token
60 Landesamt zur Bekämpfung der Finanzkriminalität Nordrhein-Westfalen
61 https://www.finanzverwaltung.nrw.de/uebersicht-rubrik-aktuelles-und-presse/pressemitteilungen/lbf-nrw-wertet-zweites-grosses-datenpaket

b) Neues BMF-Schreiben zur ertragsteuerlichen Behandlung bestimmter Kryptowerte

Das BMF hat mit **Schreiben vom 6.3.2025**[62] seine ursprüngliche Stellungnahme zur ertragsteuerlichen Behandlung von Kryptowerten aus dem Jahr 2022[63] überarbeitet. Im **ersten Teil** (Rz 1 - 29b) erläutert das BMF die wichtigsten Begrifflichkeiten rund um die Schaffung und die Transaktion von Kryptowerten. Der **zweite Teil** (Rz 30 - 86) widmet sich der ertragsteuerlichen Einordnung der Tätigkeiten i.Z.m. Kryptowerten. Im neuen **dritten Teil** (Rz 87 - 106) äußert sich das BMF erstmals zum Verfahrensrecht, insbes. zu den Steuererklärungs-, Aufzeichnungs- und Mitwirkungspflichten.

Ausführungen zu den Einkünften aus nichtselbstständiger Arbeit und zum LSt-Abzug i.Z.m. der Gewährung von Kryptowährungen enthält das Schreiben bedauerlicherweise nicht. Auch auf die Besonderheiten der NFT[64] wird nicht eingegangen.

Folgende Punkte sind hervorzuheben

- Kryptowerte sind **nicht abnutzbare materielle WG**, die im Falle der BV-Zgehörigkeit nach den allg. Grundsätzen dem **Anlage- oder Umlaufvermögen** zuzuordnen sind (Rz 30 und 41). Wirtschaftlicher Eigentümer ist i.d.R. die Inhaberin oder der Inhaber des privaten Schlüssels (Rz 31).[65]
- Aus dem Schaffen und dem Handel mit Kryptowerten können Einkünfte aus allen Einkunftsarten generiert werden, u.a.
  - **Einkünfte aus Gewerbebetrieb** aus nachhaltiger Blockerstellung (Mining, Forging; Rz 35 ff.) oder dem Verkauf sowie der Überlassung (Lending; Rz 64) von Kryptowerten im Falle der BV-Zugehörigkeit
  - **Sonstige Einkünfte i.S.d. § 22 Nr. 3** aus privater Blockerstellung (Mining, Forging; Rz 45), passivem Staking (Rz 48) oder Lending (Rz 65)
  - **Einkünfte aus einem privaten Veräußerungsgeschäft**, wenn der Kryptowert als „anderes Wirtschaftsgut" **i.S.d. § 23 Abs. 1**

[62] BMF-Schr. v. 6.3.2025 – IV C 1 - S 2256/00042/064/043, BStBl I 2025, 658
[63] BMF-Schr. v. 10.5.2022 – IV C 1 - S 2256/19/10003:001, BStBl I 2022, 668; s.a. „Die Einkommensteuererklärung 2023", Seite 354 - 356
[64] Non-Fungible-Token
[65] BFH-Urt. v. 14.2.2023 – IX R 3/22, BStBl II 2023, 571

S. 1 Nr. 2 EStG innerhalb von 1 Jahr nach Anschaffung verkauft wird (Rz 53)

- Kryptowerte werden häufig nicht gegen eine gesetzliche Währung wie Euro sondern in andere Kryptowerte getauscht. Zudem sind ihre Kurswerte extrem volatil. Die Bestimmung des Kurswertes für die Ermittlung der Einkünfte ist mithin schwierig. Zur Vereinfachung sind nunmehr auch die **Tagesdurchschnittskurse, Tageszeitkurse und Tagesschlusskurse** zulässig, solange eine gleichmäßige Wertermittlung gewährleistet ist (Rz 91).
- Die Stpfl. sind zur **Mitwirkung** bei der Ermittlung des Sachverhalts verpflichtet (Rz 88).[66] Werden Kryptowerte über zentrale Handelsplattformen eines **ausländischen Betreibers** erworben oder veräußert, wird dadurch nach § 90 Abs. 2 AO eine **erweiterte Mitwirkungspflicht** begründet (Rz 89). Die **Nachvollziehbarkeit** der Angaben muss vom Stpfl. sichergestellt sein. Dazu bieten sich – neben strukturierten Auflistungen, Tabellen und anderen Daten (Rz 103) – insb. die Vorlage der von den Handelsplattformen und Wallet-Anbietern zum Download zur Verfügung gestellten **Transaktionsübersichten** an (Rz 29a, 102).
- Verschiedene privatwirtschaftliche Anbieter[67] bieten sog. **Steuerreports** an (Rz 29b). Diese weisen die mithilfe einer speziellen Software ermittelten steuerpflichtigen Einkünfte aus Kryptogeschäften aus. Sie ähneln damit von der äußeren Form den Steuerbescheinigungen von Kreditinstituten. Diese Steuerreports werden **grds**. von der FinVerw **als Nachweis anerkannt**, wenn es keine Hinweise auf Unvollständigkeit, Ungereimtheiten o.Ä. gibt (Rz 90 und 101).
- Im **BV** befindliche Kryptowerte unterliegen denselben **Dokumentations- und Aufbewahrungspflichten** wie andere WG (Rz 93 ff.). Die GoB[68] sind zu beachten. Beim Einsatz spezieller Software zur Erfüllung der Buchführungs- und Aufzeichnungspflichten sind die Verfahrensdokumentation sowie die Unveränderbarkeit und Vollständigkeit der Daten beachtenswert.
- Erzielt der Stpfl. aus Kryptogeschäften **Überschusseinkünfte von mehr als 500.000 EUR** (ab. 1.1.2027: 750.000 EUR) im Kj, muss er die Aufzeichnungen und Unterlagen über die den Einkünften zugrundeliegenden Einnahmen und WK **sechs Jahre aufbewahren** (Rz 105).[69]

---

[66] §§ 90, 93, 97 AO und § 12 StAbwG [Steueroasenabwehrgesetz]
[67] Z.B. CoinTracking, Blockpit, Koinly, Coinfox, Chain.report, Kryptos, CountDeFi
[68] Grundsätze ordnungsmäßiger Buchführung
[69] § 147a AO

Praxishinweis

Die FinVerw hat sich mit dem BMF-Schreiben vom 6.3.2025[70] eingehend zu den Aufzeichnungs- und Mitwirkungspflichten geäußert. Danach bestehen **umfangreiche Dokumentationspflichten**, um eine Schätzung zu vermeiden. Stpfl. sollten hierauf hingewiesen werden; mit Erstellen von ESt-Erklärungen sollte das Handeln mit Kryptowerten bei Stpfl. abgefragt werden.[71]

Künftig soll die Datenbeschaffung beim Stpfl. zudem durch **Meldepflichten für Anbieter von Krypto-Dienstleistungen** flankiert werden.[72] Dazu hat die Bundesregierung im August 2025 den Entwurf eines **Kryptowerte-Steuertransparenz-Gesetzes (KStTG)**[73] auf den parlamentarischen Gesetzgebungsweg gegeben.

c) Handel mit Kryptowerten und § 23 EStG

Kryptowerte stellen „andere Wirtschaftsgüter" i.S.d. **§ 23 Abs. 1 S. 1 Nr. 2 EStG** dar, was das **FG Nürnberg**[74] unlängst bestätigt hat. Der Verkauf innerhalb von einem Jahr nach Erwerb führt zu einem privaten Veräußerungsgeschäft. Bei Nutzung des Kryptowerts zumindest in einem Kj als Einkunftsquelle erhöht sich die „Spekulationsfrist" auf 10 Jahre.[75]

Entgegen der Auffassung der FinVerw[76] kann bei der Ermittlung des Veräußerungsgewinns auch die **LiFo-Methode**[77] angewandt werden, urteilte das FG. Dabei wird unterstellt, dass die zuletzt angeschafften Kryptowerte zuerst verkauft werden (Verwendungsreihenfolge).

Im Streitfall ermittelte der Stpfl. aus dem Handel mit Kryptowerten einen Veräußerungsgewinn i.S.d. § 23 EStG i.H.v. rd. 100.000 EUR. Dabei wurden die AK der Kryptowerte nach der sog. LiFo-Methode berücksichtigt, weil diese günstiger als die FiFo-Methode[78] war.

---

70 BMF-Schr. v. 6.3.2025 – IV C 1 - S 2256/00042/064/043, BStBl I 2025, 658, Rz 87 ff.
71 *Seifert,* StuB 19/2025, NWB TAAAK-00743
72 *Sanning,* DB 2025, 824 - 829
73 BR-Drucks. 362/25 v. 15.8.2025; BR-Drucks. 362/25 (B) v. 26.9.2025 (Teil des Gesetzes zur Umsetzung der Richtlinie (EU) 2023/2226)
74 FG Nürnberg, Urt. v. 22.1.2025 – 3 K 760/22, EFG 2025, 1058
75 § 23 Abs. 1 S. 1 Nr. 2 S. 4 EStG
76 BMF-Schr. v. 6.3.2025 – IV C 1 - S 2256/00042/064/043, BStBl I 2025, 658, Rz 61
77 Last-in-First-out
78 First-in-First-out

Das FG Nürnberg hatte hiergegen keine Einwände. Im Übrigen bestehe auch kein strukturelles Vollzugsdefizit der Besteuerung solcher Veräußerungsergebnisse.[79]

Praxishinweis

Die Reaktion der FinVerw auf das Urteil des FG Nürnberg[80] bleibt abzuwarten. In der Praxis sollten im Einzelfall beide Methoden durchgerechnet und das günstigste Ergebnis der Besteuerung unterworfen werden. Wird die LiFo-Methode angewandt, sollte im Freitext der ESt-Erklärung hierauf hingewiesen werden.[81]

2. Containerleasing

Bei sog. **Containerleasing-Modellen** erwirbt der Stpfl. Seecontainer und schließt über eine **bestimmte Laufzeit Mietverträge** mit einem **garantierten Mietzins** ab. Vertraglich wird außerdem vereinbart, dass der Initiator des Modells nach Ablauf des Mietvertrages ein **betragsmäßig festgelegtes Rückkaufsangebot** unterbreitet. Die jeweilige Eigentumsübertragung soll dabei grds. durch Zertifikate belegt werden.

I.R.d. Insolvenz eines der größten Anbieter – der P&R-Gruppe – im Jahr 2018 stellte sich heraus, dass ca. 2/3 der veräußerten Container gar nicht existierten. Betrogen wurden über 50.000 Anleger[82], die nunmehr ihre erlittenen Verluste steuerlich geltend machen.

Der **Qualifikation der Einkünfte** kommt bei der Verlustberücksichtigung eine entscheidende Bedeutung zu. In der Vergangenheit wurde davon ausgegangen, dass es sich beim Containerleasing um eine **private Vermögensverwaltung** handelt, sodass aus der Vermietung **sonstige Einkünfte i.S.d § 22 Nr. 3 EStG** (Mieteinnahmen abzgl. AfA auf den Container) erzielt werden. Die Veräußerung führt dann zu einem privaten Veräußerungsgeschäft nach § 23 Abs. 1 S. 1 Nr. 2 EStG (Veräußerungspreis abzgl. Restwert des Containers). Da der Container als Einkunftsquelle genutzt wurde, gilt hier eine **zehnjährige Frist**.[83] Die Qualifikation als sonstige Einkünfte ist jedoch für den Stpfl. **von Nachteil**, weil sowohl **Verluste aus § 22 Nr. 3 EStG** als auch **Ver-**

---

79 BFH-Urt. v. 14.2.2023 – IX R 3/22, BStBl II 2023, 571
80 FG Nürnberg, Urt. v. 22.1.2025 – 3 K 760/22, EFG 2025, 1058 - 1066
81 *Seifert,* StuB 19/2025, NWB TAAAK-00743
82 BT-Drucks. 19/3942; Informationen zum Insolvenzverfahren unter https://www.frachtcontainer-inso.de
83 § 23 Abs. 1 S. 1 Nr. 2 S. 4 EStG

luste aus dem privaten Veräußerungsgeschäft nicht mit anderen positiven Einkünften verrechnet werden dürfen.[84] Die Einordnung der Einkünfte als solche aus Gewerbebetrieb, wie sie von vielen Anlegern angestrebt wird, wäre insofern vorteilhaft, als hierdurch eine Verlustverrechnung mit anderen positiven Einkünften ermöglicht würde.

Die Bestimmung der Einkunftsart aus den Containerleasing-Modellen ist von den FG bisher nicht abschließend geklärt: In Betracht kommen Einkünfte aus Gewerbebetrieb[85], Einkünfte aus KapV[86] oder sonstige Einkünfte i.S.d. § 22 Nr. 3 EStG.[87]

Auch der BFH hat mit seinem Urteil vom 16.9.2024[88] – durch Zurückverweisung des Rechtsstreits an die Vorinstanz (FG Düsseldorf) – keine abschließende Klärung der Rechtsfrage herbeiführen können.

Zwischenzeitlich hat sich das **FG Münster**[89] für das Vorliegen **sonstiger Einkünfte i.S.d. § 22 Nr. 3 EStG** ausgesprochen. Es argumentiert, dass die Einkunftsart aus **Sicht des Stpfl. im Zeitpunkt des Vertragsabschlusses zu bestimmen** sei. Der Stpfl. sei davon ausgegangen, tatsächlich existierende Container zu erwerben und diese gegen Entgelt an den Anbieter zu überlassen. Er hatte keine Kenntnis von den betrügerischen Handlungen des Anbieters und somit auch keinen Anlass – trotz **fehlender Übergabe der Eigentümerzertifikate** –, an seiner Eigentümerstellung zu zweifeln.

Das FG Münster **verwehrt** dem Stpfl. zudem die Geltendmachung von **AfA**. Die AfA-Befugnis setzt wirtschaftliches Eigentum[90] voraus, das im Streitfall nicht vorlag. Der Stpfl. konnte mangels Eigentümerzertifikaten weder nachweisen, dass er zivilrechtlicher noch wirtschaftlicher Eigentümer geworden war.

---

84 § 22 Nr. 3 S. 3 EStG, § 23 Abs. 3 S. 7 EStG

85 FG Düsseldorf, Urt. v. 21.12.2021 – 13 K 2760/20 E, EFG 2023, 1624, Rev. eingelegt; BFH-Urt. v. 25.6.2025 – X R 4/23, BFH/NV 2025, 1288 - 1290 (Zurückverweisung an FG Düsseldorf); FG Düsseldorf, Urt. v. 21.12.2021 – 13 K 2755/20 E, DStR 2022, 8, Rev. eingelegt; BFH-Urt. v. 16.9.2024 – III R 35/22, BFH/NV 2025, 147 - 149 (Zurückverweisung an FG Düsseldorf); FG München, Urt. v. 5.6.2024 – 9 K 1512/22, EFG 2024, 1488, Rev. eingelegt, Az des BFH: III R 23/24; FG München, Urt. v. 5.6.2024 – 9 K 1510/22, EFG 2024, 1909; s.a. „Die Einkommensteuererklärung 2024", Seite 132 - 133

86 FG Baden-Württemberg, Urt. v. 28.11.2023 – 8 K 2173/21, EFG 2024, 384

87 FG Bremen, Urt. v. 16.11.2006 – 1 K 29/06 (1), Juris

88 BFH-Urt. v. 16.9.2024 – III R 35/22, BFH/NV 2025, 147 - 149 (Zurückverweisung an Vorinstanz: FG Düsseldorf, Urt. v. 21.12.2021 – 13 K 2755/20 E, DStR 2022, 8)

89 FG Münster, Urt. v. 14.5.2025 – 6 K 608/22 E, EFG 2025, 1072

90 BFH-Urt. v. 16.9.2024 – III R 35/22, BFH/NV 2025, 147

Praxishinweis

Die steuerliche Qualifikation der Einkünfte in Containerleasingfällen ist noch nicht abschließend geklärt. Die Annahme gewerblicher Einkünfte dürfte i.d.R von Vorteil sein, weil sodann eine Verlustverrechnung mit anderen Einkünften möglich ist. Der Ausgang der beim BFH anhängigen **Revision**[91] bleibt abzuwarten. Entsprechende Fälle sollten offengehalten werden.

[91] Az des BFH: III R 23/24 (Vorinstanz: FG München, Urt. v. 5.6.2024 – 9 K 1512/22, Juris)

V. Einkünfte aus privaten Veräußerungsgeschäften von Grundstücken

1. Grundsätzliches

Den sonstigen Einkünften sind auch die Einkünfte aus privaten Veräußerungsgeschäften nach § 23 EStG zuzurechnen.[92] Private Veräußerungsgeschäfte sind nach § 23 Abs. 1 S. 1 EStG …

1.

***Veräußerungsgeschäfte bei Grundstücken** und Rechten, die den Vorschriften des bürgerlichen Rechts über Grundstücke unterliegen (z. B. Erbbaurecht, Mineralgewinnungsrecht), bei denen der Zeitraum zwischen Anschaffung und Veräußerung nicht mehr als zehn Jahre beträgt.*[93]

Ausgenommen sind Wirtschaftsgüter, die im Zeitraum zwischen Anschaffung oder Fertigstellung und Veräußerung ausschließlich zu eigenen Wohnzwecken oder im Jahr der Veräußerung und in den beiden vorangegangenen Jahren zu eigenen Wohnzwecken genutzt wurden.[94]

2.

***Veräußerungsgeschäfte bei anderen Wirtschaftsgütern**, bei denen der Zeitraum zwischen Anschaffung und Veräußerung nicht mehr als ein Jahr beträgt.*[95] *Bei diesen Wirtschaftsgütern, aus deren Nutzung als Einkunftsquelle zumindest in einem Kalenderjahr Einkünfte erzielt werden, erhöht sich der Zeitraum auf zehn Jahre.*

Ausgenommen sind Veräußerungen von Gegenständen des täglichen Gebrauchs.[96]

3.

***Veräußerungsgeschäfte**, bei denen die **Veräußerung** der Wirtschaftsgüter **früher** erfolgt **als** der **Erwerb**.*

---

[92] § 22 S. 1 Nr. 2 EStG
[93] § 23 Abs. 1 S. 1 Nr. 1 S. 1 EStG
[94] § 23 Abs. 1 S. 1 Nr. 1 S. 3 EStG
[95] § 23 Abs. 1 S. 1 Nr. 2 S. 1 EStG
[96] § 23 Abs. 1 S. 1 Nr. 2 S. 2 EStG

§ 23 Abs. 1 S. 1 Nr. 1 EStG

Veräußerung von Grundstücken bzw. grundstücksgleichen Rechten

Frist:
Zeitraum zwischen Anschaffung und Veräußerung beträgt nicht mehr als 10 Jahre

Nicht steuerbar
- **Alternative 1**: Nutzung im Zeitraum zwischen Anschaffung oder Fertigstellung und Veräußerung ausschließlich zu eigenen Wohnzwecken
- **Alternative 2**: Nutzung im Jahr der Veräußerung und in den beiden vorangegangenen Jahren zu eigenen Wohnzwecken

§ 23 Abs. 1 S. 1 Nr. 2 EStG

Veräußerungsgeschäfte bei **anderen Wirtschaftsgütern**

Fristen:
- Zeitraum zwischen Anschaffung und Veräußerung beträgt nicht mehr als **1 Jahr**
- Bei WG, aus deren Nutzung als Einkunftsquelle zumindest in einem Kalenderjahr Einkünfte erzielt werden, erhöht sich der Zeitraum auf 10 Jahre

Nicht steuerbar
Veräußerungen von Gegenständen des täglichen Gebrauchs

§ 23 Abs. 1 S. 1 Nr. 3 EStG

Veräußerung von Wirtschaftsgütern **vor** deren **Erwerb**

Praxishinweis

Nur „**private**" Veräußerungsgeschäfte sind nach § 23 Abs. 1 S. 1 EStG zu erfassen. Eine Zurechnung zu den Gewinneinkünften erfolgt, soweit die Veräußerungsgeschäfte diesen zuzurechnen sind und folglich eine Steuerverhaftung unabhängig von der Einhaltung der Zehnjahresfrist vorliegt.

Vorrangig hat die **Prüfung** zu erfolgen[97], ob z. B. ein Grundstück bzw. Grundstücksteil zu einem (Sonder-)**BV** zählt. So kann beispielsweise ein häusliches Arbeitszimmer – unabhängig vom BA-Abzug – BV bilden, sofern kein eigenbetrieblich genutzter Gebäudeteil von untergeordneter Bedeutung[98] vorliegt. In der Anlage EÜR 2025 ist die Veräußerung bzw. die Entnahme eines betrieblichen Grundstücks gesondert gegenüber der FinVerw anzuzeigen.

Allgemeine Angaben zum Betrieb

5	Wirtschafts-Identifikationsnummer	101	D E -
6	Art des Betriebs	100	
7	Rechtsform des Betriebs		
8	Einkunftsart	103	1 = Land- und Forstwirtschaft 2 = Gewerbebetrieb 3 = Selbständige Arbeit
9	Betriebsinhaber	104	1 = Steuerpflichtige Person/Ehemann/Person A (Ehegatte A/Lebenspartner[in] A)/Gesellschaft/Körperschaft 2 = Ehefrau/Person B (Ehegatte B/Lebenspartner[in] B) 3 = Beide Ehegatten/Lebenspartner[innen]
10	Wurde im Kalenderjahr/Wirtschaftsjahr der Betrieb beendet?	111	1 = Veräußert oder Aufgabe (Bitte Zeile 89 beachten) 2 = Unentgeltliche Übertragung
11	Wurden im Kalenderjahr/Wirtschaftsjahr Grundstücke/grundstücksgleiche Rechte entnommen oder veräußert?	120	1 = Ja 2 = Nein

97 Weitergehend *Dorn*, NWB 2024, 2051

98 § 8 EStDV; zur geplanten Änderung von § 8 EStDV durch die „Siebte Verordnung zur Änderung steuerlicher Verordnungen", siehe *Seifert*, StuB 17/2025, 670 und *Eggert*, BBK 18/2025, 826

2. Aktuelle Entwicklungen zu § 23 Abs. 1 S. 1 Nr. 1 EStG

a) Kommt die Abschaffung oder Verlängerung der Zehnjahresfrist?

Erneut wurde jüngst gefordert, (vermeintliche) Steuergerechtigkeitslücken bei der Immobilienbesteuerung zu schließen.[99] Forderungen auf Abschaffung oder Ausweitung der bisherigen zehnjährigen Haltefrist für nicht zu eigenen Wohnzwecken genutzten Immobilien haben sich bislang nicht durchgesetzt.

b) Übertragung i.R.d. vorweggenommenen Erbfolge

Der weit verbreiteten Auffassung, alle Vermögensübertragungen an die voraussichtlichen **Erben** seien als private und unentgeltliche Vorgänge zu behandeln, hat die Rechtsprechung eine Absage erteilt. Ob eine Unentgeltlichkeit oder eine (Teil-)Entgeltlichkeit vorliegt, ist vielmehr von dem **Vorliegen einer Gegenleistung** abhängig (z.B. Vereinbarung von Versorgungsleistungen,[100] Vereinbarung eines Nießbrauch- bzw. Wohnrechts, Übernahme von Verbindlichkeiten, Zahlung eines Gleichstellungsgelds, Kaufpreis unterhalb des Verkehrswerts).

Auch durch eine (teil-)entgeltliche Übertragung insb. im Familienverbund kann ein privates Veräußerungs „geschäft" i.S.d. § 23 EStG ausgelöst werden.

Ein aktuell vom BFH entschiedener Sachverhalt verhielt sich wie folgt:

- Der Kläger erwarb im Jahr 2014 ein bebautes Grundstück für 143.950 EUR; der Kaufpreis wurde z.T. fremdfinanziert. Dieses bebaute Grundstück wurde nach Erwerb vermietet. Anfang März 2019 übertrug der Kläger diese Immobilie im Wege der vorweggenommenen Erbfolge auf seine Tochter.
- Verkehrswert des Objekts bei Übertragung: 210.000 EUR
- Darlehensschuld: 115.000 EUR
- Das FA ging in Bezug auf den entgeltlichen Teil (hier: Übernahme der Darlehensschulden) von einem privaten Veräußerungsgeschäft aus.

---

[99] BT-Drucks. 21/356 v. 3.6.2025 (Ablehnung des Antrags: vgl. BT-Drucks. 21/629 v. 25.6.2025, Seite 5)

[100] Vgl. auch *Perschon*, AktStR 2025, 33

Berechnung des entgeltlichen Teils:

–	Verkehrswert des Objekts	210.000 EUR	100,00 %
–	Entgeltlicher Teil:	115.000 EUR	54,76 %
–	Unentgeltlicher Teil:	95.000 EUR	45,24 %

Es ergab sich auf die entgeltliche Übertragung ein Veräußerungsgewinn i.S.d. § 23 Abs. 1 S. 1 Nr. 1 EStG, der eine Steuerbelastung von rd. 17.000 EUR auslöste.

Das Nds. FG[101] verneinte ein privates Veräußerungsgeschäft, weil die Übertragung der Immobilie im Wege der vorweggenommenen Erbfolge unterhalb der historischen AK erfolgte und damit kein „Veräußerungs**geschäft**" vorliege.

Dies hat der BFH abgelehnt und bei dem **übertragenden Vater** ein privates Veräußerungsgeschäft angenommen:[102]

- Es liegt ein privates Veräußerungsgeschäft vor, weil innerhalb der Zehnjahresfrist eine entgeltliche Grundstücksübertragung vorliegt.
- Mit der Übernahme der mit dem Grundstück zusammenhängenden Verbindlichkeiten seitens der Übernehmerin und der damit verbundenen Schuldfreistellung des Übertragenden liegt eine Entgeltlichkeit vor.[103]
- Das einheitliche Rechtsgeschäft „Grundstücksübertragung" wird ertragsteuerlich im Falle der entgeltlichen Übertragung unterhalb des Verkehrswertes nach dem Verhältnis des Verkehrswerts zur Entgeltlichkeit (hier: Schuldübernahme) in einen entgeltlichen und einen unentgeltlichen Teil aufgeteilt.
- Entsprechend der Entgeltlichkeitsquote sind dem Entgelt die anteiligen AK unter Bereinigung um die anteilige Abschreibung[104] und die anteiligen Veräußerungskosten gegenüberzustellen. § 23 EStG kommt damit nicht nur bei vollentgeltlichen Rechtsgeschäften zur Anwendung.

---

101 Nds. FG, Urt. v. 29.5.2024 – 3 K 36/24, EFG 2024, 1586 m. Anm. *Nitzsche*
102 BFH-Urt. v. 11.3.2025 – IX R 17/24, BStBl II 2025, 550
103 Übertragung ohne Verbindlichkeiten und Folgewirkung auf den Schuldzinsenabzug: siehe BFH-Urt. v. 3.12.2024 – IX R 2/24, BStBl II 2025, 453
104 § 23 Abs. 3 S. 4 EStG

Der BFH will auf die teilentgeltlich steuerbare Veräußerung von einzelnen WG des steuerlichen PV – z.B. Grundstücksveräußerungen nach § 23 EStG – die sog. strikte Trennungstheorie angewendet wissen. Das entspricht der durch den BFH zitierten vorherrschenden Meinung im Fachschrifttum, überzeugt *Korn*[105] gleichwohl nicht, da die Zwangsaufspaltung eines Übertragungsvorgangs in zwei separate Übertragungen eine Fiktion ist, was der BFH in Abrede stellt. Ob dies auch für teilentgeltliche Übertragungen von WG unter Beteiligung von **Mitunternehmerschaften** gilt oder insoweit die sog. **modifizierte Trennungstheorie** anzuwenden ist, hat der BFH offengelassen.[106]

Praxishinweis

Nach der Entscheidung des BFH vom 9.5.2025[107] kann ein ungewolltes Rechtsgeschäft rückgängig gemacht werden, wenn ein Wegfall der Geschäftsgrundlage[108] vorliegt. Hiervon ist auszugehen, wenn sich die wesentlichen Vorstellungen, die zur Grundlage des Vertrags geworden sind, sich als falsch herausstellten. Künftig muss unterschieden werden zwischen einer steuerlich zulässigen Rückwirkung wegen Wegfall der Geschäftsgrundlage und dem versehentlichen Bewirken z. B. eines privaten Veräußerungsgeschäfts.[109] Ob in dem zuvor beschriebenen Sachverhalt der Übertragung eines Grundstücks vom Vater auf die Tochter gegen Schuldübernahme auch eine steuerlich zulässige Rückabwicklung mit Hinweis auf die neue BFH-Rechtsprechung möglich ist, bleibt der künftigen Rechtsprechung vorbehalten. Für die Abwehrberatung könnte dies erwogen werden, sofern belegbar ist, dass die beiden an dem Rechtsgeschäft beteiligten Personen von einer steuerneutralen Grundstücksübertragung ausgegangen sind. Entsprechende Dokumentationen sind zur Beweisfürsorge zu führen.[110] Der den Veräußerungstatbestand verwirklichende Stpfl. trägt die Darlegungs- und Beweislast.

Für die **übernehmende Tochter** löst der teilentgeltliche Erwerb folgende Rechtsfolgen aus:

- In Bezug auf den **unentgeltlichen Teil** der Grundstücksübertragung gilt die **Fußstapfen-Theorie**. D.h. insoweit wird die Abschreibungsbemessungsgrundlage des Rechtsvorgängers fortgeführt und die Grundstücksübernehmerin tritt in die noch laufende Zehnjahresfrist des § 23 Abs. 1 Nr. 1 S. 1 EStG ein.
- In Bezug auf den **entgeltlichen Teil** der Grundstücksübertragung liegen **AK** vor.

---

105 *Korn*, Kösdi 2025, 24286 (24292)
106 BFH-Urt. v. 11.3.2025 – IX R 17/24, BStBl II 2025, 550, Rz 25
107 BFH-Urt. v. 9.5.2025 – IX R 4/23, BFH/NV 2025, 1353
108 § 313 Abs. 2 BGB
109 *Wächter*, ZEV 2022, 176
110 *Reddig*, jurisPR-SteuerR 41/2025 Anm. 2

- Die AK sind in einen Anteil für den Grund und Boden (nicht abschreibungsfähig) und für das Gebäude (abschreibungsfähig) aufzuteilen.
- In Bezug auf den entgeltlichen Teil können anschaffungsnahe HK begründet werden.[111]
- Für die Grundstücksübernehmerin beginnt in Bezug auf den entgeltlichen Teil eine neue – eigene – Zehnjahresfrist.[112]

Praxishinweis

Veräußert die teilentgeltlich übernehmende Person das auf sie übertragene Objekt innerhalb der Zehnjahresfrist, ohne dass ein Besteuerungsausschluss besteht,[113] gerät oftmals in Vergessenheit, dass bezüglich des entgeltlich erworbenen Gebäudeteils eine **eigene Zehnjahresfrist** läuft. Auf das Gesamtobjekt bezogen kommt es dann nicht mehr ausschließlich auf die Haltezeit durch den übertragenden Rechtsvorgänger an. In der Beratungspraxis sollten daher auch Übertragungsverträge genau geprüft werden.

Zur Frage, wann eine vollentgeltliche bzw. eine teilentgeltliche Grundstücksübertragung stattgefunden hat, hat sich kürzlich das FG Düsseldorf geäußert.[114] Der entschiedene Sachverhalt wird anhand des nachfolgenden Beispiels verdeutlicht:

Beispiel

Der Ergänzungspfleger von M überträgt an T (Tochter von M) ein bebautes Grundstück zur Tilgung eines Pflichtteilsausgleichs. Der Wert des Grundstücks wurde im Übertragungsvertrag aus 2023 mit 52.000 EUR lt. vorliegendem Gutachten angegeben (Bodenrichtwert: 82.000 EUR abzgl. Abrisskosten). Am 27.12.2024 veräußerte T dieses Grundstück für 160.000 EUR. Der Kaufpreis wurde am 7.1.2025 gezahlt. Das erworbene Grundstück wurde nicht zu eigenen Wohnzwecken der Tochter genutzt.

Lösung

Die **Anschaffung** erfolgte nach Auffassung des FG Düsseldorf[115] vollentgeltlich und nicht als gemischte Schenkung. Die AK betragen 52.000 EUR.

Eine (gemischte) Schenkung setzt voraus, dass der Schenker dem Beschenkten einen Vermögensgegenstand zuwendet, diesen damit bereichert

---

[111] § 6 Abs. 1 Nr. 1a EStG
[112] § 23 Abs. 1 S. 1 Nr. 1 S. 1 EStG
[113] § 23 Abs. 1 S. 1 Nr. 1 S. 3 EStG
[114] FG Düsseldorf, Urt. v. 8.4.2025 – 10 K 245/22 E, EFG 2025, 1006, rkr.
[115] FG Düsseldorf, Urt. v. 8.4.2025 – 10 K 245/22 E, EFG 2025, 1006, rkr.

(objektiver Tatbestand) und sich beide darüber einig sind, dass die Zuwendung unentgeltlich erfolgt (subjektiver Tatbestand).[116]

Der *objektive* Tatbestand der (gemischten) Schenkung liegt vor, weil selbst unter Berücksichtigung einer zwischen Übertragung und Veräußerung eingetretenen moderaten Steigerung der Bodenwerte der Wert von 52.000 EUR nicht dem diesem Grundstück beizumessenden objektiven Wert entspricht.

Allerdings ist der *subjektive* Tatbestand der (gemischten) Schenkung nicht erfüllt. Die Klägerin und ihre Ergänzungsbetreuer wussten offensichtlich nichts von dem tatsächlich höheren Wert des übertragenen Grundstücks. Auch aufgrund der Orientierung an einem Gutachten über 52.000 EUR wird deutlich, dass keine teilweise unentgeltliche Zuwendung erfolgen sollte. Hieran ändert die Wertdifferenz zwischen Erwerb und dem zeitnahen Verkauf nichts.

Sonstige Einkünfte sind i.H.v. 108.000 EUR (160.000 EUR – 52.000 EUR)[117] zu versteuern, weil die Veräußerung innerhalb der Zehnjahresfrist erfolgte. Die Versteuerung hat im Zeitpunkt des Zuflusses des Kaufpreises (2025) zu erfolgen.[118]

Praxishinweis

Bei einer (gewollten) gemischten Schenkung ist zu dokumentieren, dass sich beide Vertragsparteien nachweislich bewusst und darüber einig sind, dass die Zuwendung (zumindest teilweise) unentgeltlich erfolgt. Eine teilentgeltliche Zuwendung ist in familiären Verhältnissen zu verneinen, wenn der Übertragung ein Wertgutachten zugrunde liegt, das eine vollentgeltliche Übertragung dokumentiert.[119] Die Wechselwirkung zwischen einem Schenkungstatbestand und § 23 EStG sollte im Blick gehalten werden.

c) § 23 EStG und Sonderabschreibung nach § 7b EStG

Ob ein privates Veräußerungsgeschäft i.S.d. § 23 Abs. 1 S. 1 Nr. 1 EStG vorliegt, entscheidet auch über die Rückgängigmachung einer zuvor in Anspruch genommenen Sonderabschreibung nach § 7b EStG (Sonderabschreibung für den Mietwohnungsneubau).[120]

116 BGH, Urt. v. 18.10.2011 – X ZR 45/10, NJW 2012, 605
117 Unberücksichtigt bleiben bei dieser Ermittlung Abschreibungen und Veräußerungskosten
118 BFH-Urt. v. 17.7.1991 – X R 6/91, BStBl II 1991, 916
119 *Cölln/Roßmann*, DStRK 2025, 200
120 Siehe hierzu auch BMF-Schr. v. 21.5.2025 – IV C 3 - S 2197/00009/011/024, BStBl I 2025, 1419

Zum Hintergrund:

Eine zunächst in Anspruch genommene Sonderabschreibung für den Mietwohnungsneubau nach § 7b EStG ist u. a. dann rückgängig zu machen, wenn die begünstigte Wohnung oder ein Gebäude mit begünstigten Wohnungen im Jahr der Anschaffung oder der Herstellung oder in den folgenden neun Jahren veräußert wird und das Veräußerungsergebnis nicht der ESt oder KSt unterliegt.[121]

Besonderheit:

Bei Veräußerung langfristig gehaltener Grundstücke des PV, die der Stpfl. erst im Laufe der Haltefrist bebaut hat, liegt oftmals keine nach § 23 Abs. 1 S. 1 Nr. 1 EStG steuerbare Veräußerung vor, denn bei der Berechnung der zehnjährigen Veräußerungsfrist wird ausschließlich an den Zeitpunkt der Anschaffung des Grund und Bodens und nicht an den Zeitpunkt der Herstellung des Gebäudes angeknüpft.

Beispiel[122]

A erwarb im Jahr 2010 einen Bauplatz. Am 1.10.2018 stellte er einen Bauantrag zur Errichtung eines ZFH. Das Gebäude wurde am 1.7.2020 fertiggestellt. A vermietet es seitdem entgeltlich zu Wohnzwecken und erzielt hieraus Einkünfte aus VuV.

A beansprucht in den Jahren 2020, 2021, 2022 und 2023 Sonderabschreibungen nach § 7b EStG. Ende 2025 verkauft A das vermietete Gebäude an B, der dieses weiterhin entgeltlich zu Wohnzwecken überlässt.

Der zehnjährige Nutzungszeitraum des § 7b Abs. 4 Nr. 2 EStG läuft vom 1.7.2020 - 30.6.2030. A veräußert das Gebäude innerhalb des zehnjährigen Nutzungszeitraums. Der Gewinn aus der Veräußerung des Gebäudes an B im Jahr 2025 ist nicht nach § 22 Nr. 2 i.V.m. § 23 EStG steuerbar. Die zehnjährige Veräußerungsfrist des § 23 EStG begann mit dem Erwerb des Bauplatzes im Jahr 2010 und endet im Jahr 2020; sie ist deshalb im Jahr 2025 bereits abgelaufen. Nach § 7b Abs. 4 S. 1 Nr. 2 EStG ist die in früheren Jahren in Anspruch genommene Sonderabschreibung nach § 7b EStG bei A – trotz entgeltlicher Weitervermietung des Gebäudes durch den Rechtsnachfolger B – in voller Höhe verzinslich rückgängig zu machen.[123]

---

121 § 7b Abs. 4 Nr. 2 EStG
122 BMF-Schr. v. 21.5.2025 – IV C 3 - S 2197/00009/011/024, BStBl I 2025, 1419, Rz 74
123 Vgl. § 7b Abs. 4 S. 2 - 4 EStG

Abwandlung[124]

A erwarb den Bauplatz erst im Jahr 2017. Der Gewinn aus der Veräußerung des Gebäudes an B im Jahr 2025 ist nach § 22 Nr. 2 i.V.m. § 23 EStG steuerbar. Die zehnjährige Veräußerungsfrist des § 23 EStG ist im Jahr 2025 noch nicht abgelaufen. Im Umkehrschluss zu § 7b Abs. 4 S. 1 Nr. 1 EStG ist die Sonderabschreibung nach § 7b EStG bei A sodann nicht rückgängig zu machen, da der Erwerber B das Gebäude weiterhin entgeltlich zu Wohnzwecken vermietet. Die in Anspruch genommene Sonderabschreibung nach § 7b EStG wird aber bei der Ermittlung des Veräußerungsergebnisses berücksichtigt.[125] Die tatsächlichen Gebäudeherstellungskosten werden um die steuerlich geltend gemachten (Sonder-)Abschreibungen gemindert und dem Veräußerungserlös gegenübergestellt. Dies verdeutlicht auch die Eintragung der Anlage SO, die nach der in Anspruch genommenen Sonderabschreibung fragt.

Blick in den Erklärungsvordruck (Anlage SO)

Private Veräußerungsgeschäfte

Grundstücke und grundstücksgleiche Rechte (z. B. Erbbaurecht)
– In den Zeilen 38 bis 44 bitte nur den steuerpflichtigen Anteil erklären. –

Zeile					
34	Bezeichnung des Grundstücks (Lage) / des Rechts				
35	Zeitpunkt der Anschaffung (z. B. Datum des Kaufvertrags, Zeitpunkt der Entnahme aus dem Betriebsvermögen)	T T M M J J J J	Zeitpunkt der Veräußerung (z. B. Datum des Kaufvertrags, auch nach vorheriger Einlage ins Betriebsvermögen)	T T M M J J J J	
36	X Nutzung des Grundstücks bis zur Veräußerung zu eigenen Wohnzwecken	vom T T M M J J J J	bis T T M M J J J J		m²
37	X Nutzung des Grundstücks bis zur Veräußerung zu anderen Zwecken (z. B. Vermietung)	vom T T M M J J J J	bis T T M M J J J J		m²
					EUR
38	Veräußerungspreis oder an dessen Stelle tretender Wert (z. B. Teilwert, gemeiner Wert)				,–
39	Anschaffungs- / Herstellungskosten oder an deren Stelle tretender Wert (z. B. Teilwert, gemeiner Wert) ggf. zuzüglich nachträglicher Anschaffungs- / Herstellungskosten			–	,–
40	Absetzungen für Abnutzung / Erhöhte Absetzungen / Sonderabschreibungen			+	,–
41	Werbungskosten im Zusammenhang mit dem Veräußerungsgeschäft			–	,–
42	Gewinn / Verlust (zu übertragen nach Zeile 43)			=	,–

Praxishinweis

Kein schädlicher Vorgang i.S.d. § 7b Abs. 4 S. 1 Nr. 2 EStG liegt dagegen vor, wenn sich eine Übertragung nicht als Veräußerung erweist (z. B. **unentgeltliche Übertragung** im Wege der Erbfolge).[126] Dann muss aber geprüft werden, ob eine Rückgängigmachung der ursprünglichen Sonderabschreibung wegen § 7b Abs. 4 Nr. 1 EStG zu erfolgen hat. Nach § 7b Abs. 4 S. 1 Nr. 1 EStG muss die begünstigte Wohnung im Jahr der Anschaffung oder Herstellung und in den folgenden neun Jahren der entgeltlichen Überlassung zu Wohnzwecken dienen. Für den bisherigen Eigentümer ist

124 BMF-Schr. v. 21.5.2025 – IV C 3 - S 2197/00009/011/024, BStBl I 2025, 1419, Rz 74

125 Vgl. § 23 Abs. 3 S. 4 EStG

126 BMF-Schr. v. 21.5.2025 – IV C 3 - S 2197/00009/011/024, BStBl I 2025, 1419, Rz 76

damit die Weiternutzung der begünstigten Wohnung zu fremden Wohnzwecken durch den Erwerber bedeutsam. In den Verkaufsvertrag ist eine sanktionsbewehrte Regelung aufzunehmen, die den Erwerber zu einer weiteren entgeltlichen Überlassung zu fremden Wohnzwecken bis zum Ablauf der Zehnjahresfrist i.S.d. § 7b Abs. 4 S. 1 Nr. 1 EStG verpflichtet.[127]

Liegt eine **teilentgeltliche Übertragung** vor,[128] kann nach den allgemeinen Grundsätzen hinsichtlich der Entgeltquote ein schädlicher Vorgang i.S.d. § 7b Abs. 4 S. 1 Nr. 2 EStG vorliegen. In diesen Fällen ist neben der Rückgängigmachung der Sonderabschreibung nach § 7b Abs. 4 S. 1 Nr. 1 EStG auch § 7b Abs. 4 S. 1 Nr. 2 EStG zu prüfen.

d) Photovoltaikanlagen und § 23 EStG

Wird ein nicht zum BV gehörendes Grundstück veräußert und befindet sich auf diesem eine Photovoltaikanlage, stellt sich die Frage, ob auch der Gewinn oder Verlust aus der Veräußerung der Photovoltaikanlage nach § 23 EStG zu erfassen ist.

Die **Photovoltaikanlage** ist i.d.R. einem **eigenen Gewerbebetrieb** „Stromerzeugung" zuzurechnen. Sofern die Einnahmen und Entnahmen aus der Photovoltaikanlage nach **§ 3 Nr. 72 EStG steuerfrei** sind, soll unter diese Steuerfreiheit auch der Veräußerungsgewinn oder Veräußerungsverlust[129] fallen. Die Verwaltungsauffassung verlangt hierfür einschränkend, dass dies nur dann gilt, wenn „nur" steuerfreie Einnahmen und Entnahmen nach § 3 Nr. 72 EStG erzielt werden.[130]

Praxishinweis

Das BMF-Schreiben[131] definiert nicht, wie das Wort „nur" auszulegen ist. Offen ist, ob die Voraussetzungen für die Steuerfreiheit nach § 3 Nr. 72 EStG lediglich im VZ der Veräußerung bzw. Entnahme bestehen müssen oder über die gesamte Nutzungsdauer der Photovoltaikanlage. Es wird davon ausgegangen, dass es ausreicht, wenn die Voraussetzungen für die Erzielung ausschließlich steuerfreier Einnahmen und Entnahmen lediglich im VZ der Veräußerung bzw. Entnahme vorliegen.[132] Ansonsten

---

127 *KKB/Marx*, § 7b EStG Rz 78

128 Z.B. infolge Schuldübernahme durch den Übertragungsempfänger: siehe BFH-Urt. v. 11.3.2025 – IX R 17/24, BStBl II 2025, 550

129 Entsprechendes gilt für einen Entnahmegewinn oder Entnahmeverlust

130 BMF-Schr. v. 17.7.2023 – IV C 6 - S 2121/23/100001:001, BStBl I 2023, 1494, Rz 11

131 BMF-Schr. v. 17.7.2023 – IV C 6 - S 2121/23/100001:001, BStBl I 2023, 1494, Rz 11

132 *Wangler/Wagner*, NWB 2/2025, 101 und *Ruiner*, StuB 23/2023, 953 (957)

wäre die Veräußerung von vor dem 2022 in Betrieb genommenen Photovoltaikanlagen stets steuerpflichtig.

Befindet sich die **Photovoltaikanlage im BV eines anderen Betriebs**, weil der selbst produzierte Strom in diesem zu mehr als 50 % verbraucht wird[133], kommt die Steuerfreiheit nach § 3 Nr. 72 EStG nur in Bezug auf den nicht eigenbetrieblich genutzten Strom in Frage. Eine Veräußerung oder Entnahme einer Photovoltaikanlage, die sich im BV eines anderen Betriebs befindet, soll in voller Höhe steuerpflichtig sein.[134]

Praxishinweis

Gegenwärtig ist die Frage offen, ob die Aufwendungen einer Photovoltaikanlage auch bei den Einkünften aus VuV als WK ohne Anwendung der Steuerfreiheit nach § 3 Nr. 72 EStG erfasst werden können, wenn der eigenproduzierte Strom zu mehr als 50 % in dem vermieteten Objekt z.B. zum Betrieb der Wärmepumpe oder zur Nutzung als Allgemeinstrom genutzt wird. U.E. kann in solchen Fällen eine Zuordnung zu den Einkünften aus § 21 EStG in Frage kommen; der Gewerbebetrieb „Stromerzeugung" wird dann verdrängt.[135] Wird dieser Auffassung künftig von der FinVerw gefolgt und wird die Photovoltaikanlage zusammen mit einem bislang vermieteten Objekt veräußert, stellt sich die Frage, ob ein Veräußerungsergebnis aus der Photovoltaikanlage bei § 23 Abs. 1 S. 1 EStG zu erfassen ist.

Die Photovoltaikanlage ist steuerlich bislang nicht Teil des Grundstücks, sondern ein eigenes WG. Bezüglich der **Aufdach-Photovoltaikanlagen** geht die FinVerw von einem selbstständigen beweglichen WG (kein Gebäude) aus.[136] **Indach-Photovoltaikanlagen** sind nach Auffassung der FinVerw zwar Bestandteil des Gebäudes, werden aber „wie" ein selbstständiges bewegliches WG behandelt.[137] Eine Steuerpflicht kann sich u.E. allenfalls aus § 23 Abs. 1 S. 1 Nr. 2 EStG ergeben.

Dies könnte sich zukünftig ändern, weil das IDW handelsrechtlich zwingend ab 2026 bestimmt hat,[138] dass die Kosten für eine Photovoltaik-Aufdachanlage als Erweiterung des Gebäudes anzusehen sind, wenn die Pflicht zum Einbau der Anlage besteht oder der mit ihr erzeugte Strom (nahezu) ausschließlich in dem betreffenden Gebäude verbraucht wird. Offen ist, welche steuerlichen Konsequenzen aus dieser handelsrechtlichen Stellungnahme – auch bei Überschusseinkünften – ab 2026 zu ziehen sind.[139]

---

133 BMF-Schr. v. 17.7.2023 – IV C 6 - S 2121/23/10001:001, BStBl I 2023, 1494, Rz 26

134 So auch *Wangler/Wagner*, NWB 2/2025, 101; eine großzügigere Auslegung fordernd: *Scherf/Gerstl*, NWB 48/2023, 3260 (3266)

135 Siehe hierzu auch FG Berlin-Brandenburg, Urt. v. 9.4.2025 – 16 K 16145/23, EFG 2025, 1225, Rev. eingelegt, Az des BFH X R 15/25

136 LfSt Nds., Erl. v. 17.10.2023 – St 222/St 221-2473/2022, Juris, unter III. 5

137 R 4.2 Abs. 3 S. 4 EStR

138 IDW RS IFA n. F. v. 6.11.2024 – IDW Life 12/2024

139 *Seifert*, NWB 11/2025, 688

e) Zwangsversteigerung im Insolvenzverfahren

Von § 23 Abs. 1 S. 1 Nr. 1 S. 1 EStG werden Veräußerungs **„geschäfte"** umfasst.

Bei Veräußerung i.R. eines **Zwangsversteigerung**sverfahren handelt es sich um eine willentliche Bestätigung („Geschäft"), da der Eigentumsverlust durch die Befriedigung des die Zwangsversteigerung betreibenden Gläubigers abgewendet werden kann.[140] Der Fall ist nicht mit einer nicht steuerbaren Enteignung vergleichbar.[141]

Die vorgenannte BFH-Entscheidung ist auch insolvenzrechtlich bedeutsam. Denn selbst wenn die Beschlagnahmung des Grundstücks vor Eröffnung des Insolvenzverfahrens, die Veräußerung durch Zwangsversteigerung durch einen absonderungsberechtigten Gläubiger aber erst im Insolvenzverfahrenszeitraum erfolgt, liegt eine Masseverbindlichkeit vor.

Praxishinweis

Masseverbindlichkeiten sind von Insolvenzforderungen zu unterscheiden. Sonstige Masseverbindlichkeiten sind Verbindlichkeiten, die bei einer Insolvenz gemeinsam mit den Kosten des Insolvenzverfahrens vor anderen Verbindlichkeiten in voller Höhe aus der Vermögensmasse – vor den Insolvenzforderungen – bedient werden.[142]

Insolvenzforderungen sind dagegen alle Forderungen, die in der Zeit vor Eröffnung des Insolvenzverfahrens begründet sind.[143] Zwecks Gleichbehandlung aller Gläubiger erhält grds. jeder einzelne aus der vorhandenen Insolvenzmasse eine Zahlung, die der Quote seiner Forderung im Verhältnis zur Gesamtheit der angemeldeten bzw. festgestellten Forderungen entspricht.

Der FinVerw ist es daran gelegen, Steuerforderungen möglichst den Masseverbindlichkeiten zuzuordnen, um eine höhere Befriedigung als für Insolvenzforderungen zu erhalten. Im Entscheidungsfall schuldete der Insolvenzverwalter die auf das private Veräußerungsgeschäft entfallende ESt, da es sich um eine Masseverbindlichkeit handelt.[144]

---

140 BFH-Urt. v. 12.11.2024 – IX R 6/24, BStBl II 2025, 350, Rz 19; so auch Nds. FG, Urt. v. 7.12.2023 – 10 K 239/20, EFG 2025, 1227, Rev. eingelegt, Az des BFH: VIII R 25/24

141 BFH-Urt. v. 12.11.2024 – IX R 6/24 BStBl II 2025, 350 Rz 17-19 und BFH-Urt. v. 23.7.2019 – IX R 28/18, BStBl II 2019, 701

142 § 53 InsO

143 § 38 InsO

144 Weitergehend hierzu: vgl. BMF-Schr. v. 17.7.2025 – IV D 1 - S 0550/00340/007/037, BStBl I 2025, 1491 unter III.

f) Gewerbliche Entprägung

Der BFH hat mit Urteil vom 3.6.2025 entschieden, dass bei Entprägung einer gewerblich geprägten PersG und Überführung der WG nach Betriebsaufgabe in das PV bei Fortführung der Vermietung als BMG für die AfA die gemeinen Werte anzusetzen sind.[145]

Praxishinweis

I.Z.m. der Anwendung von § 23 EStG ist Folgendes beachtenswert: Die Überführung eines WG aus dem BV in das PV durch Entnahme oder Betriebsaufgabe löst nach § 23 Abs. 1 S. 2 EStG eine Anschaffung aus. Damit ist die Zehnjahresfrist nicht auf Grundlage des ursprünglichen Grundstückserwerbszeitpunkts zu berechnen. Hierauf weist auch der aktuelle Erklärungsvordruck hin.

Blick in den Erklärungsvordruck (Anlage SO)

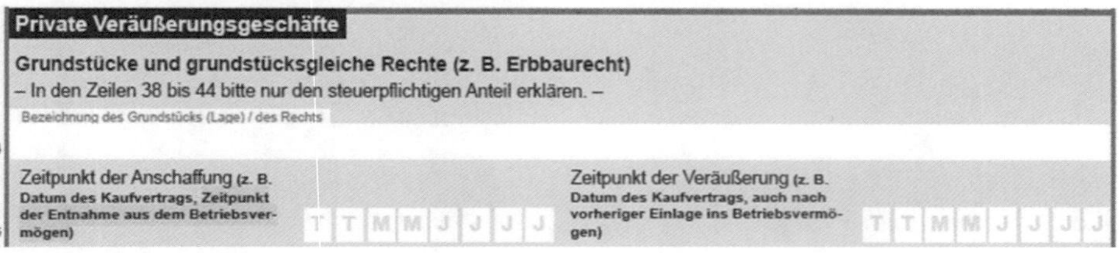
Private Veräußerungsgeschäfte

Grundstücke und grundstücksgleiche Rechte (z. B. Erbbaurecht)
– In den Zeilen 38 bis 44 bitte nur den steuerpflichtigen Anteil erklären. –

34 Bezeichnung des Grundstücks (Lage) / des Rechts

35 Zeitpunkt der Anschaffung (z. B. Datum des Kaufvertrags, Zeitpunkt der Entnahme aus dem Betriebsvermögen) T T M M J J J J — Zeitpunkt der Veräußerung (z. B. Datum des Kaufvertrags, auch nach vorheriger Einlage ins Betriebsvermögen) T T M M J J J J

---

145 BFH-Urt. v. 3.6.2025 – IX R 18/24, BFH/NV 2025, 1409

F. Sonderausgaben

Nachfolgend werden die aktuellen Entwicklungen, die für die Erstellung der ESt-Erklärung 2025 bedeutsam sind, dargestellt.

Aktuelle Entwicklungen zur Berücksichtigung von **Kinderbetreuungskosten** als Sonderausgaben werden im Bereich „H. Familie im Steuerrecht“ im Detail beschrieben.

I. Vorsorgeaufwendungen

1. Grundsätzliches

Die Vorsorgeaufwendungen sind wie folgt zu unterscheiden:

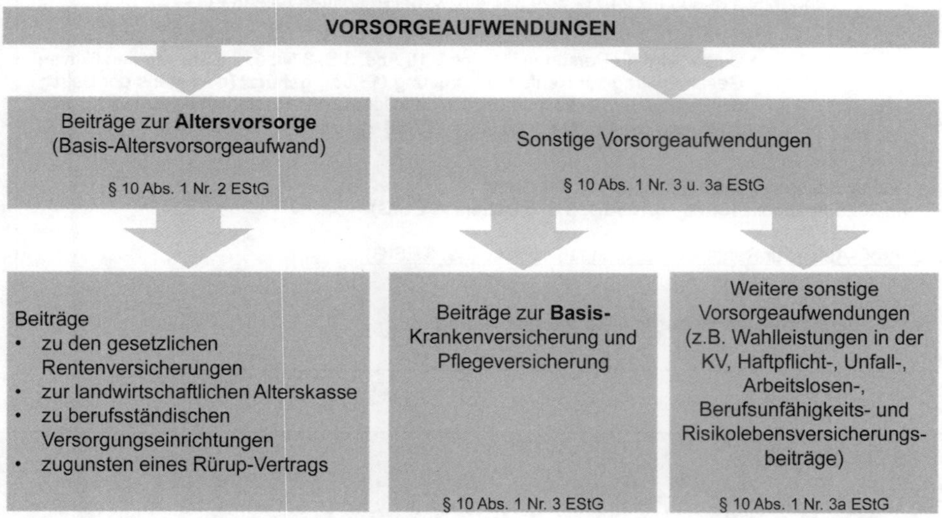

Die Aufwendungen werden in der **Anlage Vorsorgeaufwand** geltend gemacht.

2. Beiträge zur Basis-Altersvorsorge

a) Höchstbetragsberechnung

Die Beiträge zur Basis-Altersvorsorge (gesetzliche Rentenversicherungen, landwirtschaftliche Alterskasse, berufsständische Versorgungseinrichtungen[1], Rürup-Rente[2]) sind i.R.d. Höchstbetragsberechnung nach § 10 Abs. 3 EStG als Sonderausgaben abzugsfähig. Die **Höchstbetragsberechnung** nach § 10 Abs. 3 EStG gestaltet sich wie folgt:

Höchstbetragsberechnung nach § 10 Abs. 3 EStG

Beiträge nach § 10 Abs. 1 Nr. 2 Buchst. a und Buchst. b EStG

+ ArbG-Anteil zur gesetzlichen Rentenversicherung (§ 10 Abs. 1 Nr. 2 **S. 6** EStG)

= Summe ❶

- Vergleich mit den (ggf. gekürzten) **Höchstbeitrag zur knappschaftlichen RV** ❷ (in 2025: 118.800 € x 24,7% = **29.344 €** bzw. bei Ehegatten **58.688 €**)
  - Dieser wird für Personen i.S. des § 10 Abs. 3 S. 3 Nr. 1, 2 EStG um den fiktiven Gesamtbeitrag zur Rentenversicherung (18,6%) **gekürzt** (höchstens der Betrag der Beitragsbemessungsgrenze in der allgemeinen Rentenversicherung; im Jahr 2025 sind es 96.600 € x 18,6% = 17.968 €).

= Ansatz des **geringeren** Betrages von ❶ oder ❷ (in 2025 Abzug zu 100 % , § 10 Abs. 3 S. 6 letzter HS EStG)

./. ArbG-Anteil zur Rentenversicherung (§ 10 Abs. 3 **S. 5** EStG)

= als Sonderausgabe zu berücksichtigender Betrag

[3]

Praxishinweis

Der für den jeweiligen VZ geltende Höchstbetrag wird programmgesteuert unter Berücksichtigung der Eintragungen in der Anlage Vorsorgeaufwand berechnet. Eines besonderen Antrags bedarf es nicht.

---

1 § 10 Abs. 1 S. 1 Nr. 2 Buchst. a EStG

2 § 10 Abs. 1 S. 1 Nr. 2 Buchst. b und S. 2 EStG: Die **Rürup-Rente** ist eine kapitalgedeckte Altersvorsorge (nicht vererblich, nicht übertragbar, nicht beleihbar, nicht kapitalisierbar) mit monatlichen Leibrentenzahlungen frühestens ab dem 62. Lj; zudem kann auch der Eintritt der Berufsunfähigkeit oder der verminderten Erwerbsfähigkeit isoliert abgesichert sein (vgl. § 10 Abs. 1 S. 1 Nr. 2 Buchst. b Doppelbuchst. bb EStG).

3 Personen i.S.d. § 10 Abs. 3 S. 3 Nr. 1, 2 EStG sind z.B. Beamte, Richter, Soldaten, beherrschender GGF einer GmbH, Abgeordnete

b) Ausblick: Elektronische Übermittlung der Beiträge zur Basis-Altersvorsorge

Mit dem **JStG 2024**[4] wurde ein **elektronisches Bescheinigungsverfahren**[5] eingeführt. Danach müssen die gesetzliche Rentenversicherung, die landwirtschaftliche Alterskasse sowie die berufsständischen Versorgungseinrichtungen die von den Stpfl. **geleisteten** und an diese **erstatteten** Altersvorsorgebeiträge **erstmals für den VZ 2028**[6] elektronisch über die ZfA[7] an die FinVerw übermitteln. Eine Ausnahme besteht für die bereits i.R.d. elektronischen LSt-Bescheinigung[8] übermittelten Beträge.

3. Kranken- und Pflegeversicherungsbeiträge

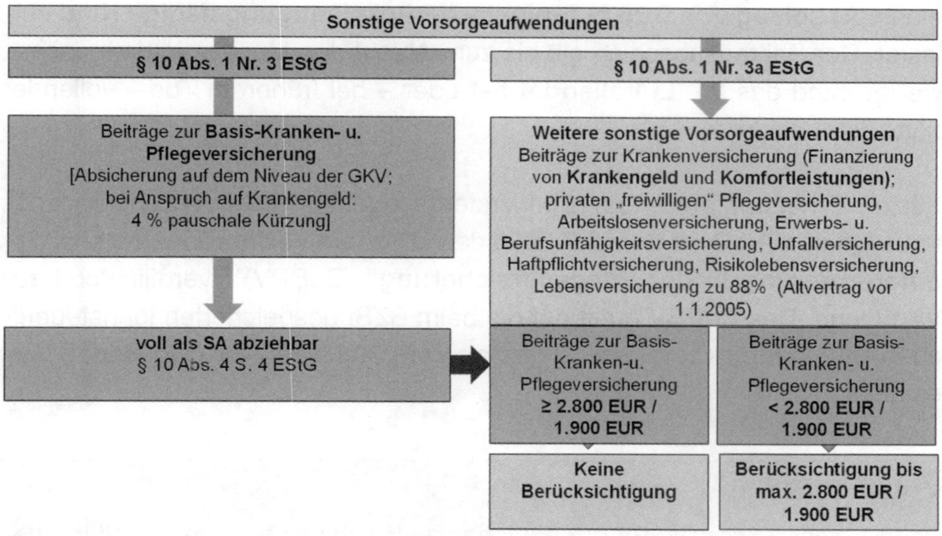

Der Höchstbetrag von **1.900 EUR**[9] gilt für Stpfl., die ganz oder teilweise ohne eigene Aufwendungen Anspruch auf Erstattung der Krankheitskosten haben oder bei denen der ArbG-Anteil zur Krankenversicherung steuerfrei ist,

---

4 JStG 2024 v. 5.12.2024, BGBl I 2024, Nr. 487
5 § 10 Abs. 2c EStG n.F.
6 § 52 Abs. 18 S. 5 EStG n.F.
7 Zentrale Stelle für Altersvermögen (ZfA), § 81 EStG
8 § 41b Abs. 1 S. 2 Nr. 11 EStG
9 § 10 Abs. 4 S. 2 EStG

§ 3 Nr. 62 EStG[10] (z.B. sozialversicherungspflichtige ArbN, beihilfeberechtigte ArbN, Rentner mit gesetzlicher Rente, familienversicherte oder beihilferechtlich berücksichtigungsfähige Ehegatten).

a) Beiträge in der sozialen Pflegeversicherung

Beiträge zur sozialen Pflegeversicherung sind als Vorsorgeaufwendungen[11] abzugsfähig.

Der Beitragssatz zur sozialen Pflegeversicherung wurde zum 1.1.2025 auf 3,6 %[12] (bisher: 3,4 %) erhöht. **Kinderlose** Beschäftigte **ab Vollendung des 23. Lj** zahlen zudem einen **Beitragszuschlag von 0,6 %.** Versicherte mit mehreren Kindern werden **ab dem zweiten Kind bis zum fünften Kind** mit einem **Abschlag von 0,25 % für jedes berücksichtigungsfähige Kind** entlastet. Der Beitragsabschlag gilt bis zum Ablauf des Monats, in dem das jeweilige Kind das **25. Lj vollendet** hat oder – bei früherem Tod – vollendet hätte.[13]

Für die Erhebung der eltern- und kinderbezogenen Pflegeversicherungsdaten steht den ArbG **ab** dem **1.7.2025** das **„Digitale Verfahren zur Beitragsdifferenzierung in der Pflegeversicherung“** (DaBPV)[14] verpflichtend zur Verfügung. Das DaPBV greift auf die beim BZSt gespeicherten lohnsteuerlichen Daten zurück und ersetzt das bis zum 30.6.2025 anzuwendende vereinfachte Nachweisverfahren.[15]

Praxishinweis

Da im Datensatz des DaBPV **nur die lohnsteuerrechtlich erfassten Kinder unter 25 Jahren** gespeichert sind, kann der Abruf nicht in allen Fällen eine verbindliche Grundlage zur korrekten Beitragsberechnung in der sozialen Pflegeversicherung bieten. Dies könnte insb. bei Adoptivkindern, im Ausland lebenden Kindern sowie bei Kindern, die bei dem anderen Elternteil leben und dort melderechtlich erfasst sind,

---

10 BMF-Schr. v. 24.5.2017 unter Berücksichtigung der Änderungen durch die BMF-Schr. v. 6.11.2017, 28.9.2021 u. 16.12.2021, Anhang 1a II Amtl. ESt-Handbuch 2023, Rz 127

11 § 10 Abs. 1 Nr. 3 Buchst. b EStG

12 Pflege-Beitragssatz-Anpassungsverordnung 2025 (PBAV 2025) v. 20.12.2024, BGBl I 2024, Nr. 446

13 § 55 Abs. 3 SGB XI

14 § 55a SGB XI; § 50 Abs. 3c S. 1 SGB XI

15 S.a. „Die Einkommensteuererklärung 2023“, Seite 380

beachtenswert sein. In diesen Einzelfällen sind von der elektronischen Abfrage abweichende Entscheidungen der ArbG zulässig und erforderlich.[16]

Hat der ArbG bislang eine unzutreffende Anzahl der Kinder bei der Ermittlung des Beitrags zur sozialen Pflegeversicherung berücksichtigt, wird er von der Pflegekasse **ggf.** zu einer **rückwirkenden Korrektur** des Pflegeversicherungsbeitrags nach dem PUEG[17] ab dem Anwendungszeitpunkt der Neuregelung zum 1.7.2023 verpflichtet.

- In diesen Fällen hat der ArbG **für die Jahre 2023 und 2024** keine Änderungen im LSt-Abzugsverfahren vorzunehmen.
- Entsprechendes gilt **für 2025**, wenn eine Änderung des LSt-Abzugs auf Grund der bereits erfolgten Übermittlung der LSt-Bescheinigung unzulässig ist.
- Die i.R.d. rückwirkenden Korrektur verrechneten bzw. erstatteten Beiträge zur sozialen Pflegeversicherung hat der ArbG im Kj der Verrechnung bzw. Erstattung von den in der LSt-Bescheinigung einzutragenden ArbN-Beiträgen zur sozialen Pflegeversicherung zu berücksichtigen (Zeile 26). Durch die elektronische Übermittlung der Werte der LSt-Bescheinigung an die FinVerw bedarf es in diesen Fällen keiner zusätzlichen Eintragung der Erstattung in der ESt-Erklärung.[18] Durch die arbeitgeberseitige Berücksichtigung der Erstattung in der LSt-Bescheinigung werden bereits geminderte Pflegeversicherungsbeiträge als Vorsorgeaufwand berücksichtigt.[19]

Praxishinweis

Der Pflegeversicherungsbeitrag (einschl. des Beitragszuschlags bzw. der Beitragsabschläge nach § 55 Abs. 3 SGB XI) findet im LSt-Abzugsverfahren über die Vorsorgepauschale Berücksichtigung.[20]

Wurden im Kj für den ArbN i.R.d. Vorsorgepauschale **unterschiedliche Abschläge** (z.B. wegen der Geburt eines Kindes) berücksichtigt, ist der **LSt-Jahresausgleich** (durch den ArbG) **ausgeschlossen.**[21] Die Stpfl. sind in diesen Fällen verpflichtet, eine ESt-Erklärung abzugeben[22] **(Pflichtveranlagung)**, wenn die auf die Kranken- und Pflegeversicherung entfallenden Teilbeträge der Vorsorgepauschale[23] größer als die

---

16 *Eilts*, BBK 13/2025, 602 unter II.6
17 Gesetz zur Unterstützung und Entlastung in der Pflege (Pflegeunterstützungs- und -entlastungsgesetz – PUEG) v. 19.6.2023, BGBl I 2023, 155
18 BMF-Schr. v. 28.11.2025 – IV C 5 - S 2379/00005/001/018, NWB DAAAK-05559
19 § 10 Abs. 4b S. 2 EStG
20 § 39b Abs. 2 S. 5 Nr. 3 Buchst. c EStG
21 § 42b Abs. 1 S. 3 Nr. 5a EStG
22 § 46 Abs. 2 Nr. 3 EStG
23 § 39b Abs. 2 S. 5 Nr. 3 Buchst. b bis d EStG

tatsächlich abziehbaren sonstigen Vorsorgeaufwendungen[24] sind und der im Kj erzielte Arbeitslohn höher ist als die Summe aus dem Grundfreibetrag[25], dem ArbN-Pauschbetrag[26] und dem Sonderausgaben-Pauschbetrag[27]. Sollten die entsprechenden Teilbeträge der Vorsorgepauschale geringer als die tatsächlich abziehbaren sonstigen Vorsorgeaufwendungen sein, empfiehlt sich ggf. eine Antragsveranlagung.[28]

b) Kranken- und Pflegeversicherungsbeiträge auf steuerfreien Grundrentenzuschlag

Die FinVerw sieht bei Beiträgen zur Basiskranken- und Pflegeversicherung, soweit diese auf den steuerfreien[29] Grundrentenzuschlag entfallen, keine Kürzung des Sonderausgabenabzugs vor.

Es bleibt abzuwarten, wie die FinVerw die i.Z.m. der ab 2026 vorgesehenen steuerfreien Aktivrente entstehenden SV-Beiträgen beurteilen wird.

c) Ausblick: Elektronischer Datenaustausch über die privaten Kranken- und Pflegepflichtversicherungsbeiträge im LSt-Abzugsverfahren

Um den bürokratischen Aufwand bei der steuerlichen Behandlung der Beiträge für eine **private Krankenversicherung** und eine **private Pflegepflichtversicherung** zu reduzieren, wird **ab dem 1.1.2026** ein umfassender **elektronischer Datenaustausch** zwischen den Versicherungsunternehmen, dem BZSt und den ArbG implementiert.[30] Die Versicherungsunternehmen sind zukünftig verpflichtet, die Beiträge zur privaten Kranken- und Pflegepflichtversicherung[31] des jeweiligen Jahres bis zum 20.11. des Vorjahres **(erstmals 20.11.2025)** an das BZSt **elektronisch**[32] zu übermitteln. Das BZSt stellt diese Daten sodann den ArbG **als ELStAM**[33] **zur Verfügung**. Beginnt das Vertragsverhältnis im Laufe des Jahres, so ist die Datenübermittlung un-

---

24 § 10 Abs. 1 Nr. 3 und 3a EStG
25 § 32a Abs. 1 S. 2 Nr. 1 EStG
26 § 9a S. 1 Nr. 1 Buchst. a EStG
27 § 10c S. 1 EStG
28 § 46 Abs. 2 Nr. 8 EStG
29 § 3 Nr. 14a EStG
30 § 39 Abs. 4 Nr. 4 und Abs. 4a EStG; vgl. auch BMF-Schr. v. 3.6.2025 – IV C 5 - S 2363/00047/004/136, BStBl I 2025, 1454
31 § 10 Abs. 1 Nr. 3 S. 1 EStG
32 § 93c AO
33 Elektronisches Lohnsteuerabzugsmerkmal (§ 39 EStG)

verzüglich durchzuführen. Beitragsänderungen im Laufe des Jahres (z.B. wegen Tarifänderungen) müssen dem BZSt zeitgleich mit der Mitteilung der Beitragsänderung an den Versicherungsnehmer übermittelt werden.

Für den Übergangszeitraum 2026 und 2027 lässt es die FinVerw in gewissen Fälle zu, eine Papierbescheinigung der Versicherung im LSt-Abzugsverfahren heranzuziehen.

d) Freiwillige private Pflegezusatzversicherung

Vor dem Hintergrund der ansteigenden Pflegekosten schließen immer mehr Stpfl. eine freiwillige private Pflegezusatzversicherung ab, die im Pflegefall die finanzielle Lücke zwischen den begrenzten Leistungen der gesetzlichen Pflegeversicherung und dem tatsächlichen Pflegebedarf – insb. bei höheren Pflegegraden – schließen soll. Die Beiträge zu den privaten Zusatzpflegeversicherungen[34] wirken sich steuerlich zumeist nicht aus, weil der Sonderausgaben-Höchstbetrag nach § 10 Abs. 4 EStG bereits durch die Beiträge zur Basis-Kranken- und Pflegeversicherung ausgeschöpft wird.[35]

Nach Auffassung des **BFH**[36] ist der Sonderausgabenabzug von Beiträgen für eine freiwillige Plfegezusatzversicherung **verfassungsrechtlich nicht geboten.** Daher hat er von einer Vorlage an das BVerfG abgesehen.

Praxishinweis

Gestaltung: **Vorauszahlung** des **3-fachen Jahresbeitrags** zur privaten Basis-Kranken- u. Pflegeversicherung mit der Folge, dass sich die beschränkt abziehbaren weiteren sonstigen Vorsorgeaufwendungen in den drei Folgejahren auswirken.[37]

34 § 10 Abs. 1 Nr. 3a EStG
35 § 10 Abs. 4 S. 4 EStG
36 BFH-Urt. v. 24.7.2025 – X R 10/20, Juris
37 § 10 Abs. 1 Nr. 3 S. 5 EStG; s.a. „Die Einkommensteuererklärung 2024“, Seite 347

4. Vorsorgeaufwendungen und Auslandsbezug

a) Aktuelle Rechtslage

Die steuerliche Behandlung von Vorsorgeaufwendungen[38] i.Z.m. **steuerfreien ausländischen Einnahmen** – insb. bei grenzüberschreitender Betätigung – ergibt sich aus dem folgenden Schaubild:

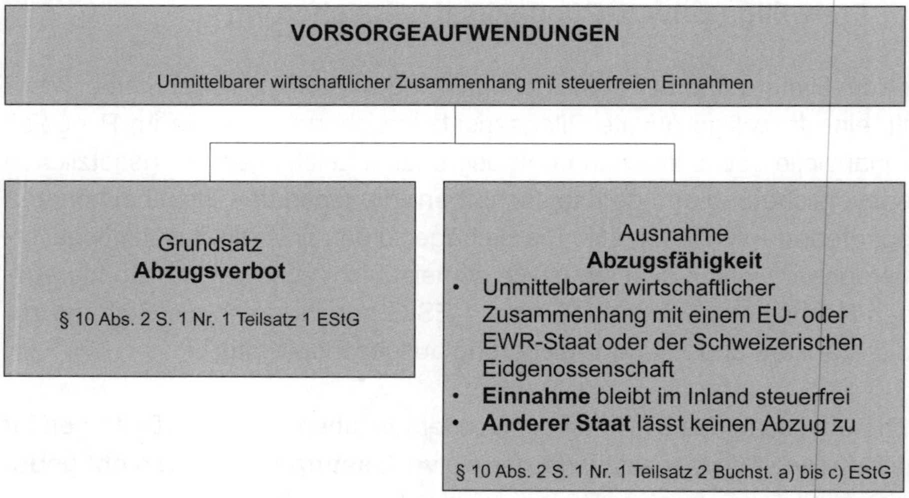

Praxishinweis

Mit dem JStG 2024[39] folgte der Gesetzgeber der höchstrichterlichen Rspr.[40], nach der sich die steuerfreien Einnahmen **nicht mehr nur** auf **eine nichtselbstständige Tätigkeit** in einem EU-/EWR-Staat bzw. in der Schweiz beziehen müssen. Neben den **ArbN** sind nun auch **Selbstständige** und **Rentenbezieher** begünstigt, die infolge ihrer grenzüberschreitenden Tätigkeit Vorsorgeaufwendungen zu tragen haben. Anwendbar in allen offenen Fällen.

---

[38] § 10 Abs. 1 Nr. 2, 3 und 3a EStG
[39] JStG 2024 v. 5.12.2024, BGBl I 2024 Nr. 387
[40] BFH-Urt. v. 27.10.2021 – X R 11/20, BStBl II 2025, 221; BFH-Urt. v. 24.5.2023 – X R 28/21, BStBl II 2025, 230

b) BMF-Schreiben vom 3.4.2025[41]

Bei der Beurteilung, ob der andere Staat **keinerlei** steuerliche Berücksichtigung von Vorsorgeaufwendungen i.R.d. Besteuerung dort bezogener Einnahmen zulässt[42], sind nach dem BMF-Schreiben vom 3.4.2025[43] die **Versicherungssparten** getrennt zu beurteilen. Die geleisteten Aufwendungen müssen in ihrem Kerngehalt den gemeinsamen und typischen Merkmalen der inländischen Aufwendungen zur gesetzlichen Renten-[44], Kranken-[45] oder Pflegeversicherung[46] sowie zur Arbeitslosenversicherung[47] vergleichbar sein. Die **Abzugsfähigkeit** von Aufwendungen **einer Versicherungssparte** im EU-/EWR-Staat oder in der Schweiz hat **nicht zur Folge**, dass die **Abzugsfähigkeit** von Vorsorgeaufwendungen für **andere Versicherungssparten** im Inland **ausgeschlossen ist**.

Praxishinweis

Mit dieser **versicherungsspartenspezifischen Auslegung** schließt sich die FinVerw der Rechtsprechung des BFH[48] an. Weiterhin ungeklärt ist die Frage, ob „Minimalabzüge" oder „Pauschalabzüge" im Ausland als „keinerlei" steuerliche Berücksichtigung i.S.d. § 10 Abs. 2 S. 1 Nr. 1 Teilsatz 2 Buchst. c EStG zu werten sind.[49] Hierzu wird u.E. zu Recht die Auffassung vertreten, dass die Auslandsentlastung mind. 90 % derjenigen eines vergleichbaren Inländers ausmachen müsse, damit von einer gebührenden Berücksichtigung i.S.d. Vorschrift auszugehen ist.[50] Gerichtliche Entscheidungen bleiben abzuwarten.

5. Vorsorgeaufwendungen: Aufteilung eines einheitlichen Sozialversicherungsbeitrags (Globalbeitrag)

Das BMF hat mit Schreiben vom 28.11.2024[51] die Maßstäbe zur Aufteilung der an ausländische Sozialversicherungsträger geleisteten **Globalbeiträge** zur Berücksichtigung der Vorsorgeaufwendungen i.R.d. Sonderausgaben-Abzugs für den VZ 2025 angepasst. Eine Aufteilung für den VZ 2026 ergibt sich aus dem BMF-Schreiben vom 25.11.2025.[52]

---

41 BMF-Schr. v. 3.4.2025 – IV C 4 - S 2221/00380/003/005, BStBl I 2025, 964
42 § 10 Abs. 2 S. 1 Nr. 1 Teilsatz 2 Buchst. c EStG
43 a.a.O.
44 vergleichbar mit: § 10 Abs. 1 Nr. 2 EStG
45 vergleichbar mit: § 10 Abs. 1 Nr. 3 S. 1 Buchst. a EStG
46 vergleichbar mit: § 10 Abs. 1 Nr. 3 S. 1 Buchst. b EStG
47 vergleichbar mit: § 10 Abs. 1 Nr. 3a EStG
48 BFH-Urt. v. 27.10.2021 – X R 11/20, BStBl II 2025, 221
49 *Reddig*, DStR 2023, 1875
50 *Bleschick*, in: Kichhof/Seer, EStG, 24. Aufl. 2025, § 10 Rn 35b
51 BMF-Schr. v. 28.11.2024 – IV C 4 - S 2221/20/10002:006, BStBl I 2024, 1430
52 BMF-Schr. v. 25.11.2025 – IV C 4 - S 2221/20/10002:006, DStR 2025, 2848

II. Erstattungsüberhang

1. Erlass des FinMin Sachsen-Anhalt vom 28.5.2025

Erstattete Sonderausgaben sind zunächst mit gleichartigen Aufwendungen zu verrechnen. Wie mit einem verbleibenden **Erstattungsüberhang** zu verfahren ist, erläutert das FinMin Sachsen-Anhalt in einem ausführlichen Erlass[53], dessen wesentliche Aussagen nachfolgend zusammengefasst werden:

- Ein Erstattungsüberhang bei den Vorsorgeaufwendungen i.S.d. **§ 10 Abs. 1 Nr. 2 - 3a EStG** ist **i.R.d. jeweiligen Nummer zu verrechnen** (z.B. aus den Basis-Krankenversicherungs-Beiträgen mit gesetzlichen Pflegeversicherungs-Beiträgen oder aus den Beiträgen für Krankenversicherungs-Wahlleistungen mit anderen Beiträgen nach § 10 Abs. 1 Nr. 3a EStG).[54]
- Ein Erstattungsüberhang aus den **Basis-Krankenversicherungs-/ Pflegeversicherungs-Beiträgen**[55] bzw. aus der **KiSt**[56] ist dem Gesamtbetrag der Einkünfte[57] hinzuzurechnen **(Nachversteuerung)** und werden somit nur noch im Jahr des Zuflusses der Erstattung berücksichtigt. Insoweit erfolgt **kein Rücktrag** in den VZ der Zahlung.[58]
- Diese Nachversteuerung findet auch dann statt, wenn
  - sich die Erstattung **im Zahlungsjahr nicht steuermindernd** ausgewirkt hat[59], oder
  - der Stpfl. im VZ der Erstattung **gar keine KiSt gezahlt** hat.[60]
- Ein nach Verrechnung verbleibender Erstattungsüberhang **aus den Basis-Altervorsorgeaufwendungen**[61] oder den **weiteren sonstigen**

---

[53] FinMin. Sachsen-Anhalt, Erl. v. 28.5.2025 – 45 S 2221-68/2/42904/2025, DStR 2025, 1588
[54] § 10 Abs. 4b S. 2 EStG
[55] § 10 Abs. 1 Nr. 3 EStG
[56] § 10 Abs. 1 Nr. 4 EStG
[57] § 2 Abs. 3 EStG
[58] § 10 Abs. 4b S. 3 EStG
[59] BFH-Urt. v.12.3.2019 – IX R 34/17, BStBl II 2019, 658
[60] BFH-Urt. v. 29.6.2022 – X R 1/20, BFH/NV 2023, 79 - 81; s.a. „Die Einkommensteuererklärung 2023", Seite 383 - 385
[61] § 10 Abs. 1 Nr. 2 EStG

Vorsorgeaufwendungen[62] ist in den VZ der Zahlung **zurückzutragen.**[63]

- Auch bei **Schulgeldzahlungen**[64], **Unterhaltszahlungen**[65], **Versorgungsleistungen und Versorgungsausgleichsleistungen**[66] sowie **Spenden**[67] ist eine spätere Rückzahlung – etwa als Ergebnis eines Rechtsstreits oder Vergleichs – nicht völlig ausgeschlossen. Da hierfür weiterhin **keine gesonderte gesetzliche Regelung** besteht, gelten insoweit die von der FinVerw und Rechtsprechung vor Inkrafttreten des § 10 Abs. 4b EStG entwickelten Grundsätze zur Beschränkung der Gegenrechnung auf **gleichartige Sonderausgaben** fort.[68]

2. Steuerfreie Zuschüsse zur privaten Krankenversicherung eines Rentners

Rentnerinnen und Rentner mit privater oder freiwilliger Krankenversicherung können auf Antrag einen **steuerfreien**[69] **Beitragszuschuss** von der gesetzlichen Rentenversicherung erhalten. Die Höhe richtet sich nach der Rentenhöhe und den Beiträgen zur Krankenversicherung.

Das **Nds. FG**[70] ist der Auffassung, dass diese Zuschüsse nach Maßgabe des § 10 Abs. 4b S. 1 EStG **als erstattete Aufwendungen gelten** und mit Sonderausgaben zu verrechnen sind. Ein übersteigender Betrag ist dem Gesamtbetrag der Einkünfte hinzuzurechnen.

Praxishinweis

Gegen das Urteil des Nds. FG wurde **Revision**[71] eingelegt. Gleichgelagerte Fälle sollten durch einen Einspruch offengehalten werden.

---

62 § 10 Abs. 1 Nr. 3a EStG
63 § 175 Abs. 1 S. 1 Nr. 2 AO
64 § 10 Abs. 1 Nr. 9 EStG
65 § 10 Abs. 1a Nr. 1 EStG
66 § 10 Abs. 1a Nr. 3 und 4 EStG
67 § 10b EStG
68 Vgl. auch H 10.1 (Abzugshöhe/Abzugszeitpunkt – 1. Spiegelstrich) EStH
69 § 3 Nr. 14 EStG
70 Nds. FG, Urt. v. 10.7.2024 – 4 K 21/22, Juris; Rev. eingelegt, Az des BFH: X R 11/25
71 Az des BFH: X R 11/25

III. Kirchensteuer

1. Grundsätzliches

Im VZ an inländische Religionsgemeinschaften und an EU-/EWR-Religionsgemeinschaften[72], die bei Inlandsansässigkeit als Körperschaft des öffentlichen Rechts anzuerkennen wären, gezahlte KiSt ist **als Sonderausgabe unbeschränkt abziehbar.**[73] KiSt, die als Zuschlagsteuer auf die KapESt oder auf die besondere ESt nach § 32d Abs. 1 EStG auf Kapitaleinkünfte gezahlt wird, ist hingegen nicht als Sonderausgabe abziehbar.[74] Stattdessen führt die KiSt-Pflicht zu einer Minderung des Abgeltungsteuersatzes.[75] Zur Erstattung überzahlter KiSt siehe unter F.II.1.

2. Erstattung von Lohn-Kirchensteuer an den Arbeitgeber

Erstattet ein **ArbN KiSt** i.R.e. Gesamtschuldnerausgleichs an seinen **ArbG**, kann dieser Betrag nicht als WK, sondern nur **als Sonderausgabe** gem. § 10 Abs. 1 Nr. 4 EStG abgezogen werden – so das Urteil des BFH[76].

Praxishinweis

Im Revisionsverfahren wurde die Erstattung der Lohn-KiSt an den ArbG **als Sonderausgabe** anerkannt, weil der ArbN **auf seine eigene KiSt-Schuld**[77] die Zahlung leistet. Das Urteil steht damit **nicht im Widerspruch zum BFH-Urteil vom 8.3.2022**[78], nach dem die Aufwendungen eines angestellten Geschäftsführers zur Tilgung von Haftungsschulden auch insoweit **als WK abziehbar** sind, als die Haftung auf nicht abgeführter LSt beruht, die auf den Arbeitslohn des Geschäftsführers entfällt. Denn in dieser Entscheidung beruht die Zahlung auf der **Inanspruchnahme des Geschäftsführers nach §§ 69, 34 AO**, weil er seine steuerlichen Pflichten zur Abführung der Lohnsteuer verletzt hatte. Mithin liegt keine Tilgung der eigenen Steuerschuld vor.

---

72 BMF-Schr. v. 16.11.2010 – IV C 4 - S 2221/07/0004 :001, BStBl I 2010, 1311
73 § 10 Abs. 1 Nr. 4 S. 1 EStG
74 § 10 Abs. 1 Nr. 4 S. 2 EStG
75 § 32d Abs. 1 S. 3 EStG; § 43a Abs. 1 S. 2 EStG
76 BFH-Urt. v. 23.8.2024 – X R 16/21, BStBl II 2024, 58
77 § 38 Abs. 2 EStG
78 BFH-Urt. v. 8.3.2022 – VI R 19/20, BStBl II 2022, 633

IV. Realsplitting

1. Grundsätzliches

Gem. **§ 10 Abs. 1a Nr. 1 S. 1 EStG** zählen zu den Sonderausgaben die Aufwendungen für Unterhaltsleistungen an den geschiedenen oder dauernd getrenntlebenden unbeschränkt einkommensteuerpflichtigen Ehegatten, wenn der Geber dies mit Zustimmung des Empfängers beantragt, und zwar bis zu einem Höchstbetrag von 13.805 EUR im Kj. Dieser Betrag erhöht sich, sofern Basis-Krankenversicherungsaufwendungen und Pflegeversicherungsaufwendungen übernommen werden. Der Empfänger hat jene Leistung korrespondierend als sonstige Einkünfte gem. **§ 22 Nr. 1a EStG** zu versteuern (sog. begrenztes Realsplitting).

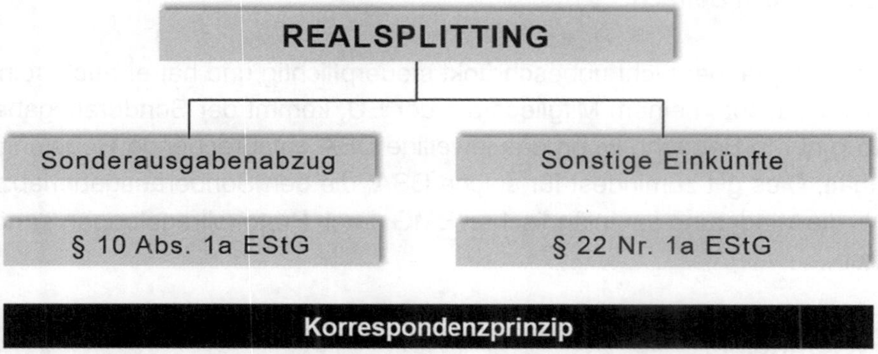

2. Realsplitting mit Auslandsbezug

Die **OFD Frankfurt** hat sich mit **Rundverfügung vom 7.2.2025**[79] zu Unterhaltsleistungen zwischen geschiedenen oder dauernd getrennt lebenden Ehegatten mit Auslandsbezug geäußert.

a) Besteuerung beim Empfänger der Unterhaltsleistungen

Unterhaltsleistungen an den unbeschränkt steuerpflichtigen Empfänger sind **nicht steuerbar, wenn** der **Geber nicht unbeschränkt steuerpflichtig** ist.[80]

---

[79] OFD Frankfurt a.M., Rundvfg. v. 7.2.2025 – S 2221a A-00001-0357-St 21, Juris
[80] BFH-Urt. v. 31.3.2004 – X R 18/03, BStBl II 2004, 1047

b) Sonderausgabenabzug beim Unterhaltsleistenden

Der Sonderausgabenabzug[81] setzt voraus, dass der **Empfänger** der Leistungen **unbeschränkt** stpfl. ist. Befindet sich der Wohnsitz des Empfängers in einem anderen Mitgliedstaat der EU, kann der Sonderausgabenabzug **nach § 1a Abs. 1 Nr. 1 EStG** in Anspruch genommen werden, sofern die Besteuerung der Leistungen beim Empfänger **durch eine Bescheinigung der zuständigen ausländischen Steuerbehörde nachgewiesen** wird.

Praxishinweis

Anstelle einer Papierbescheinigung des anderen Mitgliedstaates der EU ist eine Bestätigung der ausländischen Finanzbehörde i.R.e. Spontanauskunft[82] möglich.

Ist die **Besteuerung der Unterhaltsleistungen im Wohnsitzland des Empfängers** nicht vorgesehen (z.B. in Österreich), kommt der Sonderausgabenabzug nicht in Betracht.

Ist der Empfänger nicht unbeschränkt steuerpflichtig und hat er auch seinen Wohnsitz nicht in einem Mitgliedstaat der EU, kommt der Sonderausgabenabzug nur in Betracht, wenn das jeweilige DBA entsprechende Regelungen enthält. Dies gilt zumindest für solche DBA, die den Sonderausgabenabzug bzw. die Minderung der inländischen BMG durch Protokollregelungen ermöglichen.

Praxishinweis

In diesen Fällen ist eine Spontanauskunft gem. Art. 26 des OECD-Musterabkommens an den Staat des Unterhaltsempfängers zu übermitteln, um die Besteuerung im Drittstaat sicherzustellen.

---

81 § 10 Abs. 1a Nr. 1 EStG

82 § 9 EUAHiG; vgl. Tz. 6.2 des BMF-Schr. v. 29.5.2019 – IV B 6 - S 1320/07/100004:008, BStBl I 2019, 480

V. Versorgungsausgleich bei Ehescheidung / Aufhebung einer Lebenspartnerschaft – §§ 3, 10, 22 EStG

1. Gesetzlicher Versorgungsausgleich[83]

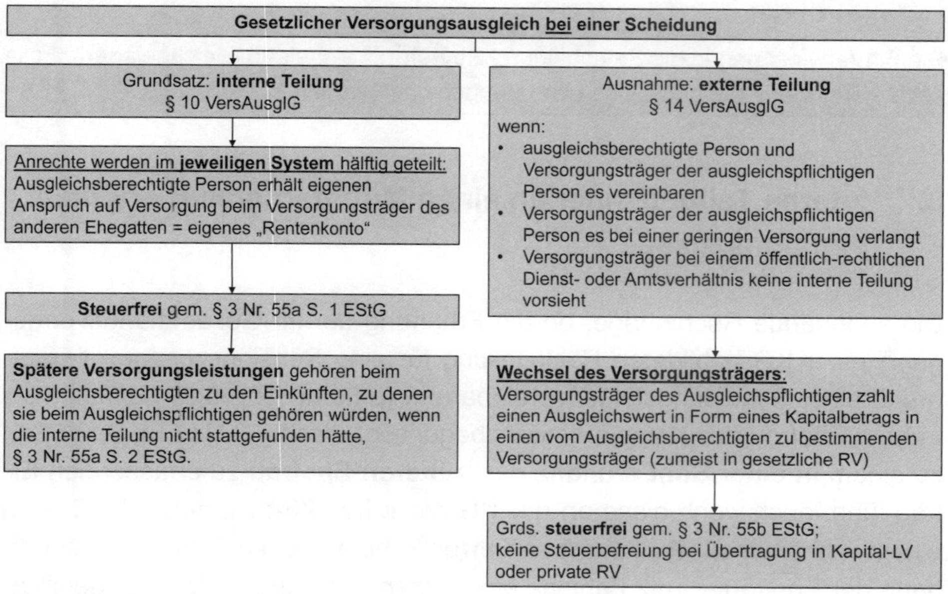

2. Steuerrechtlicher Versorgungsbeginn bei nachträglicher interner Teilung einer Beamtenpension

Das **Hess. FG** entschied am **5.6.2024**[84], dass bei einer **nachträglichen internen Teilung** einer Beamtenpension i.R.d. Versorgungsausgleichs die ausgleichsberechtigte Person steuerlich – nicht nur hinsichtlich der Einkunftsart,[85] sondern auch hinsichtlich des Versorgungsbeginns – in die **„Fußstapfen“** der ausgleichspflichtigen Person tritt.

Im konkreten Fall wurde die Stpfl. im Jahr 2001 geschieden. Die Stpfl. erhielt ab 2018 Versorgungsbezüge, rückwirkend ab 2016, aus der Beamtenversorgung ihres Ex-Mannes, der bereits seit 2007 Pension bezog. Das FA legte

---

83 Siehe weitergehend auch „Die Einkommensteuererklärung 2023“, Seite 395 ff.
84 Hess. FG, Urt. v. 5.6.2024 – 4 K 1272/23, EFG 2024, 1902, Rev. eingelegt, Az des BFH: VI R 19/24
85 § 3 Nr. 55a S. 2 EStG

den Versorgungsbeginn 2016 zugrunde und gewährte einen geringeren Versorgungsfreibetrag[86]. Das Gericht stellte jedoch – **entgegen der Auffassung der FinVerw**[87] – klar, dass für die Berechnung des Freibetrags und Zuschlags der frühere Versorgungsbeginn des Ex-Mannes aus dem Jahr 2007 maßgeblich ist.

Praxishinweis

Die FinVerw hat gegen die Entscheidung **Revision**[88] eingelegt. Gleichgelagerte Fälle sollten daher durch einen Einspruch offengehalten werden.

3. Interne Teilung einer an einen Mitunternehmer erteilten Pensionszusage

Die spannende Rechtsfrage, ob die Erhöhung der im Gesamthandsvermögen[89] einer KG gebildeten Rückstellung für eine Pensionszusage, die aufgrund einer Scheidungsfolgenvereinbarung („interne Teilung") nunmehr die frühere Ehefrau des Komplementärs begünstigt, nach § 3 Nr. 55a S. 2 EStG zu einem **in einer Sonderbilanz der früheren Ehefrau** zu erfassenden Ertrag führt, auch wenn diese **an der KG nicht beteiligt** ist, muss der BFH in einem anhängigen **Revisionsverfahren**[90] beantworten. Die Vorinstanz[91] hatte der Ehefrau – trotz Fehlens einer eigenen originären Mitunternehmerstellung – Sonderbetriebseinnahmen korrespondierend zur aufwandswirksamen Werterhöhung der Pensionsrückstellung in der Gesellschaftsbilanz zugerechnet.

---

86 § 19 Abs. 2 S. 3 EStG
87 BMF-Schr. v. 5.10.2023 – IV C 3 - S 2015/22/10001:001, BStBl I 2023, 1726, Rn 335
88 Az des BFH: VI R 19/24
89 § 39 Abs. 2 Nr. 2 S. 2 AO
90 Az des BFH: IV R 12/25
91 FG Münster, Urt. v. 18.6.2025 – 3 K 569/23 F, Juris; Rev. eingelegt, Az des BFH: IV R 12/25

VI. Zuwendungen (Spenden und Mitgliedsbeiträge)

1. Kappungsgrenze

Zuwendungen (Spenden und Mitgliedsbeiträge) zur Förderung steuerbegünstigter Zwecke i.S.d. §§ 52-54 AO können insgesamt bis zu

- 20 % des Gesamtbetrags der Einkünfte oder
- 4 Promille der Summe der gesamten Umsätze und der im Kj aufgewendeten Löhne und Gehälter

als Sonderausgaben abgezogen werden.

2. Zuwendungsempfängerregister

Seit dem 1.1.2024 führt das BZSt ein **Zuwendungsempfängerregister**[92] **(ZER)**. Dieses ist öffentlich über die Website[93] des BZSt einsehbar und informiert darüber, ob eine Organisation (Körperschaft, juristische Person des öffentlichen Rechts oder anerkannte politische Parteien und Wählervereinigungen) zur Ausstellung von Zuwendungsbestätigungen (Spendenbescheinigungen) berechtigt ist. Die Registerdaten werden von den Finanzbehörden elektronisch dem BZSt zur Verfügung gestellt, insb. Name, W-IdNr[94], die verfolgten steuerbegünstigten Satzungszwecke gem. §§ 52-54 AO, Anerkennungsdatum als Partei bzw. Wählervereinigung, zuständige Finanzbehörde, Datum des letzten Freistellungs- oder Feststellungsbescheides oder Anlage zum KSt-Bescheid und ggf. die bestehende Kontoverbindung.

Praxishinweis

Das ZER hat keine konstitutive Wirkung. Der Stpfl. darf weiterhin gem. § 10b Abs. 4 EStG auf die Richtigkeit der Zuwendungsbestätigung[95] (Spendenbescheinigung) vertrauen, deren gesetzliche Grundlage allein der an den Zuwendungsempfänger gerichtete Feststellungs-[96] oder Freistellungsbescheid ist.

[92] § 60b AO
[93] https://zer.bzst.de/
[94] § 139c AO
[95] § 50 EStDV
[96] § 60a AO

Im EU-/EWR-Ausland ansässige Zuwendungsempfänger, die weder beschränkt noch unbeschränkt stpfl. sind, können sich per elektronischem Antrag beim BZSt in das ZER eintragen lassen.[97] Das BZSt prüft sodann in eigener Zuständigkeit[98], ob die antragstellende Organisation die Voraussetzungen des § 10b Abs. 1 S. 1 Nr. 3 und S. 3 - 6 EStG und damit auch die steuerbegünstigten Zwecke i.S.d. §§ 51 - 68 AO erfüllt. Ein Anspruch auf die Prüfung besteht, wenn die antragstellende Organisation nachweislich eine Zuwendung von einem inländischen Spender erhalten hat und dies steuerlich relevant bestätigen lassen will.[99]

Praxishinweis

Ab 1.1.2025 dürfen Spenden an **ausländische Organisationen** nur noch als Sonderausgabe berücksichtigt werden, wenn eine Zuwendungsbestätigung vorgelegt wird.[100] Diese darf die ausländische Organisation aber nur ausstellen, wenn sie im ZER eingetragen ist. Daher ist u.E. ein Antrag auf Aufnahme in das Register über das „BZSt Online-Portal“[101] sinnvoll. Ggf. ist jedoch zuerst eine Registrierung beim BZSt notwendig.[102]

Auf diese Neuerungen weist auch das **FinMin Schleswig-Holstein** in einer **ESt-Kurzinformation**[103] zum Verfahren zur Anerkennung von Zuwendungen an ausländische Organisationen ab dem VZ 2025 hin.

3. Keine elektronische Übermittlung der Zuwendungsbestätigungen im Veranlagungszeitraum 2025

Es ist auch im **VZ 2025 nicht** möglich, Zuwendungen des Stpfl. elektronisch abzurufen. Eine verpflichtende elektronische Übermittlung der Zuwendungsbestätigung durch den Zuwendungsempfänger an die FinVerw ist geplant, der genaue Startzeitpunkt ist derzeit nicht bekannt. Das in 2024 eingeführte ZER ist dafür ein erster digitaler Baustein.

---

97 § 5 Abs. 1 S. 1 Nr. 47 Buchst. b FVG
98 § 50 Abs. 3 S. 1 HS 2 EStDV
99 *Wagner*, in: Hübschmann/Hepp/Spitaler, AO/FGO 8/2024 zu § 60b AO, Rz 22 und 23
100 § 50 Abs. 1 S. 2 und 3 EStDV i.V.m. § 60b AO
101 https://online.portal.bzst.de/DE/Home/home_node.html
102 https://www.bzst.de/DE/Service/Portalinformation/Anmeldung_registrierung/anmeldung_node.html
103 Finanzministerium Schleswig-Holstein, ESt-Kurzinformation Nr. 2025/2 v. 30.4.2025 – VI 302-S 2223-717, NWB MAAAJ-94592

4. Zuwendungsbestätigungen bzw. Einzahlungsbelege oder Buchungsbestätigungen

Für den Spendenabzug bedarf es einer Zuwendungsbestätigung nach Maßgabe von **§ 50 EStDV**. Die Zuwendungsbestätigung ist eine unverzichtbare materiell-rechtliche Voraussetzung für den Sonderausgaben-Abzug.[104] Inhaltlich muss die Bestätigung die Angaben enthalten, die für den Abzug wesentlich sind.

Nur ausnahmsweise genügt der Bareinzahlungsbeleg oder die Buchungsbestätigung eines Kreditinstituts, wenn die Zuwendungen zur Hilfe in **Katastrophenfällen**[105] geleistet werden oder die **Zuwendungen 300 EUR**[106] nicht übersteigen. Eine teilweise geforderte Erhöhung der Kleinspendennachweisgrenze auf 400 EUR wurde (bis Redaktionsschluss) nicht verabschiedet.

Praxishinweis

Aus der Buchungsbestätigung müssen der Name und die Kontonummer oder ein sonstiges Identifizierungsmerkmal des Auftraggebers und des Empfängers, der Betrag, der Buchungstag sowie die tatsächliche Durchführung der Zahlung ersichtlich sein.[107]

Im Jahr 2025 besteht die Möglichkeit des **vereinfachten Spendennachweises für die Unterstützung der vom Krieg in der Ukraine Geschädigten**[108]. Zu Besonderheiten äußert sich das BMF auf seiner Website in den „Fragen und Antworten zu den steuerlichen Maßnahmen zur Unterstützung der vom Krieg in der Ukraine Geschädigten“.[109]

---

104 BFH-Urt. v. 12.12.2017 – X R 46/16, BFH/NV 2018, 717
105 Siehe im Detail § 50 Abs. 4 Nr. 1 EStDV
106 Siehe im Detail § 50 Abs. 4 Nr. 1 EStDV
107 § 50 Abs. 4 S. 2 EStDV
108 BMF-Schr. v. 4.12.2024 – IV D 5 - S- 2223/19/10003 :030, BStBl I 2024, 1545
109 Siehe FAQ „Ukraine“ (Steuern) v. 31.1.2023 unter II Nr. 2, www.bundesfinanzministerium.de/Content/DE/FAQ/faq-ukraine-steuern.html; s.a. „Die Einkommensteuererklärung 2023“, Seite 409 - 410

VII. Riester-Sparen

1. Grundsätzliches

Das „Riester-Sparen“ wurde 2002 zur steuerlichen Förderung der privaten Altersvorsorge eingeführt und basiert auf dem AVmG[110]. Die Förderung erfolgt durch die Gewährung einer progressionsunabhängigen **Altersvorsorgezulage**[111] und eines zusätzlichen **Sonderausgaben-Abzugs**[112]. Anspruchsberechtigt sind unter anderem gesetzlich Rentenversicherte, Beamte, Richter, Soldaten und deren nicht dauernd getrenntlebende Ehegatten unter bestimmten Voraussetzungen[113]. Die Zulage besteht aus einer Grundzulage von 175 EUR jährlich und einer Kinderzulage von 185 EUR bzw. 300 EUR pro Kind und Jahr, abhängig vom Geburtsdatum[114]. Die volle Zulage wird nur gewährt, wenn mind. 4 % des Vorjahreseinkommens (max. 2.100 EUR) in den Riester-Vertrag eingezahlt werden, andernfalls erfolgt eine anteilige Kürzung.

Praxishinweis

In der **LSt-Bescheinigung 2025** wird in der **Zeile 15a** das bezogene **Kurzarbeitergeld** ausgewiesen. Dieses ist als **beitragspflichtige Einnahme** bei der Ermittlung des Mindesteigenbeitrags zu berücksichtigen[115].

§ 10a EStG erlaubt die Berücksichtigung von Altersvorsorgebeiträgen **bis zu 2.100 EUR als Sonderausgaben**, wenn dies steuerlich günstiger ist. Dieses wird von Amts wegen geprüft.[116] Laut **BFH-Urteil vom 9.4.2025**[117] sind zunächst Steuerermäßigungen nach § 35a EStG von der tariflichen ESt abzuziehen, bevor der Zulageanspruch zur Vermeidung einer Doppelförderung

---

110 Gesetz zur Reform der gesetzlichen Rentenversicherung und zur Förderung eines kapitalgedeckten Altersvorsorgevermögens (AVmG) v. 26.6.2001, BGBl I 2001, 1310

111 § 83 EStG

112 § 10a EStG

113 § 10a Abs. 1 S. 1 EStG; § 79 EStG

114 Geburt bis 31.12.2007: 185 EUR; Geburt nach 31.12.2007: 300 EUR

115 BMF-Schr. v. 5.10.2023 – IV C 3 - S 2015/22/10001 :001, BStBl I 2023, 1726, Rn 82 u. 83

116 § 10a Abs. 2 EStG

117 BFH-Urt. v. 9.4.2025 – X R 11/21, BStBl II 2025, 655

wieder hinzugerechnet wird. Dabei spielt es keine Rolle, ob die Zulage tatsächlich gewährt wurde; ein darüber hinausgehender Steuervorteil wird gesondert festgestellt.[118]

2. Nachträgliche Wahl der Sonderausgabe

Der Sonderausgabenabzug[119] kann vom Stpfl. freiwillig in Anspruch genommen werden. Dieses **Wahlrecht** muss nicht zwingend über die **Anlage AV** ausgeübt werden, sondern kann auch **formlos**[120] erfolgen. Die elektronische Datenübermittlung durch den Anbieter[121] des Altersvorsorgevertrags ersetzt nicht den Antrag auf den Sonderausgabenabzug. Liegen die Daten vor, aber es wird kein Antrag gestellt, erscheint programmgesteuert der nachfolgende Erläuterungstext im Einkommensteuerbescheid:

> **Erläuterungen**
> Der Anbieter Ihrer zusätzlichen Altersversorgung (sogenannte Riester-Rente) hat mir Ihre Beitragsdaten übermittelt. Ich kann für Sie überprüfen, ob der Abzug dieser Beiträge als Sonderausgaben günstiger ist als Ihr Anspruch auf die Zulage. Bitte reichen Sie hierfür innerhalb der Rechtsbehelfsfrist die ausgefüllte Anlage AV ein.

Wird in einem solchen Fall die Anlage AV bzw. ein formloser Antrag **nicht innerhalb der Einspruchsfrist** eingereicht, kann der Sonderausgabenabzug bei einer späteren Änderung der bestandskräftigen Steuerfestsetzung nach einem Urteil des Hessischen FG[122] **nur noch** innerhalb des **Kompensationsrahmens des § 177 Abs. 1 AO** berücksichtigt werden.

Weder die ursprüngliche Einwilligung zur Datenübermittlung[123] noch die Regelung des § 150 Abs. 7 S. 2 AO – danach gelten die übermittelten Daten grds. als eigene Daten des Stpfl. – begründen eine automatische Ausübung des Wahlrechts.

Gegen das Urteil wurde **Revision** eingelegt.[124]

---

118 § 10a Abs. 4 EStG
119 § 10a EStG
120 BFH-Urt. v. 19.1.2022 – X R 32/20, BStBl II 2022, 617
121 § 80 EStG
122 Hess. FG, Urt. v. 19.9.2024 – 10 K 932/22, EFG 2025, 82 - 85; Rev. eingelegt, Az des BFH: X R 28/24
123 BFH-Urt. v. 19.1.2022 – X R 32/20, BStBl II 2022, 617, Rn 30
124 Az des BFH: X R 28/24

> **Praxishinweis**
>
> Im Klageverfahren vor dem Hess. FG[125] fand **§ 10 Abs. 4 AltvDV**[126], der erst mit Wirkung vom 30.6.2020 eingeführt wurde, noch keine Anwendung. Danach kann der Zulageberechtigte gegenüber seinem Anbieter erklären, dass er eine **steuerliche Berücksichtigung** seiner an den Anbieter entrichteten Altersvorsorgebeiträge für den jeweiligen Vertrag bei der Ermittlung der abziehbaren Sonderausgaben nach § 10a EStG durch die Finanzbehörde **nicht beabsichtigt**. Übermittelt der Anbieter dieses „gesonderte Merkmal", wird das FA im Veranlagungsverfahren den Sonderausgabenabzug nicht vornehmen, es sei denn, der Stpfl. beantragt gleichwohl den Abzug mit der Anlage AV.[127]

3. Wohn-Riester

a) Grundsätzliches

Die **Leistungen aus „Riester"-Altersvorsorgeverträgen** sollen grds. dazu dienen, die gesetzliche Rente sowie eine beamtenrechtliche Versorgung zu ergänzen. Deshalb werden nur Verträge gefördert, die **lebenslange Renten** gewähren. Auf Antrag ist aber auch eine **Teilkapitalauszahlung** (Teilkapitalisierung) **bis max. 30 % des angesparten Kapitals** möglich.[128]

Ferner erlaubt der Gesetzgeber auch die **wohnwirtschaftliche Verwendung des Altersvorsorgevermögens** (sog. „Wohn-Riester"):

Der Stpfl. kann die **selbst genutzte Wohnimmobilie**[129] in die „Riester-Förderung" einbeziehen, in dem er das gebildete Kapital des Altersvorsorgevertrags bis zum Beginn der Auszahlungsphase ganz oder teilweise **unmittelbar**

– für die **Anschaffung/Herstellung** einer Wohnung (Alternative 1)[130] oder

---

125 Hess. FG, Urt. v. 19.9.2024 – 10 K 932/22, EFG 2025, 82 - 85; Rev. eingelegt, Az des BFH: X R 28/24
126 Altersvorsorge-Durchführungsverordnung
127 BMF-Schr. v. 5.10.2023 – IV C 3 - S 2015/22/10001 :001, BStBl I 2023, 1726, Rn 94
128 Zur Besteuerung der Leistungen siehe „Die Einkommensteuererklärung 2024", Seite 369 ff.
129 § 92a Abs. 1 S. 5 EStG
130 § 92a Abs. 1 S. 1 Nr. 1 Alt. 1 EStG

- zur **Tilgung** eines zu diesem Zweck aufgenommenen **Darlehens** verwendet (Alternative 2, sog. **Entschuldungsalternative**)[131] oder
- für eine **energetische Sanierung** der Wohnung[132] verwendet.[133]

b) Tilgung eines Darlehens des Ehegatten

Die sehr interessante Rechtsfrage, ob die **Tilgung eines Darlehens des Ehegatten** eine begünstigte wohnungswirtschaftliche Verwendung des in einem Riester-Vertrag gebildeten geförderten Kapitals ist, hat der **BFH** in seiner **Entscheidung vom 2.4.2025**[134] mit **„nein“** beantwortet.

Im Streitfall hatte die Ehefrau Kapital aus ihrem Altersvorsorgevertrag zur Sondertilgung des Darlehens ihres Ehemanns beantragt, das zur Finanzierung der **gemeinsamen Immobilie** diente. Da sie nicht selbst Darlehensschuldnerin war, lehnten sowohl die ZfA als auch das FG[135] den Antrag ab. Der BFH bestätigte, dass nur die Tilgung eines eigenen Darlehens förderfähig ist. Das gilt auch dann, wenn die Zulageberechtigte – wie vorliegend – eine selbstschuldnerische Bürgschaft für das von ihrem Ehegatten aufgenommene Darlehen übernommen hat. Ein persönliches und wirtschaftliches Interesse an der Tilgung reicht für die Begünstigung nicht aus. Damit bleibt die Riester-Förderung strikt an die Person des Zulagenberechtigten gebunden.

c) Verwendung von Altersvorsorgevermögen nach Umwidmung eines Darlehens

Die Stpfl. finanzierten zunächst ein Eigenheim, verkauften es später und verwendeten den Erlös für ein neues selbst genutztes Objekt, wobei das ursprüngliche Darlehen mehrfach umgeschuldet und schließlich umgewidmet wurde. Die ZfA und das FG[136] lehnten die Verwendung des Riester-Vertrags zur Darlehensablösung ab, da das Darlehen ursprünglich nicht mehr mit einer

---

131 § 92a Abs. 1 S. 1 Nr. 1 Alt. 2 EStG

132 § 92a Abs. 1 S. 1 Nr. 3 Buchst. b Doppelbuchst. bb EStG; § 35c Abs. 1 S. 3 und 4 EStG

133 Für weitere Einzelheiten vgl. „Die Einkommensteuereerklärung 2024“, Seite 372 - 373

134 BFH-Urt. v. 2.4.2025 – X R 6/22, BStBl II 2025, 652

135 FG Berlin-Brandenburg, Urt. v. 21.4.2022 – 15 K 15132/21, EFG 2023, 401 - 403

136 FG Berlin-Brandenburg, Urt. v. 25.10.2022 – 15 K 15017/22, EFG 2024, 1308 - 1312, Rev. eingelegt: Az des BFH: X R 24/23

selbst genutzten – sondern mit der mittlerweile verkauften – Wohnung verbunden sei. Der BFH[137] widersprach dieser Auffassung und erkannte erfreulicherweise die Entschuldungsalternative auch bei umgewidmeten Darlehen an. Entscheidend sei, dass ein **unmittelbarer Zusammenhang** zwischen dem ursprünglichen und dem neuen selbst genutzten Objekt besteht.

Praxishinweis

Das begrüßenswerte Urteil des BFH erhöht die Flexibilität von Wohnriester-Verträgen[138]. Um die Begünstigung nicht zu gefährden, müssen zwei Voraussetzungen beachtet werden: Zum einen erfordert die **„Unmittelbarkeit"** einen engen Finanzierungszusammenhang zwischen der verkauften Wohnimmobilie und der neu erworbenen Wohnimmobilie unter Aufrechterhaltung des ursprünglichen Darlehens. Empfehlenswert ist diesbezüglich die Einrichtung eines Treuhandkontos bei der kreditgewährenden Bank (wie im Urteilsfall), auf das der Verkaufserlös eingezahlt und von dem der Kaufpreis bezahlt wird. Zum anderen muss das Altersvorsorgekapital **„ohne Zwischenschritt"** – d.h. insb. ohne Zwischenschaltung eines Bankkontos des Stpfl.[139] – für die begünstigten Zwecke verwendet werden. Die FinVerw geht zudem von einer unmittelbaren Verwendung aus, wenn diese **innerhalb von sechs Monaten vor Antragstellung** bei der ZfA und **bis zwölf Monate nach der Auszahlung** des Altersvorsorgekapitals erfolgt.[140]

d) Wohn-Riester bei Scheidung

Bei einer „schädlichen Verwendung" der Wohnimmobilie (z.B. **Aufgabe der Selbstnutzung**, **Verkauf**) ist in der **Ansparphase** das Wohnförderkonto aufzulösen und in einem Betrag zu versteuern.[141] Im Todesfall erfolgt die Besteuerung bei der letzten ESt-Veranlagung des verstorbenen Stpfl.[142]

In der **Auszahlungsphase** ist der Restbetrag im Wohnförderkonto im Jahr des Beginns der schädlichen Verwendung zu versteuern. Im Todesfall erfolgt die Besteuerung bei der letzten ESt-Veranlagung des verstorbenen Stpfl. Hat der Stpfl. die „70 %-Einmalbesteuerung"[143] in Anspruch genommen, sind bei schädlicher Verwendung

---

137 BFH-Urt. v. 27.11.2024 – X R 24/23, BStBl II 2025, 681
138 *Gummels,* SSP 9/2025, 16 - 17
139 BFH-Urt. v. 27.1.2016 – X R 23/14, BFH/NV 2016, 1018, Rz 43, m.w.N.
140 BMF-Schr. v. 5.10.2023 – IV C 3 - S 2015/22/10001 :001, BStBl I 2023, 1726, Rn 258
141 § 22 Nr. 5 S. 4 EStG i.V.m. § 92a Abs. 3 S. 5 EStG
142 § 22 Nr. 5 S. 4 EStG i.V.m. § 92a Abs. 3 S. 5 und 6 EStG
143 § 92a Abs. 2 S. 6, Abs. 3 S. 5 EStG i.V.m. § 22 Nr. 5 S. 4 und 5 EStG

- innerhalb der ersten 10 Jahre nach dem Beginn der Auszahlungsphase die restl. 30 % mit dem Eineinhalbfachen und
- bei schädlicher Verwendung zwischen dem 11. und dem 20. Jahr nach dem Beginn der Auszahlungsphase die restlichen 30 % mit dem Einfachen zu versteuern.[144]

Bei Tod des Stpfl. entfällt die Nachversteuerung der restlichen 30 %.

Wird die **Wohnung** bei **Getrenntleben** oder bei **Scheidung** aufgrund einer richterlichen Entscheidung dem **anderen Ehegatten** zugewiesen, liegt hingegen **keine schädliche Verwendung** vor.[145] In diesen Fällen geht das Wohnförderkonto – mit allen Konsequenzen – auf den anderen Ehegatten über.[146] Der **andere Ehegatte** wird mithin **wie ein Zulageberechtigter** behandelt.[147]

Brisant wird es, wenn der Stpfl. **infolge der Trennung** von seinem Ehegatten aus der bisherigen Familienwohnung, für die er einen Altersvorsorge-Eigenheimbetrag verwendet hatte, **auszieht** und er sich in eine andere Wohnung als **Hauptwohnsitz ummeldet**, selbst wenn er die bisherige Wohnung als Nebenwohnsitz (z.B. zur Betreuung der gemeinsamen Kinder) beibehält. Hierin sieht das **FG Berlin-Brandenburg**[148] eine **Beendigung der Eigennutzung** des vormaligen Förderobjekts und damit eine schädliche Verwendung der Wohnimmobilie. Dieses kann nach Auffassung des Gerichts auch nicht mehr rückwirkend durch die spätere – infolge der Scheidung – getroffene Scheidungsfolgenvereinbarung zur Übertragung des Wohnförderkontos geheilt werden, weil de facto zu diesem Zeitpunkt das Wohnförderkonto bereits aufgrund des Auszugs aufgelöst sei.

Praxishinweis

Gegen das Urteil des FG Berlin-Brandenburg wurde **Revision**[149] eingelegt. Gleichgelagerte Fälle sollten **durch einen Einspruch offengehalten** werden. Es zu hoffen, dass die „realitätsferne" Auslegung durch das FG vom BFH revidiert wird, denn i.d.R. verlässt ein Ehepartner bereits vor der Scheidung die gemeinsame Wohnung, um die für die Scheidung erforderliche Trennung der häuslichen Gemeinschaft zu bewirken.

---

144 § 22 Nr. 5 S. 6 EStG
145 § 92a Abs. 3 S. 9 Nr. 3 EStG
146 § 92a Abs. 2a S. 1 EStG
147 *Stellmacher,* in: Kirchhof/Seer, EStG, 24. Aufl. 2025, § 92a Rn 6
148 FG Berlin-Brandenburg, Urt. v. 28.1.2025 – 15 K 15079/24, EFG 2025, 1685, Rev. eingelegt, Az des BFH: X R 9/25
149 Az des BFH: X R 9/25

Der Gesetzgeber hat diese „Fehlentwicklung“ bereits erkannt und im Gesetzesentwurf zur Reform der steuerlich geförderten privaten Altersvorsorge und zur Einführung eines Altersvorsorgedepots (Altersvorsorgedepotgesetz)[150] eine Änderung von § 92a Abs. 3 S. 9 Nr. 3 EStG in Richtung der Einbeziehung einer freiw. Überlassung der früheren Ehewohnung „vor dem Hintergrund einer bevorstehenden Scheidung aufgrund beabsichtigter Scheidungsregelungen“ vorgesehen gehabt. Nach dem Scheitern der Ampel-Koalition wurde das Altersvorsorgedepotgesetz jedoch nicht weiterverfolgt.

---

150 BT-Drucks. 20/14027, Seite 15

VIII. Verlustabzug nach § 10d EStG

1. Verlustrücktrag (§ 10d Abs. 1 EStG)

Bei der Ermittlung des Gesamtbetrags der Einkünfte nicht ausgeglichene Verluste **bis 1 Mio. EUR (EV) bzw. 2 Mio. EUR (ZV)** sind im **unmittelbar vorangegangenen VZ** vorrangig vor Sonderausgaben, agB und sonstigen Abzugsbeträgen abzuziehen.[151] Soweit ein Ausgleich der negativen Einkünfte im Vorjahr nicht möglich ist, erfolgt ein Abzug **im zweiten vorangegangenen VZ**[152] vorrangig vor Sonderausgaben, agB und sonstigen Abzugsbeträgen.

Der Verlustrücktrag kann nicht der Höhe nach beschränkt werden. Der Stpfl. kann **lediglich** auf den Verlustrücktrag in die beiden Vorjahre **insgesamt verzichten.**[153]

Blick in die Anlage Sonstiges

Verlustabzug		Steuerpflichtige Person / Ehemann / Person A	Ehefrau / Person B
17	Es wurde ein verbleibender Verlustvortrag nach § 10d EStG zum 31.12.2024 festgestellt.	1 = Ja	1 = Ja
18	Ich beantrage / Wir beantragen von einem Verlustrücktrag nach § 10d EStG in die Jahre 2024 und 2023 abzusehen.		802 1 = Ja

Praxishinweis

Die gesetzlichen Regelungen zum Verlustrücktrag gelten – unverändert – nur bei der ESt und der KSt[154], **nicht** allerdings bei der **GewSt**. Gewerbesteuerlich kann unverändert nur ein Verlustvortrag nach Maßgabe von § 10a GewStG in Anspruch genommen werden. Bei Beantragung des ertragsteuerlichen Verlustrücktrags ist auch die Wechselwirkung zur GewSt-Anrechnung zu beachten. Durch den ertragsteuerlichen Verlustrücktrag kommt es oftmals dazu, dass sich auch die Steuerermäßigungen nach § 35 EStG, § 35a EStG bzw. § 35c EStG ebenso wie der Grundfreibetrag nicht mehr auswirken.

---

151 § 10d Abs. 1 S. 1 EStG
152 § 10d Abs. 1 S. 2 EStG
153 § 10d Abs. 1 S. 6 EStG
154 § 8 Abs. 1 KStG; § 31 Abs. 1 S. 1 KStG

2. Verlustvortrag (§ 10d Abs. 2 EStG)

Soweit der Verlust durch einen Verlustrücktrag nicht vollständig berücksichtigt wurde, sind diese Verluste in den folgenden VZ bis zu einem **Sockelbetrag** von **1 Mio. EUR** (EV)/**2 Mio. EUR** (ZV) **unbeschränkt abzugsfähig**.

Durch das Wachstumschancengesetz[155] ergibt sich eine Änderung zugunsten des Stpfl. bei der sog. Mindestbesteuerung: Der Verlustabzug der **übersteigenden Beträge** wird (nur noch) **auf 70 %** – statt bisher 60 % – **des 1 bzw. 2 Mio. EUR übersteigenden Gesamtbetrags der Einkünfte** des Verlustvortragsjahres **beschränkt**. Die Neuerung gilt **erstmals für den VZ 2024**[156], und darüber hinaus **für die VZ 2025 - 2027**. Ab VZ 2028 ist eine Rückkehr auf einen Prozentsatz von 60 % geplant.

Praxishinweis

Die Neuregelung der Mindestbesteuerung mit 70 % findet in der ESt und der KSt[157] Anwendung. In der GewSt bleibt hingegen bei der Berücksichtigung vortragsfähiger Gewerbeverluste weiterhin der bisherige Prozentsatz (60 %) maßgebend.[158]

Die Regelungen der Mindestgewinnbesteuerung sind, soweit **Körperschaftsteuersubjekte** i.S.d. § 1 Abs. 1 Nr. 1 - 3 KStG bzw. **Gesellschaften** i.S.d. § 2 Abs. 2 S. 1 GewStG betroffen sind, nach dem Beschluss des BVerfG vom 23.7.2025[159] **mit dem Grundgesetz vereinbar**.

Das BVerfG hat eine weitere **Verfassungsbeschwerde**[160] gegen die Mindestbesteuerung durch Beschluss vom 24.9.2025 **nicht zur Entscheidung angenommen**, nachdem der BFH bereits mit Urteil vom 22.8.2012[161] keine verfassungsrechtlichen Bedenken gegen die Regelung geäußert hatte.

Der Verlustvortrag wird im höchstmöglichen Umfang – **vorrangig vor Sonderausgaben und agB** – abgezogen, d.h. ggf. bis auf 0 EUR Einkommen. Dadurch kann es dazu kommen, dass Sonderausgaben, agB und der Grundfreibetrag ohne Auswirkung bleiben. Der BFH hat diesbezüglich keine verfassungsrechtlichen Bedenken.[162]

---

155 Wachstumschancengesetz v. 27.3.2024, BGBl I 2024, Nr. 108
156 § 52 Abs. 18b S. 3 EStG
157 § 8 Abs. 1 KStG; § 31 Abs. 1 S. 1 KStG
158 § 10a S. 2 GewStG
159 BVerfG, Beschl. v. 23.7.2025 – 2 BvL 19/14, DStR 2025, 2000
160 BVerfG, Beschl. v. 24.9.2025 – 2 BvR 2998/12, Juris
161 BFH-Urt. v. 22.8.2012 – I R 9/11, BStBl II 2013, 512
162 BFH-Beschl. v. 3.9.2021 – IX B 14/21, BFH/NV 2021, 1488 m.w.N.

3. Verlustfeststellung (§ 10d Abs. 4 EStG)

Die bei der *Ermittlung des Gesamtbetrags der Einkünfte* nicht ausgeglichenen negativen Einkünfte, abzüglich der durch Verlustrücktrag verbrauchten Verluste und vermehrt um den auf den Schluss des vorangegangenen VZ festgestellten verbleibenden Verlustes, sind am Schluss des VZ gesondert festzustellen[163] (= verbleibender Verlustvortrag).

4. Exkurs: Verlustvortrag und freiwillige gesetzl. Krankenversicherung

Nach der Rspr. des **LSG Baden-Württemberg**[164] ist ein Verlustvortrag nach § 10d EStG bei der Berechnung der Beiträge zur freiwilligen gesetzlichen Krankenversicherung nicht von den Einkünften aus VuV abzuziehen. Das gilt selbst dann, wenn der Verlustvortrag aus Investitionen in vermietetes Wohneigentum herrührt.

[163] § 10d Abs. 4 S. 1 und 2 EStG

[164] Landessozialgericht Baden-Württemberg, Urt. v. 2.10.2024 – L 5 KR 40/24, Juris

G. Außergewöhnliche Belastungen

I. Allgemeine außergewöhnliche Belastungen – § 33 EStG

1. Vorbemerkung

Nachfolgend werden die für die Erstellung der ESt-Erklärung 2025 aktuellen Entwicklungen bei den agB erläutert. AgB i.S.d. § 33 EStG i.Z.m. einer Behinderung werden in Abschnitt G.III. behandelt.

2. Nachweis der Zwangsläufigkeit von Krankheitskosten bei einem E-Rezept

Der Nachweis der Zwangsläufigkeit von Krankheitskosten ist in § 64 EStDV geregelt. Für Arznei-, Heil- und Hilfsmittel ist die **Verordnung eines Arztes** oder Heilpraktikers – im Vorfeld – vorgeschrieben.[1]

Mit Schreiben vom 26.11.2024[2] hat das BMF eine Ergänzung für die im Jahr 2024 eingeführten **E-Rezepte** vorgenommen, bei denen der **Patient keine vom Arzt unterschriebene Verordnung** erhält. An deren Stelle tritt der Kassenbeleg der Apotheke bzw. die Rechnung der Online-Apotheke oder bei Versicherten mit einer privaten Krankenversicherung alternativ der Kostenbeleg der Apotheke. Das entsprechende Dokument muss für den Nachweis i.S.d. § 64 EStDV folgende Angaben enthalten:

- Name der steuerpflichtigen Person
- die Art der Leistung (z.B. Name des Arzneimittels)
- den Betrag bzw. Zuzahlungsbetrag
- Art des Rezeptes

---

1 § 64 Abs. 1 S. 1 Nr. 1 EStDV
2 BMF-Schr. v. 26.11.2024 – IV C 3 - S 2284/20/10002:005, BStBl I 2024, 1429

Praxishinweis

Nur für den VZ 2024 wird es die FinVerw nicht beanstanden, wenn der **Name** der steuerpflichtigen Person **nicht auf** dem **Kassenbeleg** vermerkt ist. Diese Nichtbeanstandungsregelung kommt ab dem VZ 2025 nicht mehr zur Anwendung.

3. Haushaltsersparnis i.H.d. Grundfreibetrags

Nach der ständigen Rechsprechung des BFH[3] gilt bei einer **Heimunterbringung** Folgendes:

- Aufwendungen für die **krankheitsbedingte Unterbringung** in einem Alten- und Pflegeheim kommen als agB nur in Betracht, soweit dem Stpfl. **zusätzliche** Aufwendungen erwachsen. Dementsprechend sind die Aufwendungen im Grundsatz **um eine Haushaltsersparnis zu kürzen**, es sei denn, der Pflegebedürftige behält seinen normalen Haushalt bei.
- Die Haushaltsersparnis des Stpfl. ist entsprechend dem **in § 33a Abs. 1 EStG vorgesehenen Höchstbetrag** für den Unterhalt unterhaltsbedürftiger Personen zu schätzen. Dieser Höchstbetrag ist mittlerweile an den **Grundfreibetrag**[4] gekoppelt.
- Sind beide Ehegatten krankheitsbedingt in einem Alten- und Pflegeheim untergebracht, ist **für jeden der Ehegatten** eine Haushaltsersparnis anzusetzen.

Im **VZ 2025** beträgt die Haushaltsersparnis des jeweiligen Stpfl. **12.096 EUR**.[5]

Praxishinweis

ESt-Bescheide ab dem VZ 2023 ergehen aktuell vorläufig[6] hinsichtlich der Höhe des Grundfreibetrags. Hintergrund ist ein Verfahren vor dem BFH[7], in dem es um die

---

3 (U.a.) BFH-Urt. v. 4.10.2017 – VI R 22/16, BStBl II 2018, 179 (m.w.N.)
4 § 32a Abs. 1 S. 2 Nr. 1 EStG
5 Zum Ansatz der Haushaltsersparnis für beide Ehegatten: siehe BFH-Urt. v. 4.10.2017 – VI R 22/16, BStBl II 2018, 179; zur Ländergruppeneinteilung bei Auslandsfällen 2025: siehe BMF-Schr. v. 2.12.2025 – IV C 3 - S 2285/00019/007/068, Juris
6 § 165 Abs. 1 S. 2 AO
7 Az des BFH: III R 26/24 (Vorinstanz: Schleswig-Holstein FG, Gerichtsbescheid v. 28.6.2024 – 1 K 37/23, EFG 2024, 1837)

Frage geht, ob der Grundfreibetrag verfassungswidrig zu niedrig ist, da dieser unter der Höhe des Bürgergelds[8] liegt.

Ob die FinVerw bei einer möglicherweise rückwirkenden Erhöhung des Grundfreibetrags eine höhere Haushaltsersparnis berücksichtigen und betreffende Steuerbescheide zu Ungunsten der Stpfl. ändern würde, ist nicht absehbar. Nach der BFH-Entscheidung vom 29.4.2025[9] dürfte eine Änderungsbefugnis nach § 165 Abs. 2 AO zumindest fraglich sein.[10] Die Gewährung einer AdV dürfte ausscheiden.[11]

4. Verfassungsbeschwerde: Zumutbare Belastung bei Krankheitskosten und Kosten der Diätverpflegung

Mit Beschluss vom 4.11.2021[12] hatte der BFH (u.a.) entschieden, dass der Ansatz der **zumutbaren Belastung** nach § 33 Abs. 3 EStG bei Krankheitskosten **keinen verfassungsrechtlichen Bedenken** begegne. Dies gelte auch bei Krankheitskosten, die aufgrund eines vereinbarten Selbstbehalts von der privaten Krankenversicherung nicht erstattet würden.

Das ausnahmslose **Abzugsverbot** für Aufwendungen für **Diätverpflegung** nach § 33 Abs. 2 S. 3 EStG sei verfassungsgemäß, auch wenn die Diätverpflegung **eine medikamentöse Behandlung ersetze.**[13]

Praxishinweis

Gegen die Entscheidung des BFH haben die Kläger **Verfassungsbeschwerde** beim BVerfG eingelegt.[14] Vergleichbare Fälle können im Rechtsbehelfsverfahren offengehalten werden. Eine Aufnahme der Rechtsfragen in den Vorläufigkeitskatalog des BMF ist bis einschl. BMF-Schreiben vom 26.5.2025[15] **nicht** erfolgt.

---

8 Rd. 15.000 EUR
9 BFH-Urt. v. 29.4.2025 – VI R 14/23, BFH/NV 2025, 1331
10 Siehe hierzu „Zahlen zur Einkommensteuer 2025 sowie aktuelle Entwicklungen – Einkommensteuererklärung und Verfahrensrecht – Änderung von Steuerbescheiden nach § 165 AO“
11 Vgl. auch FG Münster, Beschl. v. 14.7.2025 – 1 V 1145/25 E, EFG 2025, 1536 (Beschwerde zugelassen)
12 BFH-Beschl. v. 4.11.2021 – VI R 48/18, BFH/NV 2022, 120; Verfassungsbeschwerde eingelegt, Az des BVerfG: 2 BvR 1554/23
13 Vgl. auch „Die Einkommensteuererklärung 2022“, Seite 383
14 Az des BVerfG: 2 BvR 1554/23
15 BMF-Schr. v. 26.5.2025 – IV D 1 - S 0338/00083/001/099, BStBl I 2025, 1178

5. Aktuelle Rechtsprechung

a) Vorbemerkung

Der Abzug von agB nach § 33 EStG setzt u.a. voraus, dass die Aufwendungen

- außergewöhnlich sind und
- zwangsläufig entstehen.

Praxishinweis

Die Vorschrift bezeichnet es als **außergewöhnlich**, wenn einem Stpfl. „größere Aufwendungen als der überwiegenden Mehrzahl der Stpfl. gleicher Einkommensverhältnisse, gleicher Vermögensverhältnisse und gleichen Familienstands" erwachsen.[16]

Zwangsläufigkeit liegt vor, wenn sich der Stpfl. den Aufwendungen „aus rechtlichen, tatsächlichen oder sittlichen Gründen nicht entziehen kann".[17]

Wenn Aufwendungen im finanzgerichtlichen Verfahren nicht als agB anerkannt werden, scheitert es ganz überwiegend daran, dass die Tatbestandsmerkmale **außergewöhnlich** und/oder **zwangsläufig** nicht erfüllt sind.

b) Kosten für die eigene Bestattung keine agB

Das FG Münster[18] hat die Aufwendungen für eine **eigene Bestattungsvorsorge**-Police i.H.v. 6.500 EUR nicht zum Abzug als agB zugelassen. Der Kläger hatte vorgetragen, damit die späteren Erben entlasten zu wollen, bei denen die Bestattungskosten (u.U.) als agB abziehbar gewesen wären.

Bestattungskosten für einen Angehörigen könnten nach einschlägiger BFH-Rechtsprechung[19] agB sein, wenn sie nicht durch den Wert des Nachlasses gedeckt seien. Ansonsten fehle es an einer wirtschaftlichen Belastung der Erben. Dies müsse erst recht für den Erblasser gelten, wenn er die Aufwendungen aus eigenem Vermögen trage.

---

16 § 33 Abs. 1 EStG
17 § 33 Abs. 2 EStG
18 FG Münster, Urt. v. 23.6.2025 – 10 K 1483/24 E, DStRK 2025, 231, rkr
19 Vgl. BFH-Beschl. v. 21.2.2018 – VI R 11/16, BStBl II 2018, 469

Zudem fehle es an der Zwangsläufigkeit der Aufwendungen. Es bestehe weder eine rechtliche noch eine tatsächliche Verpflichtung, die eigenen Bestattungskosten zu tragen. Eine sittliche Verpflichtung, Angehörige davon zu entlasten, sei ebenfalls nicht ersichtlich.

c) Vermögensschaden als Opfer einer Straftat

Das FG Münster[20] hat sich in einem Verfahren zu einem Trickbetrug umfassend damit auseinandergesetzt, **wann ein Vermögensverlust aufgrund einer Straftat zu agB führen kann**.

Praxishinweis

Weil zu Vermögensschäden aus **Trickbetrug** bisher keine höchstrichterliche Rechtsprechung existiert, haben die Richter zur Urteilsfindung verschieden Straftaten als Vergleich herangezogen und sind auf die dazu ergangene Rechtsprechung eingegangen.

Da Betrugsdelikte und Erpressungen keine Einzelfälle sind, erfolgt hier zunächst ein kurzer Überblick zu den Vergleichsfällen, der für ähnliche Sachverhalte hilfreich sein kann. Anschließend wird die Entscheidung im eigentlichen Fall dargestellt.

Ob ein Vermögensverlust **zwangsläufig** entstanden sei, hänge nach der bisherigen Rechtsprechung von der **Art des Delikts** ab.

- Bei **Betrug oder Unterschlagung** komme es darauf an, ob die Ursache, die zum Delikt geführt habe, zwangsläufig gewesen sei. Bei einem sog. Eingehungsbetrug werde das Opfer zum Abschluss eines (nachteiligen) Vertrags bewegt. Sei der Vertrag, bspw. ein Kauf- oder Darlehnsvertrag, nicht zwangsläufig abgeschlossen, sondern freiwillig eingegangen worden, komme ein Abzug von agB nicht in Betracht.[21]
- In **Erpressungsfällen** müsse eine zweistufige Prüfung vorgenommen werden. Habe das Opfer den Erpressungsgrund **durch ein strafbares oder sozialwidriges Verhalten selbst herbeigeführt**, scheide ein Abzug von agB von vornherein aus.[22] In anderen Fällen komme es im

---

20 FG Münster, Urt. v. 2.9.2025 – 1 K 360/25 E, EFG 2025, 1429; Rev. eingelegt, Az des BFH: VI R 14/25

21 U.a. BFH-Urt. v. 19.5.1995 – III R 12/92, BStBl II 1995, 774

22 U.a. BFH v. 18.3.2004 – III R 31/02, BStBl II 2004, 867

zweiten Schritt darauf an, ob für das Opfer eine **objektive Handlungsalternative** bestanden habe.[23]

Im Entscheidungsfall erhielt die 77-jährige Klägerin einen sog. **„Schockanruf“** von einem vermeintlichen Rechtsanwalt. Ihre Tochter habe einen tödlichen Verkehrsunfall verursacht. Die drohende Untersuchungshaft könne durch eine Kaution i.H.v. 50.000 EUR abgewendet werden. Die Klägerin hob das Geld bei ihrer Bank ab und übergab es einem Boten. Nachdem sie den Betrug durchschaut hatte, erstattete sie Strafanzeige. Das Verfahren wurde eingestellt, weil der Täter nicht ermittelt werden konnte.

Die Zahlung wurde vom FG Münster **nicht als agB anerkannt**.

Zum einen sei ein solcher Trickbetrug **nicht außergewöhnlich**, vielmehr habe sich bei der Klägerin ein **allgemeines Lebensrisiko** verwirklicht. Die Klägerin sei, anders als bei der Entführung prominenter Personen, nicht gezielt ausgewählt worden, sondern Zufallsopfer gewesen. Jeder Inhaber eines Telefonanschlusses könne Ziel eines solchen Betrugs werden, auch wenn viele der Angerufenen den Betrug sofort durchschauen würden.

Ein **ausnahmsweiser** Abzug von agB wegen **Abhandenkommens lebensnotwendiger Gegenstände** liege ebenfalls nicht vor, da die Klägerin den Betrag aus ihren liquiden Mitteln habe bezahlen können und ihre finanzielle Absicherung aufgrund von sechs Vermietungsobjekten mit ausschließlich positiven Einkünften und ihrer kleineren Rente nicht gefährdet gewesen sei.

Zum anderen fehle es auch an der **Zwangsläufigkeit.** Obwohl die Klägerin Opfer eines Betrugs geworden sei, könne die bisherige Rechtsprechung zu Betrugsfällen nicht herangezogen werden. Die Situation sei, unabhängig von der strafrechtlichen Beurteilung, vielmehr **mit einer Erpressung vergleichbar** (verlangte Handlung oder Verwirklichung eines erheblichen Übels), daher müsse die zu Erpressungen ergangene Rechtsprechung herangezogen werden.

Es komme also darauf an, ob für die Klägerin eine **objektive Handlungsalternative** bestanden habe. Der **subjektiv empfundene Handlungsdruck** aufgrund der vom Täter aufgebauten Stresssituation sei **nicht maßgeblich**. Selbst wenn die Behauptungen des Trickbetrügers wahr gewesen wären, habe die Klägerin durchaus Handlungsalternativen gehabt, da eine nach

---

23 Vgl. BFH-Urt. v. 29.3.2012 – VI R 21/11, BStBl II 2012, 574

rechtsstaatlichen Vorschriften zustande gekommene Untersuchungshaft keine Gefahr für Leib und Leben darstelle.

Die wegen grundsätzlicher Bedeutung zugelassene **Revision**[24] wurde eingelegt.

> **Praxishinweis**
>
> Die Entscheidung liegt auf der Linie der FinVerw; vergleichbare Sachverhalte sollten bis zur BFH-Entscheidung offengehalten werden. Die Gewährung einer AdV dürfte ausscheiden.

d) Aufwendungen für ein Fitnesscenter nicht als agB abziehbar

Die Klägerin hatte eine ärztliche Verordnung für Funktionstraining (Wassergymnastik). Die Kosten hierfür wurden direkt mit der Krankenkasse abgerechnet. Für die Anwendungen suchte sie ein wohnortnahes Fitnessstudio auf, dessen Öffnungszeiten besser zu ihren Arbeitszeiten passten als die Öffnungszeiten einer weiter entfernt liegenden Praxis. Voraussetzung für die Teilnahme an den Kursen war allerdings eine Mitgliedschaft im Fitnessstudio und die Buchung eines Grundmoduls sowie die Mitgliedschaft im Reha-Verein, der die Kurse durchführte.

Das Nds. FG[25] ließ die Beiträge für den Reha-Verein und die Fahrtkosten als agB zu, lehnte aber den Abzug der **Mitgliedsbeiträge für das Fitnessstudio und das Grundmodul** ab. Hiergegen legte die Klägerin Revision ein. Der BFH hat die Entscheidung des FG mit Urteil v. 21.11.2024[26] bestätigt.

- Die Aufwendungen für ein Fitnessstudio stellten **keine tatsächlich entstandenen Krankheitskosten** dar. Auch gesunde Menschen nehmen die Angebote des Studios für ihre Gesundheitsvorsorge und zur Steigerung ihres Wohlbefindens in Anspruch. Dass die Klägerin von dem umfangreichen Angebot keinen Gebrauch gemacht habe, spiele für die Beurteilung keine Rolle.
- Die Aufwendungen seien zudem **nicht zwangsläufig** entstanden. Die Wahl des Fitnessstudios zur Durchführung der Kurse sei Folge eines

---

24 Az des BFH: VI R 14/25
25 Nds. FG, Urt. v. 14.12.2022 – 9 K 17/21, EFG 2023, 334, Rev. zurückgewiesen, Az des BFH: VI R 1/23
26 BFH-Urt. v. 21.11.2024 – VI R 1/23, BStBl II 2025, 348

frei gewählten Konsumverhaltens. Weder die „Verknüpfung“ von Kursen und Mitgliedschaft noch die von der Klägerin vorgebrachten Praktikabilitätserwägungen (Fahrzeit, Öffnungszeiten) könnten eine steuererhebliche Zwangsläufigkeit begründen.

e) Aufwendungen für ein Insolvenzverfahren sind keine agB

Die Aufwendungen für ein Insolvenzverfahren, die nicht mit einer Einkunftsart im Zusammenhang stehen, stellen Kosten der privaten Lebensführung dar. Ein Abzug als agB kommt nicht in Betracht, da die Aufwendungen **nicht außergewöhnlich** sind. Wie der VI. Senat des BFH bereits mit Urteil vom 16.12.2021[27] ausgeführt hatte, sind Überschuldungen von Privatpersonen kein gesellschaftliches Randphänomen. Dieser Rechtsauffassung folgt auch der IX. Senat des BFH mit Urteil vom 13.8.2024[28].

f) Therapiefahrten, Reisepass, Erbrechtsstreit

In einem komplexen Fall vor dem FG Berlin-Brandenburg[29] ging es neben Fragen zur Rentenbesteuerung, dem Abzug einer Zahnzusatzversicherung als Sonderausgaben und der Reinigung einer Ferienwohnung als haushaltsnahe Tätigkeit[30] auch um verschiedene Aufwendungen, für die der Kläger einen Abzug als agB beantragt hatte.

Die wegen grundsätzlicher Bedeutung (nur) im Hinblick auf die Rentenbesteuerung zugelassene Revision[31] wurde eingelegt. Ob sich der BFH i.d.Z. auch zu den anderen Rechtsfragen äußern wird, bleibt abzuwarten.

(1) Therapiefahrten

Der Kläger hat im Streitjahr 2018 nach eigenem Vorbringen aufgrund einer neurologisch-psychiatrischen Erkrankung mehrere Fahrten/Reisen im In- und Ausland mit dem Ziel durchgeführt, die Symptome seiner Erkrankung zu lindern. Hierzu legte er eine **ärztliche Bescheinigung** aus dem Jahr **2012** vor.

---

27 BFH-Urt. v. 16.12.2021 – VI R 41/18, BStBl II 2022, 321
28 BFH-Urt. v. 13.8.2024 – IX R 29/23, BStBl II 2025, 277
29 FG Berlin-Brandenburg, Urt. v. 7.11.2024 – 14 K 9179/21, EFG 2025, 704; Rev. eingelegt, Az des BFH: X R 4/25
30 Vgl. hierzu die Ausführungen zu § 35a EStG
31 Az des BFH: X R 4/25

Das FG ließ den Abzug als agB nicht zu.

Praxishinweis

Bei den Reisen handele es sich um eine **wissenschaftlich nicht anerkannte Behandlungsmethode**[32], für die ein formalisierter Nachweis durch ein amtsärztliches Gutachten oder eine Bescheinigung des medizinischen Dienstes der Krankenkassen erforderlich sei, der zudem **vor Beginn der Behandlung**[33] hätte ausgestellt werden müssen. § 64 EStDV stelle eine das FG bindende Vorschrift dar, so dass auf den Nachweis nicht verzichtet werden könne.

(2) Reisepass

I.Z.m. den unter (1) genannten Therapiefahrten hatte der Kläger Kosten für die Ausstellung eines Reisepasses. Auch diese wurden vom FG nicht als agB anerkannt, da die Zwangsläufigkeit nicht nachgewiesen sei.

Praxishinweis

Es seien keine rechtlichen, tatsächlichen oder sittlichen Verpflichtungen für die Ausstellung eines Reisepasses erkennbar. Insb. die o.g. Auslandsfahrten könnten eine Zwangsläufigkeit nicht begründen, weil für die Therapiefahrten bereits keine Zwangsläufigkeit nachgewiesen sei.

(3) Erbrechtsstreit

Der Kläger begehrte außerdem den Abzug von Gerichts- und Anwaltskosten für ein Klageverfahren i.Z.m. einer Erbschaftsstreitigkeit. Auch hierfür kam ein Abzug als agB nach der Entscheidung des FG nicht in Betracht.

Praxishinweis

Prozesskosten seien nach § 33 Abs. 2 S. 4 EStG generell vom Abzug ausgeschlossen. Ein Ausnahmefall habe nicht vorgelegen, da die **Existenzgrundlage** des Klägers **nicht gefährdet** gewesen sei. Hierbei sei nach ständiger BFH-Rechtsprechung[34] ausschließlich auf die materielle Lebensgrundlage abzustellen.

---

32 § 64 Abs. 1 S. 1 Nr. 2 Buchst. f EStDV
33 § 64 Abs. 1 S. 2 EStDV
34 U.a. BFH-Urt. v. 13.8.2020 – VI R 27/18, BStBl II 2021, 86

g) Behinderungsbedingter Umbau einer Mietwohnung durch den Vermieter, Verhältnis von verdeckter Gewinnausschüttung und außergewöhnlichen Belastungen

Die Eheleute bewohnen ein Grundstück mit zwei ursprünglich freistehenden Wohngebäuden. Eigentümer des Grundstücks ist eine GmbH, dessen Geschäftsführer und beherrschender Gesellschafter (94 % des Stammkapitals) der Ehemann ist.

Das Haus 1 ist an die Eheleute zu Wohnzwecken vermietet. Bei dem Haus 2 handelt es sich um ein Gebäude, das als Büro mit einer Einliegerwohnung, bestehend aus zwei Zimmern, Küche und Bad, genutzt werden kann. Das Haus 2 ist nicht vermietet.

Das Kind der Eheleute ist behindert und auf einen Rollstuhl angewiesen (Grad der Behinderung 100, Merkzeichen H). Die GmbH errichtete auf eigene Kosten für ca. 300.000 EUR einen behindertengerechten Verbindungsbau zwischen den Gebäuden und nahm behinderungsbedingte Umbaumaßnahmen an dem Haus 2 vor. Die Miete für das Haus 1 wurde im Hinblick auf die Umbaumaßnahmen erhöht. Im Haus 2 befindet sich nach dem Umbau das Schlafzimmer des Sohnes. Hierfür wird keine zusätzliche Miete gezahlt.

Der BFH hat mit Urteil vom 17.6.2025[35] das Urteil der Vorinstanz nur zum Teil bestätigt. In einem wesentlichen Punkt widersprachen die Richter dem FG. Im Einzelnen ergibt sich aus dem Sachverhalt die folgende Rechtslage:

– Die **„behinderungsbedingte Mehrmiete“** für den Verbindungsbau führt dem Grunde nach zu agB. Die durch ein Gutachten festgestellte Möglichkeit einer kostengünstigeren Alternative ist aber bei der Höhe der abziehbaren Aufwendungen zu berücksichtigen. Das FG berechnete die **behinderungsbedingte Mehrmiete** aus der Verzinsung der nach dem Gutachten **erforderlichen** Umbaukosten und legte der Berechnung den **Mittelwert** eines Schätzungsrahmens i.H.v. rd. 150.000 EUR zugrunde. Diesen verzinste das FG mit 5 % und ließ rd. 7.500 EUR zum Abzug als agB zu. Der BFH bestätigte das FG dem Grunde nach, änderte die Berechnung der agB aber dahingehend, dass der **obere Wert** des Schätzungsrahmens zugrunde gelegt wurde. Nur Aufwendungen, die über der oberen Grenze eines Schätzungsrahmens liegen, sind als unangemessen anzusehen. Die agB erhöhten sich dadurch um 264 EUR/Jahr.

---

[35] BFH-Urt. v. 17.6.2025 – VI R 15/23, Juris; vorgehend FG München, Urt. v. 27.10.2022 – 10 K 3292/18, EFG 2024, 15

– Aus der unentgeltlichen Überlassung von Haus 2 ergibt sich eine vGA für den Ehemann. Nach Ansicht beider Gerichte betrifft dies nicht nur anteilig das Schlafzimmer des Sohns, sondern das gesamte Gebäude.

– Anders als das FG hat der BFH entschieden, dass die ersparte Miete für Haus 2, die zu einer vGA führt, als agB berücksichtigt werden kann, soweit sie behinderungsbedingten Mehraufwand darstellt.

  Die Rechtsprechung geht davon aus, dass eine vGA aus Gleichheitsgesichtspunkten so zu behandeln ist wie eine offene Ausschüttung und ein hinzutretender Leistungsaustausch, wie er unter Dritten durchgeführt worden wäre.[36] Diese Sichtweise (sog. „Fiktionstheorie“) muss nach Auffassung des BFH auch für agB gelten.

– Der betragsmäßige Anteil der **behinderungsbedingten Mehraufwendungen** aus der vGA muss vom FG in einem zweiten Rechtsgang ermittelt werden.

  Dieser Wert ist dann **in voller Höhe als agB** abziehbar. § 3c Abs. 2 EStG (sog. „Teilabzugsverbot“ für Aufwendungen i.Z.m. Einnahmen, die unter das Teileinkünfteverfahren fallen) ist nach Ansicht des BFH schon deshalb nicht anwendbar, weil es sich nicht um Betriebsausgaben oder Werbungskosten handelt.

h) Prozesskosten bei illegalen Online-Glücksspielen

Der Kläger hat im Jahr 2022 seinen Arbeitsplatz verloren und ist seitdem dauerhaft als arbeitsunfähig erkrankt. Er bezog zunächst Krankengeld i.H.v. 2.900 EUR mtl., später ALG I von rd. 2.300 EUR mtl., außerdem bezieht er eine mtl. Arbeitsunfähigkeitsrente aus einer privaten Versicherung von rd. 2.700 EUR. Aus früheren Jahren bestehen Darlehnsschulden i.H.v. rd 70.000 EUR, die aus der Zahlung von Spieleinsätzen an Online-Glücksspiel-Portale resultierten. Der Kläger gab an, dass er voraussichtlich nie wieder arbeiten könne und sein Einkommen es nicht ermögliche, die Schulden zu tilgen.

Im Streitjahr 2023 hat er deshalb mehrere Online-Anbieter auf Rückzahlung verlorener Spieleinsätze von rd. 137.000 EUR aus den Jahren 2013 - 2022 verklagt. Begründet wurden die Klagen damit, dass die angebotenen Online-Glückspiele in dem Zeitraum, in dem der Kläger die Dienste der Glückspielanbieter in Anspruch genommen hatte, gesetzlich verboten waren. Die Klagen waren in erster Instanz vollumfänglich erfolgreich. Ob der Kläger allerdings

---

[36] Vgl. BFH-Urt. v. 14.8.1975 – IV R 30/71, BStBl II 1976, 88

jemals eine Rückzahlung erhalten wird, ist offen, da die Anbieter der Glücksspiele entweder Berufung eingelegt haben oder sich im Insolvenzverfahren befinden. Zudem sind die Portale allesamt im Ausland ansässig (Malta, Curacao, Gibraltar).

Die Prozesskosten i.H.v. rd. 14.500 EUR hat das Nds. FG mit Urteil vom 10.6.2025[37] **nicht zum Abzug zugelassen**. Prozesskosten seien als agB abzugsfähig, wenn sie dazu dienten, das Wegbrechen der Erwerbs- oder Einkommensgrundlage des Stpfl. zu verhindern.[38] Die bloße Befürchtung, dass sich die Einkommens- und Vermögenssituation in Zukunft verschlechtern werde, reiche nicht aus. Maßgeblich sei dabei die **Einkommens- und Vermögenssituation des Stpfl. im Jahr des Abflusses der Prozesskosten**.

Der Prozess müsse außerdem dazu dienen, die **Ursache** der drohenden Existenznot zu beseitigen. Ursächlich sei in diesem Fall der **Verlust der Arbeitsstelle**. Prozesse, die lediglich **aus Anlass** einer drohenden Existenznot, **aber ohne inneren Zusammenhang mit der Ursache** für den Wegfall der Lebensgrundlagen geführt würden, seien nicht begünstigt.

Die Prozesse hätten zudem, bei einem Vergleich der Schulden des Klägers (rd. 70.000 EUR) und der eingeklagten Schadenssumme (rd. 137.000 EUR), nicht auf den drohenden Verlust der Existenzgrundlage abgezielt, sondern auf eine **Vermehrung des Vermögens**.

Ob der Kläger aufgrund der sozialen Sicherungssysteme tatsächlich gefährdet sei, seine materielle Existenzgrundlage zu verlieren, sei im Urteilsfall nicht entscheidungserheblich und könne dahin gestellt bleiben.

Da der BFH noch keine Gelegenheit hatte, zu einer vergleichbaren Konstellation Stellung zu nehmen, wurde die **Revision**[39] zugelassen und auch eingelegt.

---

37 Nds. FG, Urt. v. 10.6.2025 – 13 K 157/24, DStRK 2025, 270; Rev. eingelegt, Az des BFH: VI R 10/25

38 Vgl. § 33 Abs. 3 S. 4 EStG

39 Az des BFH: VI R 10/25

II. Außergewöhnliche Belastungen in Sonderfällen (Unterhaltsleistung) – § 33a EStG

1. Unterhaltshöchstbetrag

Der Unterhaltshöchstbetrag[40] wird (seit 2022) dynamisch durch einen Verweis auf den Grundfreibetrag[41] angepasst. Im VZ 2025 liegt dieser bei **12.096 EUR**.[42]

Praxishinweis

ESt-Bescheide ab dem VZ 2023 ergehen aktuell vorläufig[43] hinsichtlich der Höhe des Grundfreibetrags. Hintergrund ist ein Verfahren vor dem BFH[44], in dem es um die Frage geht, ob der Grundfreibetrag verfassungswidrig zu niedrig ist, da er unter der Höhe des Bürgergelds liegt.

Ob der Vorläufigkeitsvermerk zur Höhe des Grundfreibetrags bei einer möglicherweise rückwirkenden Erhöhung verfahrensrechtlich auch zu einer Erhöhung des Unterhaltshöchstbetrags führt, ist umstritten. Die Einspruchseinlegung und Beantragung des Verfahrensruhens sind zu empfehlen. AdV dürfte nicht gewährt werden.[45]

2. Gesetzesänderung für Geldzuwendungen ab dem VZ 2025

a) Rechtliche Grundlagen

Durch das JStG 2024 ist folgende Änderung in § 33a Abs. 1 EStG bei Unterhaltszahlungen in Form von **Geldzuwendungen ab dem VZ 2025** erfolgt:

> *„… [12]Voraussetzung für den Abzug der Aufwendungen nach Satz 1 ist, dass bei **Geldzuwendungen** die Zahlung der Unterhaltsleistungen durch **Überweisung auf das Konto der unterhaltenen Person** erfolgt ist.“*

---

40 § 33a Abs. 1 S. 1 EStG
41 § 32a Abs. 1 S. 2 Nr. 1 EStG
42 Ländergruppeneinteilung 2025 in Auslandsfällen: BMF-Schr. v. 2.12.2025 – IV C 3 - S 2285/00019/007/068, Juris
43 § 165 Abs. 1 S. 2 AO
44 Az des BFH: III R 26/24
45 FG Münster, Beschl. v. 14.7.2025 – 1 V 1145/25 E, EFG 2025, 1536, Beschwerde eingelegt, Az des BFH: III B 75/25 (AdV)

Auf diese Rechtsänderung weist auch die **neue Anlage Unterhalt** hin.

		Anzahl
12	Anzahl der Personen, die in dem Haushalt laut Zeile 10 lebten	
	Aufwendungen für den Unterhalt	
	1. Unterhaltszeitraum (1. Angabe)	vom / bis
13	Unterstützungszeitraum, für den Unterhalt geleistet wurde	T T M M / T T M M
14	Zeitraum, in dem die Zahlungen für den Unterhalt geleistet wurden (Tag der ersten Zahlung bis Tag der letzten Zahlung)	T T M M / T T M M
15	Höhe der Unterhaltszahlung – ohne Bargeldzahlung – (einschließlich Beiträge zu Basis-Kranken- und Pflegeversicherungen laut den Zeilen 41 und / oder 72, die von der unterstützten Person als Versicherungsnehmer geschuldet und von mir getragen wurden oder von mir als getragen gelten)	EUR ,–

Gleichzeitig entfällt die bisherige Abfrage zu Unterhaltszahlungen durch Bargeldübergabe und Bargeldmitnahme bei Familienheimfahrten.

Rückblick in den **Erklärungsvordruck 2024** (Anlage Unterhalt)

Weitere Angaben zu Unterhaltsleistungen an im Ausland lebende Personen

	Unterhaltszahlungen durch Bank- oder Postüberweisung (in den Zeilen 9 und / oder 12 enthalten)		EUR
13	Betrag		,–
	Unterhaltszahlungen durch Übergabe von Bargeld (in den Zeilen 9 und / oder 12 enthalten)		
	Einreisedatum	Übergabedatum	Mitgenommener Betrag EUR
14	T T M M J J J J	T T M M J J J J	,–
15	T T M M J J J J	T T M M J J J J	,–
	Unterhaltszahlungen im Rahmen von Familienheimfahrten zum Ehegatten / Lebenspartner (in den Zeilen 9 und / oder 12 enthalten)		
	Einreisedatum	Übergabedatum	Mitgenommener Betrag EUR
16	T T M M J J J J	T T M M J J J J	,–
17	T T M M J J J J	T T M M J J J J	,–
18	T T M M J J J J	T T M M J J J J	,–
19	T T M M J J J J	T T M M J J J J	,–
	Nettomonatslohn der unterstützenden steuerpflichtigen Person		EUR
20	Betrag		,–

2024AnlUnterhalt191 - September 2024 - 2024AnlUnterhalt191

Praxishinweis

Der Abzug von **Geldzuwendungen** als Unterhaltszahlungen ist **ab dem VZ 2025 bei Barzahlungen i.d.R. nicht mehr zulässig**.

Auch die häufig praktizierte Mitnahme von Bargeld beim Besuch von Angehörigen im Ausland wird ab dem VZ 2025 nicht mehr anerkannt.

Unterhalt in Form von **Sachleistungen**, z.B. für im Haushalt lebende Personen, ist von der Gesetzesänderung nicht berührt.

b) Überarbeitete BMF-Schreiben vom 15.10.2025

Das BMF hatte zuletzt am 6.4.2022 zwei aktualisierte Schreiben zum Abzug von Unterhaltsaufwendungen als agB veröffentlicht. Die Schreiben berücksichtigten u.a. die Rechtsprechung aus den der Veröffentlichung vorangegangenen Jahren zu Unterhaltsleistungen nach § 33a EStG und waren seit ihrer Veröffentlichung auf alle offenen Fälle anzuwenden.

Das BMF-Schreiben *„Allgemeine Hinweise zur Berücksichtigung von Unterhaltsaufwendungen..."* vom 6.4.2022[46] ersetzte das vorherige BMF-Schreiben vom 7.6.2010[47].

Durch das BMF-Schreiben zur *„Berücksichtigung von Aufwendungen für den Unterhalt von Personen im Ausland..."* vom 6.4.2022[48] wurde das vorherige BMF-Schreiben vom 7.6.2010[49] ersetzt.

Praxishinweis

Ein Überblick über **wichtige Aussagen** der beiden BMF-Schreiben vom 6.4.2022 findet sich in „Die Einkommensteuererklärung 2022".[50] Die Ausführungen sind – mit Ausnahme des Nachweises von Geldzuwendungen – **weiterhin gültig**.

Für beide BMF-Schreiben vom 6.4.2022 wurden mit **BMF-Schreiben vom 15.10.2025 überarbeitete Fassungen**[51] veröffentlicht, in denen (u.a.) die Beispielsfälle redaktionell überarbeitet wurden, indem der für 2025 geltende inländische Unterhaltshöchstbetrag von 12.096 EUR[52] und der ArbN-Pauschbetrag von 1.230 EUR[53] angesetzt wurde.

Die überarbeiteten Schreiben enthalten aber auch Aussagen zu den ab dem 1.1.2025 geltenden **Anforderungen bei Geldzuwendungen**. Das Schreiben *„Allgemeine Hinweise zur Berücksichtigung von Unterhaltsaufwendungen ..."* verweist insoweit auf die Ausführungen in dem Schreiben *„Berücksichtigung von Aufwendungen für den Unterhalt von Personen im Ausland ..."*.

---

46 BMF-Schr. v. 6.4.2022 – IV C 8 - S 2285/19/10003:001, BStBl I 2022, 617
47 BMF-Schr. v. 7.6.2010 – IV C 4 - S 2285/07/0006:001, BStBl I 2010, 582
48 BMF-Schr. v. 6.4.2022 – IV C 8 - S 2285/19/10002:001, BStBl I 2022, 623
49 BMF-Schr. v. 7.6.2010 – IV C 4 - S 2285/07/0006:001, BStBl I 2010, 588
50 „Die Einkommensteuererklärung 2022", Seite 400
51 BMF-Schr. v. 15.10.2025 – IV C 3 - S 2285/00031/001/025, BStBl I 2025, 1772; BMF-Schr. v. 15.10.2025 – IV C 3 - S 2285/00031/001/024, BStBl I 2025, 1779
52 § 33a Abs. 1 i.V.m. § 32a Abs. 1 S. 2 Nr. 1 EStG
53 § 9a S. 1 Nr. 1 Buchst. a EStG

Danach gilt u.a. folgendes:

- Der Abzug von Unterhaltsleistungen in Form von Geldzuwendungen setzt die Zahlung des Unterhalts durch **Überweisung auf ein Konto** des Unterhaltsempfängers voraus.
- Überweisungen sind grundsätzlich durch **Belege** (Buchungsbestätigungen oder Kontoauszüge) nachzuweisen, die die **unterhaltene Person als Empfänger** ausweisen.
- Es genügt beim **Unterhalt mehrerer Personen**, die in einem gemeinsamen Haushalt leben, wenn die Überweisungsbelege auf den Namen **einer dieser Personen** lauten.
- Überweisungen auf ein nicht auf den Namen der unterhaltenen Person lautendes Konto erfüllen nicht die Voraussetzungen.
- Eine **Ausnahme** gilt für Zahlungen des Stpfl. für typische Unterhaltsaufwendungen im **abgekürzten Zahlungsweg**, wenn das Bestehen der zugrundeliegenden Verbindlichkeit in hinreichender Form (z.B. durch Vorlage des Mietvertrages) nachgewiesen werden kann.
- Zahlungen über **Zahlungsdienstleister** auf das Konto des Unterhaltsempfängers werden **anerkannt**.
- Zahlungen über Zahlungsdienstleister an eine **„digitale Geldbörse“ (E-Wallet)** der unterhaltenen Person (z.B. Versenden von Geld an eine Mobilfunknummer oder E-Mail-Adresse) – ohne eindeutige Zuordnung zu einem Bankkonto – sind **regelmäßig nicht begünstigt**, da die Identität des Empfängers in diesen Fällen nicht ausreichend nachgewiesen werden kann.

Beispiel 1

Der Vater unterstützt im Kj 2025 seine auswärtig studierende Tochter (19 Jahre alt) dadurch, dass er der Tochter monatlich Geld überweist, u.a. damit die Tochter die Miete am Studienort zahlen kann.

Die Unterstützungsleistungen sind **nicht** als agB abzugsfähig, da für die Tochter ein **Anspruch auf Kindergeld/Kinderfreibeträge** besteht.[54]

---

[54] § 33a Abs. 1 S. 4 EStG

Beispiel 2

Das (vermögenslose) Kind A studiert und hat das 25. Lj im VZ 2025 ganzjährig vollendet. Es lebt unentgeltlich im inländischen Haushalt der zusammenlebenden Eltern. A erzielte im VZ 2025 keine Einkünfte und Bezüge.

Die Eltern können i.R.d. ESt-Erklärung 2025 Unterhaltsaufwendungen in Höhe des Unterhaltshöchstbetrags geltend machen. Es liegt Sachunterhalt vor; gehört die unterhaltsberechtigte Person zum Haushalt der Eltern, geht die FinVerw regelmäßig davon aus, dass der Unterhaltsaufwand in Höhe des maßgeblichen Höchstbetrags erwächst.[55]

Beispiel 3

Das (vermögenslose) Kind A studiert und hat das 25. Lj im VZ 2025 ganzjährig vollendet. Das Kind lebt am Studienort München; die Eltern wohnen in Hannover. A erzielte im VZ 2025 keine Einkünfte und Bezüge. Die Eltern überweisen dem Kind A monatlich Geld auf ihr Konto, u. a. damit die Tochter die Miete am Studienort tragen kann.

Die Unterstützungsleistungen sind auch unter den ab dem 1.1.2025 geltenden Einschränkungen abzugsfähig, da die Barzahlung auf das Konto der unterstützten Person erfolgt.

Praxishinweis

Die Tochter kann die Aufwendungen für ihr Studium (Zweitstudium) grds. als vorweggenommene WK geltend machen.[56] Dazu gehört auch die Miete für ihre Wohnung am Studienort, wenn die Voraussetzungen einer doppelten Haushaltsführung erfüllt sind.

Beispiel 4

Der Vater unterstützt im Kj 2025 seine auswärts studierende Tochter (26 Jahre alt, Zweitausbildung, Masterstudium) dadurch, dass er deren Miete direkt an den Vermieter der Tochter überweist.

Die Aufwendungen sind als Unterhaltsleistungen abzugsfähig, wenn das Bestehen der **Mietverbindlichkeit der Tochter** durch den Stpfl. nachgewiesen werden kann. In diesem Fall liegt ein abgekürzter Zahlungsweg vor, der dem Überweisungsgebot nicht widerspricht.

---

55 R 33a Abs. 1 S. 5 EStR
56 § 9 Abs. 6 EStG

Praxishinweis

Für die Tochter wäre, wie in Bsp. 3, ein Abzug der Miete als vorweggenommene WK möglich, wenn die Voraussetzungen einer doppelten Haushaltsführung vorliegen. Auch beim WK-Abzug wird ein abgekürzter Zahlungsweg anerkannt.

Abwandlung zu Beispiel 4

Hat der **Vater den Mietvertrag für die am Studienort der Tochter angemietete Wohnung selbst abgeschlossen**, schuldet er die Miete und die Überlassung der Wohnung gegenüber der Tochter ist eine Unterhaltssachzuwendung, für die nicht die Einschränkungen für Geldzuwendungen zu beachten sind.

Praxishinweis

In diesem Fall kann die Tochter die Mietaufwendungen **nicht** als vorweggenommene WK abziehen. Kosten eines Mietvertrages, den der Vater für sein studierendes Kind am auswärtigen Studienort abgeschlossen hat, sind nach dem Urteil des Nds. FG vom 26.11.2009[57] **keine WK des Kindes**. Es handele sich nicht um einen abgekürzten Zahlungsweg, sondern um einen **abgekürzten Vertragsweg**. Eigentlich seien die Grundsätze zum abgekürzten Zahlungsweg auch auf den abgekürzten Vertragsweg übertragbar. Bei **Dauerschuldverhältnissen** (hier: Mietvertrag) sei dies nach der einschlägigen BFH-Rechtsprechung[58] aber nicht möglich.

Beispiel 5

Der Vater unterstützt im Kj 2025 seine studierende Tochter (26 Jahre alt, Zweitausbildung, Masterstudium) dadurch, dass er an ihrem Studienort eine Wohnung erwirbt und diese der Tochter zur Nutzung unentgeltlich überlässt.

Die Wohnungsüberlassungsaufwendungen sind als Unterhaltsaufwand beim stellenden Vater abzugsfähig (Sachunterhalt). Bei Veräußerung der Studentenwohnung durch den Vater innerhalb der Zehnjahresfrist besteht die Gefahr der Auslösung eines steuerpflichtigen Veräußerungsgeschäfts.[59]

Praxishinweis

Durch die o.g. Ausführungen der BMF-Schreiben zum Abzug von Barunterhalt ist die gesetzliche Neuregelung entschärft worden, insb. durch die Anerkennung des abgekürzten Zahlungsweges.

---

57 Nds. FG, Urt. v. 26.11.2009 – 1 K 405/05, EFG 2010, 417, rkr.

58 U.a. BFH-Urt. v. 15.11.2005 – IX R 25/03, BStBl II 2006, 623; siehe hierzu auch BFH-Urt. v. 9.9.2025 – VI R 16/23, BFH/NV 2025, 1577

59 § 23 Abs. 1 S. 1 Nr. 1 EStG und BFH-Urt. v. 24.5.2022 – IX R 28/21, BFH/NV 2023, 20

In der Gesetzesbegründung wurden allerdings weitere Probleme aufgezeigt, z.B. für Zahlungen in Kriegsgebiete, für die im Einzelfall Billigkeitsmaßnahmen angedacht waren.[60] Hierauf geht das BMF-Schreiben **nicht** ein. Ob Bargeldzuwendungen in solchen Fällen im Billigkeitswege anerkannt werden, muss somit das zuständige FA im Rahmen seines Ermessens im jeweiligen Einzelfall entscheiden.

3. Kürzung des Höchstbetrags bei Personen im Ausland

Lebt die unterhaltene Person in einem Staat mit niedrigeren Lebenshaltungskosten als im Inland, ist der Höchstbetrag zu kürzen[61]. Maßgebend ist hierfür die sog. „Ländergruppeneinteilung". Die aktuell gültige, ab dem VZ 2025 anzuwendende Ländergruppeneinteilung wurde mit BMF-Schreiben vom 2.12.2025 veröffentlicht.[62]

Praxishinweis

Eine Änderung der Ländergruppeneinteilung erfolgte ab dem VZ 2025 nicht. Offen ist weiterhin, ob die Ländergruppeneinteilungen selbst dann anzuwenden sind, wenn sich der Wohnsitz in einem anderen EU-Staat befindet. Der EuGH bezweifelt eine Kürzung von Familienleistungen allein wegen einem EU-Auslandswohnsitz.[63] Ob der Gesetzgeber auf diese Entscheidung reagieren wird, bleibt abzuwarten.

---

60 *Seifert,* NWB 1/2025, 20
61 § 33a Abs. 1 S. 6 EStG
62 BMF-Schr. v. 2.12.2025 – IV C 3 - S 2285/00019/007/068, Juris
63 EuGH, Urt. v. 16.6.2022 – C-328/20, ABl EU 2022, Nr. C 294, 5-6

III. Außergewöhnliche Belastungen in Sonderfällen – § 33b EStG

1. Behinderten-Pauschbetrag

a) Allgemeines

Wegen der Aufwendungen für die Hilfe bei den gewöhnlichen und regelmäßig wiederkehrenden Verrichtungen des täglichen Lebens, für die Pflege sowie für einen erhöhten Wäschebedarf können Menschen mit Behinderungen **anstelle** einer Steuerermäßigung nach § 33 einen Behinderten-Pauschbetrag nach § 33b EStG geltend machen.[64] In diesem Fall entfällt der Einzelnachweis für die Aufwendungen und es erfolgt **keine Kürzung um die zumutbare Belastung**.[65]

Die Höhe des Pauschbetrags richtet sich nach dem Grad der Behinderung bzw. dem Pflegegrad:[66]

Grad der Behinderung von mindestens	
20	384 EUR
30	620 EUR
40	860 EUR
50	1.140 EUR
60	1.440 EUR
70	1.780 EUR
80	2.120 EUR
90	2.460 EUR
100	2.840 EUR
Hilflose, blinde und taubblinde Menschen	7.400 EUR
Pflegegrad 4 oder 5	**7.400 EUR**

Praxishinweis

Die Einstufung in die Pflegegrade 4 oder 5 wird dem Merkzeichen „H“ gleichgestellt.[67] Ein Grad der Behinderung muss dann nicht zusätzlich nachgewiesen werden.

---

64 § 33b Abs. 1 EStG
65 § 33 Abs. 3 EStG
66 § 33b Abs. 3 EStG
67 § 33b Abs. 7 EStG i.V.m. § 65 Abs. 2 S. 2 EStDV

b) Änderungen beim Nachweis ab 2026

Die Inanspruchnahme des Behinderten-Pauschbetrags[68] setzt **ab dem 1.1.2026 die elektronische Übermittlung des Grades der Behinderung** voraus.[69] Vor diesem Zeitpunkt bereits ausgestellte Ausweise nach dem SGB IX oder noch gültige Bescheide der nach § 152 Abs. 1 SGB IX zuständigen Behörde werden **weiter berücksichtigt**, es sei denn, die Feststellungen ändern sich vor Ablauf der Gültigkeit.[70]

Praxishinweis

Die für den Ansatz der Pauschbeträge notwendige Übermittlung der Daten an die FinVerw erfordert nach § 65 Abs. 3a S. 1 und 5 EStDV einen schriftlichen oder elektronischen **Antrag des Stpfl. an die mitteilungspflichtige Stelle (Versorgungsamt)** unter Angabe der **Identifikationsnummer**.

U.E. müsste bei einer nachträglichen Übermittlung der Daten eine Änderung des Steuerbescheides zulässig sein.[71]

Nach Inkrafttreten des § 65 Abs. 3a EStDV werden die in § 65 Abs. 1 EStDV genannten **Dokumente, die dem FA vorliegen, bis zum Ablauf ihrer Gültigkeit weiterhin anerkannt, es sei denn, die Feststellungen ändern sich.**

c) Sonderfall: Rente wegen einer Behinderung

Die Neuregelung gilt nur in den Fällen, in denen ein Grad der Behinderung durch die in SGB IX bestimmte zuständige Behörde (Versorgungsamt) festgestellt wird. Das sind sicherlich die weit überwiegenden Fälle.

Ein Grad der Behinderung kann sich aber auch aus einem Rentenbescheid ergeben, wenn dem Stpfl. wegen seiner Behinderung eine Rente zusteht. Hierfür gilt die Neuregelung nicht.

Praxishinweis

Bei Personen, deren Grad der Behinderung auf weniger als 50, aber mind. 20 festgestellt ist und denen wegen ihrer Behinderung nach den gesetzlichen Vorschriften Renten oder andere laufende Bezüge zustehen[72], kann der Nachweis **weiterhin**

---

68 § 33b Abs. 1-3 EStG
69 § 65 Abs. 3a i.V.m. § 84 Abs. 3g S. 2 EStDV
70 § 84 Abs. 3g S. 3 EStDV
71 § 175b AO
72 § 65 Abs. 1 Nr. 2 Buchst. b EStDV

durch den **Rentenbescheid** oder den die anderen laufenden Bezüge nachweisenden Bescheid erfolgen.[73]

d) Übertragung des Behinderten-Pauschbetrags eines Kindes auf die Eltern

Steht der Behinderten-Pauschbetrag einem Kind zu, für das die Eltern Anspruch auf Kindergeld/Kinderfreibeträge haben, wird der Pauschbetrag auf Antrag auf die Eltern übertragen, wenn das Kind ihn nicht in Anspruch nimmt.[74]

Der Anspruch des Kindes auf den Behinderten-Pauschbetrag – und damit auch die Übertragungsmöglichkeit auf die Eltern – ist **ebenfalls** von der Neuregelung zur **elektronischen Übermittlung** des Grades der Behinderung abhängig.

Eine Ausnahme sieht die Vorschrift nur für den Fall vor, dass das Kind nicht nach einem Steuergesetz steuerpflichtig ist,[75] also im Inland weder Wohnsitz noch gewöhnlichen Aufenthalt hat[76] und dem Kind daher keine Identifikationsnummer erteilt worden ist. In diesem Fall kann der Grad der Behinderung in herkömmlicher Weise nachgewiesen werden.

2. Nachweis der Zwangsläufigkeit behinderungsbedingter Aufwendungen – keine Änderungen ab 2026

Für den Nachweis der Zwangsläufigkeit von behinderungsbedingt entstandenen Aufwendungen[77] und der Anspruchsvoraussetzungen zur behinderungsbedingten Fahrtkostenpauschale[78] wird ebenfalls ein formalisierter Nachweis gefordert, der auf dem Grad der Behinderung basiert[79].

Dieser Nachweis ist aber von der o.g. Neuregelung beim Behinderten-Pauschbetrag ausdrücklich ausgenommen[80] und kann daher **in der bisherigen Form** erbracht werden.

---

73 § 65 Abs. 3 i.V.m. § 84 Abs. 3g S. 4 und 5 EStDV
74 § 33b Abs. 5 EStG
75 § 84 Abs. 3g S. 6 EStDV
76 § 1 Abs. 1 S. 1 EStG
77 § 33 Abs. 1 EStG
78 § 33 Abs. 2a EStG
79 § 64 Abs. 3 i.V.m. § 65 EStDV
80 § 84 Abs. 3g S. 4 i.V.m. § 65 Abs. 1 Nr. 1 und 2 Buchst. a und Abs. 2 S. 1 EStDV

Praxishinweis

Eine **elektronische Übermittlung** des Grades der Behinderung ist somit **nicht erforderlich**, wenn nicht der Behinderten-Pauschbetrag beantragt wird, sondern tatsächliche behinderungsbedingte Aufwendungen bzw. die behinderungsbedingte Fahrtkostenpauschale geltend gemacht werden.

3. Behinderungsbedingte Fahrtkostenpauschale

Seit dem VZ 2021 wird für behinderungsbedingte Fahrtkosten eine **Fahrtkostenpauschale** als agB gewährt.[81]

a) BFH: Keine Anwendung bis einschl. VZ 2020

Mit Urteil vom 10.7.2024[82] hat der BFH klargestellt, dass § 33 Abs. 2a EStG aufgrund der Anwendungsvorschrift[83] nicht auf Veranlagungsjahre vor 2021 angewendet werden kann.

b) Hinweis: Rechtslage ab dem VZ 2021

Die behinderungsbedingte Fahrtkostenpauschale beträgt

- **900 EUR** für Menschen mit einem Grad der Behinderung von mindestens 80 oder mit einem Grad der Behinderung von mind. 70 und dem Merkzeichen „G" (erheblich gehbehindert),
- **4.500 EUR** für Menschen mit dem Merkzeichen „aG" (außergewöhnlich gehbehindert), mit dem Merkzeichen „Bl" (blind), mit dem Merkzeichen „TBl" (taubblind) oder mit dem Merkzeichen „H" (hilflos). Dem Merkzeichen „H" werden die Pflegegrade 4 und 5 gleichgestellt (pflegebedürftige Personen mit schwersten Beeinträchtigungen der Selbstständigkeit oder der Fähigkeiten).[84]

Bei Vorliegen beider Voraussetzungen ist nur die höhere Pauschale von 4.500 EUR anzusetzen.[85]

---

81 § 33 Abs. 2a S. 1 EStG
82 BFH-Urt. v. 10.7.2024 – III R 2/23, BStBl II 2024, 908
83 § 52 Abs. 33c EStG
84 § 33 Abs. 4 EStG i.V.m. § 65 Abs. 2 S. 2 EStDV
85 § 33 Abs. 2a S. 4 und 5 EStG

Allerdings sind über die Fahrtkostenpauschale hinaus **keine weiteren** behinderungsbedingten Fahrtkosten als **agB** berücksichtigungsfähig.[86] Dies sollte bei der Wahlrechtsausübung berücksichtigt werden.

Im Gesetzgebungsverfahren wurde der ursprünglich vorgesehene Begriff „Fahrtkosten-Pauschbetrag" durch „Fahrtkostenpauschale" ersetzt. Damit sollte verdeutlicht werden, dass unverändert die **zumutbare Belastung**[87] **zu beachten** ist.[88] Die (nunmehr pauschal angesetzten) Fahrtkosten sollen Teil der allgemeinen agB i.S.d. § 33 Abs. 1 EStG sein und **unter Berücksichtigung der zumutbaren Belastung** abgezogen werden.[89]

Praxishinweis

Die Zuordnung der Fahrtkostenpauschalen zu den allgemeinen agB durch Aufnahme der Regelung in den § 33 Abs. 2a EStG (statt in § 33b EStG) wird in der Literatur kritisiert[90], weil damit die Kürzung um die zumutbare Belastung verbunden sei. Dies entspreche nach der Gesetzesbegründung zwar dem Willen des Gesetzgebers, könne aber dazu führen, dass **beim Fehlen weiterer agB die Pauschale nicht berücksichtigt werde. Hierin liege ein Verstoß gegen den Gleichheitssatz.**

Eine Begrenzung der tatsächlichen Aufwendungen durch einen Höchstbetrag und eine zusätzliche Kürzung um die zumutbare Belastung habe das BVerfG im Fall der Kinderbetreuungskosten Alleinstehender in der 1997 geltenden Fassung des § 33c EStG für **verfassungswidrig** erklärt.[91] In gleicher Weise habe der BFH eine **Kürzung um die zumutbare Belastung abgelehnt**.[92]

Es ist davon auszugehen, dass betroffene Stpfl. der Empfehlung des Autors[93] folgen und sich unter Berufung auf die o.g. Entscheidungen des BVerfG und des BFH gegen die Kürzung der Pauschalen um die zumutbare Belastung wenden werden. Sobald entsprechende Verfahren beim BFH/BVerfG anhängig sind, können vergleichbare Fälle im Rechtsbehelfsverfahren offengehalten werden.

---

86 § 33 Abs. 2a S. 6 EStG
87 § 33 Abs. 3 EStG
88 BT-Drucks. 23793, 19
89 § 33 Abs. 2a S. 7 EStG
90 *Kanzler,* NWB 2021, 898
91 BVerfG, Beschl. v. 16.3.2005 – 2 BvL 7/00, BVerfGE 112, 268
92 BFH-Urt. v. 10.4.1992 – III R 184/90, BStBl II 1992, 814
93 *Kanzler,* NWB 2021, 898

c) Beantragung

Die behinderungsbedingte Fahrtkostenpauschale wird auf der Anlage Außergewöhnliche Belastungen beantragt. Bei erstmaliger Beantragung/Änderung sind die Anspruchsvoraussetzungen durch entsprechende Unterlagen zum Grad der Behinderung bzw. Pflegegrad nachzuweisen.[94]

Behinderungsbedingte Fahrtkostenpauschale

– bei erstmaliger Beantragung / Änderung bitte Nachweis in Kopie einreichen –

Ich beantrage die Berücksichtigung der behinderungsbedingten Fahrtkostenpauschale, da ich die nachfolgenden Voraussetzungen erfülle:

		Steuerpflichtige Person / Ehemann / Person A	Ehefrau / Person B
21	Ich habe einen Grad der Behinderung von mindestens 80 oder einen Grad der Behinderung von mindestens 70 und Merkzeichen „G"	250 ☐ 1 = Ja	251 ☐ 1 = Ja
22	Ich bin außergewöhnlich gehbehindert / blind / taubblind / ständig hilflos (Merkzeichen „aG" / „Bl" / „TBl" und / oder „H"), schwerstpflegebedürftig (Pflegegrad 4 oder 5)	252 ☐ 1 = Ja	253 ☐ 1 = Ja

Praxishinweis

Die behinderungsbedingte Fahrtkostenpauschale ist **antragsgebunden**.[95] Auch bei einer künftigen **elektronischen Übermittlung** des Grades der Behinderung ist davon auszugehen, dass der **Antrag jedes Jahr erneut gestellt** werden muss und die Pauschale nicht von Amts wegen berücksichtigt wird.

d) Übertragung von Behinderten-Pauschbetrag und behinderungsbedingter Fahrtkostenpauschale

Praxishinweis

Die einem Kind zustehende behinderungsbedingte Fahrtkostenpauschale kann **auch in Anspruch genommen** werden, wenn der Behinderten-Pauschbetrag des Kindes auf die Eltern übertragen wurde.[96] Die einem Kind zustehende behinderungsbedingte Fahrtkostenpauschale kann **auf die Eltern übertragen** werden. Hierbei sind dieselben Grundsätze wie bei der Übertragung des Behinderten-Pauschbetrags zu beachten.[97] Eintragungen sind in der **Anlage Kind** vorzunehmen.

Übertragung der behinderungsbedingten Fahrtkostenpauschale

– bei erstmaliger Beantragung / Änderung bitte Nachweis in Kopie einreichen –
Die Übertragung der behinderungsbedingten Fahrtkostenpauschale wird beantragt.
Das Kind erfüllt die nachfolgenden Voraussetzungen:

64	Das Kind hat einen Grad der Behinderung von mindestens 80 oder einen Grad der Behinderung von mindestens 70 und Merkzeichen „G"	91 ☐ 1 = Ja
65	Das Kind ist außergewöhnlich gehbehindert / blind / taubblind / ständig hilflos (Merkzeichen „aG" / „Bl" / „TBl" und / oder „H"), schwerstpflegebedürftig (Pflegegrad 4 oder 5)	92 ☐ 1 = Ja
	Nur bei nicht zusammen veranlagten Eltern:	
66	Laut gesondertem gemeinsamen Antrag ist die für das Kind zu gewährende behinderungsbedingte Fahrtkostenpauschale in einem anderen Verhältnis als je zur Hälfte aufzuteilen. Der bei mir zu berücksichtigende Anteil beträgt (in %)	45 ☐☐☐

---

94 § 64 Abs. 3 i.V.m. § 65 Abs. 1 und 2 EStDV
95 § 33 Abs. 1 und 2a EStG
96 § 33 Abs. 2a S. 8 EStG
97 § 33 Abs. 2a S. 9 i.V.m. § 33b Abs. 5 EStG

H. Familie im Einkommensteuerrecht

I. Elterngeld nach dem Bundeselterngeld- und Elternzeitgesetz (BEEG)

1. Vorbemerkung

Im VZ 2025 hat sich erneut eine **Änderung** beim Elterngeld ergeben, die hier kurz erläutert werden soll. Außerdem werden **Neuerungen** bei der Beantragung und wichtige Informationen zur **Bemessung** des Elterngeldes dargestellt.[1]

Auf der Webseite des BMFSJ[2] finden sich weitergehende Informationen zum Bezug von Elterngeld in einem thematisch gegliederten Frage- und Antwortkatalog.

2. Änderung zum 1.4.2025

Die aus steuerlicher Sicht bedeutsamste Änderung betrifft die **in zwei Stufen zum 1.4.2024 und zum 1.4.2025** herabgesetzte Grenze beim zu versteuernden Einkommen i.S.d. § 2 Abs. 5 EStG (zvE) der berechtigten Person.

Für Geburten **ab dem 1.4.2024 bis zum 31.3.2025** liegt die Grenze bei einem zvE von 200.000 EUR im letzten abgeschlossenen VZ vor der Geburt.[3] Erfüllt auch eine andere Person die Voraussetzungen für den Bezug von Elterngeld, gilt die Grenze von 200.000 EUR für die Summe des zvE beider Personen.[4]

Für Geburten **ab dem 1.4.2025** beträgt die Grenze für das **zvE** bzw. bei zwei Personen für die **Summe des zvE beider Personen 175.000 EUR**.[5]

---

1 S.a. „Die Einkommensteuererklärung 2024", Seite 409
2 https://familienportal.de/familienportal/familienleistungen/elterngeld
3 Für Geburten bis zum 31.3.2024 galt die Einkommensgrenze von 300.000 EUR für Paare und von 250.000 EUR für Alleinerziehende
4 § 1 Abs. 8 i.V.m. § 28 Abs. 5 S. 2 und 3 BEEG
5 § 1 Abs. 8 i.V.m. § 28 Abs. 5 S. 1 BEEG

3. Neuerung bei der Beantragung des Elterngeldes

Die Senatspressestelle Bremen weist in einer Veröffentlichung vom 15.10.2025 auf ihrer Webseite[6] auf folgendes hin:

> Ab Herbst können Elterngeldstellen bundesweit direkt auf Einkommensdaten aus den **Einkommensteuerbescheiden zugreifen** – elektronisch, sicher und mit Zustimmung der Antragstellenden.

Praxishinweis

Noch in diesem Jahr wird der elektronische Datenabruf allen Elterngeldstellen zur Verfügung stehen. Damit entfällt das bisher erforderliche manuelle Hochladen des Steuerbescheids.

Das Projekt folgt dem sog. „Once-Only-Prinzip“: Bürgerinnen und Bürger sollen ihre Daten der Verwaltung nur einmal übermitteln müssen. Behörden tauschen diese Informationen untereinander aus – datenschutzkonform und **nur mit Zustimmung**. Ziel ist eine vereinfachte, digitale und bürgerfreundliche Verwaltung.

4. Bemessung des Elterngeldes

a) Bemessungszeitraum

Die BMG für das Elterngeld wird nach dem durchschnittlichen Einkommen in einem Zeitraum von zwölf Monaten ermittelt. Das können je nach Sachverhalt und Einkunftsarten **die letzten zwölf Monate vor der Geburt** des Kindes oder **der letzte VZ vor der Geburt** des Kindes sein.[7]

Praxishinweis

Der Bemessungszeitraum spielt bei den Einkünften aus nichtselbstständiger Arbeit eine wichtige Rolle, da es bei der Berechnung des Erwerbseinkommens auch auf die **im Bemessungszeitraum hinterlegte Steuerklasse** in den ELSTAM-Daten ankommt[8].

---

6 https://www.senatspressestelle.bremen.de/pressemitteilungen/entlastung-beim-elterngeldantrag-475752?asl=bremen02.c.732.de

7 Zu weiteren Einzelheiten s. „Die Einkommensteuererklärung 2024“, Seite 411

8 § 2c Abs. 3 BEEG

b) Steuerabzüge zur Ermittlung der Bemessungsgrundlage

Praxishinweis

BMG für das Elterngeld ist bei Bezug von Einkommen aus nichtselbstständiger Erwerbstätigkeit der Arbeitslohn, vermindert um die Abzüge für Steuern und Sozialabgaben.[9] Die Wahl der Steuerklasse hat eine Folgewirkung auf die Elterngeldhöhe. Daher ist die Steuerklassenkombination III/V mit Folgewirkung auf die Elterngeldhöhe gestalterisch anwendbar.

Bei der Ermittlung der BMG für das Elterngeld werden u.a. **pauschale Abzüge für Steuern** vorgenommen.

Die Abzüge für ESt werden dabei **einheitlich für Einkommen aus nichtselbstständiger und selbstständiger Erwerbstätigkeit** auf Grundlage einer Berechnung anhand des am 1. Januar des Kj vor der Geburt des Kindes für dieses Jahr geltenden **Programmablaufplans für die maschinelle Berechnung der vom Arbeitslohn einzubehaltenden LSt** berechnet.[10]

Bei dieser Berechnung ist die **Steuerklasse IV ohne Faktor** anzuwenden, wenn die berechtigte Person **in keine Steuerklasse eingereiht** ist (weil z.B. nur Gewinneinkünfte erzielt werden) oder wenn die **Gewinneinkünfte höher** sind als die Einnahmen aus nichtselbstständiger Arbeit abzgl. ArbN-Pauschbetrag.[11]

Beim Bezug von (ausschließlich oder überwiegenden) Einkünften aus nichtselbstständiger Arbeit wird die Steuerklasse zugrunde gelegt, die **im letzten Monat des maßgeblichen Bemessungszeitraums** anzuwenden war.[12] Wurde die Steuerklasse im Laufe des Bemessungszeitraums **geändert**, wird die Steuerklasse angewendet, die **in der überwiegenden Zahl der Kalendermonate des Bemessungszeitraums** gegolten hat.[13]

Praxishinweis

Werden Eheleute zusammen veranlagt, kann durch eine **rechtzeitige Beantragung der Steuerklasse III** für die berechtigte Person die BMG für das Elterngeld günstig beeinflusst werden, wenn die berechtigte Person ganz oder überwiegend Einkünfte aus nichtselbstständiger Arbeit bezieht.

---

9 § 2c Abs. 1 BEEG
10 § 2e Abs. 1 BEEG
11 § 2e Abs. 3 S. 2 BEEG
12 § 2e Abs. 3 S. 1 BEEG i.V.m. § 2c Abs. 3 S. 1 BEEG
13 § 2e Abs. 3 S. 1 BEEG i.V.m. § 2c Abs. 3 S. 2 BEEG

Entscheidend ist, dass die Steuerklasse dann in der überwiegenden Zahl der Kalendermonate des Bemessungszeitraums gegolten hat und dass der maßgebliche Bemessungszeitraum zutreffend bestimmt wurde.[14]

5. Elterngeld in der Einkommensteuererklärung

Das Elterngeld ist **steuerfrei**[15], unterliegt aber dem **Progressionsvorbehalt**[16]. Der Bezug von Elterngeld führt bei ArbN zu einer **Pflichtveranlagung**, wenn die positive Summe aller Einkünfte und Leistungen, die dem Progressionsvorbehalt unterliegen, mehr als 410 EUR im Jahr beträgt.[17]

Praxishinweis

Die Daten werden **elektronisch** an die FinVerw übermittelt. Die Eintragung, die somit nicht zwingend erforderlich ist, kann im Mantelbogen der ESt-Erklärung erfolgen.

Blick in den Erklärungsvordruck („Mantelbogen")

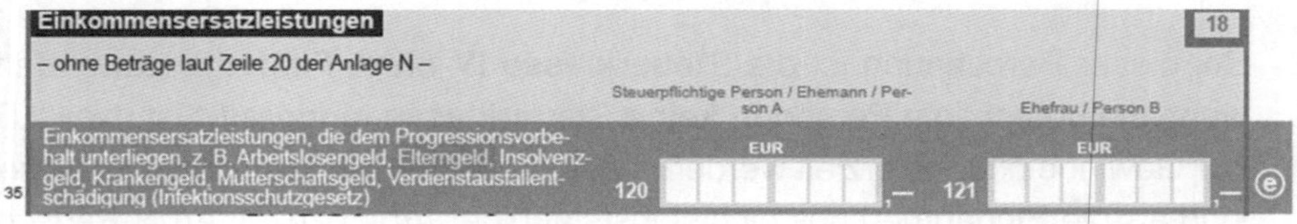
Einkommensersatzleistungen 18
– ohne Beträge laut Zeile 20 der Anlage N –

		Steuerpflichtige Person / Ehemann / Person A		Ehefrau / Person B	
		EUR		EUR	
35 Einkommensersatzleistungen, die dem Progressionsvorbehalt unterliegen, z. B. Arbeitslosengeld, Elterngeld, Insolvenzgeld, Krankengeld, Mutterschaftsgeld, Verdienstausfallentschädigung (Infektionsschutzgesetz)	120	,–	121	,–	e

---

14 S. hierzu auch „Die Einkommensteuererklärung 2024", Seite 411

15 § 3 Nr. 67 Buchst. b EStG

16 § 32b Abs. 1 S. 1 Nr. 1 Buchst. j EStG

17 § 46 Abs. 2 Nr. 1 EStG

II. Veranlagung

1. Gesetzliche Grundlagen der Ehegattenveranlagung

Ehegatten, die **beide unbeschränkt stpfl.**[18] sind, **nicht dauernd getrennt leben** und bei denen diese Voraussetzungen zu einem Zeitpunkt im VZ gleichzeitig erfüllt sind, haben ein Wahlrecht bei der Veranlagungsart. Sie können zwischen

- der EV von Ehegatten (§ 26a EStG) und
- der ZV von Ehegatten (§ 26b EStG)

wählen.[19]

Für die einkommensteuerliche Behandlung, insb. auch bei der Veranlagungsart, werden nach § 2 Abs. 8 EStG die **eingetragenen Lebenspartnerschaften der Ehe gleichgestellt**.

2. Grundsätze der unbeschränkten Steuerpflicht auf Antrag

Das u.a. für die Ehegattenveranlagung erforderliche Tatbestandsmerkmal der **unbeschränkten Steuerplicht** kann abweichend von § 1 Abs. 1 EStG auch erfüllt sein, wenn ein Stpfl. weder Wohnsitz noch gewöhnlichen Aufenthalt im Inland hat.

Praxishinweis

Bei der sog. „fiktiven unbeschränkten Steuerpflicht" können bestimmte **Vorteile der unbeschränkten Steuerpflicht** in Anspruch genommen werden, insb. beim Sonderausgabenabzug und bei der Ehegattenveranlagung. Gleichzeitig erstreckt sich die **Steuerpflicht aber nur auf die inländischen Einkünfte**. Die ausländischen Einkünfte unterliegen unter bestimmten Voraussetzungen dem **Progressionsvorbehalt** (neue Urteile dazu s. unten).

Nach **§ 1 Abs. 3 EStG** werden natürliche Personen ohne Wohnsitz oder gewöhnlichen Aufenthalt im Inland auf Antrag als unbeschränkt steuerpflichtig behandelt, wenn ihre Einkünfte zu mind. 90 % der deutschen ESt unterliegen

18 § 1 Abs. 1 S. 1 EStG
19 § 26 Abs. 1 S. 1 EStG

oder die nicht der deutschen ESt unterliegenden Einkünfte den Grundfreibetrag (VZ 2025: 12.096 EUR) nicht übersteigen.

Bei **Staatsangehörigen eines Mitgliedsstaates** der EU oder EWR, die nach § 1 Abs. 1 EStG unbeschränkt steuerpflichtig sind oder nach § 1 Abs. 3 EStG als unbeschränkt steuerpflichtig behandelt werden, wird für Zwecke der Ehegattenveranlagung gem. **§ 1a Abs. 1 Nr. 2 EStG** auf Antrag der **Ehegatte ohne Wohnsitz oder gewöhnlichen Aufenthalt im Inland** als unbeschränkt stpfl. behandelt, wenn dieser seinen Wohnsitz oder gewöhnlichen Aufenthalt **in einem anderen Mitgliedsstaat** der EU oder des EWR hat (auf die Staatsbürgerschaft **dieses** Ehegatten kommt es **nicht** an).

3. Beschränkte Steuerpflicht

Für Personen, die weder nach § 1 Abs. 1 EStG unbeschränkt steuerpflichtig sind oder nach § 1 Abs. 3 EStG oder nach § 1a Abs. 1 Nr. 2 EStG als unbeschränkt steuerpflichtig behandelt werden, ist eine Veranlagung als **beschränkt Stpfl. nach § 1 Abs. 4 EStG** durchzuführen, wenn sie inländische Einkünfte i.S.d. § 49 EStG haben. Auch i.R.d. beschränkten Steuerpflicht kommt ein Progressionsvorbehalt[20] in Frage (neue Urteile dazu s.u.).

4. Auslandsbezug und Progressionsvorbehalt

a) Fiktive unbeschränkte Steuerpflicht und Progressionsvorbehalt

Der BFH[21] musste über den folgenden, vereinfacht dargestellten Sachverhalt entscheiden.

Bei den Klägern handelt es sich um Eheleute mit polnischer Staatsangehörigkeit. Der Ehemann hatte einen Wohnsitz im Inland und erzielte inländische Einkünfte. Die Ehefrau hatte im Inland weder Wohnsitz noch gewöhnlichen Aufenthalt, wurde aber auf Antrag als unbeschränkt steuerpflichtig behandelt[22] (fiktive unbeschränkte Steuerpflicht), sodass eine ZV durchgeführt werden konnte. Sie erzielte u.a. Einkünfte aus VuV in Polen.

---

20 § 32b Abs. 1 S. 1 i.V.m. § 50 Abs. 2 S. 2 Nr. 4 EStG
21 BFH-Urt. v. 21.5.2025 – I R 5/22, BFH/NV 2025, 1357
22 § 1a Abs. 1 Nr. 2 EStG

Das Problem: Hätte die Ehefrau einen Wohnsitz im Inland, wären die Einkünfte aus VuV nach dem DBA zwischen der Bundesrepublik Deutschland und Polen im Inland nicht zu versteuern und würden nach einer Ausnahmeregelung in § 32b EStG auch nicht dem Progressionsvorbehalt unterliegen.[23]

Im vorliegenden Fall war die Ehefrau aber in Polen ansässig und hatte vermieteten Immobilienbesitz in Polen, sodass kein grenzüberschreitender Fall des DBA vorlag. Die o.g. Ausnahmeregelung gilt aber nicht, wenn die ausländischen Einkünfte nicht nach DBA, sondern aufgrund der fiktiven unbeschränkten Steuerpflicht dem Progressionsvorbehalt[24] unterliegen.

Der BFH entschied auf eine wortgetreue Anwendung des § 32b EStG, da nur dies der Gesetzessystematik und dem eindeutigen Willen des Gesetzgebers entspreche. Die Einkünfte aus VuV seien zu Recht dem Progressionsvorbehalt unterworfen worden. Es liege auch kein Verstoß gegen EU-rechtliche Vorgaben vor, da **ggf. auch ein negativer** Progressionsvorbehalt durchzuführen wäre.

b) Beschränkte Steuerpflicht und Progressionsvorbehalt

In einem vor dem FG Hamburg[25] verhandelten Fall eines in den Niederlanden ansässigen Piloten mit inländischen Einkünften aus nichtselbstständiger Arbeit entschieden die Richter, dass auch i.R.e. Veranlagung zur beschränkten Steuerpflicht der Progressionsvorbehalt für die in Deutschland nicht steuerpflichtig niederländischen Einkünfte anzuwenden sei.

Die Anwendung des Progressionsvorbehalts nach § 32b EStG sei weder in persönlicher Hinsicht auf unbeschränkt Stpfl. noch in sachlicher Hinsicht auf ausländische Einkünfte i.S.d. § 34d EStG begrenzt.

Die niederländischen Renten- und ArbN-Einkünfte fielen unter keine der Ausnahmen vom Progressionsvorbehalt.

Gegen die Entscheidung wurde Nichtzulassungsbeschwerde[26] eingelegt.

---

23 § 32b Abs. 1 S. 1 Nr. 3 i.V.m. S. 2 Nr. 3 EStG
24 § 32b Abs. 1 S. 1 Nr. 5 EStG
25 FG Hamburg, Urt. v. 22.4.2025 – 6 K 39/23, DStRK 2025, 229; NZB eingelegt, Az des BFH: VI B 21/25
26 Az des BFH: VI B 21/25

5. Trennung von Ehegatten

Ist nach der Trennung von Ehegatten eine Veranlagung für einen VZ durchzuführen, in dem noch die Voraussetzungen der Ehegattenveranlagung[27] vorgelegen haben, wirft dies steuerrechtliche Fragen auf, die oftmals nicht einvernehmlich geregelt werden können.

a) Wahl der Veranlagungsart

Wählt **ein** Ehegatte die EV, wird diese durchgeführt.[28] Eine ZV wird nur durchgeführt, wenn **beide** Ehegatten dies beantragen.[29]

(1) Ehegatte ohne eigene Einkünfte oder mit geringen Einkünften

Nach einem Grundsatzurteil des BGH[30] aus dem Jahr 1976 könne die Zustimmung zur ZV nicht willkürlich verweigert werden, wenn ein Ehegatte dadurch **keine Nachteile** habe bzw. der andere Ehegatte sich zum **Nachteilsausgleich** verpflichte.

Aus dem Wesen der Ehe ergebe sich für beide Ehegatten grds. die Verpflichtung, die finanziellen Lasten des anderen Teils nach Möglichkeit zu vermindern, soweit dies ohne eine Verletzung eigener Interessen möglich sei. Eine solche Verpflichtung bleibe auch nach der Scheidung als Nachwirkung der Ehe bestehen. Eine Verletzung dieser Verpflichtung mache schadensersatzpflichtig.

Es bestehe daher für beide Ehegatten jeweils die Verpflichtung, in eine ZV einzuwilligen, wenn dadurch die Steuerschuld des anderen Ehegatten verringert, der in Anspruch genommene aber keiner zusätzlichen steuerlichen Belastung ausgesetzt werde.

---

27 § 26 Abs. 1 EStG
28 § 26 Abs. 2 S. 1 EStG
29 § 26 Abs. 2 S. 2 EStG
30 BGH-Urt. v. 13.10.1976 – IV ZR 104/74, NJW 1977, 378

(2) Steuerklassenkombination III/V vor der Trennung

Hatten Ehegatten bis zum Zeitpunkt der Trennung beide Einkünfte aus nichtselbstständiger Arbeit und die Steuerklassen III/V gewählt, würde die EV von Ehegatten regelmäßig zu einer Erstattung bei dem in Steuerklasse V eingereihten Ehegatten und zu einer Nachzahlung beim anderen Ehegatten führen. Insofern hätte der in Steuerklasse V eingereihte Ehegatte, jedenfalls auf den ersten Blick, Nachteile durch die ZV. Gleichwohl haben die Gerichte auch für diesen Fall entschieden, dass der in Steuerklasse V eingereihte Ehegatte der ZV zustimmen müsse.[31]

Grds. seien die zusammenveranlagten Ehegatten Gesamtschuldner[32] und hafteten daher zu gleichen Teilen für die Steuerschuld, wenn nicht **eine andere Aufteilung vorzunehmen** sei.[33] Eine von der Gesamtschuldnerschaft abweichende Aufteilung ergebe sich aus dem Güterstand der Eheleute. Sowohl im Güterstand der Gütertrennung als auch im Güterstand der Zugewinngemeinschaft seien die Ehegatten hinsichtlich ihres Vermögens und ihrer Schulden selbstständig. Daher müsse jeder Ehegatte grds. für seine Steuerschulden aufkommen, **aber nur, wenn nicht etwas anderes vereinbart** worden sei.

Eine solche abweichende Vereinbarung sehen die Richter in der Wahl der Steuerklassen III und V. Die Ehegatten hätten dadurch bewusst in Kauf genommen, dass das höhere Einkommen des einen Ehegatten relativ niedrig und das niedrigere Einkommen des anderen Ehegatten vergleichsweise hoch besteuert werde, um gemeinsam über ein höheres monatliches Nettoeinkommen zu verfügen.

Dass sich der in Steuerklasse V eingereihte Ehegatte für den Fall der ZV einen Ausgleich vorbehalten hätte, sei fernliegend und müsse ggf. nachgewiesen werden.

---

31 U.a. BGH-Urt. v. 23.5.2007 – XII ZR 250/04, BFH/NV 2007, Beilage 4, 467
32 § 44 Abs. 1 AO
33 § 426 Abs. 1 S. 1 BGB

b) Steuerklassenkombination III/V und Aufteilung der Steuerschuld nach der Trennung

Selbst nach einer Zustimmung zur ZV aufgrund der o.g. gerichtlichen Vorgaben könnte der in Steuerklasse V eingereihte Ehegatte das Ergebnis der Veranlagung zu seinen Gunsten verändern, indem er eine Aufteilung der Steuerschuld[34] beantragt. Eine Aufteilung würde grds. im Verhältnis einer fiktiven EV von Ehegatten erfolgen.[35]

Aber auch dieser Gestaltung haben die Gerichte[36] eine Absage erteilt. Die Urteilsbegründungen sind angelehnt an die o.g. Urteile zur ZV nach Trennung bei Steuerklassenkombination III/V.

Danach könne die Beantragung eines Aufteilungsbescheides für Zahlungen aus der Zeit des Zusammenlebens schadensersatzrechtlich relevant werden, wenn eine abweichende Vereinbarung über die Steuerverwendung bestanden habe. Die Wahl der Steuerklassen III/V während des Zusammenlebens könne als eine solche Vereinbarung angesehen werden. Die Wahl einer ungünstigen LSt-Klasse während des Zusammenlebens begründe keinen internen Ausgleichsanspruch.

6. Besteuerung Alleinerziehender nach dem Grundtarif ist verfassungsgemäß

In mittlerweile drei Entscheidungen vom 26.7.2023, 18.6.2024 und 23.1.2025 hat der BFH die Anwendung des Grundtarifs für Alleinerziehende bestätigt.[37]

Die gegen das Urteil des VIII. Senats vom 18.6.2024 eingelegte **Verfassungsbeschwerde** hat das BVerfG mit Beschluss vom 16.12.2024 **nicht zur Entscheidung angenommen.**[38]

Ob gegen das Urteil des III. Senats vom 23.1.2025 Verfassungsbeschwerde erhoben wurde, war bei Redaktionsschluss nicht ersichtlich.

---

34 §§ 278, 279 AO

35 § 270 AO; vgl. BGH-Urt. v. 31.5.2006 – XII ZR 111/03, NJW 2006, 2623

36 OLG München, Beschl. v. 16.9.2024 – 16 UF 666/24 e, NJW-Spezial 2025, 230; OLG Karlsruhe, Beschl. v. 17.7.2020 – 5 UF 28/20, FamRZ 2021, 19

37 BFH-Beschl. v. 26.07.2023 – III B 2/23, nicht dokumentiert; BFH-Urt. v. 18.6.2024 – VIII R 32/20, BStBl II 2025, 168; Verfassungsbeschwerde nicht zur Entscheidung angenommen, BVerfG, Beschl. v. 16.12.2024 – 2 BvR 1418/24, Juris; BFH-Urt. v. 23.1.2025 – III R 33/24 (III R 50/17), BStBl II 2025, 516

38 BVerfG, Beschl. v. 16.12.2024 – 2 BvR 1418/24, Juris

7. Exkurs: Bemessung der Krankenversicherungsbeiträge bei freiwillig Versicherten in der GKV nach dem endgültigen ESt-Bescheid

Ab dem Jahr 2018 wurde die Bemessung der Krankenversicherungsbeiträge in der GKV neu geregelt. Bei freiwilligen Mitgliedern in der GKV werden die Beiträge aus Einnahmen aus VuV auf der Grundlage des **zuletzt erlassenen** ESt-Bescheides **zunächst vorläufig** festgesetzt. Die vorläufig festgesetzten Beiträge werden später auf Grundlage der tatsächlich erzielten beitragspflichtigen Einnahmen für das jeweilige Kj nach Vorlage des jeweiligen ESt-Bescheides **endgültig** festgesetzt.[39]

Dies gelte nach einem Urteil des LSG Schleswig-Holstein[40] auch, wenn Vorsteuerzahlungen im Jahr 2017 – vor dem Systemwechsel – die Einkünfte aus VuV gemindert und die Erstattung der Vorsteuer im Jahr 2018 – nach dem Systemwechsel – die Einkünfte erhöht hätten.

Dass die vom Kläger im Jahr 2017 erbrachte Vorsteuerzahlung beitragsrechtlich in einem der Folgejahre nicht mehr zur Geltung komme, sei der durch Gesetz vom 4.4.2017 erfolgten **Änderung der gesetzlichen Regelungen zum 1.1.2018** geschuldet, mit der eine Umstellung der Beitragsbemessung auf das jeweilige Kj und die Festlegung auf den für das Kj geltenden ESt-Bescheid vorgenommen worden sei. **Mangels Übergangsvorschrift sei diese Regelung unmittelbar anzuwenden gewesen.**

---

39 § 240 Abs. 4a S. 5 i.V.m. S. 1 HS 1 SGB V

40 Schleswig-Holsteinisches LSG, Urt. v. 11.3.2025 – L 10 KR 52/22, DStR 2025, 1714

III. Kindergeld/Kinderfreibeträge

1. Höhe des Kindergeldes 2025/2026

	Kindergeld 2025[41]		Kindergeld 2026	
	monatlich	jährlich	monatlich	jährlich
Ab 1. Kind	255 EUR	3.060 EUR	259 EUR	3.108 EUR

Praxishinweis

Mit Wirkung vom 1.1.2026 wird die Erhöhung des Kindergeldes an die Erhöhung der Kinderfreibeträge gekoppelt.[42]

2. Kinder- und BEA-Freibeträge 2025/2026

Die Kinderfreibeträge i.H.d. sächlichen Existenzminimums eines Kindes (Kinder-FB) werden jährlich an die gestiegenen Lebenshaltungskosten angepasst. Der Freibetrag für den Betreuungs- und Erziehungs- oder Ausbildungsbedarf (BEA-FB) wurde ab dem VZ 2021 erhöht, nachdem er über viele Jahre unverändert geblieben war.[43] Eine weitere Erhöhung ist derzeit nicht in Sicht.

	2025		2026	
	je Elternteil	gemeinsam	je Elternteil	gemeinsam
Kinder-FB	3.336 EUR	6.672 EUR	3.414 EUR	6.828 EUR
BEA-FB	1.464 EUR	2.928 EUR	1.464 EUR	2.928 EUR
Summe	4.800 EUR	9.600 EUR	4.878 EUR	9.756 EUR

3. Verfassungsmäßigkeit der Kinderfreibeträge (2014)

Der BFH hat es mit Urteil vom 23.1.2025[44] abgelehnt, das Verfahren auszusetzen und das BVerfG zur Höhe der Kinderfreibeträge für das Jahr 2014 anzurufen. Die dafür erforderliche Überzeugung der BFH-Richter von der Verfassungswidrigkeit der Freibeträge liege nicht vor. Ob die Kläger

---

41 § 66 Abs. 1 S. 1 EStG
42 § 66 Abs. 3 EStG
43 § 32 Abs. 6 EStG
44 BFH-Urt. v. 23.1.2025 – III R 33/24 (III R 50/17), BStBl II 2025, 516

Verfassungsbeschwerde eingelegt haben, war bei Redaktionsschluss nicht ersichtlich.

4. DA-KG 2025

Das BZSt als Aufsichtsbehörde für die Kindergeldstellen hat auch für 2025 die Dienstanweisung-Kindergeld (DA-KG 2025) als Randstrichfassung veröffentlicht, in der die Änderungen gegenüber der vorherigen Version durch Kennzeichnung am Seitenrand hervorgehoben werden.

In den Abschnitten **A 7 - A 23** werden die Anspruchsvoraussetzungen erläutert, die in der **Person des Kindes** für die Gewährung von Kindergeld erfüllt sein müssen (Alter, Ausbildung, Behinderung u.Ä.). Diese Voraussetzungen sind auch für den Abzug von Kinder- und BEA-Freibeträgen i.R.d. ESt-Veranlagung maßgeblich.[45] Die Änderungen gegenüber der DA-KG 2024 beruhen hier im Wesentlichen auf neueren BFH-Entscheidungen zur Berücksichtigung von Kindern.

Die Urteile sind teilweise zur Gewährung von Kindergeld und teilweise zum Abzug der Kinderfreibeträge i.R.d. ESt-Veranlagung ergangen und wurden entweder bereits in früheren Seminarunterlagen vorgestellt oder werden in der vorliegenden Seminarunterlage behandelt.

5. 6-Monatsfrist zur Auszahlung von Kindergeld

§ 70 EStG –
Festsetzung und Zahlung des Kindergeldes

„(1) [1]Das Kindergeld nach § 62 wird von den Familienkassen durch Bescheid festgesetzt und ausgezahlt. [2]Die Auszahlung von festgesetztem Kindergeld erfolgt rückwirkend nur für die letzten sechs Monate vor Beginn des Monats, in dem der Antrag auf Kindergeld eingegangen ist. [3]Der Anspruch auf Kindergeld nach § 62 bleibt von dieser Auszahlungsbeschränkung unberührt."

[45] § 32 Abs. 3 - 5 EStG

§ 31 EStG – Familienleistungsausgleich

„... [5]Bei der Prüfung der Steuerfreistellung und der Hinzurechnung nach Satz 4 bleibt der Anspruch auf Kindergeld für Kalendermonate ***unberücksichtigt****, in denen durch Bescheid der Familienkasse ein Anspruch auf Kindergeld festgesetzt, aber wegen § 70 Absatz 1 Satz 2* ***nicht ausgezahlt*** *wurde. ...“*

a) Verfassungsmäßigkeit der 6-Monatsfrist

Die Auszahlungsbeschränkung, die für Kindergeldanträge gelte, die nach dem 18.7.2019 bei der Kindergeldkasse eingehen, ist nach der BFH-Entscheidung vom 25.4.2024[46] vom Gesetzgeber nicht willkürlich getroffen worden, sondern durch sachliche Gründe gerechtfertigt. Der Gesetzgeber sei auch nicht verpflichtet gewesen, eine Übergangsregelung zu treffen.

Die Vorschrift verstoße auch nicht gegen den verfassungsrechtlichen Schutz von Ehe und Familie.[47] Die Steuerfreistellung des Existenzminimums eines Kindes erfolge nach der Rechtsprechung des BVerfG[48] zulässigerweise **primär durch die Kinderfreibeträge**. Bei der Günstigerprüfung[49] werde der Anspruch auf Kindergeld nicht berücksichtigt, soweit das Kindergeld nicht ausgezahlt worden sei.[50]

Auch die EU-rechtliche Freizügigkeit werde dadurch nicht eingeschränkt. **Der Antrag könne in jedem Fall zeitnah gestellt werden.** Nach der Antragstellung eintretende Verzögerungen durch einen Auslandsbezug (Ausbildungs-, Studienbescheinigungen, Postlaufzeiten o.Ä.) lösten keine Abzugsbeschränkung aus.

---

[46] BFH-Urt. v. 25.4.2024 – III R 27/22, BStBl II 2025, 81
[47] Art. 6 Abs. 1 GG
[48] BVerfG, Beschl. v. 6.11.2003 – 2 BvR 1240/02, HFR 2004, 260
[49] § 31 S. 4 EStG
[50] § 31 S. 5 EStG

b) 6-Monatsfrist bei ausländischen Saison- oder Wanderarbeitnehmern

Mit Urteil vom 8.8.2024[51] sowie in mehreren Parallelentscheidungen vom 11.7.2024[52] hat der BFH die Anwendung der 6-Monatsfrist auch für ausländische Saison- bzw. Wander-ArbN grds. bestätigt.

Die Ausschlussfrist könne zwar auch durch einen nach dem Prinzip der europaweiten Antragsgleichstellung[53] zu berücksichtigenden, im Ausland gestellten Antrag gewahrt werden. Dies gelte jedoch **nicht**, wenn der Antrag im Wohnmitgliedstaat zu einem Zeitpunkt gestellt worden sei, in dem noch kein Auslandsbezug vorgelegen habe oder von der Freizügigkeit noch kein Gebrauch gemacht worden sei.

Beispiel

R, rumänischer Staatsbürger, erzielte vom 1.10.2024 - 31.7.2025 (erstmalig) in Deutschland Einkünfte aus nichtselbstständiger Arbeit. Seine Ehefrau und der gemeinsame Sohn leben in Rumänien. Für das am 7.7.2023 geborene Kind haben die Eheleute in Rumänien im Juli 2023 rumänische Kindergeldleistungen beantragt und seitdem fortlaufend bezogen. Am 3.12.2025 beantragte R in Deutschland (Differenz-)Kindergeld für den Zeitraum Oktober 2024 bis Juli 2025.

Die Kindergeldkasse setzt in diesem Fall das (Differenz-)Kindergeld zwar für den gesamten Zeitraum Oktober 2024 - Juli 2025 fest. Die Auszahlung erfolgt rückwirkend aber nur für die letzten sechs Monate vor Beginn des Monats, in dem der Antrag auf Kindergeld eingegangen ist, das wären die Monate Juni - November 2025. Da der Anspruch nur bis zum 31.7.2025 bestand, erhält R somit nur für die Monate Juni und Juli 2025 (Differenz-)Kindergeld i.H.v. 2 x 255 EUR abzgl. der in diesem Zeitraum erhaltenen rumänischen Familienförderung.

Praxishinweis

Der 2023 in Rumänien gestellte Antrag kann nicht als Antrag auf Kindergeld in Deutschland nach der europaweiten Antragsgleichstellung[54] gewertet werden, da im

---

[51] BFH-Urt. v. 8.8.2024 – III R 19/22, BStBl II 2025, 156

[52] BFH-Urt. v. 11.7.2024 – III R 31/23, BStBl II 2025, 83; BFH-Urt. v. 11.7.2024 – III R 30/23, BFH/NV 2025, 3; BFH-Urt. v. 11.7.2024 – III R 33/23, BFH/NV 2025, 8; BFH-Urt. v. 11.7.2024 – III R 34/23, BFH/NV 2025, 12

[53] Art. 81 der Verordnung (EG) Nr. 883/2004 des Europäischen Parlaments und des Rates vom 29.4.2004 zur Koordinierung der Systeme der sozialen Sicherheit

[54] Art. 81 der Verordnung (EG) Nr. 883/2004 des Europäischen Parlaments und des Rates vom 29.4.2004 zur Koordinierung der Systeme der sozialen Sicherheit

Zeitpunkt der Antragstellung noch kein Auslandsbezug zu Deutschland bestanden hat.

6. Verhältnis von in- und ausländischem Kindergeldanspruch und Differenzkindergeld

a) Rechtliche Grundlagen

Die Art. 67 und 68 der Verordnung (EG) Nr. 883/2004 des Europäischen Parlaments und des Rates vom 29.4.2004 zur Koordinierung der Systeme der sozialen Sicherheit (Verordnung (EG) Nr. 883/2004) sind nachfolgend vollständig abgedruckt, um einen Überblick über die Konkurrenz- und Prioritätsmechanismen bei den Familienleistungen zu geben. Die für das im Anschluss dargestellte FG-Urteil maßgeblichen Passagen sind hervorgehoben.

Art. 67 der Verordnung (EG) Nr. 883/2004
Familienangehörige, die in einem anderen Mitgliedstaat wohnen

„Eine Person hat auch für Familienangehörige, die in einem anderen Mitgliedstaat wohnen, Anspruch auf Familienleistungen nach den Rechtsvorschriften des zuständigen Mitgliedstaats, als ob die Familienangehörigen in diesem Mitgliedstaat wohnen würden. Ein Rentner hat jedoch Anspruch auf Familienleistungen nach den Rechtsvorschriften des für die Rentengewährung zuständigen Mitgliedstaats."

Art. 68 der Verordnung (EG) Nr. 883/2004
Prioritätsregeln bei Zusammentreffen von Ansprüchen

„(1) Sind für denselben Zeitraum und für dieselben Familienangehörigen Leistungen nach den Rechtsvorschriften mehrerer Mitgliedstaaten zu gewähren, so gelten folgende Prioritätsregeln:

*a) Sind Leistungen von mehreren Mitgliedstaaten aus **unterschiedlichen** Gründen zu gewähren, so gilt folgende **Rangfolge**: an erster Stelle stehen die durch eine Beschäftigung oder eine selbstständige Erwerbstätigkeit ausgelösten Ansprüche, darauf folgen die durch den Bezug einer Rente ausgelösten Ansprüche und schließlich die durch den Wohnort ausgelösten Ansprüche.*

*b) Sind Leistungen von mehreren Mitgliedstaaten aus **denselben** Gründen zu gewähren, so richtet sich die Rangfolge nach den folgenden **subsidiären Kriterien**:*

i) bei Ansprüchen, die durch eine Beschäftigung oder eine selbstständige Erwerbstätigkeit ausgelöst werden: der Wohnort der Kinder, unter der Voraussetzung, dass dort eine solche Tätigkeit ausgeübt wird, und subsidiär gegebenenfalls die nach den widerstreitenden Rechtsvorschriften zu gewährende höchste Leistung. Im letztgenannten Fall werden die Kosten für die Leistungen nach in der Durchführungsverordnung festgelegten Kriterien aufgeteilt;

ii) bei Ansprüchen, die durch den Bezug einer Rente ausgelöst werden: der Wohnort der Kinder, unter der Voraussetzung, dass nach diesen Rechtsvorschriften eine Rente geschuldet wird, und subsidiär gegebenenfalls die längste Dauer der nach den widerstreitenden Rechtsvorschriften zurückgelegten Versicherungs- oder Wohnzeiten;

iii) bei Ansprüchen, die durch den ***Wohnort*** *ausgelöst werden: der Wohnort der Kinder.*

(2) Bei Zusammentreffen von Ansprüchen werden die Familienleistungen nach den Rechtsvorschriften gewährt, die nach Absatz 1 Vorrang haben. Ansprüche auf Familienleistungen nach anderen widerstreitenden Rechtsvorschriften werden bis zur Höhe des nach den vorrangig geltenden Rechtsvorschriften vorgesehenen Betrags ausgesetzt; ***erforderlichenfalls ist ein Unterschiedsbetrag in Höhe des darüber hinausgehenden Betrags der Leistungen zu gewähren.*** *Ein derartiger Unterschiedsbetrag muss jedoch* ***nicht*** *für Kinder gewährt werden, die in einem anderen Mitgliedstaat wohnen, wenn der entsprechende Leistungsanspruch ausschließlich durch den* ***Wohnort*** *ausgelöst wird.*

(3) Wird nach Artikel 67 beim zuständigen Träger eines Mitgliedstaats, dessen Rechtsvorschriften gelten, aber nach den Prioritätsregeln der Absätze 1 und 2 des vorliegenden Artikels ***nachrangig*** *sind, ein* ***Antrag*** *auf Familienleistungen gestellt, so gilt Folgendes:*

a) Dieser Träger ***leitet den Antrag unverzüglich an den zuständigen Träger des Mitgliedstaats weiter, dessen Rechtsvorschriften vorrangig gelten****, teilt dies der betroffenen Person mit und zahlt unbeschadet der Bestimmungen der Durchführungsverordnung über die vorläufige Gewährung von Leistungen erforderlichenfalls den in Absatz 2 genannten Unterschiedsbetrag;*

b) der zuständige Träger des Mitgliedstaats, dessen Rechtsvorschriften vorrangig gelten, bearbeitet den Antrag, als ob er direkt bei ihm gestellt worden wäre; der Tag der Einreichung des Antrags beim ersten Träger gilt als der Tag der Einreichung bei dem Träger, der vorrangig zuständig ist."

b) Aktuelle Rechtsprechung

(1) Polnischer Staatsangehöriger mit Wohnsitz im Inland, Ehefrau und Kinder in Polen

Vor dem Hessischen FG[55] ist folgender, vereinfacht dargestellter Fall verhandelt worden:

Der Kläger, polnischer Staatsbürger, hatte 2016 einen inländischen Wohnsitz. Seine Ehefrau und die gemeinsamen Kinder lebten in Polen, wo auch der Kläger unstreitig weiter einen Wohnsitz und einen fortgesetzten (gemeinsamen) (Familien-)Haushalt unterhielt. Zunächst erzielte er in Deutschland Einkünfte aus nichtselbstständiger Arbeit. Im **streitigen Zeitraum** von März bis September 2016 war er arbeitslos gemeldet und erhielt **ALG II**. Ab Oktober war er wieder berufstätig. Die Eheleute haben den Kläger einvernehmlich als Kindergeldberechtigten bestimmt.[56]

Die Ehefrau war durchgängig nicht erwerbstätig. Einen Antrag auf polnisches Kindergeld haben die Eheleute nach eigenen Angaben nicht gestellt, weil sie aufgrund der Höhe ihres Familieneinkommens keinen Anspruch darauf hatten.

Die Familienkasse (FK) lehnte für die Zeit des Bezugs von ALG II in den Monaten März bis September die Zahlung von Kindergeld ab, da sie der Auffassung war, dass nach den Art. 67 und 68 der Verordnung (EG) Nr. 883/2004[57] ein Anspruch auf polnisches Kindergeld vorrangig sei, da sowohl in Deutschland als auch in Polen derselbe Anspruchsgrund (aufgrund des Wohnsitzes) vorliege und dann der Wohnort der Kinder maßgeblich sei. Darüber hinaus sei die Prüfung von Differenzkindergeld in diesem Fall nicht vorgesehen.

Das FG hat (im Ergebnis und eher aus formellen Gründen) auf einen **Kindergeldanspruch in Deutschland** entschieden. Der von der FK angewendete Konkurrenz- und Prioritätsmechanismus der Verordnung (EG) Nr. 883/2004

---

55 Hess. FG, Gerichtsbescheid v. 19.11.2024 – 3 K 2306/16, Juris; Rev. eingelegt, Az des BFH: III R 42/24

56 § 64 Abs. 2 S. 2 EStG

57 Verordnung (EG) Nr. 883/2004 des Europäischen Parlaments und des Rates v. 29.4.2004 zur Koordinierung der Systeme der sozialen Sicherheit (Verordnung EG Nr. 883/2004)

komme nur zur Anwendung, wenn **tatsächlich ein konkurrierender ausländischer Anspruch** bestehe. Dies zu **prüfen**, sei jedoch nach höchstrichterlicher Rechtsprechung **vorrangig Aufgabe der FK i.R.e. Koordinierungsverfahrens.**[58]

Die FK hatte während des Gerichtsverfahrens aufgrund einer richterlichen Aufklärungs- und Hinweisverfügung versucht, von den polnischen Behörden Angaben über das Bestehen eines Anspruchs in Polen zu erhalten. Trotz mehrfacher Erinnerung lag letztlich nur die Aussage der polnischen Behörden vor, dass die Familie aufgefordert worden sei, einen Antrag in Polen zu stellen, dies aber abgelehnt habe, weil sie vom Obsiegen ihrer Klage in Deutschland ausgehe.

Da die FK für die betreffenden Kinder und Monate einen konkurrierenden Anspruch in Polen trotz mehrfacher Auskunftsersuchen an die polnischen Behörden **nicht habe feststellen können**, gehe dies bei Abwägung aller Umstände **zu Lasten der FK**. Sie habe die Möglichkeiten des ihr obliegenden unionsrechtlichen Koordinierungsverfahrens nur unzureichend ausgeschöpft, da der vom Kläger für den Streitzeitraum gestellte Kindergeldantrag **entgegen Art. 68 Abs. 3** der Verordnung (EG) Nr. 883/2004 **nicht an die polnischen Behörden weitergeleitet worden sei**. Stattdessen habe die FK ihr Verwaltungsverfahren durch die angefochtene Einspruchsentscheidung ohne die gebotenen Koordinierungsbemühungen abgeschlossen. **Dies wiege höher** als der Umstand, dass der Kläger im Zuge der nachträglichen Prüfung durch die polnischen Behörden in den Jahren 2023 und 2024 die Einreichung von Familienleistungsanträgern in Polen verweigert habe.

Die wegen grundsätzlicher Bedeutung zugelassene **Revision**[59] wurde eingelegt.

(2) Mutter und Kind mit deutscher Staatsangehörigkeit und Wohnsitz im Inland, Vater lebt in Großbritannien

Sowohl das FG Münster[60] als auch das FG Köln[61] haben in ähnlich gelagerten Fällen, in denen Mutter und Kind als deutsche Staatsbürger im Inland leben

---

58 Vgl. BFH-Urt. v. 1.6.2022 – III R 31/20, BStBl II 2023, 348

59 Az des BFH: III R 42/24

60 FG Münster, Urt. v. 20.2.2025 – 10 K 2123/22 Kg, Juris, Rev. eingelegt, Az des BFH: III R 10/25

61 FG Köln, Urt. v. 23.5.2025 – 14 K 950/22, https://nrwe.justiz.nrw.de/fgs/koeln/j2025/14_K_950_22_Urteil_20250523.html, Rev. eingelegt, Az des BFH: III R 28/25

und der Kindesvater in Großbritannien lebt, auf einen **ungekürzten Kindergeldanspruch der Mutter im Inland** entschieden.

Hintergrund war jeweils – wie im zuvor dargestellten Fall – ein gescheitertes Koordinierungsverfahren wegen fehlender Mitwirkung der ausländischen Behörden.

Sowohl die VO (EG) Nr. 883/2004 als auch die VO (EG) Nr. 987/2009 seien gem. Art. 30, 31 Abs. 1 des am 1.2.2020 in Kraft getretenen Abkommens über den Austritt des Vereinigten Königreichs Großbritannien und Nordirland aus der EU und der Europäischen Atomgemeinschaft (Austrittsabkommen) weiter anzuwenden auf Sachverhalte zwischen den Abkommensparteien, sind also auch zur Koordinierung der Ansprüche auf Familienleistungen im Streitfall heranzuziehen.

Könne das Koordinierungsverfahren nicht, wie in Art. 60 Abs. 3 VO (EG) 987/2009 vorgesehen, innerhalb von zwei Monaten durchgeführt werden, ginge dies nicht zu Lasten der Klägerin. Das inländische Kindergeld sei ungekürzt auszuzahlen, wenn ein Anspruch in Großbritannien nicht zweifelsfrei festgestellt werden könne.

Wegen grundsätzlicher Bedeutung und zur Sicherung einer einheitlichen Rechtsprechung wurde in beiden Fällen die **Revision**[62] zugelassen und eingelegt.

c) Exkurs: Differenzkindergeld und Günstigerprüfung

***§ 31 EStG –
Familienleistungsausgleich***

„… ⁴Bewirkt der Anspruch auf Kindergeld für den gesamten Veranlagungszeitraum die nach Satz 1 gebotene steuerliche Freistellung nicht vollständig und werden deshalb bei der Veranlagung zur Einkommensteuer die Freibeträge nach § 32 Absatz 6 vom Einkommen abgezogen, ***erhöht sich die*** *unter Abzug dieser Freibeträge ermittelte* ***tarifliche Einkommensteuer*** *um den* ***Anspruch auf Kindergeld*** *für den gesamten Veranlagungszeitraum; bei nicht zusammenveranlagten Eltern wird der Kindergeldanspruch im Umfang des Kinderfreibetrags angesetzt. … ⁶Satz 4 gilt* ***entsprechend*** *für mit dem Kindergeld vergleichbare Leistungen nach § 65. ⁷Besteht nach ausländischem Recht Anspruch*

---

[62] Az des BFH: III R 10/25, III R 28/25

*auf Leistungen für Kinder, wird dieser insoweit **nicht** berücksichtigt, als er das inländische Kindergeld **übersteigt**."*

Zu den in § 31 S. 6 EStG genannten vergleichbaren ausländischen Leistungen gehört auch der ausländische Anspruch auf Familienleistungen für Kinder nach der oben dargestellten Verordnung (EG) Nr. 883/2004[63]. Damit muss in die Günstigerprüfung nach § 31 S. 4 EStG auch der Anspruch auf ausländische Leistungen und ggf. ein inländischer Anspruch auf Differenzkindergeld einbezogen werden.[64]

Sollte der Anspruch auf ausländische Leistungen bzw. auf die Summe aus in- und ausländischen Leistungen höher als das inländische Kindergeld sein, ist für die Günstigerprüfung gem. § 31 S. 7 EStG maximal die Höhe des inländischen Kindergeldanspruchs zu berücksichtigen.

Beispiel

Der polnische Staatsangehörige P hatte im gesamten VZ 2025 einen Wohnsitz im Inland und einen Familienwohnsitz in Polen. Die Ehefrau und der 16-jährige Sohn lebten in Polen. In Polen bestand ein (unstreitig) vorrangiger Anspruch auf Leistungen, die dem deutschen Kindergeld vergleichbar sind, i.H.v. mtl. 100 EUR. In Deutschland erhielt P den Unterschiedsbetrag zum (nachrangigen) deutschen Kindergeld i.H.v. mtl. 155 EUR als Differenzkindergeld.

I.R.d. Günstigerprüfung[65] ergibt sich für P durch den Ansatz der Kinderfreibeträge eine steuerliche Entlastung von **4.060 EUR**.

Die so ermittelte tarifliche ESt erhöht sich um den Anspruch auf die polnischen Familienleistungen i.H.v. 1.200 EUR **und** das Differenzkindergeld i.H.v. 1.860 EUR EUR, insg. also um **3.060 EUR**. P erhält durch den Ansatz der Kinderfreibeträge somit eine zusätzliche steuerliche Entlastung von **1.000 EUR**.

---

[63] H 31 EStH „Über- und zwischenstaatliche Rechtsvorschriften"
[64] R 32 Abs. 2 S. 2 EStR
[65] § 31 S. 4 und 6 EStG

7. Abzweigung von Kindergeld

a) Grundsätzliche Möglichkeit der Auszahlung an das Kind

Nach § 74 EStG kann Kindergeld direkt an das Kind ausgezahlt werden, wenn die Eltern **ihrer Unterhaltspflicht nicht nachkommen** oder **mangels Leistungsfähigkeit nicht unterhaltspflichtig** sind.

In einem vor dem BFH verhandelten Fall hatte die Familienkasse das Kindergeld an ein Kind ausgezahlt, dessen Eltern **schon dem Grunde nach nicht unterhaltspflichtig** waren. Dieser Sachverhalt ist **im Gesetz nicht geregelt.** Die Klage der Eltern richtete sich gegen die Auszahlung des Kindergeldes an das Kind.

Das Kind erhielt neben einer Ausbildungsvergütung ein steuerfreies Stipendium und verfügte über ein zweckgebundenes Vermögen, das ihm für Ausbildungszwecke zur Verfügung gestellt worden war. Die Eltern hatten somit einen Kindergeldanspruch, obwohl sie keinen Unterhalt leisteten und mangels Unterhaltsbedürftigkeit des Kindes keinen Unterhalt leisten mussten.

Entgegen der Entscheidung des FG München[66] als Vorinstanz kam der BFH mit Urteil vom 20.2.2025[67] zu dem Ergebnis, dass das für ein volljähriges Kind zugunsten eines Elternteils festgesetzte Kindergeld **nicht an das Kind ausgezahlt** werden könne, wenn das Kind aufgrund eigener Einkünfte oder Bezüge nicht unterhaltsbedürftig sei.

Eine vom FG angenommene **planwidrige, vom Gesetzgeber nicht gewollte Regelungslücke** in § 74 EStG bestehe für den vorliegenden Fall **nicht**. Insbesondere deuteten weder die Gesetzesmaterialien oder die Gesetzessystematik noch der Zweck der Vorschrift darauf hin, dass der Gesetzgeber mit der Regelung der Abzweigung in § 74 Abs. 1 EStG die Auszahlung des Kindergeldes an das Kind auch bei fehlender Bedürftigkeit des Kindes habe ermöglichen wollen.

---

66 FG München, Urt. v. 14.3.2024 – 10 K 508/22, Juris, Rev. eingelegt, Az des BFH: III R 10/24

67 BFH-Urt. v. 20.2.2025 – III R 10/24, BStBl II 2025, 457

b) Nachrichtlich: Folgen einer Abzweigung des Kindergeldes für die ESt-Veranlagung der Eltern

Auch wenn Kindergeld direkt an das Kind **ausgezahlt** worden ist, wird das zu Gunsten der Eltern **festgesetzte** Kindergeld i.R.d. Günstigerprüfung bei den Eltern berücksichtigt. Für den Fall, dass Kinderfreibeträge vom Einkommen abgezogen werden, erhöht sich die tarifliche ESt der Eltern um den **Anspruch** auf Kindergeld für den gesamten VZ.[68]

Beispiel

Die Kindergeldkasse hat auf Antrag der Eheleute Müller für das Jahr 2025 Kindergeld für ihren Sohn Stefan i.H.v. 12 x 255 EUR = 3.060 EUR **festgesetzt**. Die **Auszahlung** erfolgte auf Antrag des Sohnes direkt an ihn (Abzweigung nach § 74 EStG).

I.R.d. Günstigerprüfung[69] ergab sich für die Eltern durch den Ansatz der Kinderfreibeträge eine steuerliche Entlastung von 4.060 EUR.

Die so ermittelte tarifliche ESt erhöht sich um den **Anspruch** auf Kindergeld i.H.v. 3.060 EUR (obwohl das Kindergeld an den Sohn ausgezahlt worden ist). Bei den Eltern verbleibt somit noch eine Entlastung von 1.000 EUR.

---

68 § 31 S. 4 EStG
69 § 31 S. 4 EStG

IV. Kinder in Berufsausbildung

1. Gesetzliche Regelungen

§ 32 Abs. 4 EStG

„(4) [1]Ein Kind, das das 18. Lebensjahr vollendet hat, wird berücksichtigt, wenn es …

2. noch nicht das 25. Lebensjahr vollendet hat und

a) für einen Beruf ausgebildet wird oder

*b) sich in einer **Übergangszeit von höchstens vier Monaten** befindet, die zwischen zwei Ausbildungsabschnitten oder zwischen einem Ausbildungsabschnitt und der Ableistung des gesetzlichen Wehr- oder Zivildienstes, einer vom Wehr- oder Zivildienst befreienden Tätigkeit als Entwicklungshelfer oder als Dienstleistender im Ausland nach § 14b des Zivildienstgesetzes oder der Ableistung des freiwilligen Wehrdienstes nach § 58b des Soldatengesetzes oder der Ableistung eines freiwilligen Dienstes im Sinne des Buchstaben d liegt, oder*

*c) eine Berufsausbildung **mangels Ausbildungsplatzes** nicht beginnen oder fortsetzen kann*

…

*[2]Nach **Abschluss einer erstmaligen Berufsausbildung** oder eines Erststudiums wird ein Kind in den Fällen des Satzes 1 Nummer 2 nur berücksichtigt, wenn das Kind **keiner Erwerbstätigkeit** nachgeht. [3]Eine Erwerbstätigkeit mit bis zu **20 Stunden** regelmäßiger wöchentlicher Arbeitszeit, ein Ausbildungsdienstverhältnis oder ein geringfügiges Beschäftigungsverhältnis im Sinne der §§ 8 und 8a des Vierten Buches Sozialgesetzbuch sind unschädlich.“*

2. Aktuelle Rechtsprechung

a) Vorbemerkung

Die nachfolgend vorgestellten Urteile betreffen häufig die Gewährung von Kindergeld. Da die Voraussetzungen für den Abzug von Kinder- und BEA-Freibeträgen aber identisch sind, gelten die Entscheidungen gleichermaßen für den Bereich der ESt-Veranlagung.

b) Wann ist eine Erstausbildung abgeschlossen?

(1) Bisherige Entwicklung

Solange sich ein Kind in der Erstausbildung bzw. im Erststudium befindet, ist die Erwerbstätigkeit **nicht** zu prüfen. **Nach** Abschluss einer erstmaligen Berufsausbildung oder eines Erststudiums wird ein Kind, das einen Grundtatbestand nach § 32 Abs. 4 S. 1 Nr. 2 EStG erfüllt, **nicht** mehr berücksichtigt, wenn es einer schädlichen, mehr als 20 Wochenstunden umfassenden Erwerbstätigkeit nachgeht.[70]

Nach Einführung dieser Regelung im Jahr 2012 kommt somit der Frage eine zentrale Bedeutung zu, **wann die erstmalige Ausbildung abgeschlossen ist.** Dies gilt insb., wenn ein Kind nacheinander mehrere Bildungsmaßnahmen durchläuft, die jede für sich betrachtet eine abgeschlossene Ausbildung darstellen könnten.

In der BFH-Rechtsprechung hat sich in der Folge der Begriff der **einheitlichen, mehraktigen Erstausbildung** entwickelt. Wenn ein Kind mit dem ersten Ausbildungsabschnitt sein ursprüngliches Berufsziel noch nicht erreicht hat, kann eine weiterführende Ausbildung als Teil der Erstausbildung zu qualifizieren sein, wenn sie in einem engen **sachlichen** und **zeitlichen** Zusammenhang mit dem ersten Abschnitt steht. Dabei muss die weiterführende Ausbildung dieselbe Fachrichtung betreffen und zum nächstmöglichen Zeitpunkt aufgenommen werden.[71] In diesem Fall ist die Erstausbildung erst mit dem Ende des letzten Ausbildungsabschnitts abgeschlossen. Bis zu diesem Zeitpunkt spielt die Erwerbstätigkeit des Kindes keine Rolle.

---

70 § 32 Abs. 4 S. 2 u. 3 EStG

71 (u.a.) BFH-Urt. v. 3.7.2014 – III R 52/13, BStBl II 2015, 152

Der BFH hat diese Rechtsprechungsgrundsätze anschließend fortentwickelt und unterscheidet nunmehr zwischen einer einheitlichen Erstausbildung mit daneben ausgeübter Erwerbstätigkeit und einer berufsbegleitend durchgeführten Weiterbildung (Zweitausbildung). Entscheidend ist, ob nach dem Gesamtbild der Umstände während des zweiten Ausbildungsabschnitts die Berufstätigkeit oder die Ausbildung im Vordergrund steht.[72]

(2) FG: Vollzeiterwerbstätigkeit zwischen zwei Ausbildungsabschnitten ist unschädlich

Der Sohn des Klägers hatte nach einer Ausbildung zum Rettungssanitäter zum frühestmöglichen Zeitpunkt eine weiterführende Ausbildung zum Notfallsanitäter begonnen und in der Zwischenzeit als Rettungssanitäter in Vollzeit gearbeitet. Die Familienkasse sah auch die Übergangszeit als Teil der mehraktigen Ausbildung. Während der Übergangszeit habe die Berufstätigkeit im Vordergrund gestanden, nach der vom BFH entwickelten Schwerpunktprüfung könne daher nicht mehr von einer mehraktigen Erstausbildung ausgegangen werden.

Das Nds. FG[73] gewährte demgegenüber für den strittigen Zeitraum das Kindergeld. Es lehnt eine Anwendung der Schwerpunktprüfung auf den **Zeitraum zwischen zwei Abschnitten** einer mehraktigen Erstausbildung ab. Die Schwerpunktprüfung finde nur statt, wenn die Erwerbstätigkeit **neben dem weitergehenden Ausbildungsabschnitt** ausgeübt werde. Während des zweiten Ausbildungsabschnitts habe jedoch unstreitig die Ausbildung im Vordergrund gestanden.

Die Vollzeiterwerbstätigkeit in der Übergangszeit zwischen zwei Ausbildungsabschnitten einer einheitlichen erstmaligen Ausbildung sei für den Kindergeldanspruch unschädlich, wenn die Berufstätigkeit **lediglich der Überbrückung diene** und **nicht Voraussetzung für die Aufnahme des zweiten Ausbildungsabschnitts sei**.

Gegen das Urteil wurde **Revision**[74] eingelegt. Die Entscheidung des BFH ist sowohl für die Kindergeldgewährung als auch für die einkommensteuerliche Vergleichsprüfung bedeutsam.

---

[72] (u.a.) BFH-Urt. v. 11.12.2018 – III R 26/18, BStBl II 2019, 765
[73] Nds. FG, Urt. v. 25.5.2023 – 10 K 41/22, Rev. eingelegt, Az des BFH: III R 13/24
[74] Az des BFH: III R 13/24

(3) Aktuelle Entwicklung zur mehraktigen Erstausbildung

Parallel und weitgehend unabhängig von der o.g. Entwicklung zur Berücksichtigung eines Kindes bei den Eltern nach § 32 EStG wurden in **§ 9 Abs. 6 EStG** Änderungen vorgenommen, die ein **Abzugsverbot von Werbungskosten während einer erstmaligen Ausbildung** betreffen.

Die seit dem 1.1.2015 anzuwendende Fassung der Vorschrift normiert eine **Mindestdauer der Erstausbildung von zwölf Monaten** bei vollzeitiger Ausbildung und fordert eine Abschlussprüfung.[75] Eine weitere, danach stattfindende Bildungsmaßnahme stellt **für den WK-Abzug eine begünstigte Zweitausbildung** dar.

Praxishinweis

Ob die seit 2015 anzuwendende Legaldefinition der Erstausbildung in § 9 Abs. 6 EStG auch für den bereits seit 2012 geltenden § 32 Abs. 4 S. 2 EStG angewendet werden muss, beurteilen die FG unterschiedlich, zum Teil vertreten sogar verschiedene Senate desselben FG gegensätzliche Rechtsauffassungen.

Gegen alle hierzu ergangenen FG-Urteile sind, soweit ersichtlich, **Revisionen**[76] anhängig. Ob der BFH in diesem Zusammenhang seine Rechtsprechung zur mehraktigen Erstausbildung erneut fortentwickeln wird, bleibt mit Spannung abzuwarten.

Die Folgen für die Stpfl. hängen von den Umständen des Einzelfalls ab. Sollte künftig jede mind. zwölf Monate umfassende Ausbildung als abgeschlossene Erstausbildung i.S.d. § 32 Abs. 4 S. 2 EStG gelten, dürfte dies das Ende der mehraktigen Erstausbildung für die meisten Ausbildungsberufe einläuten, während einige, weniger als zwölf Monate dauernde Ausbildungsgänge davon profitieren könnten.

c) Freiwilliger Wehrdienst

Der BFH stellte mit Urteil vom 20.2.2025[77] noch einmal klar, dass der Freiwillige Wehrdienst, anders als etwa ein freiwilliges soziales oder ökologisches Jahr[78], **kein** Grundtatbestand des § 32 Abs. 4 EStG sei, der für sich genommen eine Berücksichtigung des Kindes ermögliche.

Gleichwohl könne während der Zeit des Freiwilligen Wehrdienstes eine Berücksichtigung erfolgen, wenn das Kind einen der im Gesetz genannten Berücksichtigungstatbestände erfülle, also etwa für einen Beruf ausgebildet

---

75 § 9 Abs. 6 EStG
76 Az des BFH (u.a.): III R 13/24, III R 22/24, III R 31/24
77 BFH-Urt. v. 20.2.2025 – III R 43/22, BStBl II 2025, 512
78 § 32 Abs. 4 S. 1 Nr. 2 Buchst. d EStG

werde[79] oder eine Berufsausbildung mangels Ausbildungsplatzes nicht beginnen oder fortsetzen könne[80].

Das Kind des Klägers hatte nach dem Abitur einen Freiwilligen Wehrdienst angetreten, auch, um sich in dieser Zeit zwischen einer Bewerbung als Berufssoldat mit Studium bei der Bundeswehr und einem zivilen Studiengang zu entscheiden.

Der Zeitraum der **Grundausbildung** war im Urteilsfall **nicht streitig**, da das Kind in dieser Zeit „für einen Beruf ausgebildet" und damit berücksichtigt wird. Dieses Tatbestandsmerkmal ist weiter gefasst als der Begriff „Berufsausbildung".

Die Grundausbildung endete im Februar. Im April bescheinigte die Bundeswehr, dass sich das Kind im Bewerbungsverfahren für ein ziviles Studium befinde. (Erst) Ab April habe daher der Grundtatbestand „eine Berufsausbildung mangels Ausbildungsplatzes nicht beginnen oder fortsetzen können" vorgelegen. Für den Monat März mangele es an **objektivierbaren Beweisanzeichen für eine ernsthafte Bemühung um einen Ausbildungsplatz**. Dies sei aber nach ständiger Rechtsprechung[81] erforderlich, um eine missbräuchliche Inanspruchnahme des Berücksichtigungstatbestandes zu verhindern. Die spätere Einlassung des Kindes im FG-Verfahren, es habe sich bereits im März für den zivilen Studiengang entschieden, genüge diesen Anforderungen nicht.

Die **Vollzeittätigkeit** bei der Bundeswehr in der Zeit zwischen der Beendigung der Grundausbildung und dem Beginn des Studiums sei für die Berücksichtigung **unschädlich**, da weder das Abitur noch die Grundausbildung eine abgeschlossene Berufsausbildung i.S.d. § 32 Abs. 4 S. 2 EStG darstelle.

d) Kein Kindergeld nach Abbruch des Bundesfreiwilligendienstes

Die Tochter der Klägerin hatte im Juni 2023 die Schule mit dem Abitur abgeschlossen. Im September begann sie einen Bundesfreiwilligendienst, den sie jedoch nach gut einem Monat im Oktober 2023 beendete. Im Anschluss hat sie als Kassiererin in einem Supermarkt mit einer wöchentlichen Arbeitszeit von 25 Stunden gejobbt. Erste Bewerbungsschreiben für einen Ausbildungs-

---

79 § 32 Abs. 4 S. 1 Nr. 2 Buchst. a EStG
80 § 32 Abs. 4 S. 1 Nr. 2 Buchst. c EStG
81 BFH-Beschl. v. 21.7.2005 – III S 19/04 (PKH), BFH/NV 2005, 2207

platz hat sie erst Ende Januar 2024 abgeschickt. Zum 1.8.2024 hat die Tochter eine Ausbildung begonnen.

Nach der Entscheidung des FG Bremen vom 31.3.2025[82] habe für die Monate November und Dezember 2025 kein Anspruch auf Kindergeld bestanden. Das Kind könne nicht als Ausbildungsplatz suchend[83] berücksichtigt werden, da keine ernsthaften Bemühungen um eine Ausbildung erkennbar seien.

Die Tochter habe sich auch nicht in einer Übergangszeit von höchstens vier Monaten zwischen zwei Ausbildungsabschnitten[84] befunden. Für die von der Klägerin vorgetragene Notwendigkeit einer zweimonatigen Neuorientierung nach dem überraschend abgebrochenen Bundesfreiwilligendienst bis zu einer Bewerbung um einen Ausbildungsplatz sehe das Gesetz keinen Berücksichtigungstatbestand vor.

e) Kindergeldanspruch trotz parallel ausgeübter Erwerbstätigkeit

Die Tochter des Klägers hat nach dem Abitur ein Fernstudium an einer privaten Fern-Universität in der Fachrichtung „Psychologie“ begonnen. Die Aufnahme eines Universitätsstudiums an einer deutschen Hochschule in der Form eines Präsenzstudiums war zu dem Zeitpunkt nicht möglich, weil in ihrer Person die persönlichen Zugangsvoraussetzungen nicht vorgelegen hatten.

Anfangs hat sie neben dem Studium in Vollzeit gearbeitet, um ihren Lebensunterhalt und die Studiengebühren bezahlen zu können. Später hat sie eine Ausbildung als Kriminalanwärterin bei der Polizei NRW begonnen, war aber weiterhin an der Universität eingeschrieben, um ihren Berufswunsch „Kriminalpsychologin“ verwirklichen zu können.

Das FG Münster hat mit Urteil vom 5.2.2025[85] den **Kindergeldanspruch der Kläger bestätigt**. Durch den Wegfall der Einkommensgrenzen beim Kind ab dem VZ 2012 hätten nach der Gesetzesbegründung[86] gerade auch Ausbildungsgänge wie Abendschulen und das Fernstudium, die neben einer (Vollzeit-)Erwerbstätigkeit durchgeführt werden, begünstigt werden sollen, um

[82] FG Bremen, Urt. v. 31.3.2025 – 2 K 9/25, Juris, rkr.
[83] § 32 Abs. 4 S. 1 Nr. 2 Buchst. c EStG
[84] § 32 Abs. 4 S. 1 Nr. 2 Buchst. b EStG
[85] FG Münster, Urt. v. 5.2.2025 – 7 K 1522/24 Kg, AO, Juris
[86] BT-Drucks 17/5125, Seite 1, 41

Familien mit weniger Einkommen zu fördern. Während der erstmaligen Ausbildung sei der zeitliche Umfang der Erwerbstätigkeit auch nicht zu prüfen.[87]

Jedes Studium, ganz unerheblich, ob an einer staatlichen oder privaten Universität und unabhängig davon, ob es im Präsenzstudium oder an einer Fernuniversität absolviert werde, genieße dabei dieselbe Anerkennung.

Die Ausbildungsmaßnahme müsse **nicht** die Zeit und Arbeitskraft des Kindes **überwiegend** in Anspruch nehmen. Entscheidend sei lediglich, dass die Ausbildung[88] ernsthaft betrieben werde und keine reine „Pro-forma-Immatrikulation" vorliege.

Hierfür spreche im vorliegenden Fall insbesondere, dass die Höhe des Kindergeldes im Streitjahr i.H.v. mtl. 219 EUR nicht annähernd die Studiengebühren von mtl. 348 EUR abgedeckt habe und wirtschaftliche Gründe für eine Pro-forma-Immatrikulation somit ausschieden. Es sei auch keine Nähe des Studienfachs zu privaten Interessen, wie es bspw. bei Sprachreisen der Fall sein könne, erkennbar.

Die Tochter habe auch Leistungsnachweise über bestandene Prüfungen vorgelegt. Im ersten Semester sei zwar nur ein Schein erreicht worden, dies habe die Tochter aber mit Eingewöhnungsschwierigkeiten für das Gericht nachvollziehbar erklären können. Ab dem zweiten Semester seien deutlich mehr Leistungsnachweise erbracht worden.

f) Wie weit ist das Tatbestandsmerkmal „für einen Beruf ausgebildet" zu fassen?

In Berufsausbildung befindet sich, wer sein Berufsziel noch nicht erreicht hat, sich aber ernsthaft und nachhaltig darauf vorbereitet. Dieser Vorbereitung dienen alle Maßnahmen, bei denen Kenntnisse, Fähigkeiten und Erfahrungen erworben werden, die als Grundlage für die Ausübung des angestrebten Berufs geeignet sind. Die Ausbildungsmaßnahme braucht Zeit und Arbeitskraft des Kindes nicht überwiegend in Anspruch zu nehmen.

Aber was gilt, wenn der Ausbildungscharakter einer Tätigkeit oder Maßnahme zweifelhaft ist?

---

87 § 32 Abs. 4 S. 2 EStG
88 § 32 Abs. 4 S. 1 Nr. 2 Buchst. a EStG

(1) Besuch einer Bibelschule

Das FG des Landes Sachsen-Anhalt hat diese Frage anhand des Besuchs einer Bibelschule umfassend beleuchtet. Die Tochter des Klägers hatte nach dem Abitur an einem rund neun Monate umfassenden Vollzeitkurs an einem Glaubenszentrum teilgenommen. Der Kurs diente ausweislich einer Bescheinigung des Zentrums der *„theologischen Ausbildung geeigneter Personen für Kinder- und Jugendarbeit, Mission, Musikdienst, Diakonische Arbeit im seelsorgerischen und sozialen Dienst sowie für Predigtdienst“.*

Die Grundsätze des Urteils vom 26.11.2024[89] sind über den entschiedenen Fall hinaus bedeutsam für andere Sachverhalte, in denen ein Kind einer Tätigkeit nachgeht, deren **Ausbildungscharakter nicht offenkundig** ist.

Erscheine der Ausbildungscharakter einer Tätigkeit zweifelhaft, sei es von entscheidender Bedeutung, dass es einen **konkreten Bezug der Tätigkeit** und einen **hinreichenden inhaltlichen Zusammenhang** zu einem von dem Kind **angestrebten Beruf** gebe. Der Frage nach dem Berufswunsch des Kindes komme daher zentrale Bedeutung zu.

(Nur) auf diese Weise ließen sich die unter den Begriff „für einen Beruf ausgebildet“[90] fallenden Tätigkeiten abgrenzen von kindergeldrechtlich nicht förderungsfähigen Tätigkeiten zur **Erlangung allgemeiner Erfahrungswerte**.

Bezogen auf den Urteilsfall wäre die Angabe des Berufswunsches „etwas Soziales“ nicht hinreichend konkretisiert, während der Berufswunsch „Pastorin“ völlig eindeutig wäre.

Die Tochter hatte im Rechtsbehelfsverfahren aber angegeben, dass sie eine „theologische Ausbildung“ machen wolle. Die Richter werteten dies als ausreichend. Der Berufswunsch sei **hinreichend konkretisiert** und lasse den Schluss zu, dass die Ausbildung auf die **Schaffung einer Erwerbs- und Lebensgrundlage** ausgerichtet sei.

(2) Sprachkurs als Ausbildungsmaßnahme

Der Sohn der Kläger hatte nach dem Abitur zunächst ein Freiwilliges Soziales Jahr begonnen, dies aber nach kurzer Zeit abgebrochen. Anschließend hat er ein Praktikum absolviert und an einem Grundkurs „Niederländisch“ mit drei

89 FG Sachsen-Anhalt, Urt. v. 26.11.2024 – 5 K 214/20, Juris
90 § 32 Abs. 4 S. 1 Nr. 2 Buchst. a EStG

Unterrichtsstunden/Woche teilgenommen. Zur Begründung, dass es sich bei dem Sprachkurs um eine Ausbildungsmaßnahme handele, gab der Vater an, dass seine drei älteren Kinder in den Niederlanden studierten und der jüngste Sohn dies auch beabsichtige. Das Kind hat sich letztlich aber für einen Studienplatz in Deutschland beworben.

Das FG Bremen hat den Kindergeldanspruch mit Urteil vom 10.12.2024[91] **abgelehnt** und in der Urteilsbegründung noch einmal die Voraussetzungen aufgeführt, unter denen ein Sprachkurs den Tatbestand „für einen Beruf ausgebildet" [92] erfülle. Keine dieser Voraussetzungen sei erfüllt gewesen.

Ein Sprachkurs gehöre **nicht** bereits deshalb zu einer Berufsausbildung, weil er sich allgemein förderlich auf die Aussichten auswirke, für einen Ausbildungsplatz oder eine Beschäftigung ausgewählt zu werden, ohne dafür erforderlich zu sein.

Sprachunterricht werde grds. nur dann als Berufsausbildung angesehen, wenn er nach seinem Umfang den Schluss auf eine hinreichend gründliche (Sprach-)Ausbildung rechtfertige und **mindestens zehn Wochenstunden** umfasse.

Bezwecke der Sprachunterricht, ein gutes Ergebnis in einem für die **Zulassung zum Studium erforderlichen Fremdsprachentest** zu erlangen, so könne er als Berufsausbildung zu qualifizieren sein, auch wenn weniger als zehn Wochenstunden Sprachunterricht erteilt würden.

g) Dauerhafte Erkrankung eines Kindes

(1) Dauerkrank und Unterbrechung/Abbruch der Ausbildung

Der BFH hatte sich in einer Reihe von Parallelentscheidungen vom 31.8.2021[93] und in der Folge in weiteren Urteilen zur Berücksichtigung von Kindern geäußert, die ihre **Ausbildung krankheitsbedingt unterbrochen bzw. abgebrochen** haben.

---

[91] FG Bremen, Urt. v. 10.12.2024 – 2 K 92/24, Juris
[92] § 32 Abs. 4 S. 1 Nr. 2 Buchst. a EStG
[93] U.a. BFH-Urt. v. 31.8.2021 – III R 41/19, BStBl II 2022, 465

In diesen Fällen sei zunächst zu prüfen, ob es sich lediglich um eine **vorübergehende Krankheit** handele, oder ob die Erkrankung mit hoher Wahrscheinlichkeit **länger als sechs Monate** andauere und damit die Legaldefinition einer Behinderung gem. § 2 SGB IX erfüllt sei.

Liege nach diesen Kriterien eine Behinderung vor, komme eine Berücksichtigung des Kindes als Kind in Berufsausbildung[94] oder als Kind ohne Ausbildungsplatz[95] **nicht** in Betracht.

Stattdessen sei zu prüfen, ob das Kind als behindertes Kind[96] zu berücksichtigen sei. Hierbei komme es darauf an, ob das Kind aufgrund der Behinderung **außerstande ist, sich selbst zu unterhalten**. In der Vorschrift komme der gesetzgeberische Wille zum Ausdruck, dass für die Berücksichtigung von volljährigen behinderten Kindern ein konkreter Unterhaltsbedarf vorliegen müsse.[97]

(2) Dauerkrank und arbeitssuchend gemeldet

Der Sohn der Klägerin hatte im Streitjahr 2022 das 19. Lj vollendet und am 31.7.2022 seine Ausbildung als Fachkraft für Lagerlogistik beendet. Vom 11.7. 2022 - 25.8.2023 war er wegen Zwangsgedanken und -handlungen und einer rezidivierenden depressiven Störung in gegenwärtiger schwerer Episode arbeitsunfähig. Der Sohn meldete sich im Juli 2022 bei der Arbeitsagentur als arbeitssuchend und arbeitslos. Er erhielt zunächst Arbeitslosengeld und, nach der Vorlage mehrerer Arbeitsunfähigkeitsbescheinigungen, anschließend Krankengeld.

Die Familienkasse war der Ansicht, dass nicht der Tatbestand „arbeitssuchend“[98], sondern – in Anlehnung an die o.g. Rechtsprechung des BFH – der Tatbestand „Kind mit Behinderung“ [99] anzuwenden sei. Die hierfür erforderlichen Nachweise habe die Klägerin aber nicht erbracht.

Nach dem Urteil des FG Berlin-Brandenburg vom 18.12.2024[100], mit dem der **Kindergeldanspruch nach dem Tatbestand „arbeitssuchend“ bestätigt** wurde, sei die von der Familienkasse angewendete Rechtsprechung zu

94 § 32 Abs. 4 S. 1 Nr. 2 Buchst. a EStG
95 § 32 Abs. 4 S. 1 Nr. 2 Buchst. c EStG
96 § 32 Abs. 4 S. 1 Nr. 3 EStG
97 Siehe hierzu „Die Einkommensteuererklärung 2022“, Seite 453
98 § 32 Abs. 4 S. 1 Nr. 1 EStG
99 § 32 Abs. 4 S. 1 Nr. 3 EStG
100 FG Berlin-Brandenburg, Urt. v. 18.12.2024 – 11 K 11154/22, Juris; Rev. eingelegt, Az des BFH: III R 9/25

dauerkranken Kindern in Ausbildung nicht auf Fälle übertragbar, in denen ein als arbeitssuchend gemeldetes Kind aufgrund eine Dauererkrankung keine Arbeit aufnehmen könne. Der **Status als Arbeitssuchender sei nicht entfallen**, solange die Aussicht bestünde, dass das Kind künftig vermittelt werden könne. Arbeitsunfähigkeit und eingeschränkte Leistungsfähigkeit ständen der Meldung als Arbeitsuchender grundsätzlich nicht entgegen.

Außerdem beträfe die angeführte BFH-Rechtsprechung zu dauerkranken Kindern in Ausbildung eine **andere Altersgruppe**, nämlich Kinder bis zur Vollendung des 25. Lj, während der Sohn der Klägerin zur Altersgruppe bis zur Vollendung des 21. Lj gehöre. Er befinde sich auch unstreitig nicht in Ausbildung. Der Gesetzgeber gehe typisierend davon aus, dass der **Unterhalts-, Ausbildungs- sowie Erziehungsbedarf** jeweils mit zunehmendem Alter sinke. Eine Erkrankung sei daher bei Kindern, die noch nicht das 21. Lj vollendet haben, grds. nicht gleichermaßen schädlich wie bei Kindern, die noch nicht das 25. Lj vollendet haben.

Die wegen grundsätzlicher Bedeutung zugelassene **Revision**[101] wurde eingelegt. Es bestehe lt. FG ein Allgemeininteresse an der Klärung der Frage, ab wann der Arbeitsuchendstatus eines Kindes wegen einer dauerhaften Erkrankung entfalle. Hierzu liege bisher keine höchstrichterliche Rechtsprechung vor.

h) Auslandsstudium

Kindergeld kann nur für Kinder gewährt werden, die einen **Wohnsitz oder ihren gewöhnlichen Aufenthalt** im Inland, in einem Mitgliedstaat der EU oder in einem Staat, auf den das Abkommen über den EWR Anwendung findet, haben.[102]

Praxishinweis

Ein **Wohnsitz oder gewöhnlicher Aufenthalt** des Kindes im Inland, in der EU bzw. im EWR ist nur Voraussetzung für den Anspruch auf **Kindergeld.**[103]

Kinder- und BEA-FB[104] können dagegen **auch** in Anspruch genommen werden, wenn das Kind nicht unbeschränkt steuerpflichtig ist, selbst wenn es **im außereuropäischen Ausland** lebt. Bei einem nicht unbeschränkt ESt-pflichtigen Kind werden die FB allerdings nur berücksichtigt, soweit sie nach den Verhältnissen des

---

101 Az des BFH: III R 9/25
102 § 63 Abs. 1 S. 6 EStG
103 § 63 Abs. 1 S. 6 EStG
104 § 32 Abs. 6 EStG

Wohnsitzstaates notwendig und angemessen sind.[105] Maßgeblich ist die sog. „Ländergruppeneinteilung“[106].

Nach der EuGH-Rspr.[107] ist die **Kürzung von Familienleistungen** aufgrund des Aufenthalts des Kindes in einem anderen EU-Staat **unionsrechtswidrig**. Dies sollte bei der Erstellung von ESt-Erklärungen beachtet werden. Eine ursprünglich geplante Gesetzesänderung hierzu ist 2024 wegen des Bruchs der Regierungskoalition nicht mehr erfolgt. Ob dies i.R.d. Gesetzesvorhaben 2025 umgesetzt wird, bleibt abzuwarten. Wenn die FinVerw eine Kürzung vornimmt, sollte dies im Rechtsbehelfsverfahren offengehalten werden.

Das Hessische FG[108] musste sich – wie auch andere Gerichte zuvor – mit der Frage beschäftigen, unter welchen Umständen ein im Ausland studierendes Kind **seinen Wohnsitz im Inland beibehalte.**

Hierbei handele es sich in erster Linie um eine Entscheidung auf **tatsächlichem Gebiet** unter Berücksichtigung der objektiven Umstände des jeweiligen Falles, **sodass eine allgemeingültige Antwort nicht gegeben werden könne.** Die Umstände müssten aber nach der Lebenserfahrung den Schluss zulassen, dass das Kind die Wohnung innehabe, um sie als solche zu nutzen.

Nach der einschlägigen BFH-Rechtsprechung[109] obliege die Feststellung der tatsächlichen Umstände in erster Linie dem FG. Eine Überprüfung durch den BFH sei daher nur eingeschränkt möglich.

Mit Urteil vom 21.6.2023[110] hatte der BFH vor einiger Zeit seine ständige Rspr. bestätigt und die **Kriterien für das Fortbestehen eines Wohnsitzes** bei den Eltern weiter konkretisiert.[111]

Im Revisionsverfahren gegen das o.g. Urteil des Hess. FG hat der BFH diese Rechtsgrundsätze erneut bestätigt und mit Urteil vom 20.2.2025[112] um folgende Punkte ergänzt.

In Fällen, in denen das Kind **vor Beginn des Studiums** bereits im Ausland an einer anderen Ausbildungsmaßnahme teilgenommen oder einen Freiwilligendienst abgeleistet und sich während dieser (ersten) Phase des

---

105 § 32 Abs. 6 S. 4 EStG
106 BMF-Schr. v. 2.12.2025 – IV C 3-S 2285/00019/007/068, Juris
107 EuGH v. 16.6.2022 – C 328/20, BeckRS 2022, 13502
108 Hessisches FG, Urt. v. 19.12.2022 – 8 K 1775/19, EFG 2024, 1312, Rev. eingelegt, Az des BFH: III R 32/23
109 U.a. BFH-Beschl. v. 22.11.2011 – III B 154/11, BFH/NV 2012, 375
110 BFH-Urt. v. 21.6.2023 – III R 11/21, BStBl II 2023, 970
111 Siehe hierzu „Die Einkommensteuererklärung 2023“, Seite 470
112 BFH-Urt. v. 20.2.2025 – III R 32/23, BStBl II 2025, 554

Auslandsaufenthalts zum mehrjährigen Auslandsstudium entschlossen habe, seien Übergangszeiten zwischen den Auslandsaufenthalten von höchstens vier Monaten **wie ausbildungsfreie Zeiten zu behandeln** und dem nachfolgenden Studienjahr zuzuordnen. Ebenso seien Zeiten zwischen den Semestern oder Trimestern, die nach dem akademischen Kalender nicht eindeutig zu einem bestimmten Studienjahr gehörten, jeweils dem nachfolgenden Studienjahr zuzurechnen.

Der Tag, an dem feststehe, dass das Kind die ausbildungsfreie Zeit nicht mehr überwiegend in der elterlichen Wohnung verbringen werde, könne **nicht in der Zeit eines Inlandsaufenthalts** des Kindes angenommen werden, selbst wenn sich dies bei einer rein rechnerischen Betrachtung so ergeben sollte. Denn auch in den Fällen, in denen der Entschluss zur Aufgabe der inländischen Wohnung bewusst gefasst werde, werde diese nicht im Zeitpunkt der Entschlussfassung während des Aufenthalts in der elterlichen Wohnung, sondern **erst mit dem Auszug oder der Abreise aufgegeben**.

V. Entlastungsbetrag für Alleinerziehende

1. Gesetzliche Grundlage

***§ 24b EStG –
Entlastungsbetrag für Alleinerziehende***

„(1) [1]Allein stehende Steuerpflichtige können einen Entlastungsbetrag von der Summe der Einkünfte abziehen, wenn zu ihrem Haushalt mindestens ein Kind gehört, für das ihnen ein Freibetrag nach § 32 Absatz 6 oder Kindergeld zusteht. [2]Die Zugehörigkeit zum Haushalt ist anzunehmen, wenn das Kind in der Wohnung des alleinstehenden Steuerpflichtigen ***gemeldet*** *ist. [3]Ist das Kind* ***bei mehreren Steuerpflichtigen gemeldet****, steht der Entlastungsbetrag nach Satz 1 demjenigen Alleinstehenden zu, der die Voraussetzungen auf* ***Auszahlung des Kindergeldes*** *nach § 64 Absatz 2 Satz 1 erfüllt oder erfüllen würde in Fällen, in denen nur ein Anspruch auf einen Freibetrag nach § 32 Absatz 6 besteht. …*

(3) [1]Allein stehend im Sinne des Absatzes 1 sind Steuerpflichtige, die nicht die Voraussetzungen für die Anwendung des Splitting-Verfahrens (§ 26 Absatz 1) erfüllen oder verwitwet sind und ***keine Haushaltsgemeinschaft mit einer anderen volljährigen Person*** *bilden, es sei denn, für diese steht ihnen ein* ***Freibetrag nach § 32 Absatz 6 oder Kindergeld*** *zu … [2]Ist die andere Person mit Haupt- oder Nebenwohnsitz in der Wohnung des Steuerpflichtigen gemeldet,* ***wird vermutet****, dass sie mit dem Steuerpflichtigen gemeinsam wirtschaftet (Haushaltsgemeinschaft). [3]****Diese Vermutung ist widerlegbar****, es sei denn, der Steuerpflichtige und die andere Person leben in einer eheähnlichen oder lebenspartnerschaftsähnlichen Gemeinschaft. …“*

Praxishinweis

Die Meldung des Kindes in der Wohnung des Elternteils begründet eine **unwiderlegbare Vermutung der Haushaltszugehörigkeit**. Die Haushaltszugehörigkeit ist selbst dann anzunehmen, wenn das Kind in der Wohnung des Stpfl. gemeldet ist, aber tatsächlich in einer eigenen Wohnung lebt.[113].

[113] Vgl. BFH-Urt. v. 5.2.2015 – III R 9/13, BStBl II 2015, 926

Nach Maßgabe von § 24b EStG können Alleinstehende einen Entlastungsbetrag abziehen, wenn zu ihrem Haushalt mindestens ein Kind gehört, für das ein Freibetrag für Kinder oder Kindergeld zusteht.

Praxishinweis

Im Koalitionsvertrag von CDU/CSU und SPD ist vereinbart:

> *„Wir werden die finanzielle Situation von Alleinerziehenden durch Anhebung oder Weiterentwicklung des Alleinerziehenden-Entlastungsbetrags verbessern."*

Konkrete Maßnahmen wurden jedoch bis zum Redaktionsschuss nicht verabschiedet.

2. Aufnahme von volljährigen Ukraineflüchtlingen

Auf der Webseite des BMF unter „Fragen und Antworten zu den steuerlichen Maßnahmen zur Unterstützung der vom Krieg in der Ukraine Geschädigten"[114] ist die in den Jahren 2022 - 2024 geltende Sonderregelung zum Entlastungsbetrag für Alleinerziehende **nicht mehr aufgeführt**.

Die Aufnahme von volljährigen Ukraineflüchtlingen in den Haushalt führt daher ab 2025 zu einer den **Entlastungsbetrag ausschließenden** Gemeinschaft mit einer anderen volljährigen Person.[115]

3. Amtsermittlungspflicht zur Haushaltsgemeinschaft

Die Klägerin war in den Streitjahren mit dem Vater der beiden gemeinsamen Kinder verlobt. In ihrer Steuererklärung machte sie einen Entlastungsbetrag für Alleinerziehende geltend, der vom FA nicht berücksichtigt wurde.

Im Klageverfahren, in dem es vorrangig um Hinzuschätzungen im Bereich der Gewinneinkünfte und um Steuerstraftaten ging, hat das FG den Entlastungsbetrag für Alleinerziehende ebenfalls nicht gewährt.

---

114 https://www.bundesfinanzministerium.de/Content/DE/FAQ/faq-ukraine-steuern.html

115 § 24b Abs. 3 S. 1 EStG

Der BFH hat das FG-Urteil mit Beschluss vom 14.1.2025[116] aufgehoben und zur anderweitigen Verhandlung und Entscheidung an das FG zurückverwiesen.

Das FG habe nicht in ausreichendem Umfang ermittelt, ob die Klägerin und der Verlobte in den Streitjahren in einer Haushaltsgemeinschaft gelebt hätten. Das FG hätte den Verlobten **als Zeugen hierzu von Amts wegen hören** müssen. Damit habe das FG den entscheidungserheblichen Sachverhalt nicht vollständig aufgeklärt und gegen seine Pflicht zur Sachaufklärung von Amts[117] wegen verstoßen. Eine Verletzung der Sachaufklärungspflicht liege jedenfalls dann vor, wenn das FG Tatsachen oder Beweismittel außer Acht lasse, deren **Ermittlung sich ihm hätte aufdrängen müssen.**

116 BFH-Beschl. v. 14.1.2025 – X B 72/23, BFH/NV 2025, 387
117 § 76 Abs. 1 S. 1 FGO

VI. Kinderbetreuungskosten

1. Gesetzliche Grundlagen

***§ 10 EStG –
Sonderausgaben***

„(1) Sonderausgaben sind die folgenden Aufwendungen, wenn sie weder Betriebsausgaben noch Werbungskosten sind oder wie Betriebsausgaben oder Werbungskosten behandelt werden: ...

*5. **80 Prozent** der Aufwendungen, **höchstens 4 800 Euro je Kind**, für Dienstleistungen zur Betreuung eines zum Haushalt des Steuerpflichtigen gehörenden Kindes im Sinne des § 32 Absatz 1, welches das 14. Lebensjahr noch nicht vollendet hat ...“*

Praxishinweis

Die abziehbaren Aufwendungen wurden ab dem VZ 2025 erhöht. Zuvor waren es zwei Drittel der Aufwendungen, höchstens 4.000 EUR je Kind.

Bei Sonderausgaben gilt das Abflussprinzip nach § 11 Abs. 2 EStG. Es kommt also nicht darauf an, für welchen VZ die Kinderbetreuungskosten angefallen sind, sondern wann die Aufwendungen gezahlt wurden. Bei regelmäßig wiederkehrenden Zahlungen ist die Sonderregelung in § 11 Abs. 2 S. 2 i.V.m. Abs. 1 S. 2 EStG zu beachten.

2. Steuerfreie Arbeitgeberleistungen

Nach § 3 Nr. 33 EStG sind zusätzlich zum ohnehin geschuldeten Arbeitslohn erbrachte Leistungen des Arbeitgebers zur **Unterbringung und Betreuung** von **nicht schulpflichtigen** Kindern der ArbN in Kindergärten oder vergleichbaren Einrichtungen **steuerfrei** und somit bei den Aufwendungen der Stpfl. gegenzurechnen.

Praxishinweis

Offen ist, ob die Aufwendungen der Stpfl. nur um die ArbG-Leistungen für Unterbringung und Betreuung oder auch um Verpflegungsanteile gekürzt werden müssen.

3. Aktuelle Rechtsprechung

Zum Umfang der abziehbaren bzw. nicht abziehbaren Aufwendungen für Kinderbetreuung hat sich der BFH mit Urteil vom 23.1.2025[118] geäußert. Streitig war, ob die Aufwendungen für ein **Ferienlager**, an dem das Kind des seit zwei Jahren verwitweten Klägers teilgenommen hat, als Sonderausgaben abziehbar sind. Dies hat der BFH **abgelehnt**.

Unter Bezugnahme auf die bisherige Senatsrechtsprechung[119] werden in der Urteilsbegründung zunächst die grundsätzlichen Unterschiede zwischen Kinderbetreuung und der Vermittlung besonderer Fähigkeiten dargestellt:

Der vom Gesetz nicht definierte Begriff der **Kinderbetreuung** sei weit zu fassen. Er umfasse die behütende und beaufsichtigende Betreuung im Sinne eines Schutzes vor Gefahren, Verletzungen und Schäden sowie die Sorge für das geistige, seelische und körperliche Wohl des Kindes i.S.d. Personensorge des § 1631 BGB und damit auch die pädagogisch sinnvolle Gestaltung der im Kindergarten und in ähnlichen Einrichtungen verbrachten Zeit.

Nicht begünstigte Aufwendungen für **Unterricht oder die Vermittlung besonderer Fähigkeiten** lägen vor, wenn die Dienstleistungen in einem regelmäßig organisatorisch, zeitlich und räumlich verselbständigten Rahmen stattfinden und die vom Leistungserbringer während der Unterrichts- oder Kurszeit ausgeübte Aufsicht über das Kind und damit **die – behütende – Betreuung** gegenüber der Vermittlung der besonderen (sprachlichen, musischen, sportlichen) Fähigkeiten als dem Hauptzweck der Dienstleistung **in den Hintergrund rücke**.

Im Urteilsfall seien die Aufwendungen für das Ferienlager nicht abziehbar, denn Entsprechendes gelte für **sportliche und andere Freizeitbetätigungen**. Nicht begünstigte Aufwendungen für derartige Aktivitäten lägen daher vor, wenn die Betätigung **organisatorisch, zeitlich und räumlich getrennt** von einer Kindertagesstätte, einem Schulhort oder einer ähnlichen Einrichtung stattfinde und dabei **nicht die altersbedingt erforderliche Betreuung** des Kindes, **sondern die Aktivität im Vordergrund stehe**.

---

118 BFH-Urt. v. 23.1.2025 – III R 33/24 (III R 50/17), BStBl II 2025, 516
119 BFH-Urt. v. 19.4.2012 – III R 29/11, BStBl II 2012, 862

VII. Schulgeld

1. Gesetzliche Grundlagen

§ 10 EStG –
Sonderausgaben

„(1) Sonderausgaben sind die folgenden Aufwendungen, wenn sie weder Betriebsausgaben noch Werbungskosten sind oder wie Betriebsausgaben oder Werbungskosten behandelt werden: ...

9. 30 Prozent des Entgelts, höchstens 5 000 Euro, das der Steuerpflichtige für ein Kind, für das er Anspruch auf einen Freibetrag nach § 32 Absatz 6 oder auf Kindergeld hat, für dessen Besuch einer Schule in freier Trägerschaft oder einer überwiegend privat finanzierten Schule entrichtet, mit Ausnahme des Entgelts für Beherbergung, Betreuung und Verpflegung. [2] Voraussetzung ist, dass die Schule in einem Mitgliedstaat der Europäischen Union oder in einem Staat belegen ist, auf den das Abkommen über den Europäischen Wirtschaftsraum Anwendung findet, und die Schule zu einem von dem zuständigen inländischen Ministerium eines Landes, von der Kultusministerkonferenz der Länder oder von einer inländischen Zeugnisanerkennungsstelle anerkannten oder einem inländischen Abschluss an einer öffentlichen Schule als gleichwertig anerkannten allgemein bildenden oder berufsbildenden Schul-, Jahrgangs- oder Berufsabschluss führt."

2. Aktuelle Rechtsprechung

a) Noch nicht schulpflichtiges Kind

Der Kläger ist deutscher Staatsbürger und wohnt mit seiner Ehefrau und den beiden gemeinsamen Kindern in der Schweiz. Im Streitjahr 2020 wurde er in Deutschland einzeln zur ESt veranlagt.

Nach dem Schulgesetz des Kantons, in dem der Stpfl. mit seiner Familie lebt, beginnt die obligatorische Schulpflicht für Kinder im fünften Lj mit der Primarstufe, die sich aus einem zweijährigen „Kindergarten" und einer sechsjährigen „Primarschule" zusammensetzt. Das 2016 geborene Kind hat 2020 eine private Einrichtung besucht, die vom Kanton bewilligt ist und den Anschluss an das schweizerische Schulsystem gewährleistet.

Das FA berücksichtigte die Aufwendungen **nicht** wie beantragt als **Schulgeld, sondern** als **Kinderbetreuungskosten**[120] i.H.d. 2020 geltenden Höchstbetrags von 4.000 EUR. Das FG Münster hat dies mit Urteil vom 14.11.2024[121] bestätigt und den Abzug von Schulgeld als Sonderausgaben abgelehnt.

Die Schule erfülle – zwischen den Beteiligten unstreitig – nicht die Voraussetzungen, die in § 10 Abs. 1 Nr. 9 S. 2 EStG gefordert würden, da sie sich nicht in der EU oder dem EWR befinde.

Aber auch unter Berücksichtigung des Freizügigkeitsabkommens mit der Schweiz komme ein Abzug nicht in Betracht. Das Abkommen verbiete eine steuerliche Ungleichbehandlung durch den Herkunftsstaat allein wegen des Wohnsitzwechsels in den Aufnahmestaat. Der Kläger werde jedoch nicht schlechter gestellt als für den Fall, dass er und seine Familie in Deutschland geblieben wären und das Kind eine deutsche Privatschule besucht hätte.

Zur Begründung verwiesen die Richter auf ein Urteil des BFH[122], wonach der **Abzug von Schulgeld im Inland regelmäßig erst mit dem Beginn der öffentlich-rechtlichen Schulpflicht** und der Möglichkeit des Zugangs zu öffentlichen Schulen einschließlich öffentlicher Vorschulen in Betracht komme. Hierdurch solle eine Ungleichbehandlung gegenüber Eltern vermieden werden, die ihre Kinder in Kindergärten schicken würden und die zum Teil erheblichen Kosten nicht als Schulgeld abziehen könnten. Außerdem sei nach § 10 Abs. 1 Nr. 9 EStG das Entgelt für Beherbergung, Betreuung und Verpflegung ausdrücklich vom Sonderausgabenabzug ausgenommen. Insbesondere bei Kleinkindern stehe aber naturgemäß die Betreuung im Vordergrund.

Auch die Konstellation, dass die Familie in Deutschland wohnen würde und das Kind eine Privatschule in der Schweiz besuchen würde, berechtigte nicht zum Abzug von Schulgeld. Dies gelte auch für die Konstellation, dass der gesamte Sachverhalt, Wohnsitz der Familie und Besuch der Privatschule ausschließlich in der Schweiz verwirklicht würde.

Der Kläger habe letztlich nicht eine Gleichbehandlung nach dem Freizügigkeitsabkommen, sondern im Gegenteil gerade eine Ungleichbehandlung begehrt.

120 § 10 Abs. 1 Nr. 5 EStG
121 FG Münster, Urt. v. 14.11.2024 – 8 K 2742/22 E, EFG 2025, 243, rkr.
122 BFH-Urt. v. 16.11.2005 – XI R 79/03, BStBl II 2006, 377

b) Zahlungen an einen Förderverein als Schulgeld

Bereits mit Urteil vom 25.10.2023[123] hatte das FG Münster Zahlungen an einen Förderverein als Schulgeld anerkannt, der die Gelder zur Deckung der Betriebskosten an den Schulträger einer staatlich anerkannten Ersatzschule in freier Trägerschaft weiterleitet.

Die gegen die Entscheidung eingelegte **Revision**[124] war zum Redaktionsschluss noch anhängig.

---

123 FG Münster, Urt. v. 25.10.2023 – 13 K 841/21 E, EFG 2024, 199, Rev. eingelegt, Az des BFH: X R 27/23

124 Az des BFH: X R 27/23

VIII. Ausbildungsfreibetrag

§ 33a EStG –
Außergewöhnliche Belastung in besonderen Fällen

„…

*(2) [1]Zur Abgeltung des Sonderbedarfs eines sich in Berufsausbildung befindenden, auswärtig untergebrachten, volljährigen Kindes, für das Anspruch auf einen Freibetrag nach § 32 Abs. 6 oder Kindergeld besteht, kann der Steuerpflichtige einen Freibetrag in Höhe von 1 200 Euro je Kalenderjahr vom Gesamtbetrag der Einkünfte abziehen. **[2]Für ein nicht unbeschränkt einkommensteuerpflichtiges Kind mindert sich der vorstehende Betrag** nach Maßgabe des Absatzes 1 Satz 6.*

…"

Praxishinweis

Bei einem nicht unbeschränkt ESt-pflichtigen Kind wird der Ausbildungsfreibetrag nur berücksichtigt, soweit er nach den Verhältnissen des Wohnsitzstaates notwendig und angemessen ist. Maßgeblich ist die sog. „Ländergruppeneinteilung"[125].

Nach der EuGH-Rechtsprechung[126] ist die **Kürzung von Familienleistungen** aufgrund des Aufenthalts des Kindes in einem anderen EU-Staat **unionsrechtswidrig**. Dies sollte bei der Erstellung von ESt-Erklärungen beachtet werden. Eine ursprünglich geplante Gesetzesänderung hierzu ist 2024 wegen des Bruchs der Regierungskoalition nicht mehr erfolgt. Ob dies i.R.d. Gesetzesvorhaben 2025 umgesetzt wird, bleibt abzuwarten. Wenn die FinVerw eine Kürzung vornimmt, sollte dies im Rechtsbehelfsverfahren offengehalten werden.

---

125 BMF-Schr. v. 2.12.2025 – IV C 3-S 2285/00019/007/068, Juris
126 EuGH v. 16.6.2022 – C 328/20, BeckRS 2022, 13502

I. Steuerermäßigungen nach §§ 35a und 35c EStG – Aktuelle Entwicklungen

I. Grundsätzliches

§ 35a EStG gewährt eine Steuerermäßigung bei Aufwendungen für haushaltsnahe Beschäftigungsverhältnisse, haushaltsnahe Dienstleistungen und Handwerkerleistungen.

Begünstigte Tätigkeit im Privathaushalt	Steuerermäßigung
§ 35a **Abs. 1** EStG Geringfügige Beschäftigungsverhältnisse i.S.d. § 8a SGB IV, die im Haushaltsscheckverfahren abgerechnet werden (Arbeitsentgelt bis zu 556 EUR monatlich[1]).	20 % der begünstigten Aufwendungen, höchstens 510 EUR jährlich
§ 35a **Abs. 2** EStG Sozialversicherungspflichtige Beschäftigungsverhältnisse, die nicht unter § 35a Abs. 1 EStG fallen. Haushaltsnahe Dienstleistungen, die keine Handwerkerleistungen i.S.d. § 35a Abs. 3 EStG sind. Aufwendungen für die Inanspruchnahme von Pflege- und Betreuungsleistungen. Aufwendungen, die wegen der Unterbringung in einem Heim oder zur dauernden Pflege erwachsen sind, soweit darin Kosten für Dienstleistungen enthalten sind, die mit denen einer Hilfe im Haushalt vergleichbar sind.	20 % der begünstigten Aufwendungen, höchstens 4.000 EUR jährlich
§ 35a **Abs. 3** EStG Handwerkerleistungen für Renovierungs-, Erhaltungs- und Modernisierungsmaßnahmen. Diese Steuerermäßigung ist für öffentlich geförderte Maßnahmen (Inanspruchnahme von zinsverbilligten Darlehen oder steuerfreien Zuschüssen) ausgeschlossen; § 35a Abs. 3 S. 2 EStG.	20 % der begünstigten Aufwendungen, höchstens 1.200 EUR jährlich

[1] Erhöhung der Mini-Job-Grenze ab 2026: 603 EUR monatlich

Steuerermäßigungen nach §§ 35a und 35c EStG – Grundsätzliches

Praxishinweis

Für **energetische Sanierungsmaßnahmen** kann eine Steuerermäßigung nach § 35c EStG auf Antrag in Anspruch genommen werden. Diese Steuerermäßigung ist jedoch u.a. dann ausgeschlossen, wenn für die energetischen Maßnahmen eine Steuerermäßigung nach § 35a EStG in Anspruch genommen wird.[2] Aufwendungen für eine energetisches Maßnahme oberhalb der Höchstgrenzen von § 35c EStG können demnach nicht bei anderen Förderungsnormen berücksichtigt werden.[3] Die Ausübung des Wahlrechts zu Gunsten von § 35a EStG kann in seltenen Fällen für eine energetische Maßnahme vorteilhaft sein, wenn der Höchstbetrag nach § 35c EStG für das Objekt bereits verbraucht ist.[4] Das Wahlrecht soll für jede einzelne Maßnahme gelten, die die Voraussetzungen nach § 35a Abs. 3 EStG und § 35c EStG erfüllt, selbst wenn die Maßnahme i.R.e. Gesamtpakets oder Sanierungsplans ausgeführt wird.[5] Auf den Förderausschluss weist die Anlage Energetische Maßnahme ausdrücklich hin; dass das Wahlrecht je einzelner Maßnahme gilt[6], jedoch nicht.

Blick in die Anlage Energetische Maßnahmen

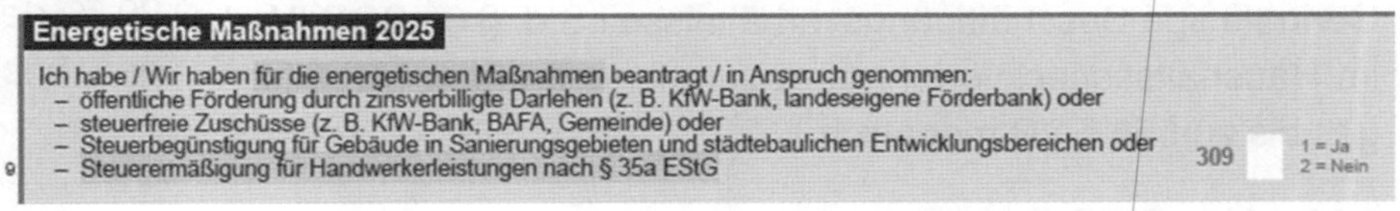
Energetische Maßnahmen 2025

9 Ich habe / Wir haben für die energetischen Maßnahmen beantragt / in Anspruch genommen:
- öffentliche Förderung durch zinsverbilligte Darlehen (z. B. KfW-Bank, landeseigene Förderbank) oder
- steuerfreie Zuschüsse (z. B. KfW-Bank, BAFA, Gemeinde) oder
- Steuerbegünstigung für Gebäude in Sanierungsgebieten und städtebaulichen Entwicklungsbereichen oder
- Steuerermäßigung für Handwerkerleistungen nach § 35a EStG

309 [ ] 1 = Ja 2 = Nein

---

2 § 35c Abs. 3 S. 2 EStG

3 BMF-Schr. v. 21.8.2025 – IV C 1 - S 2296-c/00004/018/050, BStBl I 2025, 1609, Rz 71

4 *Sterzinger*, EStB 2020, 227

5 *Wulbusch*, in: HHR, § 35c EStG Rz 45

6 BMF-Schr. v. 21.8.2025 – IV C 1 - S 2296-c/0004/018/050, BStBl I 2025, 1609 Rz 70

II. § 35a EStG – Update

1. Verlustvortrag und § 35a EStG

Wird ein Verlustrücktrag durchgeführt[7], wird dieser der Höhe nach nicht mehr begrenzt. Durch einen Verlustrücktrag können ansonsten mögliche Steuerermäßigungen nach §§ 35, 35a sowie 35c EStG verloren gehen. Gleiches gilt im Übrigen für den Sonderausgabenabzug, den Abzug von agB und den Grundfreibetrag.

Praxishinweis

Bei Inanspruchnahme eines Verlustrücktrags muss eine solche Wechselwirkung bedacht werden. Um einen Verbrauch des Steuerermäßigungsvolumens durch Verlustrücktrag zu verhindern, wäre der Verlustrücktrag über Eintragungen in der Anlage Sonstiges (Zeile 18) „abzuwählen".

Blick in die Anlage Sonstiges

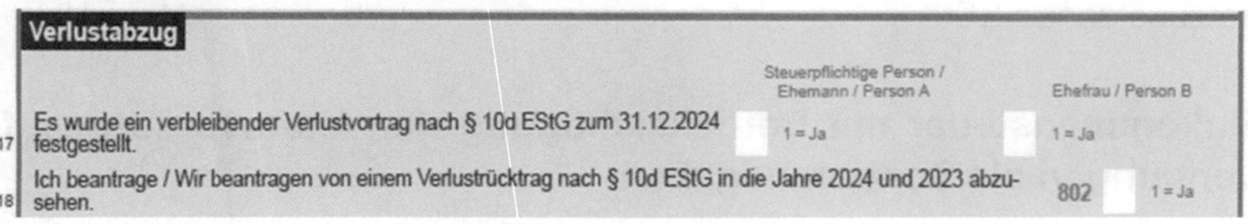

Verlustabzug

		Steuerpflichtige Person / Ehemann / Person A	Ehefrau / Person B
17	Es wurde ein verbleibender Verlustvortrag nach § 10d EStG zum 31.12.2024 festgestellt.	1 = Ja	1 = Ja
18	Ich beantrage / Wir beantragen von einem Verlustrücktrag nach § 10d EStG in die Jahre 2024 und 2023 abzusehen.		802 1 = Ja

2. Riester-Rente: Günstigerprüfung nach § 10a Abs. 2 EStG und Verhältnis zu § 35a EStG

Bei Altersvorsorgeaufwendungen hat eine Günstigerprüfung zu erfolgen.[8] Das FA ermittelt, ob ein Sonderausgabenabzug günstiger als die Altersvorsorgezulage ist. Bei dieser Günstigerprüfung sind **Steuerermäßigungen** wie z.B. nach §§ 35a oder 35c EStG **vor der Hinzurechnung der Altersvorsorgezulage** zu berücksichtigen.[9]

---

7 Vgl. § 10d Abs. 1 EStG
8 § 10a Abs. 2 EStG
9 BFH-Urt. v. 9.4.2025 – X R 11/21, BStBl II 2025, 655

Steuerermäßigungen nach §§ 35a und 35c EStG – § 35a EStG – Update

Der BFH hatte über folgenden Sachverhalt zu entscheiden:

– Die einzeln zur ESt veranlagte Klägerin erzielte im Streitjahr 2015 Einkünfte aus nichtselbstständiger Arbeit und erhielt Unterhaltsleistungen.

– Im Rahmen ihrer ESt-Erklärung machte sie Aufwendungen zur zusätzlichen Altersvorsorge nach § 10a Abs. 1 S. 1 EStG i.H.v. 1.354 EUR als Sonderausgaben sowie Steuerermäßigungen nach § 35a EStG i.H.v. insg. 515 EUR geltend.

– Bei der Veranlagung ergab die vom FA vorgenommene Günstigerprüfung nach § 10a Abs. 2 EStG, dass der Sonderausgabenabzug ausschied, weil der Zulagenanspruch i.H.v. 154 EUR günstiger war.

Einkommensteuer ohne Berücksichtigung der Altersvorsorgeaufwendungen als Sonderausgaben

zvE		12.021 EUR
tarifliche Steuer		622 EUR
abzgl. Steuerermäßigung § 35a EStG	-	515 EUR
festzusetzende ESt		107 EUR

Einkommensteuer mit Berücksichtigung der Altersvorsorgeaufwendungen als Sonderausgaben

zvE		12.021 EUR
abzgl. Altersvorsorgebeiträge und Altersvorsorgezulage (Sonderausgaben) 1.200 EUR + 154 EUR =	-	1.354 EUR
fiktives zvE		10.667 EUR
tarifliche Steuer		355 EUR
abzgl. Steuerermäßigung § 35a EStG 515 EUR, max.	-	355 EUR
Zwischensumme ESt		0 EUR
zzgl. Altersvorsorgezulage (§ 10a Abs. 2 S. 1 EStG)	+	154 EUR
Festzusetzende ESt		154 EUR

Die Klägerin begehrte erfolglos die Hinzurechnung der Altersvorsorgezulage vor Kürzung der Steuerermäßigung nach § 35a EStG. Dies hätte zu einer ESt i.H.v. 0 EUR geführt, weil sich dann die max. mögliche Steuerermäßigung nach § 35a EStG mit einem höheren Betrag ausgewirkt hätte.

3. Ferienwohnungen und § 35a EStG

a) Ferienwohnungen in der Schweiz

Eine Steuerermäßigung nach § 35a EStG setzt voraus, dass das Beschäftigungsverhältnis, die Dienstleistung oder die Handwerkerleistung in einem in der EU oder der EWR liegenden Haushalt erbracht wird. Entsprechendes gilt auch für die Ausübung der Pflege- und Betreuungsleistungen.[10]

Praxishinweis

Begünstigte Leistungen i.S.d. § 35a EStG, die in der **Schweiz** erbracht werden, sind nach der nationalstaatlichen Regelung **nicht** von § 35a EStG **erfasst**. Das FG Köln[11] hat dem EuGH die Frage vorgelegt, ob dieser Ausschluss der Schweiz mit dem abgeschlossenen Freizügigkeitsabkommen vereinbar ist. Vergleichbare Sachverhalte sollten offengehalten werden.[12]

b) Kurzfristig angemietete Ferienwohnung

Leistungen nach § 35a EStG sind nur für **„Haushalte“** begünstigt.[13] Zum Haushalt gehören nach Auffassung der FinVerw auch tatsächlich für eigene Wohnzwecke genutzte Zweit-, Wochenend- oder Ferienwohnungen.[14]

Praxishinweis

Die Entscheidung des FG Berlin-Brandenburg hat diese Grundsatzaussage relativiert und die Steuerermäßigung nur bei **dauerhaft verfügbaren** Zweit-, Wochenend- oder **Ferienwohnungen** akzeptiert. Reinigungskosten der Ferienwohnung sind hingegen nicht als haushaltsnahe Dienstleistungen zu berücksichtigen, wenn eine **Ferienunterkunft nur für wenige Tage oder Wochen gemietet** wird. Das Wohnen für nur kurze Zeit in einer Ferienwohnung soll keinen Haushalt i.S.d. § 35a Abs. 4 EStG begründen.[15]

---

10 § 35a Abs. 4 EStG
11 FG Köln, Urt. v. 20.2.2025 – 7 K 1204/22, EFG 2025, 793, Az des EuGH: C-223/25
12 *Körper*, DStRK 2025, 131
13 § 35a Abs. 4 S. 1 EStG
14 BMF-Schr. v. 9.11.2016 – IV C 8 - S 2296-b/07/10003:008, BStBl I 2016, 1213 unter I.1
15 FG Berlin-Brandenburg, Urt. v. 7.11.2024 – 14 K 9179/21, EFG 2025, 704, Rev. eingelegt, Az des BFH: X R 4/25

4. Umzugskosten und § 35a EStG

Privat veranlasste Umzugskosten, die nicht i.Z.m. der Einkunftserzielung stehen, können eine Steuerermäßigung nach § 35a EStG auslösen.[16] Nach Auffassung der FinVerw ist der Begriff **„im Haushalt"** nicht in jedem Fall mit „tatsächlichem Bewohnen" gleichzusetzen. Auch **Umzugskosten** an den neuen Wohnort können ebenso wie die Renovierungskosten im bisherigen Haushalt bei der Steuerermäßigung nach § 35a EStG in Ansatz gebracht werden.[17]

Ausgeschlossen ist allerdings eine Steuerermäßigung nach Maßgabe von § 35a EStG, sofern die Umzugskosten **BA oder WK** sind.[18]

Praxishinweis

Nach Auffassung des BFH scheidet ein Abzug von Umzugskosten als WK aus, wenn der **Umzug** erfolge, um in der **neuen Wohnung erstmals Arbeitszimmer einrichten** zu können.[19]

In dem Entscheidungsfall zogen die Kläger zusammen mit einem minderjährigen Kind aus einer ca. 65 m² großen Wohnung in eine ca. 110 m² große Wohnung, die rund 1,6 km voneinander entfernt lagen. Motiv für die Anmietung der neuen Wohnung war u.a., dass die seit der Corona-Pandemie oftmals zu Hause tätigen Eheleute jeweils ein eigenes Arbeitszimmer einrichten konnten. Einen WK-Abzug hat der BFH dennoch abgelehnt, weil der Umzug auch durch die private Wohnsituation mitveranlasst sei und es damit an einer nahezu ausschließlichen beruflichen Veranlassung fehle.

Sind solche Umzugskosten privat veranlasst, lebt die Möglichkeit, für einzelne Kosten die Steuerermäßigung nach § 35a EStG beantragen zu können, auf.

---

16 BMF-Schr. v. 9.11.2016 – IV C 8 - S 2296b/07/10003:008, BStBl I 2016, 1213, Rz 3
17 Siehe BMF-Schr. v. 9.11.2016 – IV C 8 - S 2296b/07/10003:008, BStBl I 2016, 1213, Rz 3
18 § 35a Abs. 5 S. 1 EStG; vgl. auch BMF-Schr. v. 9.11.2016 – IV C 8 - S 2296b/07/10003:008, BStBl I 2016, 1213, Rz 31
19 BFH-Urt. v. 5.2.2025 – VI R 3/23, BStBl II 2025, 650

5. Rechtsänderung ab dem VZ 2025

Durch das **JStG 2024**[20] hat § 35a Abs. 5 S. 3 EStG mit Wirkung ab 2025 eine Änderung erfahren.

Bisheriger Gesetzeswortlaut

> *„Voraussetzung für die Inanspruchnahme der Steuerermäßigung* ***für haushaltsnahe Dienstleistungen*** *nach Absatz 2 oder für Handwerkerleistungen nach (§ 35a) Absatz 3 EStG ist, dass der Steuerpflichtige für die Aufwendungen eine Rechnung erhalten hat und die Zahlung auf das Konto des Erbringers der Leistung erfolgt ist."*

Neuer Gesetzeswortlaut

> *„Voraussetzung für die Inanspruchnahme der Steuerermäßigungen nach den Absätzen 2 und 3 ist, dass der Steuerpflichtige für die Aufwendungen eine Rechnung erhalten hat und die Zahlung auf das Konto des Erbringers der Leistung erfolgt ist."*

Die beschlossene Änderung zielt darauf ab, dass bei der Berücksichtigung der Steuerermäßigung für haushaltsnahe Beschäftigungsverhältnisse, haushaltsnahe Dienstleistungen und Handwerkerleistungen einheitliche Anspruchsvoraussetzungen gelten. D.h., Voraussetzung für alle Steuerermäßigungen ist der Erhalt einer Rechnung und die Zahlung auf das Konto des Leistungserbringers.

Die Gesetzesänderung versteht sich als Reaktion auf ein BFH-Urteil vom 12.4.2022.[21] Nach dieser BFH-Rechtsprechung kann die Steuerermäßigung nach § 35a Abs. 2 S. 2 HS 1 EStG von einem die Aufwendungen tragenden Dritten (z.B. Angehöriger) in Anspruch genommen werden, selbst wenn die Aufwendungen für die **ambulante Pflege und Betreuung** einer anderen Person erwachsen.[22] Für die Inanspruchnahme einer Steuerermäßigung für ambulant erbrachte Pflege- und Betreuungsleistungen sei nach Auffassung des BFH nicht Voraussetzung, dass der die Steuerermäßigung Begehrende für die Aufwendungen eine Rechnung erhalten habe.[23] Im Entscheidungsfall begehrte eine Tochter die vorgenannte Steuerermäßigung für die von ihr

---

[20] JStG 2024, BT-Beschluss: BR-Drucks. 529/24 v. 1.11.2024, Zustimmung BR v. 22.11.2024 (BR-Drucks. 592/24 (Beschl.)

[21] BFH-Urt. v. 12.4.2022 – VI R 2/20, BFH/NV 2022, 982

[22] Anders: stationäre Unterbringung und Pflege: dann kann die Steuerermäßigung nur für eigene Aufwendungen in Anspruch genommen werden (BFH-Urt. v. 3.4.2019 – VI R 19/17, BStBl II 2019, 445)

[23] *Geserich*, Urteilsanmerkungen in HFR 2022, 721

getragenen ambulanten Pflege- und Betreuungsleistungen, die die in einem anderen Haushalt lebende Mutter beanspruchte.

Praxishinweis

Die Änderung durch das JStG 2024 kommt ab 2025 zur Anwendung. Sie ist bei der Erstellung der ESt-Erklärungen ab 2025 zu beachten.

III. Aktuelle Entwicklungen zu § 35c EStG

1. Grundsätzliches

Durch das Gesetz zur Umsetzung des Klimaschutzprogramms 2030 im Steuerrecht[24] hat der Gesetzgeber den § 35c EStG eingeführt. § 35c EStG sieht Steuerermäßigungen für bestimmte Aufwendungen für energetische Maßnahmen[25] bei zu **eigenen Wohnzwecken** genutzten Gebäuden vor und ist erstmals auf Baumaßnahmen anzuwenden, mit deren Durchführung nach dem 31.12.2019 begonnen wurde und die vor dem 1.1.2030 abgeschlossen werden.

Voraussetzung ist, dass das begünstigte Objekt bei der Durchführung der energetischen Maßnahme **älter als zehn Jahre** ist; maßgebend hierfür ist der Beginn der Herstellung.[26]

Im Kj des Abschlusses der energetischen Maßnahme und im nächsten Kj beträgt die Steuerermäßigung je 7 % der begünstigten Aufwendungen, höchstens jedoch jeweils 14.000 EUR und im übernächsten Kj 6 % der Aufwendungen, höchstens jedoch 12.000 EUR für das begünstigte Objekt.[27] Die Förderung wirkt sich **progressionsunabhängig** aus.

Ermäßigungsjahr		
Jahr des Maßnahmeabschlusses	7 % der begünstigten Aufwendungen	max. 14.000 EUR
Folgejahr	7 % der begünstigten Aufwendungen	max. 14.000 EUR
Folgefolgejahr	6 % der begünstigten Aufwendungen	max. 12.000 EUR
Summe		max. 40.000 EUR

Praxishinweis

Anders als bei Handwerkerleistungen nach § 35a Abs. 3 EStG umfasst die Steuerermäßigung nach § 35c EStG nicht nur die Lohnkosten, sondern auch **Materialkosten**.

---

24 Gesetz zur Umsetzung des Klimaschutzprogramms 2030 im Steuerrecht v. 21.12.2019, BGBl I 2019, 2886
25 § 35c Abs. 1 S. 3 EStG
26 § 35c Abs. 1 S. 2 EStG
27 § 35c Abs. 1 S. 1 EStG

Beispiel

2025 fallen energetische Sanierungsaufwendungen an einem selbstgenutzten Wohnobjekt (Baujahr 1971) von 100.000 EUR an. Das Objekt wird auch in den Folgejahren zu eigenen Wohnzwecken genutzt.

2025: 100.000 EUR x 7 % = 7.000 EUR (max. 14.000 EUR)
2026: 100.000 EUR x 7 % = 7.000 EUR (max. 14.000 EUR)
2027: 100.000 EUR x 6 % = 6.000 EUR (max. 12.000 EUR)

Gesamtermäßigung = 20.000 EUR

Verbleibender Steuerermäßigungsbetrag für weitere energetische Sanierungsmaßnahmen an diesem Objekt für diese Person bis 2029 = 20.000 EUR.[28]

Die Steuerermäßigung nach § 35c EStG ist nur im VZ des Abschlusses der energetischen Maßnahmen[29] und in den beiden folgenden Jahren möglich.

Praxishinweis

Die Steuerermäßigung nach § 35c EStG kann nur über den gesetzlich festgelegten, starren Zeitraum von drei VZ mit den im Gesetz bestimmten Ermäßigungshöhen in Anspruch genommen werden. Eine **wahlweise anderweitige Verteilung** scheidet aus. Ein innerhalb eines Verteilungsjhars **nicht verbrauchter Steuerermäßigungsbetrag geht verloren**; einen Vor- oder Rücktrag in ein anderes Verteilungsjahr räumt das Gesetz nicht ein.[30]

Fortführung des Beispiels

Wie Bsp. davor, 2027 wird ein steuerlicher Verlust erzielt. Dieser wird in die Veranlagungsjahre 2025 und 2026 zurückgetragen.

2025 und 2026 ergibt sich nach Durchführung des Verlustrücktrags und vor Berücksichtigung der Steuerermäßigungen nach § 35c EStG keine ESt-Schuld mehr. Die Steuerermäßigung nach § 35c EStG geht für die Jahre 2025 und 2026 verloren. Um dies zu verhindern, könnte der Verzicht auf den Verlustrücktrag[31] zu Gunsten des Verlustvortrags erwogen werden.

---

28 § 35c Abs. 1 S. 5 EStG
29 Zum Abschlusszeitpunkt siehe nachfolgende Ausführungen
30 FG Hamburg, Urt. v. 6.8.2024 – 1 K 73/24, Juris (Rechtskraft unbekannt); BMF-Schr. v. 21.8.2025 – IV C 1 - S 2296-c/00004/18/050, BStBl I 2025, 1609, Rz 26
31 § 10d Abs. 1 S. 6 EStG

2. Personen- und objektbezogene Steuerermäßigung

Die Steuerermäßigung nach § 35c EStG wird **objekt- und personenbezogen** gewährt.[32] Zunächst wollte die FinVerw die Steuerermäßigung nur objektbezogen gewähren.

Praxishinweis

Wird das begünstigte Objekt entgeltlich oder unentgeltlich **auf eine andere Person** übertragen, kann die – die Immobilie ebenfalls zu eigenen Wohnzwecken nutzende – übernehmende Person für ihre eigenen energetischen Aufwendungen die steuerliche Förderung gem. § 35c EStG ebenfalls bis zu einem (Gesamt-)Höchstbetrag von 40.000 EUR in Anspruch nehmen.[33]

3. Abschluss der Maßnahme

Der dreijährige Förderzeitraum nach § 35c EStG **beginnt** mit **Abschluss der Maßnahme**. Dieser liegt nach Auffassung des BFH erst vor, wenn

- die Leistung tatsächlich erbracht ist,
- der Auftraggeber eine Schlussrechnung erhalten hat und
- der Rechnungsbetrag vollständig auf das Konto des Leistungserbringers gezahlt wurde.

Die Vereinbarung einer Ratenzahlung und Leistung einer ersten Rate im Jahr des Bauabschlusses führt nicht zu einem Abschluss der Maßnahme i.S.d. § 35c EStG.[34]

Wird statt der Steuerermäßigung nach § 35c EStG eine Steuerermäßigung nach § 35a Abs. 3 EStG (Lohnanteil der Handwerkerleistung) gewählt, ergibt sich ein anderer Ermäßigungszeitpunkt. Für die Ermäßigung ist u.a. die Zahlung auf das Konto des Leistungserbringers erforderlich, nicht aber deren Abschluss. Auch Anzahlungen sind damit begünstigt; der Höhe nach allerdings nur in Bezug auf den quotalen Arbeitslohnanteil zur Gesamtrechnungssumme.[35]

---

[32] BMF-Schr. v. 21.8.2025 – IV C 1 - S 2296-c/00004/18/050, BStBl I 2025, 1609, Rz 28
[33] BMF-Schr. v. 21.8.2025 – IV C 1 - S 2296-c/00004/18/050, BStBl I 2025, 1609
[34] BFH-Urt. v. 13.8.2024 – IX R 31/23, BStBl II 2024, 869
[35] BFH-Urt. v. 13.8.2024 – IX R 31/23, BStBl II 2024, 869

Sollte die Steuerermäßigung nach § 35a Abs. 3 EStG statt § 35c EStG zwecks früherer Ermäßigung erwogen werden, ist zu beachten, dass dann nur der Lohnanteil (und nicht die Kosten für Material) begünstigt ist.[36] Eine Steuerermäßigung nach § 35c EStG scheidet dann für die jeweilige Maßnahme aus.[37]

Praxishinweis

Die FinVerw hat sich dieser restriktiven BFH-Rechtsprechung vom 13.8.2024[38] angeschlossen. Sie hat zudem bestimmt, dass die Erledigung unwesentlicher Restarbeiten unschädlich ist.[39] In der Praxis dürften Ratenzahlungen selten vorkommen.

Gleichwohl sind die Ausführungen der FinVerw, die eine „vollständige" Zahlung der Handwerkerrechnung für die Gewährung der Steuerermäßigung nach § 35c EStG verlangt, gerade bei **Baumängeln** und **Rückhaltungsbeträgen** bedeutsam. Soweit erkennbar, hat sich die FinVerw und die Rechtsprechung mit dieser Problematik bislang nicht näher auseinandergesetzt. U.E. bezieht sich der Begriff der „vollständigen" Zahlung nur auf die unbestrittene Forderung, so dass bei Zahlung der unbestrittenen Forderungshöhe eine Steuerermäßigung nach § 35c EStG zulässigerweise beantragt werden kann und zwar unabhängig davon, wie und wann der strittige Forderungsteil gezahlt wird. Entsprechendes dürfte gelten, wenn ein Sicherheitseinbehalt zurückbehalten wird.

Beispiel

Die Kosten für eine nach § 35c EStG begünstigte Maßnahme betragen 8.000 EUR. Die Schlussrechnung vom 28.12.2024 wird am 12.1.2025 vollständig gezahlt. Die weiteren Voraussetzungen des § 35c EStG sind erfüllt.

Lösung

Die Maßnahme ist **2025 abgeschlossen**, weil dann die Schlussrechnung und die vollständige Zahlung auf das Konto des Leistungserbringers vorliegt. Der Ermäßigungszeitraum läuft von 2025 - 2027.[40]

Praxishinweis

Überraschend ist, dass die Anlage Energetische Maßnahmen nicht ausdrücklich eine Angabe zum Maßnahmenabschluss verlangt.

---

36 BFH-Urt. v. 13.8.2024 – IX R 31/23, BStBl II 2024, 869, Rz 39
37 So auch *Trossen*, RiBFH, NWB MAAAJ-76477
38 BFH-Urt. v. 13.8.2024 – IX R 31/23, BStBl II 2024, 869
39 BMF-Schr. v. 21.8.2025 – IV C 1 - S 2296-c/00004/18/050, BStBl I 2025, 1609
40 So auch *Grune*, AktStR 2025, 61

4. Neuerungen durch das BMF-Schreiben vom 21.8.2025

Das BMF hat mit Schreiben vom 21.8.2025[41] sein bisheriges Anwendungsschreiben[42] zu § 35c EStG aktualisiert. Nachfolgend wird auf die wesentlichen Neuerungen eingegangen.

a) Begünstigte Objekte: Steuerermäßigung auch bei Wohnflächenerweiterung

Wird i.Z.m. der energetischen Sanierung eines zu eigenen Wohnzwecken genutzten eigenen Gebäudes die Wohnfläche erweitert, können auch die an der Erweiterung durchgeführten energetischen Maßnahmen der steuerlichen Förderung nach § 35c EStG unterfallen (z.B. durch eine Gaube, eine Dachgeschossaufstockung oder einen Anbau).[43]

Praxishinweis

Bei § 35c EStG ist es – ebenso wie bei § 35a Abs. 3 EStG[44] – **unmaßgeblich**, ob der Sanierungsaufwand als **Erhaltungsaufwand oder** als (nachträgliche) **HK** einzuordnen ist.

b) § 35c EStG: Trennung von Ehegatten[45] im Förderzeitraum

Erwirbt ein Ehegatte oder Lebenspartner nach dem Lebenspartnerschaftsgesetz (im Folgenden: Ehegatte) infolge einer Scheidung einen Miteigentumsanteil vom anderen Ehegatten entgeltlich hinzu, kann der auf den veräußernden Ehegatten entfallende Anteil der Steuerermäßigung nach § 35c EStG nicht fortgeführt werden.

Der erwerbende Ehegatte kann aber die auf seinen ursprünglichen Miteigentumsanteil entfallende Steuerermäßigung innerhalb des dreijährigen Abzugszeitraums weiter in Anspruch nehmen, wenn er die Voraussetzungen für die Nutzung zu eigenen Wohnzwecken für das Objekt weiter erfüllt.

---

41 BMF-Schr. v. 21.8.2025 – IV C 1 - S 2296-c/00004/18/050, BStBl I 2025, 1609
42 BMF-Schr. v. 14.1.2021 – IV C 1 - S 2296-c/20/10004:006, BStBl I 2021, 103
43 BMF-Schr. v. 21.8.2025 – IV C 1 - S 2296-c/00004/18/050, BStBl I 2025, 1609, Rz 3
44 BMF-Schr. v. 9.11.2016 – IV C 8 - S 2296-b/07/10009:008, BStBl I 2016, 1213, Rz 19
45 BMF-Schr. v. 21.8.2025 – IV C 1 - S 2296-c/00004/18/050, BStBl I 2025, 1609

Der veräußernde Ehegatte kann die Steuerermäßigung nach § 35c EStG für seinen bisherigen Miteigentumsanteil letztmalig im VZ der Aufgabe der Nutzung zu eigenen Wohnzwecken geltend machen.

Beispiel

Die Eheleute M und S trennen sich im Laufe des Jahres 2025. Die Ehefrau zog im Februar 2025 aus dem gemeinsamen Eigenheim aus. Die (bisherigen) Eheleute waren zu 50 % Eigentümer eines in Köln belegenen Eigenheims. Erstmals 2024 wurde für Sanierungsmaßnahmen eine Steuerermäßigung nach § 35c EStG von 14.000 EUR gewährt. Für 2025 ist eine Steuerermäßigung nach § 35c EStG für die 2024 abgeschlossenen Maßnahmen von ebenso 14.000 EUR und für 2026 von 12.000 EUR möglich. Ende 2025 erwirbt der bisherige Ehemann von seiner Ehefrau den hälftigen Eigentumsanteil an dem Gebäude.

Ermäßigungszeitraum	**Ermäßigungshöchstbetrag**	**Ehemann**	**Ehefrau**
2024	14.000 EUR	7.000 EUR	7.000 EUR
2025	14.000 EUR	7.000 EUR	7.000 EUR
2026	12.000 EUR	6.000 EUR	0 EUR

Praxishinweis

Steht das Eigentum am begünstigten Objekt mehreren Personen zu, können die der Steuerermäßigung zugrundeliegenden Aufwendungen nach § 35c Abs. 6 S. 2 EStG gesondert und einheitlich festgestellt werden. Eine gesonderte und einheitliche Feststellung ist nicht erforderlich, wenn die Aufwendungen für die Steuerermäßigung einfach zu ermitteln sind und die Aufteilung auf die Miteigentümer feststeht (sog. Fälle von geringer Bedeutung), z.B. bei Ehegatten.[46] Wird im vorgenannten Beispielsfall im Trennungsjahr die ZV von Ehegatten beantragt, dürfte keine gesonderte und einheitliche Feststellung des Steuerermäßigungsbetrags gem. § 35c EStG erforderlich sein. Anders könnte sich dies bei Wahl der EV von Ehegatten darstellen.

46 BMF-Schr. v. 21.8.2025 – IV C 1 - S 2296-c/00004/18/050, BStBl I 2025, 1609, Rz 84

Blick in den Erklärungsvordruck

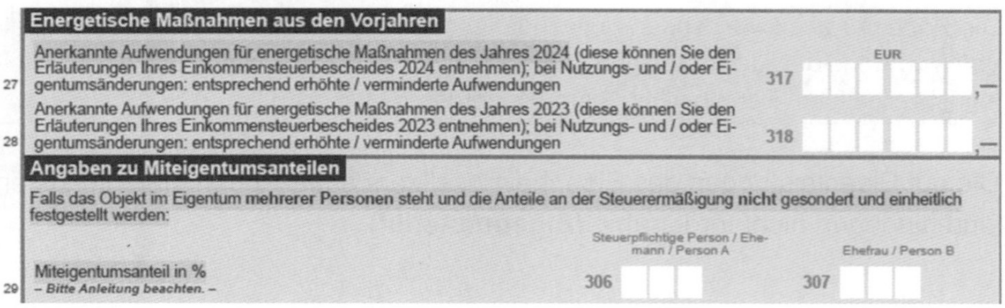

Energetische Maßnahmen aus den Vorjahren

Zeile		Kz	EUR
27	Anerkannte Aufwendungen für energetische Maßnahmen des Jahres 2024 (diese können Sie den Erläuterungen Ihres Einkommensteuerbescheides 2024 entnehmen); bei Nutzungs- und / oder Eigentumsänderungen: entsprechend erhöhte / verminderte Aufwendungen	317	,–
28	Anerkannte Aufwendungen für energetische Maßnahmen des Jahres 2023 (diese können Sie den Erläuterungen Ihres Einkommensteuerbescheides 2023 entnehmen); bei Nutzungs- und / oder Eigentumsänderungen: entsprechend erhöhte / verminderte Aufwendungen	318	,–

Angaben zu Miteigentumsanteilen

Falls das Objekt im Eigentum mehrerer Personen steht und die Anteile an der Steuerermäßigung nicht gesondert und einheitlich festgestellt werden:

Zeile		Steuerpflichtige Person / Ehemann / Person A	Ehefrau / Person B
29	Miteigentumsanteil in % *– Bitte Anleitung beachten. –*	306	307

c) Rechnungsnachweis und Leistungsdurchführung durch das eigene Einzelunternehmen

Die Steuerermäßigung nach § 35c EStG ist davon abhängig, dass die steuerpflichtige Person für die Aufwendungen der energetischen Maßnahme eine Rechnung des Leistungserbringers in deutscher Sprache erhalten hat und die Zahlung auf das Konto des Leistungserbringers erfolgt ist.[47]

Rz 75 des neuen BMF-Schreibens[48] enthält folgenden praxisbedeutsamen Hinweis:

> Lässt die steuerpflichtige Person die energetische Maßnahme von ihrem eigenen **Einzelunternehmen** als Fachunternehmen durchführen[49], tritt an die Stelle der Rechnung die Dokumentation der Entnahmen.

Praxishinweis

Durch diesen Hinweis wird ein Förderausschluss bei Leistungsdurchführung durch das eigene Unternehmen verhindert. Diese Aussage kann sich allerdings nicht auf die durch die **„eigene" GmbH** erbrachten Leistungen beziehen, da Leistungserbringer und Leistungsempfänger hier zwei getrennte Personen sind.

Erwirbt der Eigenheimbesitzer das Material für die energetische Maßnahme separat, können die Aufwendungen dafür nur dann als förderfähige Aufwendungen berücksichtigt werden, wenn diese in der Bescheinigung des ausführenden Fachunternehmens gesondert ausgewiesen sind **(Materialbeistellung)**.

---

47 § 35c Abs. 4 Nr. 2 EStG
48 BMF-Schr. v. 21.8.2025 – IV C 1 - S 2296-c/00004/18/050, BStBl I 2025, 1609
49 BMF-Schr. v. 21.8.2025 – IV C 1 - S 2296-c/00004/18/050, BStBl I 2025, 1609, Rz 49

Praxishinweis

Die Höhe der auszuweisenden Aufwendungen entspricht der vom Auftraggeber mitgeteilten Höhe der Aufwendungen und muss vom Fachunternehmen und der ausstellungsberechtigten Person nicht überprüft werden.[50]

Die auf Eigenleistungen des Eigenheimbesitzers entfallenden Materialkosten sind hingegen nicht förderfähig **(Eigenmaterial)**.

d) Photovoltaikanlage und § 35c EStG

Die Anlage zum BMF-Schreiben enthält eine nicht abschließende Aufzählung der i.Z.m. einer energetischen Maßnahme förderfähigen Bauarbeiten. Die Auflistung gliedert sich nach den in § 35c Abs. 1 S. 3 EStG genannten energetischen Maßnahmen.

Nr. 1	Wärmedämmung von Außenwänden
Nr. 2	Wärmedämmung von Dachflächen
Nr. 3	Wärmedämmung von Geschossdecken
Nr. 4	Erneuerung der Fenster und Außentüren
NEU: Nr. 4a	Sommerlicher Wärmeschutz
Nr. 5	Erneuerung oder Einbau einer Lüftungsanlage
Nr. 6	Erneuerung der Heizungsanlage
Nr. 7	Einbau von digitalen Systemen zur energetischen Betriebs- und Verbrauchsoptimierung
Nr. 8	Optimierung bestehender Heizungsanlagen, sofern diese älter als zwei Jahre sind.

Änderungen haben sich bei den Maßnahmen i.Z.m. der Erneuerung oder dem Einbau einer Lüftungsanlage und der Erneuerung der Heizungsanlage ergeben. Neben Folgeänderungen aufgrund der seit 2021 angepassten Gebäudeenergievorschriften vertieft die Aufzählung gegenüber dem Vorgängerschreiben stärker die Abgrenzung der nicht förderfähigen Heizungsarten. Hierbei wird insbesondere die **Unterscheidung** zwischen **begünstigter** solarer Wärmeerzeugung **(Solarthermie)** und **nicht begünstigter** Stromerzeugung (**Photovoltaik** inkl. Stromspeicher) unterstrichen.[51]

---

50 BMF-Schr. v. 21.8.2025 – IV C 1 - S 2296-c/00004/18/050, BStBl I 2025, 1609, Rz 64

51 *Heine/Trinks*, NWB 41/2025, 2784

Praxishinweis

Reine Stromerzeuger wie z.B. Photovoltaikanlagen sind **nicht** nach **§ 35c EStG** förderfähig[52]; **allenfalls** kann eine Steuerermäßigung nach **§ 35a Abs. 3 EStG** in Frage kommen[53] Allerdings sind Photovoltaikanlagen-Aufwendungen dann nur nach Bezugsfertigkeit begünstigt. Bei Neubauten, bei denen nach den Bestimmungen einzelner Bundesländer eine Verpflichtung zur Installation einer Photovoltaikanlage besteht, dürfte die Anlageninstallation i.d.R. vor Bezugsfertigkeit erfolgen. Eine Steuerermäßigung nach § 35a Abs. 3 EStG scheidet in diesem Fall aus.

Dachsanierungskosten, die auch i.Z.m. dem Betrieb einer Photovoltaikanlage stehen, können trotz des Ausschlusses der Photovoltaikanlagen-Aufwendungen aus § 35c EStG vollumfänglich nach § 35c EStG berücksichtigt werden.[54]

[52] BMF-Schr. v. 21.8.2025 – IV C 1 - S 2296-c/00004/18/050, BStBl I 2025, 1609, Rz 17; a.A. *Nacke*, NWB 17/2023, 1232 (Photovoltaikanlagen als unterstützende Stromquelle einer Wärmepumpe)

[53] BMF-Schr. v. 17.7.2023 – IV C 6 - S 2121/23/10001:001, BStBl I 2023, 1494, Rz 28

[54] BMF-Schr. v. 21.8.2025 – IV C 1 - S 2296-c/00004/18/050, BStBl I 2025, 1609, Rz 17

IV. Sonstige Hinweise

1. Neue Bescheinigungsmuster ab 2025

Für die Geltendmachung der Steuerermäßigung nach § 35c EStG ist eine Bescheinigung nach amtlichem Muster erforderlich. Mit dieser wird nachgewiesen, dass die Voraussetzungen des § 35c Abs. 1 S. 1 - 3 EStG und die Anforderungen der Energetische Sanierungsmaßnahmen-Verordnung (ESanMV) erfüllt sind. Die Bescheinigung wird vom ausführenden Fachunternehmen[55] oder von einer nach § 88 Gebäudeenergiegesetz[56] ausstellungsberechtigten Person erteilt.[57]

Aufgrund von Änderungen der ESanMV hat das BMF für energetische Maßnahmen, mit deren Ausführung nach dem 31.12.2024 begonnen wurde, neue Bescheinigungsmuster aufgelegt.[58]

2. Subsidiaritätsregelung

Abschließend ist darauf hinzuweisen, dass § 35c EStG nachrangig ausgestaltet ist. Die Steuerermäßigung kann nicht in Anspruch genommen werden, **soweit** die Aufwendungen als BA, WK, Sonderausgaben oder agB berücksichtigt worden sind.[59] Der Erklärungsvordruck weist hierauf ausdrücklich hin.

Die Steuerermäßigung nach § 35c EStG ist nicht zu gewähren (vollständiger Ausschluss), wenn für die energetischen Maßnahmen

- eine Steuerbegünstigung nach § 10f EStG oder
- eine Steuerermäßigung nach § 35a EStG in Anspruch genommen wird oder
- es sich um eine öffentlich geförderte Maßnahme handelt, für die zinsverbilligte Darlehen oder steuerfreie Zuschüsse in Anspruch genommen werden.

---

55 § 35c Abs. 1 S. 7 EStG
56 Kurz: GEG
57 § 2 Abs. 2 ESanMV
58 BMF-Schr. v. 23.12.2024 – IV C 1 - S 2296-c/20/10003:008, BStBl I 2025, 39
59 § 35c Abs. 3 S. 1 EStG

Blick in den Erklärungsvordruck

Energetische Maßnahmen 2025

Ich habe / Wir haben für die energetischen Maßnahmen beantragt / in Anspruch genommen:
- öffentliche Förderung durch zinsverbilligte Darlehen (z. B. KfW-Bank, landeseigene Förderbank) oder
- steuerfreie Zuschüsse (z. B. KfW-Bank, BAFA, Gemeinde) oder
- Steuerbegünstigung für Gebäude in Sanierungsgebieten und städtebaulichen Entwicklungsbereichen oder

9 – Steuerermäßigung für Handwerkerleistungen nach § 35a EStG — 309 [ ] 1 = Ja, 2 = Nein

Für die nachstehend geltend gemachten energetischen Maßnahmen wurden die in Zeile 9 genannten Förderungsmöglichkeiten nicht beantragt oder in Anspruch genommen.

– Bitte die Bescheinigung(en) des ausführenden Fachunternehmens / der Person mit Ausstellungsberechtigung nach § 88 Gebäudeenergiegesetz (GEG) in Kopie einreichen –

Eigene Aufwendungen für energetische Maßnahmen

(ohne Aufwendungen, die als Betriebsausgaben, Werbungskosten [z. B. Aufwendungen für ein häusliches Arbeitszimmer] oder Sonderausgaben berücksichtigt werden)

Praxishinweis

Entscheidend ist, ob für die jeweilige energetische Maßnahme eine öffentliche Förderung erfolgt ist.[60] Im Erklärungsvordruck wird diese maßnahmenbezogene Prüfung nicht ausreichend abgebildet.

Nur ausfüllen, soweit in den Zeilen 21 und / oder 22 Aufwendungen enthalten sind, für die der Abzug als außergewöhnliche Belastung beantragt wird.

Zeile			EUR
25	In Zeile 21 enthaltene Aufwendungen, für die der Abzug (soweit möglich) als außergewöhnliche Belastungen beantragt wird	314	,–
26	In Zeile 22 enthaltene Aufwendungen, für die der Abzug (soweit möglich) als außergewöhnliche Belastungen beantragt wird	315	,–

Praxishinweis

Mit den Abfragen in den Zeilen 25 und 26 soll erreicht werden, dass für den Teil der durch den Ansatz der zumutbaren Belastung[61] oder wegen der Gegenrechnung von Pflegegeld oder Pflegetagegeld nicht als agB erfasste Aufwendungen eine Steuerermäßigung nach § 35c EStG in Anspruch genommen werden kann.

---

60 BMF-Schr. v. 21.8.2025 – IV C 1 - S 2296-c/00004/18/050, BStBl I 2025, 1609, Rz 70

61 § 33 Abs. 3 EStG